KB087980

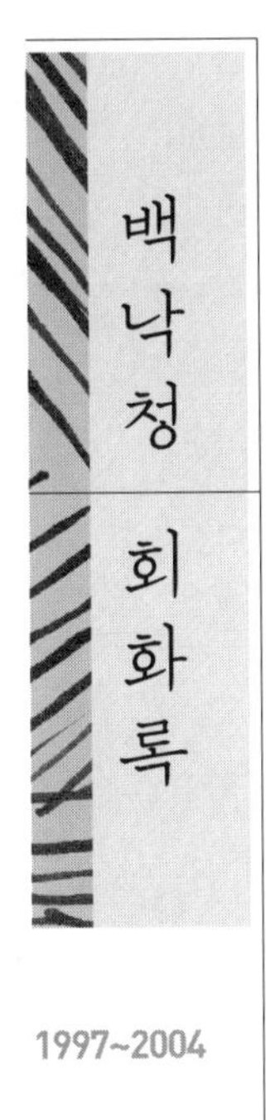

백낙청 회화록

1997~2004

4

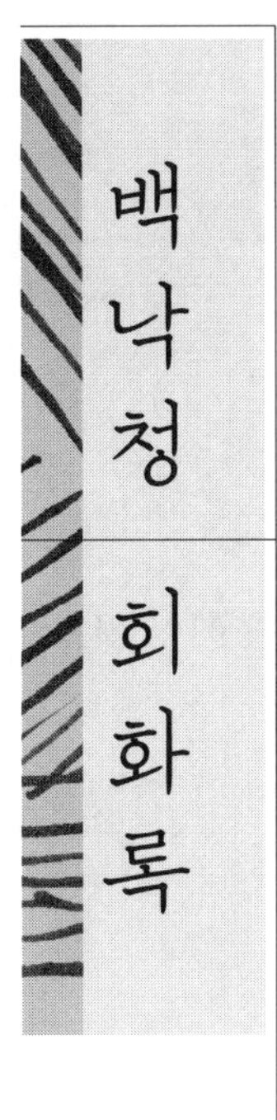

1997~2004

4

백낙청 회화록
간행위원회 엮음

창비

간행의 말

청사(晴蓑) 백낙청(白樂晴) 선생의 고희를 기념해 선생이 한국 및 해외의 지성과 나눈 회화(會話)의 기록을 모아 간행합니다. 계간 『창작과비평』을 창간하며 한국 문화운동에 첫발을 디딘 후 1968년 1월부터 2007년 6월까지 40년에 걸쳐 선생이 참여한 대담과 좌담을 기본으로 하고 토론과 인터뷰 등을 곁들인 이 다섯 권의 회화록은 20세기 중후반 한국 논단에서 치열하게 논의된 주요 쟁점들이 망라된 우리 지성사의 생생한 사료집입니다.

대화라는 형식은 한 사람이 일방적으로 진술하는 수사법과 대립되는 방법으로서 예부터 진리발견의 절차로 주목되어왔습니다. 그리고 좌담은 동아시아 근대 저널에서 독자들에게 순발력있는 대화의 홍미를 안겨주는 부담없는 읽을거리이자, 참여자들의 대등한 의견교환을 통해 각자의 입장을 명료하게 전달하는 형식이어서 널리 활용되어왔습니다.

돌이켜보건대, 영문학자이자 문학평론가일뿐만 아니라 『창작과비평』 편집인 그리고 민족문화운동과 그것을 한층 발전시킨 분단체제극복운동을 수행하는 이론가요 실천가인 선생은 자신이 직접 조직하거나 또는 초대받은 대담과 좌담을 통해 1960년대 이래 우리 사회의 핵심적인 담론생산의 현장에 깊숙이 간여해왔습니다. 대담과 좌담이라는 회화 형식이야말로 항상 논쟁의 현장에 머물길 원하는 '젊은' 논객인 선생의 식견과 경륜이 효과적으로 발휘되는 의사전달 통로가 아닐 수 없습니다.

이 책을 엮기 위해 자료들을 검토하면서 간행위원들은 회화록이 지닌 세 가지 차원의 가치에 주목하게 되었습니다.

첫째로 선생 개인의 자전적인 기록으로서의 가치입니다. 선생 스스로 자신의 생애와 행적을 서술한 것은 물론 아니지만, 대담과 좌담에는 그가 40년간 공개적으로 표명한 언행이 시기순으로 정리되어 있어 선생의 이론적·실천적 궤적이 일목요연하게 드러납니다. 제5권 권말의 상세한 연보와 대조해 읽는다면 선생의 사상적 편력을 이해하는 데 매우 유용한 자료가 될 것입니다.

둘째로 선생과 더불어 우리 시대의 문제를 놓고 고뇌하며 실천의 길을 걸어온 한국 지성의 집단 전기적인 기록으로서의 가치입니다. 선생의 대화 상대자(국내 125인, 해외 8인)는 이른바 진보진영에 국한되지만도 않고 우리 사회의 발전에 다방면에서 공헌해온 분들인데, 그분들의 언행 역시 여기에 고스란히 담겨 있습니다. 그분들이 시대의 변천에 어떻게 대응해왔는지를(때론 변모해왔는지를) 지켜보는 것도 우리 지성사를 읽어내는 의미있는 일이 되겠습니다.

셋째로 선생이 해외의 저명 지식인들과 함께 한국인의 이론적·실천적 고투를 전지구적 시각에서 성찰한, 우리 담론의 세계화의 기록으로서의 가치입니다. 세계사적 변화에 대한 주체적·실천적 대응은 선생이 1960년대부터 한결같이 추구해온 지향인데, 외국의 지성들은 그와의 대화에 참여하여 한국인의 과제가 그들 자신의 사회, 더 나아가 전지구적 과제와 어떻게 연관되어 있는지를 규명하고 연대의 가능성을 확인할 수 있었습니다.

이 책의 체재는 수록된 자료들을 연대순으로 배치하는 것을 원칙으로 삼았습니다. 그리고 분량을 고려해 편의적으로 다섯 권으로 나눴는데, 가급적 그 시기구분을 한국의 정치사회적 변동의 획기와도 연결해보려고 애썼습니다. 각권의 끝에 실린 간행위원들의 해설은 바로 그 획기의 시대적 의미와 대화 내용의 한국 지성사적 위치를 규명하고 있습니다. 선생과 오랜 기간 교감하며 같은 길을 걸어온 간행위원들이 분담한 권말의 해설들은 선생에 대한 회고와 수록내용 비평이 어우러진 또 하나의 흥미로운 대화록입니다.

끝으로 40년간의 자료들을 수집 정리해 다섯 권의 알찬 책으로 간행하는 데 도움을 주신 분들의 고마움을 기억하고 싶습니다. 먼저 선생의 대화상대자 여러분께 대화록 간행취지에 공감하시고 원고게재를 쾌히 승낙해주신 데 대해 깊은 감사를 드립니다. 또한 그간 노고를 아끼지 않은 창비 편집부의 실무진에 각별한 마음을 전합니다. 회화록 전체의 목록을 작성하는 일에서부터 묵은 잡지들을 뒤지고 시청각 자료를 점검하여 원고의 정본을 만드는 일까지의 전과정은 사료집 편찬의 어려움을 실감하는 작업이었습니다. 이 과정에서 선생 역시 원고를 전부 직접 교감(校勘)하는 번거로움을 기꺼이 감당해주셨는데, 그 덕에 자료의 신뢰도는 한층 높아졌다고 자부합니다.

근대학문의 분화된 지식의 경계를 넘나들며 현실과 소통하는 길을 일찍부터 닦아온 이 회화들의 간행이 앞으로 선생이 여러 층의 새로운 독자와 더불어 대화를 계속 이어가는 계기가 될 수 있기를 간절히 바랍니다.

2007년 10월

백낙청 회화록 간행위원회

차례

일러두기

1. 1968년 1월부터 2007년 6월까지 백낙청이 참여한 좌담, 대담, 토론, 인터뷰 등을 시대순으로 배열하여 총 5권의 회화록으로 엮었다.
2. 각 꼭지에서 참가자들의 이름 배열과 직함은 발표 당시의 것을 따랐고, 각권 말에 참가자 약력을 따로 실었으며, 확인가능한 회화의 일시와 장소는 밝혀두었다.
3. 독자들의 이해를 돕기 위해 각 꼭지 제목을 더러 바꾸기도 했으며, 이 경우 원제를 밝혀두었다. 본문에 중간제목이 없는 경우는 그대로 두었다.
4. 원문의 명백한 오탈자는 바로잡았고, 문장은 가급적 원본 그대로 두었다.
5. 외래어 표기는 현지음을 존중하는 원칙에 따랐다.
6. 책을 엮으면서 편자가 필요하다고 판단되는 경우에 편자 주를 각주로 달았으며, 발표 당시의 주는 가급적 본문 안에 괄호로 묶어 남기되 예외적인 경우는 따로 밝혔다.

| 좌담 |

회갑을 맞은 백낙청 편집인에게 묻는다

백낙청(『창작과비평』 편집인 · 문학평론가 · 서울대 교수, 영문학)
백영서(『창작과비평』 편집위원 · 연세대 교수, 역사학)
김영희(『창작과비평』 편집위원 · 한국과학기술원 교수, 영문학)
임규찬(『창작과비평』 편집위원 · 문학평론가 · 성균관대 강사, 국문학)
1997년 12월 30일 창작과비평사 회의실

백영서 1998년을 여는 이번 봄호에서는, 좀 특별한 자리를 만들었습니다. 다른 호와는 달리 우리 창비 내부 사람들끼리의 회화로 하고, 그중에서도 편집인 백낙청 선생님의 이야기를 주로 듣는 기회로 삼을까 합니다. 이번호가 통권 99호이자 창간 32주년 기념호라는 것 외에 새해 초에 백선생님이 환갑을 맞으신다는 또 하나의 이유도 있기 때문이죠. 보통 우리 학계나 지식인 사회에서 회갑을 맞으면 이런저런 기념 행사와 문집을 증정하는 아름다운 관행이 있는데 선생님께서 다 마다하셔서, 창비에서는 차제에 백선생님을 모시고 선생님이 그동안 생각해오신 것들, 현실에 대한 선생님의 의견, 창비의 방향, 이런 것들을 점검해보는 기회를 갖기로 했습

■ 이 좌담은 『창작과비평』 1998년 봄호에 「회화: 백낙청 편집인에게 묻는다」는 제목으로 수록된 것이다.

왼쪽부터 시계방향으로 김영희, 백낙청, 백영서, 임규찬

니다. 특히 창비가 올 여름호로 100호를 맞게 돼서 저희로서는 올해를 새로운 도약의 해로 삼으려고 하는데 오늘 백선생님과의 대화를 통해서 99호와 100호를 연결시키는 작업도 해보려고 합니다. 먼저, 개인사적으로는 회갑을 맞으시고 또 창비의 100호를 목전에 둔 편집인이신 백선생님의 소감을 듣고자 합니다.

백낙청 환갑행사를 사양했더니 여러분이 이런 자리를 만들어주셔서 오히려 더 큰 잔칫상을 받은 기분입니다. 요즘은 환갑 맞는 일이 하도 흔해져서 무슨 소감을 말하기도 쑥스럽게 됐습니다만, 사실 개인적으로는 지난 1년 남짓한 기간에 유달리 힘든 일이 많았어요. 다행히 좋은 인연들을 만나서 무사히 넘겼고 건강도 회복중입니다. 이제부터는 뭔가 새출발을 할 수 있겠다 싶은 참에 회갑이 겹치니까 나 개인에게는 무척 뜻깊은 전기가 되는 느낌입니다.

창비로서는 이번호가 99호고, 다음에 100호, 101호가 연이어 나오는 금년이 매우 뜻깊은 해인데, 아시다시피 우리 창비뿐 아니라 출판계 전체,

나아가서는 나라 전체가 지금 굉장히 어려운 지경에 처해 있죠. 그래서 이 어려움을 어떻게 이겨내고, 그것을 오히려 새로운 도약의 기회로 만드느냐 하는 문제를 온갖 분야에서 궁리하고 있는데, 창비로서도 그야말로 또 한번 자기쇄신을 하고 새롭게 출발하는 기회로 만들어야 한다고 생각합니다.

백영서 아무래도 개인적인 얘기에 앞서서 먼저 여러 독자들이 궁금해할 최근 시국의 변화에 대한 얘기부터 안할 수가 없을 것 같아요. 그중에 크게 보면 두 가지가 있는 것 같습니다. 하나는 최근의 대선을 통해서 우리 정치사에 처음으로 야당으로의 정권교체가 일어났다는 것이고요. 그와 겹쳐서 소위 IMF시대라는 유행어가 나올 정도로 경제적인 난국을 맞았다는 것인데, 먼저 대선에 대해서 간단히 점검해보지요.

김대중(金大中) 후보는 어느 토론회의 마지막 대목에서 개인 발언을 하면서 '하늘이 이런 난국을 풀게 하기 위해서 그동안 계속 낙선시켰다가 이번에 당선시킬 것 같다'는 말을 했습니다만, 또 당선 직후의 행적을 보면 난국에 능동적으로 대처하는 지도자로서의 면모도 보여서 일부에서는 안도하는 견해도 있는 것 같습니다. 그런데 선생님의 경우 작년에 6월항쟁을 평가하는 글에서는, 제가 잠깐 그 대목을 인용하자면 "보수대연합이 개혁의 숨통을 조일 수는 있을지언정 안정된 보수문화를 창출할 수 없다"고 전망하신 적이 있습니다. 선생님의 입장에서 보수대연합, 자민련과 국민회의의 연합, DJP—DJT까지 나가던가요?—그런 연합에 의한 새로운 정권의 창출에 대해서 지금 어떻게 전망하고 계신지 말씀해주세요.

김대중씨 당선은 잘된 일

백낙청 질문을 두 가지로 나눠볼 수 있을 것 같은데, 하나는 이번 대선 결과를 어떻게 보느냐 하는 질문이겠고, 다른 하나는 이번 김대중씨 당선이 잘됐다는 입장이라면 그전에 나 자신이 김대중씨에 대해서 비판적인 얘기를 한 것이라든가 지역주의·보수대연합, 이런 문제에 대해서 발언했던 것과 상치되는 바는 없는가 하는 질문이겠죠. 먼저 대선 결과로 말하면 한마디로 나는 대단히 잘됐다고 봅니다.

백영서 그럼 누구를 찍으셨느냐고 질문해도 되겠습니까?(웃음)

백낙청 까놓고 이렇게 대답할 수도 있지요. 내가 찍은 사람이 대통령이 되기도 처음이라고요.(웃음) 물론 권영길(權永吉) 후보가 표를 좀 많이 얻기를 바라기도 했지요. 아무튼 김대중씨의 당선이 잘됐다고 보는 게, 첫째는 정권교체라는 것이, 여야간의 평화적인 정권교체라는 것이 어떤 형태로 이루어지든지 의미있는 것이고, 그 점은 내가 부인한 적이 없어요. 다만 한때 욕심을 더 내서 단순한 정권교체를 넘어서 이른바 3김으로 대표되는 낡은 구조를 청산하는 좀더 큰 변화를 바랐던 것인데, '3김청산'이라는 것은 3김보다 나은 세력이 나와서 청산해야지 그렇지 않고 자기가 3김 중의 한 사람이 아니라는 이유만으로 그 일을 해낸다는 것은 설득력이 없거든요. 그런데 이번 선거의 경우를 보면 당선가능성이 있는 사람 중 그 어느 누구도 그런 세력을 대표한다고 생각할 수 없었지요. 그래서 우리가 정말 어떤 획기적인 세대교체, 또는 세력교체를 이룰 준비가 안된 상황에서 정권교체나마 된 것이 천만다행이라고 생각합니다.

또 하나는, 아까 백영서씨가 안도감 얘기를 했는데, 역시 오늘처럼 분단체제 전체가 흔들리는 위기국면에서는 정권담당자 개인의 수습능력과 관리능력이 그 어느 때보다도 중요하지요. 그리고 그것은 그야말로 오랜 준비와 훈련을 통해서 이루어지는 것인데 그런 점에서 역시 김대중씨가 탁월하다고 생각하고요.

또 한 가지는 선거기간 동안에는 공개적으로 말하기가 미묘한 문제였는데, 여러가지 여건이 겹쳐서 호남 대통령이 나올 절호의 기회가 온 김에 한번 뽑아주어야 한다는 것이 내 신념이었어요. 지역주의에 대해서, 특히 지역맹주 중심의 지역할거주의에 대해서 나는 늘 비판적인 입장을 취해왔지만 이것 역시 그래요. 가장 바람직한 청산방법은 어느 지역의 맹주도 따르지 않는 사람들이 많이 모여가지고, 그런 참신한 국민통합세력이 나와서 지역주의를 극복하는 것이지만 현실적으로 아직 우리가 그럴 힘이 없다는 것을 그간의 현실이 증명해왔다고 봅니다. 그렇다면 역시 호남 대통령이 한번 나와서 그 스스로가 지역화합을 위해서 노력할 기회를 줄 필요가 있다, 그 스스로 노력을 안할 경우에는 다수의 호남인들도 미련없이 동참하는 국민통합운동을 벌일 수가 있을 것이다, 이런 생각이었어요. 물론 영남이나 다른 지역에서 대통령이 나왔을 경우도 으레 지역화합을 위해 노력하겠다고 하지만 그건 호남에서 대통령이 나왔을 경우와는 개인의 문제를 떠나서 객관적으로 전혀 다른 상황이라고 봅니다. 그래서 김대중씨가 호남출신 대통령이라는 면에서도 잘됐다고 보는 거지요.

보수대연합 문제에 관해서는 아까 질문에서 보수대연합과 DJP 또는 DJT연합을 동일시하는 것같이 들렸는데, 내가 말하는 보수대연합이라는 것은 더 넓은 개념이에요. 우리 사회에서 실세를 가진 정치집단 중에서 심지어 김대중씨가 이끄는 국민회의조차도 자민련과 손잡고, 이들 야당연합이나 당시의 신한국당이 중요한 문제에서 거의 비슷하게 보수적인 성향을 띠고 또 이 사회의 수구세력들을 껴안으려고 경쟁하는 전체적인 상황을 말했던 거죠. 그런 상황을 두고서 그러한 보수대연합으로도 안정된 보수문화를 창출할 수는 없다고 했는데, 그 말은 지금도 유효하다고 봅니다. 또 그 점을 이번 대통령 당선자도 깊이 유의해줬으면 하는 바람이죠. 다시 말해서 자민련과 손잡고 집권한데다 제1야당인 한나라당은 오히려 더욱 보수적인 집단이라고 해서, 정치권의 상층부에서 여야를 아우르는 대연합 또는 대타협이 이루어진다고 해서, 이 나라에 진정으로 보수적인 문화가 정착하는 것도 아니고, 개혁의 숨통이나 조이다 보면 더 어지러운 세태가 되리라는 겁니다.

그리고 지역주의에 대해서 내가 그것도 분단이데올로기의 일종이다, 분단체제의 자기재생산을 돕는 이념적 장치의 하나다라고 주장했는데, 그것도 여전히 유효한 얘기라고 생각해요. 다만 조금 아까 말했듯이 어느 특정 지역에 기반을 두지 않은 범국민적인 연합세력이 빠른 시일 안에 형성돼서 그러한 지역주의를 타파할 수 있으리라는 희망을 품었던 것은 현실성이 부족한 판단이었다고 반성을 해야겠죠. 그러나 호남출신 대통령의 집권이라는 새로운 상황에 맞춘 국민통합운동·시민운동·민중운동의 필요성은 이제 더욱 절실해졌다고 하겠지요.

현 경제위기의 거시적 배경

백영서 분단체제론에 대해서는 나중에 따로 얘기되겠습니다만, 선생님이 듣기 좋은 얘기부터 한마디 하면, 이번 선거야말로 선생님이 주장하신 분단체제론이 잘 적용되는 사례가 아니었는가 하는데요. 이번 선거기간에 그야말로 남쪽의 일부와 북쪽의 일부, 이른바 극보수세력들이 결합해서 대선에 영향을 끼친다는 얘기들이 일간지에도 나왔어요. 오익제(吳益齊) 사건이라든가 재미교포가 들고 온 북한의 편지 사건, 이런 것을 통해서 실제로 남한의 정세변화에 북한이 깊이 영향을 끼치고 있다는 얘기지요. 남북문제는 동시에 작용하는 것으로 봐야 한다는 것은 제가 이해하는 바로는 분단체제론의 핵심인데, 어떻게 생각하십니까?

백낙청 글쎄요. 남북한의 강경파가 일정한 공생관계에 있다는 것은 굳이 분단체제론까지 갈 것 없이 건전한 상식 아니겠어요? 분단체제론이라는 말을 못 들어보고도 그런 판단을 하는 사람은 많죠.

백영서 그렇지만 대부분은 그동안 남한만을 단위로 해서 보는 것에 너무 익숙해 있잖아요. 최근에 우연인지 아니면 선생님이 말씀하신 분단체제의 작동방식이었는지 모르지만, 북한에 식량위기가 심각해지고 우리도 갑자기 경제적인 위기를 맞아서 상당히 혼란을 겪고 있는 이 상황, 생활의 궁핍마저 예상되는 이 상황을 본다면 결국은 남북이 '동질성'을 다시 회복하는 것이 아닌가 하는 생각도 드는데요.

김영희 덧붙여서 함께 질문드리겠습니다. 제가 보기에 분단체제론의 또다른 의의는 분단으로 말미암은 손실과 성취를 함께 설명할 수 있다는 점이고, 특히 80년대 상황에서 한국의 경제적 성장을 해명하는 데 상당히 유효했다고 생각합니다. 그런데 현재는 남북한 모두가 위기상황을 맞고 있지요. 이런 달라진 상황을 분단체제론적인 틀에서 설명하고 전망을 해보자면 어떻게 될는지요? 분단체제가 냉전체제의 일환만은 아니지만, 그런 성격도 분명히 가지고 있고 따라서 미국의 지지와 후원이 남한이 이룩한 성취의 중요한 한 기반이었다고 보이는데, 이제 냉전구조가 세계적인 차원에서는 해소되면서 남한이 누리던 서방세계의 보루로서의 프리미엄이 상당히 약화되었고, 그런 변화가 이번 IMF사태에서 미국이 보여주는 대응에서도 드러나는 게 아닌가 하는 생각도 언뜻 듭니다만—

백낙청 지금 김선생 말대로 분단체제라는 것이 단순히 냉전체제의 한 부분은 아니지만 분단체제의 형성과정이나 그동안의 재생산과정에서 동서냉전체제라는 것이 큰 비중을 차지해왔거든요. 그러니까 동서냉전이 끝남으로 해서 분단체제는 그걸 지탱해주던 커다란 기둥 하나가 없어진 셈이니까 거기에서 여러가지 정치적·경제적 위기가 따라오는 것은 당연하다고 봐요. 북한의 식량난이라든가 남쪽의 혼란이나 이런 모든 것이 냉전의 종식과 무관하지 않지요. 분단체제가 이득도 있고 손실도 있다는 측면에서 보면, 이득 중의 하나가 경제개발의 초기단계에는 매우 유리한 체제였다, 그러니까 냉전체제 속에서 한국이 최전방 보루로 있기 때문에 미국에서 적극적인 지원을 해준다는 점만이 아니고, 그런 상황에서 구성된 우리나라의 사회구조 자체가 정치민주화에는 대단히 불리했고 또 정치적으로나 군사적인 자주성이라는 면에서는 심지어 식민지라는 소리가 나올 정도로 의존성이 강했던 반면에 경제발전에는 일시적으로 유리한 체제였는데, 그러나 이것이 무작정 계속되는 이득은 아니고 일정한 수준의 경제개발을 이루고 나면 그때부터는 오히려 질곡으로 작용하는 그런 체제란 말이죠. 이 점 역시 분단체제론과 무관한 많은 경제학자들도 인정하잖아요? 아무튼 나 자신은 분단체제를 허물어가는 작업을 수행하면서 경제의 체질도 바꾸어나가야 한다고 주장해왔는데, 우리 경제체질이 오늘날 같은 위기를 자초했다는 것은 지금 많은 사람들이 동의를 하고 있는 거죠.

그밖에 서방세계의 보루로서의 프리미엄이 상실된 것도 이번 위기에 크게 작용한 건 사실이라고 봐요. 옛날 같은 냉전시대라고 한다면 한국에 대한 신용위기가 이렇게 오지를 않아요. 왜냐하면 미국이 남한을 부도내겠는가, 안 낼 것이다라는 것을 온 세계가 알고 있으니까. 그 대신 미국이 부도를 막아주는 만큼 우리 내정에 깊이 간섭을 해서 그 댓가를 음양으로 챙겨갔는데, 그동안에 우리가 경제성장도 하고, 소련이라든가 중국, 이런 사회주의 강대국들의 위협이 없어지고 하면서 어느정도 자주성의 폭이 넓어진 면이 있단 말이에요. 그런데 그 넓어진 폭을 활용해서 우리 자체로서 분단체제극복을 위한 개혁을 하고 남북화해를 하면서 미국과의 관계도 지혜롭게 유지해나가는 대신에, 우리끼리 낭비도 너무 했지만 미국에 대해서도 분수 모르고 객기를 많이 부린 것 같아요. 그러니까 미국으로서는 객관적으로도 그전처럼 냉전의 보루로서의 가치가 있는 것도 아닌데다가 단기적으로는 필요 이상의 마찰 내지는 교란작용을 한다는 일종의 괘씸죄까지 자청하는 꼴로 보이고, 이런 여러가지가 중첩되지 않았는가 싶군요.

김영삼정권도 잘한 게 있다

김영희 선생님께서는 이번의 정권교체가 획기적인 세력교체에는 미달

하더라도 일정한 의미를 가진다, 그리고 동시에 앞으로 시민운동·민중운동의 역할이 중요하다고 말씀하셨는데요. 그런데 전에 문민정부가 섰을 때만 하더라도 진보적인 운동이 상당한 혼란을 겪었고, 아직도 거기서 벗어났다고 보기는 힘든데, 이번의 김대중씨 당선은 그것보다 더 큰 여파를 몰고 올 수도 있을 것 같거든요. 그런만큼 참된 세력교체의 문제가 이제 비로소 현실적이고도 어려운 문제로 제기되는데, 이럴 때일수록 일상적인 진전과 좀더 큰 전망과의 결합을 고민하는 일이 절실해질 것 같습니다.

백낙청 그렇지요. 결합을 어떻게 이룰지는 한참 더 얘기하다가 결론으로 도출하는 것이 더 낫지 않을까 싶은데, 이왕에 김영삼정권 얘기가 나왔으니까 한마디 덧붙이고 싶은 얘기는, 지금 김영삼정권의 금이 땅에 떨어져서 좋게 말하는 사람이 하나도 없는데, 물론 다른 것은 다 제쳐놓더라도 이런 경제파탄을 몰고 온 데 대한 책임은 면할 수가 없죠. 그러나 김영삼정권이 처음 들어서서 개혁을 잘한다 해서 90 내지 95퍼센트의 국민이 찬동한다는 여론조사까지 나왔다가 지금은 아마 95퍼센트나 그 이상이 욕을 하고 있는데, 이런 우리들의 변덕도 반성할 문제예요. 나는 김영삼정권이 우선 초기에 하나회 같은 군부의 사조직을 해체하고, 돈 안 드는 선거하는 방향으로 여러가지 정치개혁을 하고, 그리고 전·노 두 전직 대통령 잡아넣고, 게다가 판결은 사법부에서 한 거지만 광주민주항쟁이 역사적으로 옳았고 그것을 진압한 세력이 내란세력이라는 판단을 내려놓은 것은 우리가 마땅히 기억하고 평가해줘야 할 업적이라고 봅니다. 그리고 그런 것이 없었으면 김대중씨가 이번에 대통령이 될 수 있었겠어요? 아무리 JP와 손을 잡았다 한들 나는 그건 의문이에요. 또 한번 북풍이 작용한다든가 비토세력이 나타난다든가 해서 더 엄청난 국가적 혼란이 왔을 거예요. 김영삼정권에 대해서도 이런 때일수록 지식인들은 냉정하게 평가를 하는 것이 필요할 것 같고요.

그다음에 김영삼정권이 들어서면서 시민운동이나 민중운동에 여러가지 혼란이 일어난 것은 사실인데, 우선 내가 할 수 있는 얘기는 두 가지가 있습니다. 하나는 그렇게 된 원인이 그때도 지역주의가 큰 것이었어요. 다시 말해서 다른 맹주가 있는 지역에서는 여전히 그분이 앞으로 집권할 수 있느냐 없느냐 하는 차원에서 모든 것을 판단하는 경향이 있었기 때문에 어떤 때는 김영삼씨가 정당한 개혁을 하는데도 발목을 잡는 현상이 나타나서 힘이 모아지지 않았던 것이지요. 또 하나는 우리 민중운동 전반의 문제인데 식민지시대 이래로 우리가 말하자면 지는 운동만 해왔단 말예요. 지면서 명분을 세우고, 그것으로 만족할 수밖에 없는 운동을 해왔기 때문에, 가령 문민정부가 들어섰다 하면 그게 비록 시차가 있었고 3당합당이라는 지저분한 형식을 거쳤지만 6월항쟁이라는 엄청난 국민적 저항의 결과로 결국은 93년에 문민정권이 출범했는데, 그런 전환을 우리가 이루어놓고도—말하자면 나쁜 일을 맞아서 결연하게 싸울 줄은 아는데 좋은 일을 맞아서 활용할 줄은 몰랐던 것 같아요. 어쨌든 30여 년 만에 문민정권을 이루었으면 그에 대한 자부심을 가지고 그게 얼마나 민주적인 문민정부가 될지에 대해서 우리가 감시도 하고 우리 자신도 노력을 했어야 하는 거죠. 이번 경우도 마찬가지예요. 정권교체를 이룩했다는 점에 관해서는 설혹 DJP로의 교체가 미흡하다고 반대했던 사람도 인색할 필요는 없는 거고, 분단체제 아래서 이만큼이라도 해낸 것이 우리 국민의 승리라는 점을 받아들이고 시작하자는 겁니다. 다만 정권교체가 무엇을 위한 정권교체냐? 길게는 민주주의가 더 전진하고 민족통일이 이룩되기 위한 것이고, 그 중간단계로서도 좀더 참신한 세력이 나오기 위한 하나의 과정으로서의 정권교체여야지, 정권교체가 됐으니까 모든 것이 다 됐다고 하고 주저앉아도 곤란한 것이고, 반대로 이러이러한 일이 아직 이루어지지 않았는데 정권교체 따위가 무슨 의미가 있냐 하고 이 성과를 폄하해서도 안된다고 봐요.

임규찬 저도 덧붙여 한 가지만 질문을 드리겠습니다. 대통령 당선자 자신도 민주주의와 경제의 동시적 발전을 주요 목표로 내걸고 있어 아까 선생님께서 말씀하신 민주정부로서의 자질과 연관지어 볼 때 확실히 기대되는 바가 많습니다. 그런데 IMF시대의 위기가 과연 어느 정도 위기인가에 따라서 우리가 생각하는 발전모델과 과제들이 상당히 혼선을 빚을 가능성이 높아졌습니다. 특히 선생님의 분단체제론과 관련지어 볼 때 한편으로는 국제경쟁력 강화라는 측면을 이야기하면서 은연중 종전의 경제상승 구도를 그대로 유지하는 선상에서, 그리고 다른 한편으로 분단체제의 타파와 민주화의 진전에 따른 삶의 질을 높이는 방향으로 설정되어 있다는 느낌이 들었습니다. 이러한 위기사태와 관련해서 경제문제나 발전모델과 관련하여 좀더 세밀한 전망을 해주셨으면 좋겠습니다.

백낙청 IMF '시대'라고 해야 하나? '사태'라고 해야 하나?(웃음)

백영서 일단 '사태'라고 정리하죠 뭐.

경제위기 극복과 주인된 자각

백낙청 일단 '사태'라고 해요? 하지만 이거는 단순한 '사태' 차원을 넘어서 일종의 경제적인 신탁통치죠. 그런데 신탁통치라는 말의 어감이 참 나쁘기는 하지만 첫째는 멀쩡한 독립국가라고 생각했는데 신탁통치 아래 들어간 것만큼 엄청난 사태라는 거고, 둘째로 나는 그걸 단순히 나쁘다고만 말할 수는 없다고 봐요. 어떻게 보면 해방 직후에 신탁통치안이 나왔을 때 거기에 대해서 우리 국민이 너무 정서적으로 반응을 했기 때문에 분단을 강화하고 결국 6·25라는 참화를 겪었는데, 신탁통치가 받아들여졌더라면 어떻게 됐을지는 아무도 장담할 수는 없지만 사실 6·25 같은 참화는 피할 수 있었으리라고 생각하는 사학자들도 많은 것 같습니다. 어쨌든 그 당시에도 설령 신탁통치를 받아들인다 해도 참으로 착잡한 심정으로 받아들이는 것이 당연했을 텐데, IMF문제도 마찬가지예요. 한편으로는 이것이 대부분 자업자득이요 삼켜야 할 쓴약이라는 자세가 필요하겠지만, 설령 IMF의 처방이 100% 유익한 것이라 할지라도 경제주권의 상실에 대한 부끄러움이 없다면 독립국가의 국민 될 자격이 없는 거지요. 어쨌든 우리가 그동안 잘못해왔고 당연히 구조조정을 해야 할 것을 미루어왔고 개혁할 것을 안한 것을 IMF의 실질적인 경제신탁통치를 통해서라도 하게 된다면 결국은 IMF가 우리를 위해서 머슴노릇을 해주는 거 아니겠어요? 문제는 IMF를 머슴으로 부릴 만큼 우리가 주인의 자세가 되어 있느냐, 그런 마음자세가 되어 있느냐 하는 거고, 더구나 IMF 쪽에서야 우리의 머슴노릇 하려고 들어오는 게 아니거든요. 그들의 요구가 어떤 것은 우리 국민의 장기적인 이익에 부합되는 것이지만, 또 어떤 것은 IMF라는 기구 자체, 혹은 그 기구가 실질적으로 대변하는 미국 중심의 세계자본만을 이롭게 하는 거지요. 우리의 머슴이 아닌 저들의 머슴으로 우리에게 와서 주인행세를 하겠다는 측면이 있지 않느냐, 그래서 우리가 그런 것을 잘 가려가지고, 그들이 하는 일이 우리 이익에 부합되는 일은 그대로 수용해서 철저히 머슴으로 부려먹고, 그들이 우리에게 주인행세를 하려고 하는 것은 힘닿는 데까지 막고, 힘이 모자라면 괜히 객기 부리지 말고 일단 예봉을 피해가면서 또 우리 나름대로 준비를 해나가면, 그것 또한 우리 생활의 주인이 되는 훈련이 되겠지요. 그런 주인 된 자각만 있으면 밖에서 들어와서 간섭하고 주인행세 하는 사람들이 사실은 우리 머슴이 될 수 있다고 봐요.

백영서 여기는 다 경제를 모르는 사람들끼립니다만, 저는 지금 사태를 나누어서 볼 필요가 있을 것 같아요. 하나는 지금 당장 문제가 되고 있는 우리 경제의 외환수급사정을 악화시키는 단기성 외채라는 것, 그것은 선생님이 말씀하신 주인이냐 머슴이냐를 따질 수 없는, 그건 문제가 있는 자금들 아니냐는 거죠. 지금 동남아의 사정을 보면 그런 자금들이 제조업에 투자되는 것은 거의 없거든요. 환차를 노려 금융과 부동산 투기를 해서 동남아에 거품경제를 만드는 핵심이었죠. 그건 금방 빠져나가고 금방 들어오고 하는 건데, 그것에 대해서는 요즘 비판적인 소리도 높아져 자본이동에 세금을 물리자는 주장도 나올 정도예요. 그것 말고 공장에 투자하는 식이라면 그런 것까지 거부할 수 있는 사람들은 없지 않느냐 하는 생각이 들어요. 그래서 저는 일단 그 둘을 구별해서 볼 필요가 있다고 생각하고요. 문제는 설사 후자라 하더라도, 선생님의 발상을 그대로 받아들인다면 우리가 주인이 되느냐 안되느냐 하는 것은 우리가 어떤 발전모델을 따르려 하는가와 관계있다는 점을 한번 생각해볼 필요가 있지 않은가 싶어요. 요즘 갑자기 우리나라에서 영국의 전 수상 새처(Thatcher)의 인기가 높아지고, 우리나라에도 새처 같은 사람이 있었다면 여기에 대처해나갈 수 있었을 거라는 주장들을 하더군요. 영국도 IMF 돈을 받았지만 새처가 극복했다는 거지요. 요즘 새 정권에서도 그걸 모델로 삼는 경향이 있는 것 같아요. 다 개방하고, 누구나 와서 투자를 하면, 가령 삼성이 가서 투자를 하면 영국 여왕까지 와서 축하인사를 해주듯이 하자는 거겠지요. 그런데 과연 그것이 우리 문제의 해결방향일까, 물론 지금 하도 다급해서 당선자도 누구 돈이든 다 끌어들이기 위해 불철주야 애쓴다고 하는데 과연 그게 바람직한지도 생각해봐야 하지 않을까, 저는 그런 점에서는 완전한 시장기능에만 맡기는 식으로 가기보다는 그동안 해왔던 정부의 기능을 어느정도 살려서 시장기능과 결합시키는 방법이 필요하다고 보는데요.

백낙청 글쎄, 경제를 잘 모르는 사람들끼리 앉아서 너무 구체적인 얘기를 하면 웃음거리가 되기 쉬우니까(웃음) 그래서 내가 일부러 주인이니 머슴이니 하는 비경제학적인 용어를 쓴 거예요. 그런데 이번에 IMF사태를 계기로 우리가 정말 분단체제라는 것도 더 생각해봐야겠지만, 분단체제론에서 늘 얘기하는 것이 분단체제 자체가 완결된 체제가 아니고 자본주의 세계경제의 한 하위체제라는 점인데, 이번 기회에 자본주의라는 걸 좀 더 깊이 생각해봐야 할 것 같아요. 한편으로는 어쨌든 자본주의 세상에 살 바에는 거기에 제대로 적응하지 않고는 당하게 되어 있다는 것이 하나 있고, 또 하나는 자본주의 세상이라는 것이 자기가 착실하게 살아도 당하는 사람이 나오게 마련인 세상이라는 것이죠. 지금 환투기는 곤란하고 제조업 투자는 환영한다고 구별하지만 그건 내 쪽 사정이고, 내가 그렇게 구별한다고 해서 투기꾼은 자기가 스스로 양보해서 안 들어오고 제조업자는 자진해서 들어오고 그러는 게 자본주의가 아니란 말이에요. 자본주의라는 것이, 비록 잘못된 내용일지언정, 인간은 모름지기 이렇게 살아야 한다는 그런 원리에 의해서 움직이는 것이 아니란 말예요. 매사가 궁극적으로는 이윤의 극대화를 위해서 움직이는 것 아니에요? 그리고 점점 국경의 장벽이 없어져가는데, 이것도 자본주의는 원래 세계체제요 세계경제니까 국경을 넘나들면서 천하를 자본이 주무르는 게 바로 자본주의의 본성이려니 하고 우리가 대응을 해야지, 그냥 뭐는 이래야 한다, 뭐는 저래야 한다고 당위론을 펼쳐봤자 안 통하는 경우가 많다는 점을 이번 기회에 우리가 뼈저리게 각성할 필요가 있다고 봅니다.

IMF사태는 새로운 발전모형의 연구 기회

그럴수록 임규찬씨와 백영서씨 두 사람 모두 말한 발전모델이라는 것은 참으로 중요한데, 나는 한국경제가 장기적으로 국제경쟁력을 강화하려면 그건 분단체제를 허물어가는 과정과 합치되어야 한다는 주장을 늘 해왔지요. 다시 말해서 남북한의 분단과 대결 상태는 그대로 놔두고 남한만이 어떻게 해서 G7에 들어간다느니 하는 것은 무망할뿐더러 위험천만의 길이라는 생각이었는데, 이 점이 이번에 거의 입증되지 않았나 싶어요. 그리고 국제경쟁력 강화라는 문제도, 나는 남한경제의 국제적인 위상이 현재보다 더 내려가지 않도록 노력하자는 주장을 해왔지요. 더 내려가지 않기 위해서도 경쟁력이 강화될 필요가 있기는 하지만, 무턱대고 선진국 진입 운운하는 것과는 전혀 다른 자세라고 봐요. 말하자면 수세적인 자세지요. 물론 나한테 구체적인 전략은 없지만요. 아무튼 비슷한 얘기 같아도 전혀 발상이 다르다고 봐요. 더 내려가지 않도록 하자는 것은 어차피 경쟁하는 세상인데 여기에서 더 내려가면 우리가 장기적으로 더 좋은 세상을 만들려고 노력을 할 실력까지 잃어버리니까 그렇게 되지 않도록 최소한의 여건을 유지하면서 장기적인 대안을 달리 찾아보자는 얘기고, 그러다 보면 구체적인 전략도 훨씬 조심스러워지고 지혜로워지겠지요. 반면에 더 올라가자는 사람들은 대개가 후진국에서 중진국으로 가서 중진국에서 선진국으로 가는 순서가 있는 것이고, 우리가 다음에는 선진국으로 가게 되어 있다는, 내가 볼 때는 매우 단순하고 위험한 발상에 젖어 있었던 거예요. 그런데 지금 IMF사태를 맞아서 우리가 정신을 차리면 다시 일어설 수 있다고 하는데, 나도 우리가 정신을 차려서 다시 일어서야 한다고 생각하지만 어디로 어떻게 일어서겠느냐? IMF사태가 일어나기 전의 흥청망청 살던 시대로 되돌아가는 것이라면 그것은 참 우스운 소리죠. 오히려 차제에 새로운 전략을 개발하고 장기적인 발전모형이랄까 목표를 연구하는 계기로 삼아야 할 거예요.

백영서 선생님 말씀에 전적으로 동감합니다만, 일반인들의 실감과는 거리가 있지 않을까 하는 생각은 들어요. 저 자신도 그렇습니다만, 당혹스럽게 이 연말연시에 IMF한파를 맞으면서 가능하면 환율도 옛날식으로 내려가고, 가능하면 김당선자 말마따나 1년 6개월 안에 문제가 해결돼서 옛날 같은 소비와 성장을 누리는 사회가 돌아왔으면 하고 바라지요. 그야말로 단순히 관치금융을 고치고 경제구조를 바꾸는 구조조정을 바라지, 더 나아가서 선생님이 말씀하신 대로 발전모델의 갱신까지는 피부에 와닿지 않을 거예요. 정말로 발전이라는 개념을 되씹어보고 자본주의를 근원적으로 생각하고 새로운 문명을 생각하는 것이 과연 얼마나 많은 사람들의 공감을 얻어낼까에 대해서는 좀 돌아봐야 하지 않을까 하는 생각이 들어요.

백낙청 돌아보는 건 좋은데 처음부터 많은 사람들에 대해서 그렇게 포기할 필요는 없어요. 지금 이걸 계기로 이런저런 생각을 하는 사람들이 많으니까 그런 사람들이 더 생각을 모으고 뜻을 모아서 정말 바람직한 방향으로 나아가도록 해야지, 그게 되겠느냐 하고 미리 말할 필요는 없지요.

임규찬 저도 이참에 시골에 내려가서 이런저런 사람들 얘기를 들어보니까 의외로 이번 일을 빈부격차의 그런 시각에서 바라보는 경우가 많았습니다. 가령 재벌놈들, 도시놈들 잘먹고 잘살더니 나라꼴을 이렇게 만들었구나 하는 시각도 의외로 많다는 점에서 역으로 이번 기회를 잘 활용한다면 우리 사회의 보이지 않는 갈등구조를 해결하는 단서도 되지 않을까—

김영희 너무 단순한 예일지 모르겠지만, 기름값이 오르면서 사람들이 자동차를 덜 몰고 나와서 도로교통 문제가 일시적일지라도 좀 나아졌잖아요. 이런 것을 보면서 우리나라에 적합한 경제규모라든가 소비수준이 어딘가 하는 물음을 떠올리는 사람들도 있지 않겠어요?

백영서 이런 시각도 저런 시각도 있을 수 있는데 실제로 정치가라든가 여론 주도층에서 그걸 어떤 방향으로 끌고 가는가에 따라서 모양은 얼마든지 달라질 수 있다는 생각이 들어요. 특히 매스컴의 역할, 언론의 역할도 중요하고요. 일시적으로 우리가 허리띠를 졸라매서 잘 극복하면 그냥 돌아가는 거고, 그야말로 새로운 발전모델을 찾는다면 그렇게 갈 수도 있는, 요즘 유행하는 말로 위기이자 동시에 기회인데, 저는 비관적인 쪽이에요. 저야 정책집행자가 아닌 대학 선생에 불과하지만, 지금 민주주의와 경제성장을 동시에 추구한다는 DJ 측에서 이 기회를 통해 새로운 발전모델 추구까지 가려고 할까, 또 하나 제2의 박정희를 꿈꾸며 대국주의로 가려는 것이 아닐까, 60년대 이후 늘 그런 방향으로 우리 사회를 이끌어왔기 때문에 정치가들은 그런 쪽으로 국민을 동원하려는 유혹에 빠지기 쉽겠지요. 그래서 저는 대세가 그렇다고 한다면, 대세와 관련해서 다시 창비

문제로 돌아가면 창비가 지향하고 있는 것들을 돌아볼 필요가 있다고 봅니다. 제가 창비 문제를 다시 꺼내는 것은 이런 전환기가 도래하는 것을 얼마나 예상했으며, 비전을 제시하는 지식인의 역할을 얼마나 제대로 수행했는가 하는 의문 때문입니다. 그런 점에서 보면 지식인들이 반성해야 할 여지는 많은 것 같습니다. 주위에서, 미국에서 공부하고 온 경제학자들이 많은데 이런 사태를 충분히 예측했느냐 하는 비난, 나아가 사회과학도들에 대한 비난을 들으면서, 70년대 이래 한국 지식인사회를 선도적으로 이끌어온 중요 매체인 우리 창비는 반성할 점이 없는가 하는 생각이 듭니다.

거대담론에 치중하고 현실문제에서 멀어진 창비?

그런 점에서, 저도 편집진의 일원입니다만, 우리가 주로 해온 일은 바로 지금 제기한 발전의 문제, 자본주의 자체에 대한 근원적인 이해, 근대의 문제에 대해서 끊임없이 되물어왔는데 이런 것들은 주로 80년대 말에서 90년대에 들어와서 주로 다루어온 일이고, 그래서 우리는 나름대로는 의견을 개진해왔고 비전을 제시하려고 했다고 생각합니다만, 그러나 이런 노력들, 즉 창비가 제기한 근원적인 질문들이 과연 일반인들의 실감과 잘 맞아떨어진 것일까요? 이런 것이 경우에 따라서는 '담론상업주의'라든가 거대한 설명틀만 제기하려고 한다든가 하는 식의 비판을 불러일으키는 게 아닌가 하는데, 이 점에 대한 선생님의 생각을 듣고 싶습니다.

백낙청 뭘 가지고 담론상업주의라는 거예요?

백영서 구체적으로 말하면 이런 거겠죠. 근대와 근대극복의 이중과제라는 것도 그렇고, 더 가까운 계기로는 식민지에서의 근대성에 관한 논쟁처럼 작년 인문사회학계의 대표적인 쟁점으로 거론될 정도로 관심을 끈 것이 있는데, 이런 것들이 현실문제를 비껴선 이론중심이라고 얘기들이 되는 것 같습니다.

백낙청 근대와 근대극복의 이중과제라는 논의는 상업주의와는 별 관계가 없는 것 같고요. 별로 상업성 있는 논리는 아니었다고 보는데……(웃음) 일제 식민지시대의 성격에 관한 논의는, 글쎄 그것도 담론상업주의냐 아니냐 하는 데 우리가 신경쓸 필요는 없을 것 같고, 나는 그런 말이 나올 정도로 그 문제를 공론화하는 데 창비가 기여했다면 일단 잡지로서 잘한 일이라고 생각합니다. 그런데 그 두 문제에 대해서 나오는 비판의 성격이 조금은 다른 것 같아요. 식민지시대에 관한 논의는 우선은 그걸 먼저 제기한 분들이 대개 식민지시대에 일본이 조선의 근대화에 일정하게 기여했다는 것을 강조하는 학자들이고, 또 그중에 상당수가 은연중에 식민지시대에 우리 민족과 민중이 겪은 고난에 대해 다소 둔감하다고 할까, 그렇기 때문에 이 점에 대해 분노하는 학계의 다른 쪽에서는 도대체 창비가 이런 문제 제기에 지면을 주는 것 자체가 못마땅하다는 게 있지요. 하지만 그것을 안 다룬다고 해서 그런 논의가 사라지는 것도 아니고, 오히려 이렇게 공론화해서 종전에 그런 논의에 참여했던 분들도 더 분명하게 입장을 정리해보고, 또 참여하지 않았던 여러 사람들도 새로운 기여를 하는 계기를 만드는 것이 중요하다고 봐요. 그래서 일단은 잡지로서 잘했다고 봅니다. 문제는 아직까지 우리 편집진 자체로서 뚜렷한 기여를 한 것이 그리 많지 않다는 거예요. 글로 나온 것은 아마 지난 98호에 우리 자문위원이기도 한 유재건(柳在建) 교수가 「식민지·근대와 세계사적 시야의 모색」이라는 글을 쓴 것이 아직까지는 유일한 셈인데, 그러니까 결국은 자기들이 이 문제를 천착해서 새로운 뭐를 내놓지도 않으면서 종전에 논의하던 분들을 끌어 모아서 그야말로 상업주의적으로 활용하는 것이 아니냐 하는 비판을 받게 되는 거지요. 앞으로 창비 편집에 직접 관여하는 사람들이나 창비가 새로 개발한 필자들이 뭔가 새로운 것을 내놓지 못한다면 그런 비판을 받아서 마땅하다고 봐요.

김영희 상업주의 이야기는 요즈음의 식민지 관련 논의를 두고 나온 거고, 좀더 일관된 비판은 90년대에 들어와서 창비가 거대담론에 치중한다든가 현실문제에서 멀어진다든가 하는 지적인데요.

백낙청 거대담론이라는 비판과 관련된 좋은 예가 바로 '근대와 근대극복의 이중과제'겠지요. 하지만 그건 논의를 어떻게 하느냐에 달렸을 거예요. 가령 식민지시대에 관한 논란만 하더라도 바로 근대의 성격에 관한 논의가 되는 거고 예의 '이중과제'를 구체화하는 한 가지 방식인데 유재건 교수 글에서 겨우 그런 연결의 단초가 열린 정도지요. '근대와 근대극복'이라는 용어 자체는 우리 편집위원들도 곧잘 쓰던데 '근대'도 거창한 문제지만 '근대극복'은 더욱이나 막연한 느낌을 주기 쉽지요. 내 생각에는 근대극복이라는 말을 쓰려면 적어도 두 가지 여건을 갖추어야 한다고 봐요. 하나는, 근대라는 것이 자본주의시대라는 전제 위에서 하는 얘기인데, 근대가 무한정 지속되지 않는다라는 확신이 있어야 해요. 그 신념도 없이 막연히 근대극복, 근대극복 하면 그건 겉멋이요 말놀음밖에 안되는 거죠. 자본주의가 언젠가 끝난다는 문제에 대해서 나는 크게 봐서 월러스틴(Immanuel Wallerstein) 같은 사람의 '역사적 자본주의'관에 동의합니다. 다시 말해서 자본주의가 지금 전성기에 있지만 자본주의체제라는 것은 그 본성상 승승장구하다 보면 자연히 더이상 그런 방식으로는 작동할 수 없게 되어 있다, 그것이 50년 후가 될지 100년 후가 될지는 모르겠는데 첫째는 10년, 20년 내에 일어나는 단기적인 사건이 아니라는 것과, 반면에 수백년씩 지속될 만큼 그런 무한한 잠재력을 가진 것도 아니고, 그 중간쯤의 일정한 시기가 지나면 더는 작동이 불가능한 메커니즘을 가지고 있다는 주장에 동조를 하고요. 동시에 종전에 자본주의극복을 얘기하던 사람들은 자본주의가 수명을 다할 때 필연적으로 사회주의혁명이 일어나서 사회주의가 성립된다고 했는데 월러스틴은 그런 보장은 없다는 거죠. 그런 역사의 법칙이라는 것은 없고, 자본주의보다 훨씬 더 나쁜 체제가 될 수도 있는 거고, 또 그가 그런 말을 했는지 안했는지는 기억나지 않지만 인류가 멸망을 해서 아무런 체제가 없는 세계가 올 수도 있어요. 다만 우리가 하기에 따라서는 자본주의보다 더 나은 미래가 될 수도 있다, 그래서 자본주의로 대표되는 근대는 어차피 끝나게 되어 있는데 이걸 좀 제대로 극복해보자라는 근대극복에 대한 신념이 하나 있어야 하고요.

그다음에는 이것이 한반도에서 사는 우리가 지금 당면한 문제와 직결되어 있다는 신념이 있어야지요. 분단시대를 사는 우리 한국인의 최대목표가 분단체제극복이고 이것은 분단체제보다 나은 체제를 한반도에 건설하는 일이라고 한다면, 이 작업은 한편으로는 우리가 통일국가를 달성함으로써 자본주의 세계체제 안에서, 근대세계 속에서 제자리를 잡는 그런 작업이면서 다른 한편으로는 이제까지 이 세계가 작동해오던 방식에 대해서 뭔가 견제를 하고 새로운 것을 내놓는 작업이거든요. 그런 의미에서 분단체제극복이야말로 한반도에서 근대를 달성하면서 근대극복을 향해서 나아가는, 근대극복의 실마리를 여는 이중적인 과업이랄 수 있지요. 가령 이런 식으로 논의를 구체화해나가면 이게 지나치게 거대한 담론, 우리 현실과 동떨어진 내용없는 거대담론이라는 비판은 해당되지 않는다고 봅니다. 물론 거대담론이 포함되어 있다는 사실 자체에 불만을 갖는 사람들은 계속 비판하겠죠. 하지만 그거야 거대담론 없이 살겠다는 사람들이 딱한 사람들이지 우리가 그런 사정까지 배려해서 근대나 근대극복 논의를 사양할 수는 없을 거라고 봐요.

백영서 그런데 창비 자체 문제를 얘기하다 보니까 결국 선생님이 주로 이끌어오신 분단체제론으로 얘기가 돌아갑니다. 선생님은 분단체제론이 거대담론을 담고 있지만 우리 당면과제에 적용되는 구체적인 것이라고 하셨는데, 쉽게 전달이 안되고 오해가 되는 면도 있는 것 같아요. 분단체제론에 대해서 염무웅 선생님도 최근에 쓰신 글에서 이런 표현을 했어요. "공인받지 못했을지는 몰라도 공론화에는 성공한 셈이다." 그러니까 공론화에는 성공했지만 충분히 널리 받아들여지지는 않는다, 이런 뜻으로 표현한 것 같은데……

백낙청 그거 내가 한 말 같구먼……(웃음) 몰라, 염선생도 그런 말을 했는지는 모르지.

백영서 예. 염선생님도 그런 말씀을 하셨어요. 그럴 정도로 그것조차도 잘 이해가 안되는 면이 있는 것 같다는 생각이 들어요.

백낙청 공인이야 남이 해주는 건데 안해주겠다고 우기면 내가 어떡하겠어요?(웃음)

지혜로운 한반도 통일은 자본주의 세계체제 변혁과 연결됨

백영서 차제에 선생님 모시고 말씀 듣는 기회에 청문회랄까요, 몇 가지 점을 점검해보는 기회를 가졌으면 하는데요. 분단체제론에 대해서 저희들로서도 몇 가지 궁금한 점이 있습니다. 우선 그중의 하나를 질문드린다면 선생님이 근대극복에 대해서 필요한 두 가지 요소를 말씀하시면서 근대, 즉 자본주의극복의 신념을 강하게 피력하셨어요. 그중의 하나가 넓게 말해서 자본주의체제의 변화가능성·소멸가능성이었고, 두번째가 대안적인 체제에 대한 구상이랄까요, 그런 것을 말씀하셨는데 그 점은 역시 막연한 것이 아니냐, 예전처럼 사회주의체제를 기계적으로 떠올릴 수 없는 지금에 와서는 더욱 그래요. 그런 것과 관련해서 질문을 드린다면 선생님은 분단체제 극복운동이 장기적으로는 세계체제 변혁과 연결된다고 보시잖아요. 어떤 대목을 빌린다면 현존체제에 대한 좀더 실질적인 타격을 줄 수 있다고까지 주장하셨는데 그게 좀 막연하다는 생각이 들 때가 있습니다. 그리고 어떤 글에서는 분단체제에 대해서 올바로 인식할 때 분단체제를 허무는 사업은 사회주의체제 하나를 건설하는 것보다 낫다라고까지 말씀하신 적도 있으신데 그 점에 대해서 좀……

백낙청 그때 사회주의체제라고 한 것은 어느 특정한 나라에서 사회주의자들이 집권해서 스스로 사회주의체제라고 말하는 경우를 뜻하는 것이지 그것이 온전한 의미의 사회주의체제라고 인정한 건 아니에요. 말하자면 따옴표가 붙어 있다고 생각하면 되겠는데, 오늘의 세계에서는 그런 식의 '사회주의혁명'이 어느 국가에서 일어날 수 있다는 것조차 의문입니다. 내 말은 설령 일어날 수 있는 상황이더라도 그것이 자본주의 세계체제에 무슨 결정적 영향을 주는 사건은 못된다는 거였지요. 자본주의 세계경제라는 것이 과거에도 소위 그러한 사회주의체제를 어떤 면에서는 포용하면서 견뎌왔고, 어느 싯점이 지나면서 그것을 대부분 와해시키는 데 성공했어요. 지금 남아 있는 사회주의국가라고 했을 때는 적어도 그런 의미의 사회주의체제인 중국이라든가 베트남, 북한, 이런 나라들도 실질적으로 세계시장에 통합이 되었거나 아니면 통합이 못 돼서 북한처럼 어려움에 처해 있는 그런 상황이란 말이에요. 그래서 설령 그런 체제가 하나 더 있다 하더라도 그것이 인류에게 무슨 대안이라는 생각을 안 주는 거예요.

반면에 한반도에서 통일이 이루어질 때 그것이 가령 남한자본주의가 일방적으로 주도해서 통일을 이루는 그런 경우가 아니고 뭔가 남북한의 민중이 획기적으로 참여해서, 크게 보면 자본주의 세계경제 속에 들어 있는 사회지만 그러나 종전의 남한이나 북한에서 볼 수 없었던 새로운 형태의 민주적이고 정의롭고 어느정도 번영하는 그런 사회를 만들어낸다고 하면 지금까지 자본주의의 논리만을 따라서 하던 것과는 다른 방식으로 우리가 우리 삶을 꾸려나갈 수 있구나라는 역사적 모범을 보여주는 거예요. 그런 의미에서 현존 자본주의체제에 더 큰 타격이 되리라는 것이죠. 사실은 지금의 세계체제가 유지되는 데에 한반도의 분단체제가 얼마나 큰 기여를 하고 있는지를 우리 스스로가 제대로 모르고 있는 것이 아닌가 하는 생각도 해볼 필요가 있어요. 한민족의 세계사적 사명이라든가 한반도 통일의 세계사적 의의, 이런 식으로 우리가 멋있는 문구를 늘어놓을 때는 사실 그런 생각을 포함하는 것 아니겠어요? 다시 말해서 통일이 됨으로써 이런 엄청난 의미를 갖는다는 것은 통일 안된 상태가 기성체제를 유지하는 데 그만큼 몫을 하고 있기 때문에 이게 변할 때 그런 가능성이 열린다는 말인데, 이 부분에 대해서는 우리가 사실은 장래 일도 아니고 과거의 일이고 오늘날의 일이기 때문에 과학적인 검증이 가능한데도 잘 안하고 있는 것 같아요. 가령 브루스 커밍스(Bruce Cumings) 같은 사람은 한국전쟁이 베트남전쟁보다 세계사적으로 더 중요한 전쟁이었다는 주장을 하잖아요? 베트남전쟁의 의의를 우리가 깎아내릴 필요는 없지만, 또 한국전쟁에서 미국이 결정적으로 패배했다는 식의 선전도 아니지만, 미국이 주도하는 세계체제가 지금과 같은 모습으로 굳어지는 데 한국전쟁이 얼마나 결정적으로 기여했는가, 또 그 후로 유지되어온 남북의 분단상태라는 것이 세계체제 유지, 미국의 강경세력이라든가 군산복합체의 자기재생산에 얼마나 중요한 몫을 해왔고 냉전이 끝난 지금까지도 하고 있는가, 이런 것을 누군가가 냉정하게 계산을 해본다면, 한반도의 분단체제만 빠져도 미국은 미국대로 크게 변하지 않을 수 없다는 결론이 나올 것 같아요. 그런 의미에서 분단체제를 우리가 슬기롭게 극복한다는 것은 정말 그만한 의의가 있는 일이라고 봅니다.

김영희 아까 근대극복에 대한 신념과 관련하여 월러스틴 생각에 공감한다는 말씀을 하셨는데, 가령 '지혜의 시대'를 얘기하신 글을 보면 선생님께서는 자본주의체제가 뭔가 좀더 진전된 방향으로 극복되지 않을까 하는, 월러스틴보다 좀더 분명한 확신 같은 것을 갖고 있다고 보이는데요. 월러스틴도 그 나름대로 신념이야 있겠지만 사실 봉건주의에서 자본주의로의 이행을 월러스틴은 후퇴로 보는 측면이 있잖아요? 그런 면에서도 월러스틴은 자본주의 이후의 여러 가능성을 정말로 열어놓는 것 같고, 선생님께서는 '극복'에 대한 좀더 굳건한 신념이 있는 것으로 보이는데, 사실 이런 점은 민중에 대한 신뢰라든가 본마음 등을 얘기하실 때부터 일관됐던 것 같은데요.

백낙청 월러스틴과 비교해서 누구 신념이 더 굳건하냐는 것이 중요한 건 아닐 테고 내 나름대로 신념이 있다고 할 때 그게 얼마나 근거있는 신념이냐 하는 게 중요하겠지요. 그 부분을 좀 우회적으로 얘기하면 봉건시대에서 자본주의시대로 넘어온 것을 월러스틴은 우선 그게 전혀 역사적인 필연성이 없었다고 하고, 둘째로 그게 많은 의미에서 역사적인 후퇴였다고 하지요. 그리고 이 점을 일종의 손익계산서를 뽑아가면서 얘기하니까 그걸 가지고 우리가 따져볼 여지가 있는데, 사실은 그 이행과정에 어떤 필연성이 있었느냐 없었느냐에 따라서 손익계산서를 보는 태도도 달라지게 마련이에요. 왜냐하면 뭔가 그게 필연적인 것이었다 하면 실제로 손해가 났다 하더라도 감수해야 할 손해라고 해서 아무래도 다른 의미를 부여하게 마련인데, 나는 구체적인 자본주의로의 이행경로에 대해서 지식이 너무도 부족하지만, 자본주의의 도래라는 엄청난 사건이 아무런 필연성이 없이 이루어졌다고 단정하는 것도 그게 무슨 신의 섭리에 의한 것이다, 필연적인 역사법칙에 의한 것이다라고 단정하는 것만큼 무모하고 어쩌면 무엄한 발상이 아닌가 하는 느낌은 있어요. 그래서 분명히 필연도 아닌 사실들을 꿰맞춰가지고 필연이라고 해석하는 건 곤란하지만, 그렇다고 자본주의라는 이 엄청난 인류적인 경험, 불과 수백 년 사이에 전지구와 대다수 인간을 온통 바꿔놓은 이 엄청난 변화를 인류가 피할 수도 있었을 우발적 사태라고 말하는 건 무언가 불신이 지나친 태도라고 봐요. 마찬가지로 장래에 대해서도, 물론 우리네 하기에 달린 거지만, 자본주의라는 이 재앙이라면 재앙에 해당하는 역사가 우리가 그걸 거치면서 뭔가 인간이 새롭게 거듭나고 더 훌륭해지기 위한 하나의 과정이라고 보고 싶은 심정이 있어요. 그런 심정적인 것에다, 또 이렇게 부대끼면서 더 많은 사람들이 더 밝아지고 깨쳐가고 있다는 내 나름의 인식이 결합되어서 적어도 월러스틴이 언표한 것보다는 더 좀 확실한 믿음을 가지고 있다고 말할 수 있겠지요.

김영희 선생님께서 계속 믿음이나 신념을 말씀하시는 것이 선택된 어휘라는 생각도 드는데요. 인식이 빠지지는 않겠지만 인식만은 아니고 믿음이라는…… 그런데 이런 부분에 대해서 비과학적이라든가 정말 순전한 믿음 차원이 아니냐 하는 비판들도 많았던 것 같아요. 근거가 뭐냐 하는 얘기도 있고……(웃음)

백낙청 근거를 다 제시할 능력도 없고, 지금 그럴 계제도 아니니까 일부러 믿음이라는 말을 썼는데 믿음이란 공부의 출발점이라 생각하면 되겠죠. 의심이 믿음으로 끝나기를 요구하는 것이 전통적인 종교의 입장이라고 한다면 믿음에서 출발해서 의심으로 가는 게 오히려 정당한 공부법이라고 봐요. 다만 이때 의심은 노력을 포기하는 불신이 아니라 더욱 탐구에 정진하는 자세라야지요. 그런 의미에서 우선 출발단계에 해당하는 믿음 얘기로 대충 넘어가려 한 건데(웃음) 그러나 자본주의가 무한정 지속될 수 없는 사회체제라는 명제는 어느정도 과학적 분석이 끝났다고 볼 수 있고, 장기적인 자본주의극복의 한 단계로서 한반도의 분단체제극복이 있고 그런 작업이 한반도에서 이루어질 수 있다, 지금도 어느 면에서 이루어지고 있다는 주장은 사실 차원에서 어느정도 규명이 가능하지요. 당장에 규명할 수 있는 면도 있고, 또 5년, 10년 내로 판가름날 문제도 있고 하니까, 순전히 믿음 차원에만 머문 얘기는 아닌 셈이죠.

북한동포돕기와 남한경제살리기를 하나의 운동으로 추진해야

백영서 분단체제에 대해서 얘기가 좀더 됐으면 싶은데요. 최근의 우리 활동 중에 분단체제 극복운동과 관련해서 선생님도 주목하셨고 많은 사람들이 관심을 가졌던 것이 작년에 있었던 북한쌀돕기운동인데, 거기서 남북한 민중이 연대할 수 있는 가능성까지 보셨던 것으로 기억이 됩니다.

백낙청 그랬지요. 한데 쌀돕기라는 표현은 적절치 않고 식량 보내기, 더 정확히 말하면 옷가지와 의약품까지 포함하는 북녘동포돕기지요. 그

운동 자체는 여러분들도 다 알다시피 정부나 우리 거대언론에서는 별로 지원을 안해줬는데도 불구하고 내가 알기로 총계 2백억원이 넘는 금액이 모였습니다. 액수로 보나 가담한 인원수로 보나, 운동을 주도한 분들의 자평에 따르면 3·1운동 이후 최대의 민족운동이었다고 할 만큼 대단한 성과였습니다. 3·1운동과는 비교하기 어려운 면이 좀 많지만 아무튼 큰 성과였다는 건 동감인데, 이게 분단체제 극복운동으로서는 얼마만큼의 의미가 있느냐, 어느 정도의 남북 민중연대로 발전할 수 있느냐는 것은 아직 미지수지요. 더구나 당장 IMF시대를 맞아서 그런 식의 운동이 얼마나 지속될 수 있겠느냐 하는 현실적인 문제가 있죠. 앞으로 일은 나중에 따로 얘기하더라도, 아무튼 이제까지 그 운동이 남한에서는 어느정도 민중적인 동원이 이루어진 운동이고, 그걸 통해서 많은 사람들이 북한동포와의 유대를 새로 확인하고, 분단문제를 새로 생각하고, 또 적어도 일각에서는 이것이 단순히 통일문제가 아니라 이런 동포돕기조차 전혀 지원을 안하고 심지어 훼방을 하는 우리 남한의 지배구조라는 것이 어떤 구조인가에 대해서까지 생각을 하게 되고, 그런 면에서는 통일운동과 민주화운동을 겸하는 분단체제 극복운동에 부합되는 결과가 적잖게 나왔다고 생각합니다.

북한민중과의 연대에 관해서는 우리가 남한과 똑같은 형태의 운동을 전제로 어떤 기대를 해서는 안될 거예요. 북한동포 중에서 실제로 굶고 있던 사람이 남쪽의 민간에서 모아 보낸 식량으로 인해 허기를 면한다면 그것 자체가 남북 민중간 연대의 가장 튼튼한 기반이 되는 셈이지요. 당장에는 그런 연대를 의식하지 못할 수도 있고, 또 일부 우리 언론에서 선전하듯이 북한정권이 사실을 감추고 자기들 정권에서 다 해주는 것처럼 속였다 하더라도 나는 그런 속임수가 언제까지나 통하리라고는 생각지 않습니다. 언젠가 알려지면 알려질수록 이런 어려움에 처했을 때 역시 가슴을 열고 도와준 것은 남한의 민중운동이었지 남쪽 정부도 아니었고 자신들의 정부도 아니었다는 것을 북쪽 민중들이 깨닫게 될 거란 말이죠. 또 하나는, 이런 사태를 초래한 일차적인 책임이 북한정권에 있는데 식량을 보내서 그들의 어려움을 조금이라도 덜어줄 필요가 있느냐 하는 강경 논리도 있잖아요? 거기에 대해서 나는 북한정권의 실정이나 비행에 대해서 그걸 심판할 수 있는 일차적인 주체는 북한주민이다, 그렇다면 심판할 사람들을 우선 살려놔야 나중에 심판을 해도 할 것 아니냐라고 답하고 싶어요.

백영서 그런데 작년의 경우에는 식량돕기운동 같은 걸로 선생님이 말씀하셨던 남북 민중연대로 갈 수 있는 하나의 디딤돌은 됐다고 보더라도, 올해는 어떤 것이 구체적으로 가능할 거라고 생각하세요?

백낙청 바로 그게 문제예요. 내가 아까 북한동포돕기운동이 앞으로 어떻게 될지 미지수라고 했는데, IMF사태가 아니더라도 단순한 동포애와 인류애에 입각한 북한동포돕기운동이 무작정 지속될 수는 없다고 봐요. 그래서 그동안의 성과가 참 대단하기는 하지만 그런 식으로 계속될 수 있을까 하는 의문을 IMF사태가 나기 전에도 많은 사람들이 가졌던 겁니다. 그런데 지금 남한 사정까지 이렇게 어려워지니까, 정말 내 코가 석 잔데 아무리 북한동포가 내 동포라 하지만 역시 일정한 거리감이 있잖아요? 그런데 어떻게 돕겠느냐? 물론 열심인 사람들은 이럴 때일수록 열심히 도와줘야 한다고 하겠지만, 요는 대중운동으로서 얼마나 확산될 수 있느냐, 얼마나 대중의 호응을 얻을 수 있느냐, 나는 그 점에 대해 낙관할 수 없다고 봐요. 대중적인 정서 자체가 아무래도 전보다는 더 냉담할 터인데다가 보수언론들은 저 북한동포돕기운동 한다는 친구들이 안 그래도 수상쩍었는데 지금 하는 꼴을 보니까 정말로 수상쩍은 친구들이다, 좋게 봐줘도 감상적인 통일론자들이다라고 몰아붙이기 십상이잖아요? 그래서 나는 북한동포돕기운동을 주도해온 시민단체·재야단체들이 이 싯점에서 한번 뭔가 새로운 방향을 모색하고 운동의 성격을 새롭게 정립할 필요가 있다고 봅니다.

내가 생각하는 것은, 사실 이런 일은 혼자서 생각만 하고 있어서는 아무런 의미가 없고, 생각이 난 순간부터 움직여서 영향력있는 분들을 설득도 하고 중지도 모아야 하는데, 처음에 말했듯이 환갑고개를 넘기가 유달리 힘들어서 아직 몇 분께 운을 떼놓는 일 이상은 못했습니다. 아무튼 지금 국민들 사이에는 경제살리기운동이라든가 금 모으기 운동, 이런 것이 정부나 방송, 신문 등 매체들의 지원 하에서 상당히 호응을 얻고 있지요. 북한동포돕기도 지금은 그런 정서를 수용하는 운동이라야 할 것 같아요. 그래서 구체적인 방법까지는 생각 못해봤지만 뭔가 북한동포돕기운동을 남한의 경제살리기라든가 경제바로잡기운동과 연결시킬 필요가 있지 않나 하는 생각이에요. 어떻게 보면 공연히 문제를 복잡하게 만드는 것 같기도 하지만, 사실 북한동포돕기운동이라는 것이 단순히 그냥 동포니까 도와주자, 또는 인도적인 차원에서 우리가 먹고 남는 것을 나눠주자는 것이 아니라 우리 남쪽에서의 삶에 대한 총체적인 반성을 동시에 촉구하는 그런 운동이었다고 한다면, 또 마땅히 그런 운동이 되어야 한다면, 이런 경제파탄을 맞아서 우리가 여러가지 반성을 하면 할수록 북한동포를 더 열심히 도와야 하는 거고, 동시에 북한동포를 돕는 과정이 반성을 좀더 제대로 하는 과정이 되어야 하고, 이럴 것 같아요. 이게 말하자면 분단체제 아래 살면서 남과 북을 하나인 동시에 둘로 보고, 둘인 동시에 하나로 보는 훈련이기도 하지요. 가령 북한동포돕기 돈을 모으면서 들어온 돈의 절반은 남쪽 빚 갚는 데 쓰고 절반은 북에 보낸다든가 이런 식으로 추진을 한다면, 남쪽의 경제살리는 일과 북쪽의 동포를 돕는 일이 어떤 의미에서는 별개의 일이지만 동시에 그 둘을 결부해서 하나의 운동으로 추진함직하다는 의식을 전국민적으로 확산하는 일종의 의식교육이 될 수도 있고, 운동의 방법 차원에서 얘기하더라도 북한동포돕기 한다는 분들이 IMF시대를 맞아서 우리 남한경제 살리기도 같이 하겠다고 나서는데 이걸 옛날처럼 언론에서 외면하기 어렵지 않겠어요? 물론 경제살리기운동은 다른 분야에서 이미 많이 하고 있는데 왜 북한동포돕기 하는 사람들까지 나서느냐라는 의문도 있을 수 있겠지만, 첫째는 재야단체들 스스로도 북녘돕기와 남녘돕기를 동시에 해본 일이 없는 단체가 많은데 차제에 새로운 훈련을 해볼 필요가 있고요, 둘째로 경제살리기운동이라는 것도 제대로 하지 않으면 국민의식을 퇴행시키는 결과가 될 수 있거든요. IMF가 요구하는 개혁 중에는 우리에게 필요한 민주적인 개혁도 있는데 공연히 배타적인 의식을 조장할 수도 있는 것이고, 또 아까 백영서씨도 얘기했지만 하루라도 빨리 빚 갚고 옛날 같은 세월로 돌아가자는 식의 외채 갚기라면 오히려 천천히 돌아가는 게 낫지 서두를 필요가 뭐 있어요?(웃음) 그런데 정부가 지지하지 않음에도 불구하고 북한동포돕기운동을 해온 사람들은 우리 사회의 민간통일운동세력만이 아니라 뭐니뭐니 해도 우리 사회의 양심세력이고 민주화세력이거든요, 대체로 봐서. 그러니까 이런 사람들이 나서서 북과 남을 동시에 돕자고 할 때는 덮어놓고 남쪽의 빚만 갚아주자는 것이 아니라, 또는 민족주의적 감정에서 무조건 경제주권을 회복하자는 운동이 아니라 국가의 경제운용에 대한 국민주권을 확보하자는 움직임과 민족통일을 위한 새로운 전기를 여기서 찾자는 움직임이 가세되는 거란 말이지요. 이런 것이 없는 경제살리기운동이라는 것은 실제로 누구 좋으라고 하는 운동인지 모를 일일 수 있어요.

임규찬 좋은 말씀입니다.

백낙청 오랜만에 깨끗하게 칭찬을 듣네.(웃음)

백영서 지금까지 분단체제론에 대해 말씀 많이 들었습니다만, 선생님이 분단체제 문제를 말씀하시면서 더불어 논하신 중요한 주제에는 국가체제와 관련해서 제시한 복합국가론이라든가 전세계에 흩어져 있는 우리 한민족들을 묶는 다국적 한민족공동체 등이 있습니다. 이런 것들도 더불어 얘기했어야 할 주제인데 지금은 시간도 없고 해서 그냥 넘어가겠습니다만, 그럼에도 불구하고 꼭 건드려야 할 것은 민족주의에 대한 문제가 아닌가 싶습니다. 그리고 민족주의와 연결되는 민족문학론에 대해서도 질문을 던질 수가 있을 것 같고요. 선생님께서는 70년대부터 민족주의, 민족문학론을 주장하셨고, 그것이 또 항상 언제까지나 영원할 거라고 하신 것이 아니라 일정한 역사적 토대가 있는 한은 그 주장을 하시고, 토대가 바뀌면 그것도 바뀔 거라고는 이미 말씀하신 바가 있습니다만, 최근 창비에서도 그렇고 선생님 글에서도 민족주의랄까 민족문학에 대한 관심이 상당히 적어진 것 같아요. 특히 최원식 주간께서는 민족주의를 넘어서야 한다고 어디서나 얘기하시는 경향도 있습니다. 그 문제에 대해서 말씀해주시면 좋겠습니다.

민족문학은 아직도 유효한가

백낙청 지금 '민족주의와 연결되는 민족문학론'에 대해 물었는데, 임규찬씨도 잘 알지만 우리 문단에서 민족문학운동을 해온 사람들의 대부분은 민족문학이라는 것과 민족주의 문학이라는 것을 구분하지요. 민족주의 문제와 밀접하게 '연결'된 것은 사실이지만 민족문학이 민족주의 문학은 아니라는 거예요. 80년대에는 민족주의적인 담론과 계급적인 담론을 이런저런 식으로 결합하는 여러가지 민족문학론이 있었고, 실은 80년대에 그런 계급담론이 왕성해지기 전부터도 우리 시대의 민족문학론은 민중문학론이기도 하다고 해서 단순히 민족주의적인 문학과는 구별하는 길을 열어놨던 거죠. 그런데 최근에 민족주의에 대해서 조금 더 비판적인 얘기를 많이 하게 된 배경은, 글쎄 한두 가지를 말할 수 있겠는데요. 하나는 그전부터도 민족문학론이 민족주의와 일정한 거리를 두고 있었지만 처음에는 말하자면 좋은 민족주의, 나쁜 민족주의, 이런 식으로 구별하려는 경향이 없지 않았어요. 그러나 좀더 엄밀하게 말하면 민족주의 자체에 긍정적 면과 부정적인 면이 항상 복합되어 있고, 경우에 따라서 긍정적인 면이 더 커지기도 하고 부정적인 면이 더 커지기도 하지만 민족주의를 좋은 민족주의와 나쁜 민족주의로 나눌 수는 없다는 인식이 좀더 확고해졌다고 말할 수 있습니다.

또 하나는, 실제로 분단시대가 오래 지속되면서 남북한을 통틀어서 민족주의의 부정적인 면이 점점 두드러지게 되지 않았는가 하는 거예요. 긍정적인 면이 아주 없어진 것은 아니지만 식민지시대에 민족해방이 지상과제이던 그런 상황에서 민족주의가 띠었던 진보성이라는 것이 많이 없어지고, 그 대신 남쪽에서는 우리 나름대로 경제발전을 하면서 일종의 아류 제국주의 비슷한 것이 민족주의적인 감정과 결합되기도 하고, 또 분단이 오래 지속되면서 남한사람들에 국한된 민족감정 내지 국민감정 같은 것이 형성되었는데, 강만길 교수는 통일민족주의가 아닌 것은 그냥 분단국가주의라고 말씀하시지만 나는 그게 단순한 분단국가주의는 아니고 분단국민 특유의 민족주의, 말하자면 분단국가주의에 이용되기 안성맞춤이지만 그걸 무시하고서 현실적인 대중운동이 불가능하기도 한 분단민족주의랄까 분단시대의 국민감정이라고 부름직한 것이 점차 생겨났다고 봅니다. 또 북한은 북한대로 어느새 사회주의보다도 민족주의가 중요한 이념이 되어버린 인상인데 그것이 바람직한 면도 물론 있죠. 하지만 그 내용을 보면 어떤 면에서는 오히려 식민지시대 일본사람들이 갖고 있던 천황 중심에다 혈연 중심의 민족주의를 연상케 하는 면도 있어요. 또 그런 극단적인 민족주의가 표면상으로는 통일을 지상목표로 삼고 있지만 실제로는 오히려 남북대결의 한 수단이 되고 남한 전체를 식민지라든가 통일의 대의에 거역하는 그런 세력으로 몰아붙이고 그렇게 함으로써 북한의 기성체제를 강화시킬 뿐 아니라 남한의 강경세력까지도 도와주는 이런 이데올로기적인 작용을 한다는 걸 볼 때, 이런 민족주의에 대해서도 좀더 냉정하게 분석을 해서 시시비비를 가려야겠다는 생각을 갖게 된 거죠. 그래서 관심이 덜해졌다기보다는 그 부정적인 면에 예전보다 더 주목을 하게 됐다고 하겠습니다. 그렇다고 해서 나는 민족주의를 그냥 해체하자는 주장에는 동의하지 않아요. 더구나 민족문학론으로 말하면 그것이 애당초 민족주의 문학론이 아니었던만큼 우리가 포기할 까닭이 없지요.

김영희 이런 문제의식을 선생님께서는 '민족주의와 다른 이념들의 창조적 결합'이란 말로 표현하신 적이 있는데, 그 다른 이념이 어떤 것들인지 궁금합니다. 80년대에 들어서면서 계급적 관심이랄까 사회과학적 인식과의 결합이 두드러지고, 또 새로운 이념으로는 환경이라든가 여성문제에 대한 언급들이, 물론 그전에도 단초적으로는 있었지만, 역시 이때 와서 늘어난 점이 눈에 띄는데요.

백낙청 80년대에는 민족문학론에 주어진 최대의 과제가 민족주의와 맑스주의 담론의 결합 문제였지요. 창조적인 결합 문제. 그런데 민족주의와 맑스주의 담론은 사실은 레닌주의를 통해서 이미 일정한 결합이 이루어져 있었죠. 또 그 연장선상에서 새롭게 변모한 예로 김일성주의를 통한 결합도 있었고, 중국의 마오 쩌뚱(毛澤東) 사상도 그러한 결합의 예라고 볼 수 있는데, 80년대 민족문학의 올바른 이념을 주장하는 젊은이들 중의 많은 사람들이 이미 이루어진 양자의 결합을 그대로 답습하는 경향이 강했습니다. 그리고 그렇게 답습한 노선을 안 따라오는 일부 민족문학론자들, 특히 선배들에 대해서 가열한 공격을 가하곤 했는데(웃음) 나는 그때도 정말 창조적 결합이라는 것은 레닌이나 마오 쩌뚱이나 또는 북에서 이루어진 결합을 충분히 감안하면서도 우리 실정에 맞는 새로운 결합이 되어야 한다는 입장이었고, 그게 6월항쟁 이후에 우리 문학이 새로운 단계를 맞으면서 좀더 구체적으로 소위 PD적인 입장, NL적인 입장, 그리고 자유주의적인 입장이라고 할까요, 이런 세 가지를 모두 종합하는 방식으로 우리가 이 새 단계에 대응해야 한다고 말했던 거예요. 그리고 셋을 종합하다 보면 그게 그냥 셋을 기계적으로 합치는 것이 아니기 때문에 여러가지 새로운 쟁점들이 떠오르게 마련이죠. 느닷없이 떠오른 문제는 아니지만 가령 생태계 문제에 대해서도 새로 생각해야 하는 것이고, 남녀간 성차별 문제도 새로운 각도에서 좀더 진지하게 본격적으로 다루어야 하는 것이고, 그렇게 상황이 변했다는 거예요. 그전에도 그런 문제가 없었던 것이 아니지만 6월항쟁을 계기로 이런 문제를 우리가 실제로 결합할 수 있는 가능성이 열렸고, 또는 바꿔서 말하면 결합하지 않고 종전의 단순논리를 고집해서는 현실적으로 아무런 힘을 발휘할 수 없는 단계에 왔다는 겁니다. 가령 전 같으면 단순화된 민족해방론에 몰두하더라도 그게 조국통일을 가져오는 것은 아니지만 군사독재 타도라는 당장의 대의에 효과적으로 기여하는 역할을 했단 말이에요. 그런 역사적인 의의가 있었는데, 이제는 그런 것이 안 통하는 시대가 됐고, 다른 것이 요구됨과 동시에 또 다른 것을 실현할 수 있는 공간이 열렸던 겁니다.

민족문학의 새 단계는 6월항쟁 이후부터

김영희 새 단계 말씀을 하셨는데, 전반적으로 공감은 합니다만 좀더 좁게 문학적 단계설정이라는 점에서 보면, 글쎄요, 지금 돌이켜보면 사회운동도 그렇고 문학 분야도 그렇고 87년에서 대략 90년 무렵까지는 실제 상황이 달라지고 있음에도 불구하고 그전의 활동들이 확대된 공간에서 한껏 꽃을 피웠다고나 할까요? 그런 와중에 편향성도 노출되었구요. 그러다가 90년대에 들어서면서 무언가 변화의 필요성이 폭넓게 감지되면서, 민족문학의 위기론 등이 등장하는데, 이런 점들을 보아도 적어도 문학현상으로는 역시 80년대, 90년대 식으로 나누는 게 실감에 더 다가오기도 하거든요. 특히 선생님께서 민족문학의 새 단계를 설정하실 때는 물론 창작만이 아니라 독서기회의 확대 등 종합적인 상황을 염두에 둔 것이긴 했지만, 민족문학이 새로운 활력을 얻고 있다는 판단 내지 전망도 중요한 요건이었는데요, 이 점에 대해서 지금은 어떤 생각을 가지고 계신지요?

백낙청 87년 이후를 새 단계로 보는 데는 우선 최원식 교수부터가—

백영서 모호하다고 했던가요?

임규찬 아니, 그냥 새 국면으로 보는 게 타당하다고 했죠.

백낙청 새 국면으로 보지 굳이 새 단계라고 하겠느냐고 비판한 적이 있죠. 사실 단계냐 국면이냐 하는 거야 정의하기 나름이지만, 중요한 것은 6월항쟁 이후의 새로움을 어떤 시각에서 보며 얼마나 중시하느냐는 거지요. 나는 어쨌든 6월항쟁을 계기로 우리 역사가 크게 바뀌면서 분명하게 새로운 가능성이 주어지고, 또 새로운 문학으로 탈바꿈할 필요가 생겼다, 이런 측면에서 단순히 국면이라기보다 단계로 봐야겠다고 생각했던 겁니다. 그리고 당시로서는, 아직까지는 그렇게 괄목할 만한 문학적 성과를 낸 것은 아니지만, 새로이 열리는 단계가 장차 그렇게 되리라는 희망과 믿음을 가지고 그런 논리를 전개했던 것인데, 과연 성과 자체가 거기에 부응했느냐? 나는 그건 반반이라고 봐요. 적어도 민족문학의 작품적 성과를 일부에서 말하는 '민족문학 진영' 작가들의 작품으로 국한하지 않고 민족문학의 개념을 편협하게 잡지 않는다면 87년까지의 성과에 비해 그 후에 훨씬 풍성해진 면이 분명히 있고요. 다른 한편으로는 그런 성과가 있다 할지라도 부정적인 양상이 너무 많으니까 전체적으로 잘됐다고 볼 수 있느냐 하는 반론도 충분히 가능하다고 봅니다. 그런데 부정적인 양상이 많아진 것도 새로운 증상이니까 그것이 새 단계의 성과가 흡족하지 않다는 결론이 될 수는 있을지 몰라도, 단계가 새로워졌으니까 우리가 뭔가 새롭게 나아가야겠다는 주장 자체를 뒤엎는 것은 아니라고 봐요. 분명히 새 단계가 도래했음에도 불구하고 그걸 새로운 단계로 보지 않고 단순한 국면전환쯤으로 보는 사람이 많았기 때문에 성과가 미흡한 면도 있지 않을까 하는 생각도 들어요.

전환점을 87년이 아니라 90년으로 잡아도 어쨌든 90년대는 크게 달라진 시대임이 틀림없어요. 세계적으로는 1985년에 소련에서 고르바초프가 집권하면서 그때부터 동서냉전체제가 허물어지기 시작하잖아요? 그 와중에 한국에서 6월항쟁이 일어나고, 6월항쟁이 일어나 제6공화국이 탄생해서 조금 지나 동서냉전이 종식되고 베를린 장벽이 무너지고 독일이 통일되고 사회주의권이 무너지고 하는 것이 91년까지 급격하게 진행되지요. 그러니까 그런 과정이 완결되고 난 이후 무언가 크게 달라졌다는 점은 대체로 납득할 수 있을 거예요. 그렇다면 90년을 택하는 것이 외우기도 좋고 더 낫지 않겠느냐 한다면 거기에 대해서 머리 싸매고 반대할 이유까지는 없어요.(웃음) 다만 90년으로 잡으면 흔히 사회주의권이 몰락하면서 일부 거기에 지나친 기대를 걸었던 사람들이 절망하고 방황하는 풍조라든가, 세계화의 바람을 타고 퍼진 경박한 풍조, 이런 것이 새 단계의 주조인 것처럼 생각할 수 있는데, 나는 그거야말로 편벽된 생각이라는 거예요. 6월항쟁이라는 것 자체도 세계사의 큰 흐름 속에서 가능했던 거지만 그래도 우리가 주체적으로 이런 걸 이룩함으로써 뭔가 새롭게 할 수 있는 가능성을 열었고 또 그래야만 하는 필요성에 당했기 때문에 이때부터가 새로운 것이다, 그리고 이후 세계사적인 변화에 우리가 당장에는 충분히 적응하고 대응하지 못했기 때문에 잘못된 풍조가 두드러지게 되기도 했지만 이게 새 단계의 주조로 계속되지는 않는다고 보고 싶은 거예요. 당장에 IMF 사태도 우리가 대응하기에 따라서는 90년대 초·중반의 일시적인 풍조를 바로잡고 좀더 제대로 된 성취로 나아가는 계기가 될 수 있는 것이거든요. 그러니까 가령 4·19부터 6월항쟁까지를 하나의 단계로 본다면 30년 가까운 세월 아니에요? 그렇다면 87년부터 20, 30년을 또 하나의 단계로 잡아보자고요. 물론 나는 30년씩이나 가기 전에 분단체제극복의 또다른 획기적 사건이 일어나서 또 하나의 새 단계가 열리기를 바라지만요. 아무튼 20, 30년을 잡아보면, 새 단계 초기에는 좀 엉기는 것 같았는데 그 후에 보니까 역시 뭐가 나오더라, 이렇게 될 수도 있는 거니까 미리부터 너무 낙담할 필요는 없는 것 아닌가……(웃음)

백영서 시대구분을 전공하는 역사학도의 입장에서는 87년설을 지지하

겠습니다.(웃음)

리얼리즘의 눈과 『외딴방』론

김영희 역사학자가 그렇다면야…… 아무튼 87년을 기점으로 잡으시는 취지가 한편으로는 민족문학적 발상의 연속성을 주장하되, 동시에 민족문학진영 식의 사고방식은 벗어나자는 것이겠군요. 그리고 그럴 때 상당히 풍성한 성과를 말할 수도 있다고 하셨는데, 선생님께서 길게 다루시기도 했고 또 그에 대해 이런저런 논란도 많았던 것이 신경숙(申京淑)씨 작품에 대한 평가였습니다. 작품을 논하는 가운데 리얼리즘의 갱신이라는 문제의식을 실제비평으로 수행하신 셈인데, 이런 문제의식에 공감하는 편에서도 많이들 갖는 의문은, 그전에 선생님이 말씀하신 민중적 시각, 혹은 가장 강력한 표현으로는 '각성한 노동자의 눈'이라는 기준에서 볼 때 신경숙씨 작품이나 그에 대한 선생님의 논의가 과연 어떤가 하는 점 아닐까요?

백낙청 실제로 어떻다고 봐요?

김영희 제 경우는…… 글쎄, 선생님께서 93년에 쓰신 글에서도 신경숙씨의 단편에 대해서 상당히 자상한 분석을 하셨지만 그때는 단편이기도 하고 다루어지는 주제가……

백낙청 그때도 물의는 많았어요.(웃음) 그게 바로 진영 개념과 관련된 것인데, 말하자면 분명히 우리 진영에 속하지 않는 작가에 대해서 이렇게 관심과 애정을 보인다는 것은 섭섭하고도 부당하다는 정서가 강했지요.

김영희 그랬죠.

백낙청 솔직히 말해 우리가 그런 식의 진영 개념을 탈피할 필요가 절실하다고 느껴서 의도적으로 신경숙이라든가 김기택(金基澤) 같은 사람을 부각시킨 면도 있었죠. 하지만 지금 거론하려는 것은 장편 『외딴방』 얘기죠?

김영희 예. 선생님이 따옴표를 쳐서 말씀하시긴 했지만 '노동문학'으로서도 상당한 성과라는 평가를 하셨는데…… 그러면서 미흡한 대목 중 하나로 "다들 너무도 온순하고 착한 모습"으로 그려진다는 점을 『외딴방』론(「『외딴방』이 묻는 것과 이룬 것」, 『창작과비평』 1997 가을호) 끝부분에 덧붙여놓기는 하셨지요. 그런데, 저는 이 점이 노동자의 작업현장이나 생활현장을 여실하게 담아내기에도 그렇고, 작가 본인이 핵심적인 문제로 삼은, 그 시절 자신과의 대면이라는 문제에서도 미흡한 것 이상의 중대한 문제를 낳는다는 생각입니다. 사실, 작품을 읽을 때는 노동조합에서 활동하는 인물이나 산업학교에서 만난 노동자들이 다채롭게 느껴지는데, 어느정도 시간이 지나간 후에는 차이들이 상당히 흐려진다는 인상도 있거든요. 많은 인물들이 크게는 한 가지 인간형, 신경숙적인 색깔이 덧칠된 인물들 같단 말예요. 이런 문제점이 최근 작품들에서는 증폭된다고 할까요? 가령 사람이 아닌 귀신들까지도 똑같아져버리는 식으로 말예요. 그런 점에서도 이런 경향이 이 작품에서나 신경숙 문학세계에서나 심각한 결함으로 적시되어야 하지 싶은데, 지엽적인 문제를 지적했나요?(웃음)

백낙청 아니, 지엽 문제는 아니지요. 신경숙의 다른 작품과 『외딴방』을 물론 완전히 떼어서 생각할 수는 없지만 『외딴방』은 소재 면에서도 별다른 데가 있고 특히 예술적 성취를 따질 때는 별개로 봐야 한다고 생각해요. 지금 언급한 내 글은 어디까지나 신경숙의 『외딴방』론이고 『외딴방』에 대해서 높은 평가를 한 것은 틀림이 없는데, 『외딴방』을 높이 평가했으니까 다른 작품들도 따라서 높은 평가를 받는다고 읽는 이도 있겠지만—

김영희 저는—

백낙청 아니, 김선생이 그런다는 것이 아니라, 그렇게 읽는 사람도 일부 있을 것이고, 과찬했다는 말도 그래서 나올 듯싶은데 비평은 칭찬하냐 비판하냐도 중요하지만 칭찬과 비판의 간을 맞추는 게 생명이니까 정당한 찬사라도 '과찬'에 이르렀다면 비평을 잘하지 못한 거지요. 또 하나의 독법은 『외딴방』에 대한 높은 평가야말로 『외딴방』만 못한 신경숙 자신의 작품에 대한 준열한 비판이라고 읽는 길이겠죠. 그런데 『외딴방』 자체에 대해서 지금 김선생이 지적한 결함은 물론 나도 지적한 것인데 그것이 더 큰 비중을 차지해야 하지 않느냐는 얘기라면, 글쎄 그것은 그럴 수도 있겠다는 생각은 드네요.(웃음)

김영희 단순한 비중 문제일 수도 있겠지만 비중이 그렇게 된 데는 민중적인 시각이라든가 각성한 노동자의 눈을 거론할 때의 문제의식이 약화된 점과 관련되는 것이 아닌가—

백낙청 글쎄, 그게 내 글에서 충분히 살아나지 않았다는 비판이면 모르지만 그런 시각이 실종됐다고 할 수는 없을 것 같아요. 『외딴방』의 '나'라는 화자가 대체로 신경숙 개인과 사실상으로도 부합되는 면이 많고, 또 생각하는 바나 그런 것도 저자의 의견을 많이 반영한다고 보는데, 『외딴방』 자체가 이루어놓은 성과는 '나'라는 개인이 생각하는 것이라든가 주장하는 것과는 차원이 다른 것이라는 뜻에서 평가했고 또 비판도 한 거거든요. 소설에 나오는 '나'라는 화자보다 더 각성한 노동자의 눈으로 볼 때 이 작품을 어떻게 읽을 수 있는가라는 발상과 통하는 얘기라고 봐요. 우스개로 한마디 하자면, 이 글이 나오고 나서 하도 말들이 많기에 근래에 다시 한 번 읽어봤어요. 읽어봤는데—

백영서 역시 잘 썼더라—(웃음)

백낙청 잘 썼더라고 하면 좀 뭐하겠지만, 어쨌든 웬만큼은 썼다는 생각이 들더군요.(웃음)

김영희 제가 선생님의 『외딴방』론에 토를 달기는 했지만, 저로서는 리얼리즘이라는 말을 쓰지 않으면서도 리얼리즘을 이론적으로 점검하는 작업도 겸한 그런 작품론이라는 점이 인상적이었습니다. 바로 그렇기 때문에 여기서 리얼리즘이란 과연 무엇인가 하는 문제도 나올 수 있는데, 좀 단순화해서 전하자면 이 작품은 모더니즘에 기반한 성과인데 그것을 무리하게 리얼리즘으로 끌어들이는 것이 아닌가 하는 문제제기도 있었습니다. 아무튼 요즈음은 리얼리즘이라는 용어부터가 혼란스러워지는 느낌인데요, 리얼리즘을 둘러싼 논란에 대해서 선생님께서도 리얼리즘의 갱신이니 전면적 쇄신을 말씀하신만큼 아예 책임이 없다고는 할 수 없는데(웃음) 현재의 리얼리즘·모더니즘 논쟁에 대해서는 어떤 생각을 가지고 계신지요?

백낙청 글쎄, 여러 사람들이 열심히—

백영서 싸우고 있습니다.(웃음)

백낙청 열심히 하고 있는데 내가 이런 말을 하면 건방지게 들릴지 모르지만 나도 환갑을 맞았으니까 좀 티를 내도 되겠지.(웃음) 솔직히 말해서 전반적으로 준비들이 부족한 상태에서 논의가 진행되고 있다는 느낌이에요. 특히 모더니즘을 옹호한다는 사람들 쪽에서—그러니까 기왕에 리얼리즘론을 편협하게 펼치던 사람들이 요즘 기가 죽었다고 할까 기세가 꺾인 것에 너무 쉽게 편승해서 모더니즘을 대안으로 내세우는데, 이미 모더니즘의 성과에 대해서 가령 나부터도 리얼리즘을 얘기하는 가운데 이미 인정했던 그런 것에서 크게 벗어나는 얘기는 아닌 것 같아요. 그런데도 새로운 이야기인 것처럼 하다 보면 개념의 혼란만 가중되고…… 물론 모더니즘과 근대성의 문제를 더 깊이 연구할 필요가 있고, 흔히 모더니스트로 분류되는 국내외 작가들의 성과를 좀더 적극적으로 평가해보려는 노력은 해볼 만하겠지요.

임규찬 저는 선생님의 『외딴방』론이 재미있었습니다. 그보다는 우리 시대에 필요한 비평문의 한 모범이 아닌가 하는 생각도 들었습니다. 선생님도 방금 젊은 사람들의 논쟁을 잠깐 언급하셨는데, 사실 작품에 대한 분석부터가 실력이 달리니까 이론 부분에서도 많은 문제가 나타나는 것으로 보입니다. 개별작품론에서도 이론적 깊이가 있고, 그만큼의 이론적 실감을 주는 글이야말로 젊은 평론가들을 위한 보이지 않는 교육이 아닐까 싶어요. 그래서 루카치처럼 굵직굵직한 작품론을 써서 단행본으로 엮는다면 그동안 단계단계를 짚어 써주신 글보다 문학 자체로 후배들을 위해 훨씬 좋은 공부법을 제시해주는 것이 아닐까 생각도 해보면서, 이를 실현시킬 계획은 혹시 없는지 궁금합니다.

백영서 10년만 더 젊었다면—(웃음)

백낙청 아니, '10년만 더 젊었다면'이 아니라, '내 비록 청춘은 아니나' 앞으로 그러도록 노력하겠습니다.(웃음) 사실 지난번 글의 경우 그 자체의 내용보다 다른 좋은 작가와 작품들이 있음에도 불구하고 딱 그것만 쓴 것이 좀 그릇된 인상을 줄 우려도 있었다고 봐요. 비평도 시나 소설과 마찬가지로 하는 말, 안하는 말이 다 중요한 건데 안하는 말에 의도가 실리지 않은 경우, 다시 말해 순전히 비평가의 게으름이나 능력부족으로 제때 못 읽었거나 쓰지를 못해서 잘못된 인상을 남긴다는 것은 곤란한 일이고 그런 것은 앞으로 힘닿는 데까지 시정을 해야겠다고 생각하지요. 다만 지금 임선생 얘기의 말꼬리를 잡는 것은 아니지만 흔히 퍼진 생각이니까 한마디 하고 싶은데, 내가 이론비평을 주로 하고 실제비평이 부족하다는 지적 말이에요. 비평작업이 도대체 부족하다고 나무라면 유구무언이지만 작품 논의에 이론적인 관심이 투영됐다거나 또는 이론도 아닌 정세분석 같은 것이 끼어들어갔다고 해서 그것을 실제비평이 아닌 이론비평이라고 분류해버리는 건 잘못된 거지요. 나 개인으로 억울하다 안하다의 문제가 아니라 우리가 이론비평, 실제비평, 이렇게 나누는 것이 습관이 되어버리면 곤란한 일이라고 봐요. 이론적인 관심이 전혀 배제된 작품론이라든가 또는 구체적인 작품에 대한 구체적인 평가가 어떤 식으로든 전제되지 않은 이론적 작업이라는 것은 최고 수준의 비평에 미달하는 것이거든요. 또 하나, 기왕에 내 작업을 잘 봐달라는 부탁을 하는 참이니(웃음) 분야를 서양문학으로 넓혀보면 임규찬씨가 주문하는 작품론의 구색을 띤 글이 사실은 나도 몇 개는 더 있어요. 『부활』론이나 『테스』론, 『폭풍의 언덕』론, 로런스 작품론도 몇 개 있는데, 그 수준이 어느 정도인지는 독자들이 판단할 문제지만 나로서는 이런 글들도 우리 한국문학의 현장에서 이루어진 비평이라는 생각으로 쓴 것은 사실이에요.

외국문학을 읽는 방법 — 공감과 적개심의 절묘한 배합

김영희 외국문학 이야기로 자연스레 연결이 된 셈인데요, 선생님께서는 외국문학에 관한 논의도 민족문학론의 일환으로 전개해오신 것으로 알고 있습니다. 그러면서 외국문학에 대한 주체적인 시각을 강조하셨는데, 관련 강연들에서는 이를 구체적으로 '공감과 적개심의 절묘한 배합'이라든가 '이이제이(以夷制夷)'라는 말로 풀기도 하셨지요. 그런데 애당초 적개심 운운하는 데 공감하지 않는 사람들도 많겠지만, 특히 탈식민주의에 대한 관심이 늘어난 근자에 와서는 거꾸로 선생님이 공감에 치우친 것이 아니냐, 결국 서양 정전(正典) 모시기에서 벗어나지 않는 것이 아니냐 하는 비판이 있을 수 있겠습니다. 사실 말꼬리를 잡자면 '이이제이'라는 표현은 그렇게 볼 수도 있겠어요. 서양의 지배적인 추세에 대해서는 비판을 하되, 서양 고전에 대해서는 그런 추세를 비판하거나 제동을 거는 측면들을 읽어낸다는 이야기니까 역시 고전작품에 대해서는 적개심보다는 공감에 치중하는 것이다라고 말예요.

백낙청 그렇겠죠. '적개심과 공감의 절묘한 배합'이라는 말이나 '이이제이'라는 말이나 그게 그건데, '이이제이'라는 말은 약간 우스개를 섞어서 한 말이지요. 요즘은 저쪽에서 하도 우리를 오랑캐 취급을 하니까 일부러 중화주의적(中華主義的) 표현을 한번 써본 거고, 실제 방법은 그야말로 적개심과 공감의 조화를 구하는 겁니다. 그걸 '절묘한' 배합이라고 표현할 수밖에 없는 것은 그 처방을 미리 정해줄 수 없고 각자가 실행의 과정에서 그때그때 연마해서 찾아내고 달성하는 길밖에 없다는 뜻이지요. 하지만 그 기본방향이 대충 어떠해야 하는가에 대해서는 김선생의 질문 속에 이미 나와버린 것 같아요.(웃음) 원래는 우리 학계가 서양의 고전을 너무 맹목적으로 숭상하는 경향이라 내가 '적개심'이라는 말을 써놓고 속으로 좀 우쭐하기까지 했는데,(웃음) 요즘은 탈식민주의다 뭐다 해서 소위 저항적인 독서, 또는 저항하는 독자, 이런 걸 내세우는 게 또다른 유행이 되었지요. 이때 저항이라는 것이 아마 내가 말한 적개심과 통할 텐데, 내 생각에 문제는 첫째 대상 작품에 대한 적개심이 지나치고 공감이 부족하다는 것이고, 둘째로 그런데도 정작 서양학계에서 유행하는 비평담론에 대해서는 'resistant reading'은커녕 너무도 고분고분한 게 아니냐는 거예요.

백영서 시간이 많이 됐습니다만 조금만 더 여쭤보겠습니다. 방금 말씀하신 공감과 적개심의 조화라든가 또는 오늘 대담 중에 하나도 아니고 둘도 아니라든가 하는 표현들, 사실 이런 것들이 선생님 글에 굉장히 많죠. 사실은 선생님 글이 어렵다고들 많이 얘기하는 이유 중의 하나가 우리가 흔히 생각하기에 기계적으로 대립되는 두 가지를 조화시키는 선생님의 이런 사유방식에 있을 거예요. 예를 들어서 한 문학평론가는 선생님의 글을 얘기하면서 이렇게 말하더군요. 허허실실의 논리와 선문답을 연상시키는 수사법이 나 같은 범부에게는 이해가 잘 안된다고요. 선생님의 이런 표현은 제가 보기에는 서양의 하이데거(Martin Heidegger) 영향도 있겠지만, 더 크게는 동양의 불교라든가 특히 유교 같은 것, 특히 선생님에게는 불교 영향이 큰 것 같습니다만. 그러다가 최근에는 지혜의 시대까지 말씀하시잖아요. 이것에 대해 때로는 과학적이 아니라고 말하는 사람도 있는데—

독특한 사유방식에 대하여

백낙청 글쎄요. 나는 불교 경전이든 하이데거든 많이 읽은 사람은 못되지만 그 양쪽에서 다 배웠고, 특별히 즐겁게 배웠다고 말할 수는 있지요. 하지만 방금 지적한 사고방식이나 어법은, 물론 불교의 영향도 있고 하이데거의 영향도 있겠지만, 기본적으로는 문학 자체에서 오는 거라고 봐요. 내가 좋아하는 김수영 시 중에 「말」이라는 시가 있지요. 그중에 "고지식한 것을 제일 싫어하는 말"이라는 대목이 나옵니다. 김수영 시인이 시의 본질에 대해 하고자 했던 발언 가운데 하나가 아니었는가 합니다. 아무튼 문학의 언어는 되도록 친근한 언어여야만 하지만 고지식한 언어는 안된다는 게 내 생각이에요. 그래서 고지식한 것을 피하려다 보니까 선문답이다 뭐다 하는 소리를 듣는 것이 있고, 또 하나는 고지식한 것을 피하는 데는 성공했을지 모르지만 아직 친근해지지는 못했기 때문에 그런 비판을 받아 마땅한 면도 있다고 봐요. 그런데 이것도 가령 어느 대목을 놓고 이게 정말 나쁜 의미의 선문답인지 아니면 그런대로 중요한 얘기를 고지식하지 않게 해낸 노력의 산물인지 그야말로 물건을 놓고 따져봐야겠죠. 그런 구체적인 비판이라면 내가 늘 학수고대하고 있는데 사실 좀 아쉬운 것은 그런 식의 구체적인 비판은 별로 없어요. 그냥 너무 어렵다, 못 알아듣겠다, 나 같은 범부는 어떻다고들 하는데 그게 정말 겸손의 언사인지는 잘 모르겠어요.

임규찬 사실 선생님만큼 초기에 만들어놓은 이론적 틀이 견고하게 지속된 경우도 보기 드물 것 같다는 생각입니다. 다들 하는 이야기지만, 지금까지 글을 보면 사실 큰 변화를 느끼지 못할 정도로 거대한 뿌리에 근거하여 차츰차츰 심화 확산되고 있다는 느낌을 줄 정도로 견고함을 보여주고 있습니다. 그런데 그 뿌리에 절묘한 조화가 연출되는 장면이 있는데, 바로 하이데거라든가 불교라든가 하는 동서양의 이질적 체계가 하나로 연결되고 있다는 점입니다. 과학적 인식이나 지식 등과 흔히 동양적 사유라고 말하는 구도(求道) 차원의 사유가 함께 작동하고 있어 여기에 일면 고개를 끄덕이면서도 또한 고개를 갸웃하게 만든다는 거죠. 이를테면 학적으로 분석해 들어갈 때 양자의 연관관계가 잘 안 보인다, 비약이 있다, 신비스럽다는 비판이 그런 예일 겁니다. 선생님이 처음부터 주창하신바, 일종의 서양의 형이상학을 넘어서겠다는 점하고도 연관이 되겠지만, 그런 주장에 비교적 동감하는 사람들도 선생님의 글을 읽어내고 자기 것으로 소화하는 데서는 뭔가 답답하다, 그럴듯하기는 한데 내 것으로 빨리 오지 않는다는 소감을 많이 피력합니다. 아까도 잠깐 얘기가 나왔는데 보통사람들의 사유방법에 문제가 있어서 선생님 글을 수용하는 것이 힘든 것인지, 아니면 다른 측면 때문에, 이를테면 아까 선생님의 표현대로 논리전개가 치밀하지 못했기 때문에 그런 것인지 —

백낙청 보통사람들이라고 하는데……(웃음) 나는 내가 말하는 내용이나 결론들이 대체로 보통사람들의 경험과 상식에 부합되어왔다고 봐요. 분단체제론에 따른 정세분석도 그렇고 한국문학이나 서양문학의 작품분석도 그렇고…… 그런데 결론에 도달하는 과정이나 표현이 보통사람들을 친근하게 끌어들이는 그런 경지에는 아직 못 갔다는 걸 자인합니다. 하지만 요즘은 환갑이 청춘이라고 하니 좀더 지켜봐주시고……(웃음) 아무튼 나더러 비과학적이라고 하는 사람들보다는 내가 상식적인 얘기를 더 많이 해오지 않았는가 하는 자부심은 있어요. 언젠가 우리나라 사회과학도들에 대해서 좀 삐딱한 소리를 한 적이 있는데, 우리네 사회과학에 두 가지 문제가 있어요. 하나는 사회가 무엇인지를 묻지 않고, 또 하나는 과학이 뭐냐고 물을 생각을 안한다는 거지요.(웃음) 물론 사회과학도가 다 그렇기야 하겠습니까만, 아무튼 사회과학도든 아니든 도대체 과학적이라는 것이 무엇인지는 한두 번 묻고 끝낼 문제가 아니라 끊임없이 물어봐야지요. 특히 과학적이라고 인정된 결론이 우리 일상적인 경험이라든가 또는 동양적인 사유라든가 이런 것과 어긋나는 일이 많다면 그게 그렇게 어긋나도 되는 건지 한번 반성해봐야 하지 않겠어요? 사실 나는 과학에 대한 존중심이 누구 못지않다고 자부하는데, 또 사회과학의 정당한 이론을 포함해서 그런 과학에 대한 존중심을 시대의 풍조가 변하는 가운데서도 비교적 굳건히 견지해왔다고 생각하는데, 그렇게 된 것은 가령 사회과학 분야에서 얘기한다면 내가 과학에 접근하는 방식이나 과학적인 지식을 수용한 경로가 좀 달랐기 때문인지도 모르겠어요. 가령 맑스에 대해서 내가 그 추종자로 자처한 적은 한번도 없지만 그의 사회이론에 대해서 내가 아는 한도 내에서는, 아는 것이 너무나도 한정되어 있지만 어느정도 공부를 해서 얼마만큼의 존중심을 갖게 된 이후로는 나는 한번도 그런 기본적인 존중심을 버려본 적이 없습니다. 그렇게 된 원인이, 내가 처음부터 사회과학도로 출발을 했다든가 또는 무슨 혁명운동에 투신해서 맑스·레닌주의를 학습하거나 한 것이 아니라, 언뜻 보면 맑스와는 전혀 상관없는 성격의 사상가나 작가들, 가령 D. H. 로런스를 공부하거나 맑스보다 늦게 만난 저자이기는 하지만 하이데거 같은 사상가에 깊이 공감하면서 맑스를 읽었고 내 나름대로 인정할 것은 인정하고 승복할 것에 승복하게 되었기 때문이거든요. 그렇기 때문에 맑스의 사회분석 중 많은 것이 내게는 전혀 다른 사상의 검증을 거친 과학이며 과학적인 분석이라고 말할 수 있고, 또 그렇기 때문에 80년대에 교조적인 맑시스트가 아니라고 누군가가 다그칠 때나 90년대에 들어와서 또 누가 달리 뭐란다고 해서 그러한 과학에 대한 신념을 바꿀 까닭이 없었지요. 더군다나 아까도 말했지만 이 IMF시대를 만나 자본주의가 뭔지 우리가 정말 골똘히 생각해봐야 한다고 할 때, 맑스만 가지고 해결될 문제는 아니지만 맑스 공부도 이제 새로 해야 한다고 봐요.

백영서 이런 기회 아니면 듣기 어려운 얘기도 많이 듣고 있어 재밌네요. 한 가지만 더 여쭤보겠습니다. 선생님이 그런 독특한 경로를 거쳐서 사유방식을 가지고 계신데 그러다 보니까 가끔 독자들에게 다원방정식적인 발상을 요구한다든가 또는 선생님 스스로도 공부하시겠다는 뜻을 포함해서 공부길을 강조하시곤 하는데 경우에 따라서는 위압적으로 들릴 수도 있지 않을까요? 선생님이 사회과학도들에게 공부를 더 하라고 지적하신 경우도 있으니까 그런 점에 대해서 한말씀 해주시죠.

백낙청 글쎄요. 그게 위압적으로 들렸다면 부덕의 소치겠죠.(웃음) 하지만 공부에 뜻을 둔 사람이 누가 목에 칼을 들이대고 위압하는 것도 아닌데 아무개 말이 너무 위압적이라서 공부가 안된다는 것도 우스운 이야기 아니겠어요?

백영서 선생님의 사유방식에 깔려 있는 것에 대해서 어렵다는 말만 했습니다만, 또 하나 저로서 간취할 수 있는 것은 낙관주의가 아닌가 싶어요. 제가 70년대 선생님의 글을 읽었던 것 중에 아직도 기억나는 구절은 그 당시 한참 어려운 민중운동을 할 때 이 대목을 얘기하면서 '이미 이기고 있다는 은근한 기쁨'이라고 말씀하신 거예요. 그게 아주 감동적이어서 지금도 기억하고 있습니다. 그러니까 어려운 싸움에서도, 누구나 보면 다 지는 것 같아도 그 안에 이미 깔려 있는 은근한 기쁨을 말씀하신 적도 있고, 그외에도 요즘 정세변화를 얘기하시면서도 그게 지배층 내부의 변화인데도 늘 민중운동의 저력이 어떻게 쌓이면서 이런 것을 낳았는지 말씀하신단 말이에요. 그런 것을 보면 낙관적인 것을 늘 얘기하시는데 그것이 어디에서 연유한 것인지요?

백낙청 그게 무슨 글이었나? 「문학적인 것과 인간적인 것」이었나?

백영서 글쎄요, 그 글이었던 것도 같고…… 아니면 「역사적 인간과 시적 인간」이었나요?

백낙청 맞아, 그걸 거야. 아무튼 낙관적이라는 말을 했는데, 흔히 혁명적 낙관주의니 그런 말을 쓰잖아요? 그건 말할 수 없이 암담한 상태에 처해서도 역사의 발전법칙에 의해서 좀더 좋은 날이 반드시 온다는, 장래에 대한 예보성 관측을 전제로 한 얘기인데 그런 식의 낙관주의를 나는 인정하지 않는 편이에요. 역사의 행방에 대해서 일기예보하듯이 이게 잘될 것인가, 못 될 것인가 따지는 것도 그렇고, 꼭 잘될 거니까 내 할 일을 한다는 것도 그다지 존경스러운 태도는 아니지요. 그런 의미의 낙관주의는 아니고 그런데도 그때그때 상황이 꽤나 암담할 때도 뭔가 이렇게만 가지는 않을 것이라는 희망과 더불어, 단순한 희망이 아니고 신념 같은 것이 늘상 있었던 것은 사실이죠. 글쎄, 이걸 뭐라고 설명할까? 내가 나더러 겸손하다고 하면 겸손이 안되겠지?(웃음) 굳이 말하자면 이런 거예요. 어떤 싯점에서 어떤 희망이나 결의가 내 마음속에 떠올랐을 때, 이런 것이 내게 떠올랐을 때야 나한테만 떠올랐겠느냐, 내가 하느님의 계시를 받은 것도 아니고, 이런 마음의 움직임이 내게 있을 때는 사람 누구에게나 조만간에 있을 것이고, 그렇다면 뭔가 지금과는 달라질 것이 아니겠느냐, 뭐 그런 생각이죠. 물론 인류역사를 보면 그런 생각이 계속 짓밟히기만 하고 전혀 성과를 못 낸 시대도 많이 있었지만, 다행히 우리가 살아온 몇십 년의 세월은 험난한 일도 많았고 좌절도 많았고 아직도 그런 것투성이지만 세상이 좀더 인간의 본마음에 맞게 달라질 수 있다는 믿음을 뒷받침해주는 좋은 변화도 실제로 겪을 수 있었지요. 그런데 여기서 한 가지 낙관을 더 말한다면 이것이 인류의 이런저런 시대 중에서 우리가 우연히 좋은 세월을 좀 보았다는 것이 아니고, 지금이 천하대란의 시대이지만 그 한가운데에서 무언가 새로운 기운이 내 마음에 감지되듯이 우리나라의 동포들 마음에도 일어나고 있을 것이고, 또 우리 한반도에서 감지되는 것이 인류사회 전체 속에서 태동하고 있는 것이리라고, 이렇게 다시 한번 낙관을 품어봐도 괜찮을 것 같아요.

백영서 그러면 이쯤 할까요? 사실은 저희가 준비한 것 중에 아예 건드리지 못한 분야도 있습니다만, 원래 이번 회화는 중간에 뜸을 좀 들였다가 한 차례 더 하기로 계획했으니 오늘 미진한 내용은 새해 들어서 다시 다루기로 하지요. 모두들 수고하셨습니다.

후속 회화(1998년 1월 7일)

백낙청 오늘은 내가 이야기를 시작하지요. 지난번 우리가 모여서 얘기를 나눈 이래 해가 바뀌고 일주일 남짓 지났군요. 다들 새해 복 많이 받으시고…… 저번에 이야기를 마치면서 얼마 뒤에 후속토론을 하자고 했는데요. 나는 이것도 하나의 새로운 형식적 실험이라고 생각하는데, 다만 저번만 해도 얘기를 너무 많이 해서 정리하면서 줄여야 할 게 많은데, 오늘 또 너무 많이 얘기해놓으면 편집에서 주체를 못할 테니까 저번 회화가 본론이라고 치고 오늘은 보충논의 정도로 하는 걸로 합시다. 그사이에 지난번 모임을 주도한 백영서 교수가 불가피한 일정 때문에 외국에 가버리고 우리끼리 모였는데 어떻게 보면 더 오붓하게 말할 기회도 됐고, 또 백영서 씨 없는 데서 그 친구 험담도 좀 해보고 자유롭게 얘기를 하면 좋겠어요.(웃음)

임규찬 민족문학론과 연관해서 마저 몇 가지만 질문을 드리겠습니다. 90년대에 발표된 선생님의 글을 유심히 보면서, 그전 시기까지의 글들의 분위기와 달라졌다는 느낌을 받았습니다. 그중의 하나가, 80년대까지는 민족문학론 말고 그와 일종의 형제관계라고 할 만한 시민문학론이라든가 민중문학론, 리얼리즘론 혹은 제3세계 문학론 등 상호보완된 이론들이 서로를 추동해왔습니다. 그래서 어떤 글에서는 민중문학과 민족문학이 합치되는 그런 단계까지도 설정하여 민중·민족문학이라는 용어도 쓰셨던 것 같은데요. 그런데 80년대 후반에 들어서면서부터 약간의 변화가 생긴 것 같습니다. 우선 민족문학론만 드높이 치솟는 형태이고, 대신 그 옆에 분단체제론이라든가 분단극복론이라든가, 언뜻 문학론과는 다소 벗어난 사회과학 이론체계가 훨씬 강화된 양상입니다. 이전 시대보다 문학론간의 상호지원하는 힘들이 부족한 듯한 모습이어선지 민족문학론만이 아주 외롭게 고군분투한다는 그런 느낌을 받았거든요.(웃음)

민족문학론과 분단체제론은 보완관계

백낙청 90년대에 문학평론을 덜 써서 그런 게 아닐까?(웃음) 민족문학론과 민중문학론의 상호보완관계는 80년대뿐 아니라 70년대부터 지금까지 일관된 것이라고 생각하는데…… 가령 내가 85년에 「민중·민족문학의 새 단계」라는 글을 썼잖아요? 거기에 대해서 최원식 교수가 내 평론집의 서평을 쓰면서 '민중·민족문학'의 개념이 모호하다고 했던가? 어쨌든 그 용어에 대해서 비판을 했는데 나는 민족문학과 별도의 개념으로서 민중·민족문학이라는 개념을 내세웠던 것은 아니에요. 우리 시대의 민족문학론이라는 것이 원래부터 민중적인 민족문학론인데 80년대 들어 평단 일각에서 민중적 민족문학론은 따로 있고 나의 문학론은 소시민적인 민족문학론이라거나 아니면 민족문학의 시대는 가고 민중문학을 해야 한다는 등 그런 말들이 있었기 때문에, 바로 민중적인 민족문학 또는 '민중문학 및 민족문학'이 과연 새 단계에 진입했느냐, 아직 그렇지는 않다라는 논지를 펴면서 그걸 줄여서 '민중·민족문학'이라고 표현했던 거죠. 그러다가 뒤로 가면서, 그러니까 80년대 후반 이후로는 그럴 필요를 덜 느꼈던 것이, 일단 여러 정파들이 민족문학이라는 용어만은 공유하면서 논쟁을 벌였고, 또 조금 더 지나다 보니 자기네들이 진짜진짜 민중적 민족문학론이라고 주장하던 사람들은 오히려 잠잠해지고 70년대 이래의 민족문학론이 기본적으로는 민중적인 민족문학론이라는 것이 어느정도 받아들여졌기 때문에 거추장스럽게 중점을 찍은 용어가 불필요해진 것이지 그간에 큰 변화가 있었다고는 생각하지 않아요. 그리고 사실은 내 평론 중에서, 『민족문학의 새 단계』라는 평론집을 낸 직후 「민족문학론과 리얼리즘론」이라는 꽤 긴 글이 있는데 내 나름으로는 87년 6월항쟁도 거치고 베를린 장벽이 무너지는 커다란 지정학적 변화도 거친 단계에서 한번 민족문학론 내지 민중문학론과 그동안 우리 사회에서 왕성했던 사회주의 리얼리즘론을 포함한 리얼리즘론 전반과의 관계를 총점검하려는 글이었지요. 임규찬씨 표현을 빌리자면 민족문학론과 리얼리즘론이 '상호지원'하는, 거기다 내 나름의 표현을 덧붙이면 일정하게 '상호해체'하기도 하는 90년대적 논의를 열고자 하는 욕심이었는데, 이상하게도 그 글에 대해서는 이후에 별로 논의가 없었던 것 같아요. 내 기억에는 조만영(趙萬英)씨가 좀 진지한 논의를 하다가 뒷소식이 끊긴 게 거의 전부예요.

90년대에 들어와서 분단체제론에 힘을 쏟으면서 민족문학론을 뒷받침해주던, 또는 옆에서 받쳐주던 논의들이 적어지지 않았는가라고 물었는데, 나는 분단체제론이야말로 민족문학론을 뒤받쳐주는 논의이고,(웃음) 또 역으로 분단체제론이 민족문학론에 의해서 뒷받침된다고 생각합니다. 그것은 내 개인사적 배경에서 민족문학론을 통해 분단문제에 대한 관심이 구체화되고 분단모순이라든가 분단체제의 개념이 나오게 됐다는 뜻만이 아니라, 분단체제론 자체가 문학의 본성에 충실한 발상이지요. 사회과학도들이 이걸 무시하면서 그건 문학적인 발상이라고 말하는 그런 의미—즉 과학성이 결여됐다는 의미—의 문학적 발상이 아니라, 사회구성체니 체제니 이런 것들이 아직도 많은 사회과학자들이 생각하듯이 저 바깥에 무슨 물건처럼 덩그라니 어떤 사회적인 실체가 있는 것이라기보다 오히려 탈구조주의에서 말하는 '텍스트'의 면모를 지닌다는 점, 분단체제뿐만 아니라 사회과학에서 말하는 모든 체제라는 것도 그런 비유적인 표현의 측면이 있다는 쪽으로 발상의 전환을 요구한다는 거죠. 또 하나 이게 문학적인 발상이라고 말하는 이유는, 분단체제가 나쁜 체제니까 극복하자고 할 때에도 그것이 나를 빼놓은 다른 사람들에게만 해당되는 체제문제가 아니고 바로 나 자신도 그 체제 속에 얽혀들어서 그 체제에 의해

왜곡된 삶을 살고 있다, 그렇기 때문에 분단체제극복은 나 자신의 왜곡된 삶을 스스로 극복해나가는 과정을 겸해야 한다는 주장이거든요. 문학에서 시를 쓰든 소설을 쓰든 항상 자기 문제를 완전히 버리고 써가지고는, 자기라는 것을 제외하고 글을 쓰면 그게 재미가 없잖아요? 자기 얘기를 반드시 소재로 쓰라는 게 아니고 뭘 하든지간에 자기 삶을 반조하는 행위가 포함된 언술이 되어야 하는 건데, 통상적인 과학에서는 자기를 빼놓고 맞냐 틀리냐를 가리려 들거든요. 물론 그런 소박한 태도를 비판하는 사회과학도도 많지만 정작 우리의 분단현실 같은 걸 다룰 때는 곧잘 잊어버리지요. 하지만 문학은 그럴 수가 없는데 분단체제론에는 그런 '문학 본연의' 발상이 들어가 있다고 하겠습니다. 그래서 이것은 민족문학론의 다른 한 면이라고 생각하는데, 다만 분단체제론이 구체적으로 문학평론에서 어떤 형태를 띠고 나타날 것인가가 아직 충분히 드러나지 못한 게 사실이기 때문에 분단체제론에 주력하면서 민족문학론이 약화된 것이 아니냐 하는 인상을 준 것은 있죠. 말이 난 김에 한 가지 고백하자면 그동안 문학평론의 형태가 아닌 분단체제론을 담은 글로 이미 책을 한 권 냈고 얼마 있으면 한 권 더 나올 예정인데, 솔직히 말해서 나는 정말 이러고 싶지 않았어요.(웃음) 나는 문학 하는 사람으로 어떤 문제의식을 제출하는 것으로 끝내고 우리나라에서 사회과학을 하고 역사학을 하는 분들이 이것을 어떤 식으로든 받아줘가지고, 그걸 그대로 다 인정하라는 말이 아니라 일단 그 문제의식을 수용해서 더 전문적인 역량을 발휘해서 논의를 진전시켜 주기를 바랐는데 그런 것은 별로 없고, 물론 몇몇 분이 성의있게 비판을 해줬지만 그게 역시 인문적인 소양이랄까 문학적인 발상에 익숙하지 않은 탓에 사회과학으로서도 좀 너무 미흡하다는 느낌이 들어서…… 아무튼 이래저래 최근 몇년 그 일로 더 분주했는데, 앞으로는 분단체제 논의는 더 하더라도 문학평론을 통해서 하는 기회가 많아졌으면 합니다.

‘생산적 대화를 위하여’

임규찬 앞서 최원식 선생님의 지적사항에 대한 이야기가 나왔는데, 관련된 문제들을 좀더 구체적으로 거론했으면 합니다. 최선생님이 지적하신 몇 가지 문제, 이를테면 계급적인 돌파력이 부족하다든가, 주류문화에 인색하다든가, 지나치게 서구파에 경사되어 있는 듯하다든가 등등에 대해서 어떻게 생각하시는지요. 최근 한 논자는 최선생님의 평론집에 대한 서평을 통해서 이러한 지적을 재인용하여 선생님의 한계를 교묘하게 다시금 확정하는 듯한 글도 나왔는데……

김영희 최선생님께서 지적한 또다른 문제는 민중성 문제였지요. 예술성과 민중성이 근원적으로 같다는 선생님의 논지에는 기본적으로 동의하시면서도 민중성이 좀더 근본적이지 않겠느냐 하는 지적이었던 것으로 기억됩니다. 또, 선생님이 참다운 전문성을 말씀하신 데 대해서도 전문성과 민중성의 만남을 실현하기 위해서라도 좀더 구체적인 민중적 회로의 확보가 필요하지 않느냐는 논평을 하셨는데요. 최선생님께서 그 글을 쓰신 지도 꽤 됐죠? 그래서인지, 제게는 최선생님께서 민중적 회로의 확보에 대해 낙관적이랄까 그다지 어렵지 않게 보았다는 느낌도 있습니다만……

백낙청 알다시피 최원식 선생과 나는 많은 대목에서 의견을 같이할 뿐 아니라 지금 그는 창비 주간의 대임을 맡아서 『창작과비평』 편집에 관한 내 짐도 크게 덜어주고 있는데, 그럴수록 또 우리끼리 허심하게 상호비판하고 토론하는 분위기는 필요할 것 같아요. 그런데 이걸 공개석상에서 해놓으면 어떤 폐단이 있냐면, 가령 최원식씨가 내 책을 평하면서 이런저런 좋은 얘기도 많이 하고 또 비판도 하잖아요? 그러면 어떤 사람들은 비판한 대목만 딱 집어내가지고 ‘그것 봐라, 최원식조차도 백낙청이 이것밖에 안된다고 하지 않느냐?’ 그렇게 나오기가 쉬운데, 내가 또 최원식씨에 대해서 이러저러한 얘기를 하면 다른 말은 다 거두절미하고 '거봐라. 백아무개도 최원식이는 이런 문제가 있다고 하더라' 그런 식으로 편히 살려는 사람들도 있을 것 같아요.(웃음) 그러나 어차피 그런 것은 우리가 각오하고 살아야 하니까, 또 이런 내부토론이야말로 요전날 백영서씨가 촉구한 IMF 시대 한국 지식인의 자기반성을 이행하는 한 가지 방법이기도 하니까 최선생이 제기한 문제들 중 몇 가지만이라도 차제에 얘기를 해보죠.

계급모순에 대한 정면돌파가 부족하다고 한 말은 '정면돌파'가 뭘 뜻하느냐에 따라 내용이 달라지는데 실제로 어떤 뜻으로 썼는지 잘 모르겠어요. 이 글이 씌어진 것이 1990년이니까, 좀더 구체적으로는 『민족문학의 새 단계』라는 책이 90년 초에 나오고 『창작과비평』 그해 겨울호에 최선생이 「'강압의 시대'에서 '지혜의 시대'로」라는 서평을, 일종의 서평 논문에 해당하는 제법 긴 글을 썼고 이 글이 작년에 나온 그의 평론집 『생산적 대화를 위하여』에 수록이 됐지요. 내가 짐작건대 '계급모순의 정면돌파' 운운한 것은 아직도 80년대 계급담론의 여진이 남아 있어서 최선생도 그런 지적을 한 게 아닌가 싶어요. 계급모순 문제는 80년대에 젊은이들이 집요하게 요구한 형태의 답변을 내가 안 줬다 뿐이지 내 나름으로는 끊임없이 언급을 해온 문제인데, 지금 싯점에서는 최선생이 어떻게 생각하는지 사실은 내가 궁금한 대목이에요. 그리고 나의 이 평론집에 와서 서구지향성이 강화됐다는 말도 했는데 서양문학이라든가 서양이론에 대한 글이 많이 실려서 그런 인상을 준 게 아닌지, 나는 이게 좀 소재주의적인 비판이라는 느낌을 가졌어요. 나중에 다시 얘기할 기회가 있을지 모르지만 가령 동아시아 문제에 대해서 최선생이 내가 인식이 부족하다는 비판을 더러 하는데, 지식이 부족한 건 더 말할 나위 없고, 기준을 잡기에 따라 인식 자체가 부족하달 수는 있지만 전보다 더 부족해졌다거나 서구지향성이 강화되어온 건 아니라고 봐요. 오히려 『창작과비평』 작년 여름호의 국학관계 좌담에서 서양도 이제는 제대로 보자는 주장을 최선생이 하던 끝에

"오늘날 우리 사회에 횡행하는 얼치기 서도서기(西道西器)가 아니라 진정한 서도서기를 실현해야" 한다는 발언을 했는데, 나는 그거야말로 국문학을 하고 동아시아를 얘기하는 사람답지 않게 좀 막 나간 것이 아닌가 하는 생각이 들었어요.(웃음) 나도 동도서기론을 비판하고 얼치기 서도서기도 물론 비판하는 입장이지만, 다른 자리에서 언젠가 말했듯이 이제는 서양에도 서도라는 것이 거의 없어진 상태다, 서기만 있지 서도가 사라진 상태이고, 동양에서도 동도라는 게 거의 사라졌고 있다 해도 서기를 이끌 힘은 없으니까 이제는 지난날의 동도와 서도를 다시 궁리해서 새로운 도기합일(道器合一)을 이루어야 한다는 주장을 했거든요. 그 점에서는 내가 오히려 덜 서구지향적이 아닌가 하는 생각도 들어요.(웃음)

전문성과 관련해서 민중적 회로를 확보해야 한다는 것은 절대 찬성인데, 이건 우리 모두의 지속되는 과제지요. 그런데 민중성과 예술성의 관계를 두고 내가 예술성을 앞세웠다고 비판할 때에는……

김영희 앞세웠다까지는 아니지 않았나요?

백낙청 아, 여기 이렇게 말했네. "물론 민중성은 예술성과 따로이 존재하는 것이 아니라 상호침투를 통해서 구현되는 것이니, 중세 비평의 용어를 빌리면, 문(文)은 도(道)를 꿰는 그릇〔貫道之器〕이다. 요컨대 예술성은 민중성의 궁극적 도구가 아닌가?"(『생산적 대화를 위하여』 81면)라고 했어요. 민중성과 예술성이 따로 존재하지 않는다는 게 내 기본적인 입장인데 예술성은 민중성의 궁극적 도구라고 하면 오히려 이건 따로 존재하는 것처럼 보는 발상에 가까운 것 같아요. 요는 민중성과 일치하는 예술성이란 게 뭔가 하는 것인데, 내가 「역사적 인간과 시적 인간」이라는 70년대 후반의 글에서 밝힌 입장이지만 사람이, 특별한 시인이나 예술가가 아니라 보통 사람이 사람으로서 제대로 사는 것이 바로 시적으로 존재하는 것이며 이게 곧 역사적으로 존재하는 것이기도 하다는, 말하자면 하이데거적인 발상이지요. 예술성이라든가 시적인 존재를 그런 차원에서 인정한다면 '도를 꿰는 그릇'이 아니라 도 그 자체로서의 민중성과 일치하는 개념일 것 같아요. 다만 최선생이 언급하고 있는 「민족문학의 민중성과 예술성」이라는 내 글이 86년에 쓴 건데 그게 원래 자유실천문인협의회 회원들을 대상으로 한 강연이었어요. 그때 하도 민중성을 앞세우고 예술성을 무시하는 경향이 있어서 예술성을 조금 더 강조한 점은 있지요.

그다음에 또 무슨 문제가 있었지? 아, 주류문화 얘기가 있었죠? 이것도 각각의 역사적 맥락을 되짚어보면 최선생과 나 사이에 큰 차이가 없다고 생각되는데, 최선생이 그 말을 한 것은 90년이고, 비판의 대상이 되는 글은 87년에 나온 걸 거예요. 「민족문학론과 분단문제」라는 글인데, 글쎄, 그 당시로 말하면 아직 전두환정권 아래라서 주류문화라는 것이 정통성도 없고 우리 사회에 뿌리가 약하다는 비판은 충분히 할 수 있었다고 믿고, 반면에 90년의 싯점에서 내가 '주류문화의 잡식성'을 너무 우습게 보는 경향이 있다는 비판은 나로선 경청해야겠지요. 하지만 정말 어려운 문제는 독자적인 주류문화의 성립이 원천적으로 불가능한 식민지는 아니지만 분단체제의 일부라는 멍에를 진 남한의 주류문화에 대해 그 실세를 과소평가하지도 않으면서 그 근원적 불구성에 대한 인식도 망각하지 않는 자세를 어떻게 견지하느냐는 걸 거예요. 이건 최선생이나 우리 모두가 함께 풀어나갈 숙제지요.

김영희 이 자리에 최원식 선생님이 계셔서 직접 답변도 하고 그랬으면 더 재미있었겠습니다. 이제는 리얼리즘으로 넘어가서 문학 얘기를 마무리짓고 다른 얘기도 해야 될 것 같은데, 리얼리즘에 관해서는 아까 선생님께서 사회주의 리얼리즘을 비롯한 리얼리즘 전반의 재검토를 거론하셨는데요.

백낙청식 리얼리즘론은 별종?

백낙청 내 리얼리즘론이라는 게 좀 별종의 리얼리즘론이지.(웃음) 저번에 말한 「민족문학론과 리얼리즘론」이라는 글도 뜯어 읽어보면 한편으로 사회주의 리얼리즘론의 때늦은 옹호일 수도 있고 다른 한편으로 기존의 모든 리얼리즘에 대한 해체가 될 수도 있지 않을지. 자기 꿈을 자기가 해몽하는 꼴이 돼서 미안하지만 아마 리얼리즘론에 대해서 그런 식의 아리송한 발언이 많을 거예요. 가령 로런스를 리얼리즘과 관련시켜서 쓴 글이 몇 개 있는데, 그건 통상적인 의미의 리얼리스트…… 물론 로런스라는 작가는 20세기 초 작가치고는 전통적인 사실주의의 뿌리가 깊은 작가지만, 그 점을 부각시키려고 한 게 아니고 기존의 리얼리즘론을 해체하면서 동시에 그를 단순히 반리얼리스트로 본다든가 모더니스트로 본다든가 이런 관점도 부정하는 논의를 전개했지요. 그래서 어렵다느니 아리송하다느니 하는 소리를 듣기는 하지만 우리가 그런 식의 작업을 더 해야 하지 않을까 싶어요.

김영희 일반적인 리얼리즘론과 선생님의 리얼리즘론이 다르고 로런스의 문학이나 생각과 만나는 두드러지는 대목이 재현(representation) 문제이지 싶은데요. 특히 근대문학에 들어와서 재현이 차지하는 무게를 중시하면서도, 재현 자체가 리얼리즘의 정수(精髓)는 아니라는 논의를 펴시는데, 이런 논지가 선생님의 독특한 면모이자 또 이렇게 저렇게 한쪽으로 읽히기도 쉬운 것 같습니다. 최근 한 평자는 선생님이 재현불가능성을 이야기하는 것이라고까지 보던데요. 재현에 거리를 두는 점을 이런 식으로 읽는 것이지요.

임규찬 저도 제대로 기억하고 있는지 모르겠지만, 방민호(方珉昊)씨의 비판은 선생님이 이론상으로는 반영론을 부정하는 듯한 견해를 제출하는

데, 실제 작품을 평가하는 데서는 오히려 반영론에 근거해서 평가하고 있지 않느냐 하는 의문인 것 같아요. 물론 방민호씨의 경우 글 자체가 그 내부에 여러 혼선이 있어 명확한 논지를 추출하기는 힘들지만, 그런 느낌을 받았습니다.

김영희 가령 방민호씨가 선생님의 관점을 어떻게 읽느냐면요, "'리얼한 삶'이란 언어 저편에 있으며 언어는, 따라서 작품은, 언어 저편의, 즉 날것 그대로의 삶을, 아직 의식의 수면으로 올라오지 않은 세계를 수면 위로 건져올리는 일"이라고 본다고 읽거든요. 모호한 문장이긴 한데, 구조주의 언어관 비슷하게 읽어내면서 선생님께서 결국 재현불가능성을 말하는 것이 아니냐고 하는데, 사실 재현 자체에 대해서 선생님이 거리를 두는 면이 이런 식으로 읽히기도 한단 말예요.

백낙청 글쎄…… 방민호씨가 한 그런 식의 지적에 대해서는 '언어 저편'의 삶이 정확히 뭐라고 생각하는지를 함께 앉아서 먼저 밝히면 생산적인 대화가 이어질 텐데 지금 방민호씨가 없으니까 그럴 수도 없고. 재현이나 반영 문제에 대해서는 일반적으로 얘기해서 나는 예술의 본분이랄까 본성이 재현이나 반영은 아닐 것이다, 하지만 예술이 예술다울 때 재현작업이 그때그때의 사정에 맞는 방식으로 수반되게 마련이다라고 믿는 점에서 대부분의 리얼리즘론자들과 갈라지면서 동시에 통상적인 반리얼리즘론자들과 동조하지도 않는 셈이지요. 그러니까 재현이 리얼리즘의 정수라는 명제를 부정한다기보다, 리얼리즘적 재현 자체가 예술의 정수라는 명제에 회의적이면서도 현실적으로 대부분의 예술작품에서 재현의 성취 여부가 예술적 성취의 한 척도가 될 수 있다는 생각이지요.

내가 지나치게 사실적인 정확성을 따지는 게 아니냐는 것은 차원이 좀 다른 문제인데, 고차원의 리얼리즘론도 아니고 사실주의 차원에서 사소한 트집을 잡는다는 불만이겠지요. 하지만 나는 해당되는 작품이 어느정도의 사실주의적 정확성을 독자로 하여금 기대하게 만들어놓았을 경우에 한해서, 그렇게 만들었으면 특별한 이유가 없는 한은 기대를 충족시킬 의무가 있는데 그것을 못한다고 비판하는 거지요. 문제는 어느 특정 사실이 틀렸다기보다는 독자에게 어떤 기대를 불러일으킨 작품은 그 기대를 일부러 무시해서 독자의 의표를 찌르는 것이 원래 의도가 아니었던 한 그것을 충족시켜야 하는데 이런 기본기조차 안되어 있다라는 매우 초보적인 비판인 거예요. 그런데 실제로 우리 주변의 작품들을 보면, 이것도 나는 우리 사회에서 고질로 되어 있는 대충주의, 적당주의의 연장이라고 보는데, 멀쩡하게 그런 사실주의적인 표면을 유지할 듯이 해놓고서는, 또 자기 나름으로는 유지한답시고 해나가면서 터무니없는 오류를 범하는 일이 너무 흔하단 말이에요. 그래서 그런 것을 지적하는 것은 사실주의를 하라는 게 아니라 작가가 작품을 이렇게 엉성하게 써서야 되겠느냐 하는 얘기가 되는 거죠.

여성문제를 보는 시각

김영희 리얼리즘과 관련해서 로런스 이야기가 나왔지만 로런스에서 선생님이 관심을 갖는 또 한 가지가 남녀문제인 것 같습니다.(웃음) 남녀를 이데올로기적, 혹은 차별적으로 구분짓는 데 대해서는 로런스 자신도 강하게 반발하지만, 그럼에도 존재하는 남녀차이에 대해서는 로런스와 선생님 모두 강조하는 편인데요. 거기에는 기술공학주의적인 사고에 치우쳐 자연이라는 범주가 무시되는 데 대한 경계도 들어 있는 것 같습니다. 70년대에 여성문제에 대해 짤막한 에쎄이를 쓰신 적이 있으시죠? 거기서 선생님께서는 여성문제를 이야기하더라도 남자로 태어난 이상 사냇값을 하고 가겠다는 남자들의 충정 자체는 어떻게든 소화해내야 한다는 취지의 말씀을 하셨는데, 따지고 보면 그 사냇값이라는 게 참 복잡한 얘기인 것 같아요.(웃음) 사냇값을 한다는 것이 기득권적인 위치에서 가능했다는 점도 있고, 또 사냇값, 제대로 된 사내다움과 그야말로 고정관념으로서의 '남성다움'이 구분하기 쉽지 않다는 점도 있고요. 저 개인적으로도 페미니즘에서 남성적인 사고방식이나 성향, 그리고 거기서 나온 성취 일체를 비판 일변도로만 볼 것은 아니라고 생각하지만, 이것이 페미니즘에서도 중요하면서도 어려운 논제로 되어 있는 것 같습니다. 초기에 하셨던 발언과 관련해서 페미니즘에 공감하는 남성으로서 한말씀……(웃음)

백낙청 70년대에 그 글을 하나 쓰고서는 여성운동이나 여성문제 자체에 대해서 따로 쓴 게 없다 보니까 그 짧은 글이 마치 여성문제에 대한 나의 본격적인 입장표명처럼 되어가지고 여성문제에 관한 인식이 매우 '후진' 사람이라는 평도 듣곤 했어요.(웃음) 얼마 전에 안동대 국제학술대회에 가서 발표한 글에서, 여성문제만 따로 쓴 것은 아니지만 여성운동의 독자성을 전제로 그것이 분단체제 극복운동과 결합할 가능성을 얘기했는데, 새로 나올 책의 제1장으로 실릴 예정이지만 그게 나와서 여성운동가들로부터 덜 욕을 먹을지 어떨지는 모르겠어요. 거기서 "남자 못난 것들이 자기가 사내로 태어난 것을 큰 벼슬로 안다"는 말을 했는데 '사냇값' 운운한 것과 사실은 통하는 이야기죠. 실제로 우리 사회에서 남성우월주의의 전반적인 폐단에 대해서는, 내가 물론 여성운동 하는 사람만큼 민감하진 못하겠지만 그것이 남자들 자신을 덜떨어지게 만드는 면, 사냇값도 제대로 못하는 것들이 자기가 여자가 아니라는 사실만으로 행세하는 꼬락서니에 대해서는 꽤 민감한 편이라고 생각해요. 로런스도 그런 데 거부감이 강한 사람인데 그의 영향도 은연중에 많이 받았겠지요. 그래서 여성문제를 직접 논의는 안했더라도 문학작품 논의할 때 간간이, 이건 정말 여성작가 특유의 시각으로 남자 못난 꼴을 잘 짚어냈다 싶은 걸 지적하면 작가 당자들도 그런 지적을 상당히 만족스러워하대요. 그래서 현대세계에서 자유·평등을 애기하면서도 남성우월주의가 여전히 판을 치고 있고 그것이 남자들 자신을 더 못나게 만들고 있다는 점에 대한 비판의식이라든가 그런 것은 내 나름대로 강하다고 봐요. 그런데, 다른 한편으로는 남녀간의 정당한 차이는 존중되어야 하고 남자다운 게 뭐고 여자다운 게 뭔지가, 그건 새로 규정을 해야 되겠지만 아무튼 남자는 더 남자다워지고 여자는 더 여자다워지면서 양성간에 더 공정하고 조화로운 관계가 이루어져야 한다는 게 내 생각이에요. 그러다 보니 사회적으로 형성된 부당한 차별에 항거하는 것이 자칫 이 중요한 문제를 망각하게 만들어서는 안되겠다는 점을 강조하게 되고, 여성의 눈에는 역시 남자로서의 기득권수호로 되돌아가는구나라는 혐의를 받는지도 몰라요. 아직 너무 막연한 이야기라서 이것만으로 무슨 시비를 가리기는 힘들 것 같고, 아무튼 지금 나의 남녀관이 자연에 대한 존중이라든가 이런 개념과 연결이 된다고 했는데, 문제가 더 복잡해지는 것은 정말 자연적인 차이가 무엇이냐는 문제가 하나 있고, 거기서 한 걸음 더 나아가 사회적으로나 역사적으로 형성된 차이는 또 얼마나 존중할 것인가 하는 문제가 결부되거든요. 원불교 문자를 빌려서 설명한다면 원불교에서는 법신불을 사은(四恩)이라고도 해서 천지은·부모은·동포은—이때 동포라는 것은 우주의 온갖 생명들을 다 포함하는 뜻이죠—그리고 마지막으로 법률은(法律恩)이라는 것이 있어요. 법률의 은혜라고 해서 실정법을 무조건 존중한다는 뜻은 아니고 그렇다고 부처님의 법만을 말하는 것이 아니라 인간이 살아오면서 창안한 온갖 문물이나 제도, 문명 등을 기본적으로는 은혜로 받아들이는 발상이에요. 그러니까 자칫하면 현실순응주의로 갈 수 있는데, 아무튼 인간의 역사에 온갖 부정과 억압이 개재되었지만 기본적으로 그런 역사가 있고 인간이 살아온 것을 하나의 은혜로 느낄 것인가 아닌가 하는 중요한 문제가 걸려 있지요. 그걸 은혜로 받아들인다고 하면 원래 생물학적 차원의 차이가 아니더라도 가부장제를 통해서든 뭘 통해서든 역사적으로 형성되어온 남성다움, 여성다움을 깡그리 부정하기는 그만큼 더 힘들어지는 거죠. 그래서 일전에 김선생하고 그런 대화를 나눈 적도 있지만, 흔히 자연적으로 있는 남녀의 성별을 서양 담론에서는 '쎅스'(sex)라고 하고, 사회적으로 형성된 성차를 '젠더'(gender)라고 한다면 '쎅스'를 폐기하자는 건 아니지만 '젠더'는 폐기하자는 것이 대다수 여성해방론의 주장이라고 보는데, 현실적으로 그렇게 가르는 일이 가능하냐 하는 문제가 하나 있고, 원칙문제로는 자연적인 성별 그 자체는 아니더라도 문화적 성차가 일단 자연적 차이를 바탕으로 실제 인류역사를 통해 형성되어온 것이라면 거기에는 존중할 것도 꽤 있지 않느냐? 그래서 철폐할 것은 철폐하지만 그것도 말하자면 법률은에 보은하는 자세로 하자는 거예요. 이게 남자로서의 편견일 수도 있고, 특히 나이가 점점 들어가는 남자의 보수성일 수도 있지만, 지금 부당한 성차별은 별로 줄어들지 않으면서도 정말 사내다운 사내는 점점 적어지고 있는 것이 현실이라고 보는 점에서는 통상적인 남성주의하고는 다르다고 믿어요. 그래서 사내가 좀더 사내다워야 한다는 주장은 지금도 포기하고 싶지 않아요.

거듭 말하지만 우리 시대의 남성다움과 여성다움은 남녀가 함께 새로 만들어나갈 일인데 남녀간에 온전한 합의는 불가능하지 않은가라는 생각도 해요. 남자도 제각각, 여자도 제각각이라서만이 아니라, 남녀차이라는 것이 워낙 근본적인 차이이기 때문에 남성적인 인식과 여성적인 인식이, 아주 상식적인 얘기를 벗어나면 상당히 달라지는 것이 아닌가, 그래서 이것은 인간이 남자와 여자로 구별되어서 태어난다는 것이 인간의 '보편적인 인식' 능력의 한계로 작용하는 것이 아닌가 하는 생각을 갖고 있어요. 이건 김영희 선생이 많은 관심을 가진 이른바 여성적 입장의 객관성 문제와도 직결된 문제겠지요.

김영희 제가 자연 범주라고 한 것도 단순히 생물학적 차이를 염두에 둔 것이 아니라, 사회적이든 생물학적이든 오랜 시간 동안 구축되어 엄연히 존재하고 있는 것의 무게를 말씀드렸던 것입니다. 아무튼 저로서는 여성적 인식과 남성적 인식의 차이를 일반화해 부각시키는 것보다는 다수 여성의 경험과 밀접히 관련된 앎의 방식들을 강조하면서도, 그것을 '여성적'이기만 한 것으로 보지 않는 논의들에 관심을 갖는데요. 가령 '지식'이라고 하면 인지적(認知的)인 것만이 '지식'인 양 여겨져왔으며 그런 가운데 여성들의 실천적·정서적 앎은 '지식 이전'의 것으로 밀려났다는 논의가 있는데, 어떤 면에서는 실천적·정서적 앎이야말로 인지적 명제로 표현되는 지식의 바탕이라고도 볼 수 있겠지요. 이럴 때, 인지적 지식을 자리매김하는 동시에 그 위력—즉 실천적·정서적 앎들 가운데 끼어드는 '부정확'한 부분들을 교정하는 역할—도 설명할 수 있을 것 같고…… 아무튼 이런 논의에서도 남성들과 여성들의 앎에 다른 부분이 있다는 것을 인정하지만, 그렇다고 '정서적 지식' 일반을 남성적인 것, 여성적인 것으로 대별하지도 않고, 밀려난 실천적·정서적 앎은 여성들의 앎의 방식일 뿐 아니라 노동하는 남성들의 그것이기도 하다고 보거든요……

백낙청 그건 중요한 지적이에요. 남성중심주의, 그리고 남성중심주의와 결부된 서양의 전통 철학이 인지적 지식, 머리로 아는 알음알이만을 특권화했기 때문에, 여성이라든가 몸으로 노동하는 계급이라든가 이런 사람들 특유의 실천적·정서적 앎이 오히려 보편적 앎에 기여하는 면을 되새길 필요가 분명히 있지요. 그런 점에서 여성의 인식과 남성의 인식이 다르다 하더라도 오늘의 상황에서는 여성의 인식이 더 진실에 가깝기 쉽다는 것도 인정할 수 있어요. 그런데 김선생도 그 비슷한 이야기를 썼다고 믿지만, 실천적·정서적 앎을 중시한다는 것이 그냥 그러한 측면을 보완하는 정도가 아니라 인지 위주 지식의 절대성을 부인하는 것이라면, 이건 '객관성'이라든가 '진리'의 개념 자체가 뒤바뀌는 엄청난 이야기가 되죠. 가령 몸으로 아는 것이 진짜 앎이라고 하면, 몸은 어떻게 수련해야 제대로 된 앎에 이를 수 있느냐는 문제도 생기지만, 남자 몸과 여자 몸이 근본적으로 다를 경우 동일한 앎이 얼마나 가능하냐는 것도 문제가 되겠지요. 인간이 감관(感官)에 의존함으로써 인식능력에 한계가 지어진다는 점은 가령 현대과학에서도 과학이 발달하면 할수록 더 분명히 드러난다고 하지 않아요? 예컨대 광선이 입자냐 파장이냐 할 때에 사실은 파장이기도 하고 입자이기도 한데, 실험을 통해서 증명을 하려고 하면 입자임을 보여주는 실험과 파장임을 입증하는 실험을 따로 해서 양쪽 다 확인할 수는 있지만 파장인 동시에 입자의 상태를 증명하고 인지할 수 있는 인간의 감관능력은 없다고 하지요. 좀 엉뚱한 비유일지 모르나, 여성적인 인식능력과 남성적인 인식능력이 일치하는 대목이 한정된 상식을 넘어서면 과학적으로는 입증할 수 없고 명제로 정리될 수도 없는 게 아닌가, 남자와 여자는 전혀 다른 존재라서 진리도 남자 진리, 여자 진리 두 개가 있다는 말은 아니지만, 이때에 '하나의 진리'라는 것은 불교 문자로 분별지(分別智) 차원에서 도달할 수 없고 견성(見性)해서 남녀의 차별이 없는 자리를 깨치는 길이 있을 뿐이라는 거지요. 분별지의 차원에서는 남자는 여자가 아니라는 데서 오는 한계가 있고 여자는 남자가 아니라는 데서 오는 한계가 있기 때문에, 역시 남자는 남자답고 여자는 여자다우면서 서로간에 어울려 사는 것이 중요하다, 또 그렇게 어울려 사는 중생의 삶이 곧 부처의 경지인지 모른다, 이렇게 말할 수 있지 않을까 싶어요.(웃음)

원불교적 사유방식의 이유

임규찬 남녀관계 말씀 도중에 원불교의 개념을 원용하셨는데, 이와 관련된 질문을 하나 던져보겠습니다. 평소 궁금했던 점이기도 합니다만, 선생님의 초기 글에서는 비교적 불교에 대한, 이른바 동양적인 사유방식 내지는 불교의 비중이 컸던 것 같습니다. 그런데 최근에 들어서서 원불교에 대한 관심을 강하게 표명하고 계십니다. 때로는 특정한 인물까지 거론하면서 말씀하시는데, 그런 측면이라면 불교계에서도 거기에 견줄 만한 사람도 많이 있을 텐데 특정 개인을 부각시킬 정도로 원불교 사랑에 어떤 연유가 있는 겁니까? 선생님의 사유방식은, 근저에 불교라든가 하이데거적인 사유방식이 깔려 있고, 그래서 '종교적인 인식'이라는 말씀도 초기에 하셨는데, 이런 개인적인 구도의 바탕, 개인적인 깨달음에 기반해서 거기에 일종의 사회적 실천으로서의 과학이라든가 여타 여러 이론과 사유가 결합되는 그런 사유체계로 보입니다. 그리고 선생님께서는 불교에 대해서 개인적인 구도 차원에서는 인정을 해주지만 당면한 현실의 실천적인 행위 차원에서는 별로 인정을 안하시는 것 같아요. 그런데 원불교를 말씀하실 때는 양자가 결합하는 듯한 느낌도 들고, 아까 말씀하신 '법률은' 의 경우에도 그런 예로 보이는데, 이런 측면이 특별하게 원불교에 대해 관심을 갖게 된 동기인지?

백낙청 사회적 실천이라는 면에서는 몇해 전 조계종의 개혁불사(改革佛事) 이후로는 불교 쪽이 오히려 활발한 감이 있고, 원불교 교단은 교세가 약해서 그런 것도 있겠지만 가령 민주화운동 과정에서도 한 일이 별로 없었다고 봐요. 그러나 교리 면에서는 실천성이 더 강조된다고 할 수는 있겠지요. 원불교에 대한 나의 관심은 사사로운 연고도 있지만, 한편으로는 불교에 대한 관심의 연장이랄 수 있고 그 창시자인 소태산(少太山) 박중빈(朴重彬)이나 그의 수제자 정산(鼎山) 송규(宋奎) 같은 분이 현대 한국의 독창적인 사상가이기도 하다는 인식이 있는 거지요. 원불교는 한편으로 그 맥을 불교에 대고 있으면서 다른 한편으로 구한말 이래, 그러니까 서양문명이 들어오면서 그 엄청난 충격에 주체적으로 대응하려는 우리 민족의 사상적 모색의 맥을 동시에 잇고 있는 점이 특이하지요. 물론 불교 쪽에서도 고승들이 많이 나왔지만 내가 별로 연구는 못해봤고, 아무튼 단순히 불교를 유신한다든가 갱신해서 거기에 대응한다는 것과는 다른 차원에서 동학의 최수운(崔水雲)에서 비롯되는 유·불·선 통합의 노력이 있잖아요? 강증산(姜甑山)도 있고.

그런데 이런 작업이 원불교의 창시에 이르러 한 단계 더 전진했다는 느낌을 갖고 있어요. 그렇게 된 배경에는 수운이나 증산 이런 분들의 선구적인 작업을 딛고 일어섰다는 잇점이 있고, 또 하나는 유·불·선의 통합이라는 것이 말이 쉽지 그냥 갖다가 절충을 한다고 통합이 되는 것이 아니고 그럴 만한 바탕이 있어야 하는데, 가령 수운 같으면 유교에서 이단자가 되기는 했지만 유학을 바탕으로 출발을 한 셈이고, 증산의 경우는 선도(仙道) 쪽이 더 중요시되었지요. 이에 비해서 원불교는 사상적인 바탕을 불교에 두고 있는데 나는 유·불·선 통합을 하려면 불도가 바탕이 되지 않으면 어렵다는 생각이거든요. 거기다가 유·불·선 통합이라는 것은 원래 유·불·선 3개만 통합하려는 것이 아니라 서양의 그리스도교를—동학 당시에는 천주학인데—어떤 식으로든 의식하면서 거기에 적절히 대응을 하겠다는 의지가 담겨 있었는데, 그게 제대로 되자면 그냥 '동학'으로써 '서학'에 대응한다는 차원이 아니라 그리스도교와 현대과학, 이런 것까지도 유·불·선 통합작업에 끌어넣어야 되지요. 그런 시도는 수운이나 증산에서는 보기 어렵고 소태산에 와서 드디어 이루어진다고 봅니다. 그래서 나는 어디선가 소태산의 언행록에 해당하는 『대종경(大宗經)』이 종교문제를 떠나서 우리 한국문학의 중요한 자산이라고 말했는데, 한국문학도인 임규찬씨만 해도, 안 읽어봤죠?

임규찬 네.(웃음)

다시 창비를 돌아본다

김영희 이제 시간이 많이 지났는데, 지난번 회화 중 미진했던 부분이 역시 창비 이야기였지요. 물론 선생님 개인의 사고나 이런 것을 얘기하면서도 이 얘기가 간접적으로 짚어지기는 했지만……

창비 25주년, 30주년 기념호에서도 창비에 대한 독자들의 생각이나 바람을 묻는 등 저희 나름으로는 함께 가는 잡지를 만들려는 노력을 해왔는데, 그럼에도 계속 친근하지 않다는 불만들이 주변에 많은 것 같습니다. 90년대 들어 창비가 거시적인 모색을 진행중인 것이 사실인만큼 최원식 주간께서 지적했던 '민중적 회로'의 확보를 좀더 고민해야 할 것 같습니다. 물론 저희로서는 창비의 모색이 현실에 대한 탐구와 별개가 아니라고 생각하지만요.

백낙청 질문을 좀더 딱 집어서 하면 좋겠어요. 무슨 얘기를 했는데 그걸 어떻게 하겠느냐라든가…… 그러니까 일반독자들의 감각으로는 동떨어지게 느끼는 것이 뭐가 있는 것 같은데 그걸 어떻게 하겠느냐든가, 아니면 그때 뭘 하겠다고 해놓고 왜 안했느냐라든가 그렇게 딱 집어서 물어보면…… 사실은 그렇게 하는 게 독자에게 친근한 언어예요.

김영희 그렇죠?(웃음) 그런데 제가 생각이 충분치 못하니 이렇게 추상적으로 얘기하고 있는데……

백낙청 사실 창비가 어렵다, 독자들의 감과 멀다, 이런 것이 꼭 창비가 제기한 주제가 반드시 어렵다거나 현실과 동떨어져서가 아니고 어떤 경우에는 그걸 다루는 사람들이 제대로 다루지 못해서 독자들이 바로 자신의 문제라는 느낌을 못 받을 때가 있거든요. 그러니까 지금 우리가 그 점을 반성한다고 할 때에도 반성하는 형식에도 그게 나타나야지. 가령 아까 내가 백영서씨 없는 사이에 험담 좀 하자고 했는데 다른 건 험담할 게 없고, 창비가 제기한 문제들에 대해 지난번에 백영서씨가 묻지 않았어요? 근대극복의 문제라든가 식민지시대에 관한 논의…… 그런데 그것 말고 우리가 또 하나 지난 2~3년 동안 중요한 주제로 내세운 것이 동아시아 문제였거든. 그런데 동아시아 문제는 알다시피 발의자는 백영서씨고 또 그동안 각자의 전공분야라든가 개인적으로 주장해온 것을 보면 역시 백영서씨와 최원식 주간이 주도를 해야 하는 입장이었는데, 영서라는 친구 이것저것 물으면서 동아시아 얘기는 싹 빼버렸어. 나는 이게 의도적은 아닐지 모르지만 미필적 고의라는 혐의를 걸고 있어요.(웃음) 그러니까 그 친구가 있었다면, 가령 동아시아 문제만 해도 그렇게 띄워놓지만 말고 정말 독자에게 실감으로 다가오는 얘기를 해야 되지 않겠느냐, 당신은 무슨 얘기를 하겠소 하고 물으려고 했는데 개인적인 사정을 핑계로(?) 빠리로 도망가버렸어요. 식민지시대 문제만 하더라도 지난번에는 주로 일부에서 담론상업주의 운운하는데 그러냐 안 그러냐 하는 차원에서 접근했지, 이 문제에 대해서 우리 편집진은 어떻게 생각하는가? 자문위원인 유재건 교수가 유일하게 발언을 했지 아직까지는 별게 없단 말예요. 그러면 이것을 백영서씨는 어떻게 생각하느냐? 최원식씨는 100호 기념 토론회에서 기조연설을 하겠다고 하니까 거기에서 대충 어떤 얘기를 할 것인가? 본인이 없으니까 당장 물어볼 건 아니지만 우리로서는 그에게 어떤 주문을 할 것인가? 이렇게 내용에 대한 얘기가 구체적으로 나오면—물론 내용을 얘기하다 보면 너무 어려워질 수도 있겠지만 사실은 좀 어려운 이야기라도 구체적으로 이야기를 하면 실감이 더 나고 실감이 나면 어렵다는 생각이 사라지기도 하지요.

김영희 실감과 맞닿으려면, 가령 근대극복의 문제도 환경이면 환경이라든가 어떤 구체적인 문제와 관련해서, 근대극복의 문제의식이 있어야만 생태계문제에도 잘 대처할 수 있다든가 이렇게 각론으로 보여주어야 될 텐데요.

백낙청 지난번에 분단체제론과 연관시켜서도 말했지만, 가령 김영희씨 같으면 그전의 창비 좌담에서 누군가가 노동해방은 근대적인 안건이고 여성해방은 포스트모던한, 탈근대적인 안건이다라고 했을 때 그게 아니고 여성문제야말로 근대적인 동시에 탈근대적인 양면을 지닌, 흔히 쓰는 말로 이중적인 과제다라는 식으로 반론을 펼쳤는데 그런 식으로 구체화되어야 한다고 봐요. 또는 식민지시대의 성격 문제 같으면 이것 역시 지금 여기에 없는 백영서씨나 최원식 교수가 주도적으로 발언해야 할 대목이지만 창비가 이제까지 지녀온 문제의식에 비춘다면 이 문제에 대해서도 각자가 어떤 공헌을 해야 할지 한번들 생각해봐야 하지 않겠어요?

임규찬 지당한 말씀입니다.(웃음) 그런데 실제 편집위원으로 몇해를 활동하면서 창비의 구체적 과제에 저 자신이 어떤 기여를 했는가 뒤돌아보면 부끄럽기 짝이 없습니다. 그런데 선생님의 오늘 발언에도 이러이러한 몫은 누가 주도적으로 해야 하지 않겠느냐라는 이야기가 나왔는데, 보이지 않게 그런 식으로 비켜서서 적극적으로 자기문제화하지 못한 점이 많았던 것 같습니다. 일단 지켜보자라든가……

백낙청 그분들이 주도적인 발언을 해야 한다고 할 때는 이제까지 논의가 전개된 형태에 국한해서 본다면 역시 동양사를 하는 백영서라든가 또는 국문학을 한데다가 기획을 주도한 최아무개의 짐이 더 크다는 얘기고, 좀더 확대해서 보면 우선 임규찬씨도 한국문학을 할 뿐 아니라 특히 1930년대의 소설을 연구하잖아요? 우리가 일제시대 공업화의 과정이라든가 토지조사사업이 어떠했고 이런 데에 글로 개입할 만한 처지는 못되지만, 각자 자기가 하는 분야에서는 이런 문제제기에 부응하는 작업이 있어야겠다는 얘기이고, 그런 의미에서는 누가 따로 주도적인 사람이 있는 게 아니죠. 물론 나 자신부터 해당되는 이야긴데, 사실 나는 이 문제가 창비 지면에 본격적으로 대두되기 전에 내 나름의 어떤 문제의식을 단편적으로나마 내놓은 건 있어요. 카또오 슈우이찌(加藤周一)씨가 내한했을 때 대담을 했잖아요?

김영희 그게 94년 겨울호였지요?

백낙청 그때 식민지시대와 관련해서 식민지시대에 공업화가 이루어진 사실을 인정한다고 한국에서는 욕먹는 일도 있는데 나는 그것이 오히려 일본제국주의가 후발제국주의로서 정복주의적인 성격이 강했기 때문에 공업화도 더 하지 않았겠느냐, 자기네 공업기반이 예컨대 영국보다 약하기도 했고, 또 영국은 인도를 식민지로 삼았을때 그냥 식민지로 놔두고 수탈할 생각을 했지 그걸 영영 자기 땅덩어리로 만들 생각은 안했단 말예요.

그런데 일본사람들은 옛날의 정복자처럼 조선을 합병해서 영영 먹을 생각이었기 때문에, 물론 여러가지 다른 이유도 있죠, 대륙에서 전쟁을 치르려고 하니까 병참기지가 필요하고 그런 것도 있지만, 어쨌든 이것은 영구히 자기 땅이라는 전제 하에 공장도 더 짓고 그랬던 면도 있다는 거지요. 그래서 일본제국주의 특유의 후발성이라든가 후진성, 또 거기에 따르는 약탈성이나 정복주의적인 성격, 이것하고 그들이 이룩해놓은 공업화의 실적이 상호연관된 것이 아닐까? 그래서 그 양면을 연결시켜보자는 주장을 했는데요. 사실 이건 요즘 논란이 많은 박정희시대를 미화하지 않으면서도 그 경제개발 업적을 인정해주는 분단체제론적 시각과도 통하는 거지요.

이제까지 식민지시대 논의의 주류를 보면 약탈성에 더 주목하는 사람들은 얼마나 수탈해갔는가 하는 쪽을 강조하고 일정한 개발을 이룩한 점은 인정을 잘 안하려고 하고, 반면에 그때 공업화가 얼마나 더 이루어졌는가 하는 점을 강조하는 사람들은 뭐니뭐니 해도 그 덕에 한국이 근대화됐고 이후의 경제발전도 그 연속선상에 있다 해서 은연중에 식민지시대를 미화하는, 적어도 본의 아니게 미화하는 결과가 되는 것은 사실인 것 같아요. 그래서 이게 '수탈과 저항'론, '수탈과 개발'론, 이런 식으로 진행되어 왔잖아요? 그런데 최근에 보면 그런 양분법에서 벗어나려는 노력이 우리 학계에서도 이루어지고 있는 것 같습니다. 나는 문헌을 널리 읽지는 않았지만 김용섭(金容燮) 교수 정년기념논문집에 김영호(金泳鎬) 교수가 쓴 글을 보면 '수탈과 저항' 대 '수탈과 개발'의 대립을 넘어 '저항과 개발'이라는 차원에서 보자고 했던데 나는 그 글을 꽤 재미있게 읽었어요. 이런 논리를 세계체제론과 연결시켜서 세계체제 속에서 일본제국주의가 갖는 위상이 별로 높지 않았기 때문에 조선에 대한 식민지정책도 한편으로는 더 폭압적이고 수탈성이 강하면서 다른 한편으로는 영국이 인도에서 했던 것과는 비교가 안될 정도의 공업화를 하고 사회기간시설도 건설했다, 이렇게 보는 것이 더 원만하지 않겠는가 합니다. 물론 일제가 설혹 그런 건설을 했다 하더라도 그것이 저희들을 위한 것이었지 우리 민족을 위한 것은 아니었던 건 분명하지요. 그러나 이건 좀 다른 차원의 문제죠. 그들의 의도와 그 행동의 정치적인 성격을 떼어버리고 논의하는 것은 곤란하지만, 의도와 결과 문제를 혼동하는 것도 학문적인 자세는 아니라고 봐요. 세상살이의 이치로 따지더라도, 원불교 문자를 또 한번 쓰면 은생어해(恩生於害)하고 해생어은(害生於恩)하는 것이 우주의 진리인데 저들이 끼친 해독에서 은혜가 나오는 것도 얼마든지 가능한 일 아니겠어요? 그러니까 해독을 끼친 저들이 은혜를 베풀었노라고 큰소리치는 것도 웃기는 일이지만, 거기서 결과적으로 은혜가 나온 대목까지 부정할 까닭은 없지요. 우리가 그걸 활용을 해서 앞서 말한 IMF 이야기에서 쓰던 어법대로 일본사람들이 와서 잔뜩 주인행세를 하다 갔지만 가고 나서 보니까 많은 경우에 우리 머슴노릇도 했더라고 하게 된 경우라면 말이죠.

앞날을 전망하며

임규찬 IMF 이야기가 다시 나왔습니다만, IMF시대의 엄혹함은 시간이 갈수록 더 실감되는 것 같습니다. 이 어려운 시대의 주인노릇을 어떻게 할지, 창비와 창비 독자들을 위해 덕담을 겸해 마지막으로 한말씀 해주시면 좋겠습니다.

백낙청 시대의 엄혹함을 상기시키면서 덕담을 하기가 쉽지는 않지만,(웃음) 우리 모두가 시대의 주인이 되고 자기 인생의 주인이 되겠다는 각오가 확고하다면 빈말이 아닌 덕담이 가능하겠지요. 이번 사태는 결코 일시적인 유동성의 위기, 즉 기본적으로 장사는 잘되는데 한때 현금이 안 돌아서 생긴 위기가 아니고, 분단체제의 특정 단계에 맞춰서 형성된 경제모델이 더는 통용되지 않아서 벌어진 파탄에 가깝다고 봐야 합니다. 이제야말로 분단체제극복의 과정에 맞는 새 모형을 개발하느냐 신탁통치에 이어 더욱 강화된 신식민지통치를 감수해가면서 왕년의 풍요로운 생활을 전보다 훨씬 한정된 계층에서나 되찾느냐는 갈림길에 선 것입니다. 이제까지 분단체제극복을 주장하고 민족문학의 새 단계에 걸맞은 자기갱신을 도모하고 인식과 실천 전반에 걸친 패러다임 전환을 주창해온 창비는 바로 이러한 갈림길에서 제 몫을 하기 위해 꾸준히 준비해왔다고 자부해도 될 것 같아요. 다만 창비도 하나의 기업인 이상, 더구나 재정적으로 여전히 취약한 소기업인만큼, 'IMF한파'를 그 누구 못지않게 타게 되어 있지요. 창비에서 일하는 우리 모두가 크게 분발할뿐더러 독자 여러분들이 왕년에 독재정권의 탄압에 시달릴 때와 다름없이 뜨거운 성원을 보내주심으로써만 이 고비를 넘길 수 있을 겁니다. 나는 그렇게 되리라고 확신하고, 이것이 단순히 한 잡지와 출판사의 생존문제에 그치지 않고 우리 민족과 인류의 새로운 미래를 여는 데 없어서는 안될 어떤 몫을 이 시대를 함께 사는 우리들이 힘을 모아 해내는 결과가 되리라고 말하고 싶습니다.

김영희 감사합니다. 독자 여러분께 새해 복 많이 받으시라는 인사를 함께 드리면서 이만 끝내기로 하지요.

| 토론 |

IMF시대 우리의 과제와 세기말의 문명전환

백낙청(문학평론가, 서울대 영문과 교수)
이미경(여성운동가, 국회의원)
정운영(『한겨레』 논설위원, 경기대 경제학과 교수)
백영서(연세대 사학과 교수)
1998년 3월 27일 연세대학교 상경대학 강당

백영서 이제 알짜만 남으신 것 같은데 좀 오붓하게 모여서 하면 어떨까요? 지금 한 시간쯤 여유가 있습니다만, 미리 말씀드린 종합토론의 논평자 세 분의 의견을 듣고, 그것에 대해서 앞에 나와 계신 발표자들이 간단하게 답변을 하고 그다음에 앞서 토론해주신 선생님들과 지금까지 진지하게 경청해주신 여러분들께 기회를 드려서 난상토론을 통해 뭔가 실질적인 성과를 만들어냈으면 합니다.

■ 이 토론은 1998년 3월 27일 연세대학교 상경대학 강당에서 열린 계간 『창작과비평』 통권 100호 기념 학술토론회 'IMF시대 우리의 과제와 세기말의 문명전환'의 종합토론이다. 당시 「세계체제의 바깥은 없다」(최원식) 「20세기 한국의 역사적 성취와 한계」(박명규) 「세계사적 전환기에 민족문학론은 유효한가」(임규찬) 「새로운 문명과 한국의 사회운동」(이시재) 등의 발제와 그에 대한 토론, 그리고 종합토론이 이루어졌다. 당시의 발표문과 토론은 『창작과비평』 통권 100호(1998년 여름호)에 실렸으며, 여기서는 이 종합토론과 『창작과비평』에 덧붙여진 백낙청의 보론을 함께 싣는다.

왼쪽부터 백영서, 백낙청, 정운영, 이미경

종합토론은 이미경 선생님이 먼저 해주시고, 그다음에 정운영 선생님, 그리고 백낙청 선생님, 이런 순서로 하겠습니다. 먼저 이미경 선생님은 한국여성단체연합 상임공동대표를 역임하시고 지금은 국회의원으로 환경노동위·여성특별위·예산결산특별위에서 활동하고 계십니다. 이전 토론들에서는 시민사회와 국가의 관계에 대해서 많이 얘기됐는데요. 선생님께서는 시민사회운동 영역과 국가의 영역을 결합하는 부분에 대해서 아마 많은 경험이 있을 걸로 압니다. 좋은 말씀 기대합니다.

이미경 먼저 『창작과비평』 통권 100호를 기념한 학술토론회에 참여할 수 있는 기회를 주신 것에 대해 감사드리고, 무려 다섯 시간이 넘는 긴 토론회에 많은 분들이 열성적으로 참가하고 계신 것에 대해서 감동을 받고 있다는 말씀을 드립니다. 그러면 토론으로 들어가도록 하겠습니다.

먼저 전체적으로 'IMF시대 우리의 과제와 세기말의 문명전환'이라는 제목 아래서 모든 분들이 가장 중요하게 냉전체제 이후의 세계시장과 세계자본의 지배라는 점에 대해서 지적하셨는데, 저는 20세기 말의 성격에 대해서 몇 가지만 부연하고 싶습니다. 가장 중요하게는 냉전체제의 붕괴가 우리의 민족통일에 커다란 영향을 끼칠 것으로 생각하고, 또 이제까지의 개발독재체제가 붕괴되면서 민주주의가 확산되고 시민사회 형성의 기초가 한국에서도 마련됐다는 것을 중요하게 보고 싶습니다.

그런데 덧붙일 게 있다면, 세계자본의 지배를 가능하게 한 경제적 기초인 21세기 산업의 태동, 예를 든다면 정보통신산업과 멀티미디어 산업, 생명공학의 발전, 이런 중요한 문제들이 모든 분들의 발제에서 지적되지 않았다는 것이에요. 이것이 사실은 21세기 세계시장을 가능하게 한 기초가 아니었나 하는 점을 지적하고 싶습니다. 그런 기초 위에서 그야말로 국가간의 방어벽이라든지 산업기관간의 장벽이 무너지는 세계시장 체제가 마련된 것이라는 점을 말씀드리고 싶습니다.

앞서 세계시장 또는 자본주의에 대한 많은 비판들이 있었는데, 사실 언제나 경쟁과 갈등을 전제로 출발하는 자본주의의 성격이 변하지 않았고 산업자본주의시대를 넘어서서 지금 세계시장이 무한히 확대된 상황에서 자본주의와 세계시장 자체에 대한 문제제기는 새삼스러운 것이 아니라고 생각합니다. 또한 이전에 어떤 의미에서 사회적 약자들이 가지고 있던 유토피아적 희망이 사라진 상태에서, 세계자본주의 시장이 지배하는 상태에서 우리가 이 문제를 어떻게 받아들일 것인가, 그리고 미래의 대안을 어떻게 찾을 것인가 하는 문제에 대한 대안이 아직 제시되지 않고 있다는 것이 오늘의 결론인 것 같은데, 저도 특별하게 그런 희망을 대체할 만큼 새로운 대안은 제시할 수 없습니다.

IMF체제에 대해서도 많은 분들이 논의해주셨고 미국자본의 음모라는 얘기들도 나왔는데, 저는 근본적으로는 이른바 동아시아 성장모델, 또는 우리식으로 하면 박정희식의, 국가가 주도하여 자본과 부를 배분하던 방식이 변해야 하는 시대에서 미처 그걸 개혁하지 못했기 때문에 이런 경제

위기를 맞게 되지 않았는가 하는 생각이 들었습니다. 그리고 부수적으로 세계자본의 음모가 개입되어 있다는 생각입니다.

그래서 IMF의 요구 중에서 미시경제적인 요구들, 예를 들면 금융구조 개편이나 재벌구조 해체 같은 문제는 사실 우리의 국내적인 개혁요구와 일치하는 것이기 때문에 IMF와의 협약에 대해 지지하는 얘기들이 많이 나왔습니다. 저 또한 미시적인 플랜은 우리의 요구와 많이 일치하기 때문에 어느정도 합당하다고 생각합니다. 그러나 거시적인 경제구조의 변화와 연관해서 본다면 많은 문제점을 제기할 수 있을 것 같아요. 이와 관련해서는 IMF를 잘 알고 있는 학자들이 제기하는 많은 문제들, 예컨대 금리나 재정긴축 문제 등에 대해서 IMF와 잘 조율해가면서 처리해야 합니다. 여기에 대해 강력하게 재협상을 실시하면서 국가의 역할을 발휘해야 한다는 얘기도 있습니다만, 저는 이런 측면에서 국가의 역할이 여전히 중요하게 남아 있다고 봅니다. 예를 들어 IMF와의 협상방식이 인도네시아나 타이와 우리나라가 다를 수 있는데 여하튼 어떤 방식으로 어떻게 미래를 전망하고, 경제에 대한 정보를 가지고 협상하는가에 따라서 상황이 크게 달라질 수 있기 때문에 여전히 국가의 역할이 중요한 요소로 남아 있다고 생각합니다.

그리고 이번 IMF사태와 연관해서도, 예를 든다면 재벌들이 해외에서 진 빚이 260만 불인가요? 그것에 대해 지금 국가가 빚보증을 서줬는데—그건 잘못한 것이지만요—하여튼 그런 것만 보더라도 우리는 세계시장경제로 넘어가면 국가의 역할은 별로 없고 자본과 자본끼리 하는 것처럼 이해하고 있는데, 실제로는 자본과 자본 간의 역할에만 맡겨지는 것이 아니라 어떤 때는 자본이 국가를 끌어들여서 이런 식으로 빚보증을 서게 하면서 그것에 대한 고통을 전국민에게 전가해버리기도 하죠. 따라서 자본이 국가를 이용하기도 하는 것이 여전히 남아 있다는 것을 말씀드리고 싶습니다.

다음에 이런 시대에서 우리의 생존과 발전 전략으로서 최원식 교수님께서 대국론과 소국론을 펴셨는데, 제대로 이해했는지는 모르겠지만 우리나라는 항상 대국과는 다른 개념으로 목표를 선진국에 두어왔던 것 같습니다. 그래서 OECD에도 가입하고, 여전히 선진국의 대열에 들어가야 한다는 지향점을 가지고 있는데, 우리가 목표로 하는 선진국은 일본이나 중국, 미국 같은 패권적인 대국은 아니었다는 생각이 듭니다. 우리는 패권적인 강대국 사이에서 생존하기 위해 그런 지향을 갖고 있지 않았는가 하는 생각이 들었습니다. 대국론이 그런 지향이라면 저는 여전히 대국론을 지향해야 하는 것이 아닌가 하는 생각을 가져봤고요.(웃음)

그다음에 우리 문화와 연관해서는, 우리는 선비정신에 따라 돈보다는 명예와 의리를 더 중시했습니다. 그러나 식민지시대와 전쟁을 겪으면서 자본주의를 알게 되고, 돈을 우습게 아는 것 같으면서도 굉장히 물질적인 이중적인 면을 지니게 되었죠. 하지만 근면하게 일해서 돈을 버는 것에 대해서 사회가 가치를 부여하는 쪽으로 가야 해요. 돈이냐 명예냐 하는 이분법적 구분이 아니라 사실은 자본주의사회에서 둘다 중요한데 둘이 충돌할 때 어떻게 하는 것이 옳으냐 하는 거지요. 예컨대 정신대 배상문제에 대해서 일본사람들은 민간기금이라도 받는 것이 낫지 왜 안 받느냐며 도저히 납득하지 못하겠다고 합니다. 그러나 우리나라 사람들은 민간기금을 받기보다는 차라리 굶어 죽는 것이 낫다는 식의 생각을 하거든요. 이에 대해서는 국제회의에 나가도 이해하지 못하는 사람들이 많아요. 그러나 우리는 우리가 옳다고 생각하면서 한 걸음 한 걸음 나아가고 있는 거예요. 그래서 이 문제에서 우리 가치를 살리면서 조금 잘못되어갔던 것을 문학이나 문화 쪽에서 바로잡아주는 일들을 했으면 좋겠습니다.

마지막으로 한 가지만 덧붙이고 싶은데요. 여기에 앉아 들으면서 제 마음속에는 우리가 어떻게 자본주의의 거대한 문제점을 근본적으로 바로잡는 새로운 대안을 만들어나갈 수 있을 것인가 하는 생각과, 또 한편으로는 이 상황에서 우리 민족은 어떻게 살아남을 수 있을까 하는 생각이 병존하는 것을 부정할 수 없습니다. 그 점에서 저도 어쩔 수 없는 민족주의자이고, 아직도 국민주의적인 틀을 못 벗어나고 있고, 고상해지지 못하고 현실적인가 보다는 생각을 많이 하고 있는데, 실제로는 그것이 많은 국민들 혹은 여기 계신 청중들의 현실적인 생각이라고 봅니다. 그래서 우리는 근본적인 문제를 추구하면서도 현실문제를 어떻게 딛고 나가면서 새로운 방안을 찾아낼 것인가를 고민해야 합니다. 여하튼 지금 선진국의 문턱에 놓여 있는 우리나라는 아주 불리한 위치에 서 있는 것만은 아니고, 여직까지 자본주의에 잘 적응해왔듯이 앞으로도 이 위기를 잘 극복하리라고 봅니다.

다만 이 과정에서 유념해야 할 것이 있어요. 모든 사람이 공존하며 살고 있는 세계 속에서 이제는 굉장히 폐쇄적이고 배타적인 우리의 민족주의에서 벗어나서 오히려 매우 현실적인 민족주의를 발전시켜야 하지 않겠는가 생각합니다. 국제사회에서 우리의 정체성은 참 애매하거든요. 한국은 밖에 나가서 매우 미움을 받는 외톨이로 전락하고 있는데, 77그룹에서는 잘산다고 빼기는 나라, OECD에서는 돈은 있지만 그야말로 졸부 같은 모습을 보이는 나라로 인식되고 있습니다. 이것은 우리의 민족주의가 전세계적인 가치를 제대로 바라보지 않고 항상 우리만 피해를 당한다는 이기적인 생각만 해왔지 우리의 고통을 통해서, 그리고 그것을 극복해나가는 과정을 통해서, 또 고통을 받은 사람이 더 어려운 처지에 있는 사람의 사정을 잘 알고 도와주면서 자기도 발전해나가는 그런 성숙된 가치를 못 가졌기 때문이지 않은가 생각해요. 그래서 그것을 어떻게 극복해나갈 것인가 하는 것이 우리 민족주의의 과제라고 생각하고요. 그리고 우리는 어차피 민족분단을 극복해야 하는 상황에 놓여 있기 때문에 민족주의를 잘 발전시켜나가는 것이 필요하지, 그냥 서구사람들이 갖고 있던 신민족주의는 필요없다는 식으로 갈 수는 없지 않겠는가 하는 생각이 듭니다.(박수)

백영서 네. 감사합니다. 이어서 정운영 선생님을 소개드리고 말씀을 듣겠습니다. 정운영 선생님은 경기대 경제학과 교수이시고 『한겨레』 논설 위원으로 신문사의 간판 논객이라고 알고 있습니다. 대중성을 확보한 경제평론으로 아마 여러분들도 잘 아시리라고 믿습니다. 오늘 주제 중의 하나인 'IMF시대'가 경제학과 관련된 것인데 앞에서 토론하신 분들 가운데 아쉽게도 경제학 하시는 분은 없었죠. 그런 점에서 중요한 발언을 해주실 걸로 기대합니다.

정운영 지금 이 자리의 제 심사가 다소 불편합니다. 제가 무엇인가를 오해하지 않았느냐는 생각도 들고, 다른 한편으로는 어떤 '참담한' 기분 같은 것에 휩싸이기도 합니다. 먼저 그 오해에 관해서는 당초 주최측이 저한테 연락할 때 '종합토론'이라고 하기에, 저는 주제별 토론에서 감히(?) 건드리지 못했거나 혹은 해결하지 못한 어떤 거창한 문제를 놓고 종합토론에서 저희가 '최종판정'을 하는 것으로 알았습니다. 말하자면 저희 임무를 헌법재판소 재판관 정도로 생각했는데, 오늘 와서 보니 앞에서 다 논의한 터라 종합토론에서 특별히 판정할 것이 없습니다. 그래서 오해한 것이구요. 그리고 토론회가 시작된 오후 1시부터 지금까지 거의 여섯 시간을 방청석에서 쪼그리고 기다린 뒤 겨우 10분 발언의 차례가 돌아온 점입니다. 그래서 참담한 심정입니다.(웃음)

종합토론의 절차에 맞는지 어떤지 모르겠습니다만, 제 말씀을 세 대목으로 나누겠습니다. 첫째 부분은 주제와 토론회의 '형식'에 대한 것이고, 둘째 부분은 발제 '내용'에 대한 것이고, 마지막으로 토론 전반에 대한 제 '소감'입니다.

우선 형식의 문제로서 토론회 주제인 'IMF시대 우리의 과제와 세기말의 문명전환'이라는 제목이, 아까 어느 선생님도 지적하셨지만, 앞뒤가 썩 어울리는 짝이 아닌 것 같습니다. 제가 보기에 IMF시대는 어차피 과도기적인 시기이고, 그 체제 아래 우리가 당하는 고통이 아무리 심하더라도 언젠가는 끝날 고통입니다. 더욱이 전세계가 모두 IMF 한파에 시달리는 것도 아니고, 어쩌다가 우리가 그 덫에 걸린 것입니다. 거기 비해서 세기말 문명의 문제는 훨씬 심각하고 장엄한 현안입니다. 막말로 "그 불결한 IMF 따위를 감히 장엄한 문명전환과 비기다니" 하는 것이 솔직한 제 심경입니다. 그러는 가운데도 언뜻 이런 생각이 스치는군요. 빌리 하스(Willy Haas)의 책 『세기말과 세기초: 벨 에포크』(까치 1994)를 보면 지금부터 100년 전인 1890년대부터 1910년대 전반까지의 4반세기가 이른바 벨 에뽀끄(Belle Epoque), 즉 '좋은 시대'인데 이때 각종 문예사조를 비롯해 음악·연극·영화·건축·조각·의상 등 문화예술 전반에 꽃이 피었답니다. 자본주의 발전의 생산력에 힘입어 그 조류가 다분히 퇴폐적인(décadent) 방향으로 흐르기는 했지만, 아무튼 그렇게 자유분방하고 그렇게 신나던 시절이 없었다는데, 정작 유감스러운 일은 그놈의 문화가 1914년 1차 세계대전으로 잿더미로 변한다는 점입니다.

저는 한 세기 전의 이 불길한 전례와 비슷한 어떤 징후들이 흔히 팽 드 씨에끌(fin de siècle)이라고 부르는 현재의 '세기말' 세태에 엿보이는 것이 아니냐는 엉뚱한 강박관념에 사로잡힐 때가 있습니다. 당시의 데까당스 조류와는 혈통이 크게 다르겠습니다만, 오늘 우리의 생활과 정신을 휩쓰는 각종 '포스트' 사조를 저는 아주 불길하고 불순하게 바라봅니다. 1890년대라면 제국주의의 절정기로서 오늘의 유행인 신자유주의의 할아비쯤 되는 자유주의사조가 세계를 주름잡고 있었습니다. 그래서 제국주의국가들은 '자유' 의 특권으로 지구를 나눠먹는 식민지 강탈을 개시했는데, 실제로 그것은 지구를 평정한 유일체제로서의 자본주의가 지금 우리한테 강요하는 경쟁력 논리와 다를 바 없습니다. 즉 강대국은 강하고 약소국은 약하므로 약육강식의 질서에 따라 잡아먹을 수밖에 없다는 것이지요. 이런 의식은 개인의 관계에도 그대로 이어져 강자는 약자를 잡아먹게 마련이라는 소위 사회적 다위니즘(Social Darwinism) 설교가 판을 치는데, 우리는 그것을 '효율'이라는 이름으로 떠받들고 있습니다. 행여 이런 불쾌

한 대비가 현실로 나타난다면 2000년대에 들어서 인류는 100년 전에 당했던 그 참혹한 재앙을 다시 부를지 모른다는 요망한 생각이 드는 것입니다. 제목에 시비를 걸면서도, 제목이 던지는 제법 심각한 의미를 다시 생각할 수밖에 없군요.

형식에 대한 다른 하나의 트집은 네 명의 발제자 가운데 문학평론가가 두 분, 사회학자가 두 분이라는 점입니다. 적어도 IMF 같은 주제가 들어 있다면 아무리 경제학이 '사양 업종'일지라도 경제학자 하나쯤 넣어주어야 구색이 맞는데(웃음) 문학평론가와 사회학자가 나눠먹은(?) 것이 못내 섭섭합니다. 그리고 문명의 물적토대가 경제라는 식상한 얘기를 다시 꺼내지 않더라도, 이 논의에 필요한 경제학의 몫은 분명히 있을 듯합니다. 다만 IMF사태 전후에 경제학자의 전망이 하도 빗나간 터라, 경제학 푸대접에 대한 이런 원망의 말씀을 꺼내기조차 민망한 것은 사실입니다.

둘째 부분인 발제 내용에 대한 느낌입니다. 발제자 네 분이 공통으로 거론한 문제의 하나가 시장경제에 대한 경계입니다. 시장기제를 별로 신용하지 않는 저로서는 솔직히 이렇게 반가울 수가 없습니다. 역대 어느 정권 아래서도 경험하지 못한 '극단적 시장경제론'이 불도저처럼 나라 경제를 누비는 터에 "어이, 시장이 전부가 아냐. 조심해"라는 경고 메씨지를 여기서 듣게 된 것을 정말 다행으로 생각합니다. 다만 시장 '밖에서의' 경계만이 아니라 시장 '안에서의' 반성이나 비판까지 곁들였더라면 토론이 한결 돋보였을 듯합니다.

네 분의 발제자가 모두 언급한 다른 하나의 요소가 맑스주의인데, 이것도 참 '신통하게' 느껴집니다. 오늘 주책없는 소리를 너무 많이 합니다만, 언젠가 김수영(金洙暎) 시인이 문인들의 술자리에서 진지한 문학 얘기가 오가는 일은 포화가 작렬하는 메콩강에서 진주를 찾는 것만큼이나 드물다고 한 말이 기억나는데, 요즘 진지한 맑스주의 얘기를 듣기가 정말 메콩강의 진주만큼이나 귀한 것 같습니다. 그래서 오늘의 토론과는 무관하게 요즘 맑스주의를 얘기하는 사람들의 '의도'가 무엇이냐는 의문이 들고는 합니다. 먼저 젯상에 올리는 북어처럼 맑스주의라는 것도 그저 구색을 맞추려고 올릴지 모른다는 생각이 듭니다. 다음으로 오늘 발제한 분들께 하는 얘기는 '절대로' 아닙니다만, 이 땅에서 맑스주의를 얘기하는 사람들 가운데는 가끔 맑스를 들먹임으로써 극우의 딱지를 피하려는 지식인의 약삭빠른 처세 같은 것이 엿보이는데, 이런 삐딱한 시선으로 바라보자면 "시장 얘기를 했으니까 맑스주의 얘기도 해야 하지 않느냐"는 양심(兩心)의 표출이 아니냐는 의심이 가능합니다. 그리고 또 아주 드물고 우직하게는 잿더미 속에서 다시 살아나는 불사조처럼 언젠가 홀연히 사회주의가 우리 앞에 모습을 드러낼지 모른다는 처절한 '연민'으로 그런 얘기를 꺼낼 수도 있습니다. 어떤 추리가 들어맞든 오늘의 토론은 대체로 시장도 문제가 많지만 역사적 사회주의도 틀렸다는 논의에서 크게 벗어나지 않을 듯합니다.

주제를 요리하는 '기술'과 관련하여 한마디 보탤 말씀은, 제가 백낙청 선생님보다 먼저 얘기하기 때문에 형편이 매우 불리한데, 발제자 네 분이 모두 백선생님을 거론하거나 인용했다는 점입니다. 그래서 "이거 왜들 이러시나" 하고 생각해보니(웃음) 하나는 초대받은 손님이 주인한테 보내는 의례적인 덕담일 수도 있고, 다른 하나는 백선생님이 지닌 학문적인 관심사나 실천의 영역이 워낙 넓다 보니 그럴 수도 있겠는데…… (청중에게) 글쎄, 어떤 쪽이 맞습니까?(웃음)

발제와 관련한 마지막 잔소리로 문명전환의 방향이랄까 우리 사회의 좌표랄까, 이에 대해서는 네 분의 모색이 모두 달랐습니다. 어떤 분은 소국주의를 제시했고, 어떤 분은 생명공동체를 거론하고, 어떤 분은 사빠띠스따(Zapatista) 경험마저 인용하고, 또 어떤 분은 국가와 생활의 개혁을 주장했습니다. 모두가 옳은 말씀이기도 하려니와, 여기가 그 내용을 구체적으로 토론하는 자리도 아니어서 제가 특별히 무슨 말씀을 더하지는 않겠습니다. 다만 소국주의 발상이 이윤의 잣대로 세계시장을 통합하고 민족국가를 파괴하는 자본주의의 탐욕 본능을 간과한 것이 아니냐는 생각은 듭니다. 그렇다고 대국주의가 살길은 아니겠으나, 소국을 소국으로 가만두지 않는 자본주의 세계체제(capitalist world-system)의 생리를 감안한다면, 소국주의 추구는 자칫 안만 계산했지 밖을 냉정하게 평가하지 않은 결과일지 모릅니다.

시간이 다된 것 같은데 세번째 부분에 대한 얘기를 조금만 하겠습니다. 종합토론에서 뒤늦게 문제를 제기하는 것이 절차에 어긋납니다만, 문제제기 형식으로 몇 마디 소감을 말씀드리지요. 백영서 교수께서 아까 제게 경제를 공부했으니 IMF 얘기를 하라고 했는데, IMF라면 솔직히 신물이 납니다. 꿈자리가 사나울 정도로 많이 읽고 쓰다 보니 이런 자리에서는 오히려 문명에 대한 얘기를 듣고 싶은 마음이 굴뚝같습니다. 저와 다른 동네에 사는 이 양반들은 세기말의 문명전환을 어떻게 보고 있는지 많이 궁금했는데 사실은 많이 듣지를 못했습니다. 앞의 빌리 하스 책에서 “어떤 사물이 불멸을 추구하려면 먼저 그 시대의 죄를 속죄해야 한다”는 프란쯔 베르펠(Franz Werfel)의 근사한 경구를 읽었습니다. 여기의 어떤 사물을 어떤 사상으로 고치면 이 말을 인용한 저의 의도가 한층 분명해질 듯합니다. 문명의 불멸까지는 바라지 않더라도 다음 시대의 문명을 얘기하려면 먼저 이 시대의 죄를 보속해야 하는데, 의문은 우선 이 시대의 죄가 무어냐는 것입니다. 오늘 토론의 범위 내에서 그것은 IMF일 수도 있고, 대국주의일 수도 있고, 시장경제일 수도 있고, 경우에 따라서는 민족문학일 수도 있습니다.

이와 관련하여 제가 공부하는 경제학에는, 비록 주류의 관점은 아닙니다만, 이런 시각도 있습니다. 노동에 대해 자본이 헤게모니를 획득한 것은 이미 오래전이고, 자본 중에도 최근에는 생산자본에 대해서 투기자본이 헤게모니를 획득하고 있습니다. 투기자본의 생산자본 포섭(subsumption),

이것이 아마도 이번 세기말을 특징짓는 가장 중요한 경제 현상의 하나일 듯한데요, 어쩌면 이것이 자본주의 종말, 좀 심하게 말해서 문명 종말의 징후일지 모른다는 생각도 듭니다. 이런 점을 생각해보지요. 전후의 자본주의 황금기가 끝나는 1970년대 이래 선진국의 경제성장률은 기껏해야 3% 안팎이고, 라틴아메리카는 거기도 못 미치기 일쑤이며, 아프리카의 많은 나라는 생계조차 어려운 형편입니다. 그러나 동아시아 지역만은 근년에 10%대를 육박합니다. 다시 말해서 아시아는 지구의 생산력 벨트이고, 생명 벨트인 셈입니다. 그런데 이 지구를 먹여 살리는 아시아 경제를 미국을 위시한 세계의 투기자본이 죽이고 있습니다. 투기자본이 지구의 생산력을 파괴하는 행위야말로 문명전환기의 자본주의가 저지르는 가장 큰 범죄입니다. 그 죄의 벌이 어떤 것일지는 생각만 해도 끔찍합니다. 그래서 말씀인데 경제학이 아닌 다른 분야에서는 과연 무엇을 이 시대의 죄로 규정하는지, 혹은 경제가 들이대는 이런 난제에 어떤 대답을 마련하고 있는지 의문이 많습니다. 역사학자 홉스봄(E. Hobsbawm)처럼 사회주의 '불사조'의 신화를 간절히 기대하든, 정치학자 헌팅턴(Samuel Huntington)같이 앵글로색슨 문명의 패권이양에 완강하게 저항하든 여하간 세기의 전환기에 접어든 우리에게 이 지구의 장래에 대한 메씨지 청취는 절실한 요청입니다.

시간이 많이 넘었을 텐데, 사회자께 조금만 양해를 구합니다. 문명전환의 의미에 이어 그 방법에도 점검이 필요합니다. 불과 100년 전까지만 해도 조선의 사대부는 문자를 독점한 뒤, 이를 지배수단으로 이용했습니다. 글을 못 배워 개명의 혜택에서 제외된 백성들은 양반의 문자 위력에 굴복했는데, 지금은 누구도 문자를 독점함으로써 다른 사람을 지배할 수는 없는 세상입니다. 그 대신 돈을 지배함으로써 사람을 지배합니다. 오늘 우리가 조선 지배층의 문자독점 횡포에 고개를 젓는 것처럼 한 세기 뒤의 우리 후손들도 우리를 향해 이렇게 낄낄댈지 모릅니다. 이를테면 조무래기들이 동화책을 들추면서 “야, 이거 봐. 우리 선조들 참 웃긴다. 글쎄 100년 전에는 돈 많이 가진 사람들이 세상을 주물렀대. 그전에는 글자를 독차지한 사람들이 그랬다는 거야. 이런 바보 같은 일이 있었다니” 하고 말이지요. 그런데 행여 그렇게라도 삶의 가치에 변화가 생기면 문명종말의 위협과 위험에 어떤 구원이 찾아질지 모릅니다. 반면 오늘 우리가 몰두하는 축재(蓄財)의 권세와 미망에서 깨어나지 않을 때는 100년 뒤의 후손들이 결코 선조들의 실수 얘기를 꺼내지 않을 테고, 그들 또한 그 ‘바보짓’을 여전히 계속할 것입니다. 전환이고 이행이고 혁명이고 간에 정작 필요한 것은 이런 삶의 가치에 대한 인식의 변화이고, 바로 이 변화에 자양을 공급하는 것이 지식인의 과제라고 생각합니다.

이 지식인의 문제와 관련하여 유감스럽게도 사회과학은 한물갔다는 생각입니다. 투기성 금융자본이 기승을 부리는 한 특히 진보적 사회과학은 당분간, 그 당분간이 10년이 될지 20년이 될지는 모르겠습니다만, 사회 감시와 비판이라는 그 본연의 기능을 되찾기 어려울 것 같습니다. 맑스는 자본주의 정치경제가 끝나면서 정치경제학도 끝난다고 말했는데, 돈 놓고 돈 따먹는 투기자본주의 경제 아래서 그 경제학이 끝나기는 어렵고, 더구나 돈에 대한 거역을 가르치는 체제저항적 사회과학이 살아남을 길은 더 막연합니다. 그래서 혹시 구원을 얘기한다면, 그것은 문학이나 예술의 몫일 것 같습니다. 그런데 아까 김사인(金思寅) 선생의 말씀을 들어보니 그쪽 동네도 아주 복잡하더라구요.(웃음) 점잖은 자리에 상소리가 됩니다만, 소비자의 처지로 보면, 오늘의 각박하고 황폐한 삶에서 문학은 자칫 ‘마스터베이션’ 충동이기 쉬운데, 우리는 지금 그 자극과 배설조차 고마운 시대에 살고 있습니다. 예컨대 조정래(趙廷來)의 작품을 읽은 학생들은 적어도 얼마 동안은 “아아, 우리의 형들이, 우리의 선배 세대들이 이렇게 싸우다 갔구나” 하며 이 척박한 땅에 스민 민족의 비원을 되살릴 것입니다. 그들이 다음날 즉시 전자오락실로 달려갈지라도, 문학이란 간접체험을 통해서 잠시나마 '뜨거운 가슴'을 느낀 것은 더할 나위 없이 귀중한 소득입니다. 그런 의미에서 저는 한물간(?) 사회과학보다 차라리 문학 쪽에 구원을 기대합니다.

마지막으로, 진짜 마지막입니다.(웃음) 피상적인 관찰임을 전제하고 드리는 말씀인데, '창작과비평' 그룹이랄지 '민족문학' 그룹이랄지 아무튼 이분들의 논의에 대해 국외자가 느끼는 감정의 하나는 분단사회의 특수성을 자본주의 지배의 일반성에 비해 과도하게 강조하는 듯하다는 점입니다. 저의 관찰이 사실이라면 방법론적 재점검이 필요할지 모릅니다. 다시 말해 한국은 분단사회이기 때문에 한국사회를 지배하는 법칙은 그런 특별한 상황이 아닌 서구자본주의 사회를 관철하는 법칙과는 크게 다를 것이라는 전제 아래 진단과 처방이 나오는 듯한데, 저는 상당부분 그런 문제의식에 동의하면서도 그런 접근방법에는 상당부분 동의를 유보합니다. 자본주의지배의 일반성이라는 원칙 내에서 분단의 특수성을 강조하는 것은 좋으나, 행여 그 특수성을 일반성으로 대체하거나 혹은 양자를 대립시키는 것은 자본주의 재생산의 본질을 오해하거나 간과한 결과일지 모른다는 제 나름의 염려 때문입니다. 말이 길어져서 죄송합니다. 고맙습니다.(박수)

백영서 워낙 오래 기다리셨다니까 통제하기가 힘드네요. 자, 마지막 분, 백낙청 선생님은 편집인이니까 알아서 해주시리라 믿습니다.

백낙청 저도 처음부터 나와서 한 분의 기조연설과 세 분의 발제, 그리고 약정토론자들의 토론을 들으면서 여러가지 하고 싶은 말이 쌓였습니다. 게다가 종합토론에서 다른 두 분이 말씀하시는 것을 들으니까 그분들 말씀에 대해서도 논평을 하고 싶은 생각이 들어서 10분밖에 없다는 것이 저도 다소 '참담한' 기분입니다.(웃음) 하지만 저는 주최측이기도 하니까 시간을 정확하게는 못 지키더라도 지키는 시늉이라도 해야 할 처지입니다. 그래서 여러가지 가운데서 두 분의 얘기, 혹은 두 대목에 관해서만 우선 말씀드리고 혹시라도 오늘 일진이 좋아서 마이크가 제게 다시 돌아오면 그때 다른 얘기도 해볼까 합니다.

두 가지 중 하나는, 최원식 교수의 기조발제에는 약정토론이 따르지 않았기 때문에 누군가가 논평을 자세히 해줄 필요가 있지 않은가 하는 생각이 들었고요. 또 하나는 제 분야가 문학이기 때문에 아까 임규찬 선생의 민족문학론에 관한 발제와 그에 뒤따른 토론에 대해서 조금 말씀드리는 것이 제 임무인 듯합니다. 사회자께서도 아까 그렇게 주문까지 하셨으니까 무언가 얘기를 해야 하지 않을까 싶습니다.

그러면 먼저 민족문학 논의에 대해서 몇 가지만 간략하게 말씀드리겠습니다. 우선 박혜경(朴蕙慶) 선생이 논평하는 과정에서 민족문학론을 펴는 사람들이 아직도 민족을 너무 신성시하고 있지 않은가 하는 질문이 있었지요. 거기에 대해서 임규찬 선생은 '민족주의와 다른 이념의 창조적 결합'을 위해서 지금도 고민하고 있다고 답하셨습니다. 제가 거기에 덧붙일 것은 이 고민이 비단 90년대에 시작된 것이 아니고 적어도 해방 직후부터, 우리 문학에서 민족문학운동이 벌어지고 민족문학 논의가 시작되면서 쭉 계속되어왔다는 점입니다. 그리고 그러한 민족문학론에서는, 적어도 어느 수준 이상의 논의에서는, 민족이라는 것이 신성시되거나 절대시된 일이 없다는 점을 말씀드리고 싶습니다. 이 점에 대해서는 여러분들이 좀더 애정과 성의를 갖고 그동안의 논의를 점검해보시면 금방 확인이 되리라고 믿습니다.

두번째는 신세대문학에 관한 논의였는데요. 저는 임규찬 선생의 얘기를 들으면서 처음에는 '아니, 신세대문학에 대해서 저렇게까지 일방적으로 부정할 수 있을까? 민족문학론이 자기반성을 한다면서 너무하는구나' 하는 생각을 했는데 조금 더 들어보니까 임규찬 선생이 말씀하시는 '신세대문학'은 아주 특수한 의미인 것 같아요. 거기서 공선옥(孔善玉)은 물론 빠지고, 신경숙(申京淑)과 은희경(殷熙耕)이 빠지고, 윤대녕(尹大寧)도 빠지고…… 그러니까 연령적으로도 이들보다 더 아래 세대의 문학이면서 동시에 그중에서도 특수한 경향, 물론 요즘 크게 유행하는 경향이겠습니다만, 그런 것에 국한해서 말씀하셨다는 것을 이해하게 됐습니다. 그러면서 제가 생각한 것은 만약 그렇다면 '신세대문학'이라는, 이건 저널리즘에서 만들어가지고 유행시킨 용어인데, 이걸 그대로 받아서 쓰기보다는 조금 더 특정 작가들을 중심으로 성격을 규정해서 다른 이름으로 불러주는 것이 좋지 않겠는가, 마치 민족문학과 젊은 세대의 문학이 서로 대치되는 것 같은 인상을 주어서는 안되겠다는 생각이 들었습니다.

그와 관련해서 한 가지 더 말씀드리고 싶은 것은, 우리가 80년대 문학이라든가 90년대 문학이라고 할 때에 그 연대에 들어와서 활동하기 시작한 사람들의 문학을 중심으로 너무 국한시켜서 얘기하는 경향이 있다는 것입니다. 하지만 가령 우리가 80년대 문학의 성과를 말한다면 이미 50년대 말부터 활동해온 고은(高銀) 시인이나 신경림(申庚林) 시인, 또 80년대에 들어와 『장길산』과 『무기의 그늘』을 완성한 황석영(黃晳暎) 같은 소설가, 이런 사람들의 업적을 빼고 과연 우리가 80년대 문학을 얘기할 수 있겠느냐는 겁니다. 마찬가지로 90년대 민족문학론을 얘기한다면, 제 경우 활동이 부진해서 미안하긴 합니다만, 거기에는 당연히 저 같은 사람도 90년대 평론가로 자처하고 있고 90년대 문학의 일부로 끼워주었으면 하는 생각입니다.(웃음) 그리고 또 한 가지 우리가 너무 국한해서 생각하는 것은 우리가 말로는 편협한 문학주의를 비판하면서도 정작 한 시대의 문학적 성과를 말할 때는 시·소설 등 그야말로 순문예적 장르에 속하는 작품만 가지고 얘기하는 경우가 많은데, 90년대에 들어와서, 또는 그전부터 우리 문학에는 시·소설·희곡만이 아니라 가령 90년대의 기행문학이라든가 자전적 에쎄이, 80년대의 르뽀문학 같은 분야에서도 훌륭한 업적이 많이 나왔고 우리 문학의 중요한 자산을 이루었다고 생각합니다. 그래서 80년대 문학을 얘기하든 90년대 문학을 얘기하든 그런 것도 포함해서 논의하는 것이 좋지 않겠는가 하는 것입니다.

끝으로 김사인 선생이 임규찬 선생더러 '왜 백낙청은 비판하지 않는가?' 하는 질문을 던졌고, 조금 아까 정운영 선생도 제 이름을 들먹이셨는데 임규찬 선생 답변을 제가 대신할 수 있는 성질은 아닙니다만, 짐작건대 80년대에 하도 혹독한 비판을 많이 했기 때문에 요즘 와서는 미안해서 좀 봐주는 것이 아닌가 하는 생각도 듭니다.(웃음) 제가 왜 이런 얘기를 꺼내냐 하면, 혹시 토론자들의 말씀을 들으시면서 여러분들이 창비에서는 백아무개 하면 무조건 봐주고 떠받들고 하는가 보다라고 생각하실지 몰라서 말씀드리는데 그 점은 사실과 다릅니다. 창비 지면을 지켜보신 분들은 아시겠지만 백아무개에 대한 가열한 비판이 80년대는 물론이고 90년대 들어서도 계속 나온 바 있습니다. 그런 개방성이라는 면에서는 다른 어느 잡지보다 활발하다고 저희는 자부하고 있습니다.

다음으로 최원식 교수의 기조발제에 대해서 말씀드리겠습니다. 최선생은 여러분도 아시다시피 저와 함께 창비 일을 하고 있어서 그동안의 최교수 작업에 대해서 잘 알고 있는 편인데요. 이번 발제에서 저는, 특히 대국주의와 소국주의의 내적 긴장이라는 문제를 제기한 것이 그간의 최원식 선생 작업에서 새로운 면이었다고 생각합니다. 전혀 새롭다기보다는 적어도 그런 식으로 표현한 것이 상당히 참신한 문제제기였다는 느낌입니다. 그리고 최교수 자신이 끝에 가서 저의 '복합국가론'이라든가 '한민족공동체론'에 대해 언급을 하셨습니다만, 제가 어떤 데서 '우리 한국이 세계체제 속에서 너무 잘살지도 않고 그렇다고 아주 못살지도 않는 나라로서의 잇점을 살려서 분단체제를 극복하고 뭔가 새로운 모범을 전세계에 보여주자'고 했던 발상과 통한다고 생각합니다. 다만 저는 이 문제의식을 더 발전시키기 위해서는 개념규정이 좀더 엄격했으면 좋겠다는 생각이 들었습니다. 가령 대국주의에 대해서도, 그것이 아까 이미경 선생이 말씀하셨듯이 우리가 패권주의적인 대국이 되려는 것을 대국주의라고 하는가? 그것만은 아닌 것 같아요. 그렇다면 부국강병론 자체가 곧 대국주의인지, 이런 것이 좀더 분명해졌으면 좋겠고요. 특히 소국주의의 경우에는, 최선생은 제목에 '소국주의 추구'가 아니라 '대국주의와 소국주의의 긴장'을 말씀하셨고, 또 결론에서도 대국주의도 소국주의도 아니고 그 둘을 종합할 것을 주장하셨는데, 실제로 소국주의 자체를 추구하는 듯한 인상도 더러 받은 것이 사실입니다. 그것은 발제에서 사용되고 있는 소국주의라는 개념이 그때그때 다르기 때문이 아닌가 생각하는데요. 제가 볼 때는 소국주의의 개념을 크게 두 가지로 나눠서, 하나는 기존의 세계체제 속에서 어느정도 가능하지만 '문명전환'을 꿈꾸는 우리로서는 궁극적인 목표로 삼을 필요가 없다, 또는 대국주의 이념에 근본적으로 위배되는 것이 아니다라고 생각함직한 소국주의, 다른 하나는 궁극적으로 바람직할지 몰라도 아직은 현실이 허용하지 않아 우리가 섣불리 추구할 것도 아닌 소국주의, 이렇게 둘로 나눠보는 것도 한 가지 방법일 듯합니다. 다시 말해서 가령 작고도 단단한 나라라고 할 때 쉽게 떠오르는 것이 스위스나 북구 나라들, 네덜란드 등 베네룩스 나라들같이 작으면서도 부강한 국가들인데, 그들은 역시 세계체제 속에서 부국강병에 성공한 사례들입니다. 또 그와 성격이 좀 다르고 더 낮은 위상이지만 우리 현실과는 훨씬 가까운 예가 타이완일 터인데, 이런 식으로 자본주의 세계경제의 분업구조에 안주하는 상태에 대해서는 최선생 자신이 분명히 우리가 지향할 소국주의가 아니라고 말씀하셨고 저도 동의하는 바입니다. 다른 한편으로 우리가 장기적으로 지향할 면이 많은 소국주의로는 가령 지금 우리나라의 지식인 사회에서 『녹색평론』 같은 잡지가 강조하는—새로운 안빈론(安貧論)이라고도 말할 수 있겠죠—그런 것이 있고…… 또 기조발제에서는 중세 안빈론을 언급했습니다만, 중세보다 더 올라가서 노자(老子)가 말하는 소국과민(小國寡民), 즉 나라는 작고 인구는 적은 것이 좋다는 사상과 통한다고 보는데, 저는 여기에 우리가 궁극적으로 지향해볼 만한 바가 분명히 있다고 믿습니다. 다만 장래의 '작은 나라'는 어디까지나 전지구적 인류공동체의 일부이지 옛날식의 고립된 공동체와는 달라야 하고, '적은 수의 백성들' 역시 세계시민으로서의 식견과 저항력을 갖춘 사람들이어야 할 것입니다. 따라서 이것이 가능하려면 그 전제조건으로서 첫째 과학기술이 고도로 발달해야 하고, 둘째로는 과학기술과 인간과의 관계가 지금과는 전혀 다른 것으로 변해야 한다고 봅니다. 그것은 단순히 과학기술과의 관계만이 아니라 사회체제의 변화 내지는 변혁을 의미하는 것이겠죠. 소국주의에 대해서도 이런 식으로 더 세분하고 더 발전시켜서 생각한다면 소국주의와 대국주의 간의 긴장이 정확히 어떤 것이며 그것을 어떻게 추구할지에 대해 중지를 좀더 모을 수 있지 않을까 합니다. 거기에 대해서 제 나름으로 생각한 바가 아주 없지도 않습니다만, 옆에서 지금 사회자가 뭔가 위협적인 몸짓을 해대고 있어서 이만 그치는 게 좋겠습니다.(박수)

백영서 감사합니다. 대국주의, 소국주의 말이 나왔지만 대물(大物)들 세 분이 논평하시는 바람에 제가 시간 통제를 제대로 못했습니다. 이제 주제발표자들 중에서 코멘트를 하실 분은 하시고 다음에 청중석으로 가겠습니다. 임규찬 선생님께서 하시겠습니까?

임규찬 제 발표와 직접 관련지어 언급하신 백낙청 선생님의 발언에 대해서만 말씀드리겠습니다. 제 발표문에서 90년대 작품들에 대한 면밀한 조사와 분석을 통해 충분히 농익은 논의를 펼치지 못했기에 신세대문학과 관련된 여러 문제제기가 있었습니다. 관용적으로 통용되는 신세대문학이라는 명칭을 사용한 관계로 아까 토론과정에서 이것과 신경숙·은희경 등의 작품의 변별성을 뒤늦게 지적하는 등 애매함을 보여주고 말았습니다. 사실 이들 외에도 90년대에 등단한 작가들간에도 역시 질적인 차이가 있는데, 그러한 분석으로까지 정치하게 나아갈 때야 비로소 90년대의 새로운 문학적 징후라는 것도 그 정체가 더 분명해질 것입니다. 얼마간 제 개인적인 느낌을 다소 성급하게 일반화한 면이 없지 않았다는 점을 인정합니다.

청중 저는 김영택이라고 합니다. 아까 정운영 교수님께서 토론회의 제목이 잘 안 맞는다고 말씀하셨는데 저는 그렇지 않다고 생각합니다. 현재의 문명은 꽉 차 있기 때문에, 있는 대로 팽창해 있기 때문에 곧 터지고 말 것이고, 그러면 분명히 새로운 문명이 나올 텐데 지금 IMF를 맞은 것은 우리가 제대로 준비하지 못한 탓이라고 생각하기 때문입니다. 정운영 선생님께 여쭙고 싶습니다. 이제는 이데올로기에서 경제가 지배하는 시대로 넘어왔습니다. 그래서 지금 IMF 얘기도 나오는데 저는 이것도 곧 끝날 거니까 그렇다면 곧 새로운 이념이 필요할 것 아니냐, 본질적으로 인간의 문제로 새로운 이념이 귀결되어야 하지 않겠느냐 하고 생각합니다. 그럴 때 그 인간의 문제가 어떻게 제기될 것이며 어떤 방법으로 전개될 것인지 여쭙고 싶고요. 그리고 저는 세상만물이 사람을 위해서 존재한다고 생각하는데, 지금은 자본과 경쟁력이 노동을 지배합니다. 이 문제가 해결되지 않으면 우리는 계속 자본에 예속되어가고 인간은 계속 황폐화될 것입니다. 이 문제를 어떻게 할 것이냐에 대해 질문을 드리고 싶습니다.

청중 성균관대 4학년 임동석이라고 합니다. 다들 어려운 말씀을 하시는데 저는 먼저 축하를 드리고 싶습니다. 이 자리가 '창비' 통권 100호를 기념하기 위해 마련된 거잖아요.(박수) 통권 200호쯤 될 때는 방청석의 젊은 사람들과 단상의 선생님들이 바톤 터치를 해서 밝은 과제로 토의를 할 수 있으면 좋겠고요. IMF사태 때문에 현재 경제문제가 가장 심각하게 대두되고 있지만 저는 분단의 현실에서 앞으로 창비가 풀어가야 할 과제에 대해 듣고 싶습니다. 아울러 편집인인 백낙청 선생님이나 주간인 최원식 선생님이 저희들에게 해주실 말씀이 있다면 듣고 싶습니다.

청중 김명인입니다. 저도 80년대 소장평론가의 한 사람인데, 80년대 소장비평가들의 이론은 딱히 민족문학론이라고 부르기 어려운 것이었습니다. 민중적 민족문학론, 노동해방문학론, 민족해방문학론, 민주주의 민족문학론 등이 있었습니다만, 그것은 엄밀한 의미에서 민족문학론과는 다른 것이었습니다. 그런데 이런 80년대 비평가들의 내용적 질의 특수성이 퇴색하고 붕괴한 것이 지금의 현실입니다. 그것은 객관세계에 대한 잘못된 이해의 결과이기도 하고, 객관세계 자체의 힘에 의한 파괴이기도 합니다. 지금까지도 80년대의 악령이라고까지 할 정도로 엄청난 죄를 저지른 것처럼 욕을 먹고 있는데 저는 80년대 소장비평가들이 성취한 바는 없는가 하고 약간의 항변을 하고 싶습니다. 우선 80년대 소장비평가들은 문학을 하기보다는 운동을 한다는 의식이 더 강했습니다. 엄밀히 말하면 운동을 하는 것이었지 문학을 하는 것이 아니었습니다. 그리고 80년대 소장비평가들과의 생산적이고 창조적인 긴장이 없었다면 백낙청 선생님이 이 자리에서 스스로를 90년대 비평가로 불러달라고 말씀하실 수 있겠는가 하는 생각이 듭니다. 두번째는 민족문학론의 위기냐, 민족문학의 위기냐 하는 점을 명확히해야 할 것 같습니다. 민족문학론의 위기라고 한다면 그것은 예컨대 백선생님을 비롯한 민족문학이라는 커다란 자산 속에서 활동했던 비평가들이 지닌 담론 질서의 위기죠. 그렇지만 민족문학의 위기라고 하면 그건 이론의 위기가 아니라 문학적 실체, 현단계에 이루어지고 있는 문학적 작업들 전부의 위기인 셈입니다. 끝으로 민족문학론은 지금 백선생님이 혼자서 감당을 하시고 젊은 평론가들은 뒤따라가는 형국인데 그 내부에서의 새로운 긴장과 이론적인 전선이 형성되어야 할 것이라고 생각합니다.

백영서 감사합니다. 일단 청중의 질의에 대한 답변을 듣도록 하겠습니다. 그런데 양해 말씀을 드릴 것은 원래 예정된 시간은 7시 30분까지였는데 조금 지났어요. 하지만 사회자의 직권으로 조금만 더 하겠습니다. 우선 정운영 선생님부터 간단하게 답변을 해주시죠.

정운영 다시는 차례가 오지 않을 것 같은데, 할말은 많고 어찌 해야 좋을지 모르겠습니다. 질문의 내용을 정리하면 이데올로기의 시대에서 경제의 시대로 넘어왔고, 다음은 아마도 인간의 문제가 시대의 과제일 것 같은데 과연 이를 위한 새로운 이념 창조가 가능하겠느냐는 것이었습니다. 이데올로기→경제→인간으로의 단계구분은 다소 어색합니다만, 질문자의 말뜻은 충분히 알아듣겠습니다. 글쎄, 거기 이렇게 대답 아닌 변명으로 대신해도 될까요? 로마의 어떤 성당에 예수의 십자가에 박혔었다는 쇠못을 진열해놓았습니다. 바띠깐에서는 공식적으로 인정하지 않는 것 같은데, 아무튼 그리스도의 손과 발을 뚫은 못이라기에 저도 찾아가 보았습니다. 그 육중한 쇠못이 몸을 뚫고 들어올 때 예수께서 "아버지, 저들이 하는 짓이 무엇인지 모르니 저들을 용서해주십시오"라고 빌었다는데, 제게는 그 고통에 대한 연민에 앞서 대체 인간의 어떤 논리로 그 가이없는 용서와 사랑을 뒤집겠느냐는 생각이 스쳤습니다. 쇠못이 자신의 몸을 파고드는데 "이놈들을 벌하시라"는 대신 "저들을 용서하시라"고 외친 그 처절한 휴머니즘에 도대체 무슨 핑계를 대고 고개를 돌리겠습니까? 바로 그 예수의 말씀이 평화롭고 정의로운 사회를 만드는 진리, 즉 질문자가 바라는 의미의 '새로운 이념' 아니었겠습니까? 석가모니의 고행과 자비도 마찬가지일 것입니다. 그러나 우리의 삶이 여전히 평화롭고 정의롭지 않은 것은 그 사랑과 자비의 노력이 아직 열매맺지 못했다는 말씀 아니겠습니까? 정말 외람된 말씀입니다만, 예수님도 못하고 부처님도 못한 일을 가지고 저한테 어떻게 될 것 같으냐, 무슨 방법이 없겠느냐고 묻는 것은 정말 말도 아닙니다.(웃음) 아니, 이거, 대단히 죄송합니다.

계속 망발이 나옵니다만 예수님도 부처님도 못한 일을 다른 누가 대신했는데, 그것이 자본입니다. 이를테면 예수께서 이렇게 해야 정의로운 사회가 오나니 내 말을 따르라고 할 때, 우리는 그 말씀이 옳은 줄은 알지만 삶이 고단하다든지 세상사가 뜻같지 않다는 따위의 핑계로 피하기 일쑤입니다. 그러나 자본이 나서서 이렇게 하면 돈을 벌 수 있으니 이대로 하라고 외치면 모두가 따릅니다. 기독교 사회든, 불교 사회든, 이슬람 사회든, 히말라야 산간의 참선(參禪) 사회든 이 점에는 예외가 없습니다. 이렇게 하느님도 통일하지 못한 것을 자본은 단번에 통일했습니다. 본의 아니게 계속 불경죄(lèse-majesté)를 짓습니다만 예수님 말씀보다 집요하고 부처님 가르침보다 끈질긴 것, 그게 자본입니다. 따라서 그 자본의 이기와 탐욕에 대한 공격이 선행하거나 병행하지 않고는 인간을 개조하여 정의로운 세계를 창조하려는 조물주의 웅대한 계획조차 실현이 험난할지 모릅니다.

그러나 크게 절망할 필요는 없습니다. 이제까지 우리는 혁명이라는 것을 가난의 결과, 빈곤의 산물로 알았습니다. 혁명은 머리에 띠를 두르고 거리에 나가 밥을 달라며 화염병을 던지는 것이라고 생각했는데, 혁명의 이런 고전적인 공식이 1968년 '빠리의 5월'부터 무너지기 시작했습니다. 자본주의의 풍요를 가장 크게 누리는 대학생들이, 지식인들이, 그러니까 밥걱정을 않던 사람들이 이놈의 문명, 이놈의 제도가 이제 보니 전혀 사람 살 터전이 아니라면서 항거의 불씨를 지핀 것이지요. 최근 어디에 글을 쓰면서 68년의 모형을 염두에 두고, 그때는 그것을 한낱 해프닝으로 생각했지만 30년이 지난 오늘 그것은 매우 소중한 체험으로 우리에게 다가온다는 얘기를 했습니다. 그래서 질문한 분에게 이렇게 대답하고 도망가겠습니다. 프랑스든 어디든 대학생은 등록금을 대줄 만한 부자 아버지를 두거나 달리 어떻게 학비 마련의 도움을 받을 정도로 사회의 은혜를 입은 계층인데, 이들이 그 풍요와 기득권을 거부하며 저항의 봉화를 올렸다면, 그 교훈이 30년 뒤의 우리에게도 전연 남의 일만은 아닐지 모릅니다. 자본의 질곡은 물론 집요합니다. 그러나 그에 못지않게 저항도 강인할 수 있습니다. 정(正)에는 반(反)이 따르고, 정이 강할수록 반도 거세다는 것은 역사가 우리에게 전하는 변증법의 교훈 아니겠습니까? 그리고 두번째 질문은 경쟁력 지배와 견제의 조화로운 해결책 문제인데, 솔직히 말씀드리거니와 이런 자리에서 당하는 가장 곤혹스런 질문의 하나가 바로 그 대책이 무엇이냐는 것입니다. 대책이라면 저보다 장관의 소관일 것 같습니다. 글쎄, 저를 입각시켜주면 어떻게 대책을 마련해보지요.(웃음)

백영서 다음에 문학 관계는 어느 분이 말씀해주시겠습니까?

백낙청 저한테는 지나가면서 하는 질문 정도였던 것 같습니다만, 이럴 때 마이크를 안 잡으면 기회가 안 돌아올 것 같아서……(웃음) 아까 분단시대에 우리가 어떻게 해야 할지에 대해서 창비에서 좀더 구체적으로 밝혀줬으면 좋겠다는 주문이 있었던 것 같은데요. 저는 그 주문에 제대로 부응한다기보다 이제까지 나온 얘기에 포괄적으로 논평을 하고 싶습니다.

아까 정운영 선생께서도 처음에는 오늘 토론회의 큰 제목에서 IMF와 문명전환이라는 것이 안 맞는다고 하셨다가 다시 생각해보면 맞는 것도 같다고 하셨는데, 청중석에서 맞는다고 말씀해주셔서 저는 대단히 감사하게 생각했습니다. 제가 정한 제목은 아닙니다만, 분명히 관계가 있고 우리가 관계를 지어야 한다고 생각하는데, 다만 얼마만큼 제대로 지었는지는 모르겠습니다. 아까 질문하신 분도 IMF사태가 일시적인 위기가 아니라 이것을 통해서 정말 새로운 것을 찾아야 한다고 말씀하셨는데, 결국 IMF시대의 당면과제 해결과 문명전환이 연결될 수 있느냐 없느냐 하는 것도 거기에 달려 있다고 봅니다. 가령 IMF 극복노력도 최원식 선생이 말하는 대국주의 이념에 따라서 무조건 고도성장시대의 복원을 꾀한다든가 또는 정반대로 비현실적인 소국주의 이상을 추구한다고 할 때는 당면 대책을 문명전환으로 연결시킬 수가 없다고 하겠죠. 더구나 대국주의도 극단적인 대국주의, 우리 분수에 넘치는 큰 부자가 된다든가 흡수통일을 통한 강대국화 같은 헛꿈을 꾼다든가, 또는 소국주의 중에서도 아주 극단적인 소국주의, 지금 현실에는 맞지 않는 소국과민의 꿈을 그대로 실현하려고 한다면 IMF위기를 극복하는 일조차 실패하고 완전히 골병이 들기 십상일 것 같아요. 반면에 현재 세계체제의 분업체계 안에서 가능한 '타이완식' 소국주의랄까 부국강병론을 추구한다면 어느정도 현실적응은 가능하겠지만 문명전환이라는 큰 사업에서 무슨 뜻있는 몫을 해낼 수는 없겠지요. 여기서 바로 소국주의와 대국주의 간의 긴장이라는 것이 중요해지고 애초에 제가 말했던 대로 너무 잘살지도 못살지도 않는 나라로서의 위상을 유지하면서 그런 나라 특유의 잇점을 살리는 일이 중요해진다고 생각합니다. 그런 의미에서 저는 현존자본주의 세계체제에 적응하면서 일정한 경쟁력을 확보한다는 의미라면 '대국주의'라는 것도 너무 쉽사리 포기해서는 안된다고 하신 이미경 선생 말씀에 동조하고 싶습니다.

그리고 이왕 얘기를 하는 김에 그동안 논의가 많이 된 '시장경제'에 대해서 한 가지만 말씀드리고 싶은 것이 있는데요. 저는 그 얘기를 들으면서 시장이라는 것과 시장경제가 일치하는 면도 있지만 이것을 분리해서 볼 필요도 있지 않은가 생각했습니다. 시장경제라는 말은 아까 어느 분도 지적하셨습니다만, 자본주의경제에 대한 대명사로 쓰이고 있고, '시장'은 또 '시장경제'의 준말로 곧잘 쓰입니다. 하지만 그러한 관행은 인정하면서도, 자본주의 시장경제라는 것이 본래 의미의 시장과 합치하는 면도 있지만 이를 억압하는 면도 있다는 점을 상기시키고 싶습니다. 시장이라는 것은 원래 자본주의 이전에 아주 아득한 옛날부터 있었던 것이고, 앞으로 사회주의가 되든 뭐가 되든 인류생활에 없어서는 안될 것이라고 생각합니다. 다시 말해서 장터에 사람들이 모여서 만나고, 물건을 사고팔고 바꾸기도 하는 것은 인간의 공동체생활에서 매우 긴요한 일부인데, 자본주의 시장경제라는 것은 한편으로는 거기에서 싹이 터서 이것을 발전시켜왔지만 다른 한편으로 그런 자유로운 만남과 교역의 터로서의 시장을 억압하고 그걸 전혀 다른 성격의 것으로, 오히려 교환의 자유가 억제되고 독점이 판을 치는 곳으로 바꿔가는 과정이라고 생각합니다. 그렇기 때문에 우리가 막연히 시장경제라고 말하고 '시장'의 필요성을 인정하면서 다른 한편으로는 시장경제의 극복을 말하다 보면 굉장한 혼란이 생길 수도 있는데, 저는 자본주의 시장경제라는 것은 10년, 20년 단위로 볼 때는 엄연한 현실이고 최원식 선생 말대로 그 바깥으로 도망갈 길이 없지만 100년, 200년 단위, 아니 100년이 채 못 되는 단위로 보더라도 인류와 안 맞는 체제라고 봐요. 그렇기 때문에 그런 시장경제는 극복을 해야 하고 그러기 위해서 우선은 그 논리에 적응하면서 시장경제를 이용하기도 해야 하지만, 우리의 장기적인 목표는 오히려 본래 의미의 시장을 살리기 위해서도 시장경제는 극복해야 한다는 쪽으로 확실히 잡아야 되리라고 생각합니다.

정운영 백선생님 말씀에 10초만 토를 달아도 되겠습니까? 지금 말씀을 경제학적으로 풀이하면 이렇습니다. 물건을 교환하는 시장은 고대에서 현대사회까지 '초역사적'으로 존재합니다. 그러나 자본주의시장은 단순히 물건을 바꾸는 시장이 아니라 이윤을 남기는 시장입니다. 오늘 토론에서 거론된 시장은 이윤을 추구하는 시장, 즉 이윤 동기로 작동되는 자본주의의 '역사적' 시장입니다. 이처럼 시장이라는 하나의 말에 담긴 뜻이 여럿이므로, 어떤 시장이냐를 분명히해야 논의가 정확해집니다. 어떻습니까, 경제학이 제법 쓸 만하지요?(웃음)

백영서 감사합니다. 오늘 긴 시간 동안 토론회를 진행하는 과정에서 창비와 관련된 여러분들이 다녀가셨습니다. 여러 명사들, 우리가 잘 아는 분이 많이 들르시고 중간에 오신 분도 있고 그렇습니다. 그중에서 처음부터 끝까지 자리를 지키며 계속 방청하신 분들이 몇 분 계신데 그분들 가운데서 한 분을 모셔보면 어떨까 싶기도 하고요. 이부영 의원님, 맨 앞줄에 계시면서 시종 진지하게 참관하셨는데 논평해주실 것이 있습니까?

청중 국회의원 이부영입니다. 저는 최원식 선생님의 소국주의에 관한 담론은 참 중요한 의미를 담고 있다고 생각합니다. 드러내놓고 말씀은 안 하셨지만 아마 이런 문제제기는 통일된 이후 어떤 모형의 국가이념을 가질 것이냐와도 관계가 있다고 생각합니다. 분단체제 하에서 남북 양쪽에서 추구했던 부국강병론은 상당히 민족주의적 성격을 가지고 있으면서도 주민들을 어떤 환상에 젖게 하는 측면이 있었다고 봅니다. 그런데 앞으로 등장할 통일국가가 부국강병론을 내세우면 문제가 있을 것 같아요. 그러면 중국·러시아·일본, 심지어 미국까지도 아마 통일이 조성되려는 그 조건 자체를 막으려고 할 겁니다. 백범 김구 선생은 『백범일지(白凡逸志)』의 결론 부분에서 '우리는 우리를 지킬 수 있을 만큼의 무력만 가지고 있으면 됐지 우리가 남을 침략할 위치에 있지 않다. 우리는 한없는 높은 문화, 한없이 남에게 나눠줄 수 있는 문화국가를 건설하면 그것으로 족하다'고 하셨습니다. 그 말씀이 앞으로 우리 통일된 한반도가 지향해야 할—그것을 꼭 소국주의라고 이름을 붙일 필요는 없다고 봅니다만—우리 분수에 맞는 국가상을 가리킨 것이 아니냐는 생각이 들어서 최선생님의 말씀과 한번 연관시켜보는 것이 어떨까 하는 생각을 해봤습니다.

아울러 오늘 'IMF시대 우리의 과제와 세기말의 문명전환'이라는 주제를 얘기하면서 북에 대한 언급이 거의 안 나오는 것이 좀 이상하다는 생각이 들었습니다. 현재 우리가 IMF체제 하에서 심각한 고통을 당하고 있지만 북이 겪는 고통이 앞으로의 우리의 여러 모색과 무관한 것인가, 물론 우리가 너무 아는 것이 없어서 그런지는 몰라도 세기말의 문명전환을 얘기하면서 북을 너무 소홀하게 다룬 것이 아니냐 하는 생각입니다. 저는 당면한 남북의 위기가 거의 동시에 닥쳐온 것이 우연한 일이 아니라고 봅니다. 전세계가 냉전시대를 극복하고 그 후를 모색하고 있는데 우리는 그 냉전시대를 한치도 넘어서지 못한 데 따르는 업보 같다는 느낌마저 듭니다. 이렇게 어려운 시기에도 남북이 군비나 군사대결에 엄청난 비용을 쏟아넣는 것을 보면 우리가 겪는 이런 업보가 어떻게 보면 너무 당연한 것이 아니냐 하는 생각도 듭니다. 그밖에 새로운 패러다임을 모색해야 한다고 하면서도, 현재 우리에게 그런 여러가지 좋은 생각들, 새로운 모색을 실천하고 뚫고 나갈 주체가 마련되어 있느냐? 정치주체라고 해도 좋고, 이런 문명전환을 이루어나갈 주체에 대한 언급이 있었으면 하는 아쉬움을 갖습니다.

백영서 그러면 최원식 주간님께서 마지막 발언을 해주시죠.

최원식 여러분의 논평에 감사드립니다. 그리고 아까 임규찬 선생의 발제에 대한 토론시간에 저의 기조발제에 대해 질문했던 성대 학생 계십니까? 그 질문을 듣다가, 특히 몽골에 대한 감탄이 과연 누구를 위한 감탄이냐고 날카롭게 따지는 대목에서 '들켰구나' 하는 생각이 들었습니다. 정현백(鄭鉉栢) 선생님도 저의 소국주의 재평가가 민족주의로부터 진짜 벗어나자는 것인지 아닌지 약간의 의문을 표시하였습니다. 발표에서는 소국주의와 대국주의의 내적 긴장을 표방하고 있지만, 사실은 이 둘 사이에서 제가 흔들리고 있다는 점을 새삼 깨닫게 됩니다. 발제 서두에서 저는 오늘 발표가 저 자신의 강렬한 대국주의적 지향에 대한 일종의 고별사 또는 작별의 예식이라고 지적했는데, 아직도 제 내부에는 대국주의가 꿈틀거리고 있다는 생각도 듭니다. 소국주의의 재평가를 내세우면서 몽골에 깊은 흥미를 느끼는 것도 아마도 좌절된 대국주의의 심리적 상처를 스스로 위무하려는 무의식적 욕구인지도 모르겠습니다.

그러나 최근의 급변하는 국내외적 상황을 감안하건대, 지금까지 우리 사회를 추동해왔던 대국주의적 지향을, 개인적인 호오(好惡)를 떠나서 근본적으로 반성하는 일을 더이상 미룰 수 없다는 점은 분명합니다. 그렇다고 해서 제가 단순한 소국주의를 주장하는 것은 아닙니다. 정운영 선생이 지적하셨듯이 우리가 소국으로 가자고 마음먹어도 자본주의 세계체제가 그냥 내버려둘 리도 없고, 타이완처럼 세계체제의 하청국가로 안주하는 소국주의 또한 그리 보람있는 것 같지도 않기 때문입니다. 이 점에서 이미경 의원의 말씀대로 대국주의를 무조건 폐기할 일이 아닙니다. 그래서 발제에서 소국주의와 대국주의의 내적 긴장이라는 목표를 건 것입니다.

여러분의 지적, 특히 백낙청 선생의 자상한 분별이 저의 엉클어진 생각을 정리하는 데 크게 도움이 되었습니다. 사실 노자의 소국과민(小國寡民)론은 저의 동아시아론에서 중요한 준거처의 하나이기도 한데, 이번 발표에서는 버거워 미뤄놓았던 것입니다. 소국주의론이 제대로 정립되기 위해서는 도가(道家)를 비롯해서 중국과 한국의 전통적 정치사상들에 대한 본격적 점검이 필요합니다. 특히 대국주의와 소국주의 사이에서 고심했던 개화파의 사상과 운동에 대한 통투(通透)한 재해석이 절실합니다. 앞으로 논평에서 나온 얘기들을 잘 유념하면서 현실적으로 우리 사회가 어떤 방향으로 나아가야 될지를 좀더 냉철히 점검하여 이 문제를 더욱 발전시켜볼까 합니다.

그리고 아까 어느 학생이 창비 200호 기념 토론회에서는 앞에 앉은 발표자들과 자리를 바꾸게 되기를 바란다고 했는데, 정말 대환영입니다. 창비 주간으로서 오늘 행사에 이처럼 많은 학생들이 참석해주신 것이 천군만마를 얻은 듯 기쁩니다. 200호도 멉니다. 하루빨리 여러분들이 창비를 접수하시기 바랍니다. 감사합니다.(박수)

백영서 감사합니다. 약속한 시간을 넘어 벌써 여덟시가 다 됐습니다. 오늘 질문하신 분은 물론이려니와 지금까지 남아 계신 여러분의 진지함은 저희 『창작과비평』 100호 지면에 그대로 반영될 것입니다. 이번 여름호를 기다려주십시오. 아까 질문하신 학생이 제의한 대로 200호에 또 만났으면 좋겠습니다. 긴 시간 동안 참석해주시고 많은 관심을 보여주신 여러분께 감사드리면서 이것으로 오늘 모임을 끝내려고 합니다. 감사합니다.(박수)

보론(백낙청)

여러 사람이 말한 대로 시간에 쫓겨 충분한 토론을 못한 것이 무엇보다 아쉬웠지만, 그렇다고 이제 와서 그때 하고 싶었던 말을 일일이 되새길 필요는 없겠다. 다만 한두 가지 덧붙일 기회가 생긴 것을 기쁘게 생각한다.

먼저 민족문학론에 관해서인데, 그나마 종합토론에서 시간을 할애하고서도 산발적인 논평에 그쳐 논의의 핵심은 비켜가지 않았나 하는 자책감을 느낀다. 결론부터 말하면 나는 민족문학론의 문제의식은 여전히 유효하지만 민족문학이라는 용어가 일종의 '간판'으로서 가졌던 쓸모는 줄었다는 임규찬씨의 발제에 동의한다. (다만 그는 "이 말을 하나의 '간판'처럼 지나치게 남용하는 일은 가능한 한 피하는 게 좋다"고 했는데 이는 촛점이 불분명한 지당한 말씀으로 들릴 우려가 있다.) 그리고 이러한 입장을 밝힌 글이 발제문에서 인용한 「지구시대의 민족문학」이었고, 우리의 민족문학이 '남한의 국민문학'도 겸하기 위해 좀더 적극적인 노력을 벌이자는 제언이었다. 그동안 평단에서 이에 대해 별다른 논의가 없던 참이라 나는 임규찬씨의 언급이 내심 고마웠고 좀더 본격적인 논의가 이어지기를 바랐다. 하지만 토론자 한 분에 의한 다소 회의적인 질문이 있었을 뿐 발제자는 이렇다 할 대응을 하지 않았으며, 종합토론에서 내가 그 이야기를 길게 한다는 것 또한 마땅치 않다고 생각되었다.

'간판' 내지 구호로서의 '민족문학'은 식민지시대와 분단시대를 살아온 우리 민족사의 특성상 '국민문학'과 대비되는 성격이 두드러진다. 다시 말해 영어로 한다면 둘다 'national literature'이건만 우리가 굳이 '민족문학'을 고집한 것은 일본국 신민으로서의 국민문학이나 분단국 한쪽만의 국민문학을 거부한다는 의지의 표현이었다. 이런 배경을 감안할 때 민족문학의 기본 성격을 고수하면서도 남한의 국민문학도 겸하자는 제안은 '국민문학이 아닌 민족문학'이라는 구호에는 실질적인 수정을 가하는 일이며, 그야말로 전에 없던 '곡예라면 곡예'를 새로 주문한 셈이다. 이것이 애당초 무망한 놀음인지 아니면 얼마든지 가능할뿐더러 실제로 90년대의 (비평담론들을 포함한) 문학적 성과에 이미 어느정도 반영된 것인지에 관해서는 앞으로 좀더 활발한 토론이 있기 바란다.

「지구시대의 민족문학」이 내세운 또 하나의 주장은, "지금까지 우리는 민족문학이 민족의 현실에 충실함으로써 세계문학의 대열에 당당히 참여할 수 있음을 주로 강조해온 편이지만, 지구시대의 현정세는 민족문학의 이바지가 특별히 필요할 만큼 '세계문학의 대열' 자체가 몹시도 헝클어진 형국"이라는 것이었다. 이 또한 민족문학론의 정당성을 재확인하면서도 '간판'으로서의 민족문학은 전만큼 중요하지 않다는 주장으로 이어진다. 세계문학의 위기, 문학 자체의 전지구적 위기를 말하는 것이 민족문학을 위해서도 때로는 더욱 절실할 법하기 때문이다.

민족문학이 곧 민족주의 문학이 아니라는 점은 이미 여러 군데서 밝힌 바 있다. 그 가장 큰 근거는 민족문학의 주된 관심사인 분단체제의 극복이라든가 세계문학의 옹호가 민족주의로는 해결될 수 없는 과제라는 사실이다. 민족문학 담론이 계급문제에 여전히 집착하고 환경파괴와 성차별 문제를 끌어들여야 한다고 믿는 것도 그 때문이다. 그 점에서 이번 토론회에서 여성문제가 다른 발제자들에 의해서도 거의 다뤄지지 않은 것이 유감스럽다. 반면에 환경·생태계운동에 관해서는 적어도 그 중요성만은 충분히 환기되었다고 본다. 또, 노동운동과 환경운동의 연대가능성을 두고 토론자들 사이에 뚜렷한 의견차이가 드러나서 많은 사람에게 생각거리를 남겨주었다. 나 역시 이에 대해 좀더 생각을 정리할 필요를 느꼈는데, 특히 노동운동은 부(富)의 공정한 분배를 추구하지만 그 확대재생산을 반대하는 것이 아니기 때문에 노동운동과 환경운동의 '비(非)시장적 연대'가 가능할지 의문이라는 이필렬(李必烈) 교수의 지적이 날카로운 도전으로 다가왔다.

당장의 실감인즉 두 운동의 연대가 정말 불가능하다면 노동운동이든 환경운동이든 둘다 큰일난 게 아닌가 하는 것이었다. 전자가 분배의 불균형을 약간 시정한다든가 후자가 환경파괴에 일정한 제동을 거는 '개량주의적' 성과로 만족하지 않고 계급적 착취가 근절된 사회, 또는 인간이 자연과 조화롭게 살아가는 세상을 진지하게 추구한다면 양자간에, 그리고 다른 모든 체제변혁세력과 연대를 이룩함이 없이 어떻게 그 지난한 일을 해내겠다는 것인가? 독자적인 무슨 방책이 있다면 모를까, 그렇지 않다면 연대가 가능하냐 안하냐를 따지기 전에 '어떻게 하면 가능해질까'를 묻는 것이 순서일 듯싶다. 가령 노동운동이 '인간이 자연과 조화롭게 사는 세상'을 목표로 삼는다거나 환경운동이 '계급적 착취가 근절된 사회'를 지향하기로 한다면? 혹시 이것이야말로 저들 운동이 이미 설정하고 있는—적어도 당연히 설정해 마땅한—궁극 목표를 달리 표현했을 따름이 아닌지? 노동운동이 추구하는 공정한 분배는 분배 그 자체보다도 결국 인간사회의 조화를 위한 것일 텐데 이것이 인간과 자연 사이의 조화가 깨어지고 환경이 파괴된 상태에서 불가능하리라는 점은 명백하다. 또한 환경운동이 꿈꾸는 자연과 조화된 삶이 인간끼리의 계급적 착취가 지속되고 인간사회 내부의 조화가 깨어진 상태에서 가능하리라고 기대할 수도 없는 것이다.

그렇다면 '부의 확대재생산 추구'라는 것은 어디까지나 공통의 장기 목표를 향한 과정에서 때와 장소에 따라 달라질 수도 있는 중기 목표에 불과하다. 더구나 이보다 더욱 한정된 단기 목표일 경우에는 심지어 환경운동 측에서도 한시적으로 수용할 수 있는 과제가 되기도 한다. 따라서 공통의 장기 목표에 대한 인식과 의지가 확고하기만 하면, 중기 목표가 설혹 다르더라도 연대를 위한 지속적인 노력을 포기할 이유가 없으며, 단기 목표를 향한 한시적 유대를 이룩할 때도 단순히 상대방을 전술적으로 활용하는 행위가 아니라 궁극적인 일치를 위한 자기훈련이라는 의미가 주어지는 것이다.

나는 여성운동과 환경운동, 또는 여성운동과 노동운동의 경우에도 현재 그 목표로 흔히 일컬어지는 내용을 한번 맞바꾸어 생각해보는 이런 '발상의 전환'을 제안하고 싶다. 그리하여 이런 맞바꾸기가 안 먹히는 부분에 대해서는 혹시 중·단기 목표가 궁극적인 목표로 잘못 설정되어 있는 게 아닌지 재검토해보자는 것이다.

끝으로 종합토론에서 정운영 교수가 '창작과비평 그룹'에 대해 제기한 문제를 나 자신을 포함하여 누구도 언급을 않고 넘어갔기 때문에 혹시 그의 비판을 수긍했다는 인상을 줄 우려가 없지 않다. 창비측에서는 '자본주의지배의 일반성'보다 '분단사회의 특수성'을 앞세우는 오류를 범하고 있지 않느냐는 문제제기였는데, 적어도 우리가 강조해온 분단체제론이나 민족문학론에 관한 한 그렇지 아니하다는 점을 해명하고 싶다. 물론 분단체제론의 발상 자체가 어설픈 것일 수 있고 발상은 그런대로 인정하더라도 우리의 논의수준이 정교수 보기에 너무나 미흡할 수도 있지만, 분단체제론이 한반도의 분단현실을 자본주의 세계경제의 한 하위체제로 본다는 점만은 나 자신 누누이 강조해온 터이다. (세계문학론 및 문학·예술론 일반과 연계된 민족문학론의 경우도 그 점은 마찬가지다.) 이러한 우리의 논의가 정교수뿐 아니라 사회과학계 전반에 걸쳐 아직도 제대로 인지되지 못한 것은 유감스럽지만 부인 못할 사실이다. 다만 거기에는 우리 자신의 모자람도 물론 크게 작용했지만 기존의 사회과학 교과서에 '자본주의지배의 일반성'이 한반도에서처럼 작용하는 현상에 대해서는 논의가 전무하기나 다름없다는 점도 기여했을 듯하다. 또한 '일반성 대 특수성' 대비의 바탕에 깔리기 십상인 '보편 대 특수'라는 서양 형이상학의 틀 자체에 대한 우리의 근본적 문제제기가 제대로 열매맺거나 전달되지 못한 탓도 없지 않을 듯하다.

| 대담 |

21세기의 시련과 역사적 선택

세계체제, 동아시아 그리고 한반도

이매뉴얼 월러스틴(뉴욕주립 빙엄튼대학 사회학과 교수 겸 페르낭 브로델 쎈터 소장)
백낙청(서울대 영문과 교수, 문학평론가, 『창작과비평』 편집인)
1998년 12월 5일 페르낭 브로델 쎈터 소장실

백낙청 1999년 벽두를 장식하는 이번호에 선생의 고견을 본지 독자들께 소개할 수 있게 된 것을 큰 특전으로 생각합니다. 지금은 한국과 동아시아가, 아니 전세계가 격동의 소용돌이에 놓여 있고, 많은 독자들이 현재 어떤 사태가 진행중이며 우리들에게 과연 어떤 선택이 가능한지에 관한 대국적인 시야를 갈망하고 있습니다. 이 대담은 또 선생의 최근 저서 『유토피스틱스』(*Utopistics*)의 한국어판 간행이 멀지 않은 시기에 이루어져 더욱 뜻깊습니다. 이 책은 바로 그러한 대국적인 분석을 수행하고 있으며 부제가 말해주듯이 '21세기의 역사적 선택들'을 검토하고 있지요. 그러나 대담의 기회가 직접적으로 마련된 것은 '근대초월, 역사적 자본주의, 식민

■ 이 대담은 『창작과비평』 1999년 봄호(통권 103호)에 수록되었고 약간의 첨삭을 더해 I. 월러스틴 지음, 백영경 옮김 『유토피스틱스』(창작과비평사 1999)의 부록으로 재수록되었다. 각주는 단행본 수록 당시에 추가된 편집자 주이다.

성'이라는 제목으로 어제와 오늘 이곳 빙엄튼대학의 페르낭 브로델 쎈터 주관으로 열린 학술회의에 선생께서 친절하게도 저를 초대해주신 덕분입니다. 독자들을 위해 잠깐 설명을 곁들이면 '근대초월'(transmodernity)은 남미 철학자 엔리께 두쎌(Enrique Dussel)의 중심개념이고 '역사적 자본주의'(historical capitalism)는 선생 자신의 개념으로 같은 제목의 저서도 내신 바 있으며, '식민성'은 '권력의 식민성'(coloniality of power)을 줄기차게 거론해온 뻬루의 사회과학자 아니발 끼하노(Aníbal Quijano)의 개념인데, 이 세 가지 담론이 상통하는 바가 많다는 전제로 당사자 셋이 주역이 되고 다른 여러 논자가 동원된 매우 흥미있는 체재의 회의였지요.

새 저서와 이번 학술회의, 이 두 주제만으로도 오늘의 이야깃거리가 충분하겠습니다만 나중에 동아시아와 한국에 구체적으로 관련된 질문도 한두 가지 드려볼까 합니다. 그럼 『유토피스틱스』 이야기로부터 시작하지요. 선생의 성함과 일부 저작은 이제 꽤 많은 한국 독자들에게 알려졌습니다만, 그렇더라도 이번 책을 쓰시기까지 선생의 지적 행로랄까 경력을 궁금해하는 독자가 많으리라 믿습니다. 어제 학회 도중에 '역사적 자본주의'라는 발상과 근대 세계체제에 대한 선생의 개념이 1968년의 세계혁명에 근원을 두고 있다는 말씀을 하셨는데, 그 이야기를 좀 부연하시면서 개인적인 이력도 덧붙여주시면 어떨까요?

1968년 세계혁명과 컬럼비아대학 사태

월러스틴 그러지요. 나는 1958년부터 대학 강단에 섰고 68년 당시에는 컬럼비아대학 사회학과에 재직하면서 아프리카에 관한 논문을 쓰고 있었어요. 내용인즉 가나와 꼬뜨디브와르, 즉 서로 이웃한 영국과 프랑스 식민지에 관한 것이었습니다. 그 무렵 나는 아마 정치사회학자에다 아프리카 연구자로 간주되었겠지요. 실제로 그 후 최소한 10년간 내 저술의 대부분은 아프리카를 주제로 했고 아프리카에 관해 몇 권의 책과 많은 논문을 썼습니다. 그런데 실은 내가 써내는 어떤 것들에 대해 나 스스로도 불만이 있었는데, 당대 아프리카 나라들의 변화하는 상황을 추적하다 보니 너무도 당대적인 문제들이라 항상 신문 표제를 뒤쫓아다니는 기분이었거든요. 게다가 이들 나라는 독립 이후 꽤나 빨리 변화하고 있었지요. 남부아프리카를 제외하고 아프리카대륙의 대다수 국가들은 1960년까지 독립이 되었습니다. 그래서 식민지시대 직후 시기에 관한 논문을 주로 쓰던 그 시절 나는 이걸 좀더 깊이있는 역사적 시야에서 볼 필요가 있다는 생각을 하기 시작했고 그때 한 가지 아이디어가 떠올랐습니다. 결과적으로는 잘못된 아이디어였지만 매우 생산적인 작용을 했지요. 그때 이들 나라를 두고 학계에서 사용하던 표현은 신생국이라는 것이었습니다. 나는 이들이 신생국이듯이 다른 나라들도 한때는 신생국이었다, 앞선 시기의 다른 신생국들을 검토해볼 필요가 있지 않겠는가 하고 생각했어요. 결과적으로 그게 적절한 접근법이 아니었음이 나중에 드러났다고 방금도 말했습니다만, 아무튼 신생국이던 시대의 서유럽 국가들을 연구해야겠다는 발상을 하게 되었던 겁니다. 대략 16~17세기, 근대적 국가구조가 형성되던 시대 말이지요. 그래서 이 분야에 관해 독서를 하기 시작하고 강의도 했지요. 그런데 그 무렵은 물론 정치적 격동의 시기이기도 했습니다. 아프리카에 관해 글을 쓰면서 나는 여러 아프리카 민족주의 운동들과 관련을 맺었고 또 식민지주의와 신식민지주의에 대한 투쟁을 중심으로 세계를 인식하는 그들의 시각에 많은 관심을 기울이고 있었지요. 신식민지주의라는 표현도 그 무렵에 나온 것이에요.

1968년 일련의 사태가 벌어졌을 때 서방세계에서 대규모의 사건이 최초로 터진 곳이 컬럼비아대학이었습니다. 빠리의 봉기사태보다 한 달 앞서 일어났지요. 나는 곧바로 그 한가운데 끼어들게 되었는데, 학생들이 대학당국에 반대하여 건물을 점거하면서 내세운 주된 쟁점이 두 가지였어요. 첫째는 베트남전쟁 문제였는데, 대학이 국방부와 기타 다른 정부기관을 위한 베트남전쟁 관련 연구를 수행함으로써 전쟁에 연루되어 있다는 거였습니다. 둘째 당시 주요 쟁점이던 흑백인종관계였는데, 컬럼비아대학이 공원 땅을 사들여 체육관을 지음으로써 흑인 지역사회가 사용하는 땅을 빼어간다는 점 등이 문제가 되었어요. 일단의 교수들이 재빨리 모임을 형성해서 일주일 동안 중재노력을 했습니다. 나는 이 대규모 교수모임의 공동의장이었는데 중재노력은 결국 실패했어요. 일주일 후 학교당국은 경찰의 개입을 요청했습니다. 경찰이 학생들을 대학건물로부터 축출했는데 물론 이건 새로운 폭발을 초래했을 따름이지요. 그 후 우리는 대학의 구조를 수정하려는 오랜 작업에 착수했고 실제로 한 2년은 걸렸어요. 그래서 그 사태에 나는 꽤 깊이 관련돼 있었지요. 그 무렵 이에 관해 책을 두어 권 썼어요.

백낙청 책을 쓰신 것까지는 몰랐는데요. 컬럼비아대학 사태 당시의 경험을 어느 글에서 읽은 기억은 있습니다만……

월러스틴 68년에 『격동 속의 대학: 변화의 정치학』(*University in Turmoil: The Politics of Change*)이라는 책을 썼고 이듬해 폴 스타(Paul Starr)와 함께 『대학의 위기 독본』(*University Crisis Reader*)이라는 두 권짜리 책을 편집하기도 했어요. 그 밖에 68년과 70년 사이에 여러 편의 논문을 발표했고요. 아무튼 컬럼비아대학 봉기는 내가 1968년을 세계혁명으로 생각하는 사건의 일부였습니다. 그리고 1968년을 세계혁명이라 생각한 이유는 첫째로 혁명이 도처에서 일어났기 때문입니다. 미국을 비롯하여 서유럽과 일본, 중국(나는 문화대혁명을 세계혁명의 일부로 쳤으니까요), 그리고 동유럽(체코의 봉기사태도 나는 세계혁명의 일부로 봤지요), 아프리카와 라틴아메리카에 이르기까지 곳곳에서 벌어졌습니다. 형태는 각각이었지만 나는 당시에도 여러 논문을 통해 그렇게 주장했고 이후에는 더욱 그랬는데, 모든 곳에서 저변에 되풀이되는 두 가지 공통된 주제를 세계혁명이 지녔다는 것이었지요. 첫번째 주제는, 외견상 대단한 적대자들인 미국과 소련이 실제로는 공모관계라는 것이었습니다. 중국이 두 초강대국을 비난하는 이야기도 그랬지만, 신좌익과 나머지 세계가 "두 집 모두 망해버려라"*라는 식으로 나왔지요. 그러니까 내가 보기에 어떤 식으로든 모든 사람들이 거론하고 있는 주제의 하나가 그거였습니다. 체코 사람들도 실질적으로는 같은 이야기였거든요. 두번째 주제는 내가 그 의미를 이해하는 데 한참 걸렸지만 머잖아 매우 분명해졌는데, 반항하는 모든 사람들의 주된 과녁이 우익이 아니라 좌익이라는 점이었습니다. 그 좌익이라는 것이 서유럽의 사회민주주의 정당들이건 동·서 유럽의 공산당들이건 아니면 중국의 문화혁명에서 대상이 된 중국공산당이건 미국의 뉴딜 민주당이건 인도의 국민의회당이건 말이에요. 뛰니지에 가면 신데뚜르(Neo-Détour)당이 표적이었고요. 즉 20년, 40년, 또는 100년간 반체제운동으로 행세하던 운동들이었습니다. 그런데 1968년의 혁명세력이 하는 말은, 당신네들은 문제를 해결하지 않았다, 당신들이야말로 문제의 일부다라는 거였습니다. 이런저런 식으로 당신네들은 모두 실패했다는 거였어요.

자유주의 지구문화의 종언과 세계체제분석

나는 이 두 주제가 하나의 공통된 주제임을 깨달았고, 뒤이어 이를 내가 지금도 사용하는 언어로 표현하게 되었습니다. 즉 공통의 주제는 기본적으로, 세계체제를 지배하고 있는 자유주의적 지구문화에 대한 도전이라는 것이었습니다. 즉 어느 나라에서든 옳은 사람들이 권력을 잡기만 하

* 셰익스피어의 『로미오와 줄리엣』에서 로미오의 친구 머큐시오가 두 원수 집안의 싸움을 말리다가 죽으면서 내뱉는 대사이다.

면 매사가 나아질 수 있고 나아질 것이라는 믿음, 옳은 사람이 잡기만 하면 그들이 체제를 의미심장한 정도로 개혁할 수 있으리라는 믿음에 대한 도전이었지요. 그리고 나는 실제로 그것이 사회민주주의자들뿐 아니라 공산주의자들의 노선이었고 분명히 민족해방운동들의 노선이었다는 결론에 도달했습니다. 그런데 1968년의 사태는 민중들이 '그래 당신들이 권력을 잡았지만 세상을 바꾸지는 못했어'라고 말하는 것이라고 본 거지요. 다시 말해서, 가령 1945년에서 68년 사이의 세계지도를 보면 매우 놀라운 현상이, 얼마나 많은 나라에서 공산당 아니면 사민당 아니면 민족해방운동이 권력을 획득했는가 하는 점입니다. 그렇지 않은 나라가 드물었어요. 그건 괄목할 업적이었는데 내가 보건대 바로 이에 대해 사람들이 불만을 토하고 있었던 겁니다. 그 결과로 이 세계의 대학들에서, 나아가 이 세계의 지성계에서 벌어진 사태는 자유주의적 합의가 깨어진 것이었습니다. 자유주의가 사라졌다는 말이 아닙니다. 자유주의 수용의 자동성에 금이 간 거예요.

현싯점에서 우리에게 분명히 보이는 것은, 그때까지 기본적으로 억압됐고 현실적으로 사라졌던 구우익이 다시 출현하고 진짜 우익적인 주제가 새로 대두하게 되었다는 사실입니다. 너무나 뚜렷한 예로 밀턴 프리드먼(Milton Friedman)*의 경우를 보세요. 내가 생생히 기억하지만 1968년 이전에 프리드먼은 미국 대학계의 우스갯거리였어요. 아무도 그를 진지하게 대하지 않았으니까요. 그런데 1970년대에 갑자기 사람들은 그를 진지하게 대할뿐더러 노벨상까지 주고, 그 뒤로 노벨 경제학상을 받는 사람들 대부분이 프리드먼과 관점을 같이하기 때문에 상을 받습니다. 그런 점에서도 우익이 부활했다는 거예요. 어느 면으로 나는 1848년 이래 우익세

* 복지행정 등의 정부지출 규모를 줄여 '작은 정부'를 만들고 경제는 시장자율에 맡겨야 한다는 신자유주의 이론을 주창했다.

력이 요즘만큼 강력한 적이 없었다고 생각해요. 그리고 좌익이 새로 대두할 공간도 열렸다고 봅니다. 우익보다는 훨씬 응집력이 떨어지지만요. 우리들 몇몇이 제기해서 세계체제분석(world-systems analysis)이라 불리게 된 작업에 호응이 있게 된 것이 바로 이런 분위기에서였습니다. 세계체제분석의 주장인즉, 자유주의적 합의가 정치적으로 부적절한 것만이 문제가 아니다, 그 바탕을 이루는 일련의 지적 개념들이 존재하여 사회과학 전반을 지배하고 있으며 우리는 — 내 표현이지만 — 그런 사회과학을 '탈사고'(unthink)해야 한다는 것이었지요.

백낙청 물론 그 표현은 선생의 저서 *Unthinking Social Science*의 제목이기도 하지요. 한국에도 번역판이 나와 있지만, 적당한 한국어 제목을 찾느라 출판사와 역자가 꽤 고심한 것으로 압니다. 결국 '사회과학으로부터의 탈피'라는 차선책을 택했는데 'unthinking'은 영어로도 생소한 선생 자신의 신조어이니 어쩔 수 없었던 거지요.

월러스틴 그랬겠지요. 어쨌든 이 작업에서 우리는 무엇보다도 분석의 단위 문제를 제기해야 한다고 주장했어요. 종전의 전제는 하나하나의 국가가 분석의 단위요 별개의 실체라는 것이었습니다. 그리고 그건 물론 각각의 나라가 일종의 에스컬레이터에 올라 있다고 주장하는 발전단계론에 알맞은 전제였지요. 각자가 혹은 세번째 계단에, 혹은 여섯번째나 아홉번째, 또는 열두번째 계단에 있다는 식으로 말이에요. 그러니 당연히 낮은 계단에 있는 사람이 할 일은 위에 있는 사람들을 쳐다보면서 그들이 무얼 하나 알아보는 거지요. 그렇게 함으로써 그 사람도 위쪽으로 올라가게 된다는 거예요. 그런데 우리들이 그때 나타나서 주장하기를, 그게 아니다, 위아래가 모두 하나의 체제를 이루는 일부다라고 한 거예요. 어떤 사람들이 아래 있는 건 다른 사람들이 딴 곳에서 위로 밀려올라가면서 아래로 밀려내려왔기 때문이라고 주장했어요. '저개발의 개발'(development of underdevelopment) 등등의 개념이었지요.

내가 주로 말하려는 점은 이런 생각들이 제시되었을 때 갑자기 이를 수용하는 분위기가 있었다는 겁니다. 그래서 우리는 당연히 우리의 생각을 발전시키기 시작했어요. 중심과 주변부라든가 자본주의체제의 경제가 어떻게 작동하는가에 대한 생각은 일종의 시발점에 불과했지요. 뒤이어 우리는 경제도 경제지만 이 세계체제에는 그 나름의 정치적인 구조, 즉 국가간체제(interstate system)가 있고 패권(hegemony)의 발흥과 쇠퇴가 있다는 주장을 내놓았습니다. 그리고 또 노동과 소득의 전반적 분배 문제를 어떤 의미로 감당하고 있기 때문에 이 체제 안에 창출된 가구(household)구조들을 눈여겨보자고 했고, 그래서 가구구조에 관한 연구를 시작했지요. 다음으로 반체제운동들 자체도 연구대상이 되어야 한다고 말했고, 그래서 반체제운동 연구도 시작했어요. 그러고 나서 우리는 실상 제일 어려운 문제에 이르렀는데, 그건 인식론상의 문제, 바탕에 깔린 지식구조의 문제였습니다. 그게 말하자면 나의 『사회과학으로부터의 탈피』요 『사회과학의 개방』(*Open the Social Sciences*, 한국어판 당대 1996)이라는 제목으로 나온 굴벤끼안 보고서(Gulbenkian Report)였어요. 이 문제는 우리가 지금도 이곳 브로델쎈터에서 진행중인 거대한 기획입니다.

지식계의 패러다임 전환과 『유토피스틱스』의 실천적 문제의식

그런데 이 모든 성과가 여러 해에 걸쳐 생산되는 동안 많은 사람들이, 특히 정치적 실천에 나선 사람들이 주변에서 하는 말이, 글쎄 그건 다 좋은데 그러니 우리가 무엇을 해야 한단 말인가? 묻곤 했지요. 나는 이것이 전적으로 합당한 질문임을 인정합니다. 게다가 온갖 사람들이 또 말하기를, 무얼 하는 건 좋은데 제발 소련에서 저들이 한 짓을 되풀이하지는 말라, 그게 얼마나 끔찍했냐, 마오 쩌뚱(毛澤東)도 그랬고 또 누구도 어쨌고…… 말하자면 곳곳에 피해야 할 암초 같은 위험이 널려 있었지요. 그래서 나는, 정녕 우리는 그 모든 역사를 현명하게 읽고 몇 가지 현명한 결론을 끌어낼 필요가 있다는 생각을 했어요.

12년 전인가 17년 전인가 거의 우연의 일치로 나는 어느 학회에서 일리야 프리고진(Ilya Prigogine)*에 앞서 발표를 한 일이 있습니다. 뒤이어 그의 발표를 듣고 나는, 아니 저건 내가 오래오래 전부터 생각해오던 것이 아닌가, 그러면서도 자연과학자들도 저런 태도를 갖고 있다는 건 까맣게 몰랐었구나 하고 무릎을 쳤습니다. 그래서 오늘날 '복잡성 연구'(complexity studies)라 불리는 분야의 독서를 시작했는데, 이들 연구를 나는 자연과학 내부, 물리학·화학·수학·생물학 등의 내부에서 진행되는 지식운동이라 부르지요. 나는 그 발상들이 너무도 중요하다고 보았습니다. 이 아이디어들을 내 작업의 맥락에서 어떻게 활용할 수 있을까 연구하기 시작했어요.

오늘 아침 회의장에서도 말했고 활자를 통해 여러번 주장했듯이, 역사적 체제라는 개념을 채택하는 순간 우리는 여러가지 일을 동시에 떠맡게 됩니다. 예컨대 체제는 법칙적인 것이고 역사는 개별사례 서술이다라는 '법칙 대 개별사례'(nomothetic/idiographic)식 이분법을 배격합니다. 내 주장은 둘 중의 하나가 되는 일은 불가능하다, 항상 둘다일 수밖에 없다는 거지요. 사회적 행태를 지배하는 법칙 내지 규칙을 발견하기는 하지만 특정한 역사적 체제의 맥락에서만 그것이 가능하다는 거예요. 왜냐하면 체제들 자체가 변화를 하니까요. 내가 '체제의 발생'과 '체제의 지속적인 작동'과 '체제의 위기'를 각기 구분하게 된 것도 거기서 연유한 겁니다. 체제의 위기와 관련해서 나는 프리고진의 학설에서 실로 많은 것을 얻었습니다. 그가 말하는 바로는, 한 체제 또는 체계가 평형상태로부터 멀리 움직여갔을 경우 — '평형상태'(equilibrium)는 그들이 쓰는 전문용어지요 —

* 러시아 태생의 벨기에 과학자로 노벨 화학상 수상. 국내에는 저서 *La fin des certitudes*가 『확실성의 종말』로 번역 출간되었다.

체계가 더이상 제대로 작동하지 못한다, 아니 못한다기보다 진동이 너무 커져서 분기(分岐)가 일어납니다. '분기'(bifurcation)도 과학자들의 전문용어인데, 일정한 지점에 달했을 때 두 가지 다른 자료들을 가지고 동일한 등식을 풀 수 있다는 뜻이지요. 한 가지 해결책만 있는 게 아니에요. 최소한 둘이에요. 즉 갈라지면서 이쪽으로 갈 수도 저쪽으로 갈 수도 있으며 어느 쪽일지 예측이 불가능하다는 발상이 여기서 가능해집니다. 결과를 정하는 데는 통제불가능한 무한대의 많은 변수가 개입하고 따라서 우리는 우리가 어느 방향으로 나아갈지 미리 알지 못한다는 겁니다. 그러나 이쪽이나 저쪽으로 약간의 힘이 더해짐으로써 아주 그리로 갈 수도 있는 거지요. 옳아, 이게 바로 우리가 따라야 할 사고방식이다라고 나는 생각했어요.

『유토피스틱스』는 그러한 과정의 결말입니다. 『유토피스틱스』는 1968년의 혁명세력에 의해 구좌익에 대한 엄청난 공격이 있었다는 사실을 점검하려는 노력입니다. 구좌익들이 무엇을 했고 무엇을 하지 않았으며 왜 그리했는가 등등을 한번 따져보자는 겁니다. 그러고 나서 좋다, 지금 우리가 체제의 위기에 봉착했다고 가정할 수 있다면 위기란 도대체 어떻게 생겨먹은 건가? 그게 실제로 제2장의 내용이지요. 나는 위기의 실상이 끔찍하다는 말을 하고자 했습니다. 그건 혼돈이라 부르는 것인데, 그 속에 사는 일이 사회적인 차원에서 유쾌할 수 없고 사람들은 겁을 먹고 있습니다. 또 개인 차원에서는 겁을 먹을 이유가 충분하고요. 주위에 폭력이 늘어나고, 온갖 종류의 갑작스런 변화가 많아지고, 그래서 사람들은 정말로 겁에 질려 있습니다. 내가 겁내지 말라고 말할 수는 없어요. 겁이 나는 상황이니까요. 하지만 나는 이 상황을 주시하며 사람들이 집단적인 공포에 찼을 때 어떤 행동을 취하는가를 분석하고자 시도했습니다. 그러고서 좋다, 그러면 이 판에 무엇이 걸려 있는가, 그걸 묻습니다. 걸려 있는 건 엄청난 싸움입니다. 체제는 이대로 지속될 수 없고, 나는 어째서 체제의 존속이 불가능한지 체제 내부의 구조적 원인들을 찾아내는 시도를 합니다. 그리고 걸린 것이 무엇이며 우리의 가능한 선택은 어떤 것이 있는가를 묻지요. 물론 그게 바로 책의 부제, '21세기의 역사적 선택들'(Historical Choices of the Twenty-first Century)이 뜻하는 바지요.

브로델과의 인연, 브로델 쎈터의 사업

백낙청 선생께서 다루어오신 큰 주제들 중 일부를 논하기 전에 개인적인 질문을 하나만 끼워넣었으면 합니다. 컬럼비아대학 사태에 관여하신 것이 교수로서의 생애에 어떤 직접적인 영향을 끼쳤나요?

월러스틴 물론 영향이 컸지요. 1968년 전까지 나는 컬럼비아대학에 평생 있으리라는 생각이었지요. 나는 거기서 학창시절을 보냈고 이어서 교수가 되었어요. 나는 뉴욕시에서 태어났고 뉴욕시를 사랑했지요. 컬럼비아도 사랑했고요. 당연히 내가 그곳에 내내 있으려니 하고 살았어요. 그런데 개인적인 차원에서 일이 복잡하게 되었지요. 컬럼비아를 떠나지 않았다면 아마 2, 3년 안에 풀리기는 했겠지만요. 하지만 대학의 봉기사태에 관련된 많은 사람들이 당시 어느 편이었건 이런저런 방식으로 대학을 옮기게 되었듯이 내 경우도 결과가 그렇게 되었어요. 그냥 좀 복잡한 일에서 떠나고 싶었고 그래서 옮기기로 결정한 겁니다. 이야기는 좀 복잡해요. 70년부터 71년까지 나는 캘리포니아주 팔로 알토의 행동과학고등연구소(Center for Advanced Study in the Behavioral Sciences)에 있었는데 그 일년을 나는 『근대 세계체제』(*The Modern World-System*) 첫 권을 쓰면서 보냈습니다. 이 책이 당연히 나를 새로운 길로 접어들게 만들었지요. 이제 나는 아프리카 전공자가 아니라 자본주의 세계경제, 근대 세계체제에 관한 저술을 하고 있었던 거예요. 그리고 이후 대부분의 내 저술이 그런 성격입니다. 나는 다음에 무엇을 할 건지 결정해야 했고 캐나다 몬트리올의 매길대학(McGill University)으로 옮기기로 했어요. 매길대학도 물론 1968년의 영향을 겪었지요. 큰 사건이 벌어진 건 1969년이지만 아무튼 68년의 분위기에서 벗어날 수 없었던 거예요. 하지만 이 시기는 또한 반체제운동의 한 형태가 퀘벡해방전선(Front de Libération du Québec)이라 불리는 것으로 나타난 때이기도 했고, 전선측이 폭력행위를 하고 나온 데 이어 정부가 탄압조치를 취한 직후였지요.

분위기는 긴박했어요. 퀘벡 민족주의 및 분리운동 문제는 매우 심각한 것이었습니다. 매길대학은 알다시피 퀘벡주 한복판에 있는 영어사용 대학이지요. 아무튼 나는 비록 어떤 의미로 국외자이고 나의 참여에 일정한 한계를 두지 않을 수 없긴 했지만 거기서도 퀘벡 문제 등에 관여하게 되었습니다. 그런데 대학의 환경도 긴장된 분위기를 반영하고 있었고 몇 해 지나면서 매길대 사회학과 내부가 너무도 팽팽해졌어요.

그 대목에서 내게 여러가지 선택이 있었습니다. 그중 하나가 빙엄튼으로 오는 것이었는데, 이곳에는 나와 동갑이고 컬럼비아대학 시절 가장 가까운 동료였던 테렌스 홉킨즈(Terence Hopkins)*가 1971년에 먼저 와서 사회학과의 대학원 과정을 출범시킨 바 있었지요. 그가 나더러 함께 일하자는 거였어요. 대학당국도 매우 적극적이어서, 실제로 학과장을 맡아서 과를 키우고 연구소도 만들어보라고 해요. 마음에 드는 제안이었어요. 그래서 오기로 했지요. 당시는 이렇게 오래 있으리라고 생각지 않았는데 21년이 지나도록 아직 여기 있어요. 연구소도 아직 있고요. 홉킨즈는 2년 전에 작고했지만, 이 연구소는 의심의 여지 없이 전세계적으로 세계체제분석의 중심지가 되었지요. 우리 학생들이 일대에 퍼져 있고 연구와 저술 그리고 우리의 잡지 『리뷰』(*Review*) 등과 관련된 많은 활동이 진행되고 업

* 『반체제운동』(*Antisystemic Movements*, 한국어판 창작과비평사 1994), 『이행의 시대』(*The Age of Transition*, 한국어판 창작과비평사 1999) 등 많은 저서를 월러스틴과 공저했다.

적이 쌓였습니다. 즉 하나의 지식기관인 것입니다.

그런데 아시다시피 연구소 이름은 '경제와 역사적 체제 및 문명들의 연구를 위한 페르낭 브로델 센터'(Fernand Braudel Center for the Study of Economies, Historical Systems, and Civilizations)입니다. 앞서 내 행로를 이야기하면서 브로델을 빠뜨렸는데, 브로델이 어떻게 끼어들게 되었는지 말씀드리지요. 1965년인지 66년인지 그 언저리에 아프리카 연구 저널을 보다가 마리안 말로비스트(Marian Malowist)라는 폴란드 경제사학자가 쓴 논문을 읽었어요. 중세에 서부아프리카, 북부아프리카, 유럽 사이에 이루어진 금 무역에 관한 흥미있는 논문이었는데, 브로델의 『펠리뻬 2세 시대 지중해 및 지중해세계』(*La méditerranée et le monde méditerranéen à l'époque de Philippe II*)를 꽤 길게 인용했더군요. 그걸 보면서 이 책을 읽어야겠다고 마음먹었어요. 책을 읽은 뒤에, 야 참 훌륭하다라고 생각했지요. 그렇게 60년대 말엽에 브로델을 발견한 거예요. 그리고 행동과학고등연구소에 가서 『근대 세계체제』 1권을 쓰기 시작해서 첫 두 장의 초고를 마치자, 이걸 브로델한테 보내보자는 생각이 들었어요. 브로델은 그보다 한두 해 전에 극히 피상적으로 알게 된 바는 있지만 서로 안다고 할 사이는 아니었지요. 아무튼 원고를 보냈어요. 그리고 한 달인지 6주 정도인지 기다렸더니 매우 친절한 편지가 왔어요. 비서가 쓴 건데 브로델이 내 원고를 읽고 매우 높이 평가했다, 뭐 그런 내용이었지요. 짧은 편지였지만 아주 고무적인 내용이었어요. 그래서 나는, 좋다, 원고를 더 보내보자고 했고, 이번에는 전보다 더욱 친절한 편지가 왔어요. 내 글을 학생들과도 나눠 보았노라고……

백낙청 이번에는 본인이 썼던가요?

월러스틴 본인이 썼어요. 내 책의 내용이 대단히 풍부하다 뭐 그런 취지였지요. 그래서 이듬해 빠리에 갔을 때 그를 찾아갔고, 그는 나를 따뜻이 맞아주면서 내 책을 얼마나 대단히 생각하는지, 얼마나 좋은 책인지,

칭찬이 늘어지더군요. 그러고 『근대 세계체제』가 출판되자 그는 즉각 이 책의 불역판을 그가 편집책임을 맡은 씨리즈의 일부로 출판하고 싶다고 했어요. 그때가 마침 매길대학에서 이곳 빙엄튼으로 옮기는 중간지점이었는데 나는 일년 말미를 받아서 그 기간을 빠리에서 보내기로 해놨던 참이지요. 나는 항상 빠리에 특별한 애착이 있었고 빠리의 아프리카학자들과 연계를 가지고 있었거든요. 브로델은 쎄미나를 하나 하고 있는데 내가 공동으로 주재해주지 않겠느냐고도 했어요. 말하자면 『근대 세계체제』를 갖고 하자는 겁니다. 그래서 일년간 그 쎄미나를 하면서 보냈어요. 브로델과의 친분이 그렇게 시작됐는데, 그해 중간에 나는 빙엄튼에서 대학당국과 장래 일을 상의하게 되었지요. 연구소에 관여할 사람들로 구성된 소모임을 열었는데 무엇보다도 연구소 이름을 정할 필요가 있었어요. 나는 경제들과 역사적 체제들, 문명들을 연구하는 쎈터라는 생각을 갖고 있었지만 이름으로는 너무 길었지요. 그러자 떠오른 생각이, 페르낭 브로델 쎈터라 부르는 게 어떤가, 그건 대규모이자 장기적인 사회변동을 상징하는 이름일 테니까라는 거였어요. 다른 사람들도 좋겠다고 해서 나는 브로델에게 돌아가 당신 이름을 사용해도 되겠습니까 물어보았죠. 좋다고 해요. 그래서 그의 이름을 붙였고, 우리가 최초로 조직한 큰 학술회의의 주제가 '사회과학에 대한 아날학파의 영향'(The Impact of the Annales on the Social Sciences)이었지요. 브로델 자신이 그 회의에 왔고요. 그래서 나는 브로델이 설립한 기구인 빠리의 인간과학연구원(Maison des Sciences de l'Homme)과 매우 긴밀한 유대를 이뤘습니다. 그 뒤 나는 이곳 빙엄튼대학과 절충해서 일년의 절반은 빠리에서 보내고 절반은 빙엄튼에서 보내는 방안을 마련했고 아직도 그렇게 하고 있지요. 그리고 물론 우리는 많은 일을 공동으로 했습니다. 이 연구소와 협동하는 수많은 기구들의 연결망을 구축하기도 했고요. 그래서 프랑스·독일·이딸리아·모잠비끄·베네주엘라·인도·터키·헝가리 등의 기구와 유대가 있습니다. 최근에는 멕시코, 그에 앞서 벨기에 등 새로운 연대관계를 계속 만들어나가고 있습니다. 한데 무슨 말 끝에 이런 사설이 나오게 됐는지 나 자신도 잊어버렸네요.(웃음)

1989년, 자본주의의 승리인가 몰락의 시작인가

백낙청 『유토피스틱스』 이야기로 돌아가지요. 『유토피스틱스』는 자본주의 세계체제의 과거·현재·미래에 관해 그간 선생이 다각적으로 연구해오신 결과를 훌륭하게 집약한 책이라 생각합니다. 그런데 이제까지 제2장의 내용, 즉 목하 진행중인 고난의 이행기만 언급하셨는데, 제1장으로 돌아가서 그중 선생의 작업에서 낯익은 내용이긴 하지만 아직도 많은 사람들을 놀라게 만드는 주제 하나를 다루었으면 합니다. 소련·동구권의 와해로 이어지는 1989년의 사태에 대한 해석 말입니다. 선생께서는 1989년을 자본주의의 승리라기보다 그 종말의 시초로 보고 계시잖아요? 1968년이 진정한 전환점이었고 1989년은 어느 글에서의 표현대로 본격적인 이행으로 들어가는 '총연습의 마감'에 해당한다고 보시는 거지요.

월러스틴 네. 한국에서 깜짝 놀랄 독자가 많을 게 틀림없습니다. 다른 어디서나 깜짝 놀라는 사람들이 많으니까요. 나의 발언 중 유달리 터무니없이 들리는 것 중의 하나가 바로 그거지요. 1989년이 좌·우·중간파를 막론하고 거의 모든 사람들이 믿듯이 세계자본주의의 일대 승리가 아니라 커다란 패배라는 겁니다. 실제로 우리는—우리라는 건 지오반니 아리기(Giovanni Arrighi)와 테렌스 홉킨즈와 나 세 사람인데—반체제운동에 관한 일련의 공저 논문을 쓴 바 있지요. 그중 마지막 것이 「1989년, 1968년의 연속」('1989: The Continuation of 1968', *Review* 1992년 봄호)이라는 글이었습니다. 실은 이 글이 『반체제운동』 한국어판에 실렸지요. 내용을 여기서 되풀이하진 않겠지만, 그 논문에서 우리는 1968년의 사건들이 어떻게 폴란드와 이딸리아, 기타 여러 곳에서 1989년 사태로 매우 직접적으로 이어졌는지 보여주고자 했습니다. 그러나 좀더 일반화해서 말할 수 있는 것은—그리고 이게 분석의 핵심인데요—1968년의 2대 주제 중 하나가 구좌익이 실패했다는 비판이었다는 점입니다. 그런데 1968년은, 정확한 연도에 대해서는 사람마다 다를 수 있지만, 꼰드라띠예프 장기순환의 하향국면(B국면)의 시작이었어요. 나는 보통 그것이 1967~73년 어간에 시작되었다고 말합니다. 이 국면에서 중심부에 속하지 않은 국가들은—제3세계라 일컬어지는 지역에다 동부·중부 유럽도 여기 포함되는데—고통을 받게 되었지요. 유일한 예외는 동아시아인데 그 문제는 나중에 따로 논하기로 하고요. 아무튼 1970년 이래 그 나라들은 고통을 당했어요. 그들은 국민총생산이든 실질총소득이든 소득의 분배든 기타 어떤 잣대로 재더라도 전보다 형편이 나빠진 상태입니다. 그리고 물론 사람들은 경제적 형편이 나빠지면, 더구나 과거의 나은 시절을 기억하는 경우에는, 불만을 갖게 마련이지요.

사람들은 누구의 잘못인지를 따져야 했고 대부분 집권중인 정부를 탓하게 되었는데, 집권정부는 대개 구좌익 정부였습니다. 그래서 이들 정부에 등을 돌리기 시작했어요. 먼저 아프리카와 아시아, 라틴아메리카에서 시작했지요. 집권자들을 몰아냈어요. 대신에 더 나은 정부를 갖게 되었다는 건 아니에요. 하지만 아무튼 수많은 나라에서 기존의 정부를 몰아냈는데, 그건 옳은 정부가 들어서기만 하면 현실을 진정으로 개선해주리라던 생각에 환멸을 느끼기 시작했기 때문이지요. 다음으로 쫓겨나기 시작한 것이 서방세계의 사회민주주의자들입니다. 국가에 대한 대대적인 반발이 일어난 거예요. 집권자들이 제대로 하는 게 없으니 더 보수적인 정부를 맞아들이는 게 좋겠다는 둥 하는 거였지요. 그리고 내 주장은 1989년의 핵심도 기본적으로 동일한 움직임이었다는 것입니다. 실상 1950년대와 60년대에 러시아와 중부·동부 유럽은 모두 경제가 좋았어요. 실제로 그 시기로서는 세계에서 가장 높은 성장률을 기록했고 진정한 팽창이 일어났습니다. 그러니 체제가 '실패'해서가 아니에요. B국면에서 주변부 지역들이 실패한 거예요. 다만 이들 주변부 지역이 실패한 싯점이, 집권자들이 우리에게 정권을 주면 이런 일이 일어나지 않을 거라고 공언한 뒤였던 겁니다. 공언에도 불구하고 일이 일어난 거예요.

나는 1989년의 주요 요인 가운데 하나가 경제위기였다고 생각합니다. 폴란드의 경우 그 점은 너무나 분명합니다. 1980년 '연대'(Solidarity)노조운동을 처음 촉발한 계기는 다른 여러 정부가 그랬듯이 1970년대에 폴란드 정부가 악화하는 상황에서 문제해결을 위해 대규모의 빚을 지게 되었다는 사실입니다. 그리고 부채가 많아지자 정부가 대책으로 결정한 것은 IMF의 구조조정 방안과 마찬가지로 빚을 갚기 위한 돈을 더 마련하기 위해 노동자들을 쥐어짜는 길이었어요. 그 방법으로 유일하게 성공해서 한때 IMF로부터 극도의 찬사를 들은 나라가 루마니아인데, 루마니아는 실제로 노동자들을 쥐어짰고 실제로 빚을 갚았어요. 폴란드도 노동자를 쥐어짜려고 했지요. 그러자 노동자들이 아우성을 질러댔어요. 그게 바로 연대노조라는 겁니다. 이러한 경제적 항의와 결합된 두번째 주제가 (러시아는 예외지만) 민족주의였습니다. 동구권 사람들은 항상 러시아 민족주의에 억눌렸다는 느낌을 가졌지요. 위성국가였던 겁니다.

민족주의와 기존 운동의 공약이행 실패, 이 둘을 합치면 1989년이라는 답이 나옵니다. 따라서 내가 보는 소련·동구권 사람들의 행동은 다른 모든 곳에서의 행동과 같은 것입니다. 구좌익을 몰아내는 일이었지요. 평등을 원하지 않아서가 아니라 저들의 방식으로 평등을 얻지 못했기 때문이에요. 지금 단기적으로는 시장을 통해 평등을 얻는다고 생각할지 몰라요. 하지만 그런 환상은 아주 빨리 사라져가고 있어요. 동구와 구소련 전역에 걸쳐 공산당 또는 (물론 이제는 이름을 바꾸었으니까) 전 공산당이 애초에 몰락했을 때보다 선거에서 실적이 개선되지 않은 나라가 단 하나도 없어요. 그건 아직도 공산주의를 신봉해서가 아니에요. 단지 이제는 아무런 환상도 없이 당장의 실익 면에서 조금이라도 나은 쪽으로 투표를 하고 있을 뿐이지요.

세계체제의 안정요인이었던 구좌익 정권들

그럼 이게 자본주의의 승리 문제와 무슨 관계가 있는가? 나의 논지는, 적어도 과거 50년간 또는 그 이상으로 체제의 정치적 균형을 유지해온 것 중 하나가 이들 집권 구좌익운동들이었다는 것입니다. 권력을 잡은 이들 구좌익운동은 매우 개량주의적이고 점진주의적인 노선을 내걸었습니다. 자 우리가 집권을 했으니 우리를 권좌에서 내몰지 마라, 내년에는 좀더 잘하마, 조금만 기다려라, 세계의 다른 어디에 또 하나의 좌익정부가 들어설 것이다라는 거였지요. 살기가 나아질 거다, 당신네 자식들은 더 잘 먹게 될 거다라는 식이었지요. 사실상 그들이야말로 공연히 풍파를 일으키지 말라고 말리는 사람들이었어요. 그들은 지금 다 쫓겨났어요. 그들이 풍파를 일으키지 말라고 했을 때 사람들이 어느 선까지 믿어준 것은 그들이 내세우는 신임장이 있었기 때문입니다. 그들은 '좌익'이었던 거예요. 노동자들의 대표라든가 인민의 대표라든가 기타등등의 명분이 있었고 일정한 수의 사람들이 여전히 그들을 믿은 겁니다. 안 그래요? 하지만 지금은 쫓겨났어요. 이제는 신빙성이 있는 사람으로서 폭발력을 줄여주는 사람이 아무도 없어요. 그래서 나는 사태의 진상인즉 전세계를 통해 급진적 활동을 억제할 주된 세력이 제거된 상태라고 주장합니다. 그리고 이것이야말로 세계체제의 지배자들이 가장 원하지 않은 결과지요.

나는 서방세계가 공산주의의 몰락에 그처럼 조심스럽게 반응한 것이 결코 우연이 아니라고 봅니다. 지나고 나서 박수를 보내고는 있지만 실제로 진행되던 당시의 정치행태를 살펴보면 그들은 어떤 노선을 취할지 잘 몰랐어요. 적어도 그들이 '타도해라' '타도해라' '타도해라'라고 외쳐대는 양상이 아니었던 것만은 분명합니다. 레이건이 베를린장벽이 무너져야 한다고 말한 건 알고 있어요. 하지만 그건 공식 이데올로기였지요. 정작 벽을 무너뜨리자 좀 겁나는 상황이 되었어요. 그들 중 현명한 사람들은 자신들의 적으로 설정된 이들 정부가 냉각요인으로 작용함으로써 체제의 대국적인 이익에 복무하고 있다는 것을 알고 있었기 때문이지요. 나는 그 냉각요인이 제거되었다고 보는 겁니다. 그런데 그게 전부라면 자본주의의 몰락 운운하기에는 불충분할지 몰라요. 하지만 내가 『유토피스틱스』에서 그 윤곽을 제시했듯이 전세계적으로 이윤을 압박함으로써 자본가들이 자본의 끝없는 축적과정을 유지할 능력을 침해하는 세 가지 장기적인 구조적 과정이 있습니다. 이 세 가지는 장기적이고 구조적이며 내가 보기에 역전이 불가능합니다. 점점 더 나빠지는 거예요. 이들 세 가지 과정이 있는데다가 1989년의 사태로 끓는 솥의 뚜껑을 누르고 있던 힘을 제거했다고 보면, 이 둘이 합쳐서 내가 제2장에서 서술을 시도한 위기상황을 만들어내는 것입니다.

장기적 안목으로 본 '동아시아 경제위기'

이건 책에 안 들어간 이야기인데, 아시다시피 이른바 동아시아 위기라는 게 있지요. 아까 나는 어째서 전세계적 하향국면에서 1970년대, 80년대, 90년대를 통해 동아시아가 예외였는지를 약간 논해보겠다고 했는데, 꼰드라띠예프 B시기에는 언제나 산업의 장소이동이 진행되고 누군가가 그 혜택을 입게 됨을 볼 수 있습니다. B시기라고 해서 모든 사람의 형편이 나빠지는 건 아니에요. 대다수가 나빠지지만 전부는 아니에요. 그리고 대개는 어느 한정된 지역이 이득을 보는데 무슨 이유로든 이 재배치되는 산업들이 이동하는 지역이 그곳이기 때문입니다. 기본적으로 이번에는 그런 지역이 동아시아였어요. 그래서 일본의 엄청난 융성이 있었고 한국과 타이완 등 '네 마리 용'과 그다음 딴 나라들의 성장이 뒤따랐지요. 그러다가 최근 2년간의 이른바 아시아 위기가 나왔는데 이것도 나는 전혀 놀랄 현상이 아니라고 봅니다. 왜냐하면 이제 우리는 서유럽·북미대륙·동아시아를 자본주의 세계체제의 3대 자본축적지대로 보아야 하는데, 30년 동안 이들은 실업사태를 서로간에 이리저리 이동시켜왔어요. 하향국면의 부담을 다른 쪽이 부담하도록 전가하려고 해온 거예요. 그건 계속되는 현상입니다. 단지 이번에는 동아시아 차례가 된 겁니다. 전에는 미국과 서유럽에 전가하면서 재미를 봤는데 지금은 동아시아 차례인 거예요.

재미있는 사실 하나는 동아시아 위기가 오니까 갑자기 모두가 흥분을 하고 불안해하는 겁니다. 동아시아 자본주의가 어째서 잘못된 종류의 자본주의인가에 대해 온갖 이유들을 찾아내기 시작합니다. 정실자본주의(crony capitalism)라느니 또 무어라느니…… 똑같은 사람들이 5년 전, 또는 2년 전까지도 이게 미국이 본받아야 할 기적적인 새로운 체제이고 동아시아가 자본주의를 제대로 운영하는 방식을 알아냈다고 떠들었지요. 그런데 이제는 잘못 운영하는 방식을 알아냈다는 거예요. 그래서 어떤 현상이 벌어지는가? IMF가 여기 등장합니다. (이야기가 나온 김에 말인데, 1950년대나 60년대에는 아무도 IMF 이야기를 못 들어봤어요. IMF가 강력해지는 건 1980년대에나 와서인데, 그 이유 중 일부는 미국이 혼자서 일을 처리하지 못하기 때문이에요. 미국의 힘이 약해져서 IMF를 통해 작용하지 않을 수 없기 때문이지요. 하지만 그 이야기는 제쳐둡시다.) IMF가 등장해서 하는 말이, 좋아, 인도네시아·타이·한국, 너희들은 일을 잘못했어, 그래서 우리가 돈을 빌려줄 테지만 그 대신 너희는 X, Y, Z 기타등등을 해야 된다라는 거예요. 다들 아는 이야기지요. 정부마다 조금씩 다르게 반응하지만 대체로는 하라는 대로 하지 않을 수 없다고 느끼지요. 누구는 전적으로, 누구는 90%선에서지만 아무튼 IMF를 따라가요. 그런데 어떤 나라들에서는 이게 문제를 해결하는 것 같지 않단 말예요. 더 악화되는 거예요. 인도네시아에서도 악화됐지요. 그래서 정치적인 봉기가 일어났어요. 태국에서도 문제가 해결되지 않았고요.

갑자기 벌어지는 재미있는 일 가운데 하나는 IMF에 대한 우익의 비판이 대두한다는 사실입니다. 좌익이 아니고요. 그런데 하는 이야기는 마치 좌익 같아요. 헨리 키씬저(Henry Kissinger)나 세계은행이나 죠지 슐츠(George Schultz), 제프리 싹스(Jeffrey Sachs) 같은 사람이 IMF에 대해 하는 소리를 듣고 보면 이게 『신좌익평론』(*New Left Review*)인가 싶을 정도지요. 놀랍기 그지없는 점은 이들이 하는 말이, IMF가 대상국들에 부당한 요구를 하고 있다는 겁니다. 사회적인 파급효과를 고려하지 않고 있다는 거예요. 그래서는 안된다는 둥, 사회적 안전망을 제공해야 한다는 둥, 더 천천히 나가야 한다는 둥…… 그런데 이게 다름아닌 우익의 발언입니다. 하지만 왜 저들이 이런 소리를 하느냐를 읽어보면, 특히 키씬저의 논평에서는 그것이 분명해집니다. 그의 말인즉, 자 이제 어떤 일이 벌어질지 뻔하다, IMF 때문에 우리는 통제할 수 없는 정치적 격동을 만날 터인데 이것이야말로 우리가 제일 염려해야 할 문제다라는 겁니다. 따라서 나는 키씬저가 1989년에 대한 나의 분석에 동조하고 있다고 말합니다. 그는 이 모든 나라에서의 정치적 격동, 미국과 서방세계가 통제할 수 없는 격동을 염려하고 있어요. 사태가 통제불능이 되는 것을 우려하는 거예요. 옛날에는 러시아와 거래를 하면 그들이 통제해주기도 했어요. 하지만 이제는 거래가 안됩니다. 통제를 하려면 신뢰가 있는 사람이 있어야 하는데 그런 사람들이 사라졌어요. 그래서 키씬저는, 글쎄 우리가 할 수 있는 유일한 일은 약간 양보하는 것인지 모른다라는 결론을 내리는 거예요. IMF는 너무 엄격하니까 약간은 재분배를 하는 게 좋을지 모르겠다는 거지요. 아무튼 그는 분명히 염려하고 있고 나는 그것을 내 관점이 옳다는 방증으로 받아들입니다.

동아시아의 장래는?—중국과 한국 양대 변수

백낙청 아시아 경제위기에 관해 질문할 작정이었는데 앞질러 말씀해주셨군요. 아무튼 잘됐습니다. 선생께서 1998년 3월 미니애폴리스에서 발표하신 「이른바 아시아 위기: 장기지속 내의 지정학」(The So-called Asian Crisis: Geopolitics in the *Longue Durée*, 『이행의 시대』 부록으로 수록)이라는 글을 읽고 저는 큰 감명을 받았습니다. 예의 '신문 표제 뒤쫓기'와 전혀 다른 내용이었거든요. 그 글은 최근의 위기를 세 가지의 좀더 장기적인 시간성 속에서 살피고자 했는데, 그중 둘은 대세상의 국면이랄까 선생께서 꽁종끄뛰르(conjoncture)*라 부르시는 그런 시간상의 현실이고 또 하나는 그보다 더욱 장기적인 '구조적' 시간이지요. 즉, 첫째 세계경제가 아직도 꼰드라띠예프 B국면 내에 머무르고 있다는 '종합국면'이고, 둘째로 1970년대부터 진행되고 있다고 선생께서 거듭 주장하시는 미국 패권의 쇠퇴 추세라는 또 하나의 '종합국면'에다가, 세번째로 오늘도 말씀하신 것처럼 자본주의 세계체제 자체가 이미 구조적 위기에 들어섰다는, 경기순환이나 패권국의 흥망보다도 더욱 원대한 차원의 현실이 있습니다. 이 세 가지 장기적 시각에서 볼 때 최근의 동아시아 사태라든가 예컨대 5년 뒤의 한국이 브라질과 비슷해질 거냐 말 거냐 등은 그다지 대단한 사안이 못된다는 것이었지요.

월러스틴 맞습니다. 그러나 나는 향후 10년 내에 동아시아가 1980년대처럼 세계에서 상대적으로 강력한 경제지역으로 떠오를 것이며, 어쩌면 가장 강력한 지역이 될지도 모른다고 생각합니다. 특히 일본이 그러리라는 점은 확실하지요. 그러나 일본 단독으로는 안됩니다. 일본에는 그 일

* 경기 또는 인구 등 사회적 현상의 주기변동을 말한다.

환으로서 동아시아가 필요하지요. 그런데 동아시아의 장래에 관해서는 두 개의 큰 물음표가 있습니다. 하나가 중국이고 다른 하나가 한반도라는 물음표예요.

중국 문제를 제대로 보는 요체는 중국이 '외로운 거인'이라는 인식이 아닌가 합니다. 아무도 중국을 좋아하는 것 같지 않아요. 존중하기는 하지만요. 그런데 중국 스스로는 자신을 대단하게 생각합니다. 문자 그대로 '천하 한가운데의 나라'이고, 5천 년 동안을 그래왔다는 식이지요. 아무튼 1998년 또는 20세기 말의 이 싯점에서 중국은 중국으로서 충분히 그럴 자격이 있는 역할을 자신이 세계에서 맡고 있지 않다고 느끼는 건 분명합니다. 그게 한 가지 요소고요. 또 한 가지 요인은, 중국은 5천 년 동안 세계 제국의 흥망이 잇따른 나라라는 사실입니다. 그걸 왕조라고 부르지요. 그러니까 기본적으로, 하나의 단위가 정도의 차이는 있지만 대략 우리가 오늘날 중국이라 부르는 영역으로 확장해서 한동안 지속되다가 무너집니다. 그러고는 또 하나가 나타납니다. 물론 20세기 상반기는 중국의 불행한 시기 중 하나였지요. 전국이 온통 혼란에 빠졌어요. 내전이 끊이지 않았습니다. 그리고 기본적으로 중국공산당이 이룩한 것은 중국을 다시 통일한 것입니다. 공산당 스스로도 그걸 최대의 업적으로 보고 있지요. 그 점은 마오 쩌뚱이건 떵 샤오핑(鄧小平)이건 똑같아요. 지금 중국 당국이 긴장해서 온갖 반대파들을 실제로 억압하고 있는 것은 극도로 불안하기 때문입니다. 그들의 대응책이 잘못된 건지는 몰라도 동기는 중국이 다시 지리멸렬해질 수도 있다는 염려예요. 특히 경제발전의 결과에 대해 불안해한다고 봐요. 한편으로 중국은 세계 속의 자신의 군사적·정치적 지위와 중국으로서의 영광 등을 유지하기 위해 경제적으로 훨씬 강해질 필요가 있습니다. 다른 한편 경제발전에 따른 중국 내부의 지리적인 양극화를 잘 인식하고 있어요. 특히 여러가지 이유로 꽝뚱(廣東) 지역은 중국 북부보다 훨씬 앞서 있습니다. 그건 상하이(上海)를 중간에 둔 남부와 북부 지역의 오랜 싸움이기도 하지요.

북부에는 물론 정부가 있고 남부는 외부세계와의 온갖 상업적 유대가 있지요. 나는 중국의 집권자들이 둘러앉아서, 그런데 말이야, 동남부가 실질적으로 분리해나가기로 든다면 과연 무슨 일이 벌어지지? 하며 의논하는 모습이 상상이 갑니다. 타이완(臺灣)에 대한 태도를 설명해주는 것도 그게 아닌가 해요. 타이완을 굳이 되찾아오는 일보다 국가의 통일을 유지하는 데 그것이 갖는 상징적 가치가 더 중요한 거지요. 물론 군사적인 이유도 있어요. 감정상의 이유도 있고요. 그리고 다른 한편으로 이를 위해 그들이 사용하는 주된 장치는 매우 모순돼요. 정치적인 강경책과 경제적 개방책의 결합이지요. 그 게임을 제대로 해내는 건 아주 어렵습니다. 이 참에 일본이 다가와서, '그러지 말고 우리식의 — 이렇게 말하고 싶지는 않지만 — 대동아공영권의 일부가 되시오. 이 새로운 동아시아 블록의 일부 말이오. 당신네들은 거기서 중대한 역할을 맡을 수 있소. 우리는 말하자면 그 지도자요. 우리가 투자를 할 테니 당신네는 이것을 하고 저것을 하시오'라고 말하는 거예요. 그에 대해 중국인들은, 그런데 그게 좋은 조건인가, 물론 우리도 무언가를 하고 싶지만 흥정을 해봐야겠다, 뭐니뭐니 해도 우리는 중국 아닌가, 저건 일본에 불과하고, 운운하는 거지요. 그러니 일본과의 흥정은 어렵습니다. 서로 흥정하기가 어려워요. 10년 또는 15년 뒤에 어떤 상황일지를 예측하려는 사람은 간 큰 사람이라고 생각해요. 다만 두 가지 가능성은 있지요. 중국은 통합을 유지하면서 일본과는 적어도 한동안은 만족할 만한 거래를 성사시킬 수가 있습니다. 아니면 나라가 깨지기 시작하는 거지요. 그럴 경우 동아시아 전역을 통해 온갖 충격적인 반향이 일어날 수 있습니다.

아시아의 화약고 한반도와 '제3의 길'

그리고 내가 보기에 한반도는 화약고입니다. 누구나 매일같이 제어하기 힘든 전쟁이 터지지 않을까 걱정이지요. 일본인들도 걱정이고 미국인들도 걱정이며 중국인, 러시아인도 걱정이고 한국인들도 걱정입니다. 누구나 걱정을 해요. 그건 이해가 되지요. 내가 한국인이면 나라도 걱정할 테니까요. 선생 자신도 통일문제의 여러가지 어려움에 관해 이야기하셨지요. 통일은 결코 쉬운 일이 아닌 것 같습니다. 물론 누구나 자기식의 통일을 원하지만 어떤 제3의 방안에 기반한 통일에 대해서는 아무도 장담하지 못합니다. 내가 보기에 어떤 제3의 방안에 따른 통일을 원하는 유일한 당국은 중국인 것 같아요. 이제는 중국이 북한정권을 더는 확고하게 지지하지 않는다고 보거든요. 그리고 한반도가 통일이 되지 않는 한 미국의 군사력을 동아시아에서 내보낼 날은 영영 오지 않는다고 생각하리라 봐요. 중국이야말로 한반도 통일을 위한 한 가지 강력한 세력입니다. 내가 보기에 일본은 그런 확신이 없고, 미국도 그렇고, 남한도 그렇고, 북한은 더욱이나 그렇습니다. 러시아는 어차피 당분간은 별로 중요한 존재가 못되고요. 그러니 장래가 어찌 될지 알 수 없단 말입니다. 한반도가 남한과 북한 어느 쪽과도 다른 어떤 제3의 방안으로 통일이 된다면 동아시아의 안정을 위해 매우 중요한 힘이 될 수 있겠지요. 중국과 일본 사이에서 일종의 균형을 잡을 수 있을 테니까요. 따라서 나는 한반도의 재통일이 지정학적으로 긍정적인 사태이고 한·중·일 삼국이 보조를 맞춰나갈 확률을 높여주리라고 생각합니다. 물론 전쟁이 일어난다면 무슨 일이 벌어질지 아무도 모르지요. 핵무기가 사용되고 또 무엇이 나올지 아무도 몰라요. 그러니 그것도 하나의 물음표예요.

백낙청 제3의 길을 성취하는 문제 말인데요. 한반도 전체를 포함하는

'분단체제'라는 저 자신의 발상은 그러한 성취에 도움이 되는 새로운 인식방법을 제안한 것입니다. 다시 말해서, 북의 조건과 남의 조건을 놓고 그중에서 선택하는 일을 위주로 생각하는 대신, 양쪽의 기득권세력간에 적대적 경쟁관계뿐 아니라 일정한 상호의존관계도 있음을 전제하고, 기득권세력과 전혀 다른 양쪽 민중측의 이해관계를 설정해보자는 거지요. 물론 민중도 구체적인 내용으로 들어가면 각양각색이지만요.

월러스틴 말하자면 2국체제를 유지하면서 적대관계를 완화하는 해결책을 구상하시는 건가요?

백낙청 아니지요. 극복의 대상으로서 분단체제를 말한 겁니다. 다만 상황을 주로 적대적인 두 국가의 문제로, 또는 중국이든 미국이든 일본이든 다른 유관국가 차원의 문제로 보기보다 남북한 모두가 포섭된 하나의 체제를 인식하자는 거지요. 그렇다고 완결된 체제는 아니고 말하자면 분단체제는 세계체제의 한 하위체제로서, 남북 양쪽의 대다수 보통사람들의 이익에 위배되고 전세계적으로도 보통사람들의 일반적인 이익에 반대하는 기능을 하고 있다는 겁니다. 그렇게 볼 때 이른바 제3의 길은 통일의 과정에 보통사람들이 얼마나 관여하는가에 달리게 되는 거지요.

월러스틴 그러나 두 국가가 그러한 관여를 허용해야지요. 현재로서는 양쪽 모두 일반시민간의 연계를 실질적으로 금지하는 걸로 아는데요. 북은 분명히 그렇고 남도 그다지 덜 경직된 것 같지는 않아요.

백낙청 하지만 관여라는 게 처음부터 일치된 운동일 필요는 없고 여러가지 형태를 띨 수 있지요. 예컨대 한쪽에서의 민주화는 체제 전체와 양쪽 모두의 기득권세력에 불리한 소식입니다. 그 정도가 동일하지는 않더라도 말이지요.

월러스틴 글쎄요, 어떤 일이 일어나야 옳은가를 우리가 논할 수도 있지요. 나는 그 점에서 무슨 역할을 하기에는 정치적인 정보가 모자라지만요. 나는 무엇이 일어날 법한가를 예측하는 데 더 관심이 있습니다. 다시 말해서, 일어나야 할 일이 일어난다면 어떤 결과가 될 것인가? 두 국가 사이의 느슨한 정치적 연결을 가진 국가연합 구조로서 문화적·경제적 교류가 활발해지고 그래서 서로가 다른 지역의 신문이나 잡지를 읽기 때문에 정치적 교류도 이루어지는 그런 결과 말인가? 그건 훌륭하게 들리고, 남한에서 일정한 지지도 얻으리라 봅니다. 얼마큼일지는 잘 모르겠어요. 현재로서는 그것이 북한에서 큰 지지를 받으리라는 신호는 내 눈에 안 보이지만, 그건 내가 북한의 사정을 몰라서 그럴 수도 있지요. 북한은 여전히 내부사정을 철저히 숨기는 나라니까요.

백낙청 5년 또는 10년 후 동아시아가 세계경제의 매우 강력한 부분이 되리라고 예상하실 때 어떤 식으로든 통일된 한반도를 가정하시지 않았던가요?

월러스틴 나는 군사적 긴장이 의미심장하게 완화된 어떤 상황을 가정하는데, 남북한이 어떤 식으로든 합쳐지지 않고는 어렵겠지요. 경제에 관한 한은 군사적 긴장이 완화되고, 실제로 항시 경계태세로 엄청난 군대가 대치중인 이런 상태가 없어지는 것으로 충분하지요. 세계의 수많은 나라들이 국경선을 갖고 있지만 남북한 사이의 경계선만큼 중무장상태로 항시 지키는 예는 별로 없을 거예요.

백낙청 맞습니다. 그리고 이런 극단적 대치와 단절에는 말하자면 구조적인 원인이 있다고 생각합니다. 이런 식으로 지키지 않으면 지켜내기 힘든 체제거든요. 바로 그렇기 때문에 한정된 정도의 긴장완화만 일어나도 분단체제 전체가 재빨리 안정을 잃게 되지요.

월러스틴 그게 도움이 될 수도 있겠지요. 그리고 그런 선례가 있어요. 지금 제시하시는 씨나리오를 나는 '고르바초프 씨나리오'라고 부르겠는데, 단단히 조여진 체제를 풀어놓는 사건이 일단 일어나면 그 속도를 통제할 수 없어요. 매우 빠르게 느슨해집니다. 실타래가 풀어져버리는 거지요.

백낙청 풀어져서 새로운 전쟁을 촉발하거나—그건 물론 일대 재앙이 되겠지요—아니면 독일 비슷한 사태가 벌어질 수 있는데, 그 또한 경제적으로나 다른 여러 이유로 재난이 될 겁니다. 다음으로 이 두 가지 모두와 전혀 다르고 훨씬 나은 결과가 나올 수 있지요. 그러니 어떤 한정된 의미로만 고르바초프 씨나리오라 부름직하지요.

월러스틴 남한은 통일에 따른 경제적 타격이 그 후유증을 겪은 독일보다 엄청나리라 우려하고 있는 걸로 압니다. 내 생각으로도 서독이 동독에 쏟아부은 것보다 더 많은 돈을 남한이 북한에 쏟아넣어야 할 테니까요.

백낙청 그렇습니다. 한국은 북한 부담을 떠맡지 않은 상태에서도 IMF에 구제금융을 신청해야 했습니다. 우리가 북한을 '흡수'한다면 아마 해마다 IMF에 손을 벌리고 액수도 훨씬 커야 할 거예요.

월러스틴 하지만 누군가가 어떤 식으로든 북한을 돕기는 도와야 할 텐데……

백낙청 도와야지요. 특히 북한주민들이 식량위기를 넘기게끔 당장에 도움을 줘야 하고, 통일과정에서는 국가연합이라는 중간단계를 거침으로써 일정한 안정을 보장해야지요. 아무튼 남과 북 어느 쪽의 현재 상태와도 다른 이른바 제3의 길이 그다지 비현실적인 구상은 아니라고 봅니다. 단지 일어나야 옳은 일이기 때문에 당위적으로 주장하는 건 아니에요.

세계체제의 암흑기에 한반도가 예외일 수 있는가

월러스틴 그것이 실현성이 있는 대안이라는 말씀인데, 나는 과연 얼마나 실현성이 있는지 논평할 입장이 못됩니다. 말씀은 이해하겠고, 만약 그대로 된다면 동아시아 일반의 경제발전이 어떤 식으로 전개될까라는 더 큰 문제를 해결해주는 건 분명합니다. 물론 향후 3, 40년에 걸친 세계 전체에 관한 나의 '블랙 씨나리오', 국가에 대한 반발이 도처에 만연한 혼란기의 예상각본을 수용한다면, 한반도 역시 이 암흑의 씨나리오를 어떤 식으로든 면하지 못할 수도 있지요. 암흑의 씨나리오는 실제로 수많은 국지전의 형태를 띨 수 있어요. 북한은 이미 핵무기를 가졌을지도 모르고, 적어도 머지않아 보유할 능력이 있는 건 분명합니다. 남한도 마찬가지고요. 나는 이미 많은 나라들이 핵무기를 가졌으리라고 생각합니다. 나는 핵무기의 확산을 절대로 막을 수 없는 일이라고 봐요. 20년 안으로 핵무기보유국 숫자가 30 내지 40이 되리라 봅니다. 세균전과 화학전도 있을 텐데, 이들 무기는 제조비가 싸고 위력은 막강하기 때문에 막을 길이 정말 없어요. 도덕적 압력이 있을 뿐인데 그걸로는 물론 불충분하지요. 나는 세계 곳곳에서 사람들이 가공할 무기를 쉽게 손에 넣을 수 있는 현실이 이미 다가왔다고 믿습니다. 우리는 이미 그 지점에 왔어요. 그래서 향후 5년, 10년, 15년간에 사태는 악화되고, 아주 고약한 소규모 전쟁이 도처에서 많이 벌어질지 몰라요. 그게 이 암흑기의 가능성 가운데 하나지요. 소규모 전쟁이 많이 일어난다면 그중 하나가 한국에서일 수 있어요. 절대로 안 그러리라는 보장은 없잖냐 말이에요.

백낙청 하지만 나는 바로 한반도가 그런 대단한 화약고이기 때문에, 말씀하시는 그 면에서는 암흑기의 예외가 될 확률이 높다고 봅니다. 한반도에서 다시 전쟁이 일어나면 예의 '소규모 전쟁'이 아닐 테니까요.

월러스틴 양쪽이 모두 엄청난 무기들을 가졌기 때문이란 말씀이군요. 현싯점에서는 전쟁이 터지는 순간 서로가 상대를 몰살해버린다는 거지요.

백낙청 남북한뿐 아니고 미국 자체가 핵무기까지도 쓰겠다고 공언한 상태지요. 그리고 미국의 일부에서는 핵무기를 쓰고 싶어 야단이고요.

월러스틴 맞아요. 선제공격까지 할 태세지요, 선제공격까지도.

백낙청 따라서 그 점에서는 암흑기에 관한 선생의 씨나리오에서 한반도가 벗어날 가능성이 많습니다. 소규모 전쟁이라는 그 점에서는 말이지요. 물론 이 험난한 이행기의 다른 재난을 당할 가능성은 있어요. 어쩌면 북한의 혹심한 식량난과 널리 퍼진 것으로 보이는 영양실조 사태에서 우리는 이미 그런 재난을 겪고 있다고도 할 수 있어요. 선생의 분석에 따르면 이런 사태는 1989년 이전 시기에는, 적어도 북한 같은 데서는 일어날 수 없었던 것이지요. 그런데 내가 분단체제에 대한 좀더 희망적인 대안을 말할 때, 나는 이 암흑기의 내부에서 가능한 어떤 대안적 사태진행을 향해 열려 있는 온갖 가능성을 최대한 활용하고자 하는 것입니다. 우리 한국인을 위해서만이 아니라, 현존 체제보다 나은 역사적 체제를 실제로 건설하려면 우리에게는 적어도 몇 개의 이런 현장이 절대적으로 필요하기 때문입니다. 그리고 나는 한반도 상황을 두 국가의 대결이나 두 이데올로기의 대결이라기보다 분단체제 대 민중의 대립으로 파악함으로써, 동시에 이 분단체제 자체를 세계체제의 한 국지적 작동양태로 파악함으로써, 한반도에서나 전세계적으로나 민중의 에너지를 동원하기가 유리해지고, 세계체제 자체를 인식하고 변화시키는 데 도움이 된다고 생각합니다. 이 문제가 선생의 지적 관심에도 더 친근하지 않을까 하는데요.

월러스틴 물론이지요. 그러니까 이 대목에서 나는 성공을 빈다고 말하겠습니다. 선생의 시도는 국지적 문제의 해결이지만 그 해결에 성공할 경우, 또는 성공에 근접하기만 하더라도 모든 사람에게 도움을 줄 수 있어요. 전적으로 동감이에요. 그런데 선생은 어쩌면 한반도에서는 통할 수도 있는 정치전략을 제시했는데, 외부세계가 가만있지는 않을 거예요. 미국은 남한측 조건에 대해 진정으로 민중적인 대안을 받아들이기에는 남한과의 관계 및 남한에서의 군사적 역할에 너무 많은 기득권이 걸려 있거든요.

일본에도 미국 못지않게 불안해할 사람들이 있습니다. 일본은 매우 기초적인 정치적 문제를 안고 있는데 2차 세계대전에서의 패배에 기인하는 문제입니다. 패전으로 쫓겨나기 전까지 대규모의 군국주의적 집단이 집권했다는 사실이 매우 특별한 정치적 문제를 야기하지요. 일본이 단순히 재무장할 수는 없습니다. 일본 내부에서도 군국주의를 우려하는 사람들의 반대가 클 것이고, 한국과 중국, 그리고 남아시아와 동남아시아로부터도 반대가 너무 클 거니까요. 다른 한편, 일본은 중요한 나라이고 군사력의 우산이 필요합니다. 스스로가 못할 경우 미국이라도 있어야 해요. 실제로 미국이 일본의 군사 우산이요 유일한 군사적 보장입니다. 어떤 공상적인 적국에 대해서만이 아니라 현실적인 가능성들에 대비해서도 그래요. 예컨대 중국이 엇나갈 수도 있어요. 적어도 일본은 그걸 염려하지요. 그래서 군사 우산을 원하는 겁니다. 그래서 미국이 동아시아를 떠나는 걸 원치 않아요. 미군이 한국에서 철수한다면 일본과 오끼나와에서도 철수해야 할지 몰라요. 그것을 요구할 일정한 여론의 논리가 동아시아와 미국 모두에 있단 말이에요. 그러니 한반도 긴장이 사라진다면 일본은 싫어할 거예요.

일본과 독일을 비교해보면 재미있습니다. 독일도 물론 똑같은 문제가 있었지요. 그런데 독일은 일본으로서는 불가능한 방식으로 그 문제를 풀었습니다. 독일은 유럽연합의 열렬한 성원이 됨으로써 문제를 해결한 거예요. 그리고 유럽연합이 군대를 양성할 겁니다. 15년 뒤면 유럽연합이 강력한 군대를 보유하리라고 나는 확신해요. 일본의 경우 동아시아의 정치적 양상이 이런 일을 가능케 하지 않아요. 동아시아는 유럽에 비해 나라 수가 너무 적어요. 독일은 그 최대의 적인 프랑스와 거래를 성립시키면서 12 내지 15개국의 연합 속에 묻혀 들어갈 수가 있었지요. 그게 통한 거예요. 독일 국내에서도 통하고 이웃나라들간에도 통했어요. 그러나 일본은 그런 선택이 없어요. 일본이 미국과 계속 가깝게 지내리라고 내가 믿는 이유 중의 하나가 그겁니다. 일본은 군사적 보호막이 필요한 거예요.

세계체제의 새로운 패권후보로서의 일본 또는 일본/동아시아

백낙청 미군철수를 전제로 한 제3의 길이 쉽지 않으리라는 말씀을 충분히 납득합니다. 하지만 일본의 군비확장 위협을 느끼는 상태에서 미군의 전면적 철수는 심지어 북쪽의 본심도 아닐 수 있는만큼, 민중적 통일방안이라고 해서 그걸 최상의 우선순위에 둘 필요는 없을지 모르지요. 그런데 미·일의 긴밀한 정치적 협조와는 별도로 경제적으로는 일본이 머잖아 미국을 능가하리라는 것이 선생의—요즘 분위기에서는 다소 이단적인—주장인데요. 심지어 어제 회의석상에서는 10년 후면 일본이 미국을 몽땅 사들일 거라고 공언하셨죠.

월러스틴 그랬죠. 물론 그건 다소 비유적인 표현이지요. 하지만 난 그렇게 생각하는데, 아리기(Giovanni Arrighi)는 일본이 이미 그런 시도를 했다가 실패한 바 있다고 반박했지요. 내가 보기에 그건 단지 저들이 지난번에는 너무 급히 너무 세게 나왔다가 미국의 금융계로부터 반격을 당한 거예요. 하지만 이 핑퐁 게임에서 미국 금융계도 자기네가 너무 멀리 나갔다는 걸 알게 될 겁니다. 그들은 지금 일본의 은행들에 손을 뻗치려 하고 있어요. 일본측은 그걸 허용하지 않을 겁니다. 일본은 그 점을 분명히 밝혔고 그들의 관점에서 보면 물론 옳은 생각이에요. 미국으로 하여금 일본 은행들을 실질적으로 접수하도록 허용한다면 일본의 경제적 위치는 크게 하락할 겁니다. 그런데 일본이 가졌고 심지어 아리기도 일본이 가졌다고 인정하는 건 그렇게 버틸 수 있는 자본이에요. 미국에겐 그런 돈이 없어요. 일본의 자본이 미국 재무부 채권을 갖고 있어요. 일본이 정말 미국 재무부 채권을 팔아버리기로 한다면 미국은 감당할 돈이 없어요. 미국은 혼자서 해나갈 만큼 강력하지 못해요. 예전 같은 힘이 없는 겁니다.

내가 전망하는 거래는 간단해요. 미국은 경제적으로는 일본의 하위동업자가 되고, 적어도 향후 2, 30년간 군사적으로는 상위파트너가 되는 겁니다. 그리고 매우 강력한 자기이익을 근거로 양쪽 모두에 충분히 이유가 있는 동맹관계를 이룩할 소지가 뚜렷합니다. 미국은 주어진 여건에서 가능한 한 최선의 경제적 거래를 해내는 셈이고 일본은 대규모 군사력을 건설할 걱정을 안해도 되는데, 이건 일본에 경제적으로 이득이 되기도 하지요. 물론 길게 보아 정치적으로도 이로운 일이고요. 30년 뒤에는 그들 생각이 달라질지 몰라요. 그거야 누가 압니까? 하지만 나는 중기적 전망을 하고 있어요. 다음 4반세기 동안 일본은 대규모 군사력을 갖지 않을 겁니다.

백낙청 그런데 세계체제의 패권국으로서 미국을 계승할 다음 후보를 논할 때 선생은 전부터 일본에 특별한 비중을 두어오셨는데……

월러스틴 틀림없이 일본인데 다만……

백낙청 그런데 「이른바 아시아 위기」라는 글에서 쓰신 정확한 표현은 "일본, 또는 일본/중국, 또는 일본/동아시아"였어요. 제 생각에 그 세 가지는 실제 내용이 꽤나 다르거든요.

월러스틴 그건 그래요.

백낙청 물론 동시에 선생은 자본주의 세계체제라는 역사적 체제 전체가 그 최종적 위기로 진입한만큼 이번에는 '정상적'인 패권국가 교체가 일어나지 않으리라고 공언하신 바도 있지요.

월러스틴 그러니까 지적하신 그 문제를 내가 해결할 의무가 없지요.(웃음) 어쨌든 그 문제는 정확히 분별하기가 힘듭니다. 글쎄요, 아까 말한 불확실성들 있지 않아요? 중국이 통합을 유지할 건가, 한국이 통일될 건가, 중국이 일본과 어떤 합의를 할 건가. 이건 한국의 운명에도 영향을 줄 텐데, 한국은 저들보다 덜 강하니까요. 지금은 경제의 제도화 면에서 중국보다 조금 더 강하지만 훨씬 작은 나라거든요. 이런저런 불확실성이 있어요. 그래서 나는 그게 일본 단독일지 실질적으로 중국과 함께일지 아니면 동아시아와 함께일지 모르겠어요. 동아시아와라면 물론 한반도가 포함되고 한두 나라가 추가될 수 있지요. 이건 참 명시하기가 힘듭니다. 과거에는 단일한 패권국을 말해왔는데, 이번에는 쌍두체제일지 어떨지, 난 모르겠어요. 하지만 비록 우리가 그 방향으로 움직이고 있다 하더라도 그게 일어나지는 않으리라고 믿어요. 세계체제의 위기 때문에 온갖 과정들이 다 중절(中絶)되고 말리라는 생각이거든요. 나는 이 특정 문제를 푸는 일에는 신경을 안 쓰는 편이에요.

백낙청 저도 그 문제에는 별로 신경 안 씁니다. 하지만 하나의 분석이라기보다 실감을 말씀드린다면, 일본이 단독으로 그런 역할을 떠맡는 일은 상상하기가 힘들어요.

월러스틴 어떤 이유인가요? 문화적인 이유인가요? 그러니까 패권국다운 자아상(self-image)이 없어선가요, 아니면 국토의 크기 때문인가요, 아니면……

백낙청 문화적인 이유도 있지요. 문화적 요인들이 중요하다고 생각합니다. 그리고 또 정치적 영도력의 문제가 있어요. 기본적으로는 같은 이야긴지 모르지만요. 일본이 그 엄청난 경제력에 맞먹는 정치적 영도력이 있다면 단독으로 갈 수도 있겠지만 바로 그럴 경우 중국과 상호 만족스러운 방식으로 손을 잡기도 그만큼 쉬워지고 양자의 결합이 훨씬 강력한 패권 후보자를 이루겠지요. 그런데 일본이 단독으로 해내기가…… 아니, 이런 식으로 바꿔서 말해보지요. 일본이 패권국 역할을 감당할 만큼 자신의 정치적·문화적 능력을 향상시킬 수 있다면 '일본/중국' 동반패권이 성립할 가능성은 더욱 커진다는 거지요. 하지만 실제로 나는 한국의 중재역할 없이 일본과 중국이 진정으로 원활한 협력관계를 이룬다는 것을 상상하기 힘듭니다. 그런데 이 경우 한국 자체가 이런 중재역을 맡을 능력을 향상시켜야 할 텐데, 이는 선생께서 올바로 지적하셨듯이 모종의 통일에 의해서나 가능하지요. 그래서 결국—우리가 일종의 공담(空談)임을 전제하고 해온 논의입니다만—가장 가능성 있는 후보는 '일본/동아시아' 즉 일본과 중국에다 자신의 필수적 역할을 수행하는 한반도가 포함된 지역이라 하겠습니다.

변혁운동의 현장으로서 동아시아와 그 전망

월러스틴 그 말이 맞을지 모르겠고 아무튼 내가 반론을 펼칠 생각은 없어요. 그래서 논문에도 그렇게 쓴 거예요. 그 논문에 표현된 것은 장래에 대한 불확실한, 불확실하다기보다는 여러가지 대안들에 각기 그 나름의 논리가 있다는 나의 느낌이에요. 그리고 세계체제 전체의 관점에서 보면 그중 어느 것이 실현되느냐가 그다지 중요하지 않다는 느낌 말이죠. 미국이나 남아프리카 또는 브라질에 앉아 있는 사람 입장에서는 그게 일본이냐, '일본/중국'이냐, '일본/동아시아'냐가 대단한 차이가 아니라는 거예요.

백낙청 그러니 체제의 구조적 위기를 감안할 때 좀더 흥미있는 질문은 일본 또는 '일본/중국' 또는 '일본/동아시아'가 이행기를 맞아 더 나은 세계를 이룩하는 데 어떤 역할을 할 수 있겠느냐는 물음이겠지요.

월러스틴 그런데 물론 그와 관련해서 문제가 되는 것 중 하나는—그리고 이건 한국·중국·일본 3자 모두에 해당되는데—나는 이 세 나라 가운데 어디서도 뭐랄까, 세계관 같은 것을 지녔다는 느낌을 못 받았어요. 그들은 동아시아적 관점이 있고 나머지 세계가 존재한다는 걸 압니다. 내가 보기에 어떤 의미로 세 나라 모두가, 옛날의 중화제국식의 생각, 천하의 중심은 동아시아이고 나머지 세계는 말하자면 그 둘레를 도는 존재이므로 남들이 안 알아주면 그건 잘못일 뿐이라는 식의 생각을 공유하는 것 같아요. 명백한 것은 세계의 패권자 역할을 수행하려면 필요한 것 중 하나가, 보편적인 메씨지를 지녔다는 주장을 내세우는 일이에요. 문명이든 민주주의든 뭐든, 모든 사람에게 유익한 무엇을 가졌다고 주장해야 하는 거예요. 어떤 식으로든 전세계에 부과할 일종의 전도사적 사명을 지녀야 하는 거지요. 그런데 이 점이 동아시아 지역에서 만나볼 수 있는 뚜렷한 문화적 특징인지 잘 모르겠어요.

백낙청 일본이 단독으로 패권을 차지할 수 없다고 제가 말한 이유 중의 하나도 바로 그거지요. 물론 지금 하신 말씀은 현재 상태에서 동아시아의 다른 나라에도 해당되고 따라서 '일본/동아시아'에도 해당됩니다만, 제 이야기는 이들 국가를 위주로 말한 것이기보다, 변혁운동—또는 선생의 용어로 '반체제운동'—의 현장으로서의 '일본/동아시아' 지역이 좀더 인간다운 역사적 체제의 창조에 어떤 기여를 할 수 있을지……

월러스틴 좋아요. 물론이지요.

백낙청 이건 바로 '유토피스틱스' 문제이기도 합니다.

월러스틴 좋습니다. 반체제운동은 중요하지요. 여기저기서 대두할 가능성이 크고, 내 입장으로 말하면 반체제운동들이 여러 다른 곳에서 더 많이 일어나고 다양한 여러 형태를 띠면 띨수록 집단적으로 더 강력해지리라는 겁니다. 그러니 실제로 이건 중요한 문제고, 따라서 우리는 그러한 운동들이 이제까지 어느 정도 실력을 갖추었는가에 대한 분석을 해야 합니다. 일본의 경우를 보면 강력한 운동이 있었던 건 사실이에요. 그런데 현재 그들이 미국이나 프랑스, 인도 등에서보다 더 강력한가? 내 인상으로는 그렇지 않은 것 같아요. 한국의 경우, 글쎄 물론 독재에 반대하는 온갖 운동들이 있었지요. 하지만 그걸로는 불충분해요. 필요한 건 현재의 운동이에요. 한국에 대해 뭐라 말하기엔 너무 아는 게 모자라지만 내 눈에 띄는 건 없어요. 그리고 중국으로 말하면 그런 게 분명히 없었지요. 지금 우리가 보는 건 비판자들(dissidents)의 대두인데, 비판자들은 물론 필요하고 고매하기도 해요. 하지만 대부분의 나라에서 비판자들은 대중운동을 대표하지는 않는 게 상례이고, 좀 덜 억압적인 상황이 올 때 얼마만한 지지를 얻을지 알기가 힘들지요. 요는 억압적인 분위기이고 그 속에서의 운동이라는 점이에요. 지하에서 운동을 형성하기는 매우 힘듭니다. 할 수는 있어요. 그러자면 지하활동을 해야지요. 그러기 위해선 어떤 본격적인 레닌주의적 운동을 해야 해요. 엄격한 구조를 갖고 엄격한 통제를 하고 비밀리에 활동하고. 그래요, 여러 해에 걸쳐 꽤나 강력한 지하조직을 구성할 수는 있지만 그러다 보면 그 집단은 권력을 잡으려 들고 기타 낯익은 과정이 되풀이되지요. 개방적이고 참여적이며 다원화된 종류의 운동은 일종의 정치교육을 요하지요. 시간이 필요합니다. 내 말은 중국에서는 아직 그게 시작도 안했다는 거예요.

백낙청 저도 대체로 동감합니다. 하지만 자유주의적 지구문화가 1968년에야 깨지기 시작했고 이행기로 실제 접어든 것이 1989년이라 한다면, 대안적 운동들이 매우 초보적인 단계에 있는 건 당연하겠지요.

월러스틴 그리고 운동들은 매우 급속히 성장할 수 있습니다. 여성운동 같은 걸 한번 보세요. 따지고 보면 그건 25년 전에 미국과 서유럽에서 시작한 운동이었어요. 서유럽조차 뒤져 있었지요. 그런데 지금은 갑자기 도처에서 여성운동을 보게 됩니다. 인도에도 실세를 지닌 운동이 있고 남아프리카에도 있고 온갖 곳에 다 있어요. 한국에 대해서는 모르지만요. 이처럼 운동은 갑자기 번성할 수 있어요. 우리가 다른 곳에 어떤 운동이 있으며 어떤 가능성이 있느냐를 토의할 때 그 점을 분명히 감안해야 하겠고, 또 그 문제를 토의하는 것 자체가 우리가 할 수 있는 중요한 과업의 하나입니다. 토론이 이들 운동의 성장을 촉진할 수 있고, 운동은 훈련이 필요하거든요. 'practice'(훈련) 대신 맑스주의 용어로 'praxis'(실천)란 말을 써도 되지만 사실상 같은 이야기예요. 요는 실행을 통해서 배워야 한다는 거죠. 진지한 사회운동을 창출하는 데는 많은 배움이 소요됩니다. 그러니 어디선가 시작을 해야지요. 대개는 국지적인 데서 시작해야지요. 작은 것들에서 시작해서 점점 커지는 거예요.

백낙청 관련이 없지 않은 이야긴데, 제가 오늘 아침 회의장에서 제기한 세 가지 논점에 대해 논평해주실 수 있으실지요? 실은 그중 하나에 관해서는 논평을 하셨지만, 저는 한국에서 시도하는 분단체제극복과 근대극복의 과업이 세계적인 의의를 지닐 수 있고 세계체제분석에도 기여할 가능성을 열거했었지요.

월러스틴 그 세 가지를 다시 말씀해주시겠어요?

백낙청 그러지요. 하나는 민족적인 또는 국민적인 차원의 과제를 갖는 일의 중요성이었지요. 물론 전지구적(global)인 것과 국지적(local)인 것을 향해 동시에 열린 국민적 내지 민족적 기획(national project)인 경우 말이에요. 작은 것들에서 시작해야 한다는 말씀은 물론 옳습니다. 하지만 국지적인 사업이라는 건 때때로 너무 소규모고 파편화돼서 전지구적 영향력을 행사하기가 힘듭니다. 반면에 전지구적 사업이라는 건 너무 막연하고 거창하기 십상이지요. 그래서 양자를 연결해줄 일종의 중간항으로서 민족 내지 국민 단위의 사업이 가능할 경우 언제 어디서든 그걸 인지하고 수행하는 게 중요하다는 겁니다. 그런 성격의 민족적 과업이 바로 분단 한반도에서, 특히 오늘의 남한에서, 민중적 참여의 극대화를 통해 분단체제를 극복하려는 운동의 형태로 가능하다는 것이 물론 제 생각이지요. 그리고 옳은 사람이 권력을 잡기만 하면 만사가 제대로 바뀔 수 있다는 생각을 버리는 건 중요하지만, 국가권력이 여전히 중요하다는 점을 소홀히해서는 안되며 새롭고 창의적인 국가구조를 창출하려는 노력은 더욱이나 중요하다고 믿습니다. 한반도의 통일과정에서 한반도의 실정에 맞는 새로운 복합국가 구상도 그 한 예지요.

그게 한 가지였고요. 나머지 둘은 좀더 이론적인 문제제기였지만 실천적인 함의도 따르지요. 그중 하나가 '도(道)'의 개념과 관련된 것이었는데, 선생께서 근대에 이르러 '진(眞)'과 '선(善)'이 분리된 점을 비판하면서 양자가 "나란히 추구"(pursued in tandem)돼야 한다고 쓰신 바 있지만(「유럽

중심주의와 그 화신들」, 『창작과비평』 1997년 봄호), 진리탐구와 선의 추구를 '나란히'라고 말했을 때 구상하시는 것보다 한층 긴밀하게 결합하는 방식을 찾아보자는 취지였습니다. 제가 설명하고자 했듯이 동아시아 전통에서 '도'는 말하자면 대문자 T로 시작하는 'Truth'(진리) 비슷한 것인데, 명제적인 진실이 아니라 예컨대 "나는 길이요 진리요 생명이니……"라는 예수 말씀에서의 진리에 해당하지요. 그러니까 진리이면서 동시에 필연적으로 실천을, 자동적으로 실천을 포함하고 선하고 올바른 길을 닦으며 따르는 훈련을 포함합니다. 따라서 어떤 식으로든 이러한 진리 개념과 근대유럽의 합리적 진리 개념을 결합함으로써, 아니 '도'를 새롭게 해석하여 후자를 그에 포용함으로써……

월러스틴 하나의 지적 기획으로서 매우 흥미진진하게 들리는군요. 나는 단지 이 '도'의 개념을 당신네들끼리만 논의할 게 아니고 동아시아 바깥의 지식인들을 상대로도 논할 필요가 있다는 말만 하겠습니다.

백낙청 물론이지요.

월러스틴 그런 논의는 대환영입니다. 정말 유용할 것 같군요.

'지혜의 위계질서'—적절한 구상이며 적절한 표현인가

백낙청 저의 세번째 논점, 즉 좀더 균등한 세상을 이룬다는 기획을 실행하기 위해서도 일종의 '지혜의 위계질서'(hierarchy of wisdom)랄까 어떤 지·우(智愚)의 등급이 필요할지 모른다는 제안은 실제로 이 '도' 개념의 논리적 연장이기도 합니다. 왜냐하면 이런 식의 '길'을 상정할 때 이 길에 다가갔거나 이 길을 걸어가는 사람들 사이에 정도 또는 등급의 차이를 인정하지 않을 수 없거든요. 그 길로 얼마나 나아갔느냐는 거지요. 그리고 이런 차이를 개인들이 자유롭게 인정하고 그 길에서 후진에 해당하는 사람들이 앞선 사람들에게 자발적으로 복종하지 않는다면, 완전한 혼란이 일어나고 도가 시행되지 못하거나 비민주적인 통제와 강압이 여전히 필요하게 됩니다. 고맙게도 선생께서 오늘 아침 마지막 발언에서 이에 대해 논평을 해주셨는데, 다분히 회의적인 반응이었죠.

월러스틴 글쎄요, 지혜의 위계질서라…… 대단히 흥미있는 발상이라고 생각합니다. 나는 그게 실제로 어떤 내용일지 확신이 없기 때문에 조심스럽게 대하는 거지요. 선생의 주장은 그게 다른 종류의 위계질서를 포함하는 건 아니라는 것인데, 가령 과학자들이 자기들이 지혜가 있고 다른 사람들은 온갖 면에서 그들의 지혜에 따라야 한다고 늘상 주장하곤 하는 것과 어떻게 구별되는지 확실치가 않단 말이에요. 과학자들의 그런 주장을 나는 안 믿거든요. 하지만 내가 오늘 아침에도 말했듯이 그건 매우 중요해 보이는 문제를 제기합니다. 현체제가 평등하지 않고 민주적이지 않으니까 나는 싫다, 그래서 좀더 평등하고 민주적인 체제를 원한다라고 말하는 것만으로는 충분치가 않거든요. 그리고 우리는 어떤 종류의 구조들이 더 민주적이고 평등한 체제를 만들 것인가라는 문제뿐 아니라, 그러한 체제가 만인이 동일하지 않다는 사실을 인정하면서도 그러한 비동일성들이 어느 집단이 다른 집단보다 더 많이 먹어야 한다든가 더 많이 가져야 한다든가를 의미하지 않도록 어떻게 대응할 것인가라는 문제를 생각해야 합니다. 그게 선생이 지혜의 위계질서라고 부르는, 다른 사람에 대한 일정한 복종이 될 수도 있겠지요. 적절한 표현인가 하는 의문은 들어요. 선생의 본뜻은, 가령 우리가 물리학을 얘기할 때 물리학을 모르는 사람이 물리학자의 지혜를 따를 수 있다는 것 아니겠어요? 물리학자들은 물론 음악가의 자격을 존중해야 할 때가 있지요. 음악가들은 또 기계공에게 복종해야 할 때가 있고요. 그러니까 선생의 주장이 그런 것이라면, 누구나 나름대로 기술이 있고 우리 모두는 각자 자기 분야에서 자기가 제일 자격을 갖춘 일을 해야 한다고 주장하는 셈이지요. 물론 우리는 집단으로서 늘상 그렇게 하고 있지요. 안 그래요? 의사한테 가서 의학에 대한 내 견해를 강요하려 들지는 않잖아요. 의사의 지혜를 따르지요. 하지만 의사로 나선 많은 사람 중에서 누군가를 골라야 하는 것도 사실이고 내가 그들의 상대적 우열이니 이런저런 사안에 대해 판단할 기준을 못 가져서 불안해질 수도 있지요. 그래서 나는 지혜의 위계질서라는 발상이 흥미진진하고 집단적 토론의 주제가 되어야 한다고 생각합니다.

백낙청 그런 토론의 일부로 선생께서 이미 두 가지 매우 적절한 지적을 하셨다고 생각합니다. 하나는 영어로 'hierarchy of wisdom'이라는 표현이 최선이 아닐 수 있다는 점이에요. '하이어라키[위계질서]'라고 하면 전통적인 불평등 질서가 거의 자동적으로 떠오르게 마련이고, '위즈덤[지혜]'의 경우도 사실 한국어나 한문으로는 전혀 다른 어감을 갖는 단어를 직역한 셈이거든요.

제가 알기로 서양의 지적 전통에서 '지혜'는 '진리의 인식'보다 한 등급 낮은 것이니까요. 아리스토텔레스 이래 그랬고 플라톤에서도 이미 어느 정도는 그런 것 같아요.

월러스틴 등급이 낮다기보다 대안적인 용어가 아닌가 해요. 과학적인 사람들은 지혜라는 게 있다는 걸 진심으로는 안 믿지요. 영어로 'wisdom'은 '건전한 판단'(sound judgement)이라는 뜻이 주예요.

백낙청 맞습니다. 그러니까 있으면 좋은 거지만 진리를 인식하는 일과 같은 최상의 지적 의무는 아닌 거지요.

월러스틴 그건 주관적이며 질적인 것이고, 객관적이며 정량적인 게 아니지요. '현자들의 지혜'예요. 종교적인 인사들의 지혜고요. 과학자를 두고 지혜롭다고 말하지는 않습니다. 자기 일에 매우 유능하다, 자격을 갖췄다, 최고다라고 말하지요. 과학자는 그가 분석할 내용을 다 알고 있기 때문에 훌륭한 과학자다, 그런 식이에요.

백낙청 그런데 제가 말하고자 한 건 '도'에서 앞서나간 사람……

월러스틴 물론이지요. 그 점은 전적으로 이해합니다. 그 점에 반대할 생각은 없어요. 한데 우리 모두가 이 길을 따라 움직이고 있다, 이건 매우 동아시아적인 개념이지요. 우리 중에 누군가는 더 앞서가고 있다는…… 윤회라든가, 열반이나 온전한 진리나 도에 더 가까이 가기 위한 끊임없는 노력이라든가, 그런 생각과 결부된 것 아니겠어요? 인류의 삶은 하나의 과정이라는 거겠지요. 진리와 선을 향해 나아가는데 그 둘은 하나로 융합이 되지요. 물론 원래 하나니까.

백낙청 선생이 지적하신 또 한 가지는 어떤 의미로는 이런 지혜의 위계질서가—그걸 무어라 부르든—이미 우리 생활 속에 존재한다는 점이었습니다. 우리가 의사한테 간다든가 할 때 으레 그걸 인정하고 있다는 거지요. 그건 분명한 사실이고 저는 그 사실을 기억하는 게 중요하다고 보는데, 아침 회의에서 하신 논평 가운데 하나는 '지혜의 위계질서'라는 게 무슨 작업상의 의미(operational meaning)를 가질 수 있는지 의문이라는 말씀이었거든요. 물론 그걸 진정으로 의미있게 실현하려면 우리는 훈련과 실행의 온갖 프로그램을 고안해야겠지요. 그러나 우리가 어떤 분야에서는 이미 그걸 시행하고 있다는 사실을 기억하는 것도 중요합니다. 의사나 기계수리공 등과의 관계에서 우리 상식의 일부로 이미 작동이 되고 있다는 거지요. 특히 진정한 교육의 과정에서는 반드시 그렇습니다. 진정한 교육이 이루어지려면 배우는 이가 자발적으로 존중하고 따르는 자세가 필요하지요. 딱히 교수가 아니라……

월러스틴 지혜 있는 사람을 말이지요.

백낙청 지혜가 더 있는 사람이라고 할까요. 제가 말하려는 건, '지혜의 위계질서'와 관련해서 이미 출발의 근거가 되는 현실이 있고, 앞으로 더욱 밝히고 부연할 '작업상의 의미'를 그 개념이 분명히 갖고 있다는 점입니다. 허공에서 뜬금없이 나온 아이디어가 아니라는 거지요.

월러스틴 수긍이 갑니다.

‘기술의 근대성’과 ‘해방의 근대성’

백낙청 너무 피곤하실 것 같은데 죄송합니다만 한두 가지만 더 여쭤볼까 합니다. 선생의 책 제목을 이루는 ‘유토피스틱스’라는 단어에 관해서도 아직 이야기를 못했는데, 그에 앞서 이전에 쓰신 다른 저서와 관련된 이야기를 했으면 합니다. 우리가 근대적 지식구조와 행동양식을 넘어서는 문제를 논의해온 참이니까요. 『자유주의 이후』의 한 장을 이루는 논문 「어떤 근대성의 종말인가?」(The end of what modernity?)에서 선생께서는 ‘기술의 근대성’(modernity of technology)과 ‘해방의 근대성’(modernity of liberation)을 구별하면서 전자를 비판하고 후자를 긍정하는 입장을 취하셨습니다. 책의 한국어판이 나온 이래 이 글이 적잖은 관심을 모았고 많은 논의를 불러일으켰는데 반드시 유익한 논의만은 아닌 경우도 있었어요. ‘두 개의 근대성’에 대한 선생의 명료한 정리가 손쉬운 분류를 밝히는 사람들에게 유독 매력을 지니게 마련이었거든요. 동시에 저는 그 논문 자체가, 기술의 근대성과 사회적 해방의 근대성을 단순화하고 잘못 동일시해온 자유주의 이데올로기를 비판하는 데 주력하다 보니, 두 개의 근대성이 그렇다고 완전히 분리될 수도 없는 복잡한 면들을 얼마간 소홀히하지 않았나 하는 생각도 듭니다. 예컨대 전세계적인 규모의 해방을 위해서는 여러 중요한 면에서 기술상의 진보가 전제되어야 하지 않습니까? 심지어 지속적인 기술발전이 필요할지도 모르지요. 물론 무한정한 생산은 곤란하지만요. 또 한 가지 제가 문제삼고자 하는 점은, 선생의 다른 글들을 보면 그 점이 물론 분명하지만, 이 글 자체에서는 해방의 근대성이라 부르는 것이 정작 근대 내부에서는 성취될 수 없다는 점이 분명치가 않다는 겁니다.

월러스틴 나는 기술을 반대하는 게 아닙니다. 실제로 나는 최신 테크놀

로지의 열렬한 사용자이고 모든 사람이 그 편의를 즐길 수 있기를 바라는 사람이에요. 하지만 나는 실질적 합리성(substantive rationality)을 주장합니다. (이건 막스 베버의 용어인데 수단의 합리성보다 목적 또는 가치의 합리성을 뜻하지요.) 합리적인 사회에는 제반 선택이 포함되는데 사회적인 선택은 집단적이고 합리적으로 이루어져야 합니다. 내가 기술의 근대성이라 부르는 체제는 기술이 의문의 여지 없는 가치가 되고 기술의 혜택이 자본축적에의 기여를 잣대로 결정되는 체제입니다. 이건 실질적 비합리일뿐더러 극도로 해로운 것이지요.

그리고 해방의 근대성이 우리의 현존 세계체제에서는 장애에 부딪혀 어느 정도 이상은 못 나간다는 점에는 동의합니다. 충분한 실현을 위해서는 이 체제가 먼저 붕괴되어야 하고 해방의 근대성에 우선순위를 두는 체제로 대체되어야 합니다.

백낙청 여기서 자연스럽게 '유토피스틱스'로 돌아오는 것 같습니다. 이건 선생의 또 하나의 신조어이고 최근 저서의 제목이지요.

유토피스틱스 — 공상향이 아닌 좋은 세상에 관한 탐구

월러스틴 그건 구별을 짓기 위해 매우 의도적으로 해본 일입니다. 유토피아는 본래 수상쩍은 발상인데다 평판이 안 좋아진 상태지요. 유토피아는 어디까지나 꿈으로 머무는 미래에 관한 꿈이에요. 그리고 어떤 사람들은 자신의 유토피아를 실현하려고 시도했어요. 완벽한 세상을 꿈꾸어냈지요. 토마스 모어(Thomas More)의 『유토피아』를 읽으셨겠지만, 정작 읽어보면 내 보기엔 꽤나 끔찍해요. 그 속에서 살기엔 가장 바람직하지 못한 사회인데 토마스 모어는 그게 이상향이라고 생각했어요. 그건 상관없는데, 아무튼 유토피아란 별로 생산적이지 못해요. 내가 말하고자 한 것은, 우리가 위기에 처한 역사적 체제에 살고 있을 경우 실제로 우리는 무엇이 그걸 대체할지에 대해 본격적으로 관여할 수 있고 상당범위의 진정한 역사적 대안들이 주어진다는 겁니다. 그래서 주장하는 것이 '유토피스틱스'예요. 영어에서는 '-istics'라는 어미가 지식활동을 나타내기 때문에 그 낱말을 만들어냈지요. 본격적으로 개선을 이룰 가능한 길들에 대한 지식활동이라는 뜻입니다. 사소한 방식으로가 아니고요. 개량주의적인 잔손질이 아니라 사회질서를 본격적으로 재건하는 겁니다. 하지만 요점은 그 본격성, 즉 우리가 아무것이나 다 할 수 있는 게 아니며 세계를 멋대로 조작하는 철학자군주(philosopher-king)가 아니라는 인식입니다. 그런 식으로 되는 일이 아닌 거죠. 비록 주어진 가능성을 최대한으로 확장하고 새로운 방향으로 예측의 범위를 벗어나며 나가고자 하더라도, 어디까지나 실제로 현실성이 있고 가능한 것들의 틀 안에서 이야기를 해야 하는 겁니다. 그래서 나는 유토피아 대신에 유토피스틱스라는 이름을 붙인 거예요.

백낙청 전적으로 동감입니다. 자, 우리가 이 대담을 선생의 지적 경력을 회고하면서 시작했는데, 이제 당면한 장래 계획에 대해 마지막으로 한 말씀 하시는 것으로 끝맺으면 어떨까요?

월러스틴 글쎄요, 지금 나는 굴벤끼안위원회 보고서의 후속작업에 해당하는 큰 프로젝트에 참여해서 지식의 세계를 구조짓는 '두 개의 문화' 개념의 역사적 기원을 밝혀보려고 합니다. 지난 2, 30년에 걸쳐 이 개념에 대한 저항이랄까 반대의 다양한 형태를 검토하면서 두 개의 문화를 극복하는 일이 어느 정도까지 가능할지를 가늠해보고자 합니다. 그것이 한 가지 활동이지요. 집단적인 활동입니다. 나는 또 『근대 세계체제』 제4권을 쓰려고 하는데, 이번 책은 19세기를 다룰 것이고 나는 분명히 이 책을 19세기 세계체제의 주요 성취로서 자유주의적 지구문화의 창출이라는 주제를 중심으로 서술할 생각입니다. 이번 권은 또한 최후의 거대한 외부지역이던 동아시아의 편입이라 부름직한 문제를 다룰 겁니다. 그 두 개가 현재로서는 나의 두 가지 주된 지적 기획이에요. 그리고 현재로서는 그거면 족하지요.

백낙청 귀중한 시간을 내주셔서 감사합니다.

월러스틴 감사합니다.

| 대담 |

세계체제 속의 한국과 미국

고은(시인, 하바드옌칭 객원연구교수)
백낙청(문학평론가, 서울대 영문과 교수)
1999년 5월 14일

백낙청 미국에서 이렇게 만나서 얘기하게 되니 더욱 반갑고 기쁘군요. 저는 작년 9월에 먼저 와서 이번 여름이면 돌아가게 됐고, 고선생님은 1월에 오셔서 금년 말까지 계실 모양인데, 그동안 제가 지낸 얘기부터 잠깐 말씀드리면, 명색이 연구교수로 왔습니다만 특별한 연구를 한다기보다 놀면서 평소에 못 읽던 책도 읽고, 또 여기저기 강연도 다니며 한국문학이나 한국 사정을 소개하기도 했습니다. 옛 친구들과 다시 만나고 새로운 벗을 사귀는 기회도 되었고요. 고선생님도 저하고 같은 프로그램으로 오셨는데 저보다 훨씬 더 바쁘게 지내시는 것 같던데요.

■ 이 대담은 『한겨레신문』 창간 11주년 특별기획의 일환으로, 고은 시인과 백낙청 교수가 하바드대 하바드옌칭 객원연구교수로 있던 1999년 5월 14일 정연주(鄭淵珠) 한겨레 주워싱턴 특파원의 주선으로 미국 케임브리지 시내의 한 아파트에서 이루어졌다. 대담 내용의 일부가 『한겨레』 5월 17일자에 소개된 바 있고, 여기에 수록된 전문은 『내일을 여는 작가』 1999년 가을호에 실린 것이다.

고은 이렇게 마주앉으니까 서울의 마포쯤에서 만난 느낌이기도 합니다. 여기 보스턴 일대는 위도로는 극동에서의 블라지보스또끄쯤 되지요. 지난 1월 저는 이곳 하바드에 와서 이것저것 익어갈 만할 때 버클리에 가서 봄 학기를 마치고 돌아왔습니다. 원위치라고 할까요. 버클리에서는 현대 한국시를 가르치는데 그것을 시학 또는 시론의 전문화보다는 한국문화라는 큰 틀 안에서의 시를 이해시키려 했지요. 이를테면 한국문화로서의 시론이 되겠지요. 그런데 버클리대 영문학부에 있는 시인 로버트 하스(Robert Hass)씨의 강좌가 '미국문화의 시'인 것을 그곳을 떠날 무렵의 송별회에서 알게 되어 이런 강의방식에 어떤 보편성이 있다고 여기게 됐습니다. 한마디로 살아 있는 한국문학에 새삼 주안점을 둔 셈인데……

한국 문제를 갖고 세계적으로 통하는 담론을 펼쳐야

백낙청 저도 여기 와서 한국에 관심있는 분들과 얘기해보고 다른 분야 사람들과도 접촉했습니다만, 아직 한국문화나 한국문학이 바깥세계의 높은 벽을 넘기까지 좀 아득하다는 느낌을 받았습니다. 문학의 경우 우리의 절대적 역량의 부족도 있겠고 또 번역상의 여러가지 문제도 있겠지만, 그냥 번역을 좀더 해내고 이제까지의 방식으로 한국학을 지원하는 그런 것만 가지고는 부족하다는 생각이 들었습니다. 그런 작업이 무의미하다는 것이 아니라, 아직까지는 한국문학을 소개하고 번역해내도 어디까지나 한국학이란 특수 분야의 지식이라고 생각하지 문학 자체에 관심을 둔 사람이라든가 현대세계의 여러 문제에 폭넓은 관심을 가진 사람들이 자기와 관계된 일로 받아들이지는 않는 것 같단 말이지요. 그래서 고선생님 같은 분이 여기서 직접 활동하시면서 한국의 시라는 것이 실제로 살아 있는 문학이자 문화로서의 시라는 실감을 심어준다든가, 또는 저도 나름대로 시도해봤습니다만, 뭔가 한국문학이나 한국의 상황을 두고서 세계적으로 통하는 담론을 펼치는 작업이 중요하다고 느꼈습니다. 그 점에서 우리가 갈 길이 아직 멀다는 것을 실감했지요.

고은 중요한 지적입니다. 우리가 한국문학으로서의 자존심을 발전시켜야 하는 것은 근본과제이지만 그런 자존심이 세계문학의 바다 가운데서 어떤 의미가 있는 것인가를 짚어볼 까닭이 있습니다. 그동안 독일의 순회낭송행사나 프랑스 외무부 초청의 낭송행사의 여가에 알아본 바로는 서구에서의 중국이나 일본에 대한 문화적 관심은 그들 자신의 한 매혹이 되어 있더군요. 중국에 대한 방대한 연구나 일본에 대한 다양한 지적 탐구나 깊은 애호는 상대적으로 같은 동북아권의 한국문화 혹은 한국문학의 국제적 위치라는 것, 심한 경우 캄보디아와 별반 차이가 나지 않지 않느냐, 뭐 그런 생각도 들지 않는 바 아니었습니다. 그래서 한동안 근대에 대한 인식 문제가 지금도 진행되고 있는 줄 압니다만 이제야말로 우리는 근대를 새로 시작해야 하지 않나, 이런 판에 무슨 탈근대냐 하고 대들고 싶기까지 합니다.

백낙청 저도 한국이 캄보디아랄지, 여하튼 여기서 별로 인정하지 않는 나라의 반열에 끼여 있다는 느낌을 받았는데요. 그 이유가, 하나는 아직도 이 세상이 서양 사람들이 좌지우지하는 세상인데 그들의 서양중심주의가 완강하기 때문에 우리가 가진 정당한 것조차 그들의 안중에 없다는 면이 있고, 다른 한편으로는 역시 우리가 문학에서뿐 아니라 다른 모든 면에서, 전세계적으로 통용되는 전문성이랄까 그런 실력이 모자라는 바가 크기 때문이라고 하겠습니다. 따라서 그런 훈련을 더 할 필요가 분명하고, 그런 뜻에서는 고선생님 말씀하시는 대로 근대의 시작, 제가 자주 쓰는 표현으로는 근대에 적응하는 작업을 좀더 철저하게 해야겠다는 생각입니다.

하지만 다른 한편으로는 실제로 이 사람들의 눈에 안 들어와서 그렇지 지금 우리의 문화역량에는 미국이나 이른바 선진사회에서는 찾아보기 힘든 것이 있다는 점도 그간 새롭게 실감했습니다. 가령 시인의 경우 미국에서 시인이 사회적으로 무슨 지위가 있습니까? 시집을 내려 해도 출판 자체가 어렵고, 출판을 해도 팔리지 않고, 공적으로 거의 아무런 영향력이 없는데, 우리나라에서는 아직도 시인의 시가 읽히고 사회적으로 영향력을 끼치지요. 또 우리가 이 대담을 『한겨레신문』 창간기념으로 하게 됐습니다만, 『한겨레신문』 같은 신문을 가진 나라도 없거든요. 국민들의 성금으로 만들어서 그래도 어느정도 재벌이나 권력으로부터 독립된 주요 일간지가 이른바 선진국에서는 거의 없는 것으로 압니다. 주로 소규모의 대항매체로나 존재하지요.

그밖에 저도 관련이 있는 잡지계라든가 문화계 여기저기에 유럽이나 미국 또는 일본 같은 데서 찾아보기 힘든 활력이 있다고 봅니다. 이것은 우리의 독특한 근대경험일뿐더러 이 경험 속에는 서양 근대의 훌륭한 면을 받아들일 필요성과 함께 근대 그 자체에 대해 대안을 찾아낼 필요성과 가능성이 주어졌다고 보는 것입니다. 그래서 저 자신이나 우리 논단 일각에서는 근대의 뒤늦은 완성이라는 표현보다는 근대에 적응하면서 동시에 근대를 극복해가는 '이중과제' 라는 표현을 써왔지요. 제가 어디 강연을 가서 그런 얘기를 했고 영국의 어느 잡지에 앞으로 실릴 글에서도* 이 표현을 썼더니 꽤 신기하게 듣는 사람들이 있었습니다. 물론 우리 스스로가 아직 그 이중과제의 구체적 내용을 분명히 규명해서 실천에 옮기고 있다고는 말할 수 없지만, 서방의 선진적인 지식인이라는 사람들이 신기하게 여기는 담론을 우리가 한동안 이미 펼쳐왔다는 것도 우리 나름의 독특한 문화적인 활력에 힘입은 바라고 할 수 있을 것 같습니다.

고은 근대라는 것도 우리에게는 두 가지 측면이 있다고 여겨집니다. 하나는 조선 후기 이래 가혹한 사대주의체제에도 불구하고 자아를 발견하

* Paik Nak-chung, "Coloniality in Korea and a South Korean Project for Overcoming Modernity," *interventions* Vol. 2, No. 1 (2000). 국역본은 『창작과비평』 105호(1999년 가을)에 실린 「한반도에서의 식민성 문제와 근대 한국의 이중과제」 참조—편자.

게 되고 그것이 근대적 인간의 가능성이었지요. 그런가 하면 바로 이런 우리 자신의 근대 발상이 일제식민지체제의 타율과 함께 진행된 또다른 측면도 있습니다. 이 과정에서 늘 부딪혀온 것이 바로 서구중심사관이었습니다. 심지어 오늘의 한국문화의 상당부분은 이런 서구 이식에 속해 있기도 합니다. 이제 이런 측면들을 극복함으로써 동북아시아의 세계적 문화전개에 나아가야 하겠습니다. 저는 동양이 제일이다, 동양에는 모든 것이 있다고 하는 것도 뭔가 똥배짱이 아닌가 생각합니다.

백낙청 그렇죠. 동양이냐 서양이냐 하는 식으로 곧잘 문제제기를 하는데, 사실은 그렇게 나가면 서양의 서양중심주의에 맞서서 동양의 동양중심주의를 제시함으로써 결국은 비슷한 국한에 머물지요. 아니 어떤 면에서는 자기도 모르게 서양중심사상에 계속 젖은 결과, 동양중심주의를 그본에서 떠오는 우스꽝스러운 꼴이 됩니다. 우리가 부정할 것은 서양인들이 역사를 통해 이룩해온 정당한 업적이 아니고, 그 업적을 빌미로 그 이상의 보편성과 그에 따른 여러가지 특혜를 주장하는 서양중심주의거든요. 그래서 쟁점은 서양중심주의와 이를 벗어난 좀더 타당성있는 사고방식 사이의 다툼이지, 동양이냐 서양이냐가 아닌 거지요. 서양중심주의를 넘어서는 사고방식은 서양에서 나올 수도 있고 동양에서 나올 수도 있는 것인데, 다만 우리는 삶의 현장이 동아시아에 있고 동아시아 고유의 전통이나 자산을 지녔기 때문에 고선생님이 말씀하셨듯이 그것을 바탕으로 서양중심주의를 극복하는 데 우리 나름의 기여를 할 수 있겠다는 것입니다. 그러나 서양의 내부에 자리잡았기 때문에 해낼 수 있는 그들 특유의 기여도 있을 테니까, 서양 쪽의 그런 노력과 협동작업이 이루어질 때 서양중심주의도 동양중심주의도 아닌 좀더 원만한 역사관과 세계관이 나올 수 있겠지요.

고은 우리가 너무 기울어진다든지 너무 배척한다든지 하는 폐단을 벗어나서 아직도 오랜 구미문학의 보편성에 의미를 부여해야 합니다만, 특히 스페인어권 중남미 문학의 엄청난 폭발력은 우리에게도 시사적입니다. 그런 점에서 문학에는 쎈터가 없겠고 한국문학의 오늘도 충분히 하나의 부흥에 도달할 수 있을 것입니다. 이곳 케임브리지로 돌아오기 전 미국 서부의 시인들과 사귀었는데 그들을 통해서 1950년대 '쌘프란씨스코 르네쌍스' 시대를 연상시켜 미국사의 중심무대가 캘리포니아로 이동되는 인상을 받았습니다. 동부건 서부건 미국에는 한국 이상으로 많은 시인이 살고 있습니다. 특히 젊은 시인들은 가령, 푸꼬(Foucault) 따위는 발길로 차 버려라 하는 것, 시와 문학을 머리가 아닌 심장으로 하자는 것에 열정을 내고 있더군요. 김수영(金洙暎)의 '온몸 문학' 같은 것이겠지요. 서구의 정련된 지적 추구가 아닌 삶의 희로애락 가운데서 문학을 낳는다는 의미겠지요.

미국의 미래와 자본주의의 미래

백낙청 근년에 미국에 잠깐씩 들러 간 일은 있습니다만, 길게 머물기는 1972년 이래 이번이 처음입니다. 26년 만에 왔는데, 와서 실감한 것 중의 하나가, 미국이 원래부터 물질생활에서 제일 앞선 나라지만 기술발전이라든가 여러 면에서 그사이 또 엄청나게 변화하고 발전했다는 점입니다. 동시에 그것이 반드시 사람들의 생활을 편리하게 만들어준 것만도 아니라는 점을 느꼈습니다. 미국 내 비행기여행에서부터 복잡한 전화요금체계, 대부분의 안내가 자동화되어 녹음 아닌 사람 목소리 들어보기가 힘드는 등, 어떻게 보면 생활이 훨씬 번잡하고 불편해진 면도 많아요. 또 미국 경제가 지금 아주 호황이라고 하는데, 사람들 사는 것을 보면 절대적으로 못사는 사람이 여전히 많은 것도 문제지만, 그보다도 잘사는 사람은 잘사는 사람들대로—금리생활로 아예 무위도식하는 층은 다르지만—대부분이 그 어느 때보다도 바쁘고 경황없이 사는 것 같아요. 말하자면 부익부

빈익빈의 문제 외에도 바쁜 사람은 더 정신없이 바빠지고 일자리가 없는 사람들은 아예 옳은 일자리를 얻기가 영영 힘들어지는 또 하나의 양극화 현상을 목격합니다. 이러저러한 것을 보면서 자본주의문명의 극치라는 것을 실감합니다. 이대로 계속 발전해나간다는 것은 곧 인간성의 파탄을 의미하는 것이 아니냐, 더 나아가서 인류사회의 실질적인 멸망을 가져올 수도 있지 않겠느냐는 느낌이지요.

그러면서 다른 한편으로 미국사회의 활기라는 것도 새삼 확인하게 됩니다. 미국시단이 어떻게 보면 여러가지로 불행한데도 고선생님이 지적하신 것처럼 저변의 가능성도 엄연하지요. 미국은 워낙 큰 나라니까 쌘프란씨스코의 풍경 같은 것은 미국시단의 중심이동이라기보다 중심이 없는 상태에서의 지역문화의 활기라 보는 게 옳을지 모르지만, 중심없는 지역적 활기라는 것 자체가 잠재력으로서는 소중한 것이겠지요. 제가 이런 이야기를 하는 까닭은, 우리가 미국에 대해서 제대로 알 필요가 있는데 그러기 위해 미국의 미래와 자본주의의 미래를 이따금은 따로 생각해볼 필요도 있지 않나 해서입니다. 미국이라는 나라가 유럽 국가들과 달리 처음부터 자본주의사회로 출발했고 지금은 세계자본주의의 총본산이기 때문에 당연히 미국과 자본주의를 일치시켜서 생각하게 마련이지만, 앞으로도 영영 그러리라고 단정할 필요는 없다는 겁니다. 둘을 일치시키다 보면 미국이 아직도 싱싱하다는 느낌을 받을 때는 그러니까 자본주의가 영원하리라는 결론을 내릴 수 있고, 다른 한편으로는 자본주의가 역시 문제가 너무 많아서 조만간 한계에 봉착하리라고 할 때는 미국도 멸망할 것이라고 속단할 수 있습니다. 그러나 양쪽 다 안 맞는 것 같아요. 저는 자연생태계의 한계도 있고 인간성의 파괴라는 문제도 따르기 때문에 이런 식의 자본주의문명은 그게 당장 10년, 20년 안에 종말을 고할 것은 아니지만 길게는 인류의 생존과 양립할 수 없다고 믿는데, 반면에 미국이라는 국가, 그리고 아메리카 대륙의 문명이라는 것은 인류가 멸망하는 사태가 오지 않는 한은 또다른 장래가 있다는 생각입니다. 다만 미국인들 스스로가 자본주의 문명의 막바지에 이르러 얼마만큼 자본주의 근대의 바람직한 가치를 구현하면서 자본주의 근대를 극복하는 미국인 나름의 '이중과제'를 감당하느냐에 따라서 다음 문명에서의 미국의 몫과 아메리카 대륙의 몫이 결정되리라고 말하고 싶습니다.

고은 미국은 해온 일보다 할 일이 훨씬 많은 세계인 것 같습니다. 그런 점에서 미국의 세계체제는 몰라도 미국 자체는 500년 이상 거대한 생명력을 발휘할 것입니다. 가령 일본 등지에서 한동안 미국을 얕잡아본 적이 있지요. 그건 이솝 우화의 어떤 이야기이겠습니다. 하지만 지금 미국은 세계에 대해서 도덕적이지 못합니다. 한편으로 미국시민 중에는 한국 입양아를 상당히 많이 받아들이고 있는데 그 양육은 감동적입니다. 한국의 계보설화가 아주 부끄럽습니다. 그런 반면 미국의 국가이익이나 힘의 논리에서라면 코소보 사태에서의 심각한 현실이야말로 미국의 얼굴을 보여주고 있습니다. 우선 미국이라는 나라는 다른 지역으로부터 침략을 받은 적이 없습니다. 초창기 영국의 일시적 공격이나 일본의 진주만 습격 말고는요. 그래서인지 모르나 다른 나라에 폭탄을 투하해도 그것이 어떤 비극인가를 체험하지 못합니다. 말하자면 폭탄투하만을 하지 그로 인한 처참한 폐허를 모른다는 것이지요. 아마도 이 점은 세계사 진행에서 장차 미국에 대한 보복이 없을 수 없겠지요. 우선 미국사회 내부가 그만큼 황폐해가는 것입니다.

백낙청 '보복' 대신에 '업보'라는 표현을 쓴다면 이미 시작되었다는 느낌도 듭니다. 얼마 전에 콜로라도 주 리틀턴에서 총기사건이 있지 않았습니까? 고등학생 두 명이 그야말로 마른하늘에 날벼락처럼 동료학생들과 선생님까지 죽이고 자기네도 자살한 사건인데, 이게 미국의 전쟁수행방식과 무관하다고 보기 어렵습니다. 물론 지나간 사건을 두고 이런저런 추론을 한다는 게 불확실한 이야기일 수밖에 없고 더구나 이걸 가지고 걸프

전쟁이라든가 세르비아 민간인 폭격과 직접적인 인과관계를 주장하는 건 우스운 일입니다만, 가령 미국이 전쟁을 하더라도 자기들은 비디오게임을 하는 것처럼 편한 전쟁을 하고 남이 죽고 다치는 것 따위는 실감하지 못하는, 심지어 무고한 민간인이 희생되는 것도 지나가는 텔레비전 화면 정도로밖에 못 느끼는 이런 전쟁을 하는 사회가 아니라면, 컬럼바인 고등학교 사건 같은 어처구니없는 참사가 나올 확률은 줄어들지 않았을까 생각해봄직 하지요. 진짜 전쟁을 비디오게임처럼 하다 보면 비디오 살상게임을 진짜로 실행에 옮기는 애들이 나오게 마련 아니겠어요? 특정 사태의 성격이나 명분을 떠나서, 전쟁을 전자오락식으로 하는 그런 시대가 지속되면 지속될수록 자기 나라 안에서의 도덕적인 해이가 심해지리라고 봅니다. 남이 보복을 않더라도 스스로 업보를 당하는 거지요.

고은 베트남전에 대한 반성은 그 베트남전을 통한 반전세대들이 지금 미국의 기성세대가 되고 있지만 여전히 미국은 그 반성을 잊어버리고 있지 않나 하는 인상입니다. 크게 보아 지구 위의 생태계 자체가 생존경쟁으로 공생을 하고 있지만 미국사회에서의 경쟁은 무서운 것입니다. 도대체 일등 말고는 다른 것은 아무것도 없는 것 같아요. 그 일등이 안으로는 경쟁을 한없이 미화시키고 밖으로는 다른 나라와 다른 지역을 지배하는 것으로 되겠지요. 백선생님 말씀대로 미국은 미국자본주의와는 또다른 기나긴 역사에 닿아 있습니다.

백낙청 이제까지 미국사람들이 자부한 것은 유럽에서 발생한 자본주의와 자유주의를 미국대륙에서 훨씬 더 잘 꽃피웠다는 것이었는데, 물론 그 나름의 근거가 있는 주장이기는 합니다. 그러나 진정한 자유가 유럽과 미국 중 어느 쪽에 더 구현되었는가라는 문제와 별도로, 미국사회의 성취에 따른 여러가지 인간적 희생이나 도덕적 해이를 생각한다면 그걸 가지고 미국문명의 명분을 삼아서는 안될 것 같아요. 그것과 별도로 우리가 미국의 광활한 대륙을 볼 때, 또는 어떤 미국사람들의 탁 트인 마음을 대할 때 느끼는 실감과 예감 같은 것, 여기에 상응하는 미국 나름의 새로운 문명적 사명을 제대로 찾음으로써만 자본주의 이후의 시대에도 미국이 전세계적으로 큰 역할을 할 것이라고 봅니다. 그러지 못한다면 자본주의의 종말과 더불어 미합중국 자체가 걷잡을 수 없는 혼란과 불행에 빠져서 스스로 갱생의 길이 막힐 뿐 아니라 인류 전체의 운명도 그만큼 고단해질 것입니다.

고은 19세기 유럽에서의 유토피아는 미국을 모형으로 삼았지요. 아니 프랑스의 상징시도 에드가 앨런 포우(Edgar Allan Poe)가 원조인지 모르겠습니다. 하지만 미국은 정보과학은 세계의 으뜸이지만 문화적 축적은 아직도 유럽의 그것에 비해서는 거친 편이 아닐까요. 미국의 동·서부를 건너다닐 때 생각하게 되는 것은 미국은 대규모의 문명을 만들어내고 그것을 전파하는 현장이지만 한마디로 말하면 아직도 미국은 자연 그 자체입니다. 아직도 개발의 욕구를 펼칠 수 있는 공간은 광대무변이지요. 하지만 크리스마스트리도 노르웨이나 캐나다에서 수입하지 미국 땅의 나무를 사용하는 경우가 많지 않습니다. 미국문명은 자연에 대한 철저한 보존을 전제로 하고 있습니다. 이런 좋은 땅에 왜 좀더 좋은 이상적인 나라를 만들지 않았는가 하는 헛된 의문도 생겼습니다. 몇 시간씩 타야 하는 동서 연결의 공중에서 미국의 대지는 인간의 미숙을 드러낼 따름입니다.

통일논의는 민중 중심으로

이런 곳에 와서 한반도를 망원경으로 바라볼 때 특히 한국의 정치현실의 절망적인 상태나 경제적 파산 그리고 문화의 상투성이 떠오르는 것이고 이런 한국이 도리어 문학의 성역이지 않냐는 아픈 생각도 났습니다. 저는 지난해 북한 체류 15일의 경험도 있습니다만 그곳을 돌아다니면서 확인한 바는 우리 근대사의 제1명제라고 할 반외세독립의 문제였습니다. 온전한 독립국가로 출발할 수 없는 분단시대에는 이 독립이란 통일과의 함수관계인데 이제 이 문제의 질적 전환이 있어야겠다는 것이지요. 자칫하면 독립이란 고립이라는 의미로 나아가게 되는데 이런 경우 다음 단계로서의 연대, 혹은 개방으로서의 상생이 요청됩니다. 그래서 독립을 위한 투쟁은 연대를 위한 상호의존적 경쟁이라는 방향이 나타납니다. 오늘의 현실은 이에 대응하지 않으면 가망이 없게 될 것 같아요. 누군가가 북한을 두고 마지막 하드코어라고 했는데 그 농성체제의 성문은 밖에서 여는 게 아니라 안에서 먼저 열어가면서 관련 지역과의 정상적 교류가 있어야겠습니다. 그게 남한에도 장차 큰 이익을 나누게 되는 동기가 될 것이고요. 중국의 개방이 성공하고 있는 것에 한반도에 맞는 실정을 전제하고 배울 점이 많지요. 체제는 공고해지는 것보다 유연해져야 위기에의 응전에도 승산이 있겠어요.

백낙청 동감입니다. 1945년 8·15 당시에는 역시 독립국가건설이 지상과제였죠. 그리고 독립은 곧 외세의 지배를 벗어나면서 삼팔선이 없는 단일민족국가를 이룩하는 일이었습니다. 그러나 불행하게도 그 목적을 달성하지 못하고 지금 20세기 말까지 왔습니다. 그런데 지금 싯점에서는 단일형 민족국가를 가져야만 모든 사람이 행복할 수 있다든가 또는 통일된 독립국가를 가지면 자동적으로 국민이 잘살게 된다는 고정관념을 전제로 깔고 생각할 것이 아니라, 오히려 순서를 바꿔서 지금 한반도에서 남과 북에 갈라져 살고 있는 우리 대다수 민중이 어떻게 하면 더 잘살 수 있을까, 어떤 형태의 통일국가가 가장 바람직할까 하는 식으로 접근할 필요가 있습니다.

고은 옳습니다. 고통은 늘 민중의 몫이었지요. 오랜 역사의 모순과 함께 민중의 고통을 덜어주는 역사만이 이른바 21세기의 윤리이기를 바랍니다. 우선 굶어죽는 사람이 없어야 합니다. 북한의 인민군은 마치 크다만 아이처럼 키도 작고 1950년대의 얼굴 그것입니다. 여기 하바드의 케임브리지 커먼〔공원〕의 한 귀퉁이에는 '풍요의 나라에서 굶주리는 자가 없기를'이라는 조각물이 설치되었는데 그 예술작품 밑에 백인 거지들이 삼삼오오 모여앉아 있어요. 북한 동포나 남한 일부 빈민들의 밥이 남북한을 아울러 정치의 목표가 되어야겠어요.

백낙청 네, 그런 것까지 포함해서죠. 통일문제를 국가중심이 아닌 민중중심으로 생각하는, 고선생님 표현대로 '질적 전환'을 이루게 되면, 결국은 지금과 같이 두 개의 국가로 갈라진 분단상황에서는 대다수 민중이 도저히 잘살 수 없다는 결론이 나오지만, 통일된 단일형 민족국가를 단기간에 성립하려 드는 것이 반드시 민중의 삶에 보탬이 되는 것은 아니지 않느냐는 의문도 생기는 게 사실입니다. 지금 말씀하신 것처럼 분단체제 아래서도 굶주림의 문제를 우선 해결하거나 적어도 개선하는 우선순위의 문제도 있고, 남북간의 평화적 교류를 통해 민중의 통일사업능력을 증대하는 문제도 있고, 나아가 궁극적으로 통일국가의 형태가 반드시 단일형 국가, 영어로 unitary state라고 하는 현재 남북한이 모두 따르고 있는 그런 모형이어야 하는가의 문제도 민중위주로 다시 생각해볼 필요가 있는 것입니다. 우리가 새로이 통일시대 한반도 민중의 체질에 맞게 고안하고 창안한 어떤 복합국가(compound state) 형태도 당연히 검토해봐야지요. 어쨌든 이걸 실사구시(實事求是)의 정신으로, 현재 우리는 어떻게 살고 있고 구체적으로 어떻게 하면 얼마나 나아질까 하는 실상을 위주로 생각해야지, 두 개의 국가가 하나로 합칠 판인데 그들 중 어느 쪽의 통일방안을 얼마만큼 지지해줄까 하는 식의 계산에서 좀 벗어났으면 합니다.

고은 1970년대 이래 저도 민주화와 민족의 통일 문제에 대해서 그 실천적 관심을 모색해오기도 하고 시도 쓰고 말로도 외치고 다녔습니다만, 그래서 장준하(張俊河) 같은 분의 발언, 통일은 좋은 것이다라는 열정에 사로잡혔지요. 그런데 지금의 저로서는 통일문제에 대해서 육탄적으로 대들 것이 아니라 매우 침착한 인식이 있어야겠다고 생각합니다. 누구는 이런 나더러 손을 놓았다고 말할지도 모르겠으나 통일지상주의의 허위의식도 지적되어 마땅합니다. 저는 통일을 재통일이 아니라 우리 민족사 전체에서 가장 처음 있는 통일 즉 신통일이라고 주장하고 싶어요. 이런 통일을 위해서는 남북의 민족공동체와 해외동포라는 제3의 실체가 하나의 연합적 공감을 갖추는 역사적 품성이라 할까, 통일시대의 인간의 재생이 있어야겠습니다. 개 같은 통일이 아니라 사람다운 통일이야말로 무서운 공부와 민족구성원 각자의 변신이 있지 않으면 영영 불가능합니다. 어차피 우리에게 주어진 분단은 길어졌고 통일은 늦은 당위이니만큼 늦더라도 완성도가 있는 그것이 되기를 바라는 것이지요. 몇 해 전 독일에 갔을 때 뮌헨의 한 지식인으로부터 한국은 너무 통일을 외치지 말라는 충고를 들은 적이 있습니다.

백낙청 당장 통일하자고 목청을 높여대는 게 바람직하지 않다는 말씀에는 전적으로 공감합니다. 그 이유도 고선생님이 말씀하신 것과 대체로 일치하는데 이걸 저 나름으로는 대충 두 가지로 정리해왔지요. 하나는 통일을 제대로 하려면 정권담당자라든가 외국 사람들 몇이서 일방적으로 하는 것이 아니고 우리 한반도와 한민족의 많은 사람들이 주체적으로 개입하는 통일이 되어야 하는데 그러려면 점진적인 과정이 아니면 안된다는 것이고요. 또 하나는 남북대치 상황에서 통일을 주장하면 주장할수록 사실은 긴장을 고조시켜서 분단체제의 기득권세력을 도와주는 결과가 되기 쉽다는 점입니다. 당장 통일을 하자, 물론 단일형 민족국가를 전제로 하는 얘기들인데, 이런 얘기를 하면 할수록 자기 식의 통일민족국가가 안될 경우에 대한 불안감이 커지게 마련이고, 따라서 꼭 내 식의 통일을 해야만 되겠다는 집념이 커지는 것이죠. 그래서 내 식이 아니면 차라리 안하겠다는 태도가 굳어지고 결과적으로 통일사업, 특히 민중간의 자발적인 교류에 의존하고 그들의 창의를 동원하는 통일사업에는 오히려 역효과가 생기는 겁니다.

다른 한편으로 저는 독일사람들이 우리는 통일 얘기를 안하고 교류만

하다가 저절로 통일했으니 한국사람들도 통일에 대해서 잠시 잊어버리라고 충고하는 데 대해서는 이렇게 반문하고 싶어요. 서독이 우리 한국에 비해서 월등한 경제력과 여러가지 문화적 능력을 지녔었고, 동독만 하더라도 북한보다 여러모로 나은 처지에 있었고, 또 양독간의 활발한 교류가 1972년의 기본조약체결 이후 20년 가까이 계속된 게 사실인데, 그래서 그들이 세계사에 내놓을 정말 의미있는 통일을 한 게 과연 뭐가 있느냐? 전쟁 안하고 통일한 것 자체가 대견하다면 대견하고 행운이라면 행운이지만, 세계사에 내놓고 자랑할 새로운 사건은 못되었다고 봅니다. 실제로 구동독 사람들이 2등 국민이 된 건 물론이고 서쪽에서도 민중의 복지나 민주적 권리가 후퇴한 면이 많은 통일이었거든요. 이건 역시 독일사람들이 그들 나름대로 통일을 더 논의하고 준비했어야 하는데, 동서독을 막론하고 세계적으로 이름난 지성인들조차, 아니 진보적이라고 하는 지식인일수록 통일논의를 제대로 해본 적이 없었어요.

국가연합을 통한 통일구상

그래서 저는 통일지상주의나 통일구호제창에는 반대지만, 통일논의의 방식을 바꿔서, 아까도 말씀드렸듯이 반드시 단일민족국가를 이룩하는 것만이 통일이 아니라 남북교류를 토대로 국가연합을 형성한 뒤 그다음 단계에 가서 우리 체질에 맞는 새로운 국가형태를 창출하는 이 긴 과정이 통일이라는 생각으로 통일논의의 '질적 전환'을 이룩해낼 필요가 있다고 봅니다. 그런 통일논의라면 지금보다 더 많이 할 필요가 있다고 말하고 싶습니다. 특히 국가연합 단계는 그것이 당장 내일 될 것은 아니지만 하루속히 그 목표에 합의해서 최대한으로 힘을 모아 추진할 필요가 있다고 믿습니다. 국가연합을 한다는 것은 첫째, 비록 불완전한 통일이지만 분단체제의 존속을 거부하기로 확고하게 결단하는 계기로서 엄청난 중요성을 지닙니다. 실은 지난 1991년에 조인되어 1992년에 발효된 남북기본합의서에 우리 남북간의 관계가 국가와 국가 간의 관계가 아니라 통일을 기다리는 동안의 잠정적인 관계라는 점이 명문화되어 있습니다만, 그 점을 더욱 명백히하면서 통일을 향한 최소한의 제도적 장치를 마련하는 것이 국가연합입니다. 둘째로 국가연합은 갑작스런 경계선의 폐지나 제도의 획일화에 따른 대혼란을 피하겠다는 의지를 표명하는 길이기도 하지요. 실제로 남북사회의 독자성과 안정성을 어느정도 보장해주지 않고는 긴장완화조차 불가능합니다. 그래서 지금 김대중 대통령도 취임 전에 피력한 통일구상에는 국가연합 단계가 포함되어 있습니다. 취임 후에는 국내 보수세력의 반발을 고려해서인지 다른 사정이 있어서인지 국가연합 이야기가 안 나오고 '햇볕정책' 수준에 머물고 있습니다만, 저는 역시 이 햇볕정책이 국가연합을 지향하는 햇볕정책인가 아니면 결국 방법만 다를 뿐이지 강압정책과 목표는 같은 것인가, 상대방의 붕괴를 기다리는 하나의 전술인가 하는 점이 우리 사회 내에서 공론화되어야 한다고 봅니다. 아무튼 국가연합 단계를 포함하는 과정의 통일이라고 한다면 저는 그런 통일은 하루빨리 이루어질 필요가 있다고 보는 거지요.

고은 저는 분단에서 바로 통일로 가는 역사의 비약은 없다고 봅니다. 분단은 그것의 극복이라는 거의 외과수술에 가까운 단계 없이는 통일에의 입문이 불가능하지요. 그 점에서 통일은 시적이기보다 논리적이어야 하겠지요. 물론 통일이나 그와 반대되는 큰 사건이 지식인의 전망과 예측대로 진행되는 일은 거의 없을지도 모릅니다. 그야말로 역사 속의 어떤 숙명이 작열함으로써 이루어지는 일이 많으니까요. 최근 저는 신라 천년이나 조선 오백년의 역사정체성에도 불구하고 조금씩 진보해온 것이라고 봅니다. 그렇다면 분단 50년도 쌓아올린 벽만이 아니라 그 벽을 무너뜨려야 한다는 체험적 사명을 만나게 하는 세월이었습니다. 전후의 북진통일노선에서 지금은 평화통일노선이 주종을 이룬 것도 시대의 진전이겠지요. 이제 어느 쪽도 무력통일은 명분이 안되고 있습니다. 다만 현재의 쌍방 분단체제가 통일의 실질적 역량을 비축하고 있느냐고 할 때 저는 비관하고 있습니다.

백낙청 국가연합의 단계가 과연 올 수 있을지, 온다면 언제 올지, 거기에 대해서는 저도 확언할 수 없습니다. 역사가 사람들 마음대로 안되는 거야 고금동서의 공통된 교훈이지만 사람들 하기에 따라서 달라지는 것도 역사겠지요. 게다가 국가연합의 현실성 문제도, 생각하기에 따라서는 남북 기본합의서가 방금 말씀드렸듯이 국가연합적인 요소를 이미 포함하고 있거든요. 다시 말해서 국가연합의 특징은 한편으로는 그것이 두 개의 국가가 아니라 한 개의 복합국가를 구성하는 연합체라는 뜻이 있고, 다른 한편으로는 복합국가 중에서는 각자의 독자성이 상당히 높은 수준이라는 뜻이 있지 않겠습니까? 그런 점에서 본다면, 남과 북이 유엔에 가입함으로써 각자의 독립성이 세계적으로 공인됐을뿐더러 남북 당사자들끼리도 간접적으로는 인정을 한 꼴이면서, 기본합의서에는 남북관계는 국제간의 관계가 아니다라고 했으니까, 이미 국가연합에 필요한 요인, 국가연합의 싹이라고 할 만한 것이 마련되었단 말입니다. 그러니까 이것을 당장에 국가연합이라고 선포하자고 하면 비현실적이지만, 기본합의서에 이미 포함된 내용을 점진적으로 실현에 옮기고 키워나가다가 어느 싯점에서 선포식도 가질 수 있다는 차원에서 생각한다면 국가연합건설이라는 작업이 이미 시작됐다고 볼 수 있죠.

그런데 우리 통일논의가 명분론에 기울어 있다는 말씀도 하셨는데 물론 동감입니다. 명분을 갖는 것 자체가 나쁜 게 아니고 명분이 현실에서 겉돌고 있다는 얘기겠지요. 현실과 밀착되지 못한 이유 중에는 내세우는 명분의 내용에도 문제가 있는 게 아닌가 싶습니다. 제가 보기에 우리 사회에 가장 널리 퍼진 명분은 두 가지입니다. 하나는 민족주의적인 명분이죠. 우리는 하나의 겨레니까 하나의 나라로 뭉쳐서 살아야 한다는 건데,

한반도에서는 이게 물론 당위성이 있는 주장이고 우리 민족의 절실한 염원을 표현한 주장이기는 합니다. 그러나 세계적으로는 보편성을 내세우기 힘든 논리지요. 세계 각 민족이 모두 국가 하나씩에 모여 살아야겠다고 한다면 그러잖아도 혼란스러운 이 세계가 그야말로 아수라장이 되지 않겠습니까? 실제로 온갖 인종분규와 지역분쟁이 이것 때문에 나타나고 있기도 하죠. 아니 이미 전세계에 퍼져 사는 우리 한민족 동포들을 보더라도 통일된 한반도에 모두 돌아와서 살자는 게 무리한 얘기지요. 따라서 우리의 정당한 민족적인 염원을 민족주의적인 명분이 아닌 다른 명분으로, 아까 말씀드렸듯이 실사구시의 정신으로 한반도의 민중이 이러이러하게 분단되어서 지금 분단체제 아래서 이러저러한 삶을 살고 있는데 분단체제를 극복한 어떤 개선된 삶이 가능하다는 식으로, 좀더 현실주의적이고 보편타당한 명분을 확보할 필요가 있다는 것입니다. 또 한 가지 널리 통하는 명분은 이른바 세계화의 흐름에 편승한 거죠. 어차피 세계화를 하고 자본주의 발전을 해야 살 수 있는 시대인데 북한만이 안하고 있으니까 어떻게 해서든 저 체제를 개방하게 만들고 변혁시켜서 한반도 전체가 세계시장 속에서 좀더 잘살아봐야겠다, 좀더 근대화된 국가가 되고 좀더 강력한 자본주의사회가 되어야겠다라는 명분 말입니다. 이것 역시 일부 타당성은 있지만 기본적으로 문제가 많은 논리라고 봅니다. 왜냐하면 근대라는 것이 한편으로는 적응하고 배울 것은 배워야 할 대상이지만, 다른 한편으로는 근대성 자체에 모순이 있기 때문에 그걸 우리가 넘어서야 하는 것이고 그래서 아까 말씀드린 '이중과제'라는 시각으로 접근을 해야 근대배우기도 제정신으로 하고 세계사에 우리 민족 특유의 이바지도 할 수 있는 거지요. 단순히 북한이 저렇게 폐쇄적이어서 자본주의 발전에 장애가 되니까 이 장애물을 제거하는 통일이 되어야겠다고 한다면, 그 명분 자체가 완전히 타당한 명분이 못되기 때문에 북한을 자극해서 전쟁의 위험을 증대시킨다든가 남북민중의 소통을 더욱 어렵게 만든다든가 남한 내부에서도 우리 자신의 품성을 해치고 지적 게으름을 조장하는 등, 고선생님이 말씀하시는 '통일의 실질적 역량' 비축에 역행하는 결과가 되는 거지요. 다시 말해서 그런 명분을 펼치면 펼칠수록 현실과 동떨어진 명분론으로 떨어지고 마는 겁니다.

통일논의, 명분주의에 빠지지 말아야

고은 명분과 실재는 늘 균형을 요구하는 오묘한 상대개념입니다만 우리는 봉건시대 이래 체질적으로 명분주의였습니다. 다시 말하면 그런 명분은 현실의 구체적 설정이 결여된다는 뜻이겠습니다. 통일문제나 더 나은 단계의 양호한 분단공동체로 나아가는 문제는 한반도 주변의 이전과는 다른 정세에 포위된 남북 공동의 생존문제이기도 합니다. 그럴진대 명분론이 실제로 우리 내적 한계이기도 하지 않을까, 지금 남북 어느 쪽도 전쟁을 할 사정도 아니고 상대방을 죽여버릴 수도 없는 현실을 직시해야겠지요. 저는 7, 80년대 독재 정권하에서 늘 민주화와 통일을 하나의 종합적 원칙으로 삼고 있었습니다만 어떤 경우 지금의 일정한 민주화 구현과 함께 통일논의에 대한 완만한 새 인식이 있어야 하지 않을까요? 지금의 분단현실이 발전함에 따라 분단 자체가 체제적 연합으로 될 수도 있고 또 국가연합 자체는 어느 쪽에서 도중에 틀어버리면 다시 분단의 원점으로 돌아갈 우려도 없지 않겠지요. 과도적인 것은 정상적인 것, 본격적인 것에 도구가 되지 않으면 그것 이전의 상태가 나은 게 아닌가 합니다만.

백낙청 저도 국가연합은 어디까지나 과도적인 단계라고 생각합니다. 그것 가지고서 통일사업이 완수됐다고 얘기할 수는 없죠. 그러나 제가 말씀드리고자 하는 것은 첫째는 압도적인 민족적 염원을 바탕으로, 그것도 만약에 민중의 참여가 어느정도 구현된 상황에서 국가연합 단계가 성취된다면, 어느 한쪽 위정자의 편의에 따라 분단상황으로 되돌아가기 힘든 결정적인 전환점을 통과한 꼴이 된다는 것입니다. 다른 하나는 국가연합을 거쳐 복합국가의 좀더 긴밀한 형태로 이행함으로써 통일과업을 완수할 수도 있는 것이고 그것조차 과도적인 단계라고 처음부터 못박음으로써 국가연합이나 그전의 교류협력조차 더 어렵게 만들 필요는 없지 않냐는 것입니다. 이것이야말로 고선생님이 쓰신 표현대로 명분주의에 빠지는 길이지요.

고은 지금 말씀하시는 복합국가론이야말로 현재 가장 설득력있는 것이겠지요. 1970년대 중반 천관우(千寬宇) 주필과 그 복합국가론에 대한 얘기를 나눈 적도 있습니다만 저는 그 뒤 복합개념을 더 펼쳐서 남한의 박정권 이래 악화되어온 동서갈등의 해결방안까지를 점치면서 다연방제를 주장해옵니다. 이를 어떤 이는 독일식 연방편입을 의도하는 게 아니냐고 했지만 저로서는 장차 상당한 기간을 한반도 각도와 대도시의 지방정부를 몇 개의 공화제 정부로 승격시켜서 그 정부들의 지도자들이 나라의 외교국방을 맡는 내각책임제와 대통령책임제 혼합의 대통령을 추대하자는 것이지요. 스위스나 말레이시아의 다연방도 크게 보아 합중국이나 독일연방국가의 구조를 반영시키기도 했습니다만.

백낙청 제가 연방제를 말할 때는 분단체제 아래 악화된 지역갈등을 치유하기 위한 다연방제(多聯邦制)보다 분단역사를 각기 다르게 살아온 남북 민중의 다양한 경험을 수용할 2자연방을 주로 염두에 두고 있습니다만, 제 주장의 요점은 어떤 연방제를 하느냐 하는 문제보다 지금 우리에게 중요한 것은 국가연합이라는 일종의 과도단계 겸 안전장치를 거쳐서 그 뒤 진전되는 역사를 보면서 민중의 실질적 필요에 가장 맞는 국가형태를 만들어나가면 되는 거지, 지금부터 단일국가라야 된다든가 다연방제로 하자든가 또는 다른 어떤 유형의 복합국가로 하자는 식으로 미리 못박지 말자는 것이죠. 통일운동과 민주화운동의 동일성에 관한 고선생님 말씀에 대해서도 단일형 민족국가를 절대적인 가치로 전제했을 때는 자연히 민주주의 문제가 부차적인 것으로 떨어지니까 그런 상황에서 통일만 되면 민주화도 달성된다고 고집할 수도 없고, 해서도 안되겠습니다. 그러나 우리가 얘기해온 것처럼 일단 통일의 개념을 바꿔서, 민주화의 진전에 근거하고 민중의 주체성을 더욱 증대해줄 통일, 즉 분단체제의 진정한 극복에 해당하는 통일이 우리의 목표가 된다면, 지금이야말로 민주화운동과 통일운동의 일치를 우리가 더 고민하고 주장해야 할 때가 아닌가 합니다.

고은 분단은 우리 뜻을 거스르는 타율적인 것이라고 하지만 실제로 그런 분단정권을 낳은 책임은 타율에만 전가할 수 없습니다. 그리고 그 분단이 통일보다 결코 좋은 것은 아니나 그 체제 아래 우리 민족은 피를 흘리면서까지 역사와 문화를 이만큼 진전시켜왔다고 할 때, 이제 분단에의 자율적 인식도 필요합니다. 물론 2 더하기 3이니 2 더하기 4, 혹은 6개국의 토의기구 같은 이야기들은, 주변열강이 우리에게 통일을 명절 선물로 줄 리는 만무하고 일본도 중국도 한반도가 통일되기를 바라지 않고 있으며 오직 이 지역의 안정이 그들에게 동북아를 주도하는 공동이익이라고 하는 사정에서 더 나아가지 않습니다. 아니 제2차 세계대전 직후 오스트리아는 4분할되었다가 분단지역의 각 지도자들과 국민이 하나가 되어 점령한 세력에 전천후적으로 매달려서 일찌감치 통일을 이루었으니 과연 왕년의 합스부르크의 실력을 보인 셈이지요. 이제 우리가 해야 할 일도 남북이 함께 삶의 질을 높이며 체제의 적대적 조치를 완화해가면서 남북이 함께 관련 당사국가를 통일외교의 새 전략으로 변화시켜야 합니다. 통일을 누구나 다 말하고 있는데 바로 이 무능한 염원이 슬픕니다.

국가연합 여건이 무르익어가고 있다

백낙청 글쎄요, 너무 비관적으로 말씀하시는 건 아닌지요? 섣사리 희망에 부풀어 살자는 말이 아니라, 우리가 통일개념과 통일사업에 관한 고정관념을 떨쳐버리고 국가연합 단계를 향해 착실한 전진을 시작한다면, 주변 강대국들이 특별히 도와줄 열성은 없을지 몰라도 최소한 냉전시대처럼 한쪽이 좋다고 하면 다른 쪽이 기어이 틀고 다른 쪽이 좋다고 하면 이쪽에서 반대하고 나서는 그런 상황은 아니거든요. 부국강병을 이념으로 하는 단일형 국민국가로 통일하자는 생각이 잘못된 또 하나의 이유가 바로 고선생님이 말씀하신 통일외교에도 걸림돌이 된다는 것입니다. 그리고 7·4공동성명의 합의가 금세 헛되게 반전해버렸듯이 통일과정에서의 반전(反轉)을 거듭 염려하셨는데, 그 점에 대해서도 조금 부연하고 싶군요.

남북 예멘이 통일하는 과정을 보면 남과 북 예멘의 집권층끼리 모여서 말하자면 '3당 합당'식으로 통일에 합의했던 것입니다. 자기네끼리의 갈라먹기 통일을 한 거죠. 그러다 보니 먹이싸움이 뒤따라서 어느 날 합의가 깨져버리고 드디어는 무력대결을 해서 북예멘이 남예멘을 제압함으로써 통일이 완성되었습니다. 그러니까 한반도에서의 국가연합이라는 것도 7·4공동성명처럼 밀사를 주고받아서 남북의 집권자가 각자 삿된 속셈을 갖고 국가연합을 선포한다면 그것은 언제든지 깨질 수 있습니다. 그러나 7·4공동성명에서 남북기본합의서까지 온 과정만 보더라도 그사이에 많은 역사적인 진전이 있었기 때문에 합의서는 내용에서만이 아니라 그 성립과정에서도 상당한 진전을 보여줍니다. 7·4 때보다 훨씬 공개적이었고 서명한 주체도 집권자의 밀사가 아니라 쌍방의 총리였습니다. 반면에 남한에서의 국회비준이라든가 북한에서의 좀더 개방적인 논의체제 같은 민주적 참여가 안 따랐기 때문에 합의서 또한 그 실현이 집권층의 편의에 따라 보류될 수 있는 상태지요. 하지만 점점 그것이 실현되지 않을 수 없는 여건이 무르익어가고 있다고 봅니다. 그리고 이렇게 여건이 무르익으면서 국민들의 참여가 확대되어 그 기운을 타고 분단체제가 국가연합형태로 근접해가다가 드디어 국가연합이 선포된다면, 그것은 어느 집권자라도 자기네 마음대로 파기할 수 없는 불가역성, 돌이킬 수 없는 무게를 지니는 것입니다. 그래서 저는 국가연합의 성립을 통일과정에서의 결정적인 전환점으로 지목하는 거지요. 물론 여기서 북한정권의 향배 또는 결정이라는, 지금 우리로서는 마음대로 할 수 없고 예측조차 하기 어려운 커다란 변수가 있습니다.

그러나 분단정권의 실권자들에게도 어느정도의 안도감을 주어서 점진적인 통일과정을 최소한 결사적으로 거부하지는 않게 할 방안이 바로 국가연합이라는 느슨한 복합국가 방식이지요. 기득권세력이야 국가연합보다 분단체제유지가 더욱 달콤하겠지만, 냉전시대가 끝난 것만도 분단체제의 존속에 엄청난 부담이 되고 있는 현실에서 민중들이 나서서 분단체제의 유지를 불가능하게 만들고, 전쟁이라든가 다른 참화로 인한 갑작스런 통일의 대안은 민중의 참여를 허용하는 점진적 통일밖에는 없다는 것을 명백히 보여주게 되면, 기득권층도 그중 제일 위험부담이 적은 국가연합체제를 받아들이게 될 것입니다. 그런데 민중이 이런 대안을 제시하는 것은 딱히 저들 기득권층의 위험부담 문제까지 우리가 보살펴줄 이유가 있어서가 아니라, 고선생님 말씀대로 남북의 민중은 물론이고 해외동포를 포함한 한민족 전원이 통일사업에 최대한으로 참여하고 이를 위한 자기교육을 수행하는 데에 민중 스스로도 국가연합 단계를 통한 시간벌기가 필요하기 때문이지요. 이런 이야기가 너무 이상적으로 들릴 수도 있습니다만, 사실 한반도의 경우는 이 길 외의 대안들이 모두 너무나 끔찍한 것들이기 때문에, 끔찍하다고 해서 일어나지 말라는 법은 없어도 역시 독일이나 베트남 또는 예멘보다 훨씬 끔찍한 일대 파국이 안 일어나는 한 독일이나 베트남이나 예멘보다 훨씬 아름다운 성과가 나올 수밖에 없게 되어 있다는 것이 냉정한 현실인식이 아닌가 합니다.

고은 우리 민족은 오랜 사대노선에 의해서 역대 지배층의 주체의식이 희박한 반면 민중은 그 고행을 통한 절실한 자아를 찾을 수 있었고, 그런 우리 민족의 역사적 유산의 하나는 강한 생존능력과 놀라운 성취들이 수

놓아진 고도의 문화 창출에 있습니다. 그런데 그동안 30년 성장위주의 결과 그 손은 믿을 수 없는 게 되어서 정치·경제·사회·문화 전반의 한 현상은 바로 부실 그것으로 되어 있기도 합니다. 그래서 저는 우리에게 필요한 것은 먼저 역사교육인 것 같습니다. 섭리사관이나 실증주의 따위를 넘어 정열의 역사관을 통해서 못 하나 제대로 박는 역사를 깨닫게 해야 하는 그런 민족의 전형을 내세우면서 너무 많은 사적인 것, 가족주의 이런 것으로부터 공적인 것, 민족과 세계에 우호적인 것에의 기운을 진작시킬 것을 말하고 싶습니다. 솔직히 말하면 동양의 자연과 인간의 합일사상이나 원융사상을 자랑하지만 나무 하나 잘 키우는 것은 서양입니다. 데까르뜨 2분법을 괜히 업신여겨서는 안되고요. 우리의 두레는 값진 것이기는 하나 농경사회의 미덕임을 감안한다면 민족 미래의 공동체는 창조 없이는 안되겠지요. 함께하는 참여야말로 하나하나가 꽃이 될 수 있겠지요. 참여는 전체주의의 유일한 극복이기도 하겠어요.

백낙청 창조와 참여, 아주 좋은 말씀입니다. 창조 없는 참여는 헛것이고 참여 없이는 창조가 불가능하다고 저도 한마디 거들면 어떨까요? 그리고 한반도의 분단체제와 이 분단체제를 포함하는 오늘날의 세계체제가 극복되어 마땅한 것은 이들이 수많은 사람들로 하여금 창조와 참여의 가능성을 불신하도록 가르치고 있기 때문이라고 덧붙이고 싶습니다.

| 인터뷰 |

희망의 21세기, 어떻게 맞이할까?

백낙청(『창작과비평』 편집인, 서울대 교수)
박혜명(『원광』 편집인, 원불교 교무)
1999년 5월 14일

박혜명 안녕하셨습니까? 20세기 마지막 한가위를 보내면서 인사를 드리게 되어 무척 영광입니다. 이제 새 천년의 도래가 얼마 남지 않았습니다. 모두들 한껏 희망의 나래를 펴면서 또 한편 어떤 불안감도 없지 않은 듯합니다. 지난 7월 31일은 원불교의 신앙·문화·홍보지인 『원광』의 50돌이었고, 오는 11월 4일은 '월간원광사' 창사 9돌이 됩니다. 그래서 저희 '월간원광사'에서는 이를 기념하고자 교단 내외 인사들의 기념 휘호 및 축하 메씨지 지상 전시회, 『한국의 지성과 원불교』 발간(10월 15일), 명사 초청 특별인터뷰 등을 연차적으로 추진해왔습니다. 이 씨리즈의 첫 회*를 맡아주셨던 백낙청 박사님을 오늘 다시 모시고 '희망의 21세기, 어떻게 맞이할까'라는 제목으로 특별인터뷰를 하게 되어 대단히 영광스럽게 생각합

■ 이 인터뷰는 『원광(圓光)』 1999년 11월호에 수록된 것이다.

니다. 이번 기념호에는 저희가 일부러 교단 바깥에서 객관적으로 말씀해 주실 분을 모시기로 했으니 아무쪼록 기탄없이 말씀해주시기 바랍니다.

백낙청 『원광』과 '월간원광사'의 이 뜻깊은 자리에 나오게 되어 저야말로 영광입니다. 그러나 과연 제가 또 나설 자리인가 하는 의문이 없지 않습니다. 일부러 문외한을 고르셨다고 하니 다소 안도는 되는군요. 아무튼 축하의 말씀부터 먼저 드립니다.

박혜명 박사님께서 미국의 버스웰 교수(UCLA 대학) 등과 원불교의 오랜 숙원이었던 『원불교 정전(正典)』 영역본을 완역하시고 발간에 앞서 최종 '수위단회 교서감수위원회'의 영역본 교서감수 절차를 밟고 있다는 소식을 들었습니다. 새 천년의 도래와 함께 『정전』의 영역본 발간·보급은 많은 의미가 있다고 봅니다. 『정전』 영역본 번역에 참여하신 소감이나 그 작업을 통해 원불교에 대한 새로운 이해가 있으셨으면 말씀해주십시오.

세계에 내놓고 자랑할 만한 『원불교 정전』

백낙청 원래는 교단에서 교전 영역본을 새로 마련하시면서 외부 인사를 포함한 자문회의 비슷한 것을 두어 차례 여는 정도로 알고 영문학을 공부한 사람으로서 참여해도 무방하겠다고 생각했고, 한때 송광사에서 수도생활을 한 바 있는 미국의 불교학자 버스웰 교수도 제가 권유해서 참가를 했었지요.

그런데 이것이 인연의 꼬투리가 돼서 결국은 버스웰 교수, 교단 측의 우산(右山) 최희공 원무님(고려대 교수) 등과 더불어 『정전』 번역작업에 깊이 관여하게 되었습니다. 성과를 떠나서 저로서는 영어를 배워서 이런 데 쓸 수 있게 된 것을 큰 복으로 알며 즐겁게 일했고 많은 공부가 되었습니

* 본서 제3권 「인터뷰: 한국 민중종교의 개벽사상과 소태산의 대각」—편자.

다. 특히 최희공 박사님과 함께 일하면서, 어떻게 보면 독(獨)선생을 두고 정전 공부를 한 셈이라 저 나름으로 깨우친 바가 적지 않았어요. 물론 교단 내에야 정전을 평생 연구하신 학자나 몸소 수행하면서 공부해오신 도인들이 많이 계실 테니 저 나름의 무슨 해석을 내세울 일은 전혀 아니지요.

박혜명 그래도 박사님께서 느끼신 바를 듣고 싶은데요.

백낙청 글쎄요. 제가 전에 『대종경(大宗經)』을 두고 '한국문학의 소중한 자산'이라고 말한 일이 있는데, 그때만 해도 『정전』의 진가를 제대로 몰랐습니다. 물론 지금도 『대종경』이 이야기 재미까지 겹쳐서 처음 읽는 사람들도 쉽게 다가설 수 있다는 점에서 '문학적 가치'가 앞선다고 말할 수는 있겠지요.

다만 이번에 『정전』 번역에 참여하면서, 『정전』이 읽으면 읽을수록 참 대단한 문건이라는 생각을 하게 되었어요. 『대종경』과 같은 의미의 문학적 자산은 아닐지 몰라도 문학의 의미를 한층 넓혀볼 때 이 또한 한국문학의 희귀한 자산이요 사상적으로도 세계에 내놓고 자랑할 만한 문건이라는 생각을 하게 된 것입니다. 가령 영역작업이 너무 힘들다 싶을 때 한 가지 큰 위안이 된 것이 『정전』이 짧다는 점이었는데요. 『원불교 전서』판으로 약 70~80쪽 분량이지요? 그런데 이걸 바꾸어 말하면 그 짧은 지면에 불교의 그 수많은 경전에 담긴 가르침을 간명하게 요약·정리했다는 뜻이 되고, 동시에 최수운(崔水雲) 선생 이래 한국의 민중종교가 유·불·선을 통합하려 했던 사상의 흐름마저 이어받아 원만하게 집대성했다고 볼 수 있습니다. 참으로 엄청난 작업이 짧은 지면에 밀도 높게 담긴 것입니다. 문학하는 사람으로서 우선 그 '예술적 경제'에 찬탄하지 않을 수 없었지요.

문학 독자들이 작품을 평가할 때 흔히 그 짜임새를 따집니다. 단순한 형식미(形式美) 차원을 넘어 각 부분에 전체가 집약될수록 짜임새가 돋보이지요. 또 그럼으로써 '예술적 경제'라는 것도 달성되고요. 그런데 예전에 제가 『정전』을 읽을 때, 특히 제3편 '수행편' 같은 것은 원불교 교도들이 따라야 할 이런저런 수행지침을 수록했다는 정도로 생각했고, 수행편의 이런 사항들조차 전체적인 짜임새 속에서 의미심장하게 배열된 점을 인식하지 못했습니다. 번역하면서 여러 번 읽고 또 세부적인 의미를 따져가는 과정에서 비로소 그 점에 눈뜨게 되었지요.

다 잘 아시다시피 『정전』은 처음 '총서편' 「개교의 동기」에서 시국의 큰 흐름을 살피면서 시작해서 「교법의 총설」에서도 불교를 비롯한 종교들의 현황에 대해 언급하면서 원불교의 요지를 제시하지요. 그다음 '교의편'에서 중요한 교리를 정리한 뒤, '수행편'에서는 「일상수행의 요법」으로 시작하여 정기훈련·상시훈련, 그리고 염불, 좌선, 참회, 심고 등등 구체적인 수행법이 제시됩니다.

그런데 제가 이번에 우산님께 귀동냥을 한 덕도 있어서 주목하게 된 것은, 첫째 수행편 자체가 뒤로 가면 다시 시국과 직결된 「최초 법어」와 「고락에 관한 법문」 「병든 사회와 그 치료법」 등을 통해 '총서편'의 문제의식과 시국관으로 돌아가서 「영육쌍전법」과 「법위등급」장에서 정신개벽을 이룬 인간상을 제시하면서 끝을 맺습니다. 말하자면 『정전』이 『대종경』에 비해 이야기 재미가 덜할지는 몰라도 그 나름의 이야기 진행이랄까 하나의 장엄한 드라마가 저변에 깔려 있다는 것입니다.

현실성·실천성에 역점 둔 원불교 교리체계

또 한 가지는 '수행편'의 한 장 한 장에 교의편의 내용이 녹아들어 있음을 주목하게 되었습니다. 교도들이 늘 암송하는 「일상수행의 요법」만 하더라도, 이건 뭐 다른 분들이 이미 말씀하신 것이겠지만, 그 아홉 개 조목 안에 원불교의 모든 교리가 다 들어 있지 않습니까. 1, 2, 3조에 "심지는 원래 요란함(또는 어리석음, 그름)이 없건마는 경계를 따라 있어지나니……"

한 것은 일원상의 진리에 근거하면서 구체적으로는 삼학(三學)을 말씀하신 것이지요.

그런데 불교에서 이야기하는 계(戒)·정(定)·혜(慧)와 달리 정·혜·계의 순서로 되어 있는데, 이는 물론 여기서 '자성의 계를 세우자'는 것은 불교에서 말하는 계라기보다 원불교 삼학의 열매에 해당하는 작업취사(作業取捨)이기 때문이지요.

또 기존의 번역에서 '그 요란함' '그 어리석음' 등의 '그'가 빠진 점을 우산님이 지적하셨는데, 전통 불교에서의 계율 지키기나 참선 위주의 수행으로 요란한 마음을 제거하려 하기보다 생활 속에서 그때그때 일어나는 요란함, 어리석음, 그름을 없애가는 생활종교의 특성이 '그'라는 글자 하나에 담겨 있음을 깨달았습니다.

이어서 제4조는 공부의 요도 팔조(八條)에 해당되고, 제5조는 사은(四恩), 그리고 6조부터 9조까지는 인생의 요도 사요(四要)에 해당합니다. 이렇게 일상수행의 요법 하나만에도 일원상 진리와 삼학팔조, 사은사요가 모두 담겨 있는 것입니다. 염불법이나 좌선법, 무시선법, 참회문 등 다른 장에 관해서도 그런 이야기가 가능하리라고 봅니다. 문학도가 중시하는 '부분 속의 전체'라는 관점에서도 『원불교 정전』이 대단한 문건이라고 탄복할 만한 거지요.

박혜명 이번 『원불교 정전』 영역작업을 하시면서 원불교 교리를 공부하시는 가운데 '원불교의 이런 점은 참 좋은 장점이구나' 하고 느끼셨던 점이 있으시다면 어떤 점을 꼽으실 수 있으신지요?

백낙청 방금 『정전』에 대해 말씀드리면서 대충 이야기한 셈 아닐까요? 저는 예전부터 과거 여러 세계적인 종교의 가르침 가운데서 불법(佛法)이 그중 뛰어나다는 생각을 해왔던 사람입니다만 그 불법의 기본 취지를 간명하게 설파하고 생활 속에 실천할 길을 열어준 것이 큰 장점이겠고, 아울러 조선시대 말기 민족사적·문명사적인 위기를 맞아 유·불·선의 통합과 기독교를 비롯한 서양문명의 주체적 수용이 우리 민족의 지상과제였고 지금도 해결 못한 과제인데, 그런 회통의 길을 열어놓았다는 점도 꼽을 수 있겠습니다.

그리고 아직 개교한 지 얼마 안돼서 그런지는 몰라도, 다른 종교에 비할 때 원불교인들 대부분이 바르게 사시고 특히 일선 교역자들이 무섭게 헌신적이라는 느낌을 늘상 가져왔습니다. 반면에 영역작업을 하다 보니 새삼 느낀 점입니다만, 소태산(少太山) 대종사나 정산(鼎山) 종사께서 내다보신 세계종교로 제 몫을 다하기에는 교단의 실력이 여러모로 부족하다는 느낌이 든 것도 사실입니다.

박혜명 교수님께서는 이번 『정전』 영역작업을 마무리하신 뒤 다시 『대종경』 영역에도 참여하실 의향을 가지고 계시다고 들었습니다.

백낙청 예. 버스웰 교수가 처음에는 『정전』 영역작업의 자문위원 자격으로 잠시 와서 몇 마디 의견을 말해주는 정도로 생각을 했던 것 같은데 다행히 점차 열심을 내주었어요. 그래서 버스웰 교수가 초역(草譯)을 하고 그걸 바탕으로 작업을 진행하게 되었는데, 해보니까 그 방법이 제일 능률적이었습니다. 드디어는 교단에서 『대종경』 영역작업도 해주십사고 그분께 부탁을 했고 버스웰 교수는 제가 참여한다면 하겠노라고 하더군요. 그래서 당신이 한다면 나도 하겠노라고 그랬지요. 하지만 그에 앞서 우리가 해놓은 『정전』 영역본에 대한 교단측의 감수가 끝나야겠지요.

박혜명 아울러 곤란한 질문일지 모르겠습니다만 그 누구보다도 원불교에 대한 관심과 원불교 교리에 대하여 공감하시면서도 정식으로 원불교 교도가 되는 입교 절차를 밟지 않으신 특별한 이유가 있으시면 궁금해하는 독자 분들을 위해서 말씀해주십시오.

백낙청 글쎄요, 소태산 대종사께서 인류의 큰 스승이자 우리 민족이 낳은 위대한 영웅이라는 믿음을 갖고 있는 건 사실입니다. 그런데도 왜 그분이 만드신 회상에 정식으로 입문하지 않았느냐는 물음이신데, 그것은 제가 떠안고 살아가는 많은 모순 가운데 하나라고 이해를 해주시면 고맙겠습니다. 다만 한마디 덧붙인다면, 저 개인의 문제를 떠나서 원불교의 입장에서도, 저처럼 교단에 들어오지 않으면서도 대종사님을 존경하고 원불교의 가르침에 공감하는 사람들을 굳이 교단에 끌어들일 것 없이 주변에 남겨둔 채 활용하는 것도 한 가지 방편이 아닐까 하는 생각을 해봅니다.

박혜명 새로운 천년에 대하여 대통령 자문 '새천년 준비위원회'(회장·이어령)에서는 '평화·환경·인간·지식 창조·역사의 천년화'라는 5개 부문의 사업을 정하는 등 희망과 새로운 각오의 상징적 사업을 계획하고 있는 개인이나 단체가 있는가 하면 요사이 부쩍 종교측(일부의 기독교계와 한국 신흥종교계)에서 말세(末世)를 내세워 극한상황으로까지 인심을 이끌고 있습니다. 포괄적인 질문입니다만 이러한 '변화의 기점' 및 방향성에 대하여 어떻게 생각하십니까?

백낙청 세계가 이구동성으로 '밀레니엄'이다, '새 천년'이다 하고 떠들썩하니까 우리도 어느정도는 여기에 맞추어나갈 필요가 있겠습니다만 저 개인적으로는 되도록 이런 말들을 쓰지 않으려고 합니다. 거기에는 제가 천년을 단위로 말할 만한 경륜이 없다는 게 제일 큰 이유입니다만, 사실 새 천년이나 21세기가 모두 2001년부터 시작하는 것인데 2000년이 더 똑 떨어지는 숫자인데다 2001년까지 기다리다가는 2000년에 먼저 결행한 사람들 때문에 김이 샐까봐 너도나도 앞다투는 모습이 별로 마음에 들지 않는 까닭도 있습니다. 게다가 지금은 전세계가 대부분 서력기원을 쓰고 있기는 합니다만, 단기로는 그해가 4333년이고, 불기로는 2544년인가요? 아무튼 그저 평범한 해일 뿐입니다. 또 원불교의 입장에서도 정산종사 탄생 100주년이라는 것만 빼놓고는 원기 85년일 뿐이지요. 교단 1백년도 아니고 또 대(代·36년)의 개념으로 따져서 3대가 되는 해도 아직 더 남았습니다. 원불교가 과연 몇천 년, 몇만 년을 말하는 세계종교라면 서기 2000년쯤은 좀더 대범하게 넘기는 것도 좋겠다는 생각입니다.

새천년의 초기는 혼란의 조짐 많아질 터

새로운 가치관에 대해 물으셨는데, 그거야말로 정법회상(正法會上)*에서 제시를 해주셔야지 제가 말할 내용이 아니겠지요. 다만, 많은 사람들이 21세기와 '새 천년'을 말하면서 20세기가 갈등과 고통의 시대였다면 21세기는 대화와 화해의 시대가 될 것이다라는 희망적인 말씀들을 많이 하는데, 저는 그렇게 되어야 한다는 데는 물론 찬동입니다만 과연 그렇게 될 것인가, 적어도 21세기의 전반부에 그런 세상이 도래할 것인가에 대해서는 의문되는 바 많습니다. 오히려 21세기로 넘어가면서 이제까지 인류가 겪어온 여러가지 혼란과 고통이 더 심해지면 심해졌지 약해지리라는 조짐이 어디 있는가라는 우려가 앞섭니다. 물론 20세기에 우리들이 우려했던 또 하나의 세계대전 같은 것은 일어날 확률이 적어졌습니다.

그러나 냉전이 종식되면서 '국지전'은 더 많아졌고 인명살상도 실제로 늘어났는데 이것이 연도가 2천 몇년으로 바뀐다 해서 특별히 달라질 이유는 없을 것입니다. 핵무기의 확산도 계속될 전망이고, 인종청소라든가 국지적인 무력충돌도 한동안 끊이지 않을 것이고 심지어 늘어나기 십상입니다. 그밖에 확대일로에 있는 빈부격차라든가 환경파괴, 도덕적 타락 등 그 어느 면에서도 지구 전체 차원의 '병든 사회'가 쉽사리 치유될 기미가 안 보이지요. 심지어 근대를 통해 현격하게 좋아진 것으로 누구나 인정해온 '공중보건'도 오히려 악화될 조짐이 보입니다. 실제로 20세기 말에 와서 이 분야에 심상치 않은 현상이 보이고 있지요. 새로운 악성 질병들이 나타나고, 그동안 발달된 약품에 대한 내성을 지닌 새로운 균들이 생겨나고, 또 지역에 따라서는 정치적인 혼란과 경제적 빈곤 때문에 전체적인 위

* 원불교 스스로 자기 교단을 자랑스럽게 일컫는 표현—편자.

생상태가 전보다 오히려 나빠진 곳도 많습니다.

따라서 21세기는 저절로 밝아지는 것이 아니라 '선후천교역기(先後天交易期)'의 혼란 속에서 후천개벽의 일꾼들이 제 몫을 다하기까지는 20세기의 암흑이 지속되고 더러는 더욱 짙어지리라는 비장한 각성이 필요하지 않은가 합니다.

박혜명 20세기까지 세계적 힘의 구조(군사·경제·종교 등)는 대립적이고 수직적인 권력형 구조의 특징을 가지고 있다면 21세기는 점차 상호연계적인 협력의 수평적 구조, 특히 경제와 문화의 영향력이 커진다고 예측하는 분들이 많이 있습니다. 이것은 한편 모든 사회와 국가에 있어서 '새로운 가치관'의 변화를 예고하는 듯합니다. 21세기에 부각될 이러한 가치관 변화에 대하여 평소의 생각을 말씀해주십시오.

백낙청 경제와 문화의 힘이 더 커진 시대가 왔다는 점에는 대체로 동의합니다. 그러나 그것이 곧 수평적인 협력의 구조가 자리잡았다는 뜻은 아니라고 봐요. 경제의 시대라는 것은, 쉽게 말해 옛날에는 총칼과 같은 무력이 더 힘을 썼는데 이제는 돈의 힘이 더 커졌다는 뜻일 텐데, 적나라한 폭력이 난무하던 때에 비해 한 걸음 발전한 것이라고 볼 수는 있겠지만 그만큼 '돈의 병'이 깊어졌다는 의미도 되거든요. 문화의 영향력이라는 것도 기본적으로 돈이 지배하는 세상이 지속되는 한은 경제전쟁의 도구로 쓰이는 문화일 뿐이지, 진정한 문화가 인간을 인간답게 교화해서 총칼의 폭력이든 돈의 폭력이든 일체의 폭력이 사라진 밝은 삶을 살게 해주는 것과는 거리가 멀다고 봅니다. 따라서 저는 문화가 힘을 제대로 발휘하기까지는 아직도 갈 길이 멀다고 생각합니다.

박혜명 그렇다면 문화가 어떻게 하면 물질의 도구로 사용되지 않고 우리 모두가 인간답게 살 수 있는 나침반으로서의 역할을 할 수 있을까요? 특히 지금 우리가 살아가는 시대는 예를 들어 결혼관만 하더라도 지금 50대 이상의 세대들에게 있어서는 필수로 여겨지던 것이 요즘 젊은 신세대들에게는 선택으로 받아들여지고 있지 않습니까? 굳이 결혼은 하지 않더라도 아이는 갖고 싶다고 하는 신세대들도 적지 않습니다. 우리는 혼란이라고 하는데 또 그들은 혼란이라고 생각하지 않거든요. 가치관의 차이랄까…… 여하튼 사회적인 책임만도 아니고 개인·가정·사회 등 모든 관계들이 다 연결고리를 가지고 있지 않느냐 하는 생각을 하는데, 종교인으로서 이들에게 어떤 가닥을 잡아주어야 할 책임 같은 것들이 있다는 생각인데요.

백낙청 저도 구세대니까 신세대의 생활이나 가치관 문제를 제대로 판단할 자격이 있는지 모르겠습니다. 확실히 우리가 혼란이라고 생각하는 것을 당사자들은 전혀 혼란이라고 생각하지 않는다는 문제가 있습니다. 그런데 이 경우에 우리가 따져볼 일은, 한편으로 물질개벽이 극에 달한 시대라서 혼란을 혼란으로 인식하는 능력마저 유실되어가는 측면이 있을 것이고, 다른 한편 그들이 혼란이 아니라고 생각하면 실제로 혼란이 아닌 것인데 구세대가 공연한 걱정을 하는 면도 있을 법하다는 생각입니다. 이런 상황일수록 종교인의 기본 임무는 진리를 깨쳐서 밝은 혜두(慧頭)로 진짜 혼란과 가짜 혼란을 가려내는 일이겠지요.

박혜명 21세기 원년에 정산종사님의 탄생 1백주년 기념행사가 치러지게 됩니다. 삼동윤리(三同倫理)를 중핵으로 하여 종교간의 협력과 인류의 공헌을 강조한 높은 뜻을 오늘에 부각시켜 실현할 수 있는 방법은 매우 많을 것입니다. 특히 20세기에 보여준 종교들의 부정적인 측면이라면 대립과 선민의식이 바탕한 교세확장주의 성향이라는 지적이 있습니다. 그러나 21세기는 인류의 공헌에 중요성을 두어 타종교와 대화의 문을 열고 화합과 협조의 길로 들어설 경향이 높다는 매우 긍정적인 낙관론의 입장도 있습니다. 21세기에 요청되는 모범적 종교의 자세에 대하여 말씀해주십시오.

백낙청 특정 종교에 소속되지 않은 입장에서 보면, 삼동윤리의 골자는 너무나 당연한 이야기요 별로 새로울 것도 없는 이야기로 들릴 정도입니다. 물론 정산종사께서 평생을 연마하다시피해서 내놓으신 가르침인만큼 그렇게 뻔한 이야기일 리야 없지만, 가령 동원도리(同源道理) 즉 세상 모든 종교의 진리가 근원으로는 하나라는 말씀만 하더라도 종교가 없는 사람보다 특정 종교에 속한 사람에게 도전이 되는 말씀이지요. 그런데 원불교인이나 원불교 학자들 스스로가 그게 얼마나 무서운 말씀인가를 실감하지 못하고 있는 듯한 인상도 더러 받습니다. 물론 여산(如山) 류병덕(柳炳德) 박사님이 '삼동윤리의 해석학'을 제창하면서 쓰신 글을 보면 이것이 단지 교단주의에 대한 경종만이 아니라 종교의 울 자체를 넘어서기를 요구하는 새로운 윤리라는 문제제기가 있습니다만, 제가 보기에도 삼동윤리사상은 선민의식에 바탕한 교세확장주의에 반대되는 정도가 아니라, 또는 교단주의에 대한 비판을 담은 정도라 아니라, 어찌 보면 교단 자체의 존재이유에 대한 도전으로 해석될 소지마저 있어요.

삼동윤리 법문의 도전성

물론 정산종사는 원불교 회상을 건설하고 키우시는 데 일생을 바친 분이신데 교단의 존재이유를 문자 그대로 부정하셨을 리는 없지요. 그러나 삼동윤리 법문 자체로만 본다면 모두가 '한 집안 한 권속 한 일터 한 일꾼'인데 굳이 어느 종단에 속할 이유가 어디 있느냐는 반문이 가능하지 않겠습니까? 그래서 저는 이 삼동윤리가 곧 원불교 교단의 존재이유를 부정한 것은 분명 아니지만 동시에 원불교를 포함한 모든 기성 종교조직에 속한 사람들로 하여금 과연 내가 이 조직에 속할 필요가 있느냐는 끊임없는 물음을 강요하는 도전장으로 남아 있다고 봅니다. 원불교인의 입장에서 볼 때 원불교 교단이 있어야 삼동윤리를 제대로 전파할 수 있겠지만, '한 일터'에서 '한 일꾼' 노릇을 잘하는 것이 긴요하지 원불교의 명패를 달았느냐 안 달았느냐가 핵심은 아닌 거지요.

또 하나, 저는 '윤리'라는 말도 심상히 볼 문제가 아니라고 믿습니다. 여기서 말하는 윤리가 계문 식으로 무엇은 하고 무엇은 하지 말라고 선악시비를 재단하는 뜻이 아니라, 오히려 종교라는 말을 대신할 수 있는 표현으로 윤리를 택하신 게 아닌가 해요. 한마디로 기성종교의 어떤 특별한 교리를 신봉하기보다 누구나 얻을 수 있는 깨달음과 이에 따른 취사를 중시하는 태도지요. 다시 말해서 종교와 종교 사이의 울을 트는 문제만이 아니라 종교와 비종교 간의 구획에 대한 통념에까지 도전하는 말씀이 아닌가 하는 것입니다.

삼동윤리가 비종교인에게는 오히려 너무나 당연한 말로 들린다고 앞서 말씀드렸는데, 물론 곱씹어보면 비종교인에게도 결코 뻔한 이야기는 아닌 대목이 많습니다. 가령 '동원도리'에 대해서는 이 세상의 모든 종교를 다 '일원으로 통일'하자고 『정산종사 법어』 도운편에 나와 있는데, 이건 종교를 원불교로 통일하자는 말씀이라기보다 일원의 진리를 깨달음으로써 종교간의 대화와 회통을 이룰 수 있다는 말씀이겠지요. 그냥 여러 종교가 대화하며 사이좋게 지내자는 무난한 이야기는 결코 아닌 것입니다.

동기연계(同氣連契)도 그렇지요. 모든 생령과 인류를 '평등으로 통일'하는 데 앞장서라고 하셨는데 현실세계에서는 이 평등문제처럼 골치 아프고 갖가지 저항을 야기하는 문제가 또 없거든요. 이 시대의 인류가 떠안은 엄청난 역사적 과제입니다. 동척사업(同拓事業)에 대해서는 '세계의 모든 사업을 중정(中正)으로 통일'해야 한다고 하셨으니까 이것 역시 기존의 정치양태를 완전히 혁파해야 한다는 주장에 다름아니지요. 결론적으로 저는 종교인이든 비종교인이든 삼동윤리 무서운 것부터 알자고 말하고 싶습니다.

박혜명 교수님 말씀은 삼동윤리가 자칫 타종교나 타종교인에게 도전받을 요소를 안고 있고, 더 나아가서는 원불교의 존재 이유마저도 도전받을 요소를 담고 있다는 말씀이 아닌가 싶습니다. 그렇다고 해서 입교를 중심으로 한 교화를 소홀히할 수도 없는 처지에서 경우에 따라서는 교단주의라는 것도 궁극적인 목표를 위해서는 부분적으로 필요한 것 아니냐 하는 그런 생각을 하기도 합니다. 원불교의 주체성 내지는 정체성을 살려가면서도 이러한 교단주의에서 발생하는 문제들을 최소화시킬 수 있는 묘안은 없는지 알고 싶습니다.

백낙청 물론 저 자신도 교단의 존재이유를 부정할 생각이 없고, 교단이 소중하다 보면 교단주의도 부분적으로 긍정할 여지가 있다는 데 동의합니다. 그러나 우리가 무슨무슨 '주의'라고 할 때는 그 자체가 목적이 된 점을 비판하는 뜻이 있잖습니까? 엄밀히 말하면 역시 교단주의는 삼동윤리를 저버리는 자세라고 봐야겠지요. 교단을 키우되 어떻게 교단주의에 빠지는 걸 피해가느냐, 이게 바로 삼동윤리를 내세우는 교단 특유의 딜레마라고 하겠는데, 저로서는 그 딜레마를 피해 달아나기보다 그 한복판에 자리잡고 살아가는 것이 어떤 점에서는 바로 원불교의 정체성(正體性)이 아닐까라는 말씀을 드릴 수 있을 따름이지요.

박혜명 한국은 아직도 교단주의적 종교의 형태가 많고 더욱 타종교의 교리나 신앙·수행 방법을 인정하여 높은 종교적 경지에 도달하기 위해 적극 수용하려는 태도보다는 '유일한 구원의 종교, 오직 이 길뿐인 신앙·수행'이 강조되고 있습니다. 그러나 세계는 한층 높은 교리, 실용적이고 현실적이면서 주체적인 종교인이 되려는 사람이 많아지고, 종교들도 그것을 당연히 인정하며 때로는 권하고 있기도 합니다. 그래서 심지어 종교가 다른 사람들끼리 모여 공동체를 이뤄 살면서 상대 종교에 대하여 결코 거부하지 않는 모임이 생겨나기도 합니다. 이것은 과거의 신앙촌 중심의 공동체 마을 형태가 범종교적 신앙촌의 공동체 마을로 발전한 것으로 보입니다. 이러한 경향에 대하여 어떻게 생각하십니까? 지난여름에 프랑스의 '떼제(Taizé) 공동체'를 방문하셨다고 들었는데 방문한 감상도 덧붙여주시면 감사하겠습니다.

백낙청 서로 다른 종교를 가진 사람들의 공동체라는 것이 어떤 차원이

나 규모인지 잘 모르겠습니다만, 지속적인 공동생활을 하는 경우는 종교가 아예 다른 사람들이 많이 모여 사는 건 좀 비현실적이 아닐까 해요. 떼제 공동체만 하더라도 종교간의 대화와 화해를 추구하면서 종파를 초월해서 모이기는 했지만 잠시 훈련차 다녀가는 인구가 아닌 항구적 성원들은 모두 그리스도인들이거든요.

사실 떼제에 관해 제가 아는 건 많지 않습니다. 지난여름 프랑스에 잠시 여행 갔다가 빠리교당 신세를 톡톡히 졌는데 그곳 교무님들이 차편까지 제공해주셔서 떼제 마을을 하루 다녀온 것뿐이지요. 다행히 그곳에서 생활하는 한국인 수사(修士, 천주교 수도원의 수사가 아니라 떼제 공동체에서 정남생활을 함께하기로 서약한 분들을 수사라고 부른다) 두 분을 만나 떼제에 대한 설명을 비교적 자세히 듣기는 했지만요. 아무튼 수사들은 모두 그리스도교도지만 신·구교와 종파의 차이를 넘어 모여 살고, 세계 각 곳에서 찾아오는 수많은 사람들에게 일정 기간 공동체생활의 기회를 제공하는데 이때 영성과 화해정신의 체험을 나누고자 할 뿐 일체의 선교활동을 않는다는 원칙을 지니고 있더군요. 어찌 보면 정산종사님의 삼동윤리사상을 모범적으로 실천하고 있다는 생각도 들었습니다.

탈종교적 공동체를 통한 교조정신 회복

원불교 같은 데서 이런 활동을 좀 본격적으로 해보면 좋겠다는 생각도 해보았지요. 공동체를 운영하든 훈련원을 운영하든 원불교인이 주체가 되어 운영하고 프로그램을 만들되, 찾아오는 사람은 세계 방방곡곡에서 오도록 하고, 특히 요즈음 문제가 되고 있는 '청소년'들이 모여들어 일원정신 내지는 삼동윤리정신을 체험하고 각자 사는 곳으로 돌아가서 자기식으로 활동하게 하는 겁니다.(원불교 완도 청소년 훈련원에서는 1년에 약 7~10만여 명의 청소년들을 삼동윤리정신에 입각하여 훈련시키고 있음) 다만 떼제처럼 포교를 일절 하지 않는다는 원칙을 원불교 전체가 따를 수는 없겠지요.

떼제가 그럴 수 있는 것은 이미 그리스도교가 막강한 세계종교로 자리를 잡고 있고 수많은 인구가 기독교 성경을 읽어서 이미 인류적 교양의 일부가 되어 있기 때문인데, 원불교는 그런 바탕이 없는만큼 스스로 교화사업을 안한다면 탈종교적 사업의 기반조차 생겨날 수가 없지요. 하지만 외국의 그리스도교 공동체에서 삼동윤리의 충실한 실행이 이뤄지고 있는 모습을 참고할 필요는 있다고 봅니다.

박혜명 원불교는 교화·교육·자선·복지·문화·의료·훈련·사업 등의 방면으로 꾸준히 한국사회 및 국제사회에서 활동해왔습니다. 이 활동은 대부분 출가 교무들이 주축이 되었으나 재가들과 함께 균등한 위치에서 추진돼왔다고 생각합니다. 그런데 이러한 방면의 활동에서 '교무들의 전문화'가 강조되고 때로는 '전문교역자'의 인상을 주기도 합니다. 곧 교역자의 부문별 직업화 성향이 두드러지게 나타난다는 것입니다. 원불교를 비롯하여 많은 종교에서 21세기는 더욱 이러한 체계적이고 공인되는 형태의 '전문교역자' 제도가 시행될 것으로 보입니다만 부정적인 측면이 결코 없는 것은 아닙니다. 각 종교 교역자의 전문적인 활동에 대하여 어떻게 생각하십니까?

백낙청 글쎄요. 그러한 논의가 진행되는 교단 내부의 맥락에 어둡기 때문에 무어라 말해야 좋을지 모르겠습니다. 다만 저와 관련된 전문분야가 있다면 하나는 『원광』 잡지와 또 하나는 원광대학교가 있겠는데…… 구체적으로 그 분야에서 교역자들이 어떻게 해야 한다는 식의 말씀은 드릴 수 없지만 잡지든 대학이든 그 나름대로 훨씬 더 전문성을 갖고 한국의 잡지계와 대학사회, 더 나아가서는 전세계의 문화계, 교육계에서 원불교의 독자적인 목소리를 낼 수 있어야 하지 않겠는가 하는 생각은 더러 해봅니다.

가령 『원광』지 같으면 이것이 원불교 교도들만 읽는 잡지가 아니라 시대에 앞장서가는 지식층이라면 누구나 참조하지 않을 수 없는 그런 잡지로까지 성장해야 후천개벽 교단의 잡지로서 면목이 서지 않겠어요? 대학의 경우도 마찬가지예요. 원광대학교가 원불교학뿐 아니라 다른 많은 분야에서 세계적인 일류 대학이 되어야지요. 사실 우리나라처럼 모든 것이 서울로만 몰리고 대학사회는 서울의 명문대학 집중현상이 과도한 현실에서 사립 지방대학이 처한 어려움은 이루 말할 수 없지요. 그런 어려움에 비추어 원광대학교가 그만큼 자라서 좋은 평판을 유지하는 것이 대단한 성과이긴 합니다. 하지만 정법회상을 자처하는 교단의 주력 대학이라고 한다면 이야기가 달라지지요. 그런 잣대로 본다면 심지어 원불교학에서조차 그 소임을 다하고 있는지 의심스럽습니다.

물론 제가 원불교학자님들의 업적을 소상히 알고 있는 것도 아니고 읽은 논문들을 제대로 평가할 능력도 없습니다만, 넓은 의미의 동업(同業)으로서 받은 인상은 가령 일선 교무님들이 사무여한(死無餘恨)의 정신으로 나서시는 것 같은 기운이 담긴 논저가 많지는 않은 것 같아요. 이것이 '전문교역자' 제도의 정비를 통해 해결할 문제인지, 정비한다면 어떻게 정비할지는 모르겠습니다만 어쨌든 전문적인 분야에 종사하는 이상 최대한의 전문성을 갖추도록 노력하는 것은 원불교도로서의 의무이기도 하리라고 생각됩니다.

전문교역자의 양성이 앞으로 불가피한 추세라고 한다면 그런 전문화에 따른 문제점들에 대한 배려가 당연히 따라야겠지요. 가령 전문화로 인해 원불교인으로서의 기본자세 또는 전인적인 교양이 약화되는 문제를 예상할 수 있지요. 그 대응책으로 한 가지 생각할 수 있는 것은 교도들, 특히 출가 교역자의 훈련을 강화하는 일입니다.

가령 조계종을 비롯한 불교의 대다수 종단에서는 겨울·여름 석 달씩 '안거(安居)'기간을 두어서 1년에 절반을 정기훈련으로 보내는 경우가 상례인데, 물론 그 훈련내용이 편벽된 바 없지 않으며 이 바쁜 세상에 일년에 절반을 그렇게 보내는 게 너무 한가한 느낌이 들고, 일반적으로 상시훈련이 너무 약하다는 비판을 면키 어렵습니다만, 어쨌든 전문화의 진전과 더불어 공동훈련이 강화될 필요가 있을 듯싶습니다. 또 한 가지는, 대학 이야기의 연장이기도 한데, 대학과정에서 수준높은 인문교육을 받음으로써 장차 어느 분야의 전문가로 나가든 전인적 교양의 바탕을 잃지 않을 저력을 길러주는 것이겠습니다.

박혜명 원불교는 중앙총부→교구→각 기관·교당이 중앙집권적 조직체계를 갖추고 좀더 효율적으로 교화를 이끌어내고자 하고 있습니다. 그러나 이것이 통일적이고 체계적인 결과를 기대할 수 있는 반면 사람들의 다양한 종교적 성향(욕구)에 부정적인 반응을 얻을 수 있다고 봅니다. 원불교의 교단구조와 맞물린 21세기 교화 형태에 대한 올바른 방향을 찾고 있습니다. 풍요로운 문명의 시대, 예측하기 어려운 급변하는 시대, 개인의 주체적인 종교활동이 존중되는 시대, 다양한 계층들이 서로 넘나드는 시대에 원불교 교화는 장차 어떠한 방향으로 발전되어야 하겠습니까?

백낙청 교단의 조직체계가 어느 정도 중앙집권화되어야 하고 또 어느 정도 지방분권화되어야 하는가는 제가 말씀드릴 수 있는 사안이 아닌 것 같습니다. 다만 시대가 발전하고 사회가 복잡해질수록 거기에 부응할 신축성있는 교단조직이 필요하다는 일반적인 원칙에는 공감합니다. 획일화의 우려는 중앙집권화 자체에서 오기도 하고, 현대사회에서는 주거지역과 활동근거지가 일치하지 않는 경우가 점점 많아지는데 이에 부응하는 교화방법의 다양성을 개발하지 못하는 데서도 올 수 있다고 봅니다.

그리고 한 사람이라도 더 많은 교도를 확보한다는 양적 기준에 치중하다 보면 획일화의 위험에 둔감해지는 것이 사실이지요. 교도 수가 얼마다라는 식의 양적 계산으로는 교단이나 교도가 사회에 직접간접으로 어떤 영향을 미치고 있는가라는 좀더 중요하고 미묘한 문제를 제대로 포착할 수 없거든요.

양적 교세보다 종교의 사회 영향력이 중요

저는 교도 수를 늘리는 일을 가볍게 보자는 입장은 아닙니다만, 가장 큰 목표는 역시 원불교의 정신이 이 세상을 균등하고 평화롭게 만드는 데 얼마나 영향을 끼치느냐는 것이라고 믿습니다. 일단 큰 목표를 거기에 두고 그 목표에 맞는 만큼의 중앙집권, 그 목표에 맞는 만큼의 분권화를 추진해서 그야말로 중도를 얻는 것 외에 다른 길이 없겠지요.

예수께서 제자들에게 "너희는 세상의 소금이니 소금이 그 맛을 잃으면 무엇으로 짜게 하겠느냐, 너희는 세상의 등불이니 등불이 그 빛을 잃으면 무엇으로 밝게 하겠느냐"라고 말씀하신 바 있지요. 이 말씀이 그리스도인의 선민의식을 자극하는 말로 받아들여져서 부작용을 낳는 일도 없지 않습니다만, 진리를 따른다는 사람들이 목표할 바를 잘 밝혀준 말씀이라 생각됩니다.

그런데 저는 예수님의 이 비유를 문학비평가식으로 수용해서, 소금이 맛을 내는 데 절대적으로 필요하다는 사명감도 중요하지만 소금이란 게 너무 많아도 음식 맛을 버리고 건강마저 해칠 수 있는 게 아니냐, 등불이 한두 개만으로도 훨씬 큰 면적을 밝게 만들지만 너무 많다 보면 자칫 화재가 발생할 수 있는 게 아니냐, 이런 식으로 다소 삐딱하게 풀이해보기도 합니다. 아무튼 예수님의 본의가 양적인 교세팽창보다는 사람을 바꾸고 세상을 바꾸는 효력과 권능에 있었다는 점은 분명하다고 봅니다.

박혜명 『대종경』 전망품에는 "돌아오는 세상이야말로 참으로 크게 문명한 도덕세계요. 정신적 방면으로는 장차 세계 여러 나라 가운데 제일가는 지도국이 될 것이니……"라는 예시적 내용이 나타납니다. 한국은 IMF 금융구제 상황 하에서 전 국민적 합력으로 점차 회복의 길에 들어서고 있다는 평가를 받고 있습니다. 그러나 현정부의 강력한 대기업 구조조정에서 비롯되는 여러가지 경제적 파장, 내년 국회의원 선거를 겨냥한 집권 여당의 신당창당 및 야당의 거부 움직임에서 예상되는 대립구조의 정치양상, 북한과의 단계적 평화통일 노력 등이 매우 불안한 조짐을 보이기도 합니다. 전망품의 법문과 연유하여 미래 한국의 상황에 대하여 어떻게 전망하고 계신지 궁금합니다. 또한 원불교에서 어떠한 입장과 태도로써 대사회적 참여를 했으면 하는지 허심탄회한 말씀을 듣고자 합니다. 박사님께서는 1970년도와 1980년도의 민주화운동에 원불교가 매우 소극적인 자세를 취했다고 문제제기를 한 바도 있으신데 더 자세한 입장을 듣고자 합니다.

백낙청 전망품의 법문에 관해서는 오히려 제가 여쭈어보고 싶은데요. 대종사님께서는 이 나라가 장차 정신적으로는 세계에서 제일가는 지도국이 되리라고 말씀하셨는데, 실제로 그렇게 되리라고 보시는지, 된다고 한다면 그것이 언제쯤이나 되리라고 생각하시는지, 박혜명 교무님뿐만이 아니라 교단 어른들은 어떤 말씀을 하시는지 여쭙고 싶습니다. 이 나라가 장차 세상의 중심국이 된다는 식의 예언은 옛날부터 무수히 있었고 일부 다른 종교에서도 하고 있습니다. 또 그 비슷한 생각을 다른 나라에서도 얼마든지 찾아볼 수 있지요. 가령 얼마 전에 들은 이야기인데, 터키 같은 데서도 21세기는 터키의 세기가 되리라고 주장하는 범터키권 재건운동이 상당한 세력을 얻고 있다고 해요. 방금 말씀하신 대로 우리 사회가 문제점 투성이지 않습니까? 그런데 이런 나라가 어떻게 세계의 정신적인 지도국이 된다는 걸까요? 이런 예언에 대해 교단의 어른들이나 교무님 자신은 어떻게 생각하시는지요?

이 나라가 세계의 정신적 지도국이 될 수 있는가

박혜명 제가 교단 어른들의 말씀을 대변할 수 있는 능력은 없지만 제

개인적으로는 이렇게 생각합니다. 부잣집 아들이라고 해서 스스로 노력을 하지 않고 가만히 앉아 있어서는 선대가 물려준 그 재산을 다 지키지 못할 것입니다. 복이 와도 그 복을 받을 준비가 되어 있어야 그 복을 받을 수 있을 것입니다. 따라서 소태산 대종사님께서 전망품 말씀에 이 나라가 장차 정신적 지도국이 된다고 하셨지만 아무리 좋은 법이, 좋은 기류가 온다고 해도 달려가는 말을 잡아채서 타는 사람이 기수가 되는 것처럼 아무리 좋은 말이라도 탈 줄 모르는 사람은 낙마하기 마련이지 않겠습니까? 따라서 먼저 깨닫는 사람이 미륵불이요 처처불상(處處佛像) 사사불공(事事佛供)의 대의가 드러나는 용화회상을 만들어가기 위해서는 스스로 노력하고 또한 대종사님 가르쳐주신 교법을 얼마나 실천하려고 하는 의지가 있느냐, 없느냐, 또 그것을 얼마나 사회화하느냐, 못하느냐에 따라 달라질 문제라고 생각합니다. 교법 실현을 제대로 하고 대종사님의 정신을 제대로 받드는 그런 사람들이 많아질 때에는 당연히 세계의 지도국이 될 수 있지 않겠습니까? 스스로 노력하지 않고 절대로 그렇게 될 수 없다고 말씀을 드리고 싶습니다.

백낙청 그렇지요. 좀 막연한 이야기지만 소태산의 제자로 자처하는 사람이라면 다른 가르침과 마찬가지로 그분이 제시하신 공부법에 따라 연마를 해야 한다고 봅니다. 즉 우선은 믿는 거지요. 그러고는 난들 그 주인공이 못될 이유가 어디 있느냐는 분심(忿心)을 내야겠고, 이어서 의심을 할 줄 아는 게 중요하다고 봅니다. 대종사님 말씀이니까 무조건 믿는다는 데 그치고 말면 이건 맹신이요 타력신앙으로 되돌아가는 것이지요. 제가 다른 여러 나라에도 비슷한 예언이 많은데 왜 유독 한국에 대한 예언만이 적중하겠느냐는 의문을 제기했는데, 이것이 신(信)과 분(忿)에 이은 의(疑)의 과정에 해당한다면 공부 길에서 벗어나는 바 없을 것입니다.

또 지금 우리나라가 안고 있는 온갖 문제점들을 냉철하게 직시하면서 '과연 이러고도 지도국 운운하는 게 가당한가'라든가, 도대체 어느 한 나라가 지도국이 된다는 발상 자체가 낡은 시대의 패권주의적 발상이 아닌가라는 의문도, 그런 공부의 맥락에서는 정당한 의심이라고 하겠습니다. 물론 전망품의 말씀이 세계를 지도국과 피지도국으로 국가간의 서열을 매기는 발상이 아닌 건 더 말할 나위 없습니다만. 그러나 가장 중요한 것은 이런 의심이 난다고 해서 애초의 신심과 분심을 포기하지 않고 간단없는 마음으로 이루어나가는 것, 즉 성(誠)이지요.

실제로 성심을 갖고 매진하다 보면 우리나라의 형편이 반드시 한심한 것만은 아니라는 점이 점차 드러난다고 생각합니다. 앞에서 21세기 초엽의 세계가 더욱 혼탁해지기 쉬우리라는 말씀을 드렸는데, 몇 가지 점에서 한국이 예외가 될 가능성이 있다고 봅니다.

첫째로 개인이든 사회든 너무 잘살거나 너무 못살면 방향감각을 잃기 쉬운데 한국은 너무 잘살지도 않고 참혹할 정도로 못사는 사회도 아닌 점이 우리 모두가 원(願)을 크게 세우고 올바르게 세우는 데 유리한 바가 있습니다. 둘째로는 제일 큰 원이야 성불제중(成佛濟衆)이겠지만 큰 원을 그날그날의 작은 일거리와 연결지어주는 중간목표들이 구체적으로 드러나야 되는데, 우리 경우에는 분단체제를 극복하고 한반도에 좀더 균등하고 평화로운 사회를 만들어야 한다는 과제가 당면한 단기사업과 용화세계 건설이라는 장기사업을 적절히 연결시켜주고 있어요. 분단이 우리 역사의 큰 불행이긴 하지만 우리처럼 단기·중기·장기 사업이 자연스럽게 연결되어 공부하기 좋은 처지도 오늘날 세계에서는 만나보기 쉽지 않지요.

더 적극적으로 사회현실에 대응해야

원불교의 현실참여 문제에 대해 질문하셨는데 70년대, 80년대 반독재 투쟁이 한창 격렬할 때 원불교가 천주교나 개신교, 심지어 불교에 비해서도 현실참여가 부족했다는 말을 저 자신도 한 적이 있고, 『원광』을 보니까 고은 선생도 대담에서 그런 이야기를 하셨더군요. 그런데 이걸 원불교를 비난하는 말로 받아들이실 건 아니에요. 원불교가 타종교에 비해 교단의 연조도 짧고 절대적인 교세도 약하지 않습니까? 게다가 기독교 같으면 외국 쪽의 정신적 지원은 물론 많은 경우 인적 · 재정적 지원까지 있었거든요. 그렇기 때문에 저는 반독재투쟁에 원불교가 그 사람들과 똑같이 싸우길 기대하는 것은 무리라고 봅니다. 다만 현실적으로 그랬다는 것을 사실로서 인정할 필요는 있고, 동시에 종교가 성장하려면 역시 그 시대에 가장 열정적이고 헌신적인 젊은이들의 마음을 사로잡는 것이 중요하다는 점을 교단으로서도 인식할 필요가 있다는 겁니다.

그런데 원불교는 교리에 법률은(法律恩)이라든가 정교동심(政教同心)이라는 개념이 있어서 이를 해석하기에 따라서는 실정법에 대한 지나친 존중이랄까 기존 권력에 대한 순응주의로 흐를 수가 있을 것 같아요. 『정전』에도 나와 있지만 법률은이라고 할 때의 법률이라는 것은 '인도 정의의 공정한 법칙' 을 말하는 것이지 실정법을 의미하는 것은 아니잖아요? 실정법이 정의에 어긋난다 할 때에는 오히려 죽기로써 저항을 하는 것이 곧 법률보은이 되지요. 정교동심이라는 것도 저는 상당히 의미심장한 법문이라고 봅니다. 정교동심은 근대 이전의 정교일치(政教一致) 또는 제정일치(祭政一致)와 다르면서 이를 타파한 근대민주주의사회에서 정치와 종교의 완전한 분리 내지 상호불간섭주의에 안주하는 자세와도 다릅니다. 근본적으로 교(教)는 일원정신을 바탕으로 삼고 정(政)은 중정(中正)에 기반함으로써 동심(同心)을 이루자는 거지요. 동체(同體)는 아니고요. 정부나 정권에 대한 일방적인 복종이 아닌 건 더 말할 것도 없지요.

박혜명 21세기와 관련하여 원불교의 교화·교육·자선의 3대 방향과 대사회적 활동은 여러 측면에서 현재 검토되고 있으나 분명한 것은 이제야 겨우 교단이 대사회적 방향과 체제를 어느정도 갖추고 거의 시작 단계의 활동, 즉 인권·여성·환경·문화운동 등을 하고 있다는 점입니다. 타종교를 비롯하여 종교의 직접적인 대사회적 활동이나 원불교에서 기대하시는 점이 있다면 말씀해주십시오.

백낙청 저의 집안에 원불교 여성회장(한지성 교도, 종로교당, 광운대 교수)이 있어서 가정생활에 다소는 피해를 보고 있긴 합니다만(웃음) 원불교의 여러 사회운동의 전반에 대해서는 어떻게 전개되고 있는지 잘 알지 못합니다. 다만 욕심을 내서 주문을 한다면 이러저러한 좋은 일을 남들도 하니까 원불교에서도 한다는 데에 만족하지 말고 원불교의 교리와 정신에 바탕을 둠으로써 어떻게 그 좋은 일들을 훌륭하게 해낼 수 있는지를 이론과 실천의 모든 면에서 보여주었으면 하는 것입니다. 여성운동의 경우에는 원불교가 교리에서 이미 남녀평등에 관해 매우 선진적이기 때문에 전체 여성운동의 방향설정에 공헌하기가 쉽게 돼 있다고 봅니다. 현실적으로는 평등교리 때문에 싸울 의욕이 덜 나게 되는지도 모르지만요.

여성운동에도 기여할 바 많은 원불교의 남녀평등론

아무튼, 교리가 앞서 있다고 해서 그것을 그냥 내세우기만 해서는 성리(性理)가 빠진 일반 사회운동에 그치겠지요. 예컨대 사요 중 '자력양성'에 대한 구체적인 내용을 보면 절반 이상이 남녀의 차별을 없애는 이야기입니다. 더구나 교단 초기에는 바로 '남녀권리동일'이 사요의 첫 조목이었던 것으로 압니다. 그런데 이것이 '자력양성'으로 바뀐 것을 어떻게 볼 것인가, 이것도 한번 연구해볼 만한 일입니다. 사요의 하나로 남녀권리동일을 지금까지 내걸고 있으면 세계종교사상 유례없는 일로서 여성운동 하는 분들이 기운이 더 날 것 같은데, 자력양성으로 바꾸면 아무래도 그런 맛이 없지요.

그렇다면 여성운동의 관점에서 이것을 후퇴라고 보고 섭섭해해야 할 것인가? '남녀권리동일'이 좀 너무 튀는 감이 있어 정전 편찬과정에서 타협했을 가능성도 생각할 수 있지만 저는 그런 것은 아니지 싶습니다. 애초에 남녀권리동일 조목을 내세운 것은 당시 남녀불평등이 우리 사회에서 워낙 심각한 문제였고 남녀를 불문하고 자력양성에 심각한 장애가 되는 것이었기 때문이었지만, 세계종교로 발돋움하는 교단의 앞날을 위해 교전을 재정비하는 싯점에서는 그 기본취지인 자력양성을 내세운 것이 적당했다고 생각합니다.

사실 남녀평등을 주장하는 오늘날의 여러가지 이론 가운데서 아마 가장 힘을 쓰는 이론이 근대 서구에서 나온 개인의 권리 개념인데, 그것이 일면 타당성이 있지만 그에 따른 부작용도 만만치 않아요. 인간 개개인을 하나의 원자화된 알갱이로 설정하고 그 개체마다 이런저런 것을 할 수 있는 동일한 권리가 있다고 규정하는 것이 과연 올바른 인간관인지 의문이지요. 적어도 불교적인 인간인식과는 거리가 있습니다.

남녀의 권리가 부동(不同)한 것이 나쁜 것은 결국 사람은 누구나 자력을 길러서 평등사회의 주인 노릇을 해야 마땅한데 남녀차별이 그에 장애가 되기 때문이지, 무조건 매사에 누구나 동일권리를 행사해야 된다면 지자본위(智者本位)의 원칙에도 어긋날뿐더러 평등사회가 이뤄질 리도 없는 것입니다. 이렇게 본다면 원불교의 남녀평등론은 여성 교역자의 대대적인 활약이나 수위단의 남녀동수 구성 같은 실행상의 모범을 보여주었을 뿐 아니라 여성운동 이념의 정립에도 기여할 바가 많다고 하겠습니다.

박혜명 고도로 발달된 문명의 풍요 속에서 인류의 정신적 양식을 제공해왔던 기성종교들이 많은 변화를 보이고 있습니다. 그중에서 신이나 절대자의 권능에 치중했던 종교들이 이제는 개인의 영성계발이나 주체적인 신앙, 또는 소외계층을 위한 복지사업 등에 많은 관심을 보이고 있습니다. 특히 미국이나 유럽 등의 선(禪)불교 운동이 많은 각광을 얻고 있는 것이 예라고 하겠습니다. 이러한 경향을 원불교 교화와 관련시켜 말씀해주시면 감사하겠습니다.

백낙청 유럽에서도 다분히 그렇다고 들었습니다만 미국에서 지금 선이 대단한 붐을 일으키고 있는 것이 사실입니다. 하지만 선뿐만 아니라 여러 갈래의 불교가 많은 사람들의 주목을 끌고 있지요. 제일 먼저 소개된 것이 일본의 선불교였던 까닭에 지금까지도 일본식 선의 비중이 큽니다만 요즘은 티벳 불교가 굉장한 힘을 얻고 있는 것으로 압니다. 그밖에 한국 불교나 남방불교도 진출해 있지요. 불교에 대한 미국인들의 이런 관심에는 좌선과 명상에서 일종의 특효약을 찾는 면도 없지 않고, 이국적인 것, 신비화된 것을 찾는 풍조도 섞여 있습니다. 하지만 다른 한편에서는, 온갖 종류의 불교가 미국이라는 생소한 풍토에 들어와 이 사회의 독자적인 전통과 만나면서 어떤 중대한 변화가 일어나고 있다는 느낌도 듭니다.

원래 서양 사람들이 기독교적인 전통과 과학적인 사고가 몸에 배어 있는 사람들 아닙니까? 그런 사람들과 불교가 만났을 때 과학문명과 양립하고 그리스도교와도 회통할 수 있는 불교가 아니고는 뿌리를 내리기가 어렵지요. 게다가 여러가지 불교가 한꺼번에 들어가니까 불교 전체의 공통점 내지 요체를 간명하게 찾아내려는 노력이 일게 마련입니다. 또 현대인에게는 특별한 소수를 빼고는 산간불교가 맞지 않으니까 생활불교로 나가야 되고요.

세계의 정신 지도할 소임이 있는 원불교

이런 사실들을 종합해보면 원불교와 관련해서 재미있는 결론이 나옵니다. 즉 생활불교, 과학과 양립하며 그리스도교와도 회통하는 불교, 모든 종파불교를 간명하게 통합하는 불교, 이게 바로 원불교가 아니고 무엇이겠습니까? 물론 꼭 원불교라야 한다고 고집할 일은 아니고 앞으로 미국이나 유럽의 불제자 중에서 더욱 그들의 체질에 맞는 회통 교법을 내놓는 사람이 나올지도 모르지만, 아직은 그런 경우가 안 보이는데 원불교에서는 이미 수십 년 전에 그런 기틀이 만들어졌단 말이에요.

지금 미국이나 유럽에 불교가 성행하면서 불교가 객관적으로 떠안게 된 변화를 일찍이 앞지른 종교가 바로 원불교라는 말이 됩니다. 그렇다면 원불교가 넓은 바깥세상의 이러한 변화 한복판에 하루빨리 뛰어들어 이 변화를 바르게 이끌어줄 필요가 더욱 절실해집니다. 물론 실력의 밑받침이 없이 타자녀·타국민을 교육하려는 건 허욕이겠지만요.

박혜명 오랜 시간 동안 대담에 응해주셔서 감사를 드립니다.

백낙청 『원광』의 무궁한 발전을 기원합니다. 미국이나 유럽에서 일어나는 그런 변화에 대해서도 지도인의 소임을 다할 실력을 기르는 데 『원광』이 톡톡히 한몫을 하시기 바랍니다.

| 대담 |

시대적 전환을 앞둔 한국문학의 문제들

백낙청(문학평론가, 서울대 영문학과 교수)
방민호(문학평론가)

방민호 선생님 안녕하십니까? 바쁘실 텐데 귀중한 시간을 내주셔서 감사합니다. 선생님께서는 지난 가을과 올 여름에 걸쳐서 미국에 가 계셨던 것으로 알고 있습니다. 선생님께서는 1972년에 하바드대학에서 로런스 연구로 박사학위를 받으셨고, 그 후에도 종종 미국에서 머무신 적이 있는 것으로 알고 있습니다. 먼저 선생님께 있어서 미국으로의 여행 또는 체류가 갖는 의미는 무엇인지 알고 싶습니다.

백낙청 근년에는 미국에 잠깐씩 여행을 자주 한 편입니다. 그러나 장기 체류는 1972년 이후로 처음이었어요. 26년 만이었지요. 짐작하시겠지만 1970년대 대부분과 80년대 상당부분은 해외여행을 할 처지가 아니었어요. 미국뿐 아니라 어디에도 못 갔지요. 이번에 참으로 오래간만에 1년 동

■ 이 대담은 『21세기 문학』 1999년 겨울호에 수록된 것이다.

안 미국에 머물게 됐는데요. 글쎄요, 체류의 의미를 지금 뭐라고 짧게 정리하기는 어렵겠고, 나로서는 미국에 갔다는 것보다도 한국의 일상으로부터 떠나 조용한 시간을 가질 수 있었다는 것이 가장 뜻깊었던 것 같습니다.

일년 반 동안의 미국 체류—영문학 전공 비평가라는 위치

방민호 제가 이 질문을 먼저 드렸던 이유는 오랫동안 영문학 연구를 해오신 선생님의 문학관, 비평관이 서양이라든가 서구를 접하는 가운데 형성되었다고 보기 때문입니다. 이와 관련되겠습니다만, 저는 비평가로서 선생님의 위치를 최재서(崔載瑞)나 김기림(金起林), 백철(白鐵)의 연장선에서 이해하고 있습니다. 이분들은 일제시대에 일본 쪽 영문학 연구의 영향을 받았다는 점에서 구체적인 사정은 다를 것이라고 생각합니다만. 유종호(柳宗鎬) 선생과 김우창(金禹昌) 선생 또한 그와같은 맥락에서 이해될 수 있겠는데요. 이렇게 보는 것이 필요이상으로 시각을 통역사화하는 것인지 모르겠습니다만, 한국문학 비평에 있어서 영문학 전공자들이 갖는 의미는 단순하게 이해될 수 없다고 봅니다. 근대문학으로서의 영문학과 그 중심화라는 문제를 떼어놓고는 한국문학에서 영문학 전공자들이 했던 많은 역할을 이해하기는 힘들 듯합니다. 영문학 전공자로서 선생님께서는 한국문학과 영문학이라는 문제를 어떻게 이해하고 계신지 듣고 싶습니다.

백낙청 글쎄요. 최재서, 김기림, 백철, 이분들이 모두 다소간에 영문학을 하시고, 평단에서 활약도 하신 분들인 건 사실인데요. 그러나 어떤 면에서는 동렬에 놓기 어려운 분들을 열거한 느낌도 있네요.(웃음) 또 기왕에 영문학을 공부한 비평가를 열거하기로 할 때 나 같으면 김동석(金東錫)도 거기에 끼워넣고 싶어요. 질문을 두 가지 차원에서 생각해볼 수 있겠는데, 하나는 "근대문학으로서의 영문학과 그 중심화"라는 표현을 쓰셨지만 사실은 근대문학에서 꼭 영문학이 중심에 있다고 보기는 어렵습니다. 중심에 있는 여러 문학 중의 하나겠죠. 그러나 일제시대부터 이미 그런 기미가 보였고 지금은 세계적인 대세가 됐는데, 영어를 쓰는 국민들이 지금 근대 세계의 주도권을 잡고 있지 않습니까? 그렇다 보니까 중심부의 다른 근대 문학인 프랑스문학이나 독일문학, 또는 이딸리아문학, 이런 데 비해서도 영문학이 갖는 영향력이 더욱 커진 것이고, 우리가 서양문학을 접할 때 영문학을 통해서 접하는 일이 더 흔해진 것이죠. 그래서 자연히 영문학에 소양을 가진 분들이 한국문학에 그들 나름의 공헌을 하는 일이 잦아진 것이 아닌가 생각합니다. 나도 그중의 하나지만, 경력이 좀 다르다면 달라요. 말하자면 시대도 다르거니와 비교적 어린 나이에 가서 그곳에서 문학공부를 했는데, 영문학 자체를 깊이 공부한 것은 아닙니다만, 당시로서는 현지에서 공부한다는 것이 드문 일이었기 때문에 그 정도로도 영문학자 행세를 하게 되었지요. 그러나 영문학을 하기 위해 유학을 간 것과는 좀 다른 상황이었어요. 영어를 쓰는 사회 속에 어린 나이에 내던져져서 그 안에서 어떻게든 살아남는 일이 우선 절실했어요. 그 과정에서 나중에 영문학을 하긴 했습니다만, 박사학위를 한 것은 귀국했다가 한참 만에 다시 가서였지요. 한국의 문학평론가가 된 것도 외국에서 배운 문학지식으로 우리 문학에 기여한다는 그런 편안한 과정은 아니었다고 봅니다. 어린 나이에 외국생활에 적응했다 귀국하니까 우리 사회로 되돌아와 새로 뿌리내리는 문제가 안겨졌던 것이고, 그런 몸부림의 일환으로서, 한국문학에 관한 평론도 하고 문단 일에 관여도 하며 살아오게 된 것이죠.

방민호 선생님과 같은 연배의 평론가로 김윤식(金允植) 선생이 계십니다. 그런데 두 분의 위치가 아주 묘한 관계에 있다는 생각이 듭니다. 선생님께서는 일찍 외국에 나가서 공부하셨고, 한국문학이라는 것 또는 한국이라는 것을 재확인하는 문제가 매우 중요한 문제로 되었을 것입니다. 반면에 김윤식 선생께서는 오히려 외국문학이라는 것, 외국이라는 것의 이해에 많은…… 집착이라고 할까요? 그런 모습이 있는 듯합니다. 이것은 선생님의 비평세대가 지닌 딜레마를 표현해주는 것이 아닌가 생각되기도 합니다. 앞에서 영문학을 전공한 평론가들의 계보에 김동석을 보충하셨는데요. 그는 매슈 아놀드(Matthew Arnold)에 관심을 갖고 있었던 것으로 알고 있습니다. 선생님의 저작 중에도 매슈 아놀드나 레이먼드 윌리엄즈(Raymond Williams)의 견해가 소개되는 것을 볼 수 있고 그 영향 때문인지 저보다 연배가 있는 영문학 전공의 평론가들 중에 그들을 참조하는 경향이 있는 것으로 알고 있습니다. 그들의 문학비평이 갖는 의미는 무엇인지요?

백낙청 글쎄요. 김윤식 교수에 대한 논평을 요구하신 건 아닐 테고,(웃음) 매슈 아놀드로 말하면 영문학사에서 손꼽는 중요한 비평가지만 그에 대해 새삼 길게 논할 계제도 아닌 것 같군요. 레이먼드 윌리엄즈 이야기도 얼만큼 하는 게 적당할지 모르겠네요. 나 자신 윌리엄즈 글을 『창작과비평』 3호 때부터 소개한 사람이긴 합니다만, 영국의 문학사에 대해 진보적이면서 총체적인 접근을 시도했다는 공헌을 높이 사줄 수 있겠고, 또한 후기로 갈수록 문학연구보다 문화연구, 이른바 컬추럴 스터디즈(cultural studies)를 제창하면서 새 분야를 개척한 인물이기도 합니다. 그런데 나 자신은 아직까지도 문학평론가로 행세하고 있고 또 그 일에 더 충실하고 싶어하는 사람이기 때문에, 문학비평보다 문화연구를 중시한다든가 문학연구를 문화연구 속에 해소하려는 입장에는 동조하지 않아요. 물론 윌리엄즈 자신의 문화연구는 문학에 대한 그의 독자적인 탐구를 통해 수공업적으로 도달한 결과라서 요즘 제도권 대학 안에서 대량생산되는 문화연구에 비할 때 훨씬 매력있는 것은 사실입니다.

방민호 저의 경우에도, 문화연구 혹은 문화라는 범주 속에서 문학을 보고자 하는 노력들에 대해서는 문제의식의 일단은 이해하지만 과연 그것 자체가 한국문학의 성숙에 얼마나 순기능을 할 수 있을까에 대해서는 회의적입니다. 아직 문학이라는 존재가 엄연한 것이 아닌가 합니다.

비평적 전개과정—민족문학론에서 분단체제론으로

좀더 본격적인 얘기로 들어가볼까요? 선생님과의 문학대담을 위해 많은 준비를 할 수 없는 상황에서 지난 가을호 『창작과비평』에 게재된 선생님의 논문 「한반도에서의 식민성 문제와 근대 한국의 이중과제」, 그리고 월러스틴과의 봄호 대담 「21세기의 실험과 역사적 선택」을 통독해보았습니다. 이 글과 대담은 모두 미국체류 동안에 씌어지고 이루어진 것으로 알고 있습니다. 선생님께서는 그동안 외견상 민족문학론에서 분단체제론으로 논의의 중심을 옮겨오셨고 이제는 이를 세계체제와 연관하여 논의하시는 듯합니다. 이 과정에 내포된 선생님의 문제의식의 변모 과정을 들어보았으면 합니다. 선생님의 외적 변모로 보이는 것 속에 들어 있는 일관된 문제의식 같은 것이 있으리라고 생각되는데요.

백낙청 물론 내게는 민족문학론이 먼저 있은 뒤에 분단체제론이 나왔죠. 그것을 얼마만큼의 변모라고 봐야 할지는 잘 모르겠어요. 변모라기보다는 민족문학론의 문제의식을 가지고 당시 우리 사회과학계나 운동권에서 한국사회의 성격 문제라든가 특히 분단의 현실에 대해서 진행되던 여러 논의를 살펴보니까, 뭔가 구체성도 모자라고 이론적인 엄밀성도 모자라는 것 같아서 내 나름으로 논의에 개입하게 된 결과가 분단체제론인 거죠. 그런 의미에서 민족문학론의 연장선상에 있습니다. 그리고 요즘 와서 세계체제 문제와 연관지어서 논의한다고 말하셨는데, 사실은 분단체제론이라는 것이 한편으로는 남북한 사회를 각각 독립적으로 보지 말고 하나의 분단체제 속에 포함되어 있는 특수한 현실로 보자고 하는 그런 문제의식이 있지만, 다른 한편으로는 분단체제 자체도 독립된 체제로 보지 말고 세계체제의 한 구성요인으로 봐야 한다는 논리이기 때문에, 세계체제와의 연관이 처음부터 전제되어 있었던 겁니다. 다만 이것이 구체적으로 전개되는 과정에서, 70년대 이래 우리의 민족문학론이 애초에도 민족을 고정불변의 실체로 설정한 바가 없지만, 이제는 더욱이나 세계체제가 작동하는 여러 양상 가운데서 분단된 한반도의 민족문제가 어떤 성격을 갖는지를 구체적으로 확인할 필요가 커졌기 때문에, 말하자면 민족문학 논의도 좀더 복잡해진다고 할까요? 그런 점은 있을 것입니다.

방민호 60년대 후반에 선생님께서 처음 비평활동을 시작하셨을 때는 민족문학의 방향설정이라는 문제가 해방 이후부터 지속적으로 제기되어온 상황이 아니었던가 합니다. 그것을 이론화하고 정론화할 필요성이 있었을 것입니다. 다른 한편으로는, 영문학을 하셨던 선생님의 특성상 세계문학, 세계체제라는 문제를 생각하지 않고는 한국문학, 민족현실의 문제를 생각하기 어려웠을 것이기 때문에, 그 이론 형성의 초창기부터 선생님의 민족문학론에는 세계문학이나 세계체제론과의 상관성에 대한 문제의식이 맹아의 형태로나마 존재했을 것으로 생각합니다. 이것이 선생님 스스로도 성장하시고 사고도 함께 심화되어오면서 이론적으로 정교화되었을 것입니다만. 저로서는, 그같은 선생님의 작업은 해방 이후 한국문학이 부담할 수밖에 없었던 문제에 관한 이론적 규명을 시도해온 것이라는 점에서 중요하게 받아들여져야 한다고 생각하고 있습니다.

백낙청 고마운 말씀인데, 다만 세계문학에 대한 논의가 처음부터 '맹아의 형태로나마' 들어 있었을 것이라는 표현에는 토를 달고 싶군요. 왜냐하면 내가 민족문학의 개념을 정리하고자 1974년에 쓴 글로 「민족문학 개념의 정립을 위해」라는 게 있는데, 거기서도 세계문학을 논하고 『로빈슨 크루쏘우』나 까뮈의 『이방인』 같은 외국작품들을 다루면서 출발했고요. 또 한국 평단에서 나의 평론을 말할 때 영문학이나 여타 서양문학 작품에 관한 비평은 별로 거론이 안되는 편이지만, 나로서는 그런 비평이나 한국문학에 대한 비평이나 다 동일한 비평활동의 일부로 생각하며 해왔거든요. 세월이 흐르면서 세계문학에 대한 문제의식이 심화됐는지 퇴보했는지 그

건 모르겠지만, 처음에 맹아의 형태로 있던 것이 요즘 와서 피어난다고 말하기는 어려울 것 같아요.(웃음)

방민호 제가 말씀을 잘못 드렸군요. 그런 뜻만은 아니었습니다. 선생님의 「리얼리즘에 관하여」나 「모더니즘에 관하여」 같은 글을 생각하면…… 어느 것이 먼저였던가요? 선생님의 회고가 타당할 듯합니다. 이 글들이 씌어지던 시기는 1990년 전후일 텐데요.* 당시 많은 사람들이 민족문학론, 리얼리즘론을 좀더 좌파적인 입장에서 해석하는 작업에 몰두하고 있었던 것으로 기억됩니다. 선생님께서는 그와같은 작업이 세계문학의 흐름이나 전개 속에서 차지하는 함량이라든가 가치를 염두에 두면서 두 글을 발표하신 것으로 생각됩니다.

서구의 지적 흐름—포스트모더니즘에서 포스트콜로니얼리즘으로

얼마 전에 우연히 만나뵈었을 때, 최근 몇년 사이 서구의 지적 관심이 포스트모더니즘의 여러 조류로부터 포스트콜로니얼리즘 쪽으로 옮겨오고 있다는 취지의 말씀을 하신 기억이 있습니다. 서구의 지적 흐름은 한국문학의 흐름에도 커다란 영향력을 행사하는 것이 사실인데요. 먼저 듣고 싶은 말씀은 그와같은 서구의 이론적 조류들에 대한 수용 및 비판이 어떤 태도, 어떤 기준으로 이루어져야 하는가 하는 것입니다.

백낙청 글쎄요. 단순히 외국의 흐름을 소개하는 기자라거나 또는 특정한 임무로 자신의 역할을 국한하는 학자가 아니고 스스로 문학을 한다고 자처하는 평론가라면, 그 태도라는 것은 소설 쓰는 사람이나 시 쓰는 사람이나 마찬가지로 자기 문학을 위주로 판단을 해야 되겠죠. 그밖에 무슨 기준이라는 것이, 그야말로 아무나 가져다가 편리하게 적용할 수 있는 잣대

* 「리얼리즘에 관하여」는 1981년, 「모더니즘에 관하여」는 1983년에 각기 씌어졌음—편자.

가 있는 것 같지는 않아요. 지금 포스트콜로니얼리즘 이야기가 나왔는데, 물론 한때의 포스트모더니즘 유행이 많이 퇴조하고 지금은 포스트콜로니얼 스터디즈(postcolonial studies) 쪽이 더 왕성한 것은 사실이죠. 그런데 한 가지는, 그렇다고 해서 포스트콜로니얼리즘이 완전히 휩쓸고 있다고 보기는 어려울 것 같습니다. 지금의 상태는 오히려 어떤 하나의 주류도 없는 혼란기에 가깝다는 것이 내 생각이에요. 또 한 가지는, 에드워드 싸이드(Edward W. Said) 얘기가 나왔습니다만, 물론 포스트콜로니얼 연구에서는 그가 쓴 『오리엔탈리즘』이라는 책이 효시라고 할까요? 그래서 싸이드를 원조처럼 모시기도 하는데 정작 싸이드 자신은 몇해 전 한국에 와서 강연할 때도 명백히 그 점을 밝혔습니다만, 자기는 포스트콜로니얼리스트가 아니라고 하죠.(웃음) 그건 왜냐하면 한마디로 포스트콜로니얼이라는 말이 참 애매하거든요. 문자 그대로 식민지 이후의 시기 혹은 상태를 지칭하는 말일 수도 있고, 반면에 딱히 식민지가 아니더라도 넓은 의미의 식민지적 성격에서 벗어났다거나 또는 벗어나기를 지향한다는 뜻으로 '탈식민주의'일 수도 있거든요. 그러다 보니까 식민지로부터 해방이 되었을 따름이지, 다시 말해 형식적으로 독립을 얻었을 따름이지 넓은 의미의 식민성은 그대로 남아 있는데도 마치 그것을 벗어나서 '탈식민' 상태로 넘어간 것 같은 착각을 일으킬 위험이 있단 말이에요. 그렇기 때문에 싸이드가 주장하는 것이, 지금 이 세상의 과제는 여전히 디콜로니제이션(decolonization) 즉 '식민성 청산'이지 무슨 '콜로니얼 이후'냐라는 거예요. 나 자신도 그 점에서는 싸이드와 같은 생각이고요. 그래서 이번 글에서도 보셨겠지만 나는 포스트콜로니얼이라는 말을 되도록 안 쓰려는 입장이라고 밝히고 있지요.

방민호 저는 아무래도 외국 문학이론의 조류들에 대해서 밝을 수는 없습니다만, 포스트콜로니얼리즘의 경우를 생각해보면 이것 또한 자칫 잘못하면 일종의 양분론에 빠질 위험을 안고 있는 것이 아닌가 합니다. 서양에 대해서 동양, 서양적 가치에 대해서 동양적 가치 하는 방식의 양분을 통해서 '절대적인' 가치상대주의로 기울어버릴 수 있는 듯합니다. 포스트콜로니얼리즘이라는 말 자체가 그런 뉘앙스를 띠는 것도 같습니다. 따라서 어떤 진정한 가치라고 하는 것이 추구되어야 한다고 생각하는 사람들에게는 포스트콜로니얼리즘이라는 용어도, 그것이 내포하는 뉘앙스도 마음에 들지 않을 수 있을 듯합니다. 즉 포스트콜로니얼리즘이라는 말이 과연 문학성, 문학적 가치에 대한 평가를 담보할 수 있는 용어인가 하는 것입니다. 가치평가의 동양적 기준과 서양적 기준이 다르다는 말은 할 수 있으나 그렇다 해도 무엇이 문학적인가, 무엇이 더 진리에 가까운가 하는 문제는 남는다는 것이지요. 이 문제는 포스트콜로니얼리즘이라는 말로 포괄할 수 없는 것이 아닐까 합니다.

백낙청 포스트콜로니얼리즘 논의가 적잖은 지적 혼란을 야기하고 있기는 하지만 그렇다고 탈식민주의적 연구에서 많은 중요한 공헌이 이루어지고 있다는 사실을 부정하고 싶지는 않습니다. 지금 동·서양의 양분법 문제에 관해서도 그래요. 포스트콜로니얼리즘에서 내세우는 가장 중요한 안건 가운데 하나가 서구중심주의의 극복인데, 탈식민주의 연구를 제대로 하는 사람들은 지금 대부분의 국가들은 명목상으로는 식민지 이후의 시기지만 아직도 식민지적인 성격을 띤 여러가지 권력관계, 더 나아가 사고방식, 정서구조, 이런 것이 아직 지배하고 있기 때문에 이런 것을 뿌리째 청산해야 된다고 주장합니다. 그런 의미에서는 포스트콜로니얼리즘의 과제나 싸이드가 말하는 디콜로니제이션의 과제나 큰 차이가 없지요.

아무튼 이때에 서구중심의 정치적·경제적 지배관계뿐 아니라 무엇이 진리며 무엇이 맞다 틀리다는 개념 자체에서 서구인들이 일방적으로 만들어놓은 틀로부터 벗어나지 않고는 식민성 청산이 불가능합니다. 이 발상이 탈식민주의자들에게서만 나오는 건 아니지만 여하튼 나는 그것이 전적으로 정당한 문제제기라고 봅니다. 다만 그러다 보면 '서구적인 것'과

'서구중심주의적인 것'을 혼동할 염려가 있죠. 원래의 쟁점은 서구중심적인 것과 비서구중심적인 것 즉 한층 전지구적인 타당성을 갖는 것 사이에 놓여야 하는데, 이것이 어느새 서구적인 것과 비서구적인 것, 서양과 동양, 이런 식으로 변질이 돼서, 동양적인 것 또는 제3세계적인 것을 무조건 미화하거나 서양이 이룩한 정당한 인류사적 공헌마저 배격할 우려가 있다는 겁니다.

방민호 선생님의 글 「한반도에서의 식민성 문제와 근대 한국의 이중과제」 중에서 공감이 갔던 내용 중의 하나가 바로 그것이었습니다. "서구문학의 고전적인 작품과 근대 세계체제의 중심이 낳은 여타 문화적 산물에 대한 태도가 단순히 우상파괴적인 것이 될 수는 없다"라는 선생님의 말씀은, 진리론의 관점에서 보면, 동·서양 식의 양분법에 의한 것이 아닌, 진리에 대한 우리들 태도의 근본적인 재정립이 필요함을 주장한 것으로 생각됩니다. 제게는 이것이 매우 흥미롭습니다. 이른바 동아시아적 관점을 내세웠던 최근 몇년간의 흐름 가운데는 탈식민화와 해체적 독법을 주장하면서 가치상대주의로 치닫는 견해가 포함되어 있음을 볼 수 있는데, 이는 전제적이었던 과거의 합리화를 염두에 두고 있는 듯합니다. 그러나 진정한 의미에서의 진리는 이와같은 상대주의의 소산은 아닐 것으로 생각합니다.

민족현실을 읽는 법—분단체제론

우리 현실을 좀더 구체적으로 진단하는 문제로 화제를 돌려볼까 합니다. 선생님께서는 세계체제론의 시각을 갖는다는 것이 국가 또는 민족 단위의 실천에 대한 시각의 약화로 이어질 수 있음을 경계하시는 듯합니다. 국가 또는 민족의 문제를 세계체제를 이루는 지역의 문제로 단순 환원해서는 문제를 제대로 보지 못할 위험이 크다고 생각하신 것이겠지요. 이는 국가를 부정하는 데 그치지 않고 지금보다 바람직한 국가구조를 형성해 가려는 노력이 필요하다는 말씀과도 연관이 있는 듯합니다. 제 개인적으로는 이와같은 선생님의 견해는 창작과비평사나 민족문학작가회의의 최근 경향과도 관련이 있는 것으로 생각합니다만……

백낙청 세계체제론 자체가 민족이나 국민국가를 건너뛰어 지역 단위로 가는 논리는 결코 아니지만, 세계적인 시각을 갖는다는 게 결과적으로 국가나 민족 차원의 구체적인 문제를 소홀히할 가능성은 분명히 있지요. 문학지 독자들이 분단체제론에 대한 자세한 논의를 얼마나 환영할는지는 의문이라 간략하게 말씀드리겠는데, 나는 우리의 민족문제나 통일국가 수립 문제를 민족이라든가 국가를 절대시하는 관점에서 접근하기보다 전지구적이면서도 실제로 현지에서 살고 있는 민중 위주의 시각으로 발상을 바꿀 필요가 있다는 주장을 해왔습니다. 즉 한편으로 세계체제가 한반도에서 작동하는 양상이라는 전지구적 시각으로 보고, 다른 한편으로는 한반도에 사는 사람들의 삶의 질을 표준으로 삼는 민중 위주의 시각으로 보는, 이중의 발상전환이 필요하다는 겁니다. 그런 식으로 접근할 때 민족이나 국가의 중요성은 중요성대로 더욱 절실히 실감하는 동시에, 변화하는 현실에도 맞고 오랜 분단을 겪은 한반도 주민의 실질적인 요구에도 맞는 새로운 민족담론이 개발되고 나아가서 새로운 국가구조를 만들어나갈 수 있으리라는 거지요.

문제해결의 진리론적 척도 문제—'도(道)'

방민호 창비 가을호의 글에서나, 그에 앞서 월러스틴과의 대담에서도 피력하신 최근 선생님의 견해 가운데서 특히 '도'를 진리의 규준으로 간주하신 데 대해서 다른 사람들은 의문을 가질 수 있을 듯합니다. 무엇보다, 선생님께서 제기하신 '도'라는 것이 과연 서구중심적인 진리관으로부터 자유로운 동시에 동양주의라는 이름의 가치상대론으로부터도 벗어날 수 있는 개념인가 하는 것이겠지요. 또는 그 자체가 전근대적인 동양적 개념이 아닌가 하는 것일 텐데요. 저로서는 그 '도'라는 말에 내포된 진리관에 좀더 동정적일 수도 있을 것 같습니다만…… 도구적 이성의 차원을 넘어서 인간의 삶에 대한 보다 깊은 통찰을 담은 진리를 가리키는 것으로 생각합니다만. 그러나 사람들에게는 그것이 매우 전근대적인 개념으로, 더 나아가 정밀하지 못한 동양주의적 태도를 드러낸 것으로 보일 수도 있을 것 같습니다.

백낙청 '도'를 들먹임으로써 어떤 해답을 준다고 생각하면 지난날의 어떤 관념이나 사회질서로 복귀하는 결과가 될 수밖에 없겠지요. 그러나 '도'를 말하는 이유가 오늘날의 서구중심적 진리관에 대해 문제를 제기하는 하나의 방식일 수도 있습니다. 서양 내부에서도 지금 문제시되고 있는 그들의 이성 내지 합리성이라는 것은 동양의 '도'에 포함되어 있던 개인적 수행의 문제라든가 어떤 근원적인 진리 문제로부터 떨어져나와서 결국 도구적 이성으로 국한된 데서 문제가 생긴 거지요. 이것은 진리 본연의 모습, 진정 이성(理性)의 이름에 값하는 것과는 다른 무엇일 것입니다. 동시에 이렇게 국한되고 변질된 이성 또는 진리를 해체하려는 많은 노력이 결과적으로는 진리 자체에 대한 회의에 빠지는 현실에 비추어, 필요한 해체작업과 진리에 대한 새로운 헌신을 겸행하는 하나의 방편으로서, 지난날의 '도' 개념 속에는 적어도 진리의 실천적 차원과 인식상의 차원이 결합되어 있었음을 상기하자는 것입니다.

이런 식으로 해명하면, 물론 일부에서는 여전히 의구심을 표시하지만, 월러스틴만 해도 당신의 취지가 그런 것이라면 좋다, 한번 같이 논의해볼 만한 중요한 문제다라고 받아들이지요. 그런데 정작 말썽이 나는 것은, 내가 그런 무난한 합의에 만족하지 않고, '지혜'라는 말을 또 꺼내고, 게다가 이건 영어로 대충 해본 말을 다시 우리말로 옮기다 보니까 더 이상하게 들리게 됐습니다만 '지혜의 위계질서'라는 표현까지 들고 나오니 의문을 갖는 사람들이 생기는 건 당연한 일이겠지요. 하지만 우리가 지난날의 '도'에 맞먹을 새로운 진리를 찾아보자는 정도로 말하고 끝내면 비판은 덜 받을지 모르지만, 그건 구체성이 결여된 거룩한 말씀에 지나지 않지요. 예컨대 그것이 어떤 사회관계를 통해 구현될지에 대해서도 토론이 있어야 하는 것인데, 나는 물질적 불평등의 폐지와 지혜의 등급에 대한 인정이 함께 가야 한다고 보는 겁니다. 진리에 대한 깨달음과 실천으로서의 지혜에는 등급이 있게 마련이고 등급을 아는 것 자체도 지혜지요.

우리가 지향하는 자유롭고 평등한 사회라는 것이 아무런 강압이 없는 사회, 다시 말해서 출생신분이나 다른 어떤 고정된 위계질서에 의해 남에게 억압받는 것도 아니고, 총칼에 억눌리지도 돈의 힘 때문에 짓눌리지도 않는 그런 사회라고 한다면, 결국 그것은 지혜로운 민중이 스스로를 다스리는 세상, 그런 의미에서 지혜가 다스리는 세상이 되어야 함은 명백합니다. 그러자면 지혜의 등급이 인정되어 지혜가 앞선 사람들이 그 지혜를 충분히 활용할 수 있고, 지혜가 모자라는 사람은 모자라는 만큼 기여하면서 동시에 더 많은 지혜를 쌓아나갈 수 있어야 지혜가 다스리는 세상이 되는 것 아니겠어요? 그렇지 않은 민주주의·평등주의 사회는 설혹 실현이 될 수 있더라도 애물들이 설쳐대는 난장판에 다름아니지요. 다만 제가 영어로 '하이어라키', 즉 위계질서라는 표현을 쓰기는 했습니다만 지혜의 등급이라는 것이 고정된 위계질서로 가서는 안된다고 토를 달았습니다. 실제로 법력의 등급 내지 계서(階序)라는 개념은 불교에서 그 평등주의와 표리일체를 이루어왔습니다만, 이 점을 가장 명쾌하게 정리해놓은 대목을 나는 원불교 『정전』에서 읽은 바 있습니다. 원불교에서는 인생의 요도(要道) 가운데 하나로 '지자본위(智者本位)'를 내세우는데, 지자본위 생활의 조목들을 열거한 뒤에 이런 단서를 붙입니다. "이상의 모든 조목에 해당하는 사람을 근본적으로 구별 있게 할 것이 아니라, 구하는 때에 있어서 하자는 것이니라." 말하자면 역동적이고 가변적인 위계질서이지요.

방민호 그래도 사람들은 그것이, 통상적인 평등이라는 관념을 역설적으로 부정하는 결과를 가져올 수도 있다고 생각할 텐데요.

백낙청 네. 바로 그런 점에서 많은 비판을 받았고 지금도 받고 있는 걸로 압니다. 하지만 그렇게 문제를 제기하는 것은 좋지만 문제제기만 하고서 끝내는 건 안이한 태도라고 봐요. 가령 지혜의 등급도 좋지만 그것은 우리가 먼저 평등사회를 이루어놓고 나서 나중에 얘기해도 늦지 않다라는 말도 듣습니다. 하지만 지금부터 그 이야기를 하지 않고서도 과연 평등사회를 이룩할 수 있겠느냐는 점도 따져봐야지요. 지우차별(智愚差別)이라는 것이 평등의 개념에 위배되지 않음은 물론, 평등개념의 본질적인 일부라고 한다면 어찌할 것인가? 진정한 평등과 양립가능한 정도가 아니라 실제로 표리관계를 이루는 그 본질적인 일부라는 것이 바로 나 자신의 입장입니다. 지혜가 다스리는 세상이라는 것은 물질적·사회적 평등이 없이는 실현될 수가 없잖아요? 가령 어떤 사람이 아무리 지혜가 앞선다 하더라도 돈 위주로 움직이는 세상에서는 돈 많은 게 제일이지 돈 안 벌리는 지혜가 소용이 없거든요. 그런 의미에서 지혜의 다스림을 위해서 평등이 필수적이고요. 역으로 부당한 평등을 없애고 평등사회를 원만하게 운영하기 위해서는 사람들 사이의 정당한 차이를 인정하고 꼭 필요한 등급을 자발적으로 존중하지 않고서는 '하향평준화'를 초래한다거나 심지어 평등주의 이데올로기를 쓰고 새로운 억압체제를 만들어낸다는 비난을 면할 수 없지요. 안 그래도 물질적인 불평등을 고수하려는 기득권세력을 이겨내기가 힘겨운데 명분에서조차 밀리고 평등세력 내부의 조직원리·운영원리도 없어서야 어떻게 균등사회를 이룩하겠습니까. 그렇기 때문에 평등을 위한 싸움이 아직 창창한데도 지금부터 '지우차별'이라는 평등주의적 조직원리를 논의해보자는 것이지, 평등을 실현해놓고 나서 보완 차원에서 그때 가서 해도 되는 일이라면 지금 그 얘기를 꺼내서 문제를 더 복잡하게 만들 이유가 없는 거지요.

방민호 중요한 문제를 지적하셨다고 생각합니다. 예를 들면, 대중문화를 중시하는 최근의 경향을 반성적으로 생각해볼 때, 또 문학작품의 가치평가 문제를 생각할 때도, 역시 그 지혜의 '수준'이나 '등급'을 염두에 두지 않으면 안되리라고 생각합니다. 개개의 문화현상 또는 문학작품이 보여주는 진리의 양이라고 할까요? 아니면, 진리의 정도라고 할까요? 이런 가치의 문제를 판단하지 않는 평가는 대중주의에 흐르기 쉽겠지요. 그렇다면 저는 보다 이해자의 입장으로 선생님의 견해를 대하는 것이 되겠습니다. 제가 관심을 갖는 것은 선생님의 그런 입장이 비판적인 시선에 직면하게 되는 어떤 이유 같은 것이고, 또 선생님의 그같은 생각이 어떻게 형성되어왔는가 하는 과정 같은 것입니다. 예상되는 비판자들을 위해서 선생님의 이같은 견해가 어떤 배경을 가진 것인지 설명해주시지 않겠습니까?

백낙청 공개 지면을 통해 여기저기서 해온 이야기의 배경을 따로 설명할 필요가 있을까요? 90년에 「지혜의 시대를 위하여」라는 글을 발표하고 다소의 논란이 있었는데, 그때는 아직도 '과학적 사회주의'의 열풍이 꽤 남았을 때라 '과학' 대신에 '지혜'를 들고 나온 것이 주로 시빗거리가 되었지만, 평등주의에 등을 돌린 것이 아니냐는 예의 '의구심'들도 있었지요. 내가 말하는 지혜는 과학을 포용하는 지혜지만 그것이 과학적 지식 그 자체가 아니라는 점의 중요성은 오늘날 한결 쉽게 납득이 가리라 봅니다. 과학의 이름으로 자행된 억압정치와 불평등사회의 실태가 지금은 꽤 널리 인식된 셈이니까요. 같은 글에서 나는 평등사회라고 해서 '마음에 어른이 없는 애물들의 세상'을 말하는 건 아니잖겠느냐는 말을 했는데, 이 점을 곱씹어보지 않고 막연히 평등을 외치기나 하고, 통념에서 벗어난 이야기가 나오면 의구심이나 표명하는 건 지식인의 보신행위밖에 안되는 거지요.

아무튼 문학작품의 가치평가와 연결지어 말하셨는데, 바로 그렇죠. 어떤 훌륭한 작품이 나왔을 때 그에 대한 평가에 정부권력이 개입한다거나 금전수수가 작용한다거나 평가자의 사회적 신분이 좌우한다든가 기타 어떠한 문학외적 강제력이 작용해서도 안된다는 점이야 누구나 인정하겠지요. 그러나 정당한 평가를 위해서는 독자 한 사람 한 사람의 자유롭고 대등한 의견표시가 법적·제도적으로 보장되는 것으로는 부족합니다. 여러 의견 가운데 타당한 읽기에 대해 그 타당한 만큼의 존중을 자발적으로 바칠 안목과 심성을 겸비한 사람들이 상당수 확보되어야 하는 거예요. 그 수가 많으면 많을수록, 안목들이 높으면 높을수록 '지혜의 시대'에 접근하는 것입니다. 권력의 검열만 철폐된 상황에서 책이 얼마나 팔렸느냐, 광고를 얼마나 했느냐가 작품가치의 기준이 될 수 없다는 거야 두말할 나위 없지만, 자유분위기 속에서 평론가 또는 문학담당 기자들이 1인 1표 원칙에 따라 투표로 결정하는 것이 옳은 방식일 수도 없는 것 아니에요? 그렇다고 특정 평론가 한 사람 또는 몇 사람이 전체적으로 작품 보는 안목이 남보다 뛰어나다고 해서 그들을 판단관으로 항구적으로 모셔놓고 그들 말씀에 따르자는, 그런 고정된 위계질서를 만들자는 이야기와는 전혀 달라요. 그건 정치에서 '철학자 군주'의 이상과 통하는 권위주의인데, 애물들이 판을 치는 사이비 평등보다 나은 면이 없지야 않겠지만 진정한 '지혜의 다스림'과는 엄연히 다른 것입니다. 그때그때 작품별로 가장 지혜로운 판단이 힘을 발휘할 수 있는 자유로우면서도 간단없이 공부하는 문학풍토가 우리 문학인들의 목표일 터이고 이것이야말로 참된 균등사회의 본질적인 일면이기도 하다는 겁니다.

방민호 저로서는 개인이 근본적으로 개인들이기 때문에 차이를 갖고 있고, 그들의 삶 역시 각기 다른 방식으로 펼쳐질 것이기 때문에 그 다름이 인정되어야 한다고 생각합니다. 그렇다면, 역시 평등이라는 관념에도 선생님께서 말씀하신 좀더 복합적인 생각이 깃들여져야겠지요. 그렇지 않다면 평등이라는 문제 해결을 위한 노력은 자칫 새로운 야만을 준비하는 과정이 될 수도 있을 것 같습니다. 문제가 해결되지도 않겠지만 말이지요.

창작과비평사의 현황—아웃싸이더? 혹은 인싸이더?

방민호 문제를 더 구체화해보면, 선생님의 견해에 대해 비판적인 생각을 가진 문학인 가운데는 그것을 창작과비평사의 현황과 연관짓고 있음을 볼 수도 있는 것 같습니다. 그 바깥에서 보면 창작과비평사가 하나의 '권력'이 되었고, 선생님께서도 역시 '권력'에 대해서 저항하는 과정에서 다른 하나의 '권력'으로 정립되어 있다는 것이지요. 90년대, 특히 최근 들어 창작과비평사가 보여주는, 다양한 경향의 작가들을 이끌어들여 작품을 발표하게 하고 책을 간행하게 하는 모습 등에서 그것을 볼 수 있다는 것입니다. 여기에 민족문학작가회의 같은 단체가 문호를 개방하면서 문학인들을 보다 넓게 아우르고자 하는 등의 모습이 어우러져, 하나의 이미지로서 '권력'을 추구하는 창작과비평사, 하나의 '권력'으로서 현실에 자리잡은 창작과비평사라는 관념이 생겨난 것 같습니다. 아웃싸이더가 되고 있는, 스스로를 아웃싸이더라고 생각하는 문학인들, 또는 문학은 근본적으로 아웃싸이더의 것이라고 생각하는 문학인들 가운데, 이것은 무엇인가 잘못된 것이 아닌가라는 문제제기를 하는 이들이 없지 않은 것이 현실적 상황인 듯합니다.

백낙청 차원이 다른 몇 가지 문제들이 지금 뒤섞여 나오고 있다고 보는데요. 하나는 원론적으로 창비든 어떤 집단이든, 그들 나름의 노력에 의해서든 아니면 운이 좋아서든, 일정한 힘을 사회 속에서 갖게 됐을 때 그것이 권력기구로 변한 것이 아니냐 하는 문제인데요. 요즘 '지식'을 포함해서 매사를 '권력'의 양상으로 이해하는 관점에서 본다면, 아웃싸이더로서 조그만 목소리를 내건 국가권력의 핵심부에서 막강한 힘을 휘두르건 아니면 그 중간 어름에서 중간 정도의 힘을 행사하고 있건 전부가 '권력'이긴 매일반이지요. 특별히 어느 수준 이상의 힘을 확보했다고 해서 갑자기 권력기관으로 바뀌는 건 아닙니다. 다만 구체적인 사안으로 들어가서 어떤 집단이, 가령 창비면 창비가 얼마만큼 힘을 확보하더니 그때부터는 하는 짓거리가 돼먹지 않았더라고 하는 뜻이라면 그건 사안별로 그야말로 실사구시의 정신으로 가려낼 문제지요. 예컨대 문호를 개방하고 새 사람을 포용한답시고 나오는데 이러저러한 꼴을 보니 아직 멀었다, 창비가 자기 나름으로 확보한 권력을 아직도 너무 편협하게 행사하고 있다는 비판도 있겠고요. 다른 한편으로는 방민호씨가 지적하듯이 어느정도 힘이 축적되더니 그때부터는 아무나 끌어들이고 아무하고나 타협하면서 힘을 키우는 데만 몰두하고 있다는 비판도 있겠습니다. 글쎄요, 어느 쪽이 더 맞는 비판인지, 아니면 둘다 맞는 비판인지, 그건 제3자가 판단하는 게 낫겠지요.(웃음)

방민호 저로서는 '권력'이라는 말 자체, "창작과비평도 권력이다"라고 말할 때의 그 말 속에는 문학을 정치학으로 환원시키는 경향이 내포되어 있을 수도 있다고 생각합니다. 그래서 그 '권력'을 설명하는 이론을 전적으로 신뢰하지는 않습니다. 80년대와는 또다른 방식으로 지금 역시 '정치학'의 극복이라는 것이 문제가 된다고 생각하는 것입니다만……

백낙청 '정치학'의 극복이란 문학이 정치의 도구가 되는 것을 극복한다는 말인가요?

방민호 문학이 정치의 도구가 됨을 극복한다는 문제는 아직도 한국문학의 큰 과제인 것 같습니다. 예를 들면, 포스트콜로니얼리즘 역시 자칫 잘못하면 지정학적 논의로 빠질 수 있는 요소가 없지 않습니다. 푸꼬의 포스트구조주의라는 것도 문제의 복합성을 사상한 채 그것을 '권력'의 문제로 환원해버리는 경향이 없지 않은 듯합니다. 인문학적 지식에 내포된 진리의 문제를 권력의 문제로 축소시킨다고 봅니다.

선생님께서 말씀하시는 그 지혜의 위계질서라는 것도 역시 '정치학'의 위험을 피하고 문학이 확보할 수 있는 전망이라면 전망이랄까를 이야기하기 위한 하나의 개념이 아닐까 생각합니다. 최근의 문화나 문학 논의 가운데 상용되는 '전략'이라든지 '권력'이라는 말은 80년대 진보적 문학의 개념들과 그 추상 수준에서 큰 차이가 없는, 정치학적 개념 같은 느낌을 지울 수 없습니다. 그런 점에서 80년대와는 또다른 방식으로 90년대도 역시 한국문학에서는 정치성이라는 문제를 어떤 방식으로 이해할 것인가? 그리고 좀더 정말 문학적인 차원이라는 것이 무엇인가? 라는 문제가 중요한 것이 아닐까 합니다.

백낙청 민족문학론에 대해서 요즘 여러 부정적인 견해도 많이 나오고 있고 나 자신 이 문제에 대한 발본적인 재평가가 필요한 싯점에 왔다고 믿습니다만, 어쨌든 70년대 이래로 민족문학론이 이룩해온 중요한 공헌 중의 하나가 정치와 문학의 관계를 끊임없는 긴장관계로 파악하고 유지해왔다는 점이 아닌가 합니다. 다시 말해서 '문학'에다 굳이 '민족'을 붙였을 때, 분단극복을 비롯한 우리의 민족문제, 그러한 정치적 과제에 대한 관심이 적어도 현싯점의 우리 문학담론에서는 필수적이라는 인식이 깔려 있지요. 하지만 '문학'이라는 몸통 부분을 외면하지 않는 한 그 정치적인 과제는 문학담론에 필요하면서도 문학에 대해서 말썽을 일으킬 수 있는 요소로 들어오는 거지요. 방민호씨 표현을 빌리면 '정치의 극복'이라는 과제가 늘 따라다니는 겁니다. 정치에 대한 외면, 정치적 요소의 청산이 아니라, 정치와의 아슬아슬한 긴장을 유지하는 중도를 찾으려고 한 것이 바로 민족문학론이지요. 한국문학이 그런 중도(中道)를 걷는 데 실제로 얼마나 공헌한 담론인지, 또 앞으로 그러한 중도를 유지하는 데 민족문학이라는 개념이 가장 유효한 것인지, 이런 문제를 요즘처럼 '민족'이라는 말만 써도 픽픽거리는 시류에 영합하지 말고 한번 제대로 토의할 필요가 있겠습니다.

그런데 아까 '아웃싸이더' '인싸이더' 운운하던 말로 돌아가 이야기를 마저 했으면 하는데요. 나는 지금 우리 사회에서 창비보다 더 주변부에 있다고 자처하면서 날카로운 비판의 목소리를 내는 지식인 중 많은 사람들의 노력을 높이 평가합니다. 가령 월간 『말』이나 『인물과사상』, 계간 『당대비평』, 이런 노력에 대해 그쪽에서 창비를 어떻게 볼지 모르지만, 또 나 자신 견해차이를 느낄 때가 없는 건 아니지만, 우리 사회 안의 소중한 힘이라고 생각합니다. 다만 '바깥'과 '안'의 경계선에 대한 일방적인 판정은 삼갈 필요가 있어요. '권력기구' 여부를 실력의 양(量)으로 정하기가 마땅찮다는 말을 이미 했습니다만, 양적인 문제를 떠나서도 어디부터가 안이고 어디부터가 바깥인지 그 경계선을 긋는 건 보통 어려운 문제가 아니에요. '안'에 해당하는 기성체제의 성격을 어떻게 규정하느냐는 문제가 있고, 그런 성격규정이 비교적 타당하게 되었다 치더라도 실제로 누가 얼마큼 안에 있는지, 동일인물이 그때그때 안팎을 드나들 여지가 얼마나 있는지 참으로 모호하거든요. 이건 괜히 이야기를 복잡하게 끌고 가자는 게 아니라, 적어도 내가 주장해온 분단체제론에 따르면 우리가 결연히 맞서 싸워야 하면서도 우리 모두가 불가피하게 얽혀들어 있는 것이 분단체제라는 인식의 또다른 표현인 것입니다. 그리고 아웃싸이더로 일컬어지는 분들 중 이런 말에 불만을 느낄 분들도 있겠지만, 나는 분단체제와 자본주의 세계체제에 대한 발본적인 극복의지를 가질수록 중도적인 실천노선을 선택할 수밖에 없는 것이 현실이라는 생각을 갖고 있습니다.

방민호 대개 아웃싸이더라는 말은 문학에서는 좀더 긍정적인 이미지를 갖고 있습니다만, 인싸이더와 아웃싸이더 가운데 자기 스스로를 무엇으로 규정하는가에 상관없이, 그것이 일방적인 규정에 그치고 말 때의 위험성은 두 개념 모두에 공히 내포되어 있다는 생각입니다.

백낙청 맞아요. 자기가 아웃싸이더로 자처한다고 반드시 아웃싸이더가 되는 것도 아니에요. 가령 80년대에 민족문학론을 얘기하고 민중문학을 얘기하는 많은 젊은이들이 창비나 여타 선배 문인들이 철저한 아웃싸이더가 못된다고 비판을 많이 했지요. 물론 당국의 탄압을 더 많이 받고 명백히 불온분자로 지목받았다는 점에서는 그들이 더 국외자였지만, 지금 돌이켜보면 분단체제 아래 좌우를 막론하고 대다수가 공유하는 분단시대 담론의 틀에서 과연 어느 쪽이 더 벗어났느냐고 물어봄직하거든요. 90년대가 진행되면서 한때 목청을 높이던 많은 젊은이들이 오히려 선배들보다 더 급격하게 자세를 바꾼 예가 많은데, 나는 그것이 보기만큼 급격한 변화가 아닐 수 있다는 생각도 하곤 합니다. 분단체제를 극복할 기본적인 발상의 전환이 부족한 상태에서, 기존 담론의 틀 안에서 위치를 이동한 정도라 해석할 소지가 많거든요.

방민호 이미 접하셨을지 모르겠습니다만, 『아웃싸이더』라는 잡지가 창간된다고 합니다. 여담입니다만, 아웃싸이더라는 말이 갖는 미성숙한 이미지를 벗고, 그 적극적이고 활력적인 이미지를 좀더 살려 문제를 전면화할 뿐만 아니라 그 해결마저 추구해가는 잡지가 되었으면 합니다.

20세기 말의 화두—한국 근대문학 전통의 수립 문제

다시 화제를 옮겨볼까 합니다. 오늘의 한국문학이 염두에 두어야 할 큰 과제가 있다면 그것이 무엇일까요? 저는 그것이 아직도 한국 근대문학의 전통을 수립하는 문제라고 생각합니다. 경제에 불균등 발전이 있듯이 문학 또한 그것이 있으리라고 생각합니다. 대개 탈근대문학을 얘기합니다만 저는 오히려 근대문학을 화두로 잡아야 한다고 생각합니다. 근대문학 전통의 수립을 말하는 것이 곧 근대를 반성적 · 비판적으로 보는 것이 된다는 생각에 가깝습니다. 한국의 근대문학이라는 것이 아직도 그 극복보다는 그 전통의 수립을 지향해야 할 짧은 이력을 지닌 것이라는 생각에서 보면, 90년대 문학은 그 앞시대의 문학만큼이나 반성해야 할 여러 요소를 지닌 것으로 생각합니다.

예컨대, 90년대 문학은 표절시비에서 시작되어 다시 표절시비로 저물고 있다는 생각이 없지 않고, 탈계급 정치의 문제의식이 곧 문학의 성숙으로 이어지기보다는 성정치와 국가주의의 문학으로, 또는 문학주의라는 이념 부정의 이념문학으로 이어진 듯합니다. 이와같은 부정의 미학들은 응당 문학의 의무로 되는 진정으로 새로운 가치의 발견에는 미치지 못하는 것이 아닌가 하는 생각입니다. 그러나 이 시대의 문학에서도 어떤 가치를 발견하지 못할 수만은 없을 듯한데요. 한 시대가 저물고 있는 싯점에서 이 시대의 문학을 어떻게 평가할 수 있는지 말씀해주셨으면 합니다.

백낙청 90년대의 문학을 지금 내가 평가하기에는 최근 나의 독서가 너무 한정되어 있습니다. 그렇더라도 나는 90년대 문학을 표절시비로 시작해서 표절시비로 저물고 있다는 식으로 특징짓는 데는 불만이에요. 물론 90년대 초에도 표절시비가 있었고 최근에 표절시비가 또 있었던 것은 나도 아는 바지만, 그건 그런 에피쏘드도 있는가 보다 하고 넘어가면 되는 것 아닐까요? 굳이 90년대 문학의 징후라고 보려 든다면, 대량매체에서 그런 종류의 담론을 점점 즐기는 것이 시대적인 징후가 아닌 건 아니겠지만요. 그러나 훌륭한 문학작품이 생산된 양으로 본다면 90년대가 80년대나 그전 연대에 비해서 떨어진다고 보는 것도 속단일 겁니다.

그런데도 90년대가 확연히 수준이 떨어지는 듯한 인상이 제법 퍼진 데는 두어 가지 이유가 있을 듯해요. 하나는 방금 말한 대량매체들의 취향처럼 작품의 진가보다 지엽적이고 엽기적인 면모에 집착한다든가, 좀더 일반적으로는 상업주의적인 풍조가 예전보다 훨씬 심해져서 좋은 작품이 나와서도 제대로 빛을 못 보는 경우가 더욱 잦아진 거지요. 물론 70~80년대식 사고방식이 굳어진 일부 평론가나 독자가 새로운 감수성을 지닌 문학세대의 업적을 제대로 인정해주지 못한 점도 일조했지요. 그러나 그보다도 내가 두번째 이유로 꼽고 싶은 점은 90년대 문학을 얘기할 때 그러한 신예작가, '90년대 작가'라느니 이런 딱지를 붙이기에 적합한 작가들의 작품에 국한하여 이들의 작품이 앞시대의 업적에 비해 나으냐 못하냐는 식으로 따지다 보면, 신세대문학의 여간한 팬이 아니고서는 큰소리치기가 어려운 거예요. 다시 말해 90년대 문학을 보는 우리의 시야가 너무 좁아져서 그렇다는 겁니다. 가령 90년대에 시인 중에서 고은(高銀) 선생이라든가 신경림(申庚林) 선생이 계속 왕성하게 활동을 해왔는데 그게 90년대 문학이 아니고 무엇입니까? 소설에서는 현기영(玄基榮)이나 박완서(朴婉緖) 선생을 빼놓고 90년대를 논할 수 없고, 『토지』가 완성된 것도 90년대 아닙니까? 또 최하림(崔夏林)이나 오규원(吳圭原) 같은 시인도 90년대 와서 제대로 빛을 낸 것 같아요. 더 아래 세대로 내려오더라도 80년대에 각광을 받았던 백무산 시인의 진짜 업적은 90년대에 간행된 두 권의 시집이에요. 이런 식으로 시야를 넓혀보면, 좀더 신빙성있는 판단은 차츰 시간을 두고 내려지겠지만, 90년대 문학의 성과도 결코 만만치 않았다는 결론이 나리라고 믿습니다.

방민호 이렇게 말씀드리면 어떨까요? 선생님께서는 신경숙(申京淑) 문학에 대해서는 상당히 호평을 하신 적이 있는데요. 그녀 말고도 은희경(殷熙耕)이나 전경린(全鏡潾)이나 김영하(金英夏) 등 90년대의 새로운 문화적 현상을 특징적으로 반영하는 것으로 평가되는 작가들이 많은 각광을 받았습니다. 그런 작가들이 두드러지면서 '90년대 문학', '90년대 작가'라는 용어가 통용되기에 이른 것이라 볼 수 있을 텐데요, 이들 작가들의 세계에 관한 선생님의 인상을 말씀해주신다면……

백낙청 내가 신경숙만 높이 평가하는 것은 아니에요. 은희경도 좋아해요. 공지영(孔枝泳)은 기복이 좀더 심한 작가지만 더 좋은 작품을 쓰리라 기대하고 있고요. 성향이 좀 다르지만 공선옥(孔善玉)이나 한창훈(韓昌勳), 전성태(全成太)도 유망한 신예들로 주목합니다. 하지만 90년대의 아무개, 아무개, 아무개 하고 줄줄이 늘어놓는 식에 대해서는 그것이 '포용력'의 차원이든 '90년대 작가군' 선전의 차원이든 불만스러운 느낌이지요. 충실히 따라 읽지 못해서 나 스스로 비평의 임무를 게을리하고 있지만, 아무튼 80년대식으로 어느 '진영'이냐 아니냐를 기준으로 하든, 요즘처럼 '90년대 작가'가 누구냐는 기준으로 하든, 구체적인 예술적 성과를 섬세하게 판별하는 작업 대신에 손쉬운 분류법을 동원하는 건 비평의 본분에 어긋나는 일이라 봐요.

방민호 한 시대의 문학을 보더라도 개개의 작가들을 좀더 섬세하게 살펴보고 그 차이에 주목할 수 있어야 한다는 말씀이시겠지요?

백낙청 맞아요. 그리고 한 가지 덧붙이자면 요즘 장르 해체니 장르 파괴니 하는 얘기를 많이 하면서도, 정작 문단 내에서 보면 민족문학작가회의의 회원 자격요건에서도 드러납니다만, 순문예주의가 매우 강해요. 시, 소설, 희곡 등 전통적인—그것도 서양문학 전통적인—장르 외에는 문학으로 인정하지 않으려 하지요. 90년대 문학을 얘기할 때에 일부 문학성이 탁월한 수기들이라든가 유홍준(兪弘濬)의 『나의 문화유산답사기』 같은 것도 당연히 90년대 문학의 성과로 꼽아야 할 것입니다.

한국사회 속의 문학—문학에 대한 사회적 지출 문제

방민호 이제 화제를 조금 문학과 관련된 사회적 문제로 돌려볼까 합니다. 현실의 지형 및 그 변화에 대한 선생님의 관심을 눈여겨보면서도, 그 관심이 억압적인 사회체제를 극복하는 힘이 되었다는 사실을 의식하면서도, 최근의 저는 문학 이상의 문제로 나아가는 것이 매우 어려운 일임을 절감하고 있습니다만, 그런 가운데서도 현재의 우리 사회가 문학에 지출하는 공적 비용은 너무 적은 것이 아닌가 하는 생각을 오랫동안 가져오고 있습니다.

가까이는 2002년 월드컵을 준비하는 과정을 보면서도 그렇고, 멀리는 남북한 공히 예견되는 정부 및 체제의 변화를 상상해보면서도 그렇습니다. 세계문학으로서의 한국문학의 성숙이라는 문제를 생각하면 우리 사회가 문학에 지출해야 할 총비용의 양은 지금보다 훨씬 더 많아져야 하는 것이 아닌가 합니다. 사회적 비용이라는 말이 다소 추상적입니다만, 예를 들면 정부의 예산편성이나 문학단체 및 문학인에 대한 지원 같은 것이 있을 수 있고, 각종 재단, 기업 등이 행하고 있는 문학관련 사업 같은 것도 그러한 말로 포괄할 수 있을 듯합니다. 그러나 이와같은 예들은 사회적 지출이라는 말의 범위를 너무 좁힌 인상을 줄 수도 있겠습니다. 여하튼 이 사회적 지출이라는 측면에서 오늘의 우리 사회, 우리 문학은 어떤 상황에 놓여 있는지요? 선생님의 견해를 듣고 싶습니다.

백낙청 지금 말대로 사회의 지출이라는 것을 넓게 볼 수도 있고 좁게 볼 수도 있겠는데, 우선 정부의 문학단체나 문학인에 대한 지원이라는 좁은 의미로 본다고 할 때, 글쎄요, 나는 그 지출의 양보다도 그게 적시 적소에서 적절하게 쓰이지 못하는 것이 더 문제가 아닌가 싶어요. 사실 문학이라는 것은 그런 식의 직접적인 지원이 많이 필요한 작업은 아니거든요. 문학단체만 해도 일정한 지원이 필요하지만 경상비까지 대줘서 자생력 없는 단체, 심하게는 어용단체를 유지하는 건 차라리 안 쓰는 게 나은 돈이겠지요. 그래서 지금보다 조금 더 쓰는 걸 마다할 이유는 없지만 그에 앞서 꼭 쓰여야 할 데 쓰고 도리어 문학풍토를 해치는 쪽으로 쓰이는 걸 철저히 감시하고 방지하자는 주장을 하고 싶습니다.

반면에 더 넓은 의미로 문학에 대한 사회적 지출이라고 한다면 출판사업이나 공공도서관 같은 이른바 인프라에 대한 투자, 더욱 중요한 인프라에 해당하는 문학교육, 국어교육, 언어교육 등 여러가지를 생각할 수 있을 텐데, 그런 지출은 획기적으로 늘려야 옳습니다. 물론 이 경우도 적절한 운용이 따라야 하지만요. 무엇보다도 나는 이런 격변기일수록 전 사회가 국어교육에 그야말로 거국적인 노력을 기울일 필요가 있다고 봐요. 격변기라는 것이, 세상이 무섭도록 빨리 바뀌고 있다는 일반적인 사실에 덧붙여 특히 우리 한국어의 경우에는 지난 백 년 남짓한 기간에 문자생활상의 엄청난 변혁이 가중된 실정이지요. 한글 창제가 오백 년도 훨씬 지났지만 지식생활은 19세기 말엽까지도 한문 위주이다가 한국어 위주로 돌아선 것이 지금 백여 년 겨우 되잖아요. 그런데 그것도 처음에는 한문을 많이 섞어 쓰는 국한문혼용체로의 전환이었는데, 해방 후 몇십 년을 지나면서는 뭐니뭐니해도 이번에는 국한문혼용체가 주변으로 밀려나고 한글전용이 대세를 이룬 겁니다. 여기서 어느 게 낫냐는 논쟁에 끼어들자는 것이 아니라, 문자생활에만도 백 년 남짓한 단기간에 두 차례의 격변이 있었고 언어의 연속성에 대한 타격이 그만큼 더 격심했는데도 이런 민족적인 위기에 거국적으로 대처한 적이 없어요. 일제식민지 아래서는 도대체 거국적인 대처라는 게 불가능했고 분단시대도 대부분은 비슷한 상황이었습니다. 그러나 우리가 IMF시대라는 경제난을 만나서는 부실 금융기관이나 기업을 건지기 위해 수십조 원도 투입하는데, 우리의 언어능력을 유지하고 향상시키기 위한 국가적인 투자는 미미하기 짝이 없거든요.

방민호 국가는 주로 영어교육에만 열성을 다하고 있는 실정이지요.

백낙청 그렇죠. 영어교육에는 돈을 많이 쓰면서도 국어문제에 대해 너무 등한한 것이 우선 문제입니다. 그러나 내가 거국적인 대처라고 할 때는 조금 더 획기적인 걸 염두에 두고 있어요. 영어도 더 잘하면서 한문·한자도 더 배우고 한국어와 한글 문장도 더 잘 구사하도록 교육할 수 있다는 거지요. 그럴 돈이 어디 있느냐라고 하면 IMF 수습용 단기자금만큼만 여러 해에 쪼개 써도 충분하다고 답하고 싶어요. 또 그럴 시간이 어디 있느냐고 한다면, 첫째 누구나 다 영어와 한문에 통달하도록 만들자는 이야기는 물론 아니고, 둘째로는 한국인의 원활한 언어생활을 주목적으로 삼는 영어교육과 한자교육은 서로 상승효과를 내기 때문에 국어교육이 무시된 영어교육, 또는 한자교육이 배제된 국어교육에 소요되는 시간처럼 두 배

또는 세 배가 더 들 필요가 없는 거예요.

지금 한국어의 위기는 젊은이들이 한자를 못 읽는다든가 하는 그런 차원이 아니고, 수많은 사람들이 한국어 회화가 제대로 안되는 상황이지요. 지엽적인 예로 여겨질지 모르나, 텔레비전이나 방송에서 기자라는 사람들이 기사를 전달하는 한국어를 좀 들어보세요. 도대체 자기 나라 말을 마치 서툰 외국어 하듯이 아무데서나 끊고 아무데나 힘주고 괴상한 곡조를 달아서 발음하는 경우가 대부분이에요. 아나운서들은 한결 낫지만. 이건 학교교육이 잘못된데다 사회 전반에 걸쳐 한국어의 위기에 대한 감각이 무디어진 탓이 큽니다. 해당 방송사 내에서도 그런 식의 한국어 아닌 한국어가 전파를 타고 나가면 난리가 나는 분위기가 의당 있어야 하거니와, 방송사가 안하면 국민들이 이런 식으로 우리말이 망가지고 있는 데 대해 방송사에 거친 항의를 해야지요. 그걸 방지할 자체 교육 프로그램에 투자를 하도록 만드는 거예요. 문학에 대한 사회적인 지출을 이야기할 때 모국어에 대한 기반 투자부터 하자는 하나의 예를 든 겁니다.

방민호 저로서는 한국문학의 기억이나 보존을 위한 투자가 훨씬 더 적극적으로 이루어져야 한다고 보는데, 그런 점에서는 선생님께서 말씀하신 것처럼 일회적으로 지원하는 상태를 벗어나야 한다고 생각합니다. 보다 중장기적인 전망이 필요하다는 것이지요. 근대문학을 일군 작가들의 원본 전집 하나 제대로 갖추지 못한 실정에서 과연 한국문학이라는 것의 미래를 꿈꿀 수 있을까요?

백낙청 그래요. 염상섭(廉想涉)전집 하나 없는 나라가 이 나라예요.

새로운 세기와 문학의 앞날—문자매체의 가능성

방민호 많은 말씀을 들었는데요. 이제 마지막 주제가 될 것 같습니다. 새로운 세기를 맞이하면서 문학은 엄혹한 조건하에 놓여 있는 듯합니다.

문학은 과연 이제까지의 지위를 누릴 수 있을까요? 이것은 많은 작가와 평론가들, 그리고 출판업자들이 다소 공포스러워하면서도 내놓는 해답이 예정된 질문이기도 합니다. 새로운 세기에 문학은 어떤 상황에 처할 것이며, 그 속에서 문학은 무엇을 할 수 있는지요? 다가오는 시대를 위해서 작가들에게, 또는 선생님 스스로에게 어떤 말씀을 남기고 싶으신지요?

백낙청 먼저 새로운 세기에 기대되는 영상매체, 전자매체의 더욱 비약적인 발달 자체가 반드시 문학과 양립 못할 것은 아니라는 점을 말하고 싶습니다. 문학이라면 우리가 흔히 책을 통해서 보는 문자예술을 생각하는데, 문학의 핵심은 언어예술이라는 점이지 꼭 문자로 표현되어야 하는 것은 아니고, 더구나 문자 표현과 여타 표현의 공존을 배제하는 게 아니지요. 문자 발명 이전에는 입으로만 전해지는 구비문학밖에 없었을 것이고, 문자가 있더라도 인쇄술 발달 이전에는 문자만으로 된 문학은 한정된 일부일 뿐이었지요. 지금 서양이 자랑하는 셰익스피어만 하더라도 그의 작품세계는 희곡이 주종인데 연극 대본인 희곡은 문자화되는 예술이지만 셰익스피어의 문학은 어디까지나 연극이라는 종합예술의 일부로서 존재한 것입니다. 그런데 서구에서는 18~19세기에 장편소설이 뿌리내리면서 중산계급 특유의 개인주의 문화와 겹쳐 문자예술로서의 문학이 압도적으로 큰 부분을 차지하게 됐고, 20세기가 진행되면서는 소설마저 활기를 잃고 문학 전반이 위기에 놓인 감이 없지 않습니다. 한국의 근대문학은 바로 이런 서구문학의 영향 아래 출범한데다, 근대 이전에는 일상의 입말과 거리가 먼 한문문학이 주종을 이루었던 사정이 겹쳐, 우리 역시 여러가지 영상매체의 발달이 곧 문학의 종말을 뜻하는 게 아닌가 하는 생각이 널리 퍼져 있지요. 활자로 전달되는 문학이 문학의 거의 전부이던 시대는 분명히 끝났습니다. 하지만 언어예술로서의 문학도 끝이 나는 거냐? 이건 활자문화의 끈질긴 생존과 더불어 언어예술이 새로운 매체들과 얼마나 창조적으로 결합될 수 있느냐에 달린 일입니다. 물론 출판산업 자체가 날로 상업화해가는데다 새로운 매체들도 대부분 선진국 대자본의 주도하에 있기 때문에 전망이 반드시 밝은 것만은 아니에요. 그러나 자본주의체제가 무한정 지속된다거나 새로운 매체의 발달이 자동적으로 문학의 쇠퇴를 강요한다는 식의 패배주의에 사로잡힐 까닭은 없다는 거지요.

방민호 오랜 시간 감사합니다. 이 대담을 계기로 지금까지보다 많은 독자들이 선생님의 생각과 견해를 이해할 수 있게 되기를 바랍니다. 귀중한 시간을 내주신 데 대해 거듭 감사드립니다.

| 대담 |

푸른 산맥 저 멀리

한국문학의 큰 맥 『창비』 그리고 백낙청

백낙청(문학평론가, 서울대 영문과 교수)
김정호(중국조선족 시인)
2000년 4월 5일 서울 마포 홀리데이인호텔 커피숍

김정호 백교수님을 오랜만에 뵙습니다. 만일 루 쉰(魯迅) 선생님이 누구인지 모른다면 중국문인이라고 할 수 없고, 만일 김학철(金學鐵) 선생님이 누구인지 모른다면 조선족 문인이라고 할 수 없듯이, 만일 백낙청 교수님을 모른다면 한국문인이라고 할 수 없을 텐데요……

백낙청 나에 대해서는 지나친 칭찬이에요.

김정호 워낙은 제가 백교수님을 찾아뵙고 글을 한편 쓸 작심을 했었습니다. 백교수님의 글이 너무 심오한 탓인지, 백교수님 주변의 분들마저 백교수님 글을 평하기에 무척 어려워하는 모양인데다가, 중국 비평가들마저 백교수님을 권투선수로 비유한다면 '중량급'(1998년 10월 백교수님 중문판 평론집의 출판을 계기로 북경대학에서 열린 포럼에서)이라고 수긍하는 이러한 분

■ 이 대담은 중국 길림성에서 발행하는 격월간 조선문 문학잡지 『장백산』 2000년 3호에 수록된 것이다.

을, 제가 그의 문학관까지 평한다는 것은 그야말로 야랑자대(夜郞自大)의 웃음거리밖에 되지 않을 것이 분명해서 이처럼 문학대담식으로 백교수님께 여쭤봅니다.(웃음)

실은 제가 금년부터 한국에 장기체류하는 계기로 『장백산』 잡지사 남영전(南英前) 선생님(지금까지 버릇대로 남사장님을 선생님이라고만 호칭함)으로부터 한국문단에 대한 인물소개와 작품소개를 하는 역을 맡은 셈입니다. 한국문단 인물소개에 아무래도 백낙청 교수님을 첫 자리에 모셔야 될 것 같아서, 사전에 남영전 선생님께 말씀을 드렸습니다.

백낙청 『장백산』 남사장님이 창작과비평사에 와서 이시영(李時英)씨와 만나셨다는 이야길 들은 적이 있습니다. 『장백산』을 보내주셔서 받아보고는 있는데 어려움이 많으시겠지요?

김정호 한국의 경우를 보면 『창작과비평』이 참으로 어려운 환경에서 한국문학에 큰 기여를 하듯이, 『장백산』은 우리 민족문학을 위하여 큰 기여를 했습니다. 금년은 『장백산』 창간 20주년입니다. 20년 전 남영전과 동료 몇 분들이 갖은 고생을 겪으며 대형문학 격월간을 창간한 것은, 중국이란 문화 환경에서는 실로 대단한 일입니다(자세한 소개 생략).

백낙청 참으로 대단한 일을 하셨군요.

김정호 우선 금년(2000) 2월 22일 『한국일보』에 실린 고종석(高宗錫)씨의 글로 오늘 대담의 서두를 뗄까 합니다. 그래야만 저희 조선족 문단은 정호 이놈 일개인의 선호이구나 하는 생각을 갖지 않을 게 아닙니까?(웃음) 글로 정리할 때 이곳에 먼저 『한국일보』 평의 일부분을 인용하겠습니다.

> 한국의 지성·양심 30여 년 대변
>
> 〔담론의 산실〕 창작과비평
>
> 1966년 1월 스물여덟 살의 한 영문학도가 『창작과비평』이라는 제호의 계간지를 창간했을 때, 그것이 한국의 문학적 학술적 담론의 장에서

그다음 세기까지 이어질 새롭고 강력한 문화권력의 출발점이라는 것을 감지한 사람은 그리 많지 않았을 것이다. 그러나 유복한 집안과 미끈한 학력에 귀공자풍의 외모까지 갖춘 백낙청이라는 젊은이는 그 뒤 30년 동안 이 잡지를 주재하며 한국의 야만적 정권들과 싸웠고, 척박한 문화와 싸웠다.

요컨대 그는 한국의 전근대성과 싸웠다. 정권은 거기에 대해 잡지의 판금이나 폐간(1980~1987)으로 답했다. 그동안 홍안의 젊은이는 갑년을 넘긴 노인이 되었지만 백낙청이라는 이름은, 그가 주재하는 계간지와 출판사를 줄여 부르는 『창비』라는 이름과 함께, 한국의 양식을 상징하는 명사가 되었다.

백낙청(62·서울대 교수)씨는 지난 40년 가까이 서울대 영문과에서만 근무했지만 사람들의 머릿속에 그는 서울대 교수로서보다는 계간지 『창작과비평』의 편집인으로 더 짙게 각인돼 있다. 아마 후대의 사람들도 그를 『창작과비평』과 연결지어서 기억할 것이다. 아니 『창작과비평』을 백낙청이라는 이름과 연결지어 생각할 것이다.

실로 백낙청이자 『창비』라는 명성이 한국문단에 모를 사람이 없을 정도로 널리 알려진 것이 아닙니까?

백낙청 1966년 1월에 『창작과비평』 계간지를 창간하면서 당시에는 이렇듯 오래 할 줄 몰랐어요. 창간 당시의 기대 이상으로 달성되었다고 볼 수 있는데요, 뜻있는 여러 사람들이 합류해주신 덕입니다.

김정호 남북분단이란 엄연한 현실, 수십 년 지속되는 군사독재통치의 암흑한 세월, 이 특정한 역사와 사회환경은 한국문학이 어디로 가야만 올바른 것인가 하는 무거운 과제가 있었던 것이 아닌가 하는 생각과 더불어 이 과제를 회피하지 않고 정면에 나선 사람들이 『창비』의 분들이며, 이에 대한 조명이 바로 백교수님의 '민족문학론'이 아닌가라는 생각인데요?

백낙청 4·19 이후에 국민이 기대했던 민주정권이 이뤄지지 못했고 독재정권 아래 국민들의 민주화에 대한 갈망과 분단체제하에 국민들이 통일을 바라는 욕망이 컸지요. 박정희정권의 독재가 본격화하고 7·4 공동성명 이후 통일논의가 다시 활발해진 70년대 초에 민족문학론이 제기되었습니다. 『창비』도 그런 특정한 역사 속에서 한몫을 한 거지요.

김정호 한국 현대문학 수십 년 역사를 논의함에 있어서, 『창비』와 『문지』 두 갈래 맥이 주요한 역할 담당과 기여를 했다는 평이 주도적인 것 같은데요. 물론 백교수님께서는 제3부류 문인들의 공헌까지 시인하여 세 갈래로 논의되어야만 할 것이다라고 이야기를 하신 걸로 알고 있는데요. 이에 대한 말씀을 직접 듣고 싶습니다.

백낙청 『창비』(창작과비평)와 『문지』(문학과지성) 두 갈래 맥이 한국문학에서 큰 역할을 했다는 평인데, 문단에 국한하지 않고 사회 전체를 본다면 '양대산맥'이란 말이 좀 부적절합니다. 그러나 문학계에서는 『문지』가 작가발굴에 많은 성적을 거두었고 그 나름으로 중요한 역할을 한 것이 분명합니다.

김정호 『창비』 초창기에 대해 간단히 말씀해주셨으면 합니다. 『창비』 초창기의 상황과 어떤 분들이 협력하셨는지 간단히 말씀해주셨으면 합니다.

백낙청 계간지 제호를 '서울 리뷰' '흐름' '전위' 등으로 하자는 제의가 있었는데, 내 기억에는 『창작과비평』이란 제호를 내가 생각해낸 것 같아요. 그때는 제호에 '과'자가 들어간 게 거의 없었는데 지금은 대유행이 되어버렸죠. 『창비』 초창기에 염무웅(廉武雄), 한남규(韓南圭, 필명 한남철), 김종구(金鍾求), 김상기(金相基) 분들이 필자를 구하는 등 노력봉사를 했고, 임재경(任在慶), 채현국(蔡鉉國), 나까지 세 사람은 다달이 돈을 모아 계간지 경비로 썼습니다. 그런데 다달이 돈을 모으는 것도 오래 지속되지 못해서, 후에는 내가 주로 여기저기서 손을 벌려 조달했습니다.

김정호 백교수님께서 『창비』 계간지를 창간하시고 후에 출판사까지 내오고, 자유실천문인협의회를 사단법인 민족문학작가회의로 발전시키는 실제적인 작업과 민족문학론, 분단체제론으로 한국문단을 조명함으로써, 뜻있는 분들의 합류는 물론, 특히 훌륭한 문인들의 창출과 후생들을 단합시키는 데 중요한 역할을 하셨다고 생각되는데요. 『창비』 쪽 분들의 말을 빌리면 '대단한 이론가이자 전략가이다'란 평인데요.

백낙청 자유실천문인협의회는 74년 11월에 결성되었는데 그때 나는 주로 『창비』 일 때문에 적극적으로 나서지 못했습니다. 창립시 주역은 고은(高銀)씨와 이문구(李文求), 박태순(朴泰洵)씨였어요. 87년 6월항쟁의 결실로 9월에 민족작가회의로 확대 개편했는데 제1기 회장은 소설가 김정한(金廷漢) 선생이 맡으셨고, 고은씨와 제가 부회장을 했어요. 정부는 줄곧 민족작가들을 정식으로 인정해주지 않다가, 96년에 와서야 민족작가회의를 사단법인으로 인정해주게 되었어요. 그때 내가 이사장을 담당하게 되었어요.

김정호 긴급조치로 말미암아 만해문학상을 중도에서 중단하게 되었다는 이야기가 있는데 그 이유는 무엇입니까?

백낙청 1975년 긴급조치 9호가 나왔어요. 그때만 해도 문학상이 지금처럼 많은 시절이 아니었어요. 그때 만해문학상 후보자로 우리 내부에서 유력하게 거론된 사람이 김지하(金芝河)와 조태일(趙泰一)씨였지요. 그런데 김지하는 이름을 입에 올리는 것조차 위태로울 때였고, 조태일씨는 『국토(國土)』(시집)를 내자마자 판금된 상태였습니다. 김지하는 「오적(五賊)」 「비어(蜚語)」 등 작품 때문에 감옥에 몇 번이나 갔던 것이고 후에 또 다른 일로 사형판결까지 받았지요. 그때는 긴급조치를 비방하는 것은 물론, 긴급조치에 걸렸다는 말을 해도 긴급조치에 걸리게 되어 있었어요. 그러니까 긴급조치에 걸린 작가에게 상을 주는 것은 물론, 못 주는 사정을 설명한다는 자체가 불법인 거예요. 80년 『창비』가 폐간되고 88년에야 복간하게 되니 만해문학상이 오랫동안 중단될 수밖에 없었죠.

김정호 그러고 보면 이 세상 독재자들의 수단과 수작은 크게 다를 바 없는 것 같습니다. 「베트남 전쟁 III」『신동엽전집』『8억인과의 대화』 등으로 '창비'가 겪은 고생을 말씀해주셨으면 합니다.

백낙청 리영희(李泳禧) 선생의 「베트남 전쟁 III」은 『창비』 75년 여름호에 실린 기사인데 그것 때문에 문공부에서 정식으로 판금공문이 왔지요. 얼마 되지 않아 『신동엽전집』이 나왔는데 그때 내가 정보부에 연행이 되어 조사를 받았습니다. 『8억인과의 대화』가 나간 것은 77년인데요. 주로 서방사람들의 중국 기행문을 리영희 선생이 엮은 것이었습니다. 책은 판금이 되었고 리선생과 제가 반공위반에 걸려 재판을 받은 결과 리선생은 실형을 사시고 나는 2심에서 집행유예를 받았어요.

김정호 『창비』에서 황석영(黃晳暎) 선생의 북한 방문기를 실어 고생을 겪었다는 소문도 있던데요?

백낙청 88년에 『창비』가 복간됐어요. 황석영씨가 북한을 방문하고 쓴 방문기를 『창비』에서 실었는데, 그때 황석영은 외국에 있었고, 『창비』 주간으로 있던 이시영씨가 감옥살이를 하게 되었지요.

김정호 『창비』가 강제적으로 폐간된 이유는 무엇입니까?

백낙청 80년 5·17 국보위라는 게 세워졌는데 전두환(全斗煥)이 국보위 위원장이 되어 정식 대통령이 되기 전까지 실제 권력행사를 한 것입니다. 국보위에서 소위 간행물정비라는 걸 했는데 그중에 『창비』 『문지』 그리고 함석헌(咸錫憲) 선생이 하시던 『씨올의 소리』 등 몇 개 소위 문제지들도 끼워서 폐간시켰어요.

김정호 제가 본 자료에 의하면, 『창비』가 정부 측으로부터 강제로 폐간되자 이에 반발해 항의문에 서명한 지명인사 등 사회인사들이 천명 넘었다고 하는데, 이 사례로도 80년대에 『창비』가 얼마나 쟁쟁했는가를 알 수 있는 것 같습니다.

백낙청 그건 계간지가 폐간되고 5년 후의 일인데요. 계간지 복간을 불허하기 때문에 85년에 무크지(부정기 간행물) 형태로 간행했는데 정부에서는 정부의 허가 없이 정기간행물 형태로 출간했다고 트집을 잡아서 출판사마저도 폐쇄시켰어요. 그래서 사회적으로 정부에 복간 요구를 했는데, 복간 청원에 서명한 사회인사들은 2, 3천 명이나 됐죠. 사회적인 반발이 강하자, 86년에 이르러 정부는 창작과비평사를 창작사 이름으로 허락했어요. 그 후 88년에 이르러서야 원래의 이름을 회복하게 되었습니다.

김정호 『한국일보』의 글을 보면, "『창작과비평』은 그 제호가 가리키듯 우선 문예지다. 신경림, 고은, 조태일, 김지하, 김남주, 정희성, 이시영, 김정환, 박노해, 백무산 등 20세기 한국의 시문학사가 건너뛸 수 없는 이름들이 『창비』의 지면에 산재해 있다. 이 시인들은 행동하는 시인들이기도 했다. 김지하와 김남주와 박노해는 70년대와 80년대와 90년대를 감옥 속에서 보내며 한국사회의 야만을 드러내는 상처가 되었다. 그 세 사람이 감옥 속의 정착민이라면 고은과 김정환은 감옥과 사회를 부단히 오가는 유목민이었다. 감옥에 들어가 있는가 싶으면 어느 틈에 그들은 시정의 술자리에 있었고, 나왔는가 싶으면 어느 틈에 그들은 감옥에 들어가 있었다" 라고 했는데, 60년대, 70년대, 80년대, 90년대 한국문학의 대표인물은 어떤 분들입니까?

백낙청 꼽을 분들은 많지만, 10년을 단위로 그 대표인물을 물으신다면, 60년대에는 김수영(金洙暎), 신동엽(申東曄)이 활발히 활동했고 지금도 상징적인 존재로 남아 있지요. 70년대는 김지하, 황석영, 이문구, 고은, 신경림(申庚林)을 꼽을 수 있는데, 김지하의 「오적」, 황석영의 「객지」「삼포 가는 길」, 장편소설 『장길산』이 모두 유명하지요. 물론 이건 『창비』 지면에 국한된 이야기가 아니지만요. 고은, 신경림은 50년대에 문단에 데뷔했고, 신경림은 60년대 말에야 문단에 복귀했어요. 고은과 신경림은 어느 연대에나 이름이 있어 딱히 어느 연대의 대표인물이라고 말하기가 곤란합니다. 80년대 새로 나온 대표적 시인은 박노해지만 고은 시인의 경우 60년대까지의 탐미주의적 경향과 70년대의 급진적 정치성이 80년대에 이르러 양면조화가 잘되어 한층 높은 경지에 도달했지요. 90년대 대표적인 문인으로 둘만 꼽으라면 소설가 신경숙(申京淑), 노동자 시인 백무산을 들겠습니다.

김정호 1966년 1월에 백교수님께서 『창비』를 창간하셨는데 『창비』 창간의 동기는 무엇입니까?

백낙청 나는 고등학교를 마치고 바로 미국에 갔었는데 50년대 미국사회와 대학의 보수적 분위기에 늘 답답함을 느꼈고, 귀국하면 한국의 문단과 지식인 사회에 뭔가 기여하고 싶다는 생각을 했죠. 그래서 잡지 창간을 생각하게 되었습니다. 월간이 아니라 계간지를 한 이유는 세 가지입니다. 기존의 잡지보다 질을 높여야 했는데 월간으로서는 수준을 유지하기 어렵고, 내가 교직을 맡다 보니 시간적 여유가 제한되어 있을 뿐만 아니라, 재정적인 사정도 고려해서입니다.

김정호 유복한 집에서 태생하셨고 미국 하바드대학 박사학위, 서울대 교수직에, 부인 한지현(韓智現) 교수님 또한 대단히 현숙하시다는 평인데요, 그렇다면 일개인의 생활에는 부담이 없었을 텐데, 왜 스스로 수십 년간 한국 독재정권과 싸우는 고달픈 길을 선택했는지요?

백낙청 남들은 나를 유복하고 행운하다고 보지만, 나의 운명은 순탄하지 않았어요. 어릴 때 생활적으로는 빈곤하지 않았지만 6·25 때 아버지가 잡혀가시고, 17세에 멀리 타향에 가서 여러 해 동안 외롭게 살았으니 순탄한 운명이랄 수는 없지 않아요? 『창비』 창간 당시에 정부와 마찰이 있을 것을 미리 각오는 했어요. 그러나 훗날의 이런저런 고달픔을 처음부터 예견하면서 뛰어든 건 아니지요.

김정호 백교수님께서 '문인 61인 선언'에 연루되어 서울대 교직에서 파면당했던 것이라고 하던데요?

백낙청 '문인 61인 선언' 때문에 파면당한 것은 아니에요. '문인 61인

선언'이 나오게 된 원인은, 그 전에 개헌청원운동이 있었는데 이럴 때 문인들이 가만있을 수 없다면서 주로 나와 한남철씨가 함께 세배 다니면서 서명을 받았어요. 명동 YWCA 코스모폴리탄 다방에서 이호철(李浩哲) 선생의 사회로, 내가 선언문을 써서 낭독했는데 그때만 해도 61인이란 수가 적은 수는 아니었고 참석한 분들 역시 쟁쟁했어요. 이희승(李熙昇), 안수길(安壽吉), 박연희(朴淵禧) 선생과 같은 원로들, 그리고 김지하씨…… 등이었죠. 그날 경찰에게서 쉽게 풀려났다가 이튿날 긴급조치 1호가 선포되면서 다시 한 사람씩 정보부에 불리어갔죠. 사실은 내가 주동자인 셈인데 불똥은 엉뚱하게 이호철 선생한테 튀었어요. 임헌영(任軒永), 장백일(張伯逸), 정을병(鄭乙炳)씨 등의 문인간첩단사건이라는 걸 조작한 거예요. 나는 미국에서 갓 돌아와 세상물정을 모르는 자유주의자로 간주되어 엄중경고만 받았지요. '61인 선언'이 있은 10개월 후, 그러니까 74년 11월에 사회 각계 인사들이 광범위하게 참가한 '민주회복국민선언'이 있었어요. 나는 또 이 '선언'에 서명했어요. 이 '선언'에 김대중(金大中), 김영삼(金泳三)씨도 참가했고 종교계에서도 참가했어요. 이 일에 연루된 경기공업전문대 김병걸(金炳傑) 교수는 사표를 냈고, 나는 사표를 내지 않았을뿐더러 『동아일보』에 「교수의 인권과 대학의 기능」이란 글까지 발표하고 나니 결국 파면당할 수밖에 없었어요.

김정호 후에 김대중사건에 연루되었다면서요?

백낙청 80년 김대중내란사건 때 나는 거기에서 빠졌어요. 그러나 그해 7월에 2차로 검거한 사람들 틈에 끼었어요. 안기부 수사관의 말에 따르면 2차 검거자 명단에서 내가 톱으로 올랐다는 거예요. 당시 김대중씨 측에서 요청이 와서 함께 일하자고 했었으나 나는 교직에 충실하고자 그런 요청을 거절한 처지였기 때문에 무사히 풀려날 수 있었습니다. 그런데 조사를 받을 때 보니 그들은 정말 온갖 정보를 다 갖고 있는데 유독 『창비』에 대해서는 일언반구도 묻지 않았어요. 참 이상하다고 생각했는데 후에 안

일이지만, 그때 그들은 『창비』를 폐간하기로 이미 결정했기 때문에 『창비』에 한해서는 묻지 않은 것이에요.

김정호 미국 하바드대학에서 영문학을 전공하셨다는데, 한국학계와 문단에서 모더니즘을 주장한 것이 아니라 오히려 리얼리즘을 주장하셨고 또한 민족문학론을 체계화하셨다는 점에서 통상적인 관점에서는 납득이 잘 안 가는 점인데요, 그 이유를 알고 싶습니다.

백낙청 문학이론에서 결코 기존의 리얼리즘을 옹호한 것이 아니라, 어떤 의미에서 말한다면 그 해체이자 발전을 꾀한 것이에요. 다시 말해서 리얼리즘 하면 무조건 그것을 모더니즘과 대립되는 것으로만 간주하는데, 나의 주장은 그게 아니라 모더니즘을 수용하면서, 즉 모더니즘 비판의식을 갖고 리얼리즘을 더욱 높은 새로운 차원에 올려놓으려 한 것입니다. 미국에서 공부한 사람으로서 처음부터 모더니즘의 미덕을 수용할 필요를 전제하면서 작업해왔다고 말씀드릴 수 있겠습니다.

김정호 백교수님이 창시한 '민족문학론'과 한반도 20~30년대에 '민족문학'이 제기되었다는 설이 있는 것 같은데 그 구별점은 무엇입니까?

백낙청 내가 민족문학론을 창시했다는 건 맞지 않는 말입니다. 8·15 이후의 임화(林和), 김남천(金南天) 등이 이미 민족문학론을 제기했고, 내가 72년 귀국하니까 민족문학론은 70년대 초에 다시 거론되고 있었지요. 저는 74년 「민족문학 개념의 정립을 위해」 등 글을 쓰면서 논의에 뛰어들게 됐어요. 그때와 8·15 이후의 민족문학론이 크게 다른 점은 남북으로 갈라진 민족분단이란 엄연한 현실이 민족문학론의 핵심문제로 대두된 점이죠.

김정호 저는 민족문학론의 필요성이 남북한 분단이란 현실에만 있는 것이 아니며, 민중이 탄압받고 있는 현실과 날따라 민족문화 뿌리가 뽑혀 나가고 있는 현실이라면, 민족문학론이 필요하다고 생각되는데요.

백낙청 그렇습니다. 민족문학론의 기본적인 문제의식은 지금도 유효하다고 확신합니다. 동시에 70년대 초 이래로 민족문학론이 발전하여 오늘에 이르면서 변한 면도 있어요. 대략 세 가지로 나누어서 말해보지요. 첫째는, 민족문학론은 단순한 문학에 관한 이론이 아니라, 70~80년대 민주화운동·통일운동의 구호 역할도 했는데, 87년 6월항쟁을 고비로 민주화가 개시되고 남북한 접촉이 이뤄지면서, 정치적인 '간판'으로서의 용도는 별로 없어졌습니다. 둘째는, 남북한 분단현실에 대한 분단체제론적인 인식이 진전되면서, 분단체제는 자본주의세계체제의 일부분으로 인식하고 극복해야 할 현실이지, 단지 민족개념으로만 해결될 과제가 아니라는 점이 더욱 분명해졌어요. 분단극복이 여전히 핵심적인 민족적 과제임은 틀림이 없지만, 민족문제뿐만 아닌 다른 문제해결을 수반해야만 실현될 수 있다는 점이 강조될 필요가 더 커진 것입니다. 셋째는, 민족이라 할 때에도 한반도 주민만이 아닌 각자의 국적을 가진 해외동포를 망라한 다국적 한민족공동체의 존재를 상정하게 된 점입니다. 물론 만시지탄(晩時之嘆)을 금할 수 없는 일이지요. 아무튼 이러한 민족공동체의 민족문학은 어떤 것이어야 하는가? 하는 새로운 과제를 안게 된 겁니다. 물론 이와 함께 이런 다국적 한민족공동체는 지속될 수 있는가? 도대체 이런 종류의 공동체가 지속되는 것이 인류를 위해 바람직한가? 하는 문제들도 있어요. 21세기는 세계적인 융합을 이루는 세기이기 때문에 민족은 필요없다는 논조가 대두되고 있지마는, 나는 국적과 정치적 · 경제적 운명을 달리하는 민족공동체와 이를 지켜주는 민족문화가 인류의 평화와 문명 발전에 도움이 된다고 믿습니다.

김정호 분단체제론을 민족문학론과는 완전히 독자적인 이론으로 간주해야 맞습니까?

백낙청 방금 이야기했지만 저 개인의 경우 민족문학론의 문제의식에서 분단체제론이 출발했고, 분단체제론이 진전되면서 민족문학론을 보완하고 일정하게 수정하는 결과가 나왔다고 말씀드릴 수 있겠지요.

김정호 리얼리즘과 모더니즘 '회통'이란 이야기를 하셨는데 실제 창작에 어떤 의미를 갖고 있습니까?

백낙청 최근의 리얼리즘과 모더니즘의 '회통'론은 최원식(崔元植)씨가 꺼낸 것이고, 나는 그 기본취지에 공감하면서 약간의 이의(異議)제기를 한 거지요. 다시 말해서 그간 한국문학에서 모더니즘을 일면 수용하고 일면 극복하면서 전개되어온 리얼리즘 논의가 이미 상당한 '회통'을 달성했음을 인정하고 계승하면서 새로운 '회통'론을 펴야지, 그러한 성과가 유실되어서는 안된다는 노파심을 표현했던 것입니다. 그 대표적인 사례로 김수영의 난해시를 꼽을 수 있습니다. 김수영의 난해시는 모더니즘으로 출발하나 모더니즘을 극복한 문제의식으로 회귀합니다.

김정호 사회환경적으로 이전과 다르다는 상황에서, 더욱이 『창비』의 후생들은 '다원화'의 길을 선택하지 않을까 하는 생각을 가져본 적이 없으십니까?

백낙청 후진들뿐 아니라 나 자신이 다원화를 지지하고 지향합니다. 지금은 어느정도 민주화가 됐고 사회환경이 바뀐만큼, 이전의 민족문학론·민중문학론·리얼리즘론 삼두마차의 지배적인 시대는 지나갔다고 봐요. 다만 '다원화'를 빌미로 민족문학론이나 리얼리즘의 근본적인 문제의식이 사라져서는 안되겠지요.

김정호 저로서는 문학은 날따라 몰락한다는 비관적인 생각입니다마는 백교수님께서 한국문단, 나아가서 세계문단을 어떻게 전망하십니까?

백낙청 대세는 분명 불리한 쪽으로 가고 있는 것이 사실이에요. 하지만 인류가 멸망할 것이 아니라면 이 대세가 영구히 지속될 수는 없습니다. 문제는 대세가 바뀔 때까지 우리 자신이 얼마나 버텨나갈 수 있느냐는 거지요. 그 점에서도 저는 비관하지만은 않아요. 물론 소비주의가 팽배하고 경박한 세태가 늘어나지만 아직은 서양사회에 비교해볼 때 우리 문학은 행복한 점이 많죠. 문학의 영향력이 살아있고 시집을 포함해서 진지한 문학작품을 찾는 독자들이 많은 나라입니다. 게다가 우리에게는 역사적으로 주어진 기회가 있어요. 하나는 남북한 교류와 통일이고, 다른 하나는 한반도 주민만이 아닌 다국적 한민족공동체, 해외동포와 함께 힘을 모을 수 있는 처지에 있지요. 이런 유리한 조건을 활용해서 당분간 대세를 거스르면서 버티다 보면 천하대세가 바뀌는 그때에 가서는 큰 한몫을 담당할 수 있으리라는 생각이에요.

김정호 백교수님께서 발표하신 글이 2백만 자 훨씬 넘는 것으로 알고 있는데 평론집은 몇 부 출판되었습니까?

백낙청 글쎄 글자 자수로는 얼마나 되는지 잘 모르겠고(웃음), 문학평론집을 포함해 저서가 모두 7권뿐입니다.

김정호 김학철 선생님은 우리 조선족 문단의 자랑입니다. 제가 연변문학예술연구소에 있을 때, 그러니까 10년 전에 연구소에서는 '김학철론'을 펴냈는데, 그런 걸 보면 연구소 소장님이 꽤나 혜안이 있은 셈입니다. 물론 그런 평에만 그칠 일이 아니라고 생각합니다. 하지만 한국문단에 아직 '백낙청론'이 없다는 점이 유감스럽습니다. 백교수님의 평론집이 일어, 영어, 중국어로 번역되어 여러 나라 문단의 관심을 갖고 있기는 하지만……

백낙청 김학철 선생님을 말씀한다면 단지 중국조선족 문단의 자랑이라고만 할 수 없어요. 그분은 우리 전체 한민족문학의 자랑입니다. 김학철 선생님은 그처럼 대단하신데 70대에야 '론'이 나온 게 아닙니까? 저는 갓 60대인데요.(웃음)

김정호 마지막으로 한마디 더 여쭤보겠습니다. 백교수님께서 한민족공동체를 논하시면서 그의 중요성과 전망에 대하여 이야기하셨는데, 저로서는 우선 한국문단과 중국조선족문단의 교류가 시원치 않은 점을 감안하면서 이러한 작업이 미미부진한 데에는 주로 주도적인 역할을 하시는 분들이 책임을 못다 한 탓이라고 생각됩니다. 그중에 백교수님 책임도 한몫 있다고 생각하는데요(웃음)……

백낙청 맞는 말씀입니다. 북경엔 두 번 갔었지만 연변은 여지껏 한번도 못 가봤어요. 이전에는 국내사정이 긴급하고 또 한반도에만 신경을 썼는데 앞으로 기회가 주어지는 대로 해외동포 문인들과의 교류에 힘을 써야겠다는 생각이에요. 물론 지금은 단지 그런 생각에 불과합니다마는, 조만간에 활발한 교류가 이뤄지리라고 전망합니다.

김정호 백교수님과 『창비』를 다소 알고 있었지마는 오늘 백교수님의 말씀을 경청하면서 참으로 감회가 깊습니다. 역경 속에서 자신의 정의적인 신념을 굳게 지켜나갔다는 의미에서, 저는 백낙청 교수님과 김학철 선생님을 존경합니다. 단, 이것은 어느 일개인에 대한 숭배가 아니라, 우리 빛나는 민족정신에 대한 지향이라는 생각입니다. 오늘 이처럼 오랜 시간을 내주셔서 대단히 감사합니다.

〔정리 김정호. 2000년 4월 8일 서울에서〕

| 좌담 |

통일시대를 어떻게 살아갈 것인가

강만길(고려대 사학과 명예교수, 『통일시론』 편집인)
김경원(고려대 국제대학원 석좌교수, 『사상』 편집인)
홍윤기(동국대 철학과 교수, 『당대비평』 편집위원)
백낙청(서울대 영문과 교수, 『창작과비평』 편집인)
2000년 7월 20일 창작과비평사 회의실

백낙청 바쁘신데 발제문을 미리 써주시고 오늘 이렇게 나와주셔서 감사합니다. 지난 6월에 있었던 남북정상회담과 특히 6·15 평양남북공동선언은 우리 모두에게 감격으로 다가왔고, 또 우리 현대사에 획기적인 사건으로 누구나 인정하고 있습니다. 그래서 이 사건과 그 후의 사태에 대해 저희 창비에서도 한번 정리를 해보기로 했습니다.

우선 좌담 제목을 '통일시대를 어떻게 살아갈 것인가'라고 잡은 취지는 이렇습니다. 남북관계의 세부적인 문제라든가 현재 진행상황들을 전문적

■ 이 좌담은 『창작과비평』 2000년 가을호에 수록된 것이다. 참석자들은 좌담 전에 각자의 발제문을 작성해 서로 돌려 읽었는데, 이 발제문들은 원래 좌담의 앞머리에 함께 실렸으나 여기서는 생략하였다. 발제문 제목은 「6·15남북공동선언의 성격」(강만길) 「남북통일은 전쟁위협 제거로부터」(김경원) 「우리는 과연 통일과정에 들어가 있는가」(홍윤기) 「6·15선언 이후의 분단체제 극복작업」(백낙청) 등이며, 그중 백낙청의 발제문은 『한반도식 통일, 현재진행형』(창비 2006)에 수록되었다.

왼쪽부터 백낙청, 홍윤기, 강만길, 김경원

으로 다루기보다는 이 남북회담을 계기로 지금 열리는 새 시대를 우리가 어떻게 감당하고 스스로 어떤 작업을 해나갈 것인가에 촛점을 맞추기로 한 것입니다. 그래서 '어떻게 살아갈 것인가'라는 말을 넣었고요. 그리고 '통일시대'라는 말을 썼습니다만, 이것은 지금이 통일시대라는 판단을 여러분께 강요하려는 뜻은 아닙니다. 일단 이런 표현을 내놓고서 과연 지금을 통일시대로 보는 것이 타당한지, 타당하다면 어떤 의미로 그러한지, 이런 점에 대해서 선생님들의 의견을 들어보고 싶은 겁니다. 그래서 각 선생님들께서 통일시대라는 개념을 중심으로 간략하게 한말씀씩 해주시고, 그다음에 자유롭게 토론으로 들어갈까 합니다.

먼저 강만길 선생님께서는 이번에 방북수행단의 일원으로 참가하시기도 했고, 또 원래 『창작과비평』 지면을 통해 '분단시대'라는 표현을 제일 먼저 쓴 필자이시기도 합니다. 통일문제에 대해서 줄곧 깊은 관심을 갖고 많은 논의를 해오셨고요. 이번에 역사의 현장에 참여하신 감격도 남다르셨으리라고 봅니다만, 강선생님께서 '통일시대'에 관해 먼저 말씀해주시면 좋겠습니다.

우리식의 통일과정으로서의 협상통일

강만길 우선 이번 정상회담을 계기로 통일시대라고 부르는 데 일단 나로서는 찬성입니다. 나는 역사 전공자로서, 역사학에서 제일 중요한 것이 시대구분 문제인데, 통일시대라고 불러도 좋겠다고 생각하는 이유는 이렇습니다. 나는 우리의 경우 베트남식의 전쟁통일도 독일식의 흡수통일도 불가능하다는 말을 많이 해왔습니다. 우선 전쟁통일이 안된다는 것은, 6·25전쟁에서 처음에는 북에서 통일할 뻔했고 나중에는 남한에서 통일할 뻔했는데 외세의 개입으로 안되었다는 사실이 그것을 증명해줬다고 봅니다. 그래서 평화통일론이 나왔다고 볼 수 있죠. 그런데 독일이 흡수통일이 되니까 우리도 그럴 수 있지 않을까 하는 기대가 많았는데, 흡수통일 역시 안되었습니다. 특히 김일성 주석이 죽고 나면 북이 무너지고 흡수통일이 될 것이라고 예언하는 사람들이 많았고, 성급한 사람들은 6개월 이내에 그렇게 될 것이라고까지 했지만, 역시 안됐습니다. 한데 지금은 북한이 어떤 의미에서는 경제적으로도 속된 말로 바닥을 쳤다고 하고, 김정일 위원장의 권력도 상당히 안정되어간다고 합니다. 여기에 또 하나 중요한 변수가 있는데, 지금까지 북쪽의 배경 노릇을 하기가 어려웠던 러시아가 다시 한반도 문제에 관심을 갖고 특히 북쪽과의 관계를 회복하려는 움직임이 그것입니다. 그래서 나는 이런 상황에서는 흡수통일이 어려운 것이 아닌가, 그렇다면 우리는 어떤 통일을 해야 할 것인가의 문제를 생각지 않을 수 없는데, 우리의 경우는 협상통일이 될 수밖에 없지 않겠는가 하는 것입니다.

백낙청 이번 발제문에도 그렇게 쓰셨죠?

강만길 예. 그래서 이번 정상회담이 어떤 의미에서는 협상통일의 시발

점이 될 것 같다는 생각을 현장에서 했고요. 또 협상통일이 우리식의 통일 과정이라면 지금부터 통일시대라고 불러도 괜찮지 않을까 생각합니다. 그런데 한 가지 우려스러운 것은, 7·4공동성명 때나 남북기본합의서가 제출됐을 때 상당히 흥분해서, 내 경우는 7·4공동성명 때는 아니지만 남북합의서가 체결되는 것을 보고 지금부터 통일시대로 들어간다고까지 얘기했는데, 그 후 다시 남북관계가 냉각되고 통일시대로 접어들지 못했지요. 지금 비방방송 안하고 이산가족 만나게 하는 것은 옛날에도 다 했던 것들입니다. 그래서 이번의 남북정상회담과 공동선언이 정말 협상통일시대로 들어서는 출발점이냐 아니냐는 이후 남북이 구체적이고 실질적으로 무엇을 어떻게 해가느냐에 따라 달라진다고 생각합니다.

백낙청 김경원 선생님께서도 발제문에서 한반도 분단상황에 중대한 변화가 일어나고 있다고 말씀하시면서 출발하셨는데, 뒤에 가면 현재 중요한 과제로 전쟁위협의 제거를 주로 말씀하시거든요. 다시 말하면, 일부에서 최소한 한반도에서 이제 전쟁의 위협은 없어졌다고 단언하는 것과는 달리, 적어도 그런 의미의 통일시대는 아직 아니라는 입장이신 것 같은데, 어떤 생각이신지요.

김경원 통일시대를 어떻게 정의하는가에 따라 답변을 드릴 수 있겠죠. 통일시대라는 개념을 우리가 지향하는 방향·목표·소망이 무엇이냐는 데 대한 참고사항(reference)으로 생각하면, 통일시대로 하느냐 안하느냐는 것은 전적으로 말하는 사람의 주관적 판단에 달려 있을 것입니다. 그렇지 않고 통일시대가 객관적인 사실, 진행된 과정에 대한 어떤 묘사라면, 미래에 관해서는 사실 시대구분을 하기가 좀 이른 감이 있기 때문에, 현재 진행되는 상황이 통일로 가고 있느냐 아니냐는 문제를 얘기해야겠죠. 이런 관점에서 보면 적어도 이번 정상회담이 통일의 방향으로 가는 길을 가로막았던 문을 좀 열어놓았다는 느낌을 저는 가지고 있습니다. 그런 의미에서라면 통일시대라고 할 수 있겠지요.

그리고 전쟁위협과 관련해서는 이번 정상회담이 긴장을 완화하는 데 큰 공헌을 했다고 믿습니다. 그러나 가령 북한의 김정일씨도 서해교전 같은 것은 자신이 지시하지 않았는데 일어났다고 했다는데요. 그것은 정상회담이 아무리 평화지향적인 결론을 냈다 해도 지금 존재하는 체제나, 지난 반세기 동안 누적되어온 전쟁장비를 우리가 완전히 제어할 수 있는 단계에는 이르지 못했음을 말해주는 겁니다. 그렇게 보면 전쟁방지를 위해 앞으로 우리가 해야 할 일, 제가 말한 군비통제, 상호신뢰 구축, 그리고 군축 등은 상당히 어려운 과제이지요. 군축이 왜 어렵냐면, 양측이 다 선의를 지니고 있다 해도 군사력이 어느정도 상호균형을 이룬 상태로 몇십 년 동안 지내왔는데, 양쪽에서 이를 줄여나가다 어떤 지점에 이르면 그 균형이 불안해지는 때가 있습니다. 한쪽이 불안감에 싸인다든가 또다른 한쪽이 야심의 유혹을 받는다든가 하는 단계를 거치게 된다는 것이죠. 그렇지만 통일이라는 면에서는 약간 문이 열렸다는 뜻에서 통일시대라는 표현은 써도 무방하다고 봅니다. 하지만 제가 특별히 쓰지는 않아요.(웃음)

백낙청 홍윤기 교수 발제문을 재미있게 읽었는데요. 기존의 현실에 대해서는 제가 분단체제라는 개념을 사용했을 때와 꽤나 인식이 비슷하다는 걸 느꼈어요. 특히 한반도 분단이 과거 베트남이나 독일의 분단과 그 성격이 어떻게 다른가 하는 분석은 저하고 많이 일치합니다. 그런데 현재 벌어지고 있는 사태나 앞일에 대해서는 생각이 저와 갈라지는 것 같거든요. 지금을 '분단체제의 이완기'로 보지만, 오히려 우리가 이제부터 해야 할 일은 통일담론을 극복하는 것이라는 식으로 결론을 내리시는데……

통일논의에 속아온 젊은 세대

홍윤기 우선 평소 존경하던 원로 선생님들 앞에서 과연 이런 말씀 드려도 될지 모르겠습니다만, 통일이라는 것이 마치 내일…… 제가 발제문에서도 썼습니다만, 선배세대의 통일이나 분단에 대한 인식은, 내일 아침이면 또는 조금 있다가 만날 수 있는 가족을 떠나보내는 기분으로 헤어졌다가 50년이 지났다는 수준을 크게 벗어나지 못하신 것 같아요. 50년대에 태어나 60년대에 한글로 교육받는 등 분단체제 아래서 성장하면서 분단 당시의 상황을 직접 체험하지 못한 첫 세대로서 한마디로 말씀드리면, 통일 얘기가 나올 때마다 또 거짓말하는구나 하는 느낌을 많이 받아요. 특히 권력 가지신 분들에 대해서요. 제일 먼저 충격으로 다가온 것이 7·4남북공동성명이고, 그다음이 남북기본합의서인데, 7·4공동성명 당시에는 어렸으니까 진짜 들뜨기도 하고 뭔가 달라질 것 같기도 했습니다. 더구나 당시 박정희 대통령의 위상은 현재 대통령 위상과 또다른 것 아니었습니까? 그렇게 강력한 분이 말씀하시니까 어린 심정에 뭔가 달라지나 보다 했는데, 이후로는 통일 얘기가 나올 때마다 실질적으로 통일이 다가선다기보다는 점점 멀어진다는 느낌이 들고, 어느 면에서는 분단이 더 강화되는 것이 아닌가 하는 의구심도 들었습니다.

이번 경우에는 어느 면에서는 질적으로 전혀 다를 것이라고 생각하면서도, 그간의 안목으로 보았을 때는 현재 남북한의 관계가 중국과 남한의 관계보다 더 나은 것이 있는가 냉철하게 따져볼 필요가 있다는 생각입니다. 그렇게 오랫동안 만나고 싶어했고 이산가족 얘기가 나올 때마다 눈물들을 쏟아내는데도 불구하고 왜 통일을 이루지 못했냐면, 그동안 분단이 오히려 편했기 때문일 것이라는 냉소적인 감정도 든다는 겁니다. 그런 점에서 분단은 며칠 뒤 만날 잠시 동안의 이별이 아니라, 양쪽 국가를 만든 기축이 되었다는 것이죠. 때문에 저는 백낙청 선생님이 제기하신 분단체제론에 처음부터 동조한 입장이지만, 백선생님도 어쩔 수 없이 선배세대이시기 때문인지, 분단체제를 얘기하면서 항상 통일체제를 염두에 두고 계세요. '체제'라는 용어를 쓰실 때쯤 됐으면 통일이 매우 어려울 것이라는 생각을 하실 만도 한데,(웃음) 여전히 통일을 위해서 그 안에서 뭔가 고쳐야 하지 않겠는가 하는 입장이신 듯합니다. 더 중요한 문제는 우리 민족은 실질적으로 현대국가를 꾸려본 경험이 없다는 겁니다. 그러니까 엄밀히 말하면, 민족분단은 분명히 맞지만 국가분단은 아닙니다. 독일과의 결정적 차이가 그것인데, 독일은 국가분단임은 분명하지만 민족분단은 절대 아닙니다. 나중에 80년대에 가서 동독 쪽에서 안되겠다 싶어서 이른바 '사회주의 민족'(socialist nation)이라는 개념을 도입했거든요. 민족을 다시 갈라보려는 생각을 사회주의 말기에 한 것이죠. 하지만 우리나라는 사실상 국가가 없는 상태에서 양쪽이 분리 건국을 한 겁니다. 때문에 통일시대라는 말이 통일에 대한 나름의 열망을 표시한다는 점에서는 충분히 수긍하지만, 냉철하게 통일담론 바깥에서 보면, 앞으로 우리가 최소한 남북한 관계를 현재의 남한과 중국 또는 남한과 러시아의 관계 정도로라도 만들어놓고 모든 것을 서로 들여다보고 난 다음에—그야말로 민족통일이 되려면 민족 대다수를 이루는 민중이나 시민들이 직접 얘기할 수 있는 단계를 필히 거쳐야 하지 않겠느냐는 것입니다. 그런 점에서 강만길 선생님께서 협상통일이라고 하실 때, 양쪽 지도자들이 협상이라도 해서 통일을 이루었으면 좋겠다는 갈망을 표시하는 것이라면 전적으로 공감합니다만, 분단체제론자로서 저는 좀 다른 입장에서 말씀드리고 싶습니다.

백낙청 그 점에 대해서는 강선생님께서 말씀하시겠지만, 저보고 분단체제론까지 제기해놓고 계속 통일을 얘기하느냐 하셨으니까, 거기에 대해서만 잠깐 얘기하죠. 물론 제가 분단체제라는 말을 쓸 때는 통일이 쉽지 않다는 얘기가 포함되어 있습니다. 체제라고 하면 설혹 엄밀한 의미의 체제가 아니더라도 어느정도 자생력을 가진 구조라는 뜻이고, 자생력을 갖는다는 것은, 그 속에 사는 편안한 사람들의 수가 꽤 많으니까—적극적으로 이득을 취하는 세력은 물론이고 그러지는 못해도 갑자기 전쟁을 통해서 깨지는 것보다는 분단되어서 사는 것이 낫다고 인식하는 많은 사람들이 있는데다 실제로 그러하니까—유지가 된다는 뜻이죠. 하지만 체제라는 말을 쓴다고 해서, 그것이 반드시 극복 불가능하다거나 극복되지 않아도 좋다는 뜻은 아니지요. 체제 중에는 좋은 체제도 있고 나쁜 체제도 있으며, 더 나쁜 체제가 있고 덜 나쁜 체제가 있지요. 저는 분단체제가 전쟁을 해서라도 깨뜨려야 할 만큼 나쁜 체제는 아니고 우리가 통일을 부르짖기만 하면 저절로 무너질 수 있는 허약한 체제는 더욱이나 아니지만, 역시 남북한의 일부 기득권자 또는 남북분단으로 인해서 이득을 보는 외국세력을 빼고는 대부분의 한반도 주민에게는 매우 나쁜 체제라고 보기 때문에, 우리가 노력을 해서 극복해야 한다는 입장이지요.

또 하나는 김선생님께서도 말씀하셨지만, 사실 한반도 평화를 보장하는 길은 통일 이외에는 없고, 또 우리 민족이 장기적으로 참화를 피하는 길도 통일 말고는 없기 때문에, 우리가 그런 파국으로 가지 않는 한은 극복될 수밖에 없다는 생각을 하는 거죠. 그렇기 때문에 무작정 통일을 외치고 통일이 쉽게 되리라는 데는 반대하지만, 체제라는 말을 쓰면서 정말 더 체계적으로 극복의 노력을 해야 한다는 말이죠. 분단체제라는 말을 썼다고 해서 통일운동이나 통일작업을 포기할 필요는 전혀 없다고 생각해요.

홍윤기 저도 그 선의는 충분히 이해합니다만……(웃음)

백낙청 그것은 선의의 문제가 아니라 조금 거창하게 표현한다면, 오히려 과학적 인식에 가깝다고 해야지요. 그리고 하나의 전략으로서 남북관계가 일단 한중관계와 비슷해지고 그것을 거쳐 나가는 게 좋으냐 아니냐는 것은 우리가 더 논의를 해봐야겠습니다만…… 일단 제 발언은 이 정도로 하고, 저보다 훨씬 적극적인 통일론자이신(웃음) 강선생님께서 하실 말씀이 있으실 것 같은데요.

강만길 내가 늘 듣는 말이, 내 통일 얘기가 너무 당위론적이라는 것이고, 또 많은 비판도 받아왔는데요. 역사학을 전공하는 사람이라서 그런지 모르겠어요. 다른 학문도 다 마찬가지겠지만, 특히 역사학에는 일종의 이상주의가 들어 있습니다. 역사학 속에 이상주의가 없으면 어떤 의미에서는 무의미하게 됩니다. 어떤 지향이 없으면 말이죠.

김경원 상당히 솔직하신데요.(웃음)

강만길 그래서 역사학이 현실에 얽매여서 미래지향적인 얘기를 하지 못하면 그 존재이유가 없어지게 됩니다. 그런데 지금 우리가 통일이 어렵다, 분단체제가 해소되기 어렵다 하는 것은 20세기적인 상황을 바닥에 깔고 하는 생각입니다. 20세기 전반기는 제국주의 시대였고, 후반기는 냉전체제였습니다. 그런데 20세기를 넘기는 과정에서 제국주의도 냉전체제도 다 무너졌습니다. 그렇기 때문에 20세기의 냉전체제적인, 또 약육강식의 제국주의적인 생각을 가지고 21세기 문제를 재단하고 보는 것은 문제가 있다고 생각합니다. 21세기에는 21세기의 새로운 상황이 벌어지게 마련이고, 그건 우리 민족사회나 동아시아사회나 세계사회나 마찬가지입니다. 우리의 통일문제는 21세기 문제란 말이에요.

더구나 아까 내가 협상통일이라는 말을 했는데, 협상통일은 전쟁통일이나 흡수통일보다 시간이 훨씬 많이 걸립니다. 나는 전에 1민족 1국가 1체제 통일은 2020년대에나 가능하다는 얘기를 했는데, 얼마 전에 김대중 대통령은 20년, 30년을 얘기하더라고요. 협상통일의 과정은 길다는 건데, 분단체제를 극복해가는 과정도 하루아침에 되는 것은 아니죠. 때문에 분단체제를 극복해가는 과정과 긴 시간을 두고 협상통일을 해가는 과정, 평화공존 과정이 맞물려들어가는 겁니다. 평화공존의 과정은 협상통일이라는 시각에서 보면 필수불가결한 과정입니다. 길게 보면 하나의 우리식 통일과정이라고 할 수 있죠.

그다음에 또 하나의 문제가 21세기에 들어선 우리의 주변정세입니다. 우리의 주변정세가 20세기처럼 제국주의전쟁이나 냉전체제 같은 것으로 유지된다고는 볼 수 없습니다. 우리를 둘러싼 동아시아 전체의 형세가 얼마든지 다른 방향으로, 흔히 예를 들듯이, 유럽식의 공동체를 형성해간다든지 하는 식으로 얼마든지 변해갈 수 있죠. 예컨대, 2020년대나 30년대

들어서 동아시아에 하나의 평화공동체를 형성해가려는 기운이 일어났을 때 한반도가 통일되어 있지 않은 상황이라면 이는 불가능하게 됩니다. 그러니까 우리의 주변정세가 21세기적인 상황에 의해 움직여간다면 우리의 통일문제도 마찬가지라는 거죠. 동아시아 문제의 변화, 우리 민족 내부 사정의 변화가 필요하고, 그리고 반세기 동안 지속된 분단체제도 2, 30년 걸려야 무너질 수 있단 말이죠. 그러니까 내가 하는 얘기가 너무 당위론이나 이상주의는 아니지 않느냐는 생각입니다.

김경원 당위론도 필요하죠.(웃음)

연방제·연합제에 관한 합의가 뜻하는 것

백낙청 그런데 이번에 합의문 2항을 보면 북쪽의 '낮은 단계의' 연방제 안과 남쪽의 연합제 안에 상당한 공통점이 있다는 것을 인정하면서 그 방향으로 가기로 일단 정했잖습니까? 강선생님께서도 그 대목을 매우 중시하셨고, 저도 발제문에서 언급했습니다만, 아마 그 점에 대해서 김선생님이나 홍선생님은 조금 생각이 다르신 것 같습니다. 지금 마침 강선생님이 우리의 통일과정을 동아시아의 국제정세와 함께 생각해야 한다는 말씀을 하셨으니까 시간도 절약할 겸 연방제 혹은 연합제에 관한 합의문 조항이라든가 또는 일부에서 얘기하는 국가연합, 이런 것의 전망과 주변정세를 엮어서 얘기해보면 어떨까요?

김경원 강선생님이 당위적인 데 비해서 저는 좀 비관적인 입장일지 모르겠습니다. 아까 홍선생님이 통일 얘기에 대해서 실감을 할 수 없다는 말씀을 해주셨는데요. 저도 남북간에 사람이 자유롭게 왕래하지도 못하는 상태에서 연방제니 뭐니 한다는 것 자체가 허위의식의 소산이 아닌가 하는 생각을 해왔습니다. 그리고 연방제를 한다면 좌우 양쪽의 논객들이 마치 이에 대해 국제적으로 인정된 정치학 사전을 찾아보고 거기에 나온 정의를 채택하면 되는 것처럼 접근하곤 하는데, 그건 현실과는 아무런 상관이 없는 것 같아요. 현실적으로 연방제는 정부가 존재하지 않는 상태에서 일정한 역사적 단계를 거쳐 어느 싯점에 이르렀을 때 하나의 권력조직이 형성되는 방식 가운데 하나인데다가, 연방제라는 표현을 쓰는 정치체제는 아주 다양한 구조를 가지고 있고 또 권력집중도도 다양하단 말이죠. 때문에 저는 원래 실감을 못하고 있었는데, 이번에 통일문제에 대해서 처음으로 상식에 부합하는 접근이 이루어진 것을 보고 환영을 했습니다. 과거에는 너무나 현실과 동떨어진 얘기를 했기 때문에 통일을 논하는 것 자체가 저로서는 회의적으로 느껴졌습니다. 통일을 안하려는 것은 뻔했는데, 이번에 처음으로 당분간 통일을 안한다는 것을 인정한 것이 2항의 의미라고 생각합니다. 그러니까 상당히 놀라운 것인데, 정상회담의 합의치고는 너무나 쎄미나 제목 같아요. 양국 정상이 만났을 때는 행정적으로 즉각 이행할 사항에 대해서 논의하고 합의하는 건데, 여기서는 공통성이 있다면서 아주 문을 열어놓은 상태로 됐거든요. 그것은 통일문제에 대해서 구체적으로 행동을 취할 것이 없다는 점을 자인한 겁니다. 개념적인 차원에서 하나의 문제를 던져놓은 거죠. 그리고 국가연합은 통일을 안한다는 개념이란 말이에요. 물론 나중에는 다 한다는 얘기죠.

그런 관점에서 이번 합의에 대해 놀랄 열강은 없을 겁니다. 주변강대국들은 남북한이 이제는 철들었구나, 당분간 안되는 것을 가지고 보채거나 상황을 불안하게 만들지는 않겠구나 하는 태도로 우리를 바라보지 않을까 싶어요. 그래서 이번 남북공동선언의 의의는 국가연합이나 연방제라는 개념에 있는 것이 아니고, 그것을 거론함으로써 통일논의를 현실화한 것이라고 봅니다.

백낙청 선언문 제2항에 대해서 독특하면서도 아주 예리한 지적을 해주셨습니다. 그런데 연방제와 연합제는 말은 비슷해도 개념은 아주 다른데, 이번 합의의 촛점은 사실 연방제라는 말이 들어간 것이라기보다는 '낮은 단계의 연방제'라는 수식어를 붙여서 연합제 쪽으로 중심을 이동했다는 데 있는 것 같아요. 그런 의미에서는 당장 연방제든 단일형이든 통일은 안 하겠다는 선언을 한 꼴이죠. 저도 그것이 한 면이라고 보고 김선생님 지적에 공감합니다. 하지만 역시 연합이라는 말이 들어가고 통일이라는 말이 들어간 점도 평가를 해야 한다고 봐요. 저는 국가연합 단계가 절대적으로 필요하다고 그전부터 주장해왔는데, 여기에는 양면이 있지요. 한편으로는 연방제 통일조차 지금으로서는 불가능하고 그런 얘기를 하는 것은 김선생님 표현대로 허위의식이라는 전제가 깔려 있는가 하면, 다른 한편으로는 한반도 상황에서는 국가연합을 거쳐서라도 통일로 가게 되어 있으며, 또 그러겠다는 의지를 안 갖고서는 평화정착도 어렵고 상호신뢰 구축도 힘들다는 전제가 깔려 있습니다. 그러니까 국가연합이라는 것이 당장은 통일을 안하겠다는 것과 당장은 아니지만 반드시 통일을 하겠다는 두 가지가 포함된 개념 아니겠습니까? 바로 그런 개념에 합의했다는 것이 이번 선언문의 정말로 중대한 의의지요. 따라서 당장 통일 안하겠다는 것은 이번 선언의 2항이 지닌 의의의 절반에 해당하지 전부는 아니라는 겁니다.(웃음)

그리고 연방제가 갖가지듯이 국가연합도 여러가진데, 우리 경우는 우리 실정에 맞는 연합을 해야겠지요. 아까 남북간의 왕래가 없다는 말씀을 하셨지만, 저는 남북간의 왕래를 어느정도 통제할 수 있는 장치야말로 핵심적인 것 같아요. 사실 유럽 같은 데는 지금 국가연합에도 채 이르지 못했으면서 왕래는 거의 완전히 자유화되어 있지 않습니까? 그러나 남북간에는 국가연합 형식을 갖추더라도 당분간은 주민이동의 통제가 필요할 것 같습니다. 그런 의미에서 국가연합은 한편으로는 남북간의 문을 여는 장치인 동시에 너무 활짝 열어서 체제가 일거에 무너지는 것을 방지하는 장치이기도 하죠. 그러니까 문을 적절한 만큼만 우선 열어놓고 그다음 단계를 위한 준비를 하는 장치라고 저는 해석하고 있습니다.

한·미·일 공조체제, 조·중·러 공조체제와 남북공조체제

홍윤기 문이라는 것이 열릴 때 활짝 열리지 않으면 드나들 때 매우 불편한 것이어서 어느 정도가 적절하게 여는 것인지 잘 모르겠습니다만, 이번에 낮은 단계의 연방제와 연합제가 거론됐을 때 처음에는 백선생님 말씀처럼 연합이라는 말을 쓰면서 여러가지를 한다면 그 의의가 충분히 있겠다 생각했는데요. 그런데 가만히 문면을 뜯어볼수록 드는 생각이, 국가연합을 운영하는 방식이 지금 미국과 한국 간에 여러가지 논의를 위해 빈번히 이루어지는 각료회의 수준을 크게 벗어나지 않으리라는 것입니다. 해서 남북간에 국가연합이라는 포장을 씌워놨을 때 앞으로 어떤 내용으로 채워질지 궁금한데, 지금 그 포장 안에서 실제로 조선민주주의인민공화국 정부와 대한민국 정부가 할 수 있는 여러가지 기구 운영의 수준이 한국 정부와 미합중국 정부 사이에 이루어지는 수준 정도라도 될 수 있는가 했을 때, 이건 명백히 수사에 불과합니다. 그럼에도 불구하고 남북한의 두 정상이 일단 만남으로써 이제 더이상 남북한 차원에서 뒤로 물러갈 문이 없어졌다는 것은 분명한 진전이죠.

그런데 김대중 대통령이 북한에 가서 '반국가단체'의 수장을 만난 것이 현행 국가보안법을 위반한 것인지 아닌지 모르겠습니다만, 문제는 다른 국가들의 정상간의 만남이었다면 지극히 자연스러운 것이었을 이번 만남조차 문제삼을 수 있는 세력, 즉 반통일세력이든 나름대로 통일관을 지닌 세력이든 이를 이적시하는 세력들이 현재 국내에는 존재한다는 겁니다. 이같은 잔재를 청산해나가는 과정을 밟지 않으면 국가연합이라는 것도…… 그리고 북한도 마찬가지죠. 북한도 김정일 위원장이 여러모로 남한 대통령을 끌어오는 데 신경을 쓴 것은, 물론 개인적으로 잘해주려 한 면도 있습니다만, 남북간의 관계가 그동안 다른 나라와의 관계와는 다른 긴장관계에 있었기 때문에 나중에 혹시라도 모르는 여러가지 경우를 고려한 것이지 싶습니다. 제가 언뜻 들은 바로는 김일성 주석도 어쩔 수 없는 남북관계에 모종의 무엇이 있다고 했다는데, 뒤에서 양쪽 정상을 끌어당기는 것이 여전히 남아 있고, 그것을 청산하는 것이 어느 면에서는 분단체제를 극복하는 첫걸음이 아닌가 하는 생각이 든다는 겁니다.

백낙청 지금 홍교수 말씀 중에는 두 가지가 섞여 있는 것 같아요. 하나는 분단체제를 극복하기 위해서 남과 북이 각기 내부에서 무엇을 해야겠는가 하는 중요한 문제인데, 그건 우리가 조금 있다가 본격적으로 논의해봤으면 좋겠고요. 또 하나는 한국과 미국이라는 두 국가간의 교섭과 남북간의 교섭의 긴밀도라고 할까요? 이것을 평면적으로 비교하셨는데, 저는 그건 좀 피상적인 접근방식이 아닌가 싶어요. 그러나 기왕에 미국 얘기도 나오는 판이니까—

강만길 그전에 연방제 문제에 대해서 잠깐 얘기하겠습니다.

백낙청 예. 연방제 문제에 대해서 말씀하시면서 주변상황과도 연관시켰으면 하는 거지요. 가령 주변국들이 이번 선언을 보고 놀랄 일은 없을 것이라는 말씀도 있었습니다만, 당장 놀랐건 안 놀랐건 장기적으로 미칠 수 있는 영향은 상당히 큰 것 같거든요. 가령 미국의 NMD(국가미사일방위) 전략 때문에 러시아의 뿌찐(V. Putin)이 베를린도 가고 뻬이징도 가고 여기저기 돌아다니는데, 꼭 남북회담 때문에 그런 것은 아니지만 남북의 긴장완화가 중요한 변수로 작용하는 것만은 틀림없는 것 같습니다.

강만길 시각의 차이라는 것이 참 무서운 건데, 여태까지는 되지 않을 통일을 하자하자 했는데, 이번 선언은 당분간 통일하지 말자는 것이다, 그래서 주변세력이 오히려 안심을 하는 상황이 아니냐? 참 재미있는 시각인데요. 연방제와 연합제 간에 차이가 있는 것은 사실이지만, 거기에 합의가 된 부분도 있어요. 연방제가 1국가 2정부 2체제라면, 연합제는 2국가 2정부 2체제니까, 이미 연방제나 연합제가 나올 때 2정부 2체제를 상당기간 유지한다는 데는 합의가 됐다는 거죠. 그리고 남북이 이처럼 합의한 것은 쌍방이 전쟁통일이나 흡수통일은 안하겠다고 선언한 것이나 마찬가지입니다. 그 때문에 남북합의서가 체결되었다고 볼 수 있죠. 다만 국가를 당장 1국가로 할 것이냐 아니면 상당기간 동안 2국가로 할 것이냐 하는 데 차이가 있었는데, 이 문제로 예민하게 대립하면서 남북 모두 그것을 분단을 유지하는 하나의 구실로 삼아왔단 말입니다. 그랬는데 이번에 '낮은 단계'라는 표현을 쓰면서 비로소 1국가냐 2국가냐의 문제로 대립할 것 없고 현상태대로 두 정부가 다 내치 · 외교 · 국방 · 군사권을 갖는다는 데 합의를 본 겁니다. 그러고 난 다음에 정례적인 정상회담 · 각료회담을 하자는 건데, 그것이 미국과 한국이 하는 것과 뭐가 다르냐고 했는데요……

홍윤기 그건 제가 극단적으로 말씀을 드린 겁니다만……

강만길 내가 보기에는 이제 비로소 통일을 하자는 데 약간의 합의를 본 겁니다. 이제까지는 서로 통일을 안하기 위해서 다른 명분을 내놓고 버텼는데, 이제서야 겨우 남북공조체제를 이루는 길로 한발짝 들어서게 된 거죠. 그러니까 자연히 주변의 외세문제가 생겨나는 건데, 대단히 예민한 부분입니다. 그래서 이번에 '자주적 통일'을 한다는 문안이 들어갔는데, 확실히는 모르겠습니다만, 북에서는 주체적이라는 말을 쓰려고 했던 것이 아닌가 싶습니다.

백낙청 '자주적'이라는 말도 그쪽에서 늘 써온 말이지요.

강만길 모르겠어요. 확인은 못했지만, 이번 선언문이 실린 『로동신문』에서는 어쩌면 주체적이라고 하지 않았을까 싶은데…… 그게 대단히 어려운 문제입니다. 내가 어떤 자리에서, 우리는 한 · 미 · 일 공조체제와 조 · 중 · 러 공조체제를 넘어서 남북공조체제로 가는 길을 열어야 한다는 얘기를 한 적이 있는데, 해놓고 보니까 조금 지나친 얘기가 됐어요. 그래서 얼마 전에 다른 글에서, 한 · 미 · 일 공조체제와 조 · 중 · 러 공조체제를 유지하면서 남북공조체제를 이루어가야 한다, 그것이 우리가 통일을 할 수 있는 길이다라고 수정을 했습니다. 왜 그런가 하면 한·미·일 공조체제에 의한 한반도의 통일은 현실적으로 불가능합니다. 또 조·중·러 공조체제에 의한 한반도의 통일도 현실적으로 불가능합니다. 그것을 우리가 어떻게 잘 조정을 하면서 전쟁도 흡수도 아닌 협상에 의해 평화적으로 통일을 해가느냐 하는 것이 우리 앞에 닥친 문제입니다. 물론 20세기적인 생각에서 보면 그건 불가능합니다. 그런데 역사란 늘 변하기 마련이므로 21세기의 주변정세는 21세기적인 상황으로 달라진다는 것이죠. 그리고 민족 내부의 정치적·외교적 역량이랄까 국민들의 식견이랄까, 이런 것도 역시 20세기와는 달라집니다. 이미 많이 달라졌어요. 그래서 어느 글에서 대륙세에도 포함되지 않고 해양세에도 포함되지 않는 한반도만의 제3의 위치를 확보하는 통일을 이룩해가야 한다고 대단히 이상적인 얘기를 했습니다만(웃음), 통일을 이루는 길은 그것밖에 없다고 생각합니다.

백낙청 21세기적인 상황이 실제로 그렇게 달라졌다고 생각하시는지, 국제정치학자인 김선생님이 잠깐 말씀해주시고 다음 대목으로 넘어가죠.

북측이 '통미봉남정책'을 포기한 사정

김경원 글쎄요. 1백년 단위로 세상이 달라지는지는 모르겠는데, 이번 정상회담으로 크게 변화한 것은 북한이 남한 정부를 대화와 협상의 대상으로 인식했다는 겁니다. 7·4공동성명도 있지만, 그때는 대한민국이나 조선민주주의인민공화국이라는 국호를 공식적으로 쓰지는 않았거든요. 저쪽에서 이번에 처음으로 대한민국 대통령이라는 호칭을 받아들였고, 우리 정부와 각료회담을 하기로 했으며, 우리 정부의 경제협력을 공식으로 받아들인 거죠. 그러니까 이번의 변화는, 북한 대남정책의 변화입니다.

백낙청 이른바 통미봉남(通美封南)정책을 포기한 거죠.

김경원 예. 그러면 왜 그걸 포기했겠는가? 역사학은 이상주의 없으면 못 산다고 하셨는데, 국제정치학 하는 사람들은 속칭 리얼리즘 없으면 못 산다고 합니다. 그런데 현실주의의 제일 중요한 것 하나가 인간은 그렇게 선량하지 않다는 겁니다.(웃음) 인간은 동기가 부여됐을 때 움직인다는 것인데, 김정일 위원장이 정책을 바꾸게 된 가장 큰 동기는 경제적 어려움이 아니었나 싶습니다. 북한의 경제가 작년에 약간 호전됐다고 하지만 기본적으로 상당히 어려운 상황입니다. 이번에 텔레비전에서 평양만 보여줬으니까 그렇지, 그외의 지역은 암흑시대입니다. 북한의 전력은 완전히 파괴된 상태이고, 석탄 공급이 안됩니다. 석탄을 캐내려 해도 전기가 없어서 못하고, 전기를 공급하려니까 석탄이 없습니다. 이런 악순환에 빠져 있는 상태에서 김정일 위원장이 일본·미국·중국과 상대를 해봤는데 답답하기 짝이 없거든요. 가령 미국측은 경수로 관계로 중유를 공급해주겠다고 약속하고도 제시간에 공급해주지 못하고, 또 북한이 돈으로라도 달라고 해도 돈도 안 주고 말이죠. 일본에는 받을 배상금이 잔뜩 있지만, 거기까지 손이 미치려면 협상이 굉장히 지루하게 진행되어야 하지요. 그런 상황에서 역시 당장 도와줄 수 있는 것은 우리 민족밖에 없다고 보아 우리 정부를 공식적으로 인정하고 상대하기 시작한 것이 아닌가 해요. 그러면 남북 정부간에 가장 첨예한 이슈가 주한미군 문제인데, 북한은 지금까지 우리 남쪽 정부가 대화하자고 하면 미국군이 강점하고 있는 상황에서 당신들이 대화할 자격이 있느냐는 입장이었죠. 그런데 주한미군 문제를 더이상 문제시하지 않겠다는 암시가 이번에 나타났다는 생각이 듭니다. 그동안에도 간간이 그런 언급이 있었지만, 이번에 더욱 분명해진 것 같습니다. 김정일 위원장이 문명자(文明子)씨에게 주한미군 철수를 주장하지 않겠다고 했다는데, 그건 믿을 만한 것 같아요. 그건 상당한 변화라고 생각합니다.

백낙청 북의 경제사정을 언급하셨는데 아무래도 경제 이야기로 넘어가야 할 것 같습니다. 경제문제는 곧 체제문제와도 직결됩니다만, 가령 2정부 2체제로 가기로 정상간에 합의됐다고 하는데, 분단체제극복이라는 시각에서 보면 2정부 2체제 유지라는 것은 1국의 형태든 2국의 형태든 만족스러운 것이 아니지요. 분단체제보다 나은 체제를 만드는 게 목적이니까요. 뿐만 아니라 2국가나 2정부를 유지하는 것보다 2체제를 유지하는 것이 더 힘들 수 있습니다. 둘이 계속 싸우는 과정에서는 2체제를 유지하기가 쉬운데, 화해하고 협력하고 경제교류를 하기 시작하면 두 정부가 합의했더라도 과연 2체제가 유지될 수 있을까요? 이 질문에서 결정적인 것이 경제가 어떻게 되는가 하는 문제일 겁니다. 그래서 대북경협과 관련해서 두 가지를 생각해볼 수 있습니다. 하나는 단기적인 전망인데, 김선생님이 발제문에서 잠깐 얘기하셨지만 과연 북이 필요로 하는 만큼의 경제협력을 제공할 실력이 남쪽에 있는가? 남쪽만으로는 안될 테니까 국제기구라든가 다른 나라를 동원해야 할 텐데, 그것이 원활하게 될 것인가 하는 당장의 문제가 있고요. 둘째는 원활하게 됐다고 했을 때 북의 체제에 심각한 위협이 와서 교류와 화해 분위기에 역행하는 세력을 자극할 수 있지 않겠느냐는 우려도 있을 것 같아요. 우선 홍선생님이 한말씀 해주시죠.

홍윤기 역시 제가 이 자리에 잘못 왔다는 생각이 드는데요.(웃음)

백낙청 이 자리에 경제전문가는 아무도 없습니다.

홍윤기 그러니까 용감해도 되겠습니까? 저는 경제전문가는 아닙니다만, 일단 양쪽의 생활 차이가 너무 나면 같은 민족간의 관계뿐만 아니라 국가관계에서도 정상적인 교류가 이루어질 수 없습니다. 그래서 우리가 북한과 협상통일·평화통일을 원한다면, 어쨌든 북한의 소득수준을 1인당 3천 달러 이상으로 높여놓아야 하지 않을까, 그때까지는 그쪽에서 통일을 원하든 않든 당신들도 잘살아야 하지 않겠는가, 도와주겠다 하는 선에서 허심탄회하게 얘기해야 한다고 봐요. 일단 통일을 전제하지 않고서 말입니다. 김선생님 말씀처럼 이번에 경제적인 면에서 북한이 보인 가장 큰 태도변화는 지금까지 민간교류만 허용하던 데서 어쨌든 정부 차원의 경제

교류를 받아들였다는 것인데, 어쨌든 북한은 지금 경제적으로 살아나야 합니다. 북한이 경제적으로 피폐한 상태에서 남한이 어떤 얘기를 하는 것은 그 의도가 무엇이든 문제가 있다고 봅니다. 도와주고 나서야, 같은 민족이다 아니다 하는 말을 할 수 있는 것이지, 지금 아무것도 안하고 그야말로 모든 것을 협상을 통해서 처리하려고 하면 안됩니다. 제가 볼 때 현재 북한이 중국과 같은 개방경제를 원한다면, 어차피 남북한 각료회의를 정기적으로 할 것인만큼 북한개발계획을 북한 관료들 혹은 북한의 책임 있는 당 관료들이 먼저 짜도록 하고 남한은 그에 대한 경험을 충분히 전수해주는 식으로 북한의 주도적 위치를 부추겨줄 수 있지 않을까 합니다. 이처럼, 지금 북한에서 국가의 개입이 없는 경제개발은 사실상 생각하기 힘들다고 할 때 우선적으로 해야 할 일은 북쪽의 경제개발 방식을 양쪽 국가 차원에서 논할 수 있는 상설 루트를 마련하는 것이 아닐까요. 그리고 직접적인 자금투자 등과 관련해서는, 지금까지 있어왔던 민간교류 창구들을 좀더 자율화·활성화하고 북한 사람들도 되도록 남한에 직접 와서 투자상담을 한다든가 함으로써 가령 우리와 일본 간의 교류 수준만 된다 해도 훨씬 얘기가 달라지지 않을까 싶습니다.

남북경협의 전망과 체제에 대한 위협

강만길 경제문제는 김선생님 지적처럼 대단히 중요한데, 북한은 중국처럼 그렇게 일시에 개방을 하지는 않으리라고 봅니다. 대단히 조심스럽게 개방할 텐데, 물론 나진·선봉 지구만 개방하던 상황보다는 조금 더 진전되겠지만 말이죠. 왜냐하면 북한은 중국과 사정이 달라서 급속도로 개방을 하면 체제가 무너지기 쉽습니다. 중국은 땅이 넓은데다 지금도 전체 생산의 약 20%만 사영생산이고 80%는 아직도 국영생산이라고 들었습니다. 물론 그것이 지금 중국경제의 활성화에 문제가 되고 있지만 말이죠.

그런데 북한은 아직까지도 남쪽의 기업이 들어갈 경우 북한의 노동력을 바로 남한기업에 내놓지 않습니다. 국가가 통제를 하면서 남한기업과 직접 교섭하는 상황입니다. 북한이 그것을 얼마만큼 풀어나갈지 모르지만 그걸 급격히 풀기는 어렵다고 생각하고요. 다만 사회간접자본 투자가 대단히 시급하다는 것은 그들도 알고 있습니다. 북한이 일본과 조약을 맺을 때 받게 될 배상금으로 1백억 달러를 얘기하는데, 그게 북한에서 주로 철도 등 사회간접자본에 투입되고, 그걸 남한기업이 담당할 가능성이 크다고 보는데요. 일본기업이 담당하는 것보다는 가격이 훨씬 싸지니까요. 그렇게 될 경우 북한의 경제체제가 어디로 갈 것인가, 또 통일이 되어 1국 1체제가 됐을 때 우리 경제체제가 어떻게 될 것인가? 지금으로서는 사회주의 경제체제냐 자본주의 경제체제냐 하는 식으로밖에 말을 할 수가 없는데, 나는 그것도 너무 조급하게 생각할 필요가 없다고 봅니다.

지금 20세기를 넘기는 과정에서 국가사회주의체제가 무너지고 자본주의체제가 홀로 남아 있는 셈인데, 이른바 신자유주의적인 자본주의체제에 대한 비판도 상당히 많고 그것이 지닌 문제점도 드러나고 해서, 21세기에 들어가면 역시 새로운 세계체제, 새로운 경제체제가 이루어질 것이라고 전망할 수도 있습니다. 물론 그 구체적 형태는 아무도 예상할 수 없습니다만. 그래서 우리의 통일이 2, 30년이라는 긴 과정을 요한다고 하면, 통일 후의 체제는 경제체제를 포함해서 21세기에 형성되는 세계체제와 맞물려들어갈 수밖에 없을 것입니다. 이렇게 긴 안목으로 봐야지, 사회주의냐 자본주의냐는 식으로만 생각하는 것은 너무 단기적인 안목이지요. 이렇게 보면 앞으로 회복될 북한의 경제도 세계사의 추이에 따라 달라질 수밖에 없다고 생각합니다. 지금 중국이 어떻게 될 것인가가 세계의 큰 관심거리인데, 중국이 정치적으로는 사회주의체제를 유지하면서 시장경제를 도입한 저 상태가 유지될 것인지, 아니면 정치적으로도 역시 자유민주주의체제로 바뀔 것인지는 아무도 예상할 수 없습니다. 그러니까 이런 문제나 우리 통일문제를 너무 20세기적인 안목으로 재단하려고 하지 말자는 겁니다.

홍윤기 저는 강선생님 말씀에 동감하면서도 한 부분은 다른 것이 있는데요. 지금까지 북한이 문을 못 열었던 주요한 이유 중 하나는 사실상 사회주의 경제보다는 국가체제를 유지하는 데 대한 불안 때문이라고 파악하고 있습니다. 그렇기 때문에 만약 남북한간에 국가연합이든 어떤 이름으로든 서로가 상대방에 대해서 자기식의 통일을 강요하지 않겠다는 것이 분명해진다면, 북한은 맘놓고 나름대로 자기네들이 원하는 경제개발 방식을 선택할 수 있을 것이고, 그때 우리가 도와주자는 것이죠. 언어도 같고 나름대로 여러가지 동질감도 있으니까 경제권을 형성하는 데 다른 어떤 경제권보다 유리하리라 봅니다. 그랬을 때 북한의 경제체제를 세계사의 추이에 맡겨둔다는 것은 너무 위험하니까 북한이 선택하게 하는 것이 어떻겠냐는 거죠.

백낙청 적어도 북측의 정책담당자들이 들으면 제일 좋아할 것 같은데,(웃음) 남북경제협력을 북쪽 당국에서는 당연히 자신들이 최대한 주도하는 방식으로 해나가고 싶어하겠죠.

홍윤기 주도와 선택은 다릅니다만……

백낙청 아니, 선택권을 행사한다는 의미에서 말이에요. 가능한 한 최대로 주도하려고 할 텐데, 지금 우리가 문제삼는 것은 실질적인 경제협력이 진행되는 상황에서 그것이 과연 가능하겠느냐는 것이죠. 그것이 가능하고 또 필요한 일이라면 우리가 힘닿는 데까지 도와주는 것은 좋은 일이지만, 강선생님은 너무 20년, 30년 얘기를 하시니까 현재 얘기가 빠지기 쉬운데, 당장에 닥친 실정을 볼 때 그게 불가능하지 않냐는 거예요.

김경원 당장 닥친 문제는 북한경제를 도와주기 위해 필요한 재원을 어떻게 확보하는가입니다. 북한은, 김대중 대통령이 베를린 연설에서 밝힌 것처럼 그들의 사회간접자본을 재건하는 데 우리가 도와주기를 기대하고 있고 실제로 그것이 필요합니다. 왜냐하면 우리 기업들이 북한에 가서 큰 투자를 못하는 것은 그 비용이 너무 많이 들기 때문이거든요. 가령 항만·전력·도로 등이 현재와 같은 상태라면 북한에서의 생산과정의 비용이 너무 높아지거든요. 예컨대 제 고향인 남포에서 컨테이너 하역작업을 하는 비용이 상하이나 다른 중국 항만에서보다 5배 이상이라는데, 하역작업에 필요한 현대화된 시설이 하나도 안 갖추어져 있기 때문에 임금이 아주 싼데도 불구하고 그처럼 높다는 겁니다. 그리고 전력문제도 아주 심각하고 도로도 엉망입니다.

그런데 문제를 더 복잡하게 만드는 것은 우리가 97년 가을 금융위기를 경험했다는 거죠. 97년까지만 해도 우리 기업들은 자본비용을 별로 생각하지 않고 프로젝트 성격에 따라 상당히 장기적인 전망과 신념을 가지고 투자를 했는데, 그렇게 무모한 투자행위 뒤에는 정권이 있었죠. 그런데 지금은 좋은 의미에서건 나쁜 의미에서건 그런 관치금융이 많이 약화됐다고 할까요? 현실성이 없어졌거든요. 그러니까 북한에 투자하는 기업들보고 청와대가 나만 믿으라고 하며 굳게 악수하면 기업들이 뛰어가서 투자하는 것은 이제 기대할 수 없습니다. 전부 자본비용을 생각한다는 겁니다. 그렇게 보면 지금 북한의 사회간접자본에 투자할 수 있는 가장 좋은 방법은 국제기구인 IBRD(국제부흥개발은행), ADB(아시아개발은행) 등에서 시장가격보다 싼 이자율로 돈을 빌려오는 것밖에 없거든요. 문제는 미국인데, 북한을 테러국가로 보는 한 미국은 이들 기구의 이사국으로서 북한에 자금을 대출해주는 것을 반대하리라는 점입니다. 또 미국이 승인하는 경우에도 그 기구들은 돈을 싼 값에 빌려주지만 나중에 돌려받는 것을 전제로 합니다. 때문에 북한경제의 투명성이 어느정도 보장되지 않고서는 이것 역시 힘들어요. 그러니까 우리로서는 북한을 있는 힘을 다해 정성껏 도와주면서도 북한에 국제적인 현실을 잘 설명해서 경제문제를 해결하기 위해서는 이런 합리성과 투명성을 어느정도는 보장해야 한다는 것을 인식시키는 길밖에 없지 않을까 합니다. 그런데 만약 북한이 그대로 따랐을 경우 그 내부체제가 어떻게 되느냐는 역사의 신에게 맡기는 수밖에 없죠.

홍윤기 제가 볼 때는 북한이 경제를 재건할 플랜을 갖고 있는지, 또 그럴 마음이 있는지 궁금합니다. 지금 사안별로 계속 요구하고 있는데, 그런 것부터 생각할 시간을 주는 것이 지금은 가장 큰 원조가 아닌가 싶습니다.

김경원 저는 그 문제에 대해서 잘 모릅니다. 다만 북한이 '주체'와 '자주'를 좋아하지만 과거의 경제 운용방식은 실제로는 대외의존적이었습니다. 에너지와 전력 문제가 저렇게 된 것도 소련이 제공하는 우호가격(friendship price)으로, 그러니까 국제가격보다 훨씬 싼 가격으로, 게다가 외상으로, 그것도 경화(hard currency)가 아닌 쏘프트론(soft loan)으로 제공받았기 때문이거든요. 북한경제는 자주적으로 운용되어본 일이 없습니다. 그래서 지금 문제입니다. 그런 의미에서 보면, 북한은 지금 경제개혁을 할 수 있는 지적 자원도 없을 겁니다.

강만길 북한이 자본주의 경제를 공부하도록 몇백 명을 외국으로 내보냈다는 보도가 있었습니다. 그리고 현재는 공단을 만드는 문제, '현대'와의 관계, 금강산관광 혹은 온천 경영 등, 자본주의 경제와 교류하는 데 있어 이런 정도의 계획밖에 안 갖고 있는 것 같아요. 그런데 중국의 예를 많이 본뜨려고 하는가 봐요. 그럴 수밖에 없겠죠. 문제는 중국과 북한의 사정이 많이 다르다는 것입니다. 그들도 이를 고민하지 않을까 싶은데, 제일 중요한 것은 그들은 사회주의체제를 무너뜨리지 않는 방향에서의 경제발전을 원하는데 과연 그것이 가능하겠느냐는 거죠. 어쨌든 남쪽에서 해야 할 가장 중요한 문제는 두 가지라고 생각해요. 하나는 체제를 무너뜨리지 않겠는다는 것, 물론 이쪽에서 그것을 어떻게 보장할 수 있겠습니까만 그렇게는 안한다고 안심시켜야 한다는 거죠. 그러면서 경제를 재건할 수 있게끔 해주는 방법이 대단히 어려운 건데, 그러다 보니까 흔히들 북한이 무엇이 변했느냐, 변한 것이 없지 않느냐는 말을 많이 합니다. 나는 남쪽의 생각처럼 사회주의체제 자체를 변화시켜야 한다는 생각은, 북이 안한다고 봅니다. 그게 아니고 전쟁의 위험을 줄이는 문제, 남과 교류를 하는 문제, 휴전선에서 비방하지 않는 것, 철도를 연결하는 문제, 이런 문제에 대해서는 변화를 추구하고 있죠. 그러니까 지금 남에서 상당기간 동안은 사회주의체제 자체를 건드리는 변화를 요구하지 말고, 전쟁위험을 없애고 대립을 완화하는 쪽의 변화를 추구해야 합니다. 이는 경제문제에도 적용됩니다. 기본적으로 체제를 무너뜨리기 위한 경제교류가 아니라 전쟁을 없애고 평화를 정착시키는 쪽에 초점을 맞춘 교류를 해야 하는 거죠.

김경원 한 가지만 말씀드리겠습니다. 북한을 무너뜨리지 않겠다고 보장해주는 것이 중요하다고 말씀하셨는데, 정말 우리가 보장해주고 말고 할 능력이 있냐는 거죠.

강만길 우리가 그걸 그렇게 앞세우지 말자는 거죠.

'민족경제의 균형적 발전'이란?

백낙청 우리 정부가 나서서 무너뜨리지는 않겠다는 보장이야 해줄 수 있을지라도, 무너지고 안 무너지는 것은 보장해줄 수 없겠지요. 그것은 모르는 일이고, 또 하나 제가 주목하는 점은, 분단체제를 극복한다고 할 때는, 거듭 말씀드립니다만 지금 남쪽이나 북쪽 체제보다 나은 것을 만들자는 것이거든요. 그렇다면 남쪽 체제도 달라지고 북쪽 체제도 달라져야 하는 것 아닙니까? 다만 그것이 와장창 무너져서 더 나빠지는 것이 아니라 한층 나은 체제로 바꾸자는 취지이기 때문에, 바람직한 변화에 필요한 만큼의 안정성을 유지하자는 것입니다. 그 이상의 안정성을 추구하거나 '보장'하려 한다면 역사에 역행하는 일이 될 수도 있죠.

저는 이번 공동선언문에서 또 하나 주목한 대목이 4항의 경제협력을 다룬 부분이었습니다. 발제문에서 썼습니다만, 거기에 민족경제를 균형적으로 발전시킨다는 표현이 나오는데, 정상간의 합의과정에서 그냥 좋은 표현으로 쓴 것인지 깊은 내용이 담긴 것인지 모르겠습니다만, 민족경제의 균형적 발전이라는 개념은 현 자본주의 세계경제, 세계시장의 사전에는 없는 단어거든요. 이것을 우리가 그냥 잠정적으로 협력하면서 잘살자는 뜻으로 썼을 수도 있고, 남과 북의 당국이 각기 편리하게 해석할 소지가 있다는 점도 좋다면 좋은데요. 거기에서 그치지 않고 민족경제를, 정말 한반도 전체의 경제를 균형적으로 발전시킨다고 한다면, 그 방식은 뭔가 지금 북한의 경제체제와는 달라야 할 거예요. 동시에, 큰 틀에서 자본주의 세계시장에서 벗어나지 않는다 해도 지금 남한식의 자본주의 경제는 아니라야 가능한 일이고요. 정상들이 그걸 염두에 두었냐 아니냐 하는 게 크게 중요한 것은 아니고, 이런 합의를 계기로 우리가 어떤 비전을 가지고 민족경제를 균형적으로 발전시켜나갈 것이며, 더 나아가서는 그런 것을 가능케 하는 세계경제체제를 구상하고 또 거기에 맞으면서 우리 실정에도 맞는 발전모델을 개발할 것인가가 중요하다고 봅니다.

강만길 민족경제의 균형적 발전이라는 말은 내가 받아들이기에는 현재 남과 북의 경제적인 조건에 많은 차이가 있으니까, 한반도 전체를 하나의 경제단위로 보고 남북의 경제가 어느정도 같은 수준에 올라갈 수 있게끔 노력한다는 의미 정도가 아닌가 싶어요. 질적인 면보다는 양적인 면에서 고루 발달하게 힘써야 한다는 의미로 봐야 하지 않을까요? 남과 북의 두 체제를 바꾼 새로운 체제까지를 생각하면서 집어넣은 것은 아니지 않을까, 그래서 심각하게 생각할 필요는 없지 않을까 생각하고요.

백낙청 그런데 남북을 하나의 경제단위로 봤을 때의 균형적인 발전이라는 것이 수사 이상의 의미를 지니려면, 첫째 북의 체제유지를 전제하고 가능하겠느냐는 거죠. 지금보다 생활수준이 좀 나아진다든가 생산력이 향상된다는 것은 얼마든지 생각할 수 있지만, 돈줄을 쥔 것이 남한과 외국의 자본인 이상, 결국 남쪽은 세계자본주의 발달에 적극적으로 가담하는 영역이 되고 북쪽은 그 후방기지 같은 걸로 전락하는 불균형발전밖에 안 되지요. 그렇다고 흡수통일을 한다면 이런 불균형이 없어질 것인가? 독일의 예에서 보듯이 불균형이라는 것은 시장경제 일변도로 가서는 시정되기 어려운 것이고, 한반도의 경우에는 독일보다 더 심해질 거라고 봐야죠. 그러니까 지금 남북 정상들이 새로운 경제체제를 구상하면서 말한 것은 아니지만, 우리가 이걸 받아들여서 실천에 옮긴다고 할 때는 아까 김선생님이 지적하셨듯이 자칫하면 북의 체제를 위협해서 반작용을 초래할 수 있는가 하면, 말로만 균형적인 발전이지 불균형을 지속시키거나 심화시킬 수도 있어요. 그게 안되려면 이것도 저것도 아닌 또다른 길을 지금부터 생각해봐야 하지 않겠냐는 말입니다.

강만길 앞으로 그렇게 노력해보자는 말이죠.

김경원 이런 것 같아요. 한국 사람들이 원래 정신은 멀쩡한데 취한 척할 때가 있거든요. 뻔히 알면서도 구색을 맞추기 위해서 해야 하는 말이 있고……

강만길 너무 심각하게 받아들일 필요는 없지 않을까요?

홍윤기 그런데 이런 정도의 보완적인 사고는 필요하지 않을까 싶은데요. 피상적으로 보자면, 어쨌든 북한에서 경제문제에 대해 구상하는 것은 좀더 잘살기 위해서라기보다도 상당히 다급한 사정 때문이라고 대체로 인식되어 있습니다. 그리고 어느 면에서는 국가가 인민의 모든 것을 책임져준다는 이른바 사회주의 경제의 근간을 더이상 유지할 수 없는데, 어쨌든 지금까지는 무력에 의해 남한이나 미국에 자기네 국가체제가 다 접수되면서 인민들 전체가 노예화되는 것이 아니냐 하는 불안감이 굉장히 컸단 말입니다. 이 문제는 동·서독 관계에서도 유추해볼 수 있을 텐데, 서독정부에서 동독정부를 타도하겠다는 말을 한번도 한 적이 없고, 국제관계에서도 다 대등하게 대우받았거든요. 저는 독일식 흡수통일이라는 말을 들을 때마다 언젠가는 흡수통일이라는 말버릇을 고쳐야겠다는 생각을 했는데요. 왜냐하면 실질적으로 독일이 흡수통일을 한 것이 아니라, 제가 목격한 바로는 동독 인민들이 나름대로 독일에 와서 볼 것 다 보고는 결국 자기네들이 가서 정부를 바꿔버렸단 말입니다. 흡수통일이라고 할 때 흔히들 대자본·국제자본들이 와서 어떻게 했다고 하는데, 내용은 좀 달랐거든요. 그런데 가령 북한에서 인민들이 데모를 하는데 남한이 경찰을 파견해서 진압을 해줄 수는 없는 것 아니겠습니까? 그렇지만 지금 저희가—

김경원 그런 문제도 앞으로 제기됩니다.

홍윤기 제기되더라도 그건 북한 안에서 처리되도록 해야 하는데—

김경원 그런데 만약 북한 내부에 문제가 생겼을 때 중국이 무력 개입하면 우리는 어떻게 하느냐? 그건 심각한 문제예요.

홍윤기 저는 조금 지나친 생각이시지 않나 싶은데, 요는 정부 대 정부로서는 어쨌든 그쪽 정부에 당신네들이 당장 넘어질 것 같은 위기감은 절대 안 주겠다, 당신네 인민을 보살필 수 있는 시간과 심리적 여유를 가지라고 안심시켜줄 필요가 있다는 겁니다. 그래야 그다음 씨나리오가 가능하든 가능하지 않든 할 텐데, 제가 볼 때는 김경원 선생님께서 그런 점에서 현실주의자답지 않게 너무 과잉반응을 보이시지 않나 싶은데요. 그런 문제에서, 일단 북한이 다급한 불 두 가지, 첫째 외침을 받을 것인가 안 받을 것인가, 둘째 경제적으로 인민들이 굶는 데서 어떻게 하면 벗어나게 할 것인가를 생각할 여유를 충분히 보장해주는 것은 실질적으로 가능하다는 거죠.

김경원 제가 북한에 대해서 이렇게 저렇게 얘기할 때는 제 얘기를 북한 사람들이 듣고 무서워하지 않는다는 것을 확실히 알기 때문에 그러는 겁니다.(웃음) 그러나 우리 정부가 그렇게 나오면 안되죠. 우리 정부는 햇볕정책만 계속 얘기하면 돼요. 지금 우리 정부로서는 북한 내부문제를 얘기할 필요가 없다고 봅니다.

백낙청 아까 강선생님이 민족경제에 대한 문구를 너무 심각하게 받아들일 필요가 없다고 하셨는데, 저도 그 문구 자체를 침소봉대할 생각은 없습니다. 다만 사태가 심각하다는 것을 인정할 필요가 있다는 거죠. 지금 김선생님이 거듭 말씀하셨듯이 우리 정부가 보장해줄 수 있는 것이 있고 또 어느정도 그랬기 때문에 남북대화가 이루어진 것이지만, 그건 지금 당장의 효과이고, 장기적으로 보장해줄 수 있는 힘을 가진 사람은 어떻게 보면 아무도 없지요. 때문에 북한체제의 동요 가능성도 있는 거고, 그 때문에 남북관계가 다시 옛날로 돌아가지는 않겠지만 여러가지 어려움이 발생할 수 있다는 거지요. 또 하나는 지금 남과 북의 경제발전 모델이라는 것은 강선생님 표현을 빌리면 양쪽이 다 20세기적인 발상입니다. 남쪽은 자본주의적인 선진국 대열에 들어가겠다는 것이고요. 북쪽도 '강성대국(强盛大國)'이라는 표현을 쓰는데, 이거야말로 20세기적인 부국강병 논리거든요.

김경원 19세기적이지요.(웃음)

백낙청 맞아요. 과연 이런 낡은 이념을 갖고서 우리가 정치학 사전에도 없는 통합과 통일을 이루어낼 수 있겠는가, 이런 취지였습니다.

자, 그러면 이제 우리 내부문제로 돌려서 남쪽에 사는 사람들이 통일시대를 어떻게 살아갈 것인가를 검토해봤으면 하는데요. 이번 남북회담을 계기로 우선 생각해볼 사안 하나가 민족주의 문제인 것 같습니다. 최근 우리 한국 지식계 동향이 사실은 민족주의에 대해 비판적인 내용이 주조를 이루게 되었습니다. 적어도 진보적이고 진취적이라고 자처하는 논자들 사이에는 오히려 탈민족주의적인 담론이 지배적인 경향이 됐었는데, 이번 남북회담을 계기로 같은 민족이라는 의식이 고조되고, 다녀오신 분들이 한 핏줄, 한 민족끼리 만나니까 문제가 쉽게 해결되더라 하는 말씀도 많이 하시잖습니까? 전반적으로 우리 사회에서 민족주의나 민족적인 정서가 여전히 지닌 폭발력이라고 할까 그런 것을 탈민족주의 논자들이 과소평가했다는 증거를 저는 보는 것 같습니다. 하지만 그런 논지를 고수하는 사람들의 입장에서 보면 현실적으로 과소평가를 했든 안했든, 민족주의와 민족감정이 위력을 발휘할수록 그 폐해를 더욱 날카롭게 지적할 필요가 있다고 주장할 법도 하지요.

그런데 우선 홍선생 발제문을 보더라도, 특히 민족주의적인 성격을 지닌 통일담론이 오히려 통일에 장애가 되고 우리의 분단체질을 강화하는 효과를 지닌다고 해서 여전히 민족주의에 대해 비판적인 시각을 견지하시는 것 같고요. 김선생님께서 강조하신 상호신뢰 구축과정에서 보더라도, 민족을 내세워서 서로 공감하고 신뢰가 생기는 면이 있는 반면에, 같은 민족이니까 한 나라로 모여 살아야겠다고 강조하면 할수록 그 하나로 된 나라가 내 맘에 안 드는 모양이면 나는 죽겠구나 싶어서 서로 불신이 조장되는 면도 있지 않습니까? 민족주의나 민족정서에 양면성이 있다는 말은 상투적인 말이 되어버렸는데, 우리가 그런 상투적인 의미에만 만족하지 말고 조금 더 깊이 분석해 들어가면 현싯점에서 민족주의에 어떤 의미부여를 하고 어떤 문제점을 지적해야 마땅할까요?

민족주의와 민족담론의 현실적 기능

강만길 민족주의 문제에 대해서는 나도 읽어봤어요. 우리가 흔히 이런 얘기를 해왔었죠. 우선 우리는 식민지배를 받은 민족이기 때문에 저항민족주의를 가지고 유지해온 셈인데, 이제는 그것이 필요없게 되었다, 그러나 분단된 민족이기 때문에 민족을 통일해가는 과정의 구심점이라고 할까요? 이런 것을 가지기 위해서는 민족주의가 살아 있어야 하지 않느냐, 심지어는 필요하지 않느냐 하는 얘기들을 해왔는데요. 그런데 사실 나는 우리가 단지 같은 민족이니까 통일을 해서 살아야 한다는 논리는 앞으로는 별로 설득력이 없어질 거라고 봅니다. 같은 민족이라도 두 개의 국가를 이루어 사는 일이 얼마든지 있을 수 있죠. 특히 유럽의 경우에는. 아시아는 좀 다릅니다만. 그래서 한반도에 살고 있는 남북 7천만 명의 주민들이 21세기를 20세기보다 자유스럽게, 좀더 평화롭게, 좀더 낫게 살기 위해서 이 지역이 통일되어야 한다, 그렇지 않고 지금처럼 한반도가 동아시아의 화약고니, 세계에서 가장 전쟁위험이 높은 곳이니 하는 얘기를 들으면서 자기가 살고 있는 땅의 문제 하나 스스로 해결하지 못하는 사람들이 21세기에 국제사회에 나가서 어떻게 하나의 세계시민으로서 떳떳하게 살 수 있겠는가? 그러니까 그 지역 주민으로서 한반도가 그런 곳이 되지 않게 하기 위한 나름대로의 세계시민적 책임이 있지 않느냐? 늘 평화스럽지 못한 요인을 만드는 곳이 되어온 이 땅덩어리를 통일시킴으로써 동아시아 평화에 공헌하고 나아가 세계평화를 위해 우리 스스로 능동적으로 기여해야 하지 않겠느냐? 이런 차원에서 우리의 통일문제를 얘기해줘야 한다고 생각합니다. 이런 것도 민족주의라고 할 수 있을지는 잘 모르겠습니다만, 나는 그렇게는 말하고 싶지 않은데요.

그리고 하나 걱정스러운 것이 지난 3, 4세기를 통해서 세계 모든 지역의 문화가 자본주의 선진국 문화로 획일화되고 있습니다. 특히 그중에서도 일본과 우리가 자본주의 선진문화를 너무 많이 따라가고 있어요. 이처럼, 쉽게 말해 청바지 하나가 온세상을 휩쓸어버리는 상황이 되면 세계문화가 발전하지 못합니다. 문화는 다양해야 발전하는데, 이런 식으로 획일화되어버리면 앞으로 세계문화의 발전지표라고 할까, 이런 것을 얻기가 상당히 어렵습니다. 그래서 적어도 문화적인 면에서는 각 지역 혹은 민족이 자기 고유의 문화를 유지하면서 또 그것을 세계시장에 내놓을 수 있는 것으로 만들어냄으로써 문화를 다양하게 할 필요가 있다고 봐요. 그런데 우리의 경우 분단 50년을 통해서 남쪽 문화는 거의 미국·일본 등 선진자본주의 문화 쪽으로 흡수되어 획일화되었고, 북쪽은 나름대로 문화의 독자성을 유지한다고 애쓰기는 했지만 중국문화에 상당히 가까워져가고 있어요. 이렇게 해서는 한반도가 독자적인 문화권을 유지하지 못하지 않겠는가? 이렇게 되면 세계문화를 발전시키는 데 기여할 수 없는 것 아니냐? 앞으로는 이런 책임까지도 여기 살고 있는 주민들이 느껴야 합니다. 그래서 이 지역의 문화, 자기 문화의 독자성을 키우고, 그러면서도 배타적이 아닌, 세계문화에 어울릴 수 있는 문화를 만들어갈 의무가 있다고 봅니다. 이런 점에서 통일문제와 연결해서 설명되어야 한다는 생각이에요.

김경원 민족주의를 얘기하기 전에, 우리가 한 민족이라고 하는데, 민족이라는 것이 도대체 뭘까요? 정치학자들이 민족의 개념을 정리해보려고 많은 시간을 허비했습니다. 민족의 요소로 공통의 언어·문화·역사 등을 얘기하는데, 따져보면 다 예외가 나오거든요. 그래서 그걸 기능적으로 설명해보고자 한 사람이 칼 도이치(Karl Deutsch)인데, 그는 민족이 사회적 의사소통(social communication)의 한 단위라고 보고, 민족 내부의 의사소통은 외부인과의 의사소통보다 훨씬 원활하다는 가정을 내세워서 실험까지 해봤습니다. 스위스인 중에는 독일어·프랑스어·이딸리아어를 사용하는 사람들이 있는데, 이 사람들끼리 그래도 한 민족이라고 해서 내부 소통이 더 원활한가 실험했더니, 놀랍게도 같은 독일어를 하는 독일인과 독일어권 스위스인의 의사소통보다는 독일어를 하는 스위스인과 이딸리아어를 하는 스위스인 간의 의사소통이 더 빠르더라는 겁니다. 그러니까 우리가 보통 언어라고 할 때의 그 언어가 사회적 의사소통을 보장해주는 게 아니라, 함께 살아온 경험, 상징, 문화, 이런 것들이 다 합쳐져서 사회적 의사소통이 이루어진다는 거죠. 이 말씀을 드리는 이유는 이번 정상회담에서 한 가지 우리가 못 보던 현상을 보아서요. 우리는 보통 정상회담이라고 하면 통역이 있는 줄 알았는데, 이번에 텔레비전을 보니까 통역이 없어요. 그러니까 의사소통이 빠른 거예요.

백낙청 그것뿐만이 아니고요. 김대중 대통령이 비행기에서 내려왔을 때 김정일 위원장이 직접 영접을 하고, 둘이 함께 의장대 사열을 하고, 그리고 같은 차를 타고 가지 않았습니까? 이건 국빈 대우에다가 동족간의 예우를 겸한 것이거든요. 그냥 동족 방문자로 쳤으면 의장대 사열은 안 시켰을 것이고, 외국의 국빈이라면 같은 차를 타고 가자고 안했겠지요. 통역관을 태워야 하니 복잡해지기도 하지만, 의전 상으로도 파격이 되거든요.

김경원 그건 상당히 생각을 한 것 같은데…… 그리고 만찬 때 영부인이 따로 앉으니까 '이산가족이냐'라고 했는데, 그것도 계획된 겁니다. 좌석배치 같은 건 전부 사전 브리핑한 건데, 김정일 위원장 이 양반이 상당히 영리해요. 그건 그렇고, 민족이라는 개념 자체도 상당히 모호하고 문제가 많은데, 특히 우리의 경우에는 민족주의보다는 민족콤플렉스가 있어서…… 그게 있을 수밖에 없죠. 엄청난 강대국들 틈에 우리가 거주지역을 잘못 잡았죠.(웃음)

여성문제는 나중에 다뤄도 되나

백낙청 그런데 정신분석학에 따르면 정상적인 정서와 비정상적인 정서의 차이가 절대적인 것은 아니지 않습니까? 콤플렉스와 콤플렉스 아닌 것도 절대적인 것이 아니라……(웃음) 우리식의 '민족콤플렉스'가 너무 없는 미국인들의 심리가 반드시 건강한 건지도 의문이고요. 아무튼 콤플렉스도 활용하기 나름이에요. 그래서 아까 칼 도이치 말씀도 하셨지만, 딱히 도이치류의 기능론은 아니더라도 현싯점에서 민족감정이 이렇게 고조되고 민족문제가 크게 부각되는 것이 어떤 현실적 기능을 갖는가 하는 차원에서 당면한 현실을 따져보는 것이 필요할 것 같습니다. 가령 민족 문제가 대두할 때 흔히 일어나는 현상 중 하나가 민족 내부의 차이가 흐려진다는 것 아닙니까? 민족 내부에서도 불이익을 받고 있는 집단, 노동자라든가 여성 등, 사실 민족이 크게 부각되면 불안감을 느끼는 사람들이 많습니다. 이번 남북정상회담을 두고도 여성계의 비판 중 하나는 거기에 여성대표가 별로 없었다는 것이거든요. 여성대표 딱 한 분과 이희호(李姬鎬) 여사,

그리고 기자 한 명밖에 없었다고 하는데, 남자들 중에는 여성계가 무슨 일이 있을 때마다 여자가 몇 명 끼였느냐부터 따진다고 식상해하는 사람도 많습니다만, 그것이 현실적인 문제를 반영하는 상징적 의미가 있는 것이 아닐까 해요. 다시 말해서 남북회담 같은 데서, 가령 남과 북이 각기 안고 있는 성적 불평등, 성차별문제를 염두에 두고 통일작업을 추진하는 사람이 과연 얼마나 되는가를 보여주는 것 아닐까요? 물론 다른 문제도 복잡한데 여성문제는 나중에 다뤄도 좋다고 할지 모르지만, 그런 식으로 제쳐놓기 시작하면 항상 불리한 위치에 있는 집단은 뒷전으로 밀려나고, 잠시 비켜서서 자기들 문제도 해결해줄 것인가 하고 기다리다 보면 결국은 다른 문제가 해결된 뒤에도 그 문제는 반영이 안되고 마는 경우가 더 많습니다. 특히 분단체제극복이라는 것이 강선생님 말씀대로 21세기에 한반도 주민들이 20세기와는 다른 삶을 사는 것이고, 또 김선생님께서도 우리가 원하는 것이 남북이 공히 인간다운 삶이 가능한 사회가 되는 것이라 하셨는데, 이런 취지에서 본다면 당장의 남북정상회담에서 여성문제를 의제로 삼지는 않더라도 통일작업에서 어떻게 하면 좀더 남녀간의 불평등을 줄이고 좀더 공정하고 조화로운 사회를 만들 것인가 하는 문제가 중대한 민족적 현안으로 들어가야 하겠는데, 민족주의 담론의 확대가 그 점에 유리한지도 따져볼 필요가 있는 거지요.

김경원 민족주의가 잘못이 아니라, 민족주의가 권위주의를 잠재적으로 내포하고 있는 것이 문제죠. 아까 말씀하셨지만 여성뿐만 아니라 다른 모든 마이너리티, 예술가, 개인주의자, 모두 다 희생시킬 수 있는, 희생시키기 위한 이데올로기로서 작용할 수 있는 것이 민족주의입니다. 그러면서도 한편으로는 제가 말씀드린 바와 같이 덩치 큰 친구들 옆에 끼여서 살아온 우리들로서는 민족의식을 안 가질 수가 없거든요. 안 가지고는 우리 자신의 삶의 기회를 확보할 수 없다는 데 우리의 고민이 있는 것입니다. 조심하면서 나아가야 하는 이유가 있죠.

홍윤기 한국민족주의 얘기가 나오면 저는 당혹스러움을 느낍니다. 서양에서 보면 대부분 민족주의는 보수주의자들의 이데올로기인 경우가 굉장히 많았습니다. 그런데 한국에서는 거꾸로 보수적인 분들은 대체로 강대국 순응주의적이고 외세의존적이고 어쨌든간에 상당할 정도로—

김경원 친미적이죠.

홍윤기 친미적이라고 해서 반드시 보수적이라고 생각되지는 않습니다만…… 보수적인 분들 중에서도 감정적 반미주의자들은 참 많습니다. 미군들과 같이 활동했던 장교들을 보면 미군과 죽자살자하면서도 뒤에 가서는 꼭 미군 욕을 하더라고요. 아무튼 우리 현대사에서 보면 민족주의가 외세에 대한 저항일 뿐만 아니라 그런 보수적이고 권위적인 정권에 대한 급진적인 저항이념으로 작용해온 측면도 있다고 생각하거든요. 저 자신이 현재 상태에서 민족담론을 벗어났으면 하는 것은 그런 민족주의가 꼭 억압적이어서라기보다, 이제 굳이 민족을 얘기하지 않아도 우리가 인간구실을 해야 할 규범적인 척도가 요구되는 장이 매우 많아졌다고 보기 때문입니다. 가령 우리가 민족 얘기를 많이 하면서도 사실상 연변에 있는 동포들이 지금 우리나라에 와서 어떤 일을 하는가에 대해서는 제대로 얘기하지 못했습니다. 또 러시아에 있는 고려인들을 우리가 어떻게 해야 하는지도요. 그렇지만 우리가 진짜 민족주의자라고 한다면 그 사람들이 국내인들에 비해 부당한 차별을 받는 것에 대해서 뭔가 얘기가 있었어야 한다는 거죠. 그리고 무엇보다도 보수적이거나 권위주의적인 정권 하에 있었던 분들이 지닌 민족관을 보면 이들이 민족주의자가 아닌 것 같다가도, 구조적으로 항상 정권이 위기에 몰릴 때라든가 하면 민족주의자가 돼요. 요즘 재미있는 것이, 이상한 논리에 의해 한국에서 가장 탁월한 민족주의자는 박정희씨로 되어 있는데, 실질적으로 우리가 학교 다닐 때 보면 가장 대외의존적인 경제발전을 추구하고 주한미군이 나가면 당장 죽을 것처럼 붙잡고 해서 종속적 발전의 대표가 된 사람이 박정희씨였거든요. 이런 식이라면 민족이라는 단어는 우리 민족, 그야말로 한반도 거주민이 지표를 설정하기에는 굉장히 오염되었다는 겁니다. 때문에 지금 민족주의 담론을 포기하자는 것이 민족담론을 포기하자는 것은 아닙니다. 우리가 단지 민족이기 때문이라기보다는 인간이기 때문에 추구해야 할 전인류적인 가치가 많다고 했을 때, 통일문제나 통일과정의 문제도 바로 이런 차원에서 보면 풀릴 문제가 많다고 봅니다. 남북한간에 민족이라고 했을 때 수많은 개념들이 투쟁을 하고 있는데, 다 자기가 말하는 민족 외에 다른 것들은 민족이 아닌 것이거든요. 그런 식으로 얘기되는 것을 지양하자는 것이죠.

남북관계와 정상적인 선린관계

백낙청 네. 지금 같은 민족이니까 무조건 통일국가를 이루어서 살아야 한다는 것은 아니라는 점은 적어도 네 사람간에는 합의된 사항이고, 민족이라는 개념이 정리하기에 따라서 수없이 많고 헷갈린다는 것도 우리가 동의하는 바니까, 그 이야기는 이 정도로 하면 될 것 같고요. 홍교수 말씀 중에는 각자가 민족에 대한 자기 개념을 고집함으로써 생기는 부작용을 제거하자는 당연한 주장이 있는가 하면, 또 하나는 지금 한반도 분단이 민족분단임을 전제하면서도 완전히 다른 민족의 국가인 중국이라든가 러시아에 대한 관계와 같은 관계를 일단 남북간에 성취한 다음에 통일을 하든지 말든지 하자는 주장으로 가시기도 했는데, 이건 좀 독특한 주장이라고 할 수 있어요. 우선 나는 민족분단일 뿐이지 국가분단이 아니라는 말도 절반만 정확한 표현이라고 봅니다. 즉 근대적인 통일국가가 분단됐다는 의미의 국가분단은 아니지만, 전에 있었던 조선이라는 국가가 식민지 상태를 거쳤다가 일단 식민지 통치자가 무너진 상태에서 분단됐다는 의미에서는 국가분단이기도 하죠. 그러니까 독일처럼 근대적인 통일국가가 분단된 것은 아니라는 건데, 어쨌든 홍선생 말씀대로 국가분단은 아니라 해도 한반도의 주민이 하나의 민족이었는데 어느날 갑자기 갈라진 것은 분명하죠. 그렇다면 이렇게 성립된 두 개의 국가가 과연 한국과 일본, 한국과 중국, 또는 한국과 미국 같은 관계를 제대로 이룩할 수 있겠는가? 우리가 덮어놓고 통일하자고 하는 것도 상호신뢰 구축에 부작용과 반작용을 가져오지만, 반대로 우리 일단 통일은 잊어버리고 완전히 별개의 독립국가로 정착한 다음에 그때 가서 합치자는 것도 상호불신을 초래할 뿐만 아니라 우선 자국민으로부터 불신을 받아서 정권의 정통성을 상실하고 상대방과의 명분경쟁에서 뒤지게 마련이지요. 저는 이걸 두고 이상주의라고 하기는 뭣하지만 어쨌든 현실주의적인 발상은 아니라고 봅니다.

홍윤기 아닙니다. 저는 지극히 현실주의적인 발상이라고 생각하는데요. 제가 볼 때는 적어도 새로 자라나는 세대를 대상으로 할 때 우리가 당장 통일이 안되니까 포기하겠다고 해서 정통성의 위기를 맞이할 정부가 있을지 의문입니다. 통일문제의 경우 50년 동안 그것을 통해서 통일 아닌 딴짓들을 워낙 많이 해왔기 때문이죠. 그리고 그것을 포기한다고 해서 과연 제대로 될지도…… 그러나 저는 장기적으로 이건 믿습니다. 어쨌든 한반도가 통일되어야 뭔가 제대로 굴러갈 수 있는 국가가 되는 것이고, 그렇게 되기를 저도 바랍니다. 그럼에도 불구하고 남북간의 이질화라고 보통 부르는 문제이기도 합니다만, 그 층위가 민족의 동질성이라는 층위보다도 더 두텁다는 겁니다. 저는 우리 안에 거의 체제화되어 있는 이런 분단체질 같은 경우는 만만치 않은 소모적인 청산과정을 거쳐가야 한다고 보는 거죠.

백낙청 말하자면 홍선생은 통일담론이 대표하는 일종의 허위의식이랄까, 그런 것도 말하자면 우리 분단체질의 일부로 보시는 거죠?

홍윤기 저는 분명히 그렇게 보는 겁니다.

백낙청 이 논의를 계속하면서 홍선생님이 분단체질이라고 명명하신 것을 극복하기 위해 남한 내에서 가장 시급한 과제가 무엇인가에 대해서 각자 말씀해주시면 좋겠습니다.

강만길 역시 아까 내가 한 얘기와 마찬가지일 것 같은데요. 분단체제적인 상황을 해결해나가는 방법도 현실에 얽매이지 말아야 하고, 현실을 그대로 유지하려고 하지 말고 미래지향적이어야 한다고 생각하고요. 그다음에 나는 역사 선생을 오래 했기 때문에 그런지 모르겠는데, 아까도 얘기했지만 이 세상에 살고 있는 모든 사람들은 이 지구 전체를, 인류사회 전체를 한층 낫게, 한층 평화롭게 만들어갈 의무가 있어요. 그걸 생각하지 않는 사람들이 많기 때문에 문제가 많습니다만, 여기 한반도에 살고 있는 사람들도 그런 의무를 가지고 있어요. 그런데 분단체제에 얽매여 있다는 얘기는 한반도 주민들이 그런 의무를 다하지 못하고 있다는 겁니다. 왜? 분단이라는 것이 사실은 한반도 분단만이 아니고 동아시아 전체의 분단이었어요. 한반도가 분단되었기 때문에 적어도 20세기에는 동아시아 전체가 평화롭지 못했지요. 그렇기 때문에 동아시아 전체를 평화롭게 만드는 데 한반도에 사는 사람들이 일정하게 기여해야 할 의무가 있다는 겁니다. 그렇다면 제일 먼저 해야 할 일은 분단체제를 해소하는 것이지요. 모든 사람들이 이런 문제의식을 빨리 가지게 되는 것, 특히 기성세대가 그런 의식을 가지게 되는 것, 분단체제를 해소해나가는 첩경이 바로 거기에 있다고 봅니다. 그렇게 하지 않으면, 21세기에는 세계가 하나가 된다고 하는데 그때 떳떳하게 얼굴을 내놓을 수 없게 된단 말입니다. 이러한 점이 결국 우리들 하나하나에게 인식되어야 하고, 또 그럴 수 있도록 노력해야죠.

김경원 저는 앞으로 무엇을 해야 한다는 것은 발제문에 다 썼으니까, 여기서 또 강조할 필요는 없겠고요. 한 가지만 말씀드리면, 우리가 통일 또는 분단문제를 생각할 때 지나치게 단순한 개념이나 목적의식에 사로잡히는 것은 조심해야 한다고 봐요. 왜냐하면 그 상황 자체에 이중성이랄까 복합성이 내재되어 있기 때문에, 가령 통일이 필요하다, 필요없다, 평화는 보장되어야 한다든가 보장되지 않는다든가, 이런 단층만 보는 사고방식은 큰 도움이 안되고 오히려 위험할 수 있다고 봐요. 그래서 지금 정상회담으로 과거에 얼어붙었던 상황이 많이 느슨하게 되고 매듭이 풀어지고 새로운 가능성이 보이기 때문에 우리가 자칫 잘못하면 홍분해서 한쪽 방향으로 쏠리기 쉬운데, 그렇게 해서는 문제가 해결되지 않으니까 양면이 항상 있다는 점을 의식해야죠. 그러면서도 항상 강선생님 말씀대로 미래지향적인 태도를…… 일종의 희망이죠.

홍윤기 그런데 분단체질 같은 경우 허위의식도 포함되느냐고 하셨는데, 실제로 보면 분단체질에서 나온 피해의식의 경우는 꼭 허위의식이 아니었던 경우도 많습니다.

백낙청 내가 허위의식이라고 한 것은 통일담론이 일종의 허위의식이라고 홍선생이 말한 것을 지칭한 거예요.

홍윤기 제가 볼 때는 어느 경우에는 허위의식이라기보다는 그것이 권력담론인 경우가 많았다는 것인데요. 우리의 경우 어느 면에서는 국가분단은 아니었으며, 우리가 식민지배에서 벗어나면서 소멸했던 것은 현대국가는 아니었고 실질적으로는 봉건국가였는데, 진정하게 현대적인 차원에서 우리가 어떤 국가를 만들 수 있는가는 남북간에 허심탄회하게 제대로 얘기된 적이 한번도 없었던 것 같아요. 그런 점에서 가령 북한의 경우는 통일이 되면 사회주의 경제체제나 토지국유제 같은 것이 큰 문제가 될 것 같습니다. 남한의 경우도 그에 못지않게 여러가지로 분단이 남겨놓은 것이 있는데, 저희 세대를 필두로 해서 어린 세대들은 제발 이제는 분단과 통일을 갖고 고민하지 않는 세대가 됐으면 하는 거죠.

김경원 그 희망은 구세대도 마찬가지예요. 그런데 그 고민은 통일이 되어야 없어지죠.

홍윤기 아마 그런 딜레마가 있을 겁니다.

백낙청 그런 희망을 갖는 것은 당연한데, 통일이 안되고서 그 희망이 충족될 수 있다고 생각하는 것은 그것이야말로 허위의식이고 분단체질의 일종일 수 있죠.

홍윤기 그것은 100% 긍정합니다. 거꾸로 된 표현일 수 있겠습니다.

백낙청 그래서 제가 분단체제라는 말을 쓸 때에는, 우선 남과 북이 대치하고 있으면서도 사실은 양쪽의 기득권세력이 공생하면서 이를 유지해 간다는 의미가 있고, 또 하나는 딱히 분단의 유지를 주장하는 사람들이 아니더라도 이 체제에 길들여져 사는 사람들의 여러가지 생활습관이나 체질이랄까 의식, 이런 것도 분단체제의 재생산에 기여하고 있다는 뜻이죠. 분단체제라는 것이 아주 복잡하고 유연한 데가 있어서 가령 통일을 목청 높여 주장하는 그런 힘조차도 오히려 분단유지에 활용될 수 있는 신축성과 복잡성을 갖고 있다는 주장이기 때문에, 홍선생이 그런 맹목적인 통일담론이 오히려 분단을 유지하는 허위의식일 수 있다고 하는 데는 공감해요.

대안체제 창출을 위해서라도 풍부한 상상력을

강선생님은 미래지향적인 것을 강조하셨고, 김선생님은 그보다는 조금 더 당면한 현실문제를 많이 말씀하셨는데, 두 분의 주장을 잘 종합할 수 있다면 훨씬 원만한 비전이 나오지 않을까 싶습니다. 가령 김선생님은 인간다운 삶이 가능한 사회를 만드는 것이 우리의 목표라고 하고 그것을 위해서는 전쟁위협부터 제거해야 한다고 하셨는데, 당면문제로서는 그것이 중요하고, 또 이런 일차적인 목표를 달성하기 위해서도 발제문에 나와 있듯이 "전쟁을 방지하겠다는 도덕적 정열과 풍부한 상상력 그리고 예리한 기술적 지식이 모두 필요한 분야"라는 데 동감입니다. 다만 저는 이런 자질과 능력을 전쟁방지에만 쏟을 것이 아니라 그 뒤의 뒤 문제에도 동시에 쏟을 때 실제로 전쟁방지에도 더 효과적이고, 우리가 풀어야 할 문제들을 제대로 풀 수 있을 것 같다고 보는 거지요. 그런 점에서 강선생님이 좀더 미래지향적으로 되자고 하는 말씀에 동의하지만, 선생님 말씀에서는 또 30년 후의 일이니까 그때 가서 보도록 미뤄두자 하는 느낌도 받거든요.

강만길 여유를 가지자는 얘기죠.

백낙청 여유를 가지자는 말씀에는 저도 물론 찬성인데요. 저는 30년 뒤라는 진단도 반드시 현실적인 건 아니라고 봐요. 정치인의 입장에서는 내가 너무 서두르고 있지 않다는 인상을 주기 위한 상당히 지혜로운 발언일 수도 있습니다만, 그런 정치적인 부담을 지지 않는 지식인의 입장에서는 20년, 30년 후에 체제가 결정될 것이고, 그때 가서 세계체제나 세계경제의 형태에 따라 이것이 결정되면 된다 하는 것은 그전에 생각해야 할 문제를 소홀히하는 결과가 될 수 있지요. 아까도 말씀드렸듯이 국가연합 단계로까지 나가고 남북간의 협력이 어느정도 원활하게 진행되기만 해도, 2정부는 가능하더라도 최소한 지금 같은 2체제는 유지되기 힘들게 되어 있습니다. 1.5체제 정도는 되어야 연합도 가능하고 연방도 가능하지 않을까 싶어요. 2체제로만 가는 것도 불가능하고, 갑자기 1체제로 된다는 것은 혼란을 의미하는 것이고요. 그래서 당장 국가연합을 하기에 알맞은 1.5체제 정도가 되려면 남과 북이 각기 어떻게 얼마큼씩 바뀌어야 할지를 우리가 연마해서 새로운 제도들을 창안해야 하는데, 30년 후에나 1체제가 된다고 말함으로써 이 문제에 대한 연구를 게을리하게 될 염려가 있는 거지요.

또 하나는 아까 민족문제와 관련해 자본주의 선진문화의 획일화를 염려하셨는데, 그 점에 저도 동감입니다. 그런데 이걸 방지해야겠다고 하시지만, 자본주의의 획일화는 진행되는데 과연 자본주의 문화의 획일화를 방지할 수 있겠는가? 저는 이것도 심각한 딜레마라고 봐요. 우리가 자본주의 획일화의 과정에서 탈락하면 결국 돈도 실력도 없어져서 문화적으로도 영향력을 행사하지 못하고, 거기에 끼어들어서 경쟁력을 확보하다 보면 자본주의 획일화의 담당자로 변해버리지 획일화를 방지하기가 어려워지는 거죠. 그렇기 때문에 이 경우에도 우리가 새로운 세계체제를 구성하는 데 필요한 경쟁력을 확보할 만큼은 가담하면서 그 이상은 말려들지 않도록 거리를 두는 지혜와 실력이 생겨야 할 텐데, 그야말로 풍부한 상상력과 도덕적 정열과 예리한 기술적 지식, 이런 것이 필요합니다. 그러저러한 문제를 지금부터 당면한 문제로 받아들여야 하지 않을까 싶습니다.

강만길 모든 세계문화가 자본주의 선진문화로 획일화되어가는 데 대한 반성이 상당히 많이 일어나고 있습니다. 그 자체가 이미 하나의 방향을 잡았다고 생각되고요. 그런데 밖에 나가보면 느끼게 되는 것이, 옷 하나만 놓고 보더라도 서양옷을 가장 많이 입고 다니는 사람들이 일본인과 우리예요. 그건 일본이 가장 먼저 서구화를 추구해 어떤 점에서는 성공했다고 볼 수 있고, 우리가 그 식민지가 됐기 때문입니다. 다른 지역 사람들은 그렇지 않습니다. 더구나 이제는 일본에서도 그에 대한 반성이 일어나, 자기의 고전문화를 유지하려는 노력이 이루어지고 있어요. 우리도 반성이 일어나고 있죠. 젊은 세대가 자기 고유의 전통문화를 유지하기 위한 노력을 우리 세대보다는 훨씬 많이 하고 있고, 또 실제로 어느정도 성공하고 있어요. 물론 옛날식 그대로는 아니고 새로 재창조한 것이기는 합니다만. 예를 들면 사물놀이 같은 것이죠. 이런 식으로 머지않아서 그런 반성이 퍼져나갈 것이라고 생각합니다.

그리고 국가권력이 이렇게 강화되어 세금을 강제로 징수하고 국민을 억지로 동원해서 더러운 전쟁 속에 집어넣고 한 것이 불과 4, 5백 년 전인 절대주의시대 이후부터입니다. 물론 그전에도 전쟁은 있었지만, 이렇게 강력한 권력이 뒷받침된 것은 이때부터죠. 한데 20세기를 넘기면서 세계사적으로 큰 변화, 즉 민족국가 및 국민국가 권력의 강화에 대한 회의·반성이 상당히 일어나고 있어요. 예언자 같은 얘기일지 모르지만, 이 두 가지 문제는 얼마 가지 않아서 자본주의 문화, 자본주의체제에 대한 반성으로 발전한다고 생각해요. 이런 점에서 보면 어느 민족이나 사회를 막론하고 현체제 안에서 경쟁력을 길러야 살아남을 수 있다고는 생각지 않습니다. 너무 이상적인지는 모르겠지만.

백낙청 경쟁력이 어느정도 있어야 살아남는다는 것은 그냥 상식인 것 같은데요. 단지 어느 수준으로까지 가야 하느냐는 게 문제이고 우리 맘대로 어느 수준에서 멈출 수 있느냐는 게 더욱이나 어려운 문제인데, 저는 이것을 우리가 1등을 해야겠다든가 강대국 대열에 끼여야겠다고 나서는 대신, 너무 잘살지도 않고 너무 못살지도 않는 나라로서의 잇점을 활용하자는 식으로 표현해왔습니다. 이를 위한 일종의 수세적·방어적인 경제성장 정책을 취하자는 것이지요.

저도 지금 강선생님이 지적하신 그 두 가지 반성이 일어나는 점을 중요시합니다. 동시에 그것과 함께 생각해야 할 점이 있다고 봅니다. 우선 문화의 획일화에 대한 반성이 여기저기에서 일어나는 것은 사실입니다. 그러나 자본주의 문화의 득세현상 자체도 어떻게 보면 단수가 더 높아졌다고 할까요? 그래서 이런 다양화 경향까지도 포섭하면서 그 독특한 획일화 내지 상업주의화를 해나가는 것이지, 옛날에 식민지 통치자들이 자기 나라 문화를 그대로 식민지 백성에게 강요하던 식의 단순한 획일화는 아니거든요. 다들 민족의상도 입고, 미국사람이 김치도 먹고 사물놀이도 듣고 하는데, 크게 보면 사이비 다양성에 지나지 않는 이것이 진짜 문제지요. 이 문제를 근본적으로 이겨내려면 지금 일어나는 반성이 뭔가 세계체제 자체를 바꾸는 움직임과 결합되어야 한다는 말씀을 드리고 싶고요.

민족국가나 국민국가의 쇠퇴에 대해서도, 저는 자본주의 세계경제가 작동하기 위해서는 국가라는 것은 어떤 형태로든지 꼭 필요하다고 봅니다. 노동자를 통제하고 경제를 운용하기 위해서는 국가라는 것이 꼭 필요한데, 이제까지 그 기능을 맡아온 민족국가 내지 국민국가의 쇠퇴라는 것이 반드시 좋은 현상만은 아닌 것 같아요. 다시 말해서 국가가 자본주의 세계경제의 운용을 위해서 일종의 감독관으로 나서주는 역할을 어차피

하면서도 국민주권이라든가 민족의 균형적 발전 등의 이름으로 그나마 자기 민족 내에서 문화적인 동질성도 유지하고 일정한 사회적인 분배도 담보해주던 그런 기능이 사라지고 있단 말이죠.

강만길 반성이라는 것이 국가 소멸을 말하는 것은 아니고, 그동안 민족국가 및 국민국가가 가지고 있는 횡포성이랄까 하는 것을 약화시키려는 것인데, 물론 그것은 더 두고봐야겠죠. 내가 젊은 사람들한테 무정부주의적인 생각이 많다는 말을 들은 것 같은데, 그건 좀더 두고봐야죠.

김경원 미래지향적으로 생각해야 한다는 말씀에는 이의를 달 수 없겠죠. 미래에 대해서 생각을 안할 수 없고, 그리고 자본주의에 대해 반성해야 한다는 말씀에도 동의를 하는데, 다만 자본주의는 초기부터 반성하는 목소리가 계속 있어왔고 그래서 자본주의가 지금까지 살아남은 것이죠. 사회주의가 살아남지 못한 이유는 반성의 기회를 갖지 못했기 때문인데, 앞으로 자본주의가 그것에 도전하는 사회주의가 없어졌다고 자만심에 빠져 자기반성을 하지 않는 체제가 되어버리면 상당히 위험하다고 보이고요. 그런데 우리가 통일문제의 관점에서 생각하면 문제가 어렵기 그지없습니다. 그에 앞서서 좀더 단순하게 우리가 어떤 사회를 원하는가 하는 것 자체가 우리의 과제가 되어야 하지 않을까, 그러고 나서 우리가 구상하는 좀더 나은 사회로 남북한이 다같이 접근하기 위해서는 무엇이 필요한가 하는 문제로 나가야 하지 않을까 생각합니다. 이런 점에서 보면 당면한 제일 어려운 문제는, 우리가 통일도 해야 하고 원하는 사회도 만들어나가야 하는데 한쪽에서는 세계화의 태풍이 불어오고 있다는 것이죠. 한데 우리 자체는 돈이 없습니다. 우리 경제의 자금 흐름을 보면 외국돈이 들어와서 유지되는 거죠. 과거에는 빚으로 유지했는데 이제는 주식자본(equity capital) 형식으로 하는 거죠. 그러면서 우리가 북한을 뭘로 도와줍니까?

백낙청 아까 북이 통미봉남정책을 포기한 것이 북한경제의 상황과 일정한 관련이 있다고 하셨는데, 사실은 남쪽이 흡수통일을 포기한 것도

IMF를 겪으면서 철이 좀 든 거지요.

김경원 그렇습니다. 그러니까 경제현실은 정말 어떻게 할 도리가 없어요. 아무리 고통스러워도 그걸 이해하고 메커니즘을 활용할 수 있어야죠. 그래서 통일문제는 궁극적으로 우리의—요새 이데올로기라는 말은 안 쓰죠? 기본철학의 문제죠.

한반도 통일과 근대성 문제

백낙청 원래 한국사회 내부의 개혁과제들을 구체적으로 다뤄볼 계획이었습니다만 마무리를 서둘러야 할 것 같습니다. 워낙 바쁘신 분들을 모시다 보니 다음 약속이 잡힌 분들이 계시거든요. 그동안 우리 지식계를 달궈온 담론 중의 하나가 근대성 문제인데, 그것과 관련해 말씀을 들은 후 마무리를 지을까 합니다. 가령 한반도에서 각자 자기 나름대로 생각하는 통일이 이루어진다고 할 때, 한편으로는 드디어 우리도 근대에 참가했다, 근대성을 성취했다고 보는 발상이 가능하겠고요. 다른 한편으로는 근대 속에서 좀더 잘 적응을 하는 것이지만 한반도의 경우는 그냥 근대성취 정도 가지고는 해결될 문제가 아니고 뭔가 근대극복의 실마리를 여는 작업이 동시에 이루어질 때 가능하다는 발상이 있겠지요. 저는 후자 쪽을 주장해왔고 저희 창비 지면에서는 '근대적응과 근대극복의 이중과제'라는 표현을 자주 쓰고 있습니다. 제가 볼 때 베트남의 통일은 일정한 근대성의 성취라고 단순히 표현해도 무방할 것 같아요. 독일이야 근대국가 모양을 갖춘 지는 오래됐습니다만, 이번에 통일을 하면서 비로소 내부적으로나 대외적으로 통일국가로서의 면모를 갖춘 강력한 근대국가가 되었는데, 그 대신—

홍윤기 그쪽 표현을 빌리면 강력한 정상국가가 된 거죠.(웃음)

백낙청 그런데 사실 독일 정도의 여러가지 자원을 가진 나라라면 통일을 하면서 세계사에 뭔가 더 큰 것을 줬어야죠. 결국은 강력한 보통국가 또는 정상국가가 되었을 뿐인데, 남한의 경우 베트남식 통일도 안되고 독일식의 통일도 안된다는 것은, 어떻게 보면 단순한 근대성취로는 통일 자체가 어렵다는 얘기가 될 수 있을 것 같아요.

김경원 제가 독일문제에 대해서 한 가지 말씀드리면 독일이 정상국가가 됐다는 말은 정확하면서도 충분하지는 않습니다. 왜냐하면 만일에 정상국가라면 더 강력한 군사력을 가지고 있어야죠. 그런데 독일이 통일될 수 있었던 것은 2차대전의 전승국가들을 안심시키기 위해서 통일되고 나서도 강대국을 지향하지 않겠다는 것을 확신시켰기 때문이죠. 군사적으로는 NATO(북대서양조약기구)에 계속 남아 있고, 정치·경제적으로는 유럽연합체제에 용해된다는 씨나리오가 있었기 때문에, 그러니까 독일은 유럽이 있었기 때문에 통일이 가능했던 겁니다.

그런데 우리는 그런 것이 다 적용되지 않는 경우예요. 우리는 나름대로의 독특한 사정이 있고 어려운데, 무엇이 가능하다 무엇이 불가능하다는 얘기는 저는 안하려고 합니다. 왜냐하면 독일의 경우 통일되는 순간까지도 그것이 가능하다고 생각한 사람은 없었습니다. 슈미트(H. Schmidt) 같은 사람은 자기가 살아 있는 동안에 통일되리라고 생각해본 적이 없다고 해요. 다른 친구는 길을 걸어가다가 하늘에서 떨어진 선물을 주워보니까 통일이더라는 얘기도 하고요. 그런데 우리의 통일도 그런 식으로, 백선생 표현처럼 도둑같이 온다는……(웃음)

백낙청 저는 좀 다른 의미에서—(웃음) 말하자면 8·15가 도둑같이 왔는데, 그때는 잠들었을 때 왔고, 이번에는 깨어 있어야 한다는 거죠. 독일 사람들은 통일에 관한 한은 어떤 의미에서는 잠들어 있었죠.

김경원 그런데 도둑이 들어왔을 때 깨어 있으면 위험할 수 있으니까 차라리 자고 있는 게……(웃음)

강만길 깨어 있으면 도둑이 안 들어와요.(웃음)

협상통일, 그러나 담합통일은 아니어야

김경원 우리의 통일방식이 무력이 될 것이냐, 평화적으로 될 것이냐, 또는 예멘식으로 될 것이냐는 얘기는 제가 보기에는 다 추측인 것 같고요. 지금 사실에 근거해서 얘기할 수 있는 것은, 북한이 내부 원인에 의한 붕괴 가능성이 극히 적기 때문에 독일식 통일은 어렵겠다는 겁니다. 이와 관련해서 하나 말씀드리면, 독일통일 직후 드레스덴에서 열린 학회에 가서 만나본 구동독지역의 중년부인 얘기가 통일되기 전이 좋았다는 거예요. 뭐가 좋았냐고 하니까, 그때는 매주 월요일마다 퇴근 후 간단히 집에서 식사를 하고는 교회에 가서 뜻있는 사람들끼리 시국토론을 했다는 겁니다. 경찰이 오는가 망 보면서 토론을 하고, 나중에 시가에 나가서 데모를 하고 했는데, 그때는 정말 삶의 보람이 있었다는 거죠. 그런데 통일이 되고 나니 그런 것도 없고, 삶의 의미가 없어졌다는 겁니다. 그냥 남편도 일하고 자기도 일하면서 어떻게 하든지 소득만 올리려고 한다는데……

백낙청 보통국가 국민의 고민인 거죠.(웃음)

김경원 그래서 그때로 되돌아가는 것이 좋겠냐고 했더니, 그건 아니라는 거예요. 거기에 바로 역설이 있는 것 같아요. 독일은 공산정권 하에서도 다원적 사회구조가 그대로 있었다는 겁니다. 교회가 있었고 교인들이 모여서 체제에 반발하는 운동을 했는데, 북한에는 그런 것이 없는 것 같아요. 있을 이유가 없어요. 조선시대에서 그냥 일제 식민지배로 들어갔다가, 그다음에 공산정권이 들어서서 반세기가 지나왔으니까.

백낙청 마지막으로 한마디씩 하시기로 하죠. 제 차례는 이미 지난 셈입니다만, 지금 예멘식의 통일 얘기가 나왔으니까, 강선생님이 말씀하시기 전에 다른 선생님들도 말씀해주십사고 주문을 할까 합니다. 베트남식 통일이나 독일식 통일이 불가능하다는 것은 분명하고, 그건 안하기로 이번에 합의를 본 셈이며 국민적인 공감대가 이루어졌는데요. 그런데 협상통일이라는 범주에는 예멘식의 통일도 분명히 들어갑니다. 한데 예멘과 우리가 사정이 다르니까 그대로 적용될 수 없는 것은 물론이지만, 저는 그게 모델로서도 문제점이 많다고 보거든요. 협상통일도 그야말로 여러가지가 있겠지만, 당국자간의 담합통일이 되면 곤란한데, 예멘이 바로 담합통일이었거든요. 이번에 두 정상이 협상통일까지는 합의했는데, 제가 볼 때 이들의 개인적인 생각과는 관계없이 정권을 쥔 사람들은 속성상 권력자들끼리 담합해서 하는 것을 선호하지 민중들까지 끼여서 복잡해지는 것을 원하지 않는단 말이에요. 그래서 앞으로의 과정을 생각하시면서—

강만길 사실 지금 협상통일이 시작됐다고 했지만 남쪽의 정권은 유한한 정권입니다. 불과 얼마 남지 않았잖아요. 그래서 다음에 들어서는 정권이 그냥 협상통일을 추진해나갈 수도 있고, 아니면 남북관계가 다시 냉각상태로 들어갈 수도 있을 겁니다. 때문에 한반도에서 협상통일 외에 마땅한 방법이 없다면, 어떤 정권이 들어서더라도 그것을 추진해나갈 수 있는 뿌리가 내려져야 한다는 겁니다. 그렇기 때문에 일반 국민들이 협상통일이 옳은 방법이고 그것이 꾸준히 추진되어야 한다는 의식을 갖게끔 해야 한다는 겁니다. 정권이 바뀌어서 담합을 하다가 안되어 다시 남북관계가 냉각되는 경우라도, 남북화해를 계속 뒷받침할 국민적인 여론이 형성되어 있어야 하거든요. 물론 현정권이 있는 동안에 그것이 완전히 이루어지리라고 생각하지 않고, 다른 정권이 들어서서 남북관계가 냉각되거나 후퇴되는 경우가 있다 해도, 국민들 사이에 그런 통일방법일 수밖에 없다는 생각이 속속 퍼져나가리라고 생각합니다. 역사라는 것이 늘 일직선으로 나가지는 않는 것 아닙니까? 지그재그가 있기 마련이지만, 그래도 그 폭이 좁아진단 말예요. 지금 2년 반밖에 안 남았는데 그동안 어떻게 한다고 해서 해결이 안되죠. 그리고 한반도의 통일이 우리 역사에서 근대의 완성이냐 근대의 초극이냐 하는 것은 참 어려운 문제인 것 같은데요.

백낙청 초극이라는 표현은 안 쓰는 것이 나을 것 같은데요. 그게 일본에서 40년대에 썼던 표현으로, 제가 볼 때 그것은 근대성의 좋은 면을 성취함으로써 근대에 제대로 적응하는 문제는 빼고 초극만을 얘기하다가 결국은 패망의 길로 들어섰던 것인데, 저희는 그것과는 다른 얘기를 하는 것 아닙니까?

동아시아 통합은 가능하며 바람직한가

강만길 그런데 이것은 역시 세계체제 문제와 연결되어 있어요. 아까 김 선생님이 자본주의가 자기반성을 해왔기 때문에 유지되어왔다고 했는데, 그것은 사실입니다. 사회주의가 도전을 했기 때문에 자본주의가 반성을 한 것이거든요. 그런데 현실사회주의가 다 무너져버린 상황에서도 자본주의가 자기반성을 해나갈 수 있을 것인가? 오히려 모순이 급격히 심화될 수도 있고, 그래서 새로운 도전세력이 급격히 형성될 수 있다는 가정도 가능하고요. 또 만약에 자기반성을 한다면 케인즈주의적인 반성보다는 훨씬 더 강한 반성이 있어야 한다고 봐요. 그래서 21세기에는 적어도 현재의 신자유주의적인 체제가 그대로 유지되기는 어렵다고 생각하고요. 한데 자본주의가 자기반성을 하거나 새로운 도전세력이 나타나거나 했을 때의 세계상황과 우리의 통일상황은 연결된다는 얘기입니다. 그걸 우리끼리 어떻게 할 수 없다는 것이고요. 그것을 근대를 넘어서는 체제라고 생각하면 당연히 그럴 수 있겠죠.

또 하나는 우리가 살고 있는 동아시아 문제가 있어요. 동아시아라는 것이 한반도가 대륙권에 포함되면 해양권이 위험해지고, 해양권에 포함되면 대륙권이 침략을 받게 되고, 그러지 않았습니까? 그것을 피하려 한 것이 남북분단이고 그 결과 남북은 각각 다른 한쪽에 속해버렸고, 그래서 긴장 속에서 균형을 유지한 것이 냉전체제였는데, 지금 남북이 통일을 이루어가려고 한단 말예요. 그래서 21세기에 이루어질 남북의 통일은 한반도만의 통일이 아니라 동아시아 전체의 통일이 되어야 한다는 생각입니다. 물론 앞으로 이루어질 동아시아의 통일은 중세시대처럼 동아시아 자체가 하나의 세계를 이루는 식이어서는 안되고, 하나의 경제공동체·평화공동체를 이루는 것일 텐데, 이는 동아시아의 평화를 담보하는 대단히 중요한 길이라고 봅니다. 통일되는 한반도가 이같은 문제에 아주 중요한 역할을 할 수 있도록 한반도의 21세기 역사를 열어가야 한다고 생각해요.

한데 여기에서 가장 걸리는 문제가 일본입니다. 일본은 근대로 오면서 탈아입구(脫亞入歐)를 주창하며 제국주의를 배워서 침략주의국가가 됐는데, 여전히 탈아입구적인 입장에 있어요. 그래서 일본이 옛날로 돌아갈 수는 없겠지만 얼마만큼 동아시아로 돌아올 수 있겠는가, 그렇게 해서 일본·중국과 통일된 한반도가 사이좋게 지낼 수 있는 그런 하나의 세계를 구축해나갈 수 있겠는가 하는 문제가 있는 겁니다. 이를 위한 핵심적 역할을 하는 것이 한반도 통일이라고 봅니다. 이런 희망을 가지고 있어요. 또 희망입니다.(웃음) 그런데 이런 역사의식을 남북 주민들에게 심어주는 것이 중요하고, 그렇게 해야만 중국사람이나 일본사람들이, 적어도 그들이 20세기적인 제국주의자나 냉전주의자가 아니고 평화주의자라면 한반도의 통일을 반대하거나 방해할 이유가 없어지는 것이죠. 이런 이야기를 중국사람이나 일본사람에게도 더 해줘야 한다는 생각입니다.

홍윤기 강만길 선생님께서 충분히 공감할 수 있는 희망을 말씀해주셔서 제가 더 드릴 말씀은 없지만, 어느 면에서는 아직도 분단체질에서 벗어나지 못한 사람의 하나로서 조금 일관성을 가지고 얘기하겠습니다. 분단체제 아래서 우리가 겪은 근대성에 대해서는 여러가지 규정이 가능하겠지만, 성격상으로 보면 독선적 근대성이라고 생각합니다. 다시 말해서 북한은 북한 나름대로 식민지반봉건사회에서 바로 근대사회로 뛰어오르는 길은 이것뿐이라고 해서 일종의 국가사회주의체제에 민족경제적 요소를 더하고, 그러면서도 근본적으로 많은 것은 사회주의 형제국가에 의존하는 방식을 택했습니다. 남한도 말할 것도 없이 자기식대로 해왔는데, 그런 점에서 볼 때 독선적 근대화를 체험했다는 겁니다. 독선적 근대화라는 얘기가 수식어 이상의 의미가 되지 않을지 모르지만, 제가 염두에 두는 것은 서유럽국가의 경우입니다. 서유럽국가에서 근대성에 대한 여러가지 기획들이 나름대로 서로 대립하고 투쟁하고 섞여가면서 하나의 종합된 작품을 만들어가는, 말하자면 근대성의 관철이라는 것이 하나의 오케스트라처럼 조율되는 과정을 봤을 때, 어느 경우는 사회주의적인 요소가 우세하기도 하고, 어느 경우는 자본주의, 혹은 극단적으로 가기도 하면서 역사의 지평을 넓혀왔다는 겁니다. 그런데 우리의 경우 독선적 근대화가 되다 보니까, 남북의 근대화 모두 파행적이라는 점은 분명한 것 같고요. 그러니까 분단체제가 거의 체질화되다시피 했기 때문에 한꺼번에 무너뜨리기도 곤란하다면, 분단체제에서 성장한 사람들로서 저희가 원하는 것은 양쪽의 골격은 가만히 놔두더라도 서로 벤치마킹을 해보자는 거죠. 북한도 나름대로 문제가 있고 우리도 나름대로 문제가 있는데, 젊은 사람들끼리는 서로 왔다갔다하면서 너희들은 무엇이 잘못됐냐, 우리는 이런 것이 잘못됐다 하면서 서로 경험을 공유할 수는 있다는 겁니다. 그랬을 때 분단체제를 통해서 기득권을 누려왔던 분들이 유일하게 착한 일 한번 하고 돌아갈 수 있는 방법 중 하나는, 젊은이들에 대해 일종의 계몽적 전제군주의 입장에서 "자, 너희들끼리 한번 해봐라" 하고 자리를 마련해주는, 우리끼리는 싸우지 않고 있을 테니 너희끼리 사귀어봐라 하는 한마당 자리를 마련해주는 것이지 싶어요. 동아시아 통합의 비전까지는 모르더라도 일단 이웃에서 몽둥이 들고 서로 넘어가지 않겠다는 것만 해주면, 그다음에는 어린애들끼리 잘되지 않을까 하는 생각이 듭니다.(웃음)

백낙청 동아시아 통합이라는 재미있는 발상이 나왔으니까, 김선생님께서 거기에 대해서도 한 말씀 보태주시죠.

김경원 자꾸 희망을 말씀하시는데, 거기에 반대되는 현실을 자꾸 말하는 것 같아 죄송합니다. 지금 진행되는 역사를 보면, 유럽에서는 통합을 말하는 반면, 아시아에서는 분열과 세력균형, 경쟁을 얘기합니다. 그래서 흔히 유럽사람들은 아시아는 지금 19세기 유럽의 전철을 밟고 있고, 강대국간의 경쟁관계는 마치 19세기 유럽 열강들의 다툼을 연상케 하는 상황이라고 얘기합니다. 그러면서 서방 학자들은, 왜 아시아는 유럽처럼 통합되지 못하느냐는 기막힌 질문을 합니다. 왜 아시아는 균형자(balancer)가 없느냐, 왜 경제통합을 이루지 못하느냐고 하고요. 그런 경우 저는, 우리는 너희같이 지독하게 사람을 죽이지는 않았기 때문이라고 대답합니다. 유럽통합이 가능했던 것은 독일과 프랑스가 화해했기 때문인데, 그건 둘 사이에 싸움이 치열했기 때문입니다. 일본도 지독한 짓을 많이 하기는 했지만, 일본의 잘못을 용서해주려는 뜻에서가 아니라 객관적으로 봤을 때 독일이 저지른 죄악에 비하면 그것은 다른 차원의 문제로 보입니다. 이처럼 유럽통합은 유럽역사에서 저질러진 엄청난 죄악에 대한 댓가로서 가능해진 것이라고 보는데, 그러면 아시아에서는 어떻게 될 것으로 보느냐? 그렇다고 해서 우리가 통합을 하기 위해서 죄악부터 저지를 수는 없는 것이고(웃음) 우리는 어디까지나 우리식으로 평화적인 방법으로 통합의 길로 나아가야 하겠는데, 그 가능성이 전연 없지는 않다고 봅니다. 최근 미국의 한 경제학자는 세계경제가 앞으로 북미지역과 유럽, 동아시아지역, 이렇게 세 개의 블록으로 구성될 것이라고 했는데, 통계상으로는 확실히 그렇게 나타납니다. 그렇다면 유럽과 북미지역의 지역주의에 당하지 않기 위해서는 우리도 어느정도 지역통합을 이룰 필요성을 느끼게 될 겁니다. 그래서 그런 필요성에 비추어, 그리고 세계경제의 전망을 내다보면서 우리는 동아시아의 통합을 위한 노력을 해야 한다고 봅니다.

백낙청 강선생님이 희망을 말씀하실 때도 지금 김선생님이 지적하신 현실을 어느정도 전제하고 말씀하신 걸 테니까, 심각한 차이는 없다고 믿습니다. 그런데 저는 동아시아 나름의 통합방식이 있어야 한다는 말씀에 동의하면서 한 가지 부연하고 싶은 게 있어요. 중세적 통일이 아닌 경제적 통합이라도 제대로 되려면, 역시 어느정도 근대극복을 전제한 방식이어야 되리라는 거지요. 다시 말해서 현재의 자본주의 세계시장의 논리에 그대로 순응하는 통합은 현실적으로 그렇게 쉽지도 않지만 인류를 위해 바람직하지도 않다고 봐요. 가령 일본과 중국, 한반도 세 지역만이라도 NAFTA(북미자유무역지역)식의 통합을 한다든가 유럽연합식의 통합을 한다고 생각해보세요. 이것은 엄청난 초대형 공룡이 탄생하는 겁니다. 미국이나 유럽이 불안해할 것은 물론이고, 우선 동남아시아나 남아시아 사람들이 결사반대할 겁니다. 또 이 괴물이 야기하는 지구환경 파괴는 상상을 절할 거고요. 그러니까 경제적인 지역통합이라는 것도, 한편으로는 다른 지역들이 이미 통합을 해서 동아시아지역이 여러가지로 불이익을 당하니까 그에 대한 방어의 의미에서 낮은 수준의 통합과 협력은 어느정도 이루어나가야겠지만, 이것이 더 진전되려면 그 기본논리가 달라져야지요. 현행 논리로 한다면 괴물을 만드는 것밖에 안되리라고 생각합니다.

김경원 우리가 하는 통합은 어디까지나 느슨할 것으로 봅니다.

강만길 유럽의회 같은 것은 상당히 어렵겠죠. 아마 경제공동체 같은 것이 가능하지 않을까요.

백낙청 끝내기로 예정한 시간이 벌써 많이 지났군요. 서둘러 마쳐야겠습니다. 오랜 시간 수고하셨습니다.

| 대담 |

2001년을 맞이하며 김동춘 교수와

백낙청(서울대 영문과 교수)
김동춘(성공회대 엔지오학과 교수, 참여연대 정책위원장)

김동춘 지난 한해는 구제금융사태를 맞았던 1997년 이래 가장 파란만장한 격변과 혼란의 한때였습니다. 먼저 21세기 벽두 세계체제 속에서 한국사회가 처한 위치와 시대성격을 어떻게 진단할지 이야기해보죠. 제가 보기엔 탈냉전과 신자유주의, 미완의 근대화란 세 흐름이 사회에 굽이치며 교차하는 중이란 느낌이 듭니다.

백낙청 지금 새 세상이 열리고 있는 것은 틀림없습니다. 하지만 그 주인노릇을 해야 할 사람들은 마음의 줏대가 서지 않아 오락가락한다는 인상을 받습니다. 그런 의미에서 근본 세우기가 절실하다는 생각이지만 판박힌 도덕적 설교나 사회상을 개탄하는 말들을 언론매체에서 들으면서 정신이 더욱 흐트러질 우려도 없지 않아요. 말씀하신 세 흐름 가운데 탈냉

■ 이 대담은 『한겨레』 2001년 1월 1일자에 「근본을 세우자」라는 제목으로 실린 것이다.

전의 경우 우리는 냉전개념을 너무 중심에 두어 되레 인식을 흐리는 면도 있습니다. 어째서 우리만 냉전의 외딴섬으로 남아 있느냐는 탄식이 그런 것입니다. 냉전은 미·소 강대국 진영의 동서대결과 연관되지만 분단이 그런 구도와 완전히 일치하는 것만은 아니었습니다. 또 강대국들이 전세계 민중들을 관리하는 차원에서의 이른바 '냉전적 사고방식'은 지금도 세계 곳곳에 남아 있습니다. 분단현실의 냉전적 요소는 물론 그와 다른 차원의 요소도 함께 고민해야 한다는 생각입니다.

김동춘 지금 한국의 위치는 백년 전 세계자본주의체제 편입기와 비슷합니다. 당시 자주적 근대화를 못한 업보로 식민지와 분단의 질곡을 겪었습니다. 민중적 관점에서 본다면 자본주의 세계체제의 궁극적 결과는 전쟁과 인간 존엄성 침해였습니다만 지금 세계체제 안에서의 한국은 분단구조를 업고 어느정도 위상이 상승한 묘한 지점에 서 있습니다. 이런 상황에서 '근본을 세우자'고 했을 때 근본이란 무엇일까요? 과거로 돌아가자는 건지, 잃어버린 것을 찾자는 것인지, 근대개념을 제대로 세우자는 것인지 혼란스런 점이 있습니다.

백낙청 '본'의 개념이 무엇인지에 대한 원론적 논의보다 지금까지 살아온 경위를 더듬어보는 게 더 필요하겠지요. 우선 백년 전을 돌아볼 때, 근대세계 편입과정에서 주체적 근대화를 밟지 못해 비극을 자초한 것은 어쨌든 뭔가 잘못해서 겪은 실패임에는 분명합니다. 그 뒤 식민지·분단시대를 거쳐왔으니 근본이 제대로 서지 않은 것은 당연하지요. 다만 분단체제와 냉전체제의 차이를 무시한 채, 왜 냉전을 못 끝냈느냐고 자기비하하지는 말자는 겁니다. 김선생 지적처럼 분단체제는 국가기구 건설이나 초기 개발과정에서 국가위상을 높이는 잇점이 있지만 이젠 그걸로 안되는 단계에 왔습니다. 아무튼 우리가 논의할 근대는 중심부 국가들의 미덕과 악덕, 그리고 이와 연관된 주변부 민중들의 고난이란 측면까지 함께 보아야 합니다. 근대의 미덕을 나름대로 익히되, 많은 세계 사람들에게 계속 고통 주는 근대 자체를 어떻게 극복할 것인가를 같이 고민해야 보람있는 근본을 세울 수 있겠지요. 이제 현실의 문제들을 돌아볼까요. 김대중 정부의 개혁을 어떻게 평가합니까?

김대중 정부의 개혁정책에 대한 평가

김동춘 현재 국정운영의 위기는 개발독재 유산과 불철저한 민주화, 성급한 신자유주의 정책이 맞물려 비롯된 것입니다. 물론 집권 당시부터 김대통령은 개혁을 추동할 정책자원이 제한되어 있었습니다. 말로는 시장주의 원칙을 거론했지만 정작 개발독재 관행에 젖은 씨스템은 건드리지 못한 것입니다. 저는 정권출범 당시 국제통화기금 요구대로 외국자본 진출확대와 노동시장 유연화를 추진하면 빈부격차 심화에 따른 재벌경제력 집중·강화를 낳을 것으로 전망했는데 그런 예상이 지금 재연되고 있습니다. 주체적으로 본다면 6월항쟁으로 민주화운동이 군부독재를 무너뜨렸지만 그 힘을 정치세력화로 잇지 못한 한계가 위기의 근본배경이 아닌가 싶습니다.

백낙청 87년 직선제 대통령을 뽑았고, 3당합당과 DJP연합이란 편법을 통해서지만 문민정권과 정권교체를 체험한 것은 긍정적 부분입니다. 현 정부 개혁도 정치민주화 차원에서 과소평가할 수 없습니다. 국보법 같은 억압제도가 남아 있지만 지금 정국혼란은 정권의 통제력이 그만큼 엷어진 데서 비롯된 측면도 있어요. 노동자 생존권 위협이 심각하지만 한국노총, 민주노총이 노사정위원회에 참여, 탈퇴를 거듭하는 사실 자체가 역사상 처음 노동자들을 국정운영상대로 인정했기에 가능한 현상이죠. 단, 재벌문제가 전반적 빈부격차 심화의 요인이 됐다는 데는 동의하는데 재벌체제 자체가 강화됐는지는 의문입니다.

김동춘 제 견해는 총수독재와 내부자거래 등의 재벌씨스템 자체가 개혁되지 않았음을 말한 겁니다. 재벌개혁을 위한 집단소송제 등의 법제화를 시도했으나 실패하지 않았습니까. 노동분야만 해도 비정규직이 53%에 달하는 등 양극화가 심화되고 외국인·여성 노동자의 소외·빈곤도 우려되는 양상입니다.

물론 현정부는 남북화해란 결실을 거뒀지요. 남북한 적대관계를 녹이면서 사회내부를 변화시킬 결정적 고리를 건드린 점을 평가할 만합니다. 그러나 이 흐름을 평화협정, 국보법개정 등으로 법제화하지 못한 점이 불안합니다. 정권이 넘어가면 어떻게 바뀔지 모른다는 우려도 나옵니다. 문제는 정치가 사회를 과잉 규제하는 현실에서 새 정치세력의 리더십 창출이 필요한데 분단 등의 제반 상황이 막고 있다는 거죠.

분단체제극복의 종합전략 필요

백낙청 2000년은 분단극복의 가능성이 크게 열린 해였습니다. 남북화해는 국내외 정치에 엄청난 변화를 가져올 것입니다. 정권이 얼마나 유능하게 대처할지는 별개문제지요. '제도화'와 관련해서는, 남북관계가 국제관계가 아니니까 조약형태로 만들 수는 없는 것이고 국내 합의와 관행을 얼마나 정착시키느냐가 더 중요합니다. 그런데 남북화해는 정권의 기반이던 분단국가체제 허물기를 겸하는 성격이므로 '내치'가 더 어려워지기도 합니다. 여기서 분단체제의 이념이 냉전이념만은 아니라는 데 주목해야 합니다. 기득권세력은 그밖에도 지역주의, 전통적 가부장주의, 패거리주의 등 온갖 이데올로기를 활용합니다. 따라서 이런 요소들까지 겨냥한 분단체제극복의 종합전략이 필요하지요. 김대통령은 냉전이념의 대안은 개발해왔지만 지역주의, 권위주의와 싸우는 데는 태생적 한계를 보여왔기 때문입니다.

김동춘 기득권세력들은 독재-민주의 대립이 사라진 뒤 지역주의를 기반으로 새 지배구도를 정착시키고 있습니다. 자본의 노동지배, 중앙의 지방지배, '서울대 지배'로 표현되는 학력·학벌주의가 지배의 세 기둥입니다. 이 세 기둥이 분권화를 가로막고 사회구성원들로 하여금 정치적 무력감을 낳게 했다고 봅니다. 안티조선 운동이 『조선일보』의 힘을 무너뜨리지 못하는 현실 또한 이를 입증합니다. 위안부 보상, 민간인학살·의문사 규명 등의 미진한 역사청산 또한 위기요인에서 빼놓을 수 없습니다. 앞으로 사회가 근본부터 제대로 서려면 이런 장애물들을 무너뜨리는 데서 돌파구를 찾아야 하지 않을까요.

백낙청 동감입니다만 세계화된 자본이 자기네들의 연대나 소통을 민중의 그것보다도 신속하게 진전시켜가는 것이 더욱 문제인 상황에서 한 나라 자본의 노동지배를 강조하는 것은 설득력이 약합니다. 현대가 주도한 남북경협이 분단체제해소에 기여하는 면도 있는 것처럼 남한자본의 구실은 복잡합니다. 중앙지배도 세계체제 주변부의 보편적 현상인데, 분단체제에 의해 강화된 면이 있는 반면, 극복과정에서 복수의 '중앙'이 성립할 가능성도 있습니다. 학력주의의 경우 서울대 위상은 거대재벌에 비유할 수 있겠지요. 나름대로 기능이 있고 당장 해체하면 곤란하다는 점에서도 그렇습니다. 그러나 인터넷 같은 정보화기술이 발달하고 세계화가 진행될수록 낡은 시대 '공룡'들은 신자유주의 논리에 순응하기 위해서라도 개혁과 해체가 불가피해요. 중요한 것은 신자유주의 세상에서 생존하기 위한 개혁이냐, 분단체제극복과 세계체제변혁을 위한 개혁이냐의 선택입니다. 후자의 경우 막막한 느낌이 들지만 한 나라 단위로 사회를 볼 때 느끼는 회의와 절망감을 벗어날 길이 엿보입니다. 『조선일보』 비판 같은 언론개혁도 성과가 미미하다고 낙담할 일은 아닙니다. 거대변화를 상징하는 얼음산 일부가 지금 드러난 것뿐이니까요. 분단체제의 기득권세력들이 수구적 자세로는 오래 버티지 못할 것이라고 저는 확신합니다.

김동춘 세계적 부의 집중과 불평등, 자원낭비의 모순 때문에 신자유주의 세계화에 대한 저항과 극복은 불가피해졌습니다. 역사를 돌이켜보면서 국가 도덕성을 세우고 민중의 잠재력을 어떻게 발견하고 끌어낼 것인지가 중요한 과제가 되겠지요. 올 한해가 지난 100년의 주눅든 근대사를 넘어 원점에서 변화를 고민하는 계기가 되었으면 합니다.

| 대담 |

한반도 분단체제의 정세와 전망

백낙청 교수에게 듣는다

백낙청(서울대 교수, 영문학)
박순성(동국대 교수, 북한학)
2000년 12월 15일 백낙청 교수 연구실

박순성 분단 55년, 한국전쟁 발발 50년이 되던 2000년 6월, 남북정상이 만나 공동선언을 발표함으로써 평화와 통일에 대한 희망을 갖게 되었습니다. 한국전쟁이 이제야 끝났다거나 '민족'을 다시 발견하게 되었다는 말들도 있었습니다. 분단의 역사에 전기가 마련되었다는 뜻이겠지요.

백낙청 정상회담으로 분단시대가 종결되었다고 말할 수는 없지만, 분단시대의 최종국면에 접어들었다고는 말할 수 있습니다. '통일시대'라는 말을 넓은 의미에서 통일작업이 본격화되는 시기로 규정한다면, '분단시대'와 '통일시대'는 어느정도 겹치게 될 것입니다. 한반도의 통일은 베트남이나 독일처럼 한쪽의 일방적 승리로 끝나는 것이 아니라 점차적으로 진행되는 열린 과정이기 때문에, 통일의 진행과정과 분단체제가 허물어지

■ 이 대담은 『교수신문』 2001년 1월 1일자(제194호)에 실린 것이다.

는 과정이 겹치는 것은 당연한 일입니다. 지금 시기는 분단시대의 최종국면인 동시에 통일시대의 초기에 해당한다고 말할 수 있겠지요. 정상회담 이후 남북관계의 진전이라는 긍정적인 결과에도 불구하고, 지금 우리 사회는 더 난맥상에 빠졌다는 느낌이 듭니다. 이는 그동안 안정상태로 유지되던 분단체제가 내부적 혼란에 빠졌기 때문이 아닐까 합니다. 분단체제 아래에서 잠복되어 있던 온갖 모순들이 터져나오는 것이죠.

박순성 분단체제가 부정적인 의미에서 안정된 체제였고, 새로운 체제로 전화되기 위해서는 '흔들려야' 한다는 말씀이시군요. 선생님께서 분단체제론을 제기하신 지 10여 년이 지난 지금, 젊은 연구자들도 '분단체제'라는 개념을 널리 사용하고 있습니다. 분단체제론의 애초 취지는 무엇이었습니까?

백낙청 분단체제라는 말이 자주 쓰이게 된 것은 사실입니다. 하지만 엄밀한 개념으로 쓰는 예는 많지 않은 것 같아요. 분단체제론을 구상하게 된 것은 1987년경입니다. 당시 한국사회성격 논쟁이 활발했는데, 저는 이 논쟁이 우리 사회의 현실에 대한 구체성이 부족했다고 느꼈습니다. 우리 사회는 분단된 사회입니다. 분단은 외세의 개입에 의해 시작되었지만, 오래 지속되면서 남북한 내에 분단을 재생산하는 내부적인 요인들이 축적되었던 거지요. 저는 당시의 논쟁이 이런 현실을 제대로 분석하지 못하고 있다는 아쉬움을 가지고 있었습니다. 분단체제론의 문제의식은 '분단현실'에 대한 구체적인 인식에 있었습니다.

박순성 분단체제론은 남북한 사회에 존재하는 지배구조의 본질과 재생산원리를 밝혀주는 이론이라고 판단됩니다. 자연히 남북한의 체제경쟁과 체제경쟁에 따른 시민사회의 억압과 말살이 강조될 것 같습니다.

백낙청 분단체제는 남북한의 체제경쟁만이 아니라, 남북간 기득권세력들간의 적대와 공생이라는 복잡한 관계가 얽혀서 유지되고 있습니다. 분단체제론의 기본적인 문제의식은 이 체제의 주요 갈등이 남과 북의 이데올로기적·정치적 체제대립이 아니라, '남북한에 걸친 분단체제의 기득권 세력과 남북한 대다수 주민과의 이해관계 대립'이라는 것입니다. 그러니까 한반도의 대다수 주민들에게 좀더 나은 체제를 가져올 것을 지향하는 논리인 셈이죠.

박순성 선생님 말씀은 민중을 중심에 놓고 세계와 민족을 바라보는 '민중적 민족주의'를 상기시켜줍니다. 하지만 구조조정 이후의 상황은 민중적 민족주의를 되돌아보게 하는데요.

민중의 삶 개선 위한 통일이어야

백낙청 요새는 민족이나 민중이나 인기가 없는데 그 둘을 합치면 더 인기가 없을는지 몰라요. 두 개념은 동일시할 수 없지만, 상호보완하면서 또 상호해체하는 개념으로 결합될 필요가 있다고 봅니다. 그러나 '민중적 민족주의'라는 식으로 결합시키는 것은 또 하나의 구호를 만드는 것으로 끝나기 십상이지요. 세계화의 시대에 민족주의가 효과적인 담론이 못된다는 최근의 비판은 타당성이 있습니다. 하지만 우리 주변의 그런 비판들 자체가 세계화에 대한 적절한 비판기능을 하고 있는가 하면 그것도 의문이에요. 민족주의의 타당성을 원론적으로 따지기보다는 당면한 민족적인 과제와 관련하여 어떤 대응을 할 것인가가 중요하죠. 분단체제론에는 최대의 민족적 과제인 평화적이고 민주적인 통일작업이 단순한 민족주의로는 안된다는 생각이 깔려 있습니다. 그러나 민족 개념을 제쳐두고 민족적 과제를 풀어갈 수는 없는 일이고, 더욱이 민중의 개념을 도외시하는 이론은 분단체제의 실상을 수용할 수 없습니다.

박순성 결국 분단체제론은 민족과 민중의 현실을 가장 구체적으로 끌어안으려는 노력이라고 판단됩니다. 이런 관점에서 볼 때 최근의 현실은 어떻습니까? 구조조정기의 경쟁력 담론을 어떻게 보아야 할까요?

백낙청 통일을 단순히 민족주의적인 과제로만 본다면, 그것은 일종의 통일지상주의가 될 겁니다. 반면에 민중의 입장에서 본다면 목표는 민중의 한층 나은 삶을 보장하는 통일이라야만 되지요. 그런데 현실적으로 우리 한반도 주민들의 경우, 갈라진 민족끼리 화해하고 함께 사는 나라를 만들지 않고는 민중의 이익에 합치되는 더 나은 체제를 만들 수가 없게 되어 있어요. 분단체제극복이 단순한 민족주의적 과제는 아니지만 그 민족주의적 차원을 경시할 수 없는 까닭이 거기 있습니다. 구조조정에 대해서도 분단체제극복에 가장 효과적으로 기여할 수 있는 경제·사회정책이 무엇인가 하는 차원에서 접근해야 하리라 봅니다. 경쟁력이라는 개념도 마찬가지지요. 분단체제를 극복하는 동력을 얻으려면 어느정도의 국제경쟁력을 확보해야 합니다. 그러나 무턱대고 우리도 구미나 일본만큼 잘살아보겠다는 발상은 곤란하지요. 분단체제를 그대로 둔 채 현실적으로 이루어질 일도 아니지만요. 설혹 얼마간 성공하더라도, 우리가 너무 잘살지도 않고 못살지도 않는 나라 특유의 잇점을 살려서 새로운 세계역사를 창조하는 데 기여할 수 있는 기회를 놓치는 거죠.

박순성 현실을 바꿀 수 없는 조건이 아니라 우리의 의지로 변화시킬 수 있는 것으로 보아야 한다는 말씀으로 들립니다. 또한 분단체제의 극복과정이 민족문제의 해결을 위해서만이 아니라 세계체제에 긍정적인 영향을 미치기 위해서도 중요하다는 말씀을 하신 것 같습니다.

백낙청 현실을 주어진 조건으로만 바라보는 태도는 말단 정책담당자뿐 아니라 정치지도자나 대다수 사회과학자들에게도 공통된 것 같습니다. 특히 주류 사회과학자들은 현상을 지나치게 기정사실화하는 경향이 있지요. 그런데 급진적인 대안을 내놓는다는 사람들도 실제로는 우리 현실의 역동성에 눈감은 채 공허하거나 자기 의지에만 치우친 얘기를 하는 경우가 많습니다. 우리는 분단체제라는 가변적인 상황 속에 살고 있기 때문에 주어진 현실이 항구적인 것이 아님을 하루하루 실감하면서 지냅니다. 우리가 이 현실을 제대로 파악하고 대응한다면, 근본적이고 대폭적인 변화도 가능하다고 봐요. 그런 의미에서 사회과학자들에게도 한반도에 사는 것이 일종의 특권이지요. 물론 분단체제는 세계체제의 일개 하위체제에 불과하기 때문에 분단체제가 바뀐다고 해서 상위체제가 곧바로 무너지는 것은 아닙니다. 한반도에서 어느정도 민중의 이익을 반영한 통일이 이루어진다고 해서 세계체제가 하루아침에 바뀌지는 않을 것입니다. 세계시장의 제약에서 자유로울 수 없는 거지요. 하지만 저는 한반도의 분단체제가 세계체제의 핵심적인 고리라고 믿기 때문에, 한반도 민중의 성공은 세계체제의 기득권세력 전체에 엄청난 타격을 주리라고 봅니다.

분단체제는 세계체제의 한반도적 형태

박순성 선생님께서 특별히 강조하시는 것 중의 하나는 분단체제와 세계체제의 연관성입니다. 분단체제가 세계체제의 산물이면서 동시에 세계체제를 존속시키는 역할을 하는 '체제 속의 체제'라는 해석도 가능할 것 같습니다.

백낙청 분단체제라는 용어를 쓰는 사람들도 세계체제와의 연관을 곧잘 도외시합니다. 자본주의 세계체제가 한반도에서 구체적으로 작동하고 있는 형태가 바로 분단체제입니다. 분단체제는 동서냉전의 산물만은 아닙니다. 분단체제극복의 발목을 잡는 세력들을 보면, 결코 좁은 의미의 냉전세력만은 아닙니다. 분단체제로 인해 이득을 보는 사람들은 자신의 이해관계가 위협받을 경우, 때로는 냉전의식으로, 때로는 지역감정으로, 때로는 낯익은 권위주의로 그때그때 신축자재하게 대응합니다. 냉전의식만을 너무 부각시킬 때 이런 복합적인 측면을 간과하기 쉽지요. 원래 냉전구도의 핵심은 자본주의 세계체제와 사회주의 세계체제의 대립이 아니었다고 생각합니다. 자본주의 세계체제는 몇백 년에 걸쳐 지속하면서 한때 냉전체제라는 특수한 형태를 통해 자신을 지탱하고 세계민중을 관리했던 것뿐이지요. 실제로 한반도의 분단은 동서냉전의 단순한 산물이라기보다 패권국가의 세계체제관리 방안으로 실현되어 냉전체제의 확립에 결정적인 역할을 했습니다. 동서냉전의 종식에도 불구하고 냉전에서 이득을 봤던 세력은 곳곳에 온존하고 있습니다. 이런 현실에도 한반도 분단체제가 일정한 기여를 하고 있는 거지요.

박순성 선생님과 『창작과비평』은 오랫동안 지식인 문화운동의 중심에서 있었습니다. 일부에서는 선생님의 작업이 '관조적 이론화'에 치우친다고 비판하기도 합니다. 한편 정상회담 이후, 분단의식의 극복이 중요하다는 주장과 함께 분단체제극복을 위한 대중문화운동이 강조되고 있습니다.

백낙청 분단체제는 복잡한 체제이기 때문에 그 극복과정도 여러 차원의 노력이 필요하다고 봅니다. 우선 직접적으로 대중 속에서 북과의 대결의식을 완화하는 작업이 필요하지요. 동시에 분단체제의 신축자재한 기득권구조를 인식하고 이에 적절히 대응하는 좀더 차원높은 지성과 감성의 연마도 필요합니다. 문학의 예를 보자면, 분단을 소재로 해야만 분단극복 문학이 아닙니다. 현실을 깊이 다루고, 삶의 문제에 예민하고 건전하게 반응하는 심성과 사고력을 키워주는 문학이라면 모두가 분단체제극복에 기여하는 문학이죠. '창비'는 독재정권과 반통일이념에 맞서 대중을 직접 계몽하는 작업도 해왔지만, 한번도 선전일변도의 문학노선을 따르지는 않았습니다. 그래서 젊은 비평가들의 비판도 받았죠. 최근 비활자매체가 부상하고 문화가 다양해지면서 '창비'의 직접적인 계몽작업의 비중은 줄었습니다. 하지만 관조적 이론화라는 비판에 대해서는, 글쎄요, 분단체제론만 해도 실용적 이론 아닌가요? 적어도 나 자신을 돌아보면, 이런저런 실무의 현장에 관여하느라 '관조적 이론화'를 못한 게 오히려 아쉬운 심경입니다.

박순성 선생님께서는 『분단체제 변혁의 공부길』이라는 책을 펴내신 바 있습니다. 선생님께 공부는 변혁과 동일한 맥락에 놓여 있는 것 같습니다. 문학연구자에 그치지 않는, 현실연구자이자 미래연구자의 면모를 보이신 것이라고 생각합니다. 교수는 오랫동안 학인(學人)이자 지식인, 선비로 받아들여져왔습니다. 최근 교수노조의 설립 움직임에서 보듯이 이제 교수는 전통적 지식인과는 다른 것 같습니다.

백낙청 '공부길'이란 말은 수도자의 세계에서 쓰이는 말인만큼 스스로 공부길을 잡았다고 큰소리칠 일은 아니지요. 불교에서 많이 쓰는데, 우리나라 학인의 표준이 되어온 유교의 '선비'도 자기 몸과 마음을 닦는 것을 공부의 기본으로 삼는 수도자인 셈이지요. 반면에 현대학문은 주관적 요소의 개입을 배제하는 데서 과학성과 전문성을 찾는 성향입니다. 오로지 지식의 축적에만 몰두하는 것이 현대 학문의 대세지요. 이런 대세를 그대로 따르는 것이 지식경쟁에는 유리할지 모르지만, 이런 식의 학문생활도 말하자면 신자유주의적 논리에 순응하는 꼴입니다. 오늘을 사는 지식인이 '공부길'을 제대로 잡는다는 것은 전통적인 학인의 자세를 본받으면서도 현대인의 지식공부에서도 낙오하지 않는 어려운 과제라 생각합니다. 그런데 교수노조 문제는 좀 다른 차원이지요. 대학교수가 선비지 노동자냐 하는 식으로 대할 문제가 아니라고 봐요. 일률적으로 강요할 건 아니지만, 경영논리가 대학사회를 휩쓸고 있는 상황에서 교수의 몫을 다하기 위해서는 그 논리에 맞서 교수직의 안정과 독립성을 보장해줄 조직이 필요하다고 봐요. 교수협의회로는 그런 목적을 달성하기 어렵다는 주장이 상당한 설득력을 지닌다고 믿습니다.

경영논리 대응 위해 교수노조 필요

박순성 인생은 시간과의 싸움이고, 역사는 시간의 기록이라고도 합니다. 인간이 주체적으로 시간을 이해하기 위해 시간에 경계선을 설정하기도 합니다. 해가 바뀌는 것도 그런 의미일 텐데, 2001년이 우리에게 갖는 의미는 여느 해와는 다르다고 봅니다.

백낙청 지난해는 남북정상회담으로 분단시대가 새로운 국면으로 접어든 뜻깊은 한해였습니다. 분단체제해소의 전망이 드디어 보이는 듯도 했고, 오히려 문제가 꼬이고 혼란이 심해지면서 분단체제라는 것이 결코 간단한 물건이 아님을 일깨워준 한해이기도 했습니다. 새해부터는 분단체제극복을 위한 실질적 작업을 해나가야 합니다. 우리가 흔히 한반도 통일의 세계사적 의미를 입에 올립니다만, 실제로 남과 북 어느 쪽의 현실보다 나은 체제를 통일과정에서 우리 힘으로 이루어낸다고 할 때 그것이 동아시아와 세계 전체에 미칠 파장은 엄청나리라 봅니다. 당장에 인류문명의 신기원이 도래하지는 않는다 해도 한반도가 새로운 인류문명 건설의 중심지 가운데 하나로 자리잡을 것은 분명합니다. 역사를 보더라도 작은 나라가 자기 살림을 제대로 챙기면서 새 문명의 선구자로 나섰을 때 그 파장은 뜻밖의 곳에까지 미치지요. 데까르뜨 철학의 배경에는 프랑스뿐 아니라 네덜란드의 존재가 있고, 영국의 입헌정치가 가져온 혜택은 맑스의 사상적 작업을 가능케 하는 데 결정적인 역할을 했지요. 좀 다른 이야기지만 지금 유럽연합 본부도 독일이나 프랑스가 아닌 벨기에에 있는데, 한반도가 나라 안팎 사람들에게 두루 편안한 장소가 되었을 때 주변의 강대국들이 협력하며 사는 데도 크게 도움이 되리라고 봅니다. 물론 그런 한반도는 남에게 편의를 제공하는 데 그치지 않고 스스로 창조적 지성의 중심지가 되겠지요.

| 인터뷰 |

한겨레가 만난 사람: 백낙청 시민방송 이사장

백낙청(서울대 교수, 시민방송 이사장)
고명섭(『한겨레』 기자)

백낙청 교수의 이름 앞에 문학평론가 혹은 영문학자라는 직함은 그다지 어울리지 않는다. 그가 지닌 생각의 반경과 그가 해온 활동의 넓이가 그 직함에 다 담기지 않기 때문이다. 무엇보다 그는 우리 사회의 근본적인 개혁을 위해 노력해온 실천적 지식인이자 남북한 민중의 삶을 옥죄어온 '분단체제' 극복의 길을 열어온 탐구적 이론가였다. 그렇기는 해도 그가 여느 사회운동단체 혹은 공적 기관의 머리에 서는 경우는 별로 없었다. 특히 근년에 들어 그는 뒤에서 지켜보고 독려하고 숙고하는 쪽에 만족하는 듯한 모습이었다. 그런 그가 '시청자 채널 접근권 실현'을 기치로 내걸고 발족한 디지털위성방송 채널 '시민방송'의 이사장직을 맡았다. 뜻밖의 일이다. 5월 15일 시민방송 창립대회를 연 시민방송은 올(2001) 연말께 디지

■ 이 인터뷰는 『한겨레』 2001년 5월 22일자에 실린 것이다.

털위성방송의 본격 가동과 함께 첫 전파를 송출할 계획이다. 백이사장을 만나 시민방송의 위상과 전망에 대한 그의 생각을 들어보았다. 〔고명섭〕

고명섭 시민방송의 창립을 먼저 축하드립니다. 하지만 난데없는 복병을 만났는데요. 한국디지털위성방송(KDB)이 '시민채널' 위탁사업자로 시민방송 전신인 '국민방송 실현을 위한 시민모임'과 맺은 가계약을 깨고 공모방식을 통해 위탁사업자를 선정하기로 했지 않습니까?

백낙청 복병이랄 것까진 없습니다. 사실, 현재로선 시민방송을 할 수 있는 역량과 의지를 갖춘 곳이 우리밖에 없거든요. 공모를 하더라도 다시 우리에게 돌아올 것으로 봅니다. 다만, 방송채널사업자 등록을 하루 늦게 한 것을 이유로 KDB 쪽이 가계약을 파기한 것은 '신의성실' 원칙에 비추어 유감스런 일입니다. 또 그쪽에서 애초에 우리에게 약속했던 지원금을 깎아보려는 의도가 있는 것 같아 불쾌하기도 합니다. 시민채널이 잘되는 것은 위성방송의 발전을 위해서도 좋은 일인데, 멀리 내다보는 자세가 아쉽습니다.

고명섭 21세기를 시민의 시대라고 칭하는 사람도 있는데, '시민'방송을 이끌게 된 분으로서 21세기적 시민을 어떻게 이해하십니까?

백낙청 21세기가 시민의 시대라고는 하지만, 그냥 주어지는 것은 아니라고 생각합니다. 우리는 진정한 시민의 시대를 성취하느냐 그러지 못하느냐의 갈림길에 와 있습니다. 우리가 성취해야 할 시민은 국적이 있느냐, 도시에 사느냐 하는 문제로 결정되는 소극적 의미의 시민이 아닙니다. 한 국가, 나아가 전세계 차원에서 주권자로서, 주인으로서 시민권을 적극적으로 행사할 때 진정한 시민이 될 수 있겠죠.

고명섭 이사장께서는 '시민문학론' 등을 통해 누구보다도 먼저 이 땅에 새로운 시민개념을 내놓고 천착해오셨지 않습니까?

백낙청 1969년에 「시민문학론」이란 글을 썼고 그걸 내 첫 평론집(『민족문학과 세계문학』 I)의 첫머리에 실었는데요, 거기서 당시 논의되던 시민이란 개념을 두 가지 측면에서 비판한 바 있습니다. 첫째는, 일본학계의 영향을 받아 시민을 중산계급(부르주아지)으로 협소하게 이해하는 것에 대한 비판이었습니다. 나는 시민을 주권자로 이해해야 한다고 봤습니다. 가령 프랑스혁명 때의 시민이 여기에 해당하는데요, 당시 전국민을 시민(시똬옝)이라고 불렀습니다. 왕의 신하가 아니라 나라의 주인이라는 뜻이었습니다. 둘째는 프랑스혁명이 제창한 시민개념 자체와 관련되는 것인데요, 200년 전에 만들어진 이 개념으로 시민을 고정시켜서는 안되고, 시민의 상을 열어두고 새롭게 만들어가야 한다는 것이었죠. 이 열린 개념 안에 나는 지난 7~80년대에 민족, 민중 개념을 담았던 것이고, 그렇게 발전시킨 개념으로서 시민이란 걸 염두에 두고 '시민방송'을 생각하고 있습니다.

고명섭 그런데 시민이란 개념은 근대 혹은 근대성과 떼려야 뗄 수 없는 관계에 있습니다.

백낙청 시민이란 말은 근대성과 불가분의 관계에 있는 게 사실입니다. 그러나 근대화가 곧 시민의 확립을 보장하는 것은 아닙니다. 또 앞에 말한 대로 시민의 개념을 프랑스혁명 때의 시민상에 고정시켜놓으면, 우리가 쟁취해야 할 시민상은 서구가 이루어놓은 시민상을 뒤늦게 실현하는 것 밖에 안됩니다.

새로운 시민은 근대의 확립 및 극복과 긴밀히 관련돼 있습니다. 우리는 서구가 이룬 근대에 적응하면서 근대가 낳은 폐해를 극복하는 이중의 과제를 안고 있습니다. 이때 이중의 과제는 별도의 과제라기보다는 '극복 없이 적응 없다'는 말로 요약할 수 있는 하나의 과제입니다. 극복을 시도하지 않는 적응은 진정한 적응이 되지 못하고 마는 것이죠. 적응과 극복은 두 개의 면을 가진 단일과업이고 이것만이 우리가 갈 유일한 길입니다. 그 길 위에서 진정한 의미의 시민을 만날 수 있을 것입니다. '시민방송'이 그

길을 찾아가는 하나의 방도가 될 수 있겠죠.

고명섭 시민방송이라는 실천적 사업의 바탕에 깔린 사상적 청사진을 설명해주셨는데요, 역시 궁금한 건 이사장직을 맡게 된 경위랄까 이유가 아닌가 생각합니다.

백낙청 연전에 위성방송 계획이 발표됐을 때 이미 '시민채널 확보운동'으로서 '국민방송 실현을 위한 시민모임'이 있었습니다. 유감스럽게도 거기에는 적극적으로 참여하지 못했습니다. 그런데 '국민방송' 측에서 실제 방송운영은 시민단체들이 하는 것보다는 별도의 인적 구성을 통해 하는 것이 낫겠다고 판단을 하고 따로 '시민방송설립준비위원회'를 만들었어요. 지난해 10월 준비위원장에 취임하면서 이 문제에 직접 관여를 하게 됐고, 이번에 재단법인 대표까지 맡게 됐습니다.

고명섭 그동안 해오신 일이 주로 글과 책을 통한 것이었다는 점에서 어떻게 보면 방송의 문외한이라고 할 수도 있겠는데요.

백낙청 맞는 말입니다. 그런데도 굳이 참여를 하게 된 동기를 말한다면, 우선은 시민의 손으로 만드는 텔레비전방송이 우리 국민의 숙원이라는 데 다른 준비위원들과 생각이 같았다는 것입니다. 이걸 살려낸다면 우리 사회 발전의 큰 계기가 될 수 있으리라고 판단했습니다. 그렇다면 방송국을 실제로 만들어내는 게 중요한데 여기에는 방송전문가도 필요하지만, 시민운동과 문화운동의 축적된 역량을 모으는 일도 중요하다고 생각했습니다. 또 하나, 개인적인 동기인데요, 그동안 문학·출판활동을 주로 해왔지만 뉴미디어사업에도 상당한 관심이 있었습니다. 새 시대의 흐름과 접목할 필요가 있다는 생각이었지요. 문학이 추구하던 걸 제대로 살리기 위해서라도 전파매체와 결합해야 한다는 생각을 한 것입니다.

고명섭 그렇더라도 문학과 방송의 간극이 작지 않은데요?

백낙청 매체의 성격상 둘 사이에 차이가 있는 건 사실입니다. 하지만 문자를 중심으로 인류가 추구하고 축적해온 가치들이 전파매체에 담길 수 없다고 볼 이유는 없습니다. 오히려 둘이 결합할 때 더 큰 위력을 발휘할 수 있을 것입니다. 전파매체는 새로운 도구, 새로운 연장입니다. 이를 지혜롭게 활용하는 것이 중요합니다.

고명섭 역시 중요한 건 방송을 어떤 내용으로 채울 것인가 하는 것일 텐데요.

백낙청 시민방송은 시사·교양 중심의 공익채널이 될 것입니다. 기존의 방송과는 달리 광고에 의존하지 않고 시민의 후원금 등으로 재원을 마련합니다. 따라서 시청률에 매몰되지 않고 좋은 프로를 만들 수 있습니다. 또다른 특징은 시민이 직접 제작에 참여하는 프로그램이 큰 폭을 차지한다는 점입니다.

고명섭 상업광고가 없다면, 제작비를 조달하는 일이 어렵지 않을까요?

백낙청 우선은 한국디지털위성방송(KDB)이 상당한 재정적 뒷받침이 돼줄 겁니다. KDB(이후 SkyLife로 개칭)는 이미 사업계획서에서 시민채널을 지원하겠다고 약속했고, 그것이 방송사업권을 얻는 데 중요한 역할을 한 것으로 알고 있습니다. 그밖에 필요한 돈은 방송발전기금 등을 통해 조달할 것이고, 시민후원회를 조직해 1인당 1만원씩 내는 시민 1백만 명을 확보할 계획입니다. 이건 금액의 많고 적음을 떠나 시민운동 차원에서 벌여야 할 사업입니다.

고명섭 시민이 참여하는 방송채널 확보운동은 그동안 두 갈래로 추진돼왔는데요. 국민주방송 설립추진위원회와 통합할 뜻은 없습니까?

백낙청 기본적으로 국민주방송은 지상파 종합방송채널을 확보하기 위한 운동이었습니다. 시민방송은 애초부터 위성방송채널이 현실성이 있다고 판단해 그쪽에 역량을 투여해왔고요. 국민주방송도 현재는 위송방송채널에 관심을 두고 있는데, 우리와 힘을 합치는 것은 필요하고 그러기 위해 서로 노력해야 한다고 봅니다.

고명섭 시민방송 프로그램 운영에 관해 장기적인 구상을 좀더 이야기해주시겠습니까?

백낙청 우리는 보도기능을 갖지는 않지만, 토크쇼나 다큐멘터리 등을 통해 여러 시사문제를 다룰 것입니다. 특히 이제까지 방송에서 못했던 것을 해볼 생각입니다. 하나의 주제를 심도있고 끈질기게 파헤쳐보겠습니다. 가령, 일본 교과서왜곡 문제 같은 사회적 중요 이슈에 대한 토론장을 일주일 이상 여는 것을 생각해볼 수 있습니다. 절대빈곤자와 같은 '전파소외계층'의 문제를 부각시키는 프로도 많이 만들 겁니다.

고명섭 위성방송은 수신기만 보급되면 국경 밖에서도 시청할 수 있는데, 그와 관련한 구상은 있습니까?

백낙청 위성방송은 기술적으로는 한반도 전역과 일본열도 전역, 중국의 동부 및 동북부 지역 등을 포괄하는 전파월경을 할 수 있습니다. 그래서 해외동포를 대상으로 하는 프로를 만들 생각입니다. 또 북한이 수신을 하기 시작한다면 남북 화해·교류에 굉장한 변화를 불러올 잠재력이 있습니다.

후기

창작과비평사의 집무실에서 만난 백낙청 이사장은 절제된 언어와 온화한 미소가 깔끔하고 빈틈없는 학자라는 이미지와 잘 어울렸다. 백이사장과는 시민방송 외에도 다양한 주제로 이야기를 했는데, 의외로 그의 '젊은' 정신을 발견할 수 있었다. 그는 지난해부터 창작과비평사 인터넷 토론방에 매달 한 편씩 글을 올리다가, 얼마 전부터는 '수시로' 자신의 생각을 밝히고 있다. 젊은이들이 주로 이용하는 인터넷 공간에 실명으로 글을 쓰는 것도 '젊음'의 한 면모였지만, "젊은이들과 토론하는 게 즐겁고 그들에게서 비판받을 때 배우는 것이 있다"고 말하는 데서도 '젊음'을 발견할 수 있었다.

그는 최근 이슈가 된 일본 교과서왜곡 문제에 대해 "국민이 분노하는 것은 당연하지만 일부 언론이 지나치게 강경한 대응을 요구함으로써 오히려 문제해결을 어렵게 하고 있는 것 같다"고 말했다. "7~80년대 반독재 투쟁 시기에 일본의 양심적 지식인들이 우리에게 어떻게 도와주면 좋겠느냐고 물어가며 도움의 손길을 뻗었듯이, 이제는 우리도 일본 극우파에 대항해 싸우고 있는 양심적 시민단체와 지식인들에게 '어떻게 도와주는 게 좋겠는가' 하고 물어가며 서로 협력하는 지혜도 필요하다."

그는 또 "우리 시대의 핵심적 과제"로 언론개혁을 지목하고, "언론간 상호비평이 방송의 영역으로까지 넓어지는 데 『한겨레』와 시민사회의 노력이 큰 역할을 했다"고 평가하면서 "더욱 분발해줄 것"을 주문했다.

| 대담 |

한민족의 새로운 모색

어둠의 세계체제, 한반도 분단체제의 극복은 가능한가

백낙청(문학평론가 · 서울대 교수, 『창작과비평』 편집인)
김사인(시인 · 동덕여대 교수)
2002년 2월 12일 불교방송국

김사인 벌써 2000년대로 접어든 지 2년이 지났습니다. 그리고 새 천년의 시대가 어떤 시대가 될 것인가에 대한 여러가지 전망들이 제출됐습니다만 결국 우리 눈앞에 제시돼 있는 것은 지난해의 9·11 테러사태, 그리고 그 후의 아프가니스탄전쟁 이런 것들을 보면서 21세기가 꼭 밝은 것만은 아니지 않나 하는 생각을 하게 되는데요. 심지어는 지난 냉전시대가 긴장 속에서나마 그 나름대로 평화로웠던 게 아닌가 하는 생각을 하게 됩니다. 선생님께서는 어떠신지요?

백낙청 냉전시대가 결코 좋은 시대는 아니었지만 세계 전체로 본다면 말씀하신 대로 지금에 비해 어느정도 질서가 잡혀 있던 시대였다고 생각

■ 이 대담은 2002년 2월 12일 불교방송에서 방송된 것으로, 그 후 대담 전문이 『프레시안』(2002년 2월 14일) 및 『대구사회비평』(2002년 3-4월호)에 실린 바 있다.

합니다. 2000년을 앞두고 사회 곳곳에서 '희망의 새 천년' 이런 얘기가 쏟아져나오지 않았습니까? 그때 저 자신은 우리가 새로운 밀레니엄을 맞아서 희망을 갖는 것은 좋지만 세계의 현실 자체는 결코 그렇게 희망적인 것은 아니고 적어도 앞으로 20~30년의 기간을 두고 본다면 오히려 점점 더 혼란스럽고 어두운 시대가 될 것이라는 생각을 했습니다. 또 그런 의견을 활자로 내놓기도 했지요.

다른 한편 한반도로 보면 21세기에 정말로 희망을 걸 만한 일들이 많다고 생각했어요. 사실 새로운 밀레니엄이 한반도에서는 정말 멋지게 시작됐죠. 2000년 6월 15일, 최초의 남북정상회담이 열리고 공동선언이 나오고 이산가족들이 줄줄이 상봉을 하고 여러가지 교류가 시작되지 않았습니까. 그런 점에서는 한반도가 새로운 밀레니엄을 맞아서 그전하고는 다른 시대를 맞이하게 됐다는 점을 확인했지요.

세계로 본다면 김교수가 말씀하신 9월 11일 테러가 커다란 참사였는데, 그걸 계기로 지금 미국이 전쟁의 시대를 선포하고 나오니까 이 혼란이 정말 어디까지 갈 것인지 앞날을 예측하기 힘들다고 생각합니다. 그러나 전체적으로 봐서 세계는 혼란기인데 한반도는 상대적으로는 평안하고 희망찬 곳이다라는 생각에는 변함이 없습니다.

김사인 선생님 말씀을 들으면서 아, 그래도 우린 조금 나은 편인가 보구나 하는 생각을 하게 되는데요. 어떻든 9·11 테러에서도 많은 분들이 보셨다시피, 또 선생님께서 얼마 전 '창작과비평' 웹진에 쓰셨던 글에서도 이제 유일한 초강대국을 자처하는 미국조차도 세계적인 혼란, 그에 의해서 초래되는 재앙이라고 할까요, 이런 것에서 예외일 수는 없다, 그리고 바로 그러한 현실을 우리가 직시하는 것이 중요하다, 이런 말씀을 하신 것으로 기억됩니다. 어떤 맥락으로 생각하면 되겠습니까?

천하대란의 영향권 안에 포함된 미국

백낙청 미국이란 나라는 사실 유일한 초강대국이 되기 전에도 한번도 본토에서 외부의 공격으로 인해 큰 살상을 겪어본 적이 없습니다. 남북전쟁 때는 자기네들끼리 싸운 것이고요. 1813년엔가 영국과 싸울 때, 영국군이 워싱턴에 쳐들어와서 불지르고 한 적이 있어요. 그때는 미국이 건국한 지 얼마 안되는 약한 나라였고 대량살상은 없이 잠시 지나가는 에피쏘드로 끝났는데, 그 후 세계대전을 두 차례나 치르면서도, 가령 하와이 진주만이 폭격을 당했고 미국 병사가 외국에서 희생당하고 했지만, 미국 본토는 끄떡없었거든요. 냉전시대에도 여러 전쟁에 미국이 참여했지만 미국 본토는 안전했어요. 냉전시대가 차라리 낫다는 생각이 든다고 말씀하셨는데, 냉전 이후에 국지적인 전쟁이 오히려 더 많아지고 어찌 보면 굶어죽는 사람들도 더 많아졌는데도 미국 본토에 사는 사람들은 대개는 이걸 남의 일로 생각할 수가 있었거든요.

그런데 9·11 테러를 계기로 세상의 커다란 혼란이 미국 본토에도 미칠 수 있는 것이다 하는 점이 입증됐다고 봅니다. 미국사람들이 이 사건을 그런 시각에서 보느냐 마느냐는 별도의 문제고, 사실 아직까지 그렇게 보는 사람들이 많지는 않은 것 같아요. 그냥 참 천하의 몹쓸 놈들이 몇몇 못된 나라, '악의 축'을 이루는 나라들의 지원을 받아가지고 미국에 대해서 감히 이런 짓을 저질렀다, 이놈들을 혼내놓으면 다시는 이런 일이 없을 것이다, 그냥 이렇게 생각하고 있는 것 같은데, 저는 그렇게 보지 않습니다.

냉전이 종식한 이후로 점점 더 심화돼온 세계 전체의 혼란스러운 시기, 어찌 보면 천하대란(天下大亂)의 시기라고 볼 수 있죠. 이런 시기가 미국 본토에도 영향을 미친다는 것이 입증된 셈입니다. 뭐 그런 테러 사건이 다시 일어나기를 제가 바라는 것은 아닙니다만, 어쨌든 미국도 결코 안전지대는 아니라는 게 이번 사건으로 실감됐다고 봅니다. 그래서 이제 세계 전체가 이렇게 가고 있다는 것을 알면서 거기에 대해서 미국은 어떻게 대응하고 한국은 또 어떻게 대응할까 이런 것들을 논의하자, 그런 취지로 제가 '창비' 웹진에 썼던 거죠.

미 강경파에 영합하는 일부 언론·정치인이 문제

김사인 선생님께서 지금 말씀하셨다시피, 미 국민들 다수가 지금까지 자기 땅 안에서 큰 규모의 재앙을 겪지 않았기 때문에 남의 일로만, 강 건너 불로만 여기던 살상이나 굶주림들을 이제는 자신의 일로도 여길 수 있는데, 그렇게 가지 못하고 있는 것 또한 현실인 것 같습니다. 또 사회주의권 붕괴 이후 미국이 유일한 초강대국의 지위에 올랐다는 것을 부인하기는 어려울 것 같구요.

따라서 미국의 현실적인 정책의 향방이 인류의 운명에 미치는 영향 또한 결정적일 수밖에 없다고 여겨지는데요. 그런 가운데 9·11 테러 이후 미국이, 부시행정부가 보여주고 있는 일련의 정책적인 결정과 발언들을 보면 우려스럽기 이를 데 없는 것이 현실인 것 같습니다. 그런데 미국 국민들의 지지율은 거의 압도적인 것으로 나타나고, 이에 대해서 미국 국민들이 이렇게 지지를 보내는 이상 부시행정부의 정책은 어쩔 수 없는 것인가 이런 생각도 들구요.

백낙청 그렇죠. 지금 미국 국민들이, 적어도 여론조사에 따르면, 압도적인 다수가 부시 대통령을 지지하고 지난번 의회연설 이후에 오히려 지지도가 더 올라갔다고 하는데, 그런 걸 볼 때 더욱 우려스럽습니다.

그런데 어찌 보면 우스꽝스럽기도 해요. 참 유치한 사람들이로구나 하는 생각을 금할 수 없는데…… 흔히 이런 말을 하지 않습니까. '미국인은 위기를 맞았을 때 대통령을 중심으로 단결한다'라고. 그게 물론 좋은 덕목이긴 하지만 도가 지나치면 유치한 것이거든요. 보이스카웃들이 단결하는 그런 식인데, 세계의 운명을 짊어지고 이끌어간다는 국민이 소년단 정신으로 맹목적으로 뭉친다는 것은 우스운 일이지요. 지금은 솔직히 말하면 가관이라고 할 정도로 나가고 있어요.

다른 한편으로는, 우리나라 국민이나 특히 일부 언론인, 정치인들이 지금 한반도의 평화와 우리 자신의 생존이 위협받는 이런 절박한 싯점에서 제대로 뭉치지 못하고 미국 강경파의 발언에 영합하는 발언이나 하고 말이죠. 이런 걸 볼 때는 그래도 미국 국민들이 좀 낫구나 하는 생각을 하기도 합니다.

미국이 이렇게 나갈 때 우리가 막을 수 있느냐. 가령 미국이 아프가니스탄을 치기로 했을 때, 그걸 막을 수 있는 힘을 가진 사람은 아무도 없었다고 생각합니다. 그런데 그때보다는 명분도 약하고 현실적인 어려움도 더 많이 따르는 일을 한다고 할 때, 가령 북한을 공격한다고 할 때가 거기 해당하겠는데, 그럴 때 정말 자기 혼자서 맘대로 할 수 있느냐, 저는 그건 간단한 문제는 아니라고 봐요. 유럽 동맹국들도 반대하고 미국 국민들간에도 반대여론이 일부 들리고, 실무적으로 한반도 문제를 다루어온 사람들은 '이게 아니다'라고 생각하고 있는데, 이런 마당에 우리 국민이 단결해서 그건 아니다, 이러이러한 일이라 결코 협조할 수 없다, 이렇게 나가면 저지할 수 있다고 생각합니다.

김사인 지난 1월 29일 부시 대통령의 연설이 나온 후 한반도 주변과 우리 국민들은 바짝 긴장할 수밖에 없었는데요. 그리고 오는 19일 부시 대통령의 방한이 예정돼 있습니다. 지금 선생님 말씀 듣기로는 한반도에서 전쟁에 버금갈 만한 위기상황이 다시 벌어지는 것은 아니구나, 이렇게 안심이 되면서도 그렇다면 이게 뭘 겨냥한 것인지, 부시행정부의 정책 입안자들이 미숙한 탓인지, 아니면 다른 노리는 바가 있는 것인지, 아니면 무엇을 경고하기 위한 것인지 판단하기 힘들 때도 있습니다.

백낙청 글쎄요, 뭐라고 말하기는 어렵죠. 첫째, 제가 전문가가 아니고, 둘째는 전문가라고 한들 그쪽 사람들 마음속에 들어갔다 나오기 전에는 알겠습니까. 그러나 경고를 위한 하나의 수사, 즉 레토릭이냐 아니면 진짜 뭘 하겠다는 것이냐, 이게 문제인데, 어쨌든 이것이 경고용이라 하더라도 경고는 이런 식으로 하는 게 아니죠.

가령 경고를 해서 북으로 하여금 협상 테이블에 나와서 미사일 문제를 타결하게 하겠다라는 입장이라면 처음부터 악의 축이다 이렇게 해놓으면, 악하고는 타협을 하면 안되는 것 아니에요? 그리고 악의 정권이 지배하고 있는 곳에 식량원조를 하는 것도 모순이고 악의 축에 대해 포용정책을 펼치고 있는 대한민국을 우방으로 삼는 것도 논리적인 모순이죠.

국무부 같은 데서는 한편으로는 부시 대통령 말씀이 옳습니다 하면서도 다른 한편으로는 그러나 대화하겠다는 우리의 방침에는 변함이 없다라고 하는데, 그런 입장은 논리적인 모순이죠. 그래서 경고성 발언으로서 그다지 슬기로운 것이 못되고 만약에 어떤 이유로든, 그것이 이념적인 것이든 국내정치적 난관을 돌파하기 위한 것이든, 실제로 한반도에서 무슨 일을 일으키겠다는 것이라면, 이것은 우리로서는 진짜 생사가 달린 문제고 또 세계평화라는 차원에서도 결코 용납할 수 없는 일입니다.

9·11—미국엔 골절상, 한국엔 근육통

김사인 지금 우리나라는 물론이고 한반도 전체가 워싱턴에서 한번 재채기를 하면 심한 독감을 앓지 않을 수 없는 그런 현실인데요, 그런데 부시행정부 출범 이후 미국의 대북정책이 어쨌든 클린턴 시대와는 그 기조를 달리해가고 있는 것 같습니다. 많은 우리 국민들, 한반도에 애정을 가진 사람들이 우려를 하는 것은 이러한 부시행정부의 대북정책, 대한반도정책에 의해서 북미관계가 급속하게 냉각이 되면서 근년에 들어서 우리가 참 어렵게 이루어낸 남북간의 화해랄까요, 얼마간의 진전이 또다시 수포로 돌아가는 것이 아닌가, 이런 걱정들을 많이 하시는 것이 아닌가 하는데요. 어떻게 보십니까?

백낙청 물론 걱정스러운 바가 많습니다. 당연히 여러 가능성을 생각하고 우리가 할 수 있는 대비를 해야 한다고 생각합니다. 조금 아까 미국에서 기침을 하면 한반도가 독감이 걸린다, 이런 말씀을 하셨는데 많은 경우가 그래요. 주식 같은 것을 보면 미국 뉴욕 증시 동향에 따라서 큰 폭으로 반영되기도 하는데, 사실은 9·11 때는 전혀 달랐어요. 미국이 기침한 정도가 아니라 골절상을 입었는데 한국에서는 그저 약간의 근육통 정도 느끼다가 넘어간 꼴이거든요.

그런 점을 우리가 유의할 필요가 있다고 봅니다. 왜 그럴 수 있었냐 하면, 뭐 정부 측에서도 이걸 가지고 열심히 홍보하고 있습니다만, 정부 홍보를 떠나서도 6·15선언이 있었기 때문에 이것이 가능했던 거죠. 6·15선언이 없었고 종전과 같은 남북 대치상황이었다고 한다면 9·11 테러가 뉴욕에서 났을 때, 첫째는 아프가니스탄을 지목했지만, 그때 이미 북한도 지목을 했을 테고 실제로 옛날 같은 상황에서는 북한이 그쪽 조직에 미사일을 공급하고 지원했을 가능성이 없지 않다는 말입니다.

그래서 한반도가 당장에 전쟁까지는 안 가더라도 전운이 감돌았을 것이고 그렇게 됐으면 경제가 어떻게 됐겠습니까? 지금 한국경제의 규모로 보나 개방된 정도로 볼 때 긴장이 심해지면 당장에 외국 투자가들이 모두 돈 빼가지고 나가고, 증시 폭락하고 IMF 이후에 이루어온 경제회복이 좌절될 수 있었단 말이죠. 근데 그렇지 않고 우리가 넘겼단 말입니다.

이게 그러니까 6·15선언의 직접적인 약효라고 할 수 있는데, 그럼 6·15선언이라는 것은 어떻게 해서 나온 것이냐, 꼭 김대중 대통령이나 김정일 국방위원장이 잘나서 한 것이 아니란 말이죠. 우리 국민들이 그동안에 분단과 분단체제에 항거해서 오랫동안 싸워왔고, 남쪽의 경우로 말하면 그런 싸움이 반드시 통일운동 형태로만 나타났다는 것은 아니고요, 민주화를 위한 노력, 경제건설을 위한 노력, 이런 걸 통해서 우리가 자주력을 키우고 민주화를 진행하면서 일단 정권교체를 하지 않았습니까? 그래서 그걸 바탕으로 6·15가 성립했던 것이거든요.

그만큼 우리 민족이 한반도에서 지난 시기에 온갖 고생을 하면서 그래도 뭘 이루었기 때문에 이제는 전세계가 몸살을 앓을 때에도 어떤 면에서는 오히려 편안할 수 있는 그런 시기까지 왔다고 봅니다.

6·15 남북공동선언이라는 '부적'

김사인 아, 그런 각도에서 볼 수도 있겠군요. 선생님께서 6·15 남북정상회담, 이것이 우리 민족사 속에서, 또 현재 국제정세 속에서 가지는 의미라 할까요, '부적'으로서의 의미를 말씀하셨는데……

백낙청 네. 그런데 부적이라는 말을 쓰니까 생각이 나는데, 속담에 무식한 도깨비가 부적을 못 읽는다는 말이 있어요(웃음). 충분한 대비가 있어도 상대가 워낙 마구잡이로 나오면 당할 가능성이 전혀 없는 것은 아닙니다만, 상당히 효력이 있는 부적을 우리가 만들어냈다고 봅니다.

또 하나는 지금 9·11 테러 이후에 세계를 전반적으로 보면 동아시아, 동북아시아 전체가 비교적 안정돼 있다는 점이 드러납니다. 여러가지 이유가 있겠는데, 첫째는 중동처럼 미국과 직접적인 대결에 걸려 있지 않구요. 이슬람교도의 숫자가 많지 않다든가 우리 지역 안에서 심각한 종교대립이 없다든가 그런 이유도 있고 또 뭐니뭐니해도 경제적으로 상대적으로 안정된 지역이거든요.

그래서 전세계적인 혼란에 영향을 덜 받게 돼 있어요. 일본이 지금 여러가지로 침체해 있고 문제가 많다고는 하지만 안전이란 면에서는 일본이 한반도보다는 더 안전한 곳이죠. 중국도 대체로 안정돼 있을 뿐 아니라 경제성장에서 놀라운 속도로 가고 있지요.

일본의 경우는 우리가 이번 월드컵을 하면서 일본사회의 질서문화, 친절, 청결의 정신을 배워야겠다 이런 말들을 하는데, 일본 쪽에서는 일본대로 우리에게서—'다이내믹 코리아' 뭐 이런 표현을 우리가 월드컵 표어로 내세우지 않았습니까. 한국사회가 다소 무질서하더라도 다이내믹한 면이 있고 남북관계를 비롯해서 많은 일들에서 현상을 돌파해가는 걸 좀 배워야 할 때가 아닌가 하는 생각이 들어요.

중국은 제가 더 모르지만 역시 아무리 덩치가 크고 무서운 속도로 대두하고 있더라도 우리의 남북관계가 개선이 되면 여러 면에서 우리가 비교우위를 가진 면을 유지할 수 있다고 봐요. 동시에 일본과 중국 사이에 통일된 한반도, 통일까지 안되더라도 사이가 좋아져서 점점 가까워가는 남북이 중재역할을 함으로써 동북아시아를 더욱 살기 좋은 지역으로, 그야말로 이 세계대란의 시대에 예외적인 지역으로 만들어갈 수 있다고 생각합니다.

김사인 선생님 말씀에 따르면 우리가 시각을 일간지, 쎈쎄이셔널 저널리즘이랄까요, 수준의 시각을 조정해서 상황을 냉정하고 침착하게 본다면 지금이야말로 한반도, 동북아시아에는 기회일 수도 있다, 그런 말씀이신데요.

백낙청 네. 한반도에 기회가 없는데 동북아시아에 기회가 있다는 것도 사실은 말이 안되고요, 그렇다고 동북아시아까지도 혼란에 휩싸였는데 한반도만 안전하기도 어려운 일이지요. 전체적으로 볼 때, 크게 보면 세계가 혼란기이지만 동북아시아가 비교적 안정된 지역이고, 그중에 한반도는 위태로운 면도 있지만 동시에 새로운 기회가 열리는 곳이다, 이렇게 본다면 한반도의 변화에 따라서 동북아시아의 장래가 결정되고 나아가서는 세계에도 영향을 미칠 수 있다고 말할 수 있겠죠.

반면교사(反面教師) 부시—'악의 축' 발언은 자주성 제고의 좋은 기회

김사인 이제 결국 우리 한반도를 중심으로 해서 뭔가 좋은 영향을 동북아시아에 미치기 위한 도정에서 고민하지 않을 수 없는 문제가 선생님의 오랜 화두이기도 한 분단체제의 극복하고도 연결이 될 듯한데요, 이 문제에 대해서도 많은 분들이 우려를 가지고 있는 것 같아요. 미국도 클린턴에서 부시로 바뀌니까 정책이 저렇게 180도 바뀌지 않느냐, 우리나라도 금년 말에 대통령 선거를 앞두고 있는데 그 결과에 따라서 통일문제에 임하는 우리 정부의 태도도 또 달라질 수 있는 것 아닌가, 거기다가 지금까지 통일정책이라는 것이 어쩔 수 없이 정부가 주도해올 수밖에 없는 상황인데 어떻게 될 것인가 하는 문제들이 있습니다.

백낙청 제가 매사에 낙관적인 면만을 본다고 그러실지 모르겠지만 저는 이번에 부시 대통령이 그런 발언을 하고 미국이 그런 강경책으로 나오는 것이 국내 정치가 더 나아질 수 있는 좋은 기회라고 봐요.

우리가 미국에 대한 지나친 의존을 청산하지 않고는 민족자주도 할 수 없고 국내 민주화도 할 수 없게 돼 있습니다. 그런데 이제까지는 대미의존이랄까 이런 걸 하는 명분 중의 하나가 안보였어요. 또 하나가 경제고요. 미국하고 손잡아야지 북한의 남침을 봉쇄할 수 있다, 경제성장을 하려면 미국에 의존하지 않을 수 없다, 그런 얘기들을 해왔지요. 수출시장도 그렇고 국제기구에서의 지원 여부도 거의가 미국의 입장에 달려 있는 것인데, 물론 크게 보면 아직도 그것은 현실이죠. 우리가 성급하게 구호로 반미를 외치고 지나치게 그럴 필요는 없다고 봐요, 현실은 현실대로 인정을 하고 거기에 적응을 해나가야 되니까.

그런데요. 미국 정부가 이제는 한국을 적당히 영향권 안에 놔두고 적당히 자기네 이익에 봉사하도록 하는 정도가 아니고 부시 대통령처럼 북한이 악의 축이니까 행동을 취하겠다, 또 공해상에서 미사일을 싣고 수출하는 배가 있으면 침몰시키겠다, 뭐 이런 식으로 한반도에서 장난을 벌여보겠다, 이렇게까지 나오면 첫째는 미국의 그런 태도야말로 우리의 안보에 대한 위협이 됩니다.

안보라는 게 뭐예요. 우리가 안 죽고 안전하게 살아가는 게 안보인데 그걸 위협하게 되고, 그렇게 긴장이 조성이 돼서 주가 떨어지고 하면 경제도 망하는 것 아닙니까. 그러니까 국민들이 대미관계가 더 정상적이 되고 좀더 대등하게 되지 않으면 우리 안보와 경제에도 희망이 없다라는 것을 깨닫는 좋은 기회라고 봐요.

그리고 국내 정치인들이 그동안에는 자기들의 당리당략을 위해서 우선 미국의 지지를 받고 보자 하면서 온갖 들춰내기 부끄러운 작태를 많이 보여왔죠. 그러려니 하고 지나온 게 많아요. 으레 그러려니, 그런 사람들이 현명하고 그 사람들이 똑똑한 사람들인가 보다 해왔는데, 지금은 그게 바로 우리 자신의 생존을 위협하는 짓거리가 될 수 있단 말이에요.

미국사람들이 한국에 대해서는 아무렇게나 해도 된다고 생각해서 한반도에서 전쟁을 일으킨다거나 사건을 일으킨다고 할 때, 이건 우리 다 죽는 사태가 되지 않습니까? 그래서 오히려 국민들이 그런 무책임하고 비굴한 정치행태, 언론행태에 대해서 각성을 하게 됐다고 봅니다.

그런 의미에서는 클린턴 대통령보다 부시 대통령이 우리에게는 훨씬 훌륭한 선생님이죠. 부시 대통령이야말로 우리의 위대한 스승이라고 말할 수 있겠어요. 다만 우리가 제대로 공부를 한다는 전제로 말입니다.

그래서 이 기회에 우리가 깨달아야 할 것을 제대로 깨달아가지고 정말 힘을 합쳐서 미국에 대해서도 정당한 비판을 하고 국내 정치인이나 언론인이나 지식인들의 반역사적인 작태에 대해서도 제대로 비판을 해서 그런 그들의 행동을 봉쇄할 수 있다고 한다면, 오히려 옛날처럼 반북이데올로기를 등에 업고 당선이 된다거나 하는 사태는 안 일어날 것 같아요.

그래서 저는 이번에 적어도 그 점에서는 전화위복의 계기가 되고 우리 정치풍토가 상당히 바뀌리라고 봅니다. 반북이데올로기라는 것이 그냥 북한이 나쁘니까 나쁘다, 나는 북한이 개인적으로 싫다 하는 게 아니라, 이게 자칫하면 남쪽까지 해치는 반남이데올로기가 될 수 있다는 걸 심각하게 느끼는 계기라고 봅니다.

반북(反北)이 곧 반남(反南)이 될 수 있는 상황

김사인 선생님께서는 지금 공포스럽기까지 한 미국 행정부의 을러댐, 이런 것까지도 쓴 약으로 받아들일 때 우리의 체질이 더 건강해지고 튼튼해지는 계기가 될 수 있다고 말씀하시는데요, 저희들 모두 아 그렇게 돼야 마땅하겠다 그렇게 느끼리라고 생각합니다.

어떠신가요, 선생님 말씀을 들으면서 조금만 이렇게 시각을 바꾸어서 조금만 더 침착하게 정말 삶 자체에 근거한, 건전한 상식에 입각해서 상황을 봐나간다면 오히려 긍정적으로 볼 수 있는 상황을 그동안 우리가 부정적으로만, 뭔가에 씌운 듯이 끌려간 게 아닌가 하는 생각을 하게 되는데요.

백낙청 우리 사회가 그동안 잘못된 점이 너무 많았기 때문에, 특히 20세기를 돌아보면 상반기는 식민지시대가 대부분이었고 식민지시대 끝나면서 분단시대가 시작이 됐고, 원래 우리 민족의 의사에 반해서 분단이 강요된데다가 그게 체제 비슷하게 굳어지다 보니까 결국 온갖 반민주적이고 우리 민족과 민중, 시민들의 의사에 어긋나는 장치들을 쭉 만들어온 것이 분단체제 아닙니까. 그러니까 그걸 우리가 고발하고 규탄하는 행위들을 당연히 했어야 하고 지식인들이나 국민들이 상당부분 그 일을 해왔습니다. 또 그래서 이만큼 온 것이고요.

그렇긴 한데 그 과정에서 저는 우리 지식인들간에 너무 매사를 네거티

브하게만 대하는 타성이 생기지 않았나 하는 생각이 들어요. 식민지시대 같으면 그럴 수밖에 없었던 게, 식민지 상황을 긍정적으로 보면서 국정에 참여하겠다 하면 일본 식민통치자들에게 협력하는 것밖에 안되지 않습니까. 그러니까 결국은 양심적인 지식인이라면 그런 의미의 국정참여, 사회경영 참여에 대해서는 손을 떼고 비판하고 저항하고 규탄하는 일 위주가 됐고, 독재정권 시절에 와서는 그보다 정도는 덜했지만 역시 그런 성향이 강했다고 봅니다.

지금도 문제가 많으니까 계속 우리가 연구하고 비판하고 폭로할 건 폭로해야겠지만, 이제는 그래도 어느정도 민주화가 됐고 남북관계도 물꼬가 트여서 새로운 사회를 남과 북이 함께 건설해가야 할 이런 계제에 왔으니까 희망적이고 건설적인 일을 할 수 있는 근거를 찾아가지고 이를 바탕으로 실질적인 일을 해야 한단 말이죠. 그럴 수 있는 경륜을 가져야 되는데 그런 훈련이 우리가 부족하지 않나 하는 생각을 하고요.

또 하나는 이것도 식민지 경험과 관계가 있겠습니다만 외부로부터 강제당한 근대화를 해오다 보니 서양 선진국의 어떤 기준을 우리가 맹목적으로 따라가는 경향이 있는 것 같아요.

김사인 우리가 최근에 미국 상황에 대해 당혹스러워하는 것도 우리 머릿속에는 암암리에 미국은 자유민주주의의 본산이고 원판이라는 생각을 하고 있거든요.

백낙청 그런 나라에서 지금 저렇게 우리에게 심하게 나오니까 한편으로는 황당하기도 하고, 다른 한편으로는 여전히 미국은 양식이 있는 나라이므로 어떻게 될 것이다 하면서 안일하게 생각하기도 하고, 또 저런 걸 뻔히 보면서도 계속 미국적인 여러가지 행태를 기준으로 삼는 경향이 있는 것 같은데, 물론 미국의 부시 대통령이 망언을 했다고 해서 우리가 미국이 이룩한 훌륭한 일이라든가 미국사회의 훌륭한 면을 외면해서는 안되죠. 연구하고 배울 건 배워야지요.

그러나 예를 들면 인권문제만 해도 그래요. 사실은 남북대치라는 엄혹한 상황에도 불구하고 인권문제에서 꾸준히 진전해온 나라가 오히려 한국이에요. 그런데 전에도 미국의 인권상황에는 우리 눈에 안 뜨이는 문제가 많았습니다만, 9·11 이후의 사태는 이게 저는 1950년대 매카시 선풍보다 어떤 점에서 심하다고 봐요.

김사인 특히 언론에도 꾸바 관따나모 기지에서 아프간 포로들을 미국이 어떻게 다루고 있는가 하는 것이 나왔는데……

백낙청 외국의 포로 문제만 봐도 옛날 미국 같으면 안하던 짓을 하고 있어요. 뿐만 아니라 미국 내에서도 작년에 의회에서 '애국법'이라는 것을 통과시켰습니다. 미국 시민들에게 엄청난 법적인 제약을 가한 것이지요. 그 애국법에 의하면 테러의 혐의가 있는 사람은 굉장히 인권을 제약받게 돼 있어요. 미국이 자랑하는 시민의 기본권, 이런 걸 뭐 얼마든지 제약할 수 있게 되고 외국인의 경우는 아주 형편없이 됐어요.

과거 매카시 상원의원이 좀 불온하게 보는 사람을 두고 '비미국적 행동'이라는 표현을 쓰곤 했지요. 그런데 지금은 그것이 법제화가 된 것입니다. 애국법이라는 것이 뭐냐, '애국자' 아닌 사람은 비미국적이다, 반미국적이다, 이렇게 규정된 것입니다. 앞으로 어떻게 될지 모르겠지만 현재로서는 매카시 시절에 그래도 미국 의회나 정부, 군부 내에서 매카시 의원의 빨갱이 사냥에 저항했던 그런 세력이 별로 눈에 안 뜨입니다. 당장은 잠복하고 있다가 다시 나타날지는 모르겠지만.

그래서 미국의 인권상황이 심각한데, 저는 이것이 일시적인 현상만은 아니라고 봅니다. 미국이라는 나라가 지난 수십 년간 경제력을 비롯해서 여러 면에서 점점 후퇴해왔거든요. 군사력만 지금 세계 최고지, 제조업의 생산력은 다른 선진국에 비해 뒤떨어져 있습니다. 반면 미국의 대외부채가 세계 최고이고, 여러가지 문제가 많습니다. 거기다가 지금 테러 위협까지 있어가지고 국민의 안전도 보장 못하고 국가의 권위도 떨어지고 이렇게 되면서 점점 인권상황이 악화되고 있는데 이런 상황에서는 세계적인 인권, 보편적인 인권의 차원에서도 우리 한반도가 분단체제를 극복해가는 우리들의 실정에 맞는 인권상황을 만들어내고 이를 점점 개선해나갈 때 인권 면에서도 우리가 모범이 되지 말라는 법이 없다고 봐요.

희망적·건설적 전망을 가져야 할 때

김사인 그러니 지금 선생님 말씀 듣자면 오히려 우리야말로 미국에 대한 무의식적인 의존의 습성을 빨리 정돈하고 그뿐 아니라 한 수 가르쳐주면서 미국을 거들지 않으면 안되는 그런 싯점으로 여겨집니다.

백낙청 그렇죠. 우리가 부시라는 훌륭한 스승을 만나서 잘 배우면 오히려 미국 국민에게 우리가 좋은 가르침을 줄 수도 있다, 이렇게 말할 수 있겠습니다.

김사인 선생님 말씀 들으면서 마음이 조금 안심이 됩니다. 그리고 결국 이 모든 것이 선생님께서 늘 말씀해오시는 분단체제의 극복을, 그 과정을 어떻게 풀어가는가, 그 모양새를 어떻게 갖추어가는가 하는 데 촛점이 모아질 듯싶구요. 그동안 늘 우리의 복된 짐이라고 말씀해오셨는데, 어떤 과정과 모양새를 갖추게 되건간에 우리의 분단체제극복의 정도가 동북아시아라든가 전세계의 인류의 삶에 좋은 영향을 미치게 되겠죠.

백낙청 제가 여기서 분단체제론을 새삼스럽게 소개하거나 설명할 생각은 없습니다. 다만 우리가 막연히 통일을 바란다고 말하면서도 사실은 어떤 통일을 바라느냐에 따라서 의견이 갈려요.

그래서 통일 그러면 원론에는 다 찬성하는데 각론에 들어가면 서로 싸우게 되고 그러다 보면 누구는 통일지상주의다, 또 누구는 반통일분자다, 이러면서 기운이 모이지 않고 흩어져서 통일도 안되고 국내개혁 할 것도 못하고 이렇게 되기 때문에…… 그래서 저는 통일을 하기는 하는데, 통일은 곧 분단의 극복 아니겠습니까, 그런데 그냥 '분단극복'이 아니라 '분단체제'라는 우리에게 고유한 질곡을 극복해서 이보다 나은 사회를 만들자는 취지로 '분단체제극복'이라는 표현을 쓰곤 합니다.

제가 그런 표현을 쓰면서 어떤 생각을 하고 있는지는 오늘 대충 얘기가 된 것 같아요. 그런 방향으로 가면서 특히 요즘 우리가 새로운 고비를 맞았는데, 이걸 슬기롭게 넘기면서, 가령 미국의 위협에도 불구하고 남북간의 자주적인 교섭은 결코 중단하지 않고…… 특히 민간교류는 이럴 때가 하기가 더 좋거든요. 정부 입장에서는 미국이 저렇게 길길이 뛰면 북한과 독자적으로 교섭을 하고 타결을 하기가 참 어렵게 돼 있습니다. 그래서 정부와 우리 민간의 대응은 좀 구별해나갈 필요가 있어요. 이럴 때야말로 오히려 민간교류의 비중을 높이고 그러면서 이것이 우리 국내의 자체 체질개선과도 관련이 있다는 점을 깨닫고 내부적 쇄신에 박차를 가해야 합니다.

그렇게 해서 소위 반북이데올로기라든가 수구이데올로기에 편승해서 정치적인 이득을 꾀할 수가 없고 오히려 손해보는 그런 풍토를 만들어놓으면, 이런 노력의 결과로 이룩되는 통일사회는 그야말로 분단체제를 극복하는 사회가 될 것이고, 동북아시아 전체의 안전도를 높일 뿐 아니라 중국이나 일본에 대해서도 새로운 상호협조의 바탕을 마련해줄 것이고, 세계 전체가 혼란기를 극복하고 뭔가 새로운 단계로 나아간다고 할 때, 세계 사람들이 아, 그동안 동북아시아에서 참 잘해온 것 같은데 우리가 거기서 배워서 새로운 인류문명을 건설해보자, 이렇게 나올 것 같아요.

김사인 선생님 말씀만 들어도 가슴이 벅찹니다. 정말 긴 시간 말씀 감사합니다.

| 인터뷰 |

분단체제 극복 없이 '일류국가론'은 환상

정년퇴임하는 백낙청 교수

백낙청(서울대 교수, 영문학)
김지영(『한국일보』 기자)
2002년 11월 30일 교보빌딩

백낙청 서울대 영문과 교수는 "가회동에서 약속이 있으니 그전에 종로에서 잠시 만날 수 있겠다"고 했다. 서울 종로구 가회동은 건축가 김석철(金錫澈)명지대 교수의 사무실이 자리한 곳이다. 김석철 교수는 새만금의 아직 완성되지 않은 방조제를 황해안 도시공동체를 만드는 데 써야 한다는 제안을 계간 『창작과비평』 겨울호에 발표했다. 백낙청 교수는 새만금 도시공동체안이 분단체제극복을 위한 초기 단계로 서울과 지방의 격차를 해소하는 데 이바지하길 희망하고 있다. 백낙청 교수가 정년퇴임한다. 12월 6일 오후 3시 서울대 인문대 교수회의실에서 '맑스·니체·프로이트 이후의 로런스'라는 제목으로 고별 강연을 갖는다. 그는 D.H. 로런스 연구로 미국 하바드대에서 박사학위를 받았다. 사실 백낙청 교수의 퇴임은 그

■ 이 인터뷰는 『한국일보』 2002년 12월 2일자에 실린 것이다.

사실 자체로 큰 의미를 갖지 않는지도 모른다. 그의 이름 앞과 뒤에는 '문학비평가'와 '서울대 교수'가 놓여 있되, 그는 이 규정에 갇혀 있지 않았다. 그는 한국사회의 야만성과 맞서 싸운 지식인이었으며, 분단체제를 극복하기 위한 실천적인 방안을 부단하게 실험해온 이론가였다. 정년퇴임을 일주일 앞두고서도 그는 '새만금 바다도시 만들기' 학술회의 준비로 분주했다. 11월 30일 교보빌딩에서 백낙청 교수를 만났다.(김지영)

김지영 정년퇴임의 감회는 어떠신지요.

백낙청 학생들과 함께하는 수업을 그만두어야 한다는 건 아쉬운 일입니다. 그렇지만 직장에서 벗어나 자유로워진다는 생각을 하면 너무나 황홀해요.

김지영 1974년 민주화회복국민선언 서명으로 해직되었다가 80년 복직하셨던 때를 제외하곤 서울대 영문과에서만 근무하셨지요.

백낙청 그때도 직장이 없었던 건 아니었어요. 계간 『창작과비평』을 일선에서 경영했으니까요. 오히려 정신이 없었어요. 부도를 막으려고 매일같이 뛰어다녀야 했고, 하루하루 긴장하면서 살아야 하는 정국을 겪었지요.

김지영 많은 사람들에게 선생님은 교수보다는 『창비』의 편집인으로 더욱 깊이 각인돼 있습니다.

백낙청 학자로 살아간다는 것, 또 잡지 편집자로 살아간다는 것. 이 두 가지 삶을 함께하는 데 큰 갈등을 느끼지는 않았습니다. 시간을 효율적으로 배분하고 관리함으로써 조화롭게 살고자 해왔지요. 사실 출판사 경영자로 나섰을 때가 힘들었어요. 학문과 경영은 잘 맞지가 않는다는 생각이 들었지요. 그러나 옛 선비들도 병법을 공부했다지요. 현대의 병법은 '돈벌이'가 아닌가 싶어요. 현대의 선비격인 문인이 현대의 병법인 경영을 공부한다는 심정으로 당시의 어려움을 감수했습니다(웃음).

김지영 선생님은 36년간 『창비』와 함께 살아온 창간 편집인이십니다. 선생님과 '창비'의 이름은 동일시됐는데요.

백낙청 『창비』를 창간했던 당시(1966년 1월) 한국사회는 보수적 분위기가 팽배했습니다. 문학은 사회현실과 유리돼 있었고요. 나는 문학이 역사와 사회를 똑바로 바라보아야 한다고 생각했습니다. 문학의 장을 넓히고 싶었지요. '창비'는 공동 작품이에요. 비단 '창비 식구'들뿐만 아니라 뜻을 같이한 수많은 사람들을 통해서 자라온 것입니다. 78년에는 창비에서 출판한 리영희 교수의 『8억인과의 대화』가 문제돼서 유죄판결을 받기도 했고 급기야 80~87년에 걸쳐 잡지가 폐간됐었지요. 『창비』 복간은 국민들이 찾아준 것이라고 생각해요. 보답해야 한다는 마음은 변함이 없습니다. 『창비』는 그와같은 일들을 겪으면서 성장하고 자리잡았습니다. 지금은 '창비'에 많은 시간을 들이는 건 아닙니다. 고세현 사장이 경영을 맡고, 최원식 교수가 주간을 맡고 있지요. 나는 '얼굴'이 필요할 때 나선다고나 할까요.(웃음)

김지영 『창비』는 해외 석학들의 글을 국내에 소개한 것으로도 중요한 역할을 담당했지요.

백낙청 창간호에서는 싸르트르의 글을 실었고 이어서 마르쿠제가 소개됐지요. 좀더 수준 높은 잡지를 만들고 싶었어요. 문학이 다른 분야와 연계해야 하고, 한반도에 머무르지 않는 세계적인 시각을 열어야 한다고 믿었습니다. 그래서 해외의 학자들과 접촉해 직접 글을 받기도 했지요. 브루스 커밍스나 이매뉴얼 월러스틴, 와다 하루끼, 페리 앤더슨 등은 세계적인 석학 이전에 친구여서 흔쾌히 『창비』를 위해 글을 써주었습니다.

김지영 문학평론가로서 실제비평보다는 이론비평이나 담론 위주의 비평에 치우친다는 지적도 있지 않았습니까.

백낙청 실제비평이 따로 있고 이론비평이 따로 있다고 생각하지는 않아요. 최근 내가 현장에서 멀어져온 것은 사실입니다. 사회활동에 많은 시간이 들어간 탓이지요. 소설가 신경숙씨나 시인 김기택씨 등에 대한 평론을 발표한 것도 사실 좀 늦은 편이었지요.

김지영 선생님의 비평은 민족문학론에 기반을 두고 있고 분단체제극복의 열망으로 이어지고 있습니다.

백낙청 월드컵 이후에 대한민국에 대한 자부심이 커지고 '일류국가론'이 나왔지요. 문제는 이 개념이 분단체제의 해소 없이 대한민국 단독으로 일류국가를 만들 수 있다는 환상을 조장하기 쉽다는 겁니다. 나는 단일형 통일국가를 분단체제극복을 위한 유일한 해법으로 지지하는 것은 아닙니다. 물론 남북의 긴장완화, 교류협력 등은 현단계에서 필요하고 시행해야 할 방안입니다. 현정부의 방침과도 맞물리는 것이지요. 다음 단계에는 그때의 상황에 맞는 방안을, 궁극적으로 최종 단계의 국가 형태도 미리 그리지 말고 열어놓자는 겁니다. 21세기 한반도는 밝은 곳, 희망이 있는 곳이라고 믿습니다. 그 믿음을 갖고 다양한 형태로 분단체제를 극복해나가야 한다고 생각합니다.

김지영 앞으로의 계획은 어떠신지요.

백낙청 9월에 디지털위성방송채널 시민방송(RTV)이 개국했어요(백낙청 교수는 시민방송 이사장이다). 국내에서 이름난 시민단체들은 뉴미디어 능력이 한정돼 있더군요. 동호인모임이나 아마추어 제작자, 학생들이 오히려 방송제작을 활발하게 하고 있다는 걸 알았습니다. 당분간 시민제작참여율을 높이는 데 노력을 기울이려고 합니다. 하지만 결국 내 본분은 책을 읽고 글을 쓰는 일이라고 생각합니다. 퇴임을 하면서 내가 자유롭게 쓸 수 있는 시간이 더 생기게 됐어요. 본분에 충실해야겠다는 '독기'가 차오릅니다.

| 대담 |

민족문학운동의 역사와 미래

백낙청(서울대 교수, 문학평론가)
하정일(원광대 교수, 문학평론가)
2003년 2월 25일 창작과비평사 회의실

하정일 탁월한 문학이론가이자 사상가이신 백선생님과 대담을 갖게 되어 기쁩니다. 선생님께서는 1960년대 이후부터 지금까지 30년 넘게 민족문학을 이론적·실천적으로 이끌어오셨습니다. 이렇게 오랜 기간 동안 문학운동이나 문학이념을 주도한 경우는 20세기 한국문학사를 통틀어 보더라도 유례없는 일이라고 생각합니다. 선생님의 살아오신 과정을 정리하는 일은 그런 점에서 1960년대 이후부터 지금까지의 한국문학사의 큰 흐름을 잡는 작업이라고 생각하고 있습니다. 그래서 이번 대담은 저희들로서는 대단히 소중하고 뜻깊은 일입니다. 선생님께 여쭤보고 싶은 것이 워낙 많지만 일단은 중요하다고 생각되는 큰 질문들을 먼저 하고 시간이 허락되면 작은 질문들을 하는 방식으로 진행하도록 하겠습니다.

■ 이 대담은 『작가연구』 제15호(2003년 상반기)에 수록된 것이다.

백낙청 네.

하정일 먼저 제가 궁금하게 여기는 사항 중의 하나가 선생님께서 중고등학교 시절이나 유학시절 영향을 많이 받은 사상가나 문학이론가는 어떤 분이 있었는지 그리고 또 감명깊게 읽었던 저서라든가 문학작품에는 어떤 것들이 있었는지 하는 겁니다. 일단 그 점에 대해서 이야기를 들어보고 싶습니다.

유학시절과 『창작과비평』의 창간

백낙청 먼저 이런 대담을 하게 되어서 저도 기쁘고요. 그런데 1960년대에 『창작과비평』지가 창간돼서 제가 그것을 그동안 주도적으로 이끌어왔다고 이야기하면 말이 되는데, 우리나라 문학운동 전체를 주도했다는 것은 과장된 이야기지요. 어쨌든 저는 지난 2, 3년간 문학평론을 거의 휴업하고 있는데, 이런 사람을 마지막 대담자로 고르신 건 좀 잘못하신 일이라 생각합니다.(웃음) 저의 고등학교 시절은 요즘하고는 아주 다른 시절이었죠. 제가 들어갈 때는 6·25 전해인데 중고등학교가 갈라지기 전이었어요. 2학년 올라가면서 6·25가 났고 1·4후퇴 때는 대구로 피난을 갔습니다. 대구에서는 서울에서 피난온 여러 학교들이 합쳐 가지고 서울피난연합중학교, 나중에 서울피난연합고등학교 이런 식으로 처음에는 천막 치고 시작했어요. 그래서 지금에 비하면 아주 불우한 환경이었다고 할 수 있지만 다른 한편으론 요즘 중고등학교 생활처럼 그야말로 창살없는 감옥 같은 분위기는 아니었고 또 피난온 여러 다른 학교 학생들이 어우러져서 서로 사귀고 같이 공부했어요. 어떤 사람들은 그때도 학교공부를 열심히 했지만, 저는 고등학교 올라가서 반장을 하면서도 거의 매일 무단조퇴를 하고 놀러 다녔지요. 그런데도 그것이 용인되는 분위기여서 정규수업을 철저히 못 받은 세대인 대신에 교육적으로는 지금보다 훨씬 나은 고교생활을 보냈다고 생각합니다.

그러다가 고등학교 마칠 무렵에 기회가 생겨서 미국유학을 가게 됐어요. 우리 졸업하던 해까지는 병역을 필해야만 외국을 가는 것이 아니라 징집연령이 되기 전이면 나갈 수가 있었어요. 전쟁 직후에 상황이 어지러운 데다가 병역 나이가 되기 전에 너도나도 빠져나가려는 분위기여서 굉장히 많이들 유학을 갔습니다. 그래서 미국에서 대학을 다니게 되었는데, 처음에 갈 때는 꼭 문학을 하겠다고 한 것은 아니었어요. 오히려 철학이나 역사 쪽에 관심이 많았어요. 그런데 미국 대학에 가보니까 그쪽 철학이라는 게 분석철학·언어철학 위주이고 역사학도 실증적인 자료 읽기가 주류인데 너무 힘들고 따분하더군요. 그래서 어릴 때부터 문학을 좋아하면서도 그걸 업으로 삼을 생각은 못했었는데 문학전공을 해볼 마음이 생겼지요. 문학이론가에 대해서는 그때 누구를 특별히 읽은 것은 없고 작가로는, 제가 독문학과 영문학으로 '분할전공'이라는 걸 했는데 주전공과 부전공이라는 틀은 있었지만 분할전공은 따로 틀이 있는 것이 아니어서 거의 제 마음대로 프로그램을 짜서 읽었습니다. 어려운 과목, 재미없는 과목 피해 가면서 전공수업을 할 수 있는 기회였지요. 어떤 면에서는 요령을 좀 부린 거죠. 그래서 독문학과 영문학을 했는데, 졸업논문은 괴테(Goethe)와 매슈 아놀드(Matthew Arnold)를 썼어요. 원래는 영문학 쪽에서 낭만주의 시인들에 더 관심이 많았지만, 괴테와 연결시켜 논문을 쓰기에 아놀드가 적당하다 싶었거든요. D. H. 로런스(Lawrence)를 전공한 것은 훨씬 훗날의 일인데, 1학년 마친 뒤의 방학에 『아들과 연인』을 처음 읽고 깊은 감명을 받았었어요. 그러고 나서 『무지개』를 구해 읽었는데 감동적인 대목도 있었지만 뭐가 뭔지 모를 게 많더군요. 그래서 학부시절에는 로런스를 많이 읽지 않았지만 그때부터 관심을 가져서 오늘까지 붙들고 있습니다. 또 한국사람들은 러시아 문학에 관심이 많잖아요. 고등학교 시절부터 러시아 소설을 읽다가 대학에서 러시아문학 강의도 듣고 또 러시아어도 그때 좀 배웠어요. 물론 지금은 거의 다 잊어버렸지만.

하정일 선생님께서 독일어에 능통하신 것도 그때……

백낙청 능통한 건 아니지만, 고등학교 때 처음 배우다가 미국 가서 더 공부하게 된 거죠. 브라운대는 독문과가 조그마해서 분위기가 오붓하고 저를 굉장히 아껴주는 교수님도 계셔서 독문학 과목을 많이 듣게 되었죠. 미국이 전체적으로 봐서 독문학 연구는 가령 불문학이나 스페인문학만큼 많이 하지 않는 편이라서 운신하기 편했어요. 그러나 독문학만 가지고는 미흡하다는 생각이 들어 영문학을 같이 했죠.

하정일 선생님의 초기 글들을 보면 하이데거(Heidegger)나 싸르트르(Sartre)에 대한 관심을 많이 보이고 있는데 이분들도 유학시절에 관심을 갖게 된 건가요?

백낙청 옛날이야기를 조금 더 하지요. 제가 1955년에 브라운대학으로 유학 가서 1959년에 졸업하고 하바드대 대학원에 진학했다가 1년을 하고 귀국했더랬어요. 하바드 영문과에서는 석사과정이라는 것을 별로 중시하지 않기 때문에 논문도 안 쓰고 1년에 마칠 수 있었죠. 1년 동안 석사를 마치고 박사과정에 입학이 됐는데, 아 그때 미국에 더 있기가 싫더라고요.(웃음) 그래서 귀국을 결심했어요. 귀국하기로 결정한 것은 1959년에 하바드에 가서 한 학기 하고 바로 결심했는데 박사과정 진학을 포기하기로 통보한 뒤에 얼마 안 가 4·19가 났어요. 그러니까 더 한국에 오고 싶어지고 귀국 결정하기를 잘했다는 생각이 들었지요. 여름에 유럽 몇 군데를 들러서 가을에 귀국했는데 와서 보니까 군대를 안 갔다 온 사람이 할 수 있는 일이 없어요. 그래서 군대를 들어갔지요. 1960년 가을에 논산훈련소에 입대했는데, 군대에 들어가보니까 또 여기가 오래 있을 데가 못되는 거예요, 누구나 느끼는 거겠지만.(웃음) 그런데 그때 어떤 제도가 있었는가 하면 외국 대학에서 입학허가를 받고도 문교부시험 외무부시험 다 통과해야 외국에 내보내주는데 대신에 그 시험에 합격이 되면 군대에서 귀휴(歸

休)라는 것을 보내줍니다. 일단 집으로 보내준 다음 일정기간 내에 유학을 떠나면 제대가 되는 거예요. 예정대로 못 나가면 원대복귀가 되는 거고요. 나야 하바드대학 박사과정에 일단 입학을 했다가 안 가기로 했던 거니까 재입학허가를 쉽게 받았고 유학시험도 다시 쳤지요. 그래서 사병복무 1년만 채우고 귀휴조치를 받은 겁니다. 그리고 1962년 3월인가 미국에 갔죠. 9월이 학기시작이지만 기한 내에 안 떠나면 원대복귀해야 하니까 3월에 미리 가서 한 6개월을 주로 서부지역 쌘프란씨스코 일대에서 지냈어요.

하교수의 질문으로 돌아가서, 유학중에는 하이데거에 대해서 잘 몰랐는데 오히려 귀국하니까 국내 철학계에서 하이데거에 대한 관심이 많고 주변의 친구들 중에 하이데거를 전공한 이도 있었어요. 나중에 김수영(金洙暎) 시인을 사귀면서 그분도 하이데거의 애독자인 걸 확인했고요. 어쨌든 하이데거는 1960년대 초 귀국했을 때부터 읽게 되었고, 읽으면서 로런스와 하이데거가 통하는 점이 많다는 걸 느껴서 훗날 박사논문에서도 그런 걸 많이 다루었어요. 싸르트르도 미국보다 한국에서 많이 읽혔지요. 그래서 나도 꽤 따라 읽었고 『창작과비평』 창간호에 그의 글이 번역돼서 실리기도 했지만, 나 개인에게 하이데거만큼 비중을 갖는 사상가는 아니었다고 말할 수 있습니다.

하정일 선생님께서 『창비』 30주년 대담에서 1950년대 미국사회와 대학의 분위기에 늘 답답함을 느끼셨고, 한국의 문단과 지식인사회에 뭔가 기여하고 싶어서 『창작과비평』을 창간하게 되었다는 말씀을 하신 적이 있는데 구체적으로 어떤 기여를 하고 싶은 생각을 갖고 계셨는지 1960년대 한국의 사회적·문학적 상황과 연관시켜 설명해주셨으면 합니다.

백낙청 한국문단에 대해서 잘 알지 못했으니까 미국에 있을 때부터 구체적인 구상이 있었던 것은 아닙니다. 당시 생각의 윤곽을 말씀드리면 하나는 거기서 더러 한국 문예지도 보곤 했는데 질적으로 들쭉날쭉해서 조금 작은 규모로 하더라도 수준을 한단계 높여야 된다는 생각을 했었어요.

그런 생각이 나중에 계간지 구상으로 이어졌지요. 또 하나는 6·25를 겪고 난 한국문단은 비판적인 목소리가 완전히 제거되고 이른바 순수문학이란 기치 아래 사회적 관심이 배제된 문학이 판을 치고 있었죠. 그래서 저는 문학이 사회를 향해서 좀더 트이고 다른 분야와도 좀더 소통해야겠다는 생각을 했던 거지요. 대체적으로 이렇게 두 가지로 요약할 수 있겠습니다.

하정일 『창비』가 처음 나왔을 때, 당시의 진보적인 흐름하고 맥이 딱 맞는 모습을 보였잖습니까? 그렇다면 처음 『창비』를 창간할 때부터 선생님 나름대로의 이념이랄까 구상이 있었을 거라 생각되는데요.

백낙청 『창비』 창간이 1966년 1월이니까 창간작업은 1965년에 한 것이지요. 제가 처음 귀국한 게 1960년 아닙니까. 그후 1962년에 다시 갔다가 거기서 박사과정 1년 마친 상태에서 서울대 문리대에 자리가 생겼어요. 저는 서울대와는 아무런 인연이 없는 사람인데 어떻게 운이 좋아서 오게 되었습니다. 그래서 1963년에 귀국했으니까 사실 1960년 처음 귀국 때부터 창간하기까지 약 5년간 1년만 빼고는 국내에 계속 있으면서 4·19 이후의 분위기도 접할 수 있었지요. 1963년에 문리대에 와서는 민정이양 이후 최초의 반정부시위인 3·24데모를 현장에서 목격했고 6·3사태도 지켜보았습니다. 또 1965년에 남정현(南廷賢)의 「분지」사건이 났는데 그때 작가의 구속을 비판한 글을 신문에 썼다가 저 자신이 중앙정보부에 연행되고 가택수색을 받았지요. 그런 점에서 미국에서 어떤 진보적인 구상을 한 다음에 귀국해서 『창비』를 만들었다기보다 한국에 와서 당시의 그러한 분위기 속에서 『창비』가 탄생했다고 봐야겠지요.

하정일 그렇다면 『창비』의 창간과 1960년대 한국의 역사적 상황과 상당히 밀접한 관계가 있네요.

백낙청 그렇죠.

하정일 사족 같은 질문인데요, 선생님께서 당시 진보적 문학에 대한 통칭으로 민족문학이란 용어가 사용되고 있었음에도 불구하고 시민문학이란 용어를 쓰신 특별한 이유가 있었는지요.

백낙청 민족문학논의의 역사에 대해서는 하교수가 나보다 훨씬 소상하시지만 내 기억으로 1960년대에는 민족문학론이 일시 잠복해 있었다고 할까 해방 직후에 민족문학론이 활발히 나왔다가 1970년대 초에 새로이 전개되었는데, 1960년대는 산발적인 발언이 있는 정도였던 것 같아요. 정태용(鄭泰榕) 같은 분이 조금 이야기했지만 나는 모르고 있었고, 당시는 참여·순수논쟁이 주된 쟁점이었죠. 그러다가 「시민문학론」이 씌어질 1960년대 말엽에 가서는 3선개헌을 앞두고 점점 정치판 분위기가 살벌해지면서 참여문학 자체가 불온시되었지요. 그때 무슨 사건인가 있었는데 문학평론가 한 분이 연루돼 들어갔어요. 그런데 참여문학론을 주장했다는 사실도 검사의 논고 속에 포함되더군요. 시민문학론이란 말을 쓴 데에는 여러가지 동기가 있는데, 하나는 그런 상황에서 참여문학론에 쏠리는 예봉을 피하려는 일종의 전술적인 고려도 없지 않았지요.(웃음) 또 하나는, 나도 큰 흐름으로 본다면 참여문학 계열에 속하겠지만 참여문학을 주장하는 많은 사람들과 생각이 다른 점이 있어서 조금 다른 표현을 써보자는 의도가 있었고요. 이와 함께 그 무렵 일각에서는 느닷없이—느닷없는 게 아닌지도 모르겠지만(웃음)—소시민의식이라는 걸 미화하는 논의들이 나오고 있었습니다. 어떻게 보면 오늘날까지도 그 맥이 이어진다고 보겠는데 그때로서는 조금 새로운 논의였지요. 소시민의식을 전면적으로 지지하고 예찬하는 그런 논의를 누가 했는지 지금 일일이 거론할 생각은 없지만(웃음), 그런 흐름을 반박할 필요성을 느끼기도 했지요. 이렇게 여러가지 복합적인 생각이 작용해서 '시민문학'이라는 용어를 썼던 겁니다.

민족문학론은 1970년대 초부터 다시 부각이 되지요. 아마 처음 그게 본격적으로 전개된 것은 1970년에 『월간문학』지에서 좌담을 했을 때일 겁니다. 나 개인으로 말하면 1969년에 「시민문학론」을 발표한 직후에 박사공부를 마저 하려고 미국에 갔다가 1972년에 유신이 선포되기 조금 전에 돌아왔어요. 그때 이미 민족문학논의가 벌어져 있었고 염무웅(廉武雄) 선생 같은 이도 참여해서 글을 쓰고 그랬을 당시입니다. 저로서는 늦깎이로 참여하게 된 거죠. 제가 귀국해서 처음으로 긴 평론을 쓴 것이 1973년의 「문학적인 것과 인간적인 것」인데, 거기서만 해도 민족문학이란 것을 정면으로 부각시키지 못했고 이듬해 『월간중앙』에 글을 쓰면서 비로소, 후에 「민족문학 개념의 정립을 위해」라는 제목으로 바꿨습니다만, 저 나름의 민족문학론을 펼치기 시작한 셈이지요. 그러니까 민족문학논의를 제가 처음부터 주도했다는 말은 사실과 거리가 있습니다.

하정일 제가 선생님께 이런 질문을 드린 이유가 선생님께서 당시 『창비』를 창간할 때 권두논문에서 문학의 이월가치라든가 자율성을 중시하시면서 참여문학론에 비판적인 입장을 보이셨잖습니까? 그래서 크게 보면 참여문학론의 흐름을 지지하면서도 당시의 참여문학론과는 달리 문학의 자율성을 중시하였고, 그 연장선상에서 당시 참여문학론에 깔려 있던 공리주의적 또는 도구주의적 문학관에 대해 경계심을 갖고 계셨던 것이 아닌가 하는 생각이 듭니다. 그런 맥락에서 1960년대의 참여문학논의에 대해 선생님이 가지고 계신 생각이 어떤 것이었는지 알고 싶습니다.

백낙청 공리주의라는 표현을 쓰셨는데 당시 참여문학을 주장하신 분들 중에 일부에서는 그런 경향도 더러 있었던 것 같아요. 문학을 정치운동의 도구로 생각하고 사회적 효용성을 지나치게 강조한 면이 있어서 나는 문학이 갖는 일정한 자율성을 옹호하려는 생각이 있었고, 또 실제로 구체적인 작가나 작품에 대한 평가에서도 예컨대 「시민문학론」에서는 이상(李箱)이나 김수영 같은 사람이 상당히 부각되어 있는데, 일정한 견해차이가 있었지요. 돌이켜보면 기본적으로 문학이란 걸 너무 공리주의적이라고 할까 정치적인 도구로 보는 데 반대한 입장은 옳았다고 봅니다. 하지만 특히 『창비』 창간호에 쓴 글 같은 걸 보면 우리 민족문화의 전통이라든가 민중의 삶에 기반을 두어야 할 필요성에 대해 인식이 부족했던 점을 인정해야겠지요. 그에 비해 참여문학을 주장했던 분들 가운데는 공리주의적이었건 아니건 간에 저보다 그런 면에서 앞서 있던 분이 많았다고 생각합니다. 특히 1970년대에 들어서는 『상황』 동인들이 『창비』와 여러모로 협력하면서 제가 많이 배웠고 그분들도 『창비』에 적잖은 기여를 했어요. 그래도 일정한 차이는 유지되지 않았나 싶습니다.

하정일 『상황』 동인들과의 관계라는 것이 선생님께서 말씀하신 것처럼 가까우면서도 일정한 거리가 있었던 것으로 생각되는데요. 당시 그분들과 선생님과의 개인적인 관계는 어떠했습니까?

백낙청 그분들을 개인적으로 알게 된 것은 1972년에 귀국한 후예요. 그런데 『상황』이 시작한 게 정확히 언제죠?

하정일 『상황』 동인은 1969년에 결성되었을 겁니다. 그전부터 개인적으로는 활동을 했고요.

백낙청 구중서(具仲書) 선생 같은 분은 1960년대 『청맥』지에 글을 많이 썼고 조동일(趙東一) 교수는 그 멤버는 아니지만 그분들하고 가까운 편이었어요. 조동일 교수는 『창비』 창간할 무렵부터 알았죠. 『창비』 3호에 글을 기고하기도 했고요. 동인들 중 구중서씨라든가 임헌영(任軒永)씨, 신상웅(辛相雄)씨 등에 관해 안 것은 1960년대이고 그중에 한두 분 인사까지 했는지 기억이 안 나지만, 제가 1972년에 귀국해보니까—그사이 염무웅 선생이 『창비』를 맡아서 편집하고 있었지요—염선생과 다 친하게 지내고 있었어요. 신상웅씨는 장편 『심야의 정담』을 『창비』에 연재하기 시작한 참이었고요. 그때 대부분의 『상황』 동인들을 알게 된 거죠.

1970년대 민족문학운동과 제3세계론

하정일 선생님께서 「민족문학 개념의 정립을 위해」에서 민족문학이 '민족적 위기의식의 소산'이라고 말씀하셨는데, 그게 1990년대 들어와서 민족주의라거나 환원론이라는 비판이 있었잖습니까. 저 개인적으로는 잘못된 논리라고 생각하지만, 그런 비판들을 1990년대에 접하면서 선생님께서 무슨 생각을 하셨는지요.

백낙청 1970년대 초에 민족문학론이 처음 나올 때부터 한국문학이면 됐지 굳이 '민족'을 갖다 붙이느냐는 얘기가 있었죠. 그런데 민족이라는 것을 절대시하는 이념에 기반해서 민족문학을 내세우는 쪽으로 나갈 수도 있고, 그게 아니라 한국문학이 한국문학이면 된다고 말할 때 깔려 있는 보편성이랄까 세계성에 대한 지향은 기본적으로 공유하면서도 그러나 특수한 역사적 상황에서는 민족문학이라는 개념이 어떤 특정한 의의를 가질 수 있다고 주장할 수도 있는데, 제 입장은 물론 후자 쪽이었지요. 1990년대 들어와서 다시 비슷한 이야기가 나왔을 때 한편으로는 옛날 그 이야기가 또 나오는구나 하는 생각이 들었고요.(웃음) 그러나 다른 한편으로는 과거보다 한결 세련된 면을 보여주기도 합니다. 즉 1970년대에 민족문학을 얘기할 때는 일리가 있었다, 그러나 그동안에 우리가 많은 것을 이루었기 때문에 이제는 그것이 필요없게 되었다는 식이죠. 이런 논리에 대해 저는 절반은 동의를 해요. 그러니까 민족적 위기가 우리 경우에는 특히 분단의 형태로 구체화되어 있기 때문에 분단이 해소되기까지는 민족적인 과제가 남아 있다는 점에서는 민족문학 개념이 여전히 유효하고 그 과제가 살아 있다고 말할 수 있어요. 그러나 다른 한편으로 어떤 측면이 있냐 하면, 1970년대나 1980년대에 민족문학이란 것이 문학담론상의 개념만이 아니고 정치투쟁의 구호가 된 면도 있거든요. 문학분야에서의 반독재투쟁·민주화운동의 깃발로 쓰여졌던 거지요. 이러한 용도는 1990년대에 와서 사라졌다고 봐야죠. 그런 점에서 '민족문학'의 시효가 지났다는 논리에 절반은 동조한다는 겁니다. 그러나 남아 있는 효용이랄까 타당성이 무언가에 대해서 더 차분히 연구하고 구체적으로 논의해야 하며 그럴 수 있는 단계가 되었다고 봐요.

여기에 한 가지 덧붙이자면 1970년대에는 우리 시야에 제대로 들어오지 않았던 또다른 측면이 근년에 부각된 바도 있습니다. 그게 뭔가 하면 한반도에 국한되지 않는 '한민족공동체의 문학'으로서의 민족문학입니다. 물론 1970, 80년대에도 해외동포들의 문학적 공헌이나 정치적 역할을 의식하지 않은 건 아니지만, 아무래도 한반도중심주의랄까 그런 게 있어서 민족통일운동과 민주화운동의 지원세력 내지는 동참세력으로서 해외동포를 주로 생각했고, 민족문학이라는 개념도 어디까지나 앞으로 한반도에 성립될 통일국가의 국민문학이랄까 그런 성격에 국한되었던 겁니다. '국민문학'이든 '민족문학'이든 영어로는 똑같이 내셔널 리터러쳐(national literature)잖아요. 그런데도 우리가 국민문학이라는 말을 안 쓰고 굳이 민족문학이라고 했던 것은, 일제시대에는 우리가 일제의 신민이었고 조선의 국민이 못됐기 때문에 국민문학이랄 수가 없었던 것이고, 분단시대에는 분단된 절반의 국민문학이기를 거부하는 뜻에서 민족문학이라는 말을 썼던 거지요. 하지만 역시 크게 보면 그것은 앞으로 통일해서 이룩할 나라의 국민문학이라는 의미가 강했습니다. 그런데 오래전부터 세계 곳곳에 우리 민족의 성원들이 많이 퍼져 살고 있고, 이 가운데 상당수는 설혹 통일이 된다 하더라도 한반도에 돌아와 살 사람들이 아니에요. 지금은 더군다나 세계화가 되면서 국민국가의 절대성이랄까 비중이 훨씬 줄어들고 있어요. 한반도의 지역적 국한이라든가 국민국가의 틀을 탈피해서 한민족공동체를 바라볼 필요가 절실하지요. 그런 관점에서 전세계에 퍼져 있는 한민족이 앞으로 어떤 유대를 갖고 살 것인가, 통일되었다고 해서 그들이 전부 한반도로 돌아온다는 것은 전혀 현실성이 없는 이야기지만 그렇다고 각자 자기 사는 나라에 동화해서 충실히 살기만 하면 된다고 하는 것도 우리 입장에서 볼 때 너무나 섭섭한 말이려니와, 당사자들 입장에서도 현지에서 충실히 사는 것하고 한민족의 후예로서의 유산이나 전통 같은 것을 유지하며 사는 것이 양립하지 말란 법이 어디 있느냐, 오히려 민족적인 유대를 견지하는 삶이 더 보람있는 삶이 아니겠느냐고 반문함직하지요. 따라서 국적에 연연하지 않고 국민국가에 한정되지 않는 한민족공동체를 유지하고 발전시키는 데 우리 문학이 어떻게 기여할 수 있겠는가 하는 고민이 필요합니다. 이런 경우야말로 '국민문학'보다 '민족문학'이라는 말이 적합하겠지요. 그래서 이제는 민족문학의 새로운 어젠다가 하나 더 부각됐다, 그렇게 말씀드릴 수 있을 것 같습니다.

하정일 선생님께서는 1980년대 초반에 「학문의 과학성과 민족주의적 실천」이란 글을 쓰셨습니다. 이 글을 보면 월러스틴(Wallerstein)에 대해 상당한 관심을 보이고 계십니다. 그런 점에서 세계체제와 분단체제에 대한 구상이 이미 1980년대 초반부터 싹트고 있지 않았나 하는 추리를 하게 됩니다. 그리고 당시 『민족주의란 무엇인가』라는 책도 편하셨잖습니까. 거기에 실린 논문들을 보면 민족주의를 무조건 옹호하는 글들이 아니에요. 오히려 민족주의의 양면성을 강조하고 민족주의의 부정적인 역기능을 비판하는 글들이 상당수 실려 있거든요. 그런 점들을 두루 고려하면 1980년대 초반부터 민족주의에 대한 비판의식이랄까 객관적 거리감 같은 것이 느껴집니다. 그렇다면 이미 1970년대 말이나 1980년대 초부터 민족주의를 극복하려는 민족문학의 노력이 차분히 진행되고 있지 않았나 하는 생각을 저 개인적으로는 갖고 있습니다. 민족주의에 대한 당시 선생님의 생각은 어떠했는지 직접 듣고 싶습니다.

백낙청 아니, 그건 저만이 아니고요, 1970년대 민족문학론을 펼친 사람들 상당수가 이미 민족주의에 대한 비판적 의식을 가졌다고 봅니다. 우리 시대의 민족문학론이란 게 한편으로는 보편성이라든가 세계성을 구실로 민족현실을 외면하는 사람들에 대한 비판이지만, 다른 한편으로는 민족에 대한 관념적 사고에 대한 비판이 처음부터 포함되어 있었거든요. 그래서 민족문학론 속에는 민족과 민중이 합치하기도 하고 분리되기도 하는 긴장관계가 있었던 거지요. 또 잘 아시다시피 앞 세대의 민족문학론으로 거슬러 올라가서 해방 직후의 임화(林和) 같은 분을 봐도 그런 점을 발견할 수 있어요. 월러스틴에 관해서는, 처음 한국에 종속이론이 소개될 때 그러니까 아마 『민족주의란 무엇인가』를 엮으려고 이런저런 자료들을 볼 때 접했던 것 같아요. 그때 월러스틴뿐만 아니라 프랑크(Frank)나 아민(Amin) 같은 사람들의 글을 단편적으로 보았는데, 제가 월러스틴에서 특별히 주목한 것은 중심과 주변의 대립이라는 종속이론의 기본 틀에다 '반주변부'라는 개념을 보완해서 활용하고 있는 점이었어요. 이게 상당히 재미있는 이야기다, 여타 종속이론가들하고는 좀 다른 데가 있다는 느낌을 받았고 이것저것 좀더 보게 되었죠. 그러면서 월러스틴을 중심으로 전개된 세계체제론과 종속이론이 부분적으로는 겹치지만 똑같은 것은 아니라는 사실을 확인하게 되었고, 그후 줄곧 월러스틴의 작업에 관심을 기울여온 셈입니다.

하정일 프랑크나 아민 등의 종속이론에 민족주의적 성향이 깔려 있는데 비해 월러스틴의 이론은 세계체제에 대한 기본관점은 공유하면서도 민족주의에 대해서는 비판적인 입장이지 않습니까. 그렇게 보면 그 당시에 프랑크나 아민이 아니라 월러스틴에 관심을 가진 것이 선생님의 이론체계에서 각별한 의미를 갖고 있는 것 같습니다. 선생님께서는 어느 쪽에 이론적인 친근감을 더 느끼셨습니까?

백낙청 월러스틴이 더 땡겼던 건 사실이죠.(웃음) 프랑크는 요즘 월러스틴의 세계사 인식에 정면으로 도전하면서 중국과 아시아의 위상을 높게 보는 책을 내서 화제가 되고 있지만 제 느낌에는 학술적인 신뢰성이 떨어지는 것 같고, 아민에 대해서는 비록 많이 알지 못하지만 계속 관심을 갖고 있지요.

하정일 선생님께서는 1974년에 개헌청원지지 문인 61인 선언을 하시고 민주회복국민선언에도 동참하시는 등 1970년대 민주화운동에 적극 참여하셨습니다. 그때 선생님께서 서울대 교수직에서 해직되셨죠?

백낙청 그렇죠. 1974년 12월에 파면당했죠.

하정일 자유실천문인협의회 활동을 포함해서 민주화운동에 적극 뛰어드셨다가 해직이 되시고 판금도 당하고 리영희 선생 책 때문에 재판도 받으시고, 그런 점에서 1970년대는 『창비』의 시련기이기도 했습니다. 하지만 다른 한편으로는 이때를 전후해서 『창비』가 민족문학운동의 구심점이 되었다고 생각합니다. 선생님께서 당시 민주화운동에 적극 참여하게 된 이유랄까 동기 같은 것을 들어보고 싶습니다.

백낙청 내가 미국에 다시 갔다가 1972년 8월 말께 귀국을 했어요. 그해 10월에 유신이 나지 않았습니까. 그런데 내가 미국 가고 없는 사이에 『창비』를 염무웅 선생이 맡아서 신동문(辛東門) 선생을 발행인으로 모시고 유지하면서 굉장히 고생했어요. 그 시절 염선생의 공로가 참 큰데, 염선생이 하면서 『창비』의 체질이 전에 내가 할 때에 비해 더 민중적이 되었다고 할까 진보성향이 더 강해졌다고 할 수 있어요. 그리고 염선생은 나하고 달리 국내에서 대학을 나오고 또래들이 운동권에서 활약하는 사람들이 많았고, 김지하도 가까운 친구였죠. 그런데 저는 저대로 미국에 다시 가서 있던 시기가 반체제운동이 활발했던 시기였잖아요. 물론 운동은 1960년대 말이면 상당히 가라앉지만 그 분위기가 대학 같은 데 많이 살아 있었고 나 자신도 그사이 공부를 더 하면서 과거의 뭐랄까, 요즘 식으로 말하면 자유주의적인 사상적 한계랄까 하는 것에 대해 반성을 많이 했어요. 그러고 나서 돌아온 참인데, 아마 여기서 일하던 사람, 운동하던 사람, 『창비』를 지켜온 염선생이나 주변 동지들은 백아무개가 돌아와서 『창비』 일을 다시 하면 어떻게 될까 약간 걱정을 했는지 모르겠지만, 오히려 저 자신의 변모와 『창비』의 변모가 서로 맞아떨어졌어요. 그러면서도 1973년까지는 곱게 보낸 셈인데, 1973년 말께 개헌청원운동이 벌어졌지요. 장준하(張俊河) 선생 같은 분이 주도했는데, 저는 그때까지는 직접 참여하지 않았지만, 개헌청원운동을 보면서 문인들이 가만있는 것은 곤란하다는 생각이 들었어요. 그렇다고 문인들이 직접 정부와 맞서는 것도 쉬운 일이 아니고 해서, 개헌청원 '지지선언'이란 걸 하자고 했어요. 다시 말해서 개헌을 꼭 하자는 것은 아니더라도 우리가 개헌을 청원하는 것까지 너희들이 막을 필요는 없지 않느냐는 식으로 나간 거죠.(웃음) 1974년 1월의 개헌청원지지 문인선언은 제가 주동했다고 할 수 있습니다. 선언문도 썼고 낭독도 했고 일석 이희승(李熙昇) 선생이나 안수길(安壽吉) 선생, 박두진(朴斗鎭) 선생 같은 원로를 포함한 여러 선배들을 찾아뵙는 일도 제가 했지요. 물론 이호철(李浩哲) 선생이 그날 사회를 보셨고 결과적으로 그 일로 가장 고난을 겪은 분이 이선생이었지만, 저는 말하자면 초범, 사실은 「분지」사건도 있었으니까 완전히 초범은 아니지만 당국에서 볼 때 미국에서 갓 돌아와가지고 물정을 모르는 친구가 자유주의자로서의 이상에 들떠서 한번 경거망동했다고 볼 여지가 있었고, 또 어쨌든 서울대 교수니까 섣불리 건드려서 학생들 자극하고 싶지 않기도 해서 저는 풀어주고 엉뚱하게 문인간첩단 사건이라는 걸 조작해서 이호철 선생을 잡아넣은 거예요. 이호철 선생은 문인선언에 중요한 몫을 하기라도 했지만, 아무것도 안한 김우종(金宇鍾) 선생이나 장백일(張伯逸) 선생 같은 분들까지 줄줄이 엮어서 일본의 『한양』지와 묶은 사건을 만들지 않았습니까. 그밖에도 1974년은 민청학련사건이 나고 8·15 때 저격사건이 나는 등 격동의 시기였는데 저는 문인선언 이후에 이호철 선생 등 구속문인들의 석방운동은 했지만 『창비』를 보호해야겠다는 생각에서 11월의 자유실천문인협의회 결성에는 적극적으로 나서지 않았어요. 주동자는 역시 고은(高銀)·이문구(李文求)·박태순(朴泰洵) 이분들이 지도부 3인방이었고, 이시영(李時英)·송기원(宋基元)이 밑에서 발로 뛰는 부대였지요. 염무웅씨가 선언문을 썼지만 염선생 역시 『창비』를 생각해서 한발 빼고 고은 선생이 다 작성한 걸로 뒤집어썼지요. 11월 18일 광화문에서 김지하(金芝河) 석방을 요구하면서 처음으로 문인들의 가두시위가 있었는데 저는 그 현장에도 안 갔어요.

게다가 자유실천문인협의회는 문인들만의 조직이라 그때는 그냥 넘어갔는데, 바로 그달 하순에 민주회복국민선언에 또 끼였거든요. 그때 저와 접촉해서 가담시킨 이가 지금 와서 밝히면 나중에 청와대 교육문화수석을 지낸 김정남(金正男)씨예요. 김정남씨가 당시 그 판에서는 뒤에서 온갖 궂은일 다 하는 사람이었죠. 또 제가 연결해서 고은 선생이 들어오셨고(웃음), 그러고 나니까 당국에서 볼 때 이게 한번 봐주고 두번 봐주고 하니까 계속 그런단 말이에요.(웃음) 더구나 그 선언이라는 것은 문인선언과는 달리 각계 원로들이 고루 들어가고 심지어는 김대중·김영삼씨까지 포함됐단 말이지요. 그러니까 이건 정치활동이다라고 몰아세워서 쫓아낸 거죠. 그때 국립대학 교수가 나하고 경기공전의 김병걸(金炳傑) 교수 둘이었는데, 공무원이 이러는 것은 좌시할 수 없다면서 김병걸 교수에겐 강제로 사표를 내게 했고 나는 김교수보다 형편이 조금 나으니까 사표를 거부하고 버티다가 파면을 당했죠.(웃음)

하정일 아, 김병걸 선생님도 그때 해직되신 거군요.

백낙청 예, 그때 해직되셨고, 나중에 1980년 '서울의 봄' 때 복직할 기회가 있었는데 김병걸 선생님은 안하셨어요. 엄밀한 의미의 복직이 아니고 신규임용 형식이라서 그러셨는지도 몰라요.

하정일 1970년대 선생님의 민족문학론 가운데서 개인적으로 가장 관심이 가는 부분이 제3세계론입니다. 선생님의 제3세계론은 지역개념으로 사용되던 당시의 일반적 경향과는 달리 제3세계 민중의 관점을 강조하고 있습니다. 1970년대 말에 쓰신 「제3세계와 민중문학」이라는 글을 보면, 제3세계 민중의 관점이란 세계를 셋으로 갈라놓는 것이 아니라 하나로 묶어서 보자, 하나로 묶어서 보되 제1세계나 제2세계의 강자와 부자의 입장에서 보지 말고 민중의 입장에서 보자는 내용을 담고 있는데요. 이는 선생님의 제3세계론이 지닌 독특한 면모라고 할 수 있습니다. 선생님은 이 개념을 통해 아마도 민족적인 가치와 전인류적 가치 그리고 제1세계 중심의 보편주의와 제3세계적 특수주의를 동시에 극복하려고 한 것 아닌가 생각합니다. 당시의 제3세계론에 대한 선생님의 견해는 어떠하셨는지, 그리고 그러한 제3세계론을 구상하게 된 이유나 계기는 무엇이었는지 듣고 싶습니다.

백낙청 글쎄 저의 제3세계론이 그렇게 독특한 것인지는 잘 모르겠고요.(웃음) 어쨌든 방금 인용하신 그 대목은 당시의 논의 중에서 지금도 유효하다고 생각하는 부분인데, 그 부분을 딱 짚어주시니까 고맙군요.(웃음) 사실은 그 시절에 지역개념으로 볼 때 어디가 제1세계고 어디가 제2세계고 또 제3세계는 어디서 어디까지인가에 대해서 논의가 분분했습니다. 그에 대한 저 자신의 인식도 굉장히 혼란스러운 것이 많았고요. 그래서 1970년대 말·1980년대 초에 제3세계에 관해서 엉터리 이야기를 한 것도 많은데 합리적인 핵심이 있다면 바로 그 대목이라고 생각해요. 제1세계가 뭐든 제2세계가 뭐든 그것도 물론 따질 건 따져야겠지만, 세계를 지역적으로 갈라가지고 제3세계에만 뭐가 있는 것처럼, 혹은 그렇게 갈라놓으면 자동적으로 제3세계의 진보적 성격이 부여되는 것처럼 생각할 것이 아니라, 세계를 하나로 보되 강자나 부자가 아니라 약자의 관점에서 보자는 것이 제가 시도한 제3세계론의 근본취지였지요. 그렇게 보면 소련이나 동구권이 무너져서 제2세계라는 것이 사라졌는데 무슨 제3세계냐 하는 말이 나오는 오늘의 싯점에서도 제3세계라는 용어는 쓰임새가 있을 것 같아요.

하정일 외국에서 공부한 분들일수록 제3세계라는 말을 기피하는 경향이 있는 듯합니다. 비서구라고 하는 것이 옳다는 거예요. 제2세계가 없으니까 비서구와 서구로 나누는 것이 타당하다는 겁니다.

백낙청 저는 비서구란 말은 적절치 않다고 봐요. 서구 내에도 제3세계적인 요소가 있잖아요. 소수민족이나 유색인종 같은…… 미국에서는 실제로 소수민족들을 '제3세계'라는 말로 표현하기도 하고, 또 백인이라도 못사는 흑인들하고 똑같이 못사는 사람들, 소위 제3세계적 조건 속에서 살고 있는 사람이 있어요. 그런 점에서 '비서구'라고 하는 것보다 '제3세계'를 내가 말한 식으로 정의해서 쓰는 게 더 편리하지 싶어요.

하정일 일본과 우리의 특수한 관계도 이와 관련해 중요한 것 같습니다. 비서구라는 용어로 총괄하면 일본과 우리가 한 묶음이 되지 않습니까.

백낙청 그렇죠. 일본은 분명히 비서구이고 제1세계 내에서 묘한 위치에 있지만 제3세계라고 할 수는 없지요.

1980년대 민족문학의 공과

하정일 1980년대로 넘어가겠습니다. 1980년대 초에 계엄사에 연행이 되셨고 그 직후에 『창비』가 폐간되었는데, 선생님은 당시 심경에 대해서 잡지 폐간을 안해줬으면 영문학 교수로 어떻게 살아남을 수 있었겠느냐는 식으로 말씀하신 바 있습니다. 하지만 『창비』는 15년간 온 열정을 쏟아부은 잡지 아니겠습니까. 잡지 폐간을 보면서 속마음은 무척 쓰리고 고통스러웠을 것으로 생각됩니다. 더구나 『창비』 폐간이라는 것은 좁게 생각하면 민족문학운동의 좌절을 상징하고 있었고 넓게는 민주화운동의 좌절과도 맥을 함께하고 있었기 때문에 당시 선생님께서 매우 힘드시지 않았을까 생각이 되는데, 당시 선생님이 『창비』 폐간을 보면서 느끼신 심경 같은 것은 어떠하셨는지 간략하게 말씀해주시지요.

백낙청 글쎄, 심경은 양쪽이 다 있었어요. 개인적으론 이게 공부도 더 하고 또 서울대에 다시 간 것이 어쨌든 국민이 나한테 일자리를 찾아준 건데 여기에 충실하라고 그러는가 보다 생각했고요. 다른 한편으로 뭐 서운하고 억울한 마음이야(웃음) 더 말할 바 없었죠. 그런데 제가 1980년 3월에 서울대에 다시 돌아간 것도 간 것이지만, 그때 복직되었던 사람 중에서 한완상(韓完相) 교수 같은 분은 그해 여름에 다시 해직이 되었고, 전에 해직 안되었던 변형윤(邊衡尹) 선생, 김진균(金晋均) 선생 같은 분들도 새로 해직이 되었는데 그때 저는 연명을 했습니다.(웃음) 그게 운이라면 운인데, 저는 물론 김대중 사건에 직접 갖다 붙이기가 어렵게 되어 있었기 때문에 5·17 직후의 1차 연행자 명단에는 안 들어갔어요. 1차 연행자들을 다 조사해서 구치소로 보내고 나서 바로 2차 검거를 했는데 거기에 포함되었고 수사관 말로는 거기서는 서열이 참 높았다고 그래요.(웃음) '백아무개 외 몇 인' 하는 식으로 연행명령이 내려왔다더군요. 그러니까 구속도 될 수 있고 해직은 당연한 건데, 저를 수사한 사람이 사실은 여러 거물을 다루고 고문도 많이 한 그 방면에서는 알려진 사람이에요.(웃음) 그가 나중에 말하길, 저에게 생색을 내려고 그랬는지는 모르겠지만, 자기니까 나를 구할 수 있었다는 겁니다. 왜냐하면 자기가 나를 조사해보니까 이 사람은 학교에 복직이 되고 나더니 교수생활에 충실했고(웃음), 실제로 그때 여기저기서 같이 일하자는데도 제가 안했거든요. 꼭 몸조심한다는 차원보다도 아까도 말씀드렸듯이 이게 국민이 찾아준 일자린데 내가 여기에 충실해야겠다는 생각이었지요. 그들이 볼 때는 '개전의 정'이 있는 사람이었던 셈이죠.(웃음) 그래서 그런 점이 감안이 되었는데, 담당 수사관 말에 의하면 그렇다 하더라도 자기 정도가 아니면 위에 가서 이 사람은 괜찮은 사람이니까 구제해줘야 한다는 주장을 못한다는 겁니다. 자기니까 했다 이거죠. 사실인지 아닌지 몰라도 결과적으로 그때 해직을 안 당하고 살아남았습니다. 그런데 이상한 것이 그때 중앙정보부 지하실에서 조사를 하면서 온갖 정보를 다 파악해놓고 심문을 하는데 『창비』에 대해서는 일언반구가 없는 거예요. 이상하다 싶었는데 나와서 얼마 있으니까 폐간을 하더군요. 그러니까 『창비』는 이미 폐간하기로 결정했기 때문에 취급을 안했던 것 같아요. 그래서 그야말로 『창비』가 폐간된 댓가로 내가 교수로 남았으니까 이 소임을 더 충실히 해내야겠다는 생각을 했고, 창비사로 본다면 잡지가 없어진 것을 계기로 단행본 출판에 훨씬 힘을 기울였죠. 또 문화계 전체로는 여러 곳에서 무크지를 낸다든가 갖가지 새로운 대응이 나왔는데,

그런 점에서 『창비』 폐간은 민족문화운동 전체로 볼 때 좌절은 좌절이지만 『창비』라는 구심점이 없어지면서 저변이 확대되는 효과도 있었어요. 『창비』 하나 없앤다고 해서 전체가 꺾이지 않을 만큼 우리 문단이나 사회의 저력이 있었다는 뜻이기도 하지요. 그러나 결과가 꼭 좋은 것만은 아니었다는(웃음) 생각도 합니다. 내가 『창비』를 해서가 아니라, 『창비』가 지속되었더라면 1980년대 논쟁이 덜 소모적일 수도 있었을 테고, 또 1990년대 들어가지고 세월이 좀 바뀌었다고 해서 갑자기 너무들 달라지고 하는 현상이 덜하지 않았을까 하는 생각이 들어요.

하정일 그와 관련해서 선생님의 민족문학론에 대해 1987년을 전후해서 소장비평가들이 본격적으로 비판을 하지 않았습니까. 선생님께서는 이런 논쟁이 의미가 있다고 평가하시면서 소장비평가들의 비판에 적극 대응함으로써 지속적인 이론적 발전을 보여주었습니다. 소장파의 민족문학론 또한 민중적 민족문학론, 노동해방문학론, 민족해방문학론으로 분화되면서 나름의 정교화를 이루어나갔습니다. 그런 점에서 당시의 논쟁은 비평사적 장관이었다고 할 만합니다. 하지만 저는 선생님께서 당시 소장파들의 급진주의랄까 과격주의에 대해 상당한 염려를(웃음) 내심 하고 계셨으리라고 생각합니다. 그리고 소시민적이라는 딱지가 붙여진 데 대해서는 어떻게 생각하고 계셨는지도 궁금하고요. 1960년대에 선생님께서 소시민성을 비판하신 바 있는데, 선생님의 민족문학론에 소시민적이라는 딱지를 붙인 것에 대해 선생님의 소회가 있었을 것 같은데요.

백낙청 글쎄요. 그때 젊은이들의 급진성이나 관념성을 염려하는 선배들은 많았죠. 또 그런 충고성 발언이 활자로도 더러 나왔습니다. 너무 이념적이다 또는 작품을 제대로 안 보고 평론을 한다는 식의 염려나 충고는 많았는데, 저는 그런 얘기는 아무나 할 수 있는 얘기고 당사자들에게 먹히지도 않을 이야기기 때문에 구체적으로 논쟁을 하는 것이 필요하다고 생각했어요. 원래 제가 논쟁을 좋아합니다.(웃음) 또 평론가는 항상 논쟁적이어야 한다는 생각이고요. 꼭 누구하고 1대 1의 논쟁을 하지 않더라도 평론이란 항상 논쟁성을 띠고 있어야 한다고 봐요. 어쨌든 그때 저의 소회는 아마 글에 나타나 있을 겁니다. 염려하는 마음도 있었지만 또 대단하다, 장하다 하는 생각도 들었어요. 그 살벌한 시기에 그런 식으로 나온다는 것이 우리 나이나 처지에서는 하기 힘든 일이었으니까요. 다만 소시민적이란 말을 휘두르기로 치면 아무나 할 수 있는 것 아닙니까. 1970년대 이래 민족문학론이라는 게 원래부터 민중적인 민족문학론, 최소한 민중지향적인 민족문학론이었어요. 그러니까, 당신네들이 민중지향적이라고 했지만 그것이 이러저러한 점에서 충분히 실현되지 못했다고 구체적으로 적시해서 비판하면 얼마든지 받아들이고 토론해볼 수 있지만, 그건 소시민적인 민족문학론이고 우리만이 민중적 민족문학이다는 식으로 처음부터 딱지를 붙이고 시작해서는 의미있는 논의가 못되지요. 딱지를 붙이기로 치면 이쪽에선들 할 말이 없겠어요? 소시민 운운하는 공격이야말로 소시민적 조급성의 발로라든가 소시민적 과격성에 불과하다고 얼마든지 받아칠 수 있는 것이었지요. 그때 내가 쓴 글을 읽어보시면 더러 나도 야유조로 말한 대목들을 발견하게 될 겁니다.(웃음)

하정일 당시 선생님의 글을 읽어보면 전문성을 강조하는 말씀도 하시고 있고, 과학성과 예술성을 통합해서 보시면서 소수의 지식인이나 능력있는 소수의 전문작가가 필요하다는 주장도 하고 계십니다. 이런 선생님의 견해에 대해 소장비평가들은 매우 격렬하게 비판하기도 했는데, 이에 대해서는 어떻게 생각하시는지요.

백낙청 『창비』 창간호에 쓴 글에서는 소수 엘리뜨의 주도적 역할을 상당히 강조했어요. 그 싯점에서는 민중의 역할이랄까, 지식인이 앞장서더라도 민중과 유대감을 갖고 나아가야 할 필요성에 대한 인식이 부족해서 그랬던 면이 분명히 있습니다. 그래서 엘리뜨라든가 그런 말은 그후에 되도록 안 썼지요. 그런데 민족문학 주체논쟁이니 하는 것과 관련해서, 어떤 소수 혹은 소수일 수밖에 없는 뛰어난 작가들이 써내는 작품을 경시한다거나 심지어는 전업작가들이 써낸 작품은 바로 그들이 썼기 때문에 곤란하다고 주장하는 풍조가 위세를 떨치는 상황에서 소수의 역할을 새로이 옹호할 필요가 있다고 생각했어요. 그때는 레닌이 한창 먹히던 시절이라 제가 오히려 레닌의 전위당을 비유로 끌어댔지요. 그런 전위의 역할이 필요하듯이 문학이나 예술에서 민중의 문화적인 역량을 결집해서 표현할 수 있는 소수전문가의 역할이 필요하다는 식으로 논의를 전개했는데, 지금 생각해보면 전위당의 비유라는 것이 그 시절에 먹히는 비유이기는 했지만(웃음) 실은 그것 자체가 너무 엘리뜨주의적인 개념이 아닌가 하는 생각이 들어요.

하정일 조금 전에 말씀하신 것의 연장선상에서 보면, 소장비평가들의 비판 가운데 계급적인 시각이 부족하다는 것이 가장 대표적인 비판이었잖습니까. 가령 민족과 계급의 관계나 민중 내부의 계급적 차이를 경시한다는 비판이 그것인데요. 거기에 대해 「지혜의 시대를 위하여」라든가 「민족문학과 분단문제」 같은 글에서 선생님의 입장을 밝히신 바 있으십니다만, 이 자리에서 다시 한번 이 문제에 대한 선생님의 생각을 간략하게 말씀해주시면 고맙겠습니다.

백낙청 다른 질문을 하실 때는 안 그러더니 간략하게 할 수 없는 대목에 오니까 간략하게 말해달라고 하시네요.(웃음) 첫째 나 자신이 노동계급 출신이 아니고 계급문제 연구자도 아니고 계급운동을 하는 사람도 아니고 하니까 그런 면에서 여러가지 부족한 면이 눈에 띄겠죠. 그런 운동을 한다든가 생활기반이 그러한 분들의 눈으로 볼 때는 말이죠. 그러나 저는 사회현상을 고찰할 때는 계급문제를 항상 의식하려고 노력하는 사람이라고 자부합니다. 그것이 제대로 안 나타난 것은 의식이 투철하지 못해서 그런 것도 있겠지만, 계급문제에 대한 저 나름의 관점 때문이기도 합니다. 이건 월러스틴의 세계체제론과 관련된 것인데, 계급이란 것이 기본적으로 사회 속에서의 경제적인 위치에 의해 결정되는 것이라면 경제 또는 사회의 단위를 뭘로 잡느냐는 것이 중요하지요. '세계경제'를 기본단위로 한다면 계급도 세계 단위에서 보는 것이 원론적으로 타당합니다. 그렇다고 일국 단위의 계급적 현상들, 특히 일국 차원의 정치투쟁을 무시하는 것은 아니지만 그것은 기본적으로 세계 단위의 계급이 제대로 형성되고 성숙하지 않은 싯점에서 나라마다 다양한 형태로 드러나는 양상이지 일국적 계급을 자기완결적인 단위로 볼 일은 아닌 겁니다. 따라서 '남한의 프롤레타리아트 계급'을 마치 하나의 독자적인 단위인 것처럼 얘기하면서 그에 준한 '계급적 관점'을 절대시하는 것은 맞지 않다는 생각을 갖고 있어요. 또 우리 시대 한반도 주민의 입장에서는 핵심적인 변혁과제는 분단체제의 극복입니다. 따라서 분단체제의 변혁을 위해 남한사회 내에서는 계급운동으로 가는 것보다 분단체제극복이라는 문제의식을 공유하는 광범위한 민중세력의 연대와 어떻게 보면 '중도노선'에 해당하는 정치·사회운동들이 필요하다는 생각이에요. 때문에 더욱 선명한 계급운동이나 계급적 관점을 강조하는 분들과는 좀 입장이 달라질 때가 있지요.

하정일 선생님께서는 1990년대 이후 근대의 극복을 강조하고 계십니다. 이와 관련해 분단체제의 극복이 어떻게 자본주의 근대를 극복하는 일환이 될 수 있는가 하는 질문도 가능할 것 같습니다.

백낙청 예, 하교수가 전에 어느 글에서도 그런 의문을 던지셨지요. 저에 대한 그동안의 논의 가운데 내가 읽은 중에서는 드물게 우호적인 평가를(웃음) 해준 글이었는데요. 분단체제의 극복이 한편으로는 기존 세계체제에 대한 실질적인 타격이 될 것이라고 하면서 다른 한편으로는 통일된 한반도라고 해서 세계시장에서 이탈한 것은 아니라고 말하는 데 대해 그게 논리적으로 상반되는 게 아니냐는 의문이었던 것 같습니다. 실질적인 타격이라는 표현 때문에 오해가 생길 수도 있는데 '실질적인 타격'이 꼭 그 자체로 '치명적인 타격'이 되어서 세계체제가 곧바로 무너진다는 얘기는 아니지요. 세계체제의 변혁과정에서 중요한 이정표가 된다는 정도니까 세계시장에서 이탈하지 않는다는 것과 논리상으로 모순될 건 없어요. 다만 구체적으로 어떤 게 될 것인가. 분단체제의 극복이라는 것이 하나의 열린 과정이니까 어떤 일이 벌어질지를 지금부터 정확히 예상하기는 어렵지만, 자본주의 세계체제로부터 이탈한 사회는 아닐지라도 자본주의라는 큰 틀 안에 여러가지 자본주의가 있을 수 있지 않겠습니까. 자본주의 세계체제의 극복을 향해 한 걸음 더 나가는 사회이면서 그런 극복을 지향하는 사람들에게 친화적인 사회를 우리가 한반도에 만들 수 있다고 한다면 한반도가 자본주의 세계경제의 틀 안에 머물면서도 세계체제 변혁운동의 중요한 거점이 될 수 있을 겁니다. 그리고 한반도의 분단체제가 극복된다면 그것 자체가 동서냉전이 끝난 뒤에도 냉전적인 체제를 고수하려는 세계 기득권세력들에게 엄청난 타격이 되는 것이죠. 아직 분단체제가 무너지진 않았지만 그것이 흔들리고 남북대치가 완화된 것만으로도 부시 같은 사람에게는 큰 골칫거리가 되고 있지 않습니까.(웃음) 옛날 같으면 북이 어쨌다면서 미국정부가 강경하게 나가면 남한은 무조건 미국을 따라가고, 어쩌다 미국이 좀 양보하는 듯하면 우리 쪽에서 그러지 말라고 아우성쳐서 마치 부시가 더 온건한 사람인 것처럼 만들어주었을 텐데, 지금은 정반대로 남한당국이 미국정부더러 대화해라, 우리가 주도해야겠다, 어쩌고 나오니까 미국으로서는 참으로 황당하고 금석지감(今昔之感)이 들 거예요.(웃음)

또 동북아시아 지역에 평화체제가 마련되고 경제적으로 더 번영하게 되면 그것 자체가 미국중심의 체제에 대한 도전이 되게 마련인데, 만약 거기에 그치지 않고 동북아시아에서 기존의 모델에 따른 성장이 아니고 새로운 발전전략이랄까 발전모형이 개발된다고 한다면 그거야말로 세계체제를 흔들 수 있는 사태가 되리라 봅니다. 그런데 분단체제가 흔들리는 과정에서 저는 그런 것이 필연적으로 나오리라고 봐요. 만약 안 나온다면 결국 흡수통일의 한 형태로 가겠죠. 독일에서처럼 급격히 흡수되는 형태는 아닐지라도 궁극적으로는 현재의 남한체제가 크게 변하지 않는 가운데 북을 흡수하고, 북을 흡수함으로써 여러 면에서 현재의 남한보다 더 방자하고 열악한 사회가 될 수 있는 거죠. 서독이란 나라가 통일된 독일보다 규모는 작았지만 더 양호한 사회인 면이 많았거든요. 복지제도가 그렇고 외국인들에 대한 관용 같은 것도 그렇고…… 한데 앞으로 어떻게 될지는 모르지만 일단은 통일하면서 더 평범한 보통 자본주의국가로 변했는데 남한의 경우는 사실 서독만한 능력도 없지만 장기간에 걸쳐서라도 남한 사회가 획기적으로 변화함이 없이 통일을 해낸다고 하면 많은 면에서 지금보다 더 나빠지고 주변나라들로부터도 경계의 대상이 돼서 동아시아 전체의 상황을 악화시킬 거라고 봅니다. 반면에 그와는 다른 통일이랄까 통합이 이루어진다면 동북아시아 전체에 크게 긍정적인 변화를 가져오고 세계체제의 변혁에도 큰 공헌을 할 수 있을 겁니다. 세계체제에 대한 실질적인 타격이라는 것은 그런 뜻으로 이해해주시면 좋겠어요.

하정일 선생님께서 지금 말씀하시는 것을 들어보면 통일에 대한 선생님의 구상이 기존의 체제를 상호인정하는 연방제 통일론과 상당히 다른 면이 있다는 생각이 듭니다.

백낙청 네, 단기적으로는 상호인정을 하고 남북연합이라든가 이런 것을 거쳐서 점차적으로 가자는 면에서는 같지요. 정부의 입장이나 연방제 통일론이나 저 자신이나 다 비슷하다고 생각하는데, 저는 이 문제를 국가가 어떻게 되느냐보다 남북한에 걸쳐서 한반도에 사는 주민들의 실질적인 삶이 어떻게 되느냐 위주로 보자는 겁니다. 국가체제도 거기에 맞춰서 우리가 일해가면서 만들어가자, 다시 말해 통일이 한반도에 사는 다수의 주민들에게 이로운 것이 되려면 이 사람들의 참여가 전제돼야 되는 거니까 일반시민들이 적극적으로 참여하는 통일과정을 주목표로 삼고, 국가형태 문제는 이런 참여형 통일과정에서 주민들 스스로가 자신의 욕구와 의견이 최대한으로 반영되는 방향으로 결정하는 것으로 열어놓자는 거예요. 그래서 단일형 국민국가가 아직도 필요하다고 하면 그렇게 하고, 아니면 점진적인 남북연합을 하다 보니까 그런 단일형 국민국가로 갈 필요가 없고 오히려 복합국가 형태로 마무리짓는 것이 내부 실정에도 맞고 변화하는 세계정세에도 맞겠다 싶으면 그렇게 하는 거지요. 그러다 보면 연방제가 중간단계가 아닌 최종 형태가 될 수도 있고 또 연방제라는 것도 단어는 연방제 하나지만 실재하는 유형이 이미 여러가지가 있고 더욱이나 선례가 없는 연방제 형태를 창안할 수도 있는 거지요. 그런 식으로 촛점을 주민들의 실질적인 삶에다 두고 국가형태는 거기에 맞춰서 그때 가서 정하자는 것이기 때문에 저는 뭐 딱히 연방제론자도 아니고 그렇다고 반대론자도 아니고 그렇습니다.

하정일 선생님께서는 최근 한반도의 일류사회화를 말씀하셨습니다. 저는 일류사회론에서 선생님께서 두 가지를 비판하고 있다고 생각합니다. 하나는 근대주의에 포획된 일류국가론을 비판하셨는데, 이것은 선생님께서 지속적으로 비판해오셨으니까 그 연장선상에서 보면 될 것 같습니다. 그런데 흥미로운 것은 근자에 여기저기서 이야기되고 있는 탈분단론이라든가 탈냉전론에 대해 아주 날카롭게 비판을 하신 점입니다. 탈분단론에 대한 선생님의 비판은 저 개인적으로는 최근 한국근대문학 연구 쪽에서도 유행하고 있는 국민국가 비판론에 대한 반박의 의미도 담겨 있다는 생각도 듭니다. 선생님은 국민국가의 의미가 여전히 강조될 필요가 있다고 하시면서 탈분단론이 분단체제에 길들여진 결과로서 분단체제의 존속에 실질적인 이바지가 되는 담론이라고 강하게 비판하고 있는데, 이런 내용을 보면서 국민국가의 위상이라든가 유효성을 이 싯점에서 어떻게 생각하고 계신지 궁금했습니다. 한민족공동체 구상과도 이런저런 관련이 있을 것 같기도 하고요. 이에 대한 선생님의 생각을 듣고 싶습니다.

백낙청 글쎄요. 세계화가 진행되면서 국민국가가 무력화되고 있다는 말을 많이 하는데, 월러스틴이 말하는 인터스테이트 씨스템(interstate system), 즉 '국가간체제'의 구성인자로서의 국가가 있지 않습니까. 그 국가는 자본주의 세계경제가 존속하는 한 무력화될 수도 없고 사라질 수는 더욱 없다고 봅니다. 단일형 국가에서 복합형 국가로 변할 수도 있고 국가간의 경계도 그때그때 바뀔 수는 있지만, 국가간체제라는 것은 전통적인 맑스주의 어법에 따라 말한다면 자본주의 세계경제의 상부구조에 해당하는 것이거든요. 세계경제의 운영을 위해 절대적으로 필요한 장치인 셈인데, 물론 '국민국가'에는 또다른 뜻도 있다고 봅니다. 즉 국가에 속한 국민들의 '국민주권'이 존중되고 그들 나름의 문화적인 동질감을 향유하면서 꾸려나가는 국가를 좀더 좁은 의미의 네이션 스테이트(nation state)라 하겠는데, 이런 의미의 국민국가 내지 민족국가에 대해서도 요즘 물론 비판이 많지요. 문화적인 동질성을 확보하기 위해 이질적인 소수를 억압하고 차이를 제거한다든가 하는 문제를 지적하는데 물론 그런 건 있지요. 하지만 근대의 선발국에 해당하고 국민국가의 모범적인 케이스라고 할 만한 네덜란드나 영국, 프랑스 같은 나라들을 보면, 국민국가 형성에 불가피한 억압을 하긴 했지만 그래도 다같이 억압적이면서도 아무것도 성취 못하는 집단이 있고(웃음) 문화적인 성취도 내놓고 어쨌든 자기들끼리는 어느 정도 먹고살면서 그 집단에 속해 있다는 긍지라든가 만족감을 주는 데 성공한 집단이 있는데, 이런 성공사례에 속하는 국가를 한마디로 폄하할 수는 없다고 봐요.

그런데 이런 의미의 국민국가들은 세계화가 진행되면서 점점 더 불가능해지고, 왕년의 성공사례들마저 변질하고 있다는 것이 제 생각입니다. 맑스의 「공산당선언」에 보면 국가란 부르주아지의 중역회의에 불과하다는 말이 나오지 않습니까. 당시로서는 오히려 선언적인 의미가 강했고 영국이나 프랑스 같은 나라의 국민국가적 성취를 너무 깎아내리는 좀 부정확한 표현이었지만, 지금은 영국·프랑스·미국 할 것 없이 점점 더 그렇게 되어가고 있다고 봐요. 후진국의 경우는 더 말할 것도 없고요. 국제기구라는 것도 지금은 주로 경제 위주로 움직이지 않습니까. 또 이른바 G7이니 G8 하는 것이 원래 경제정상회담 아닙니까. 그래서 그나마 바람직한 의미의 국민국가는 사라지는 가운데, 세계경제 운영기구로서의 국가간체제는 지속되는 것이 지금 시대의 현실이 아닌가 생각합니다. 따라서 지금의 분단체제보다 더 나은 체제를 우리가 북녘사람들과 함께 만든다고 할 때는, 국가구조에도 근본적인 변화가 일어나야 그것이 세계체제 변혁을 일으키는 데 이바지를 할 수 있다고 생각합니다. 다만 한반도의 분단체제 극복이 일거에 세계경제를 변혁시킬 수 없듯이 그 과정에서 창안되는 정치체제 역시 지금 우리가 국가 내지 국민국가라고 부르는 것과 아주 다른 형태가 되기는 어렵다고 봐요. 지금 당장 세계경제 속에서 살아남기 위해서도 효율적인 국가구조가 필요하지만, 분단체제 극복의 과정을 상정하더라도 섣부른 탈국가론은 무책임한 관념이 아닌가 하는 생각이지요.

하정일 그렇다면 국민국가와 일류사회의 관계는 어떻게 되는 건지요……

백낙청 제가 「한반도에 '일류사회'를 만들기 위해」라는 글을 쓰면서 '일류사회'에 따옴표를 붙였죠. 우리 사회에 일류병이란 게 있는데 그걸 조장할 필요는 없기 때문에 따옴표를 붙였습니다만, 일류사회론은 대한민국을 일류국가로 만들자는, 월드컵 이후 성행하는 담론에 대해서 그런 국가 위주의 발상, 더욱이나 분단국가에 안주하는 발상보다는 '한반도 전체'에 걸쳐 사람 살기 좋은 멋진 '사회'를 건설하는 데 주안점을 두자는 취지로 제기한 것입니다. 그렇다고 해서 내가 일류국가를 만들려는 노력에 반대하는 건 아니에요. 일류사회를 건설하고 유지하기 위해서도 거기에 걸맞은 국가는 있어야 한다고 봐요.

하정일 1987년을 전후로 소장파의 민족문학론이 본격적으로 등장하지 않았습니까. 하지만 그 당시 기세등등했던 급진적 민족문학론들은 1990년대 들어서면서 일순간에 사라지고 이후 이른바 '전향과 청산'이 속출했는데요. 그 모습을 보면서 1990년대 민족문학에 대해서 어떤 전망을 하셨는지, 그리고 급진적 민족문학(론)의 공과는 무엇이었다고 생각하시는지요.

백낙청 소장파의 공로라고 한다면 우선은 논의의 장을 넓혀놓은 것이겠지요. 물론 그쪽 주장이 100% 관철되었다면 다른 한쪽으로 폐쇄되었겠지만 그렇게 일방적으로 가지는 못했고, 당하면서 버티는 세력도 있었기 때문에(웃음) 전체적으로는 논의가 넓어지고 활성화되었다고 봅니다. 그리고 새로운 창작주체들, 노동자나 농민 등 문학과 본래 인연이 적던 사람들이 창작을 하도록 북돋는 역할도 했지요. 그 과정에서 가령 노동자 출신의 박노해라든가 백무산 같은 시인들이 배출되었고요. 하지만 다른 한편으로 그들의 주장이 지나치게 배타적이어서 다른 부분들이 위축되는 역기능이 있었고, 그에 대한 반작용이 다음 연대에 가서 나타나게 된 것 같아요. 사람들이 그들의 과격한 목소리에 식상한 바람에 사회나 역사에 대해서 진지하게 고민하는 모습만 봐도, 아휴 저거 1980년대식 작태야 하는 식으로 반응하는 폐단이 생기게 되었지요.

돌이켜보면, 이제는 계급성이 뚜렷한 문학이 민족문학을 주도해나갈 새 단계가 도래했다는 논의가 1980년대 중반에 이미 나왔고 6월항쟁 지나고 7, 8월 노동자 대투쟁이 전개되면서 그런 신단계론이 더욱 힘을 얻고 있었는데, 나는 1987년 이전의 신단계설에는 동의하지 않았고 1987년 이후에도 새 단계의 내용에 대한 인식이 달랐지만, 6월항쟁을 고비로 민족문학이 새로이 생각을 정리하고 좀더 복합적인 인식을 갖고 분단체제와 맞서는 자세를 가다듬어야 한다는 '민족문학의 새 단계'론을 주장했어요. 1987년 6월까지는 역시 반독재 민주화투쟁이 시급한 과제였고, 민족문학이란 게 한편으로는 중장기적 과제이면서도 다른 한편으로는 단기적으로 문학에서의 반독재투쟁이라는 성격을 겸하고 있었는데, 후자의 측면을 점차 청산하고 중장기적 과제를 새로 차분히 정리해나갈 필요에 직면했던 거지요. 급진소장파의 담론에서도 노동해방이나 민족해방 같은 중장기적 과제가 없었던 건 아니지만, 사실은 현실성이 부족한 다분히 관념적인 목표들이라 반독재투쟁이라는 단기적 목표에 복무하는 단계에서나 힘을 발휘할 수 있었다는 점을 당사자들이 간과했던 것 같아요.

하정일 1990년대 와서 갑자기 민족문학이 침체되고 1980년대 후반의 급진적인 문학들이 전향하고 사라지고 하는 상황들을 당시 선생님께서 예측을 하셨는지 아니면 그것이 선생님께서 예측을 못했던 돌발적인 사태였는지 하는 점이 궁금합니다.

백낙청 단기적인 투쟁에서 나오는 힘을 중장기적 목표의 타당성으로 착각했다면 반독재투쟁의 일차적 성공과 더불어 혼란이 생기는 건 불가피했겠지요. 더구나 그런 국내적 상황은 이른바 현실사회주의권의 몰락이라는 세계사적 사건과 겹치게 되는데 그런 큰 사건을 당했으니까 영향을 받는 것은 당연한 일이었죠. 그런 점에서는 그후의 사태진전이 그렇게 놀라운 것은 아니었지요.

하정일 그러니까 일정하게 예측하신 부분이 있었다 그런 얘기네요, 현실사회주의가 몰락하고 전지구적 자본주의 체제가 들어서는 것을 보시면서……

백낙청 예, 그렇죠. 내놓고 말한 사람도 있고 마음속에 담아둔 사람도 있지만, 급진적인 민족문학론의 상당부분이 현실사회주의권 이론의 큰 영향을 받았던 게 사실이잖아요. 물론 그 갈래는 하나가 아니었죠. 소련과 동구권의 모델에 의존하는 갈래와 북한의 독자적인 모델을 강조하는 갈래, 크게 두 가지로 나눌 수 있었지요. 하지만 북한식의 독자적인 모델을 강조하는 쪽에도 소련은 몰락하지 않는다는 전제조건이 깔려 있었어요. 그러다 보니까 그런 신념을 진지하게 가졌던 사람일수록 충격이 컸던 것은 당연하죠. 나 자신도 쏘비에뜨연방의 붕괴를 예견했던 건 아니지만, 기존의 어떤 모델에 의존하지 않고 독자적인 민족문학론 또는 민중문학론을 추구했던 사람들은 충격이 훨씬 덜했는데, 그런 점에서 우리들의 노력을 소시민적이라고 몰아붙이지만 말고(웃음) 좀더 겸허하게 마음을 열고 대화했었더라면 시대변화에 따른 방황도 조금 덜하지 않았을까 하는 생각이 들어요.

분단체제론에서 근대극복론까지

하정일 선생님의 분단체제론은 민족문학론이 오랜 세월을 거치면서 쌓고 축적한 이론적 노력의 결정판 가운데 하나라고 생각합니다. 무엇보다 분단문제를 일국적 국민국가 단위에서 바라보는 것에서 벗어나 세계체제라는 거시적 차원에서 접근함으로써 분단이라는 특수와 자본이라는 보편을 결합시킨 것이 분단체제론의 중요한 성과라는 것이 제 생각입니다. 그런 점에서 분단체제론은 세계 탈식민문학론의 주요 성과로 평가해도 손색이 없다고 봅니다. 또한 저는 분단체제론에 와서 민족문학이 이렇게저렇게 얽혀 있던 민족주의와도 진정한 의미에서 결정적으로 결별하게 되었다고도 생각합니다. 선생님께서 분단체제론을 구상하시게 된 계기와 과정에 대해 듣고 싶습니다.

백낙청 내가 1987년 이후에 우리 민족문학이 어떤 의미로 새로운 단계에 돌입했고 그것에 제대로 대응해야 한다는 주장을 했다고 아까 말씀드렸는데, 분단체제에 대한 논의는 그런 대응노력의 일환이었다고 하겠습니다. 분단체제니 분단모순이니 하는 개념을 내놓게 된 계기를 말한다면, 당시 사회구성체논쟁이 활발했잖아요. 그 과정에서 우리가 흔히 듣는 얘기가, 기본모순은 계급모순이고 주요모순은 민족모순이다라는 거였죠. 그럴 경우에 분단이라는 것은 민족모순의 일부로 처리되거나, 아니면 계급모순이라는 기본모순이 있고 다음에 민족모순이라는 주요모순이 있고 그다음에 참고사항 내지 특수여건으로 분단이라는 것이 거론되는 식이었어요. 하지만 민족문학운동에 종사해온 사람의 입장에서 우선 실감으로 그건 아니다는 느낌이었고, 이론적인 설명으로도 너무 번거롭잖아요. 차라리 민족모순 속에 분단모순을 넣는 대신에 분단모순이라는 개념 속에서 타민족 내지 외세와의 갈등과 내부적인 문제를 동시에 고찰하는 것이 낫지 않겠느냐는 생각을 하게 됐죠. 그래서 분단모순이란 말을 써봤는데, 그러고 나니까 여기저기서 '모순'의 개념을 둘러싼 온갖 논의가 난무하는데 도저히 감당할 수도 없고(웃음) 너무 소모적이라는 생각이 들어서, 내가 독자적인 모순론을 펼치자는 게 아니라 남과 북이 분단이 됐지만 한 민족인데다 부당하게 분단돼서 통일을 지향하고 있으니까 이 남과 북의 현실을 좀더 총체적으로 봐야 되지 않겠나, 그리고 되도록 체계적으로 보는 게 사회연구의 당연한 자세가 아니냐 하는 매우 상식적인 취지로 '분단체제'라는 말을 대신 내놓은 거예요. 그런데 저는 처음에 그걸 얘기할 때 일단 문제를 던져만 놓으면 나보다 사회에 대한 연구를 훨씬 많이 하고 사회이론에 밝은 분들이 이걸 더 정교하게 발전시키고 보완하고 그럴 줄 알았어요. 하지만 '전혀'라고 하면 어폐가 있지만 별로 그렇지 않았고(웃음), 특히 사회과학 쪽에서는 문학 하는 사람의 상상력의 발동이라거나(웃음) 체제라는 말의 개념도 몰라서 그러는 것으로 제쳐놓으려고 해요. 그러니까 결기가 나서라도 다시 이야기하고 글도 쓰고 하다 보니까 여기까지 오게 되었습니다.(웃음)

하정일 1970년대에는 분단극복이라고 하지 않았습니까. 이게 1990년대 들어오면서 분단체제로 바뀐 건데, 여기에는 중요한 의미가 함축되어 있다고 생각합니다. 그러나 여전히 분단극복이나 분단체제극복이나 비슷한 것 아니냐고 생각하면서 분단체제론 역시 과거의 분단극복론과 무슨 결정적인 차이가 있느냐고 얘기하는 사람들도 꽤 있습니다. 그런 점에서 분단극복이라는 것과 분단체제의 극복이라는 것이 어떤 차이가 있는 것인지를 분명히하는 것이 중요하다는 생각이 듭니다.

백낙청 그렇지요. 분단극복이라는 것은 말뜻 그대로 하면 통일이죠. 그러니까 분단극복을 지상과제로 내세운다고 하면 어떻게 하든지 통일을 하고 보자는 얘기가 되지요. 그에 비해 분단체제의 극복이라고 하면 처음부터 통일을 절대목표로 설정하고 나가기보다는 우리가 현재 분단에 의해 규정되는 특수한 체제에 살고 있는데 이 체제가 반민주적이고 비자주적이기 때문에 바꿀 필요가 있다는 문제의식에서 출발하는 거예요. 이 체제보다 나은 체제를 한반도 전체에 걸쳐 건설하자는 것이 기본목표가 되는 셈이죠. 물론 분단의 극복이 없이는 분단체제의 극복도 이루어질 수 없지만, 어떤 통일이든 통일만 하면 그만이다는 통일지상주의가 아니라 지금의 남북 어느 것보다 더 좋은 사회를 건설하자, 따옴표를 붙이더라도 '일류사회'를 한반도에 한번 만들어보자는 것이 분단체제론의 취지라 하겠습니다.

하정일 그렇습니다. 선생님의 분단체제론은 분단극복을 지상과제로 삼는 통일지상주의와는 분명하게 선을 긋고 있다고 생각합니다. 요컨대 분단체제의 극복이라는 것은 남북한 체제를 남북한 민중의 실질적인 삶을 향상시키는 방향으로 변화시켜야 한다는 목표가 있는 것 같습니다. 그렇지만 민족국가라는 단위에 국한시켜 보자면, 여전히 분단극복을 이야기할 때와 비슷하게 분단이 자본주의보다 규정적인 지위를 갖는 것이 아닌가 하는 의구심이 들기도 하는데요.

백낙청 분단체제라는 말을 쓴 것은 거듭 말씀드리자면 남과 북을 통틀어서 보며 이 현실을 되도록 체계적으로 보자는 취지인데요, 그러나 분단체제가 엄밀한 의미의 체제가 아니라는 많은 사회과학자들의 지적이 타당한 면이 있습니다. 체제란 개념에 여러 차원이 있고 의미가 있는데, 분단체제는 자기완결성을 가진 사회체제라는 의미에서의 체제가 아니죠. 그렇다고 분단체제론을 비판하는 많은 사회과학도들이 알게모르게 염두에 두고 있는 일국사회가 그런 체제인 것도 아닙니다. 절대적으로 자기완결적인 체제란 관념에 불과하지만 그나마 그런 관념에 접근하고 '체제'라는 이름에 값하는 것이 있다면 그것은 세계체제입니다. 이것이 사회분석의 기본단위가 되어야 한다는 월러스틴의 주장에 저는 동의하거든요. 다만 이 세계체제가 한반도라는 지역에서 구체적으로 작동하는 양태를 알려고 할 때, 분단이 안된 다른 사회의 경우에는 일국을 중심으로 보면서 주변정세를 감안하면 되지만 분단된 한반도의 경우에는 그런 식으로는 실상이 제대로 잡히지 않고 남북을 아우르는 어떤 체계화된 현실을 반드시 감안해야 한다는 것이 분단체제론의 주장입니다. 요컨대 남한이든 북한이든 세계 전체의 일부로 보는 것이 기본이되, 그러고서도 남한 따로 북한 따로 보는 것으로는 부족하고 한반도 전체를 동시에 보는, 그런 의미에서 세 가지 차원의 인식이 병행해야 한다는 주장입니다. 모든 것을 분단이라는 한 가지 요인으로 환원시키는 단선적 사고와는 전혀 다르지요.

하정일 선생님께서 1990년대 들어오면서 내놓으신 새로운 의제가 근대에의 적응과 근대의 극복이라는 이중과제론입니다. 1990년대에 들어오면서 다양한 탈근대론이 횡행했잖습니까. 그러면서 민족문학론이 근대주의가 되어버리고 근대성의 틀에 갇힌 문학이념이 되어버렸는데, 이 곤란했던 상황에서 선생님은 이중과제론을 내놓으면서 이론적인 돌파구를 마련해주셨습니다. 선생님의 이중과제론은 박정희정권의 근대주의와 1990년대에 횡행했던 탈근대주의를 동시에 넘어서고자 하는 사상이라고 생각하는데요. 이 두 가지를 함께 묶어서 사유를 하게 되신 것은 어떤 배경과 맥락에서였는지 궁금합니다.

백낙청 제 자신의 경우 가령 『창비』를 창간할 무렵에는 근대주의적인 성향이 강했죠. 그러다가 시민문학론을 거쳐 민족문학론으로 나아가면서 근대주의에 대한 반성이 따랐고 나중에 좀더 발전해서 이중과제론으로 구체화된 게 아닌가 생각합니다.

하정일 이를테면 월러스틴만 하더라도 근대에의 적응이라는 문제에 부정적 아닙니까.

백낙청 적응이라는 표현에 대해 우리 주변에서 상당히 논란이 되고 있죠. 월러스틴은 근대세계의 중심부에 속한 학자라서 그런지 몰라도 근대극복에 촛점이 가 있고 적응이라는 표현은 쓰지 않는 것 같아요. 반면에 한국에서는 이중과제를 설정하는 것 자체를 반대하기보다, 왜 하필 '적응'이냐, '성취'라고 그러는 게 낫지 하는 말들을 해요. 근대에도 좋은 면이 있으니 '성취와 극복'이라고 하자는 거죠. 사실은 월러스틴의 논리에도 그런 면이 있어요. 그가 '해방의 근대성'과 '기술의 근대성'을 이야기하지 않습니까. 해방의 근대성은 성취하고 기술의 근대성은 극복하자는 말인 셈인데, 일단 근대 속에서 좋은 점은 물론 따라가고 성취해야겠지요. 나는 그게 '적응' 속에 다 포함된다고 봅니다. 다만 '근대' 자체를 성취하는 것이 아니라 근대의 '근대성' 중에서 바람직한 면을 성취하는 것이지요. 처음부터 성취라는 말을 쓰면 어떤 문제가 발생하느냐 하면, 마치 우리가 근대의 좋은 면을 이루지 못했기 때문에 아직까지 근대에 도달하지 못했다는 이야기가 돼요. 이처럼 원래 근대는 좋은 건데 우리가 낙후해 있으니까 빨리 뒤따라가서 근대를 성취할 거냐, 아니면 우리처럼 근대세계에서 심하게 당해온 것이 비록 선진국에는 해당되지 않는 면이 있지만 근대 전체로 볼 때는 근대의 필연적인 측면이기 때문에 우리가 당한 것 자체가 이미 근대적 삶의 일부이고, 이런 억압과 차별의 필연성을 포함하는 근대 전체를 극복하는 일을 해야 하느냐. 둘 중에 어느 쪽이냐 할 때 저는 역시 후자 쪽이 더 정확한 역사인식이라 봅니다. 타율적이고 종속적인 근대전환을 겪었더라도 세계시장에 편입된 모든 사회는 이미 근대 속에 던져진 것이지, 근대가 따로 성취해야 할 과제로 남아 있는 건 아니거든요. 다만 근대극복을 지향하면서 근대를 부정하고 배격하는 일변도로 나감으로써 근대극복을 시도할 수도 있지만, 저는 거기에는 반대입니다. 싫어도 살아남기 위해서 적응해야 하는 면이 있고 또 실제로 근대에는 좋은 점이 있으니까 그걸 성취하면서 적응해야 제대로 된 극복도 가능해지기 때문이죠. 근대를 일단 성취해놓고 그다음에 극복할 생각을 하는 2단계 작업이 아니고, 둘이 동시에 진행되어야만 제대로 적응도 되고 극복도 할 수 있다는 것이 이중과제론의 주장이지요.

민족문학의 현재와 미래

하정일 선생님의 최근 글들을 보면 민족문학측의 이런저런 혼란상에 일침을 놓기 위한 의도가 있지 않는가 하는 생각이 듭니다. 이를테면 근자의 모더니즘 재인식론이라든가 탈분단론에 대한 선생님의 비판이 그것인데요. 이 논의들이 민족문학 내부에서도 나오고 있다는 점에서 선생님의 비판에 민족문학 내부의 이론적 혹은 이념적 혼란상을 바로잡으려는 뜻이 담겨 있지 않나 생각합니다. 최근의 민족문학논의에 대한 선생님의 견해는 어떠신지요.

백낙청 그런데 민족문학의 혼란이라는 말을 하셨지만, 사실 근년에는 민족문학론이 휴면상태였던 것 같아요. 한두 사람이 여기저기서 분산된 목소리를 내고 있을 뿐이지 거의 논의가 없었고, 나 자신도 분단체제론이라든가 근대극복론이 다 관련은 되지만 직접적으로 민족문학을 언급한 것은 산발적인 발언에 그쳤지요. 이번호 『창비』에 최원식 교수가 한민족공동체의 문학에 대한 글을 실을 모양인데,* 그게 내가 아까 말했던, 종전의 민족문학론에서 충분히 인식하지 못했던 차원이랄까 측면을 새롭게 부각시키는 글이 되리라고 기대합니다. 아무튼 민족문학론에 대해서 우리가 털어버릴 건 털어버리고 또 새로 정리해서 유지할 건 유지하고 미처 생각 못했던 것은 다시 따져보고 이렇게 진행되어야 한다고 봅니다만, 나

* 최원식 「민족문학과 디아스포라」, 『창작과비평』 2003년 봄호—편자.

자신은 아직 그 작업에 제대로 손을 대지 못한 상태예요.

하정일 문학평론 쪽 활동을 기대하고 있겠습니다. 시간이 많이 지났는데 마지막으로 한 가지만 여쭙겠습니다. 1990년대 한국문학 또는 민족문학에 총평을 내려주셨으면 하고요, 더불어 높이 평가할 만한 작품으로는 어떤 것을 꼽으시는지에 대해서도 듣고 싶습니다.

백낙청 민족문학이 1980년대에는 정치적 구호의 성격이 강했기 때문에 당시의 통념을 보면 그 '진영'에 속한 작가나 작품만이 민족문학이라든가 또는 민주화라든가 통일 같은 사회적 문제에 명시적으로 관심을 표명하는 것만이 민족문학이라든가 이렇게 좁혀서 생각하는 경향이 있었습니다. 하지만 그러한 통념에서 벗어나서 살펴보면 1990년대의 우리 민족문학이 특별히 흉작이었다고 볼 건 아닌 것 같습니다. 신인들도 많이 나왔고 그전부터 활동해오던 중진급 원로급 분들도 활동을 계속했고, 또 별종 같지만 최명희(崔明姬)의 『혼불』 같은 작품도 나왔고요. 신경숙(申京淑) 같은 작가는 1990년대의 모든 작품이 사줄 만한 건 아니지만 『외딴방』 같은 것은 본인의 문학관이나 시국관이 어떠냐와 관계없이 민족문학의 큰 성과라고 봅니다. 우리가 한 시대의 문학을 평가할 때 그 연대에 등단하거나 새롭게 두각을 나타낸 작가들만을 거론한다든가, 민족문학이라고 해서 이른바 '민족문학진영'에 속한 것으로 알려진 작가들에 한정지어 바라보는 경향이 있는데, 이 두 가지를 동시에 적용해서 이중으로 뺄셈을 하다 보면 정말 남는 게 별로 없지요.

하정일 선생님 말씀에 동의합니다. 저도 중진작가들의 활약은 1990년대에도 여전히 활기찼다고 생각합니다. 고은, 현기영(玄基榮), 조정래(趙廷來), 황석영(黃晳暎), 송기숙(宋基淑), 박완서(朴婉緖) 같은 분들을 들 수 있을 겁니다. 더불어 그 시대의 풍향이랄까 주된 흐름을 반영하는 신진작가들에 대해서도 선생님의 견해를 더 듣고 싶습니다만, 시간이 너무 흘렀으니 마지막 질문으로 넘어가겠습니다. 시민방송 이사장을 새로 맡으셨고 정년퇴임을 하시는 등 큰 변화를 맞고 계신데, 앞으로의 계획 같은 것을 간략하게라도 말씀해주시죠.

백낙청 네, 시민방송 일을 맡을 때의 원래 생각은 두 가지로 요약할 수 있겠는데, 하나는 그동안 문학이나 출판의 영역에서 우리가 해온 작업의 연장선상에서 이제까지의 작업이 새로운 매체나 새로운 세계로 연결될 필요를 느꼈어요. 그래야만 그동안 해온 것도 제대로 살고 새로운 매체의 시대, 이른바 뉴미디어 시대에도 제대로 기여할 수 있을 거거든요. 다른 하나는 나 개인으로서도 흔히 쓰는 말로 업그레이드를 시도한 것인데(웃음), 동시에 이것을 기본적으로 책 읽고 글 쓰는 나의 원래 작업과 병행해야지 업그레이드한답시고 본업을 폐기하고 다른 걸 해서는 안되겠다는 다짐을 했지요. 지금까지는 이 점에서 만족할 만한 실적을 거두지는 못했어요. 그러나 시민방송 재단이사장은 상근하는 자리가 아니니까 정년퇴임 후에 현재의 어수선한 일들이 정리가 되고 나면 좀더 본분에 충실할 수 있으리라 생각합니다.

하정일 앞으로도 계속 좋은 글을 쓰셔서 지금까지와 같이 이천년대에도 민족문학을 이끌어주시기 바랍니다. 오늘 대담이 선생님의 문학론에 대한 이해를 좀더 깊게 하고 나아가 민족문학운동의 역사에 대한 올바른 인식을 갖도록 하는 데 소중한 계기가 될 수 있을 것으로 생각합니다. 오랜 시간 대담해주시느라 수고하셨습니다. 감사합니다.

| 대화 |

영문학연구에서 시민사회의 현안까지

백낙청(『창작과비평』 편집인)
설준규(한신대 교수, 영문학)
김명환(성공회대 교수, 영문학)
2003년 3월 31일 창작과비평사 회의실

설준규 오늘은 서울대학교 영문학과 교수로 오랜 동안 재직하시다 지난 2월 말로 정년퇴임을 하신 『창작과비평』 편집인 백낙청 선생님을 모시고 말씀을 나누겠습니다. 선생님은 정규적인 직장에서는 퇴임을 하셨지만 여전히 활발한 활동을 펴고 계신데요, 오늘 이 자리는 정년퇴임을 계기로 마련된 것인만큼 교육 및 영문학연구에 어느정도 촛점을 맞추어 이야기를 진행해나가되 아울러 선생님의 최근 관심사에 대해서도 들어보는 기회가 되었으면 합니다. 네티즌들께 간단하게나마 저희들 소개를 드리고 시작하는 것이 좋겠군요. 저는 현재 한신대학교 영문학과에 재직하고 있으며 백선생님과는 1970년대 초반 서울대 문리대학 영문학과 시절 강의실에서 처음 만나뵌 이래 지금까지 사제지간으로 연을 이어오고 있습

■ 이 대화는 창비 웹매거진(www.changbi.com/webzine)에 실린 것이다.

니다.

김명환 저는 백선생님께서 5년 남짓 해직되셨다 80년에 서울대학교에 되돌아오신 다음부터 선생님께 배우고 박사학위 공부도 했습니다. 현재 성공회대 영어과에서 학생들을 가르치고 있습니다.

정년퇴임 이후의 계획

설준규 출근의 짐은 이제 벗으셨는데, 퇴임하신 뒤로 어떻게 지내시는지요.

백낙청 출근하는 데가 하나 없어졌지만, 비상근으로 일하던 두 군데가 아직 남아 있어요. 창비에는 1주일에 한두 번 들르게 되고, 시민방송(RTV) 쪽도 1주일에 두어 번 들르고. 그러나 학교 강의하고 출근하는 일이 없으니까 내 시간을 좀 만들어서 그동안에 못한 공부를 해보려고 하는데 아직까지는 별로 못했습니다. 정년퇴임을 했다고 하니까 여기저기서, 이제 한가할 테니 좀 나오라고 불러내는 데가 적지 않아요. 옛날 같으면 어느 날은 강의 때문에 못 간다고 말하면 끝났는데, 이제 그게 안되기도 하고, 또 퇴임 전후해서 행사도 있고 밥 사준다는 사람도 많고 해서 어수선하게 지냈지요. 이제부터는 정신차려서 미뤄뒀던 일을 하려고 해요.

설준규 생각해두신 구체적인 계획이 있으신지요?

백낙청 우선 하나는 내가 영문학도로서 로런스(D. H. Lawrence)를 전공했고 박사논문도 썼는데…… 그에 관한 글은 이것저것 발표했지만 책은 아직 한 권도 못 냈거든요. 그런데 그 일을 자꾸 미루다 보니까 그동안에 써놓은 글을 그냥 모아서 논문집 같은 것 내기는 싫어지고, 완전히 손을 봐서 지금 싯점에서 로런스가 우리에게 어떤 의미를 갖는가, 내가 왜 오늘까지 로런스를 붙들고 있는가, 그런 것을 일반 독자에게 납득시키는 책을 만들려니까 쉽지가 않습니다. 그 작업이 걸려 있고요.

그동안 이런저런 일에 매이다 보니까 문학평론가로서는 휴업상태였는데 그것도 다시 해야겠다고 생각하는데, 가령 운동선수가 한번 은퇴했다가 컴백하는 것이 쉬운 일이 아니듯이 결코 쉬운 일이 아닌 것 같아요. 트레이닝을 한참 하고서야 가능한 일인데 나는 훈련캠프도 아직 못 차린 상태지요.

창비와 관련해서는, 고세현(高世鉉) 사장이 몇년 전에 취임한 이후 경영을 잘하고 있고, 주간직은 최원식(崔元植) 교수가 맡았는데다 최근에는 백영서(白永瑞) 교수가 부주간으로 돕고 있고…… 편집기획 일선에서의 부담을 몇해 전부터 던 상태지요. 지금 와서 다시 일선에 나설 생각도 없고요. 그러나 편집위원이나 편집자문위원들—자문위원들 중에는 가령 강만길 총장님이라든가 신경림 시인 같은 선배도 계시지만 지금 활발하게 활동하고 있는 이들은 거의가 후학에 해당하는 셈인데—편집진의 이런 동료들과 좀더 자주 만나서 토론도 하고, 서로 배우며 공부하는 분위기를 만들고 싶어요. 창비가 5월 말이나 6월 초에 경기도 파주 출판단지로 이사를 가요. 현재 사옥을 짓고 있는데, 사옥의 터나 설계가 참 마음에 들어요. 그리로 이사를 가게 되면 창비 일을 보기 위해서라기보다는 일주일에 며칠을 정해놓고 나가서 시내 일과 인연을 끊고 책도 보고 그럴 생각입니다.

설준규 퇴임은 하셨지만 앞으로도 한참 더 일을 하셔야 할 테고 또 여러 일에 의욕을 갖고 계신데, 평소에 건강관리는 어떻게 하십니까?

백낙청 건강은 몇해 전에 여러가지로 어려웠지만 근래에는 많이 나아졌어요. 요즘은 건강에 신경을 좀 쓰는 편이지요. 그래서 일도 무리를 하지 않으려고 합니다. 나는 젊을 때도 날밤을 새우는 타입은 아니었지만 요즘은 밤늦게까지 일하는 적이 거의 없어요. 그러다 보니까 일은 자꾸 밀려가는데, 이제는 할 수 없다는 생각입니다.

서울대 개혁과 서울대 교수

김명환 선생님께서는 서울대에서 40년간 가르치셨고, 서울대학생 학부모로서의 경험도 있으시니까, 먼저 서울대 개혁 문제에 관해 질문을 드리겠습니다. 어느 신문에 "서울대 개혁에 가장 큰 걸림돌은 서울대 교수다"라고 선생님께서 말씀하신 걸로 기사가 났는데, 그 내용 중에 부정확한 것도 있었다고 들었습니다만, 한국교육의 큰 문제 가운데 하나라고 할 수 있는 서울대 문제에 대해 어떤 생각을 가지고 있는지 들려주시지요.

백낙청 어느 신문과 인터뷰하면서, 사실 그 인터뷰는 기자가 아주 호의적으로 진행한 인터뷰였는데, 서울대 얘기를 한 것이 좀 과장되게 나온 것도 있어요. 여기 두 분은 모두 서울대 출신이고 내가 오랫동안 서울대에서 가르쳤지만, 나는 국내에서 대학을 안 나왔기 때문에 아무런 연고 없이 서울대에 갔거든요. 미국 대학에 있는 동안에 서울대에 자리가 생겼고 여러가지 행운이 겹쳐서 갔는데, 아무 연고도 없는 사람을 이끌어준 우리 과 선생님들께 늘 감사하게 생각하고 있지요. 그 후로 더러 곡절도 있었지만 오랫동안 서울대에 몸담고 있다가 정년퇴직을 했으니 고마운 마음이 앞서는데, 그래도 서울대에 대해서 여러가지 비판적인 생각을 가져왔고 지금도 그렇지요.

서울대의 개혁과 관련해서 서울대 교수가 어떤 점에서 걸림돌이 되고 있다는 것은 나의 솔직한 생각인데, 그렇다고 '최대의 걸림돌'이냐 하는 것은 우선 사실여부가 분명치 않은 얘기죠. 그렇잖아요? 서울대 개혁의 큰 걸림돌이 한두 개가 아닌데 그중에 딱히 뭐가 최대의 걸림돌이냐 하는 것은 단정하기 힘들지요. 더구나 정년퇴임을 하고 나가면서 그런 얘기를 한 것으로 신문에 나서 참 민망했어요. 그런데 서울대 교수들이 내부에서는 서울대를 어떻게 좋게 만들 것인가를 두고 여러가지 고민을 하지만, 한편으로 교수사회의 타성이라는 게 있고, 또 하나는 서울대 교수나 서울대 출신들, 특히 서울대 출신의 서울대 교수들은 서울대중심주의가 강해서 한국의 사회문제로서의 서울대문제에 둔감한 게 사실이에요. 나만 하더라도 서울대 출신이 아니면서도 서울대에 오래 있다 보니 바깥에서 하는 이야기를 듣고서야 뒤늦게 깨닫는 수가 있는데, 문제의식이 부족하다 보면 자연히 걸림돌이 되는 거지요.

기사 이야기가 나온 김에 거기 언급된 내용을 좀 정확하게 정리해볼까 합니다. 서울대 입학생의 '지역할당제' 얘기가 있는데, 지역할당제는 서울대 총장이 결심을 했고 어떤 형태로든 실현이 될 것으로 봅니다. 그 정도의 개혁조차 불가능한 상태는 아니지만 내가 보기에 그 자체가 큰 의미를 갖는 것은 아니에요. 서울대가 한국교육의 균형적인 발전을 위해서 애쓰려 한다는 상징적인 표현으로, 장차 더 많은 노력을 하겠다는 결심의 표현으로는 의미가 있겠지만 그 자체로는 큰 효과가 없을 거라는 거지요. 그래서 나는 그 인터뷰에서 지역할당제라는 것은 돼봤자 큰 효과가 없고 더 근본적인 개혁에 대해 여러가지 안이 이미 나와 있다, 그런데 서울대 교수들이 진지하게 검토를 안하는 것 같다는 얘기를 했던 거예요. 쉬운 예로 장회익(張會翼) 교수가 서울대 학부생을 모집하지 말고 지방대학 학생들을 위탁받아서 교육시키자는 안을 낸 적이 있는데, 나도 거기에 찬성했지요. 물론 그걸 실행하려면 여러가지로 검토하고 조정할 점이 있겠지만 그 방안 자체는 사실 서울대 개혁안 중에서 그다지 급진적인 편도 아니고 특별히 실현하기 어려운 안도 아니라고 봅니다. 그런데 서울대 교수들 사이에서는, 몇 분은 찬성하고 몇 분은 신념을 갖고 반대했지만, 대부분의 교수들 반응은 '생각은 좋지만 현실성이 있겠냐' 하면서 제쳐버리는 식이었어요. 내가 보기에는 대다수 교수들이 현실성이 없다고들 하니까 현실성이 없어지는 거지, 교수들이 그것 좋으니까 우리가 한번 되게 만들어보자고만 하면 얼마든지 실현가능한 안이거든요. 이런 대목에서는 교수들의 그런 반응이 결정적인 걸림돌로 작용한다고 말할 수 있겠지요.

김명환 한 가지 더 질문드리겠습니다. 서울대 교수로 있으면서 선후배, 동학 교수들한테는 굉장히 많은 도움을 얻으셨지만 제도로서의 대학으로부터는 연구나 교육에 지원을 얻은 기억은 그리 많지 않다는 말씀을 하신 걸로 기억하는데, 어떤 뜻에서 하신 말씀인지 궁금하군요.

백낙청 아니, 연구나 교육에서 그랬다는 얘기가 아니고, 내가 74년 민주회복국민선언에 참여했다가 파면당했잖아요. 그래서 5년 남짓 해직되어 있다가 80년 '서울의 봄' 때 복직, 사실 엄밀한 의미의 복직이라기보다 신규임용 형식으로 복귀를 했는데, 해직시절과 복직 후에도 여러가지 정치적 어려움을 겪을 때, 개인 차원에서는 염려해주신 분이 많았지만 대학당국으로부터는 특별한 도움이 없었다는 말을 어디선가 했던 것 같아요.

설준규 저도 지방대학에서 가르치고 있습니다만, 장회익 선생님이 서울대 개혁안을 내셨을 때 제 주위의 교수들이 그 안에 대해 대뜸 제기한 반론은 지방대학생을 뽑아다가 학부교육을 서울대에서 하겠다는 것이야말로 서울대중심주의적인 발상 아니냐는 것이었죠. 서울대 내부에서는 그 문제에 대해서 어떤 식으로 논의가 되었는지요.

김명환 지금 설준규 선생이 계신 대학을 지방대학이라고 하면 안될 것 같은데요. 수도권대학이라고 해야죠.(웃음) 지금 수도권과 지방의 격차가 심각한 문젠데……

백낙청 그런 논의가 서울대 안에서는 제대로 안됐지요. 내가 장회익 교수 안이 서울대 개혁안으로서는 전혀 급진적이 못된다고 했는데 지금 설교수가 서울대중심주의에 아직도 젖어 있는 발상이라 지적하는 것과도 통하겠지요. 그러나 어쨌든 서울대가 지금 사회적으로 압도적인 우위에 있다고 할까 독점하고 있는 현실에서 출발해서 부분적인 개선책이라도 취하는 것도 의미있는 시도라고 보았던 겁니다. 물론 실제로 실행했을 때 지방대 학생들이 얼마나 호응을 할지도 두고 봐야 할 일이고, 또 호응이 너무 없어도 실패하지만 너무 많아서 서울대 위탁생으로 다녀간 사람들이 또 하나의 특권층을 구성해도 실패하는 거지요. 하지만 그런 것을 조절하는 방안은 더 연구해서 만들 수 있는 것이고, 그런 논의를 하다 보면 이것 가지고는 문제해결이 안되니까 좀더 대대적인 수술을 해보자는 여론이 일어날 수도 있는 건데, 요는 논의 자체가 제대로 안됐다는 겁니다.

조기유학을 어떻게 볼 것인가

설준규 백선생님께서는 고등학교를 졸업하시고 곧바로 유학을 가셨는데 당시는 물론이고 지금 기준으로 보더라도 특별한 경우가 아닌가 합니다. 요즘 우리 사회가 안고 있는 교육문제를 조기유학을 통해 우회하려는 경향이 점차 커지고 있고, 조기유학 하면 대개 미국이지요. 사실 요즘 미국-이라크 전이라든가 북한 핵문제에 미국이 대처하는 방식 같은 것을 보면 미국에 가서 도대체 무엇을 배워올 것인가 하는 의구심이 들긴 하지만, 구체적인 교육여건이라든지 학생들에 대한 배려 같은 면에서는 그쪽이 나은 것은 또 분명하기 때문에 한국의 교육현실에서 당장 시달리는 학생들 입장에서는 조기유학의 매력이 적지 않은 것이 현실인 듯합니다. 조기유학 문제에 대해 어떤 생각을 가지고 있는지 말씀해주시지요.

백낙청 요즘 기준으로 보면 고등학교 졸업하고 가는 것은 조기유학도 아니죠. 그런데 내가 고등학교를 졸업하고 유학 가던 시기에도 아주 특별한 경우는 아니었어요. 그때까지는 고등학교 마치고 유학 간 사람이 상당히 많았어요. 유학연령이 크게 늦춰진 것은 그 뒤의 일이지요. 내가 유학간 것이 55년이니까 한국전쟁 휴전 직후인데, 그때까지는 병역법이 어떻게 되어 있었냐 하면 병역을 필하지 않더라도 징집연령에 해당이 안되면 갈 수 있었어요. 그러니까 징집연령 이전에 서둘러서 가려고 했지요. 군대에 가기 싫어서라도 너도나도 무슨 수를 써서라도 미국에 갈 때였어요.

그러니까 좋은 대학에 바로 간 것은 조금 예외적이지만 미국유학을 떠난 것은 꽤 흔한 일이었어요.

조기유학에 대해 일반론을 말한다면 나는 너무 어린 나이에 외국에 가서 오랫동안 있는 것은 여러가지로 안 좋다고 봐요. 요즘은 옛날과 달라서 꼭 일찍 가서 붙박이로 있지 않아도 왕래할 기회가 많고, 국내에서도 예를 들어 영어를 배우는 것이 주목적이라면 외국에 잠시 갔다 와서 국내에서 집중적으로 배울 기회도 있고, 너무 일찍 가서 살지 않고도 영어를 배운다든가 외국의 견문을 충분히 익힐 수 있다고 봐요. 물론 외국에서 좋은 고등학교와 좋은 대학을 나와서 일류 학벌과 인맥을 확보해야겠다고 하면 얘기가 달라지는데, 글쎄 그건 인생을 어떻게 살 것인가 하는 좀더 복잡한 문제와 연관되겠지요. 하지만 한국사람으로 태어나서 나중에 국적이야 어찌 되든 자기가 태어난 고장과 사회, 그 문화를 충분히 제것으로 삼은 인생을 살다 가려고 한다면, 한국어 교육을 잘 받아야 하고 한국사회의 물정에 익숙해야 한다고 생각하는데 그런 점에서는 조기유학이 결정적인 마이너스가 되지요.

설준규 고등학교를 한국에서 마치고 대학을 미국에서 다닌다거나, 혹은 더 일찍부터 미국에서 교육을 받는 경우 이를테면 사회화의 과정을 미국식으로 거치는 셈 아니겠어요. 이 경우 세상을 바라보는 관점이 어느정도 미국화되는 것은 불가피할 텐데, 한국사람으로서 자기 위치를 일정하게 지키면서 살아가려고 하는 경우에 미국에서 교육받는 사람들이 유념해야 할 사항이 있다면 어떤 것이 있을까요?

백낙청 미국생활의 잘못된 것을 그대로 몸에 익혀버리면 본인이 손해지만 현지에서 그걸 겪으면서 거기에 대한 더 강한 비판의식을 갖게 될 수도 있으니까 일률적으로 말할 건 아니겠지요. 다만 비판의식을 갖게 되는 방법은 사람마다 달라서 사회과학적인 학습을 거쳐서 될 수도 있고 여러 가지가 있겠는데, 나는 기본적으로 한국사람이 한국어를 제대로 배워서 자기 모국어를 사랑하는 마음이 돈독하다 보면 미국의 잘못된 면에 대한 인식을 배울 확률이 그만큼 높아진다고 생각해요. 미국에 살면서 영어를 잘할 확률도 높아지고요. 그런 점에서 미국에 살더라도 아이들이 어릴 때부터 한국어를 배우는 것이 중요하지요.

미국 유학생활과 '조기 귀국'

김명환 맥락에서 좀 벗어난 질문일지 모르지만 후학들이 궁금해하는 것 가운데 하나는 조기유학 생활을 위시하여 선생님이 개인사적으로 보면 굉장히 엘리뜨적이라고 할 수도 있는데 생각과 활동은 민중지향적이라는 점이지요. 이런 민중적 성향이나 민중적 실감 같은 것을 어떻게 얻게 되셨는지 말씀해주시면 좋겠습니다.

백낙청 이런 이야기 할 때 조심할 것이, 서울대 영문과 사제지간에 모여 앉아서 저희끼리 '민중적 성향'이니 '민중적 실감'이니 하고 단정하는 게 가소롭다고 할 사람들도 있지 않겠어요?(웃음) 더구나 평론이나 논문에서 민중성을 강조하는 것과 민중적 실감은 다르겠지요. 나 자신이 민중적 실감이 도저한 사람으로 자부하지도 않아요. 다만 사람들이 흔히 비교적 좋은 여건에서 자랐고 좋은 학교를 나와서 좋은 직장에 다니는 사람이면 으레 민중과는 반대되는 입장에 서고 민중의 요구 같은 것에 귀를 안 기울이는 게 당연한 것처럼 생각하는데, 실제로 우리 근대사회의 짧은 역사를 보더라도 안 그렇잖아요. 옛날의 선비들 가운데서도 사회주의나 무정부주의 운동가들이 많이 나왔고 이른바 명문중학교, 명문대학 나와서 민중운동에 투신한 사람도 많으니까, 우선 그런 고정관념 자체가 문제가 아닌가 싶어요.

내 경우는 사람들이 그런 고정관념을 가지고 생각하는 것에 비하면 민중의 이익이랄까 민중의 중요성이랄까 그런 것에 대해 열린 태도를 견지

해온 편이라고 말할 수는 있겠지요. 그 이유를 질문하신 셈인데, 글쎄요, 소위 엘리뜨 중에서는 내가 좀 특별한 코스를 밟아온 점도 한 가지 이유가 될는지 모르겠네요. 실은 내가 순탄한 코스가 아니라 기구한 코스를 밟아왔다고 말한다면 어떻게 들을지 모르겠는데, 가령 고등학교부터 소위 명문고교를 나왔지만 전쟁시절이었고, 그다음에 서울대학교를 안 나왔지만 외국의 명문대학과 대학원을 나왔으니까 더욱이나 엘리뜨의 길을 밟아왔다고 말하겠지만, 개인적 입장에서 보면 한국에서 좋은 고등학교 마치고 좋은 대학교를 나오는 순탄한 엘리뜨 코스가 아니고 그 시절에 어린 나이에 외국에 혼자 나가서, 그것도 이류, 삼류 대학도 아니고 일류 대학에서 공부하게 됐다는 것은 좀 극적으로 표현하면 사람을 망망대해에 던져놓고서 헤엄쳐서 살아오려면 살아오라고 한 꼴이지요. 그런데 죽지 않고 어떻게 살아왔으니까 그 과정에서 얻은 좀 색다른 시각이랄까 하는 것이 있겠고, 또 아까 미국유학 얘기가 나왔습니다만, 내가 처음에 가서 대학 4년 마치고 하바드 대학원에 갔다가 그 첫해에 귀국을 결심했거든요. 미국생활이란 것이 지긋지긋했어요. 그런데 군대를 안 마치고 갔기 때문에 그때 돌아오면 군대에 가야 할 형편이었지요. 내 동기나 주변의 동학들은 그것이 큰 이유가 되어서 3, 40대까지 귀국을 안하다가 미국에 아예 눌러앉은 사람도 많은데, 나는 군대에 가면 갔지—물론 군대가 어떤 덴지 몰라서 그랬던 것도 있지만(웃음)—미국에 더 살기는 싫어서 귀국했던 겁니다.

그래서 유학생활을 통해 미국의 좋은 면도 많이 배웠지만, 미국에 대한 어떤 사회과학적인 인식을 가지기 전부터 어쨌든 미국의 생활방식이 나와는 안 맞는다는 것을 내 나름대로는 뼛속까지 느낀 것이 있어요. 그리고 바로 그렇게 한국에 돌아왔기 때문에 여러 좋은 친구들도 만나게 되고 새로운 경험도 하게 되고, 그 과정에서 운이 좋았다고 할까, 내가 그냥 한국에서 순탄하게 대학을 나왔다든가 아니면 미국에 줄곧 있으면서 박사까지 마치고 돌아와서 좋은 직장에 취직했더라면 겪지 못했을 경험도 하게 되고, 그런데다가 박정희 대통령께서 나를 도와주시느라고 학교에서 쫓아내주시고……(웃음) 그러저러한 것이 작용을 했다고 봐야지요.

설준규 말씀을 듣고 보아도 이해가 잘 안되는 점이 있어 보충질문을 조금 드리겠습니다. 유학을 거쳐 강단에 서시게 되면서 『창비』를 창간하시고 또 해직되시고 하는 과정은 남다른 경험이 분명하겠지만, 고등학교를 마치고 유학을 가 계시는 동안의 경험만을 두고 보면 딴 분들과 비교해서 특별히 어떻게 다른지 잘 모르겠어요. 그것만으로는 백선생님의 민중적 성향이 넉넉하게 설명되지 않는다는 느낌이 드는군요. 미국유학을 마치고 귀국한 분들이 힘든 유학생활로 인해 선생님과 같은 성향을 지니게 되는 경우가 그리 많은가요?

백낙청 그것은 비교연구를 해보지 않아서 잘 모르겠네요.(웃음) 고등학교 졸업하고 유학 간 사람은 많은데, 하바드 영문과에서는 원래 석사를 1년에 하게 되어 있어요. 논문도 안 씁니다. 석사과정은 사람을 많이 받아서 웬만하면 석사만 줘서 내보내고 박사 뽑을 때 더 엄선해서 하는데, 나는 장학금도 다 받았고 박사과정에도 입학이 되어 있었으니까 더 오래 있을 수 있는 처지였지만, 그때 돌아오기로 결정한 것이 남들과 다른 경험을 가능케 한 거지요. 지금 설교수 질문은 그런 결정을 내리게 되기까지 뭔가 다른 사람들과 다르게 살았기 때문에 그렇지 않았겠느냐 하는 건데, 글쎄 문학공부를 했다는 것이 그것도 한 가지 이유는 될 것 같아요. 우선 거기서 공부하기가 특별히 힘든 점도 있고, 또 하나는 모국어의 문학이나 문화와 절연된 상태에서 문학공부를 하는 문제점 같은 걸 계속 느끼게 되거든요. 그래서 쌓이는 피로 같은 게 있지요. 하지만 내가 가진 생활상의 실감이랄까 미국생활이 한국인에게 안 맞는다는 느낌은 다른 사람들도 대개는 다 느꼈을 거라고 봐요.

설준규 아까 미국에 살기 싫어서 귀국하셨다는 말씀과 관련되는 것인가요?

백낙청 사실은 속으로 지겨워하면서도 스스로는 지겹다는 것을 모르고 있을 수도 있잖아요? 또 하나는 의식적인 차원에서도 지겹다고 느끼면서도 귀국하면 군대문제도 있고 여러가지가 있어서……

설준규 미국생활이 지겹고 싫다고 느끼시게 된 구체적인 계기나 동기라도 있었던 건가요?

백낙청 아니, 딱히 그건 구체적인 무엇이 있어서라기보다……

설준규 너무 막연하게 말씀을 하시는데……

백낙청 막연한 느낌이었다는 게 내가 말하려는 요점이지요. 하여간 앞으로 어떻게 될지 몰라도 지금은 여기에 더 있고 싶지 않다는 뭐 그런 것……

설준규 무슨 인종적인 문제 같은 것이었을까요?

백낙청 무슨 인종적인 편견에 부닥쳐서 분개해서 그랬다고 한다면 그건 좀더 의식화되고 이념적인 반발이었을 텐데, 인종적인 편견 같은 것을 느낄 기회가 없었던 것은 아니지만, 내가 실감이나 느낌이라는 표현을 쓴 것은 인종차별사회에 대한 무슨 이념적인 반발, 이라크를 침략하는 이런 나라에 내가 남아서 배울 것이 뭐가 있겠는가 하는 그런 멋있는 결단을 한 건 아니었다는 말이지요. (웃음)

유학시절에 발표한 단편소설

설준규 선생님 유학시절 이야기가 나온 김에 한 가지만 더 질문 드리겠습니다. 이번 대담을 준비하는 과정에서 경향각처에 있는 여러 분들에게 선생님께 꼭 여쭤보고 싶은 것이 무엇이냐고 설문조사 비슷한 것을 해보았습니다. 궁금한 것 일순위가 무엇인가 하면 선생님께서 유학시절 20대에 영어로 써서 발표하셨던 단편소설에 관한 것이었지요. 그 단편소설이 어떤 경위에서 발표됐고, 또 그 이후에는 창작 쪽에 관심이 없으셨는지 말씀해주시지요.

백낙청 대학 다닐 때, 젊을 때 흔히 그렇지만 작품을 써보고 싶은 욕구가 있어서 영어공부 삼아 단편을 몇 편 썼을 거예요.

설준규 발표는 한 편만 하시고요?

백낙청 두 편 했을 거예요.(웃음) 한국 사정도 잘 모르고 그런 사람이 외국어로 쓰기 좋은, 한국의 전설이나 설화 같은 데서 따온 테마를 약간 변형해서 하는 그런 식의 소설들 있잖아요. 외국인들이 읽으면 좀 신비스럽기도 하고…… 그중 하나는 『스토리』(*Story*)라는 잡지에 나온 걸 내 눈으로 봤지만, 나머지 하나는 어느 미국사람이 주선해서 『트랜스어틀랜틱 리뷰』(*Transatlantic Review*)인가 어딘가에 실렸다는 얘기를 귀국 후에야 들었고 아직까지 찾아보지도 않았어요. 역시 나는 평론이 더 적성에 맞다고 생각합니다.

시민방송 참여는 외도인가

김명환 우리 사회 교육의 문제에 관해 말씀을 듣기 시작했던 것이 선생님의 유학시절 이야기로 흘러들어 좀 길어졌습니다만, 이제 대중교육의 한 형태라고도 볼 수 있는 시민방송에 관한 이야기로 넘어가보지요. 시민방송에 처음 참여하셨을 때 선생님도 그런 것을 의식하지 않으실 수 없었을 것이고, 주변에서도 그런 얘기가 나왔을 것으로 압니다만, 영문학자로서 그리고 문학평론가로서 그 일에 관여하시는 것이 외도가 아니냐는 거죠. 시민방송 일을 맡으시면서 선생님께서 그동안 해오시던 작업의 연장선에서 어떤 입장을 세우셨을 것으로 아는데 거기에 대해서 말씀해주시죠.

백낙청 우선 창비 식구들만 해도 내가 바람났다고 하는 사람들이 많아요.(웃음)

그런데 시민방송이란 것을 모르는 분이 많을 테니까…… 이게 '시민참여 채널'이라는 거지요. 영어로 퍼블릭 액세스 채널(public access channel)이라고도 하고 유럽에서는 주로 오픈 채널이라는 말을 많이 쓰는데, 시민이나 시민단체가 스스로 만든 프로그램을 집중적으로 방영해주는 채널입니다. 물론 그것만 하는 건 아니고요. 시민들이 완전히 만들어온 것을 방영하기도 하고, 또 시민들이 기획한 것을 제작을 지원해서 내보내는 것도 있고, 또 일부는 자체 제작하거나 구입하는 경우가 있는데, 이건 지금 RTV의 경우에 30%밖에 안돼요. 70%가 시민제작 또는 기획물인 셈인데, 이런 시민참여채널이 외국에는 예가 많았지만 한국에서는 처음입니다.

게다가 디지털 기술을 이용하고 처음부터 위성을 통해 전국적인 방송—기술적으로는 전국이 아니라 동북아 일대를 단숨에 포괄할 수 있는데—어쨌든 지역채널, 커뮤니티 채널이 아니고 전국적인 디지털 시민참여방송은 세계에서도 최초예요. 그런 점에서 상당히 의미있는 일이고, 또 시민사회에서 독자적인 텔레비전 방송을 가지겠다는 것이 하나의 숙원이었습니다. 그래서 한국에서 위성방송시대가 시작하면서 이런 기회가 생겼고—나는 그 기회를 만드는 과정에서는 큰 역할을 못했습니다만—실제로 방송을 하기 위한 작업을 시작하면서 그 준비위원회의 위원장을 맡아달라는 요구가 왔을 때, 거절하기가 힘들었어요. 우리 시민사회에서 이런 기회를 꼭 살릴 수 있어야지 그러지 못하고서는 앞으로 이런저런 요구를 하는 것도 우스워지지 않겠나 싶었고…… 그런 기회를 살리려면 물론 방송전문가도 있어야겠지만 전문가를 포함한 여러 집단과 여러 종류의 사람들이 만나서 연대해서 실질적으로 방송을 해낼 수 있어야 하는데, 그렇게 만드는 과정에서는 방송인이 아닌 나 같은 사람도 역할이 있겠다 싶었어요. 개인적으로는 새로운 일을 또 벌일 형편이 아니었지만 이게 그냥 방송국 하나 더 만드는 것이 아니라 그동안 우리 사회에서 시민운동이나 문화운동을 해온 이들, 나 자신이 창비를 중심으로 해온 이런 것들이 뉴미디어의 세계로 연결되고 시민사회 전체가 한번 도약하는 계기라고 판단했지요. 그 과정에서 나도 좀 업그레이드한다고 할까 새로운 세계와 시대에 좀더 친숙한 그런 인간이 됐으면 하는 욕심도 작용했고요.

준비위원장을 맡은 싯점으로부터 치면 거의 2년 반이 됐고 재단법인 시민방송이 창립된 지도 2년 가까이 되고, RTV가 실제로 개국한 것은 작년 9월이에요. 어쨌든 일부에서는 뜻은 좋은데 실제로 방송을 하겠느냐 하는 회의적인 시각도 많았는데 이만큼 왔다는 데서 보람을 느낍니다. 다만 앞으로도 갈 길이 멀어 자리를 잡도록 도와주면서 평론가로서, 공부하는 사람으로서 망하지 않고 살아남는 길이 뭘까 하는 것이 아직도 내게 남은 숙제지요.(웃음)

새로운 영상매체와 문학예술

설준규 특별히 상세하게 논하신 적은 없지만, 새로운 매체를 활용한 새로운 예술형태의 가능성에 관해 얼핏 언급하신 것을 읽은 기억이 있는데요, 시민방송에 참여하시면서 그런 새로운 예술형태의 가능성을 염두에 두셨는지요? 아울러 이런 새로운 예술형태가 가능하다고 한다면 그것과 문자매체인 기존의 문학과는 어떤 관계가 성립될 것이라고 생각하시는지요?

백낙청 뉴미디어의 세계를 문자중심으로 활동해온 기존의 지식인들도 알아야 되겠다, 또 새로운 매체의 세계가 문학이라든가 기존문화의 중요한 성취들과 절연돼서는 안되겠다, 그런 생각이 시민방송에 참여하는 데 작용한 건 틀림없지만, 구체적인 구상이 있었던 건 아니지요. 새로운 영상매체와 문자예술의 결합 가능성에 대해 얘기한 것도 대개 일반론의 차원이었고요. 과거에도 문학이란 것이 문자예술만은 아니었잖아요. 지금도 노래가 진짜 좋으려면 가사도 좋아야 하고 어떤 가사는 그 자체로 문학적 향기를 지닙니다. 또 연극은 종합예술이면서 문학에 해당하는 희곡에 크게 의존하지요.

그런데 희곡의 경우에도, 셰익스피어 시대만 하더라도 당대의 희곡을 고급한 문학작품으로 잘 인정을 안했잖아요. 설교수가 셰익스피어 전공이니 누구보다 잘 알겠지만, 당시에 시를 쓰면 출판을 하지만 희곡은 특별한 경우 아니면 인쇄할 생각을 안했고, 하더라도 저자의 '작품'이라는 생각을 별로 안했는데, 그런 대중적이고 새로운 장르가 실제로는 대중의 잡다한 취미에 맞춰주면서도 기존 고급문학의 자양분을 흡수해서 오히려 더 수준높은 문학을 창조한 것이 오늘날 영문학도라면 누구나 공부하는 셰익스피어의 희곡이잖아요. 오늘의 시대적 조건에서 그런 성과가 당장 나오기를 기대하는 것은 좀 비현실적이라고 봅니다만, 새로운 매체가 득세하고 있기 때문에 과거의 유산은 다 죽게 마련이라든가 하는 식의 패배주의에 젖지 말자는 취지였지요.

나는 새로운 영상매체와 과거의 문학이나 예술, 학문의 유산이 제대로 결합하려면 예술과 지성에 본질적으로 적대적인 현재의 사회체제가 바뀌는 과정이 따라야지 단순히 새로운 매체가 있고 재능있는 사람들이 활약한다고 해서 셰익스피어 시대와 같은 성과를 거두기는 어렵다고 봅니다. 그러나 대세가 불리하다 하더라도 여기저기 틈새가 있는 것이고, 그 틈새를 활용하는 노력이 꾸준히 이어져서 그때그때의 성과가 이룩됐을 때 나중에 더 좋은 여건에서 더 큰 성과를 거두게 되는 것이니까, 그런 신념과 희망을 가지고 각자 최선을 다해야지요.

창비 자유게시판 활동에서 얻은 것

김명환 새로운 매체와 연관해서 얘기하자면, 인터넷 시대가 도래한 이후에 특히 창비 게시판 같은 것을 제대로 활용해서 좋은 매체를 만들어가려는 선생님의 노력은 남다르셨다고 생각합니다. 게시판에도 자주 등장하셨던 것으로 기억하고 있는데, 그 경험에 대해 지금은 어떻게 생각하시는지 말씀해주시지요.

백낙청 처음 창비 자유게시판에 뛰어들 당시는 게시판이 워낙 어지러웠달까, 창비에 대해 좋은 비판도 있었지만 억지 비난도 많고 할 때여서, 거기에 대해 답변도 하고 정리를 해줄 필요가 있었지요. 그런 계기로 네티즌의 세계에 참여해서 어느정도 성과는 봤다고 생각합니다. 하나는 나 개인적으로 그런 일에 더 익숙해지고 대중을 상대로 좀더 솔직하고 평이하게 글을 쓰는 훈련이 됐다는 것이고, 또 하나는 창비 자유게시판 자체가 얼마간 정돈이 되고 활성화되어서 한동안은 잘나갔다는 점이겠지요. 하지만 자유게시판의 속성상 그냥 내가 혼자 굳세게 마음먹고 한다고 해서 잘되는 것이 아니고 창비 편집진을 포함한 여러 사람이 함께 어떤 각오를 갖고 참여하지 않으면 제대로 살리기가 힘든 측면이 있더군요. 지금 완전히 죽었다는 건 아니지만 그사이에 곡절이 많았고 현재는 등록한 참여자로 국한하고 있는데 한창때의 활기에 멀리 못 미치는 게 사실이지요.

나 자신은 한 일년 넘게 열심히 참여했지만 학교에서 늘그막에 학과장이라는 것을 맡았고 또 얼마 뒤에는 시민방송 일까지 맡게 되면서 게시판에서는 거의 철수한 셈이죠. 그러나 창비 웹매거진이라든가 또 시민방송의 인트라넷 같은 데는 계속 글을 쓰고 있어요. 그런 의미에서 인터넷 게시판의 세계에 관여는 계속하는데 다만 창비 자유게시판은 당분간 잊어버리고 있는 상태입니다.(웃음)

영문학에서의 주체성 문제

설준규 학교 정년퇴임이 계기가 되어 오늘 선생님과 대담을 갖게 된 것인만큼, 오랜 세월 연구하고 가르쳐오신 영문학과 관련된 질문을 드리고 싶은데요, 먼저 제 개인적인 경험을 좀 말씀드리겠습니다. 1980년 당시에 선생님이 서울대학교에 복직하실 무렵 여러 해직교수분들과 함께 『다시 하는 강의』라는 책을 묶어서 내셨는데, 거기에 「영문학 연구에서의 주체성 문제」라는 글을 발표하셨지요. 나중에 선생님의 평론집 『민족문학과 세계문학』 II에 실린 글인데, 어려운 여건에도 불구하고 한국에서 하는 영문학이 영문학의 본토에서 하는 것과는 뭔가 다른 새로운 것, 본토 사람들이 보지 못하는 새로운 것을 내놓을 수도 있다고 주장하시는 것을 읽으면서 상당한 충격을 받았던 기억이 있습니다. 다른 한편으로는 70년대 초반 문리대 시절 선생님 강의를 여러 차례 들었지만 그 당시에는 선생님이 그런 말씀을 하시지 않은 것 같아서 진작 이런 말씀을 하셨으면 좋았을 텐데 하고 서운한 마음이 들기도 했었지요. 크게 보면 선생님의 「시민문학론」 같은 데에도 영문학이나 세계문학을 주체적인 눈으로 봐야 한다는 입장이 이미 담겨 있다고 볼 수 있겠지만, 강단에서는 그런 내색을 별로 안하셨던 것 같아요. 그래서 혹시 선생님께서 영문학을 대하는 입장이나 태도가 일정한 변화의 과정을 거쳐온 것이 아닌가, 1970년대 후반 해직되셨을 동안의 경험이나 1980년대의 독특한 경험을 통해 영문학을 바라보는 관점이 점차적으로 정립되어온 것은 아닌가 하는 생각이 드는 것이지요. 제 짐작이 어떤가요?

백낙청 두 가지 다 맞는 짐작이에요.(웃음) 처음부터 그런 생각이 아예 없었던 것도 아니고, 반면에 딱히 어느 시기에 확 변한 것은 아닐지라도 몇 단계에 걸친 변화가 있었던 것도 사실이지 싶어요. 내가 63년부터 강단에 서기 시작했고, 69년에 「시민문학론」을 쓰고 미국에 다시 가서 박사학위를 마치고 돌아왔는데, 외국유학을 다시 가기까지 몇년 사이에도 내 나름대로 인식의 진전이랄까 그런 것이 있었다고 생각해요. 66년에 『창비』를 창간하면서 쓴 글에도 약간의 그런 노력이 있지만 「시민문학론」에 가면 좀더 구체화되었다고 할 수 있겠지요. 그러나 새로운 계기라고 한다면, 미국에 가서 3년 동안 영문학 공부도 더 하고 그때까지 공부해왔던 로런스 연구를 더 해서 박사논문을 쓰고 하면서 생각이 많이 정리된 것이 있어요. 그리고 돌아와서 72년 2학기부터 다시 강의를 하다가 74년 말에 해직당했으니까, 그 무렵이 설교수가 학부생으로 내 강의를 들은 시절일 텐데, 이때는 전보다 나은 생각도 더러 했지만 강단에서 그걸 제대로 펼쳐 보일 기회가 없었던 셈이지요. 게다가 나는 외부에서 활동한 얘기, 가령 창비에서 하는 일만 해도 강의실에까지 끌고 들어와서 하는 건 잘 안하려는 편이지요.

74년에 해직돼서 80년 복직하기까지는 영문학 공부를 제대로 하진 못했지만 왜 이 땅에서 내가 계속 영문학공부를 해야 하느냐는 생각을 끊임없이 했어요. 봉급이 나오는 것도 아니고 다른 일들이 급박한데 말이지요. 그것도 하나의 진화과정이었다고 볼 수 있고, 그러다가 복직이 결정됐을 때 『다시 하는 강의』라는 책이 나왔는데요. 실은 그전에 『마지막 강의』라는 책이 있었죠? 76년인가에 같은 정우사(正宇社)에서 냈는데, 76년 초에 교수재임용법의 시행으로 해직교수들이 양산됐을 때 쫓겨난 이들이 한권의 에쎄이집을 묶어냈던 겁니다. 거기에 「D. H. 로런스의 소설관」이라는 글을 쓴 것이 있어요. 영문학의 주체적 연구 문제를 직접 거론한 것은 아니지만 내 나름의 주체적인 로런스 연구를 하려는 노력의 일부였다고 생각합니다.

사실은 해직 전에도 비슷한 글이 없는 건 아닌데, 강의실에 와서 학생들에게 일일이 소개를 안해준 것은 내가 학생들에게 덜 친절했다고 볼 수도 있고……(웃음) 어쨌든 열심히 찾아봤으면 아주 없는 건 아니었을 거예요. 하지만 역시 내가 생각해도 '주체적인 영문학연구'의 시도는 80년에 강단에 복귀한 뒤로 좀더 본격화했던 것 같아요. 게다가 창비 잡지가 폐간된 덕에 논문 쓸 시간이 좀더 생기기도 했고, 또 하나는 80년 '서울의 봄'에 복직되었을 때 나는 이런 생각을 했어요. 국민들이 나에게 일자리를 다시 찾아줬는데 한번 충실히 복무를 해야겠다고요. 그렇기는 하지만 80년대에도 잡지는 폐간됐지만 늘 출판사 일이 있고, 게다가 창비라는 데가 그냥 출판만 하는 데도 아니지요. 이런저런 사회활동이 많고 하다 보니 교수 노릇에 전념하지는 못했고 학생들에게 늘 미안한 생각을 갖고 살아왔습니다.

설준규 주체적인 영문학연구의 관점에서 앞으로 힘을 쏟아야 할 작업이 있다면 어떤 것이라고 생각하시는지요?

백낙청 이제는 주체적 영문학 읽기의 중요성만 강조할 것이 아니라 실제로 주체적으로 영문학을 연구해서 그 성과가 자꾸 나와야 하리라고 봅니다. 그래서 셰익스피어면 셰익스피어, 디킨즈면 디킨즈, 로런스면 로런스에 대해서 요즘 말로 글로벌 스탠더드, 세계적인 수준으로 보더라도 촌스럽지 않은 성과가 나와야 합니다. 딱히 외국학계 수준으로 철저한 문헌조사를 하고 주를 잔뜩 달아서 낼 필요는 없지만, 이 사람이 무식해서 이런 소리를 한다는 말은 듣지 않을 정도의 수준을 유지하면서 뭔가 작품에 대한 새로운 시각을 제시해주는 구체적인 성과들이 나와야지요. 나는 구미학계에서 주류를 이루는 읽기들이야말로 보편적이거나 선진적인 읽기라기보다 편협한 서구중심적인 읽기인 경우가 대부분이고 우리가 주체적으로 읽음으로써 오히려 전지구적인 시각에서 작품을 읽는 일이 가능하다고 믿어요. 그런 의미에서, '주체적'이라는 낱말은 자칫 객관성이 결여된 것처럼 들릴 수도 있으니까, 우리의 비서구중심적 시각이야말로 '지구적인 시각'일 수 있다는 자신감을 가지고 여기에 걸맞은 공력을 들인 연구성과를 내놓았으면 합니다.

'한물 간' 리비스의 현재성

김명환 아마 영문학을 공부한 사람이건 공부하지 않은 사람이건 선생님 평론을 읽다 보면 궁금해지는 것이 여러가지가 있을 텐데, 그중의 하나가 영미학계에서는 보수적인 비평가로 꼽히고 요즘에는 거의 논의가 되지 않고 퇴물 취급을 받는 리비스(F. R. Leavis)에 관한 선생님의 높은 평가라고 생각합니다. 선생님께서 리비스의 평론이나 생각에서 많은 영향을 받으셨다는 것은 자타가 공인하는 것 같은데, 특히 그렇게 되신 이유에 대해서 설명을 해주시면 좋을 것 같습니다. 그리고 근자에 소홀히하셨던 문학평론가로서의 작업을 새로 시작해야겠다는 말씀을 아까 여러 번 하셨는데, 제가 보기에 선생님께서 문학평론에 집착하시는 까닭이 리비스의 평론관과 무관하지 않다고 생각되는데 그렇지 않은가요?

백낙청 한꺼번에 너무 많이 질문하지 마세요.(웃음) 나는 한마디로 리비스가 20세기 영문학의 가장 위대한 전업 비평가라고 생각해요. 뿐만 아니라 20세기 영국의 중요한 사상가 중의 하나라고 생각합니다. '전업 비평가'라고 토를 단 것은 20세기 영문학에서 가장 중요한 평론을 쓴 사람은—우리가 그의 독특한 어법을 감안해서 읽을 줄만 안다면—소설가로 더 유명한 D.H. 로런스거든요. 이 점은 누구보다 리비스 자신이 역설하고 있지요. 또 하나, 리비스보다 '더 훌륭한' 비평가인지는 의문이지만, 어쨌든 최고의 비평가 반열에 넣을 사람으로 시인 T.S. 엘리어트를 꼽아야겠지요.

어쨌든 지금 리비스가 외국에서는 거의 잊혀진 게 사실입니다. 특히 미국에서 그렇지요. 영국에는 리비스의 제자들도 많고, 그때그때 새로운 유행에 휩쓸리는 성향이 미국의 영문학계보다 덜한 것도 있어서 조금 다르지만. 미국의 경우는 내가 80년대에 언젠가 미국에 가서 꽤 큰 대학 구내

서점의 문학평론 코너를 둘러보니까 일반평론 서적에는 리비스 책이 하나도 없어요. 개별작가론 코너에만 『소설가 디킨즈』라고 리비스와 그 부인 Q.D. 리비스가 공저한 책이 딱 한권 있더군요. 그런데 90년대 들어서 비슷한 종류의 서점을 두어 군데 가봤을 때는 그것조차 안 보여요. 지금도 인터넷서점 아마존 같은 데 들어가서 검색해보면 리비스 책들이 거의가 절판되어 있습니다. 그런 정도니 학계에서 리비스 얘기하면 촌놈 취급받기 딱 알맞지요. 그래서 나는 리비스가 중요하다고 생각해서 여전히 학생들에게 가르치고 읽기를 권장하지만, 요즘은 수업중에 그런 경고를 하죠. 왜 담배를 사면 "담배가 당신의 건강에 해로울 수 있습니다" 하는 식의 경고문이 담뱃갑에 인쇄돼 있잖아요. 그런 식으로, 미국에 가서 리비스 얘기를 함부로 하다가는 출세에 지장이 있을 수 있다고 학생들에게 경고를 하는데,(웃음) 그러나 이런 사태는 한마디로 그 사람들이 박복(薄福)한 탓이라고 봐요. 자기네 문학 속에 이런 보배를 두고도 딴소리나 하고 있으니……

흔히 리비스를 문학주의에 매몰된 사람이라느니 영문학의 낡아빠진 '위대한 전통'이라는 것을 고정시키려는 완고한 보수주의자라느니 하는데 이건 완전히 잘못된 생각이지요. 리비스야말로 그 시절에 기존의 고전에 대한 평가를 완전히 뒤집어놓은 사람 아니에요? 물론 자기가 새로 정립한 고전의 전통이 지속되기를 원하지만 그건 끊임없는 재창조와 수정의 과정을 거침으로써만 가능하다는 점을 강조하고 있지요. 『위대한 전통』(*The Great Tradition*)이라는 제목이 달린 책을 보더라도 제인 오스틴, 죠지 엘리어트, 조셉 콘래드, 그리고 마지막으로 D.H. 로런스가 영국소설의 '위대한 전통'의 뼈대를 이루는 작가로 지목되는데, 그중에 둘은 여자고 둘은 외국인이며 로런스는 광부 아들인데다 당시만 해도 명성이 확립되지 않은 작가였죠. 디킨즈 소설 중 유독 『어려운 시절』(*Hard Times*)만 높이 사준 것은 훗날 스스로 인정했듯이 디킨즈 문학에 대한 인식부족이었지만, 어쨌든 그것도 파격적인 평가였지요. 그런 식으로 기존의 캐넌(canon)에 대해 혁명적인 전복을 실행한 평론가가 리비스예요.

물론 그는 제3세계라든가 노동계급, 또는 반체제운동, 페미니즘 이런 데 대해서는 굉장히 냉담한 사람이었죠. 동시대의 새로운 예술에 대해서도 지나치게 편협하고 고답적이었다는 비판이 가능하고요. 그래서 우리가 리비스를 그대로 답습해서는 안되고, 리비스의 문학평론과 사상적 모색이 지닌 장점들을 우리 나름의 주체적인 시각, 지구적인 시각으로 오늘날의 변화된 세계에 접목시킬 때 그의 비평도 제대로 활성화되고 현대세계에서 소중한 위력을 발휘하게 되리라 봅니다.

설준규 리비스 비평의 독자적인 면모라면 어떤 것을 들 수 있겠습니까?

백낙청 글쎄요, 비평사에서는 리비스가 대개 미국의 이른바 신비평가들(the New Critics)과 한 묶음으로 분류되는 경우가 많은데 그런 식의 자리매김에 대해 문제를 제기하는 식으로 설교수 질문에 답해보지요. 작품 자체를 꼼꼼히 읽자는 것을 강조했다든가 그 과정에서 특히 초기에 T.S. 엘리어트의 영향을 많이 받았다는 점에서 신비평가들과 공통점이 있는 건 사실이고 리비스 자신도 그들에 대한 친근감을 표시한 바 있지요. 그러나 실은 리비스의 첫번째 제대로 된 영문학 비평서라고 할 *New Bearings in English Poetry*라는 책이 있잖아요. 엘리어트, 파운드 등 당시의 새로운 시인들을 중심으로 영시의 '방위(方位)'를 새로 잡아본 책인데, 그 발행시기 1932년은 신비평가들에 의한 비슷한 평가들이 쏟아져나오기 전이지요.

그러나 중요한 것은 누가 시기적으로 앞섰느냐, 또는 누구의 시인론이 더 정곡을 찔렀느냐가 아니라, 리비스는 신비평가들이 새로운 정통주의랄까 고정된 방법을 정립해갈 때 거기에 합류한 바 없다는 점이지요. 리비스는 '작품 자체'를 강조하면서도 처음부터 사회와 역사에 대한 관심이 지대합니다. 작품 자체를 꼼꼼히 읽자고 할 때, 그는 작품을 작품으로서 제대로 읽다 보면 저절로 작품 바깥으로 나가게 되어 있다는 걸 알고 있어요. 동시에 과거의 역사든 현재의 사회든 그 시대의 작품을 제대로 모르고는 작품 바깥의 세상을 깊이있게 알 수 없다고 강조하기도 하는데, 작품을 작품으로 볼수록 작품과 작품 아닌 것의 경계가 흐려지는 문학의 고유한 속성을 신비평가들보다 훨씬 깊이 통찰했다고 봅니다.

그래서 그는 문학비평에서 철학이라는 것은 소용없다고 주장했고 스스로 '반철학자'(anti-philosopher)로 자처했지만, 시의 존재양식이랄까 시의 성격에 대해 자기 나름의 이론적인 탐구를 계속했고 전통적 형이상학의 영역을 넘어서는 사고의 경지에 도달했다고 생각합니다. 리비스와 입장을 달리하는 많은 비평가들도 실제 작품에 대한 그의 탁월한 감각을 인정하곤 했는데, 감각은 타고나는 것이기도 하지만 그의 독창적인 사상적 탐구를 통해 가꾸어지고 지켜진 면도 있어요. 비평가에게는 역시 작품을 보는 감각과 안목이 제일 중요한 것 아니겠어요. 작품을 제대로 보고 정직하게 얘기하는 능력이 생명이지요.

문학평론가라는 존재와 그 역할

김명환 아까 한꺼번에 질문을 드려서 선생님이 미처 다 답변하지 못하셨는데, 그동안 소홀히했던 문학평론을 다시 하시겠다는 말씀은 그동안 여러 군데서 하신 것 같습니다. 평론에 특별히 큰 의미를 부여하시게 된 이유에 관해 말씀해주시죠.

백낙청 사람은 누구나 자기가 하는 일이 중요하다고 생각하지만, 문학이 특히 중요하고 문학평론이 중요한 것은 문학작품을 제대로 읽는 작업이 그 나름의 전문적인 수련을 요구하기는 하지만 이것이 분과학문의 전문성과는 본질적으로 다르기 때문이지요. 바로 리비스가 강조하는 점이기도 한데, 문학이라는 것은 기본적으로 누구나 공유할 수 있고 즐길 수 있는 활동이고 그런 점에서 분과학문이나 특별기술이 아닌데, 그러나 그걸 제대로 읽고 얘기하는 것이 아무에게나 가능한 건 아니지요. '비전문가로서의 전문적 수련'이 필요한 거예요. 바로 이런 수련을 거친 비전문가로서 온갖 독자들과 작품에 대해 이야기하는 사람이 비평가라 봅니다. 비평가의 발언권이란 기본적으로 훈련된 독자로서의 발언권이지, 문학이라는 분과학문에 대해 이런저런 전문지식을 갖고서 그런 전문가가 못되는 작가나 독자 앞에서 행세하는 인간의 발언권이 아니지요.

비평가가 독자의 한사람이라는 입장에 설 때만 작가와 대등할 수 있습니다. 물론 작품이 있어야 작품에 대한 평론이 가능하니까 그런 점에서는 작품이 우위에 있지요. 그러나 작품을 아무리 잘 써놔도 독자가 안 읽어주면 그만 아니에요? 그런데 작품을 제대로 읽는 행위는 필연적으로 거기에 대해 할말이 생기는 과정입니다. 실제로 입 밖으로는 한마디도 내지 않더라도 말이지요. 어느 작품이 좋다고 느낄 때는 은연중에 어디가 어때서 좋고, 또는 어때서 좀 덜 좋고, 자신이 아는 다른 작품보다 더 좋다든가 덜 좋다든가 또는 어떻게 비슷하거나 다르다든가…… 이런 생각이 저절로 솟아나게 되어 있거든요. 그러한 이야기를 불특정 다수를 상대로 책임있고 설득력있게 정리해서 말할 수 있는 사람이 비평가이고, 이런 담론을 통해 독자층이 늘어나고 활성화될 때 비로소 작품의 생명력이 한껏 발휘되는 거지요. 그래서 흔히 평론가가 남의 작품을 읽고 자꾸 이러쿵저러쿵하는 것을 주제넘은 짓이라고 하지만, 물론 나도 평론을 하는데 주제넘은 평론들이 적지 않긴 해요. 그러나 원칙론을 말하면 비평가가 평범한 독자와 동렬에 서는 한은 최고의 작가와도 어떤 점에서 대등한 입장이고, 자신이 작가와 독자 그 어느 것도 아닌 제3의 입장에서 작품을 두고 말할 전문지식과 기술을 지녔다는 식으로 나올 때 나쁜 의미의 지도비평이 되고 주제넘은 짓이 되는 거지요.

그런데 요즘 우리 주변에서 나오는 평론을 많이 읽지는 않지만 한국에서 실제로 씌어지는 비평도 그렇고 외국에서 나오는 글들을 봐도 그렇고,

내가 가진 비평관하고는 꽤 거리가 있다는 느낌이에요. 요즘 비평들이 작품을 읽은 한사람의 독자로서 그 작품에 대해 자기가 얘기하고 싶은 실감을 다른 독자들이 공유해서 함께 토론할 수 있도록 하는 것이 아니고, 대개는 자기가 미리 생각한 멋있는 틀을 제시하거나 그럴듯한 문자를 늘어놓으면서 작품은 그냥 자료로서 이용하고 있다는 인상을 받곤 하지요. 물론 이론적인 틀 자체가 새롭고 의미있는 것이라면 여기저기 작품에서 끌어대면서 그것을 예시하는 작업도 그 나름의 가치가 있지만 그건 비평은 아니지요. 나는 그러한 작업이 제대로 됐다 해도 최고의 문학평론에 비하면 한 차원 낮은 작업이라 생각하는데, 요즘 이론가들 중에는 오히려 이런 것이 '창조적 비평'으로 창작과 맞먹는다거나, 아니면 모두가 다 '글쓰기' 인데 작품을 쓰거나 읽고 제대로 토론하는 글쓰기가 특별한 의미를 지닌다는 듯이 말하는 건 낡은 사고방식이라는 이론을 전개하는 이들도 많지요. 그러나 나는 로런스와 더불어, 리비스와 더불어 구식 비평관을 견지할 생각이에요. 뿐만 아니라, 저들 신식 이론들을 우리가 주체적인 시각으로 읽고 비평하는 데 성공한다면 오히려 더욱 선진적인 문학론에 도달할 수 있으리라 믿지요.

영문학연구와 영어교육은 대학마다 형편에 맞게

설준규 말씀을 듣고 보니까 평론가가 문학작품을 자신이 갖고 있는 이론적인 틀을 예증하기 위한 자료로 동원하는 경향이 국내 문학계에서도 적지 않게 퍼져 있다는 생각이 드는군요.

강단에서 영문학을 오랫동안 교육해오셨고 또 영문학을 가르치고 배우는 일이 매우 중요하다고 믿고 계신데, 최근 들어 국내 영문학과가 양적으로는 굉장히 팽창했지만 내용을 들여다보면 실용영어 위주의 교육을 담당해야 한다는 압박을 강하게 받는 한편 영문학 교육의 입지는 상당히 위축되어가고 있는 것이 현실 아닌가 합니다. 우리 대학에 지나치게 영문학과가 많은 것도 사단이라면 사단이겠지만 또다른 문제도 얽혀 있다고 생각되는데, 국내 대학 영문학과의 바람직한 존재 양태가 어떤 것인지에 대해 말씀해주시지요.

백낙청 우리가 대학 얘기를 할 때 한국 대학의 무슨 과가 어때야 한다고 일률적으로 얘기하는 경향이 있는데 그건 맞지 않다고 봐요. 영문과의 경우, 이렇게 얘기하면 일종의 서울대중심주의랄지 몰라도, 서울대학교라든가 어쨌든 영문학연구를 제대로 할 여건이 어느정도라도 갖춰져 있는 대학들과 나머지 대학들을 구별해서 얘기해야 한다고 봐요. 또 나머지 대학도 여건이나 실정이 저마다 다양할 테지요. 그래서 가령 영문학을 제대로 공부하겠다는 학생이 하나도 없고 교수진도 제대로 갖춰져 있지 않고 학교에서 뒷받침할 능력도 없는 경우는 사실 영어 가르치는 쪽에 치중하는 것이 현실적으로 불가피할 뿐 아니라 어느정도 당위성도 있다고 생각해요. 실제로 어느 학교가 거기에 해당하는가에 대해서는 논란의 여지가 있겠지만…… 지금 한국 대학에 영문과가 몇 개나 있어요?

설준규 150, 160개 정도 되지 않을까요?

백낙청 150개 전부가 영문학도를 키우는 기반이 될 수는 없는 것 아니에요? 실용영어를 포함해서 영어교육에 치중해야 하는 학교가 있고, 그다음에 영문학을 상당량 가르치되 미국학이라든가 영문화권연구라든가 이런 지역연구나 문화연구의 일환으로 가르치는 것이 적합한 학교가 있을 수 있죠. 실은 서울대학에서도 외국어문학과가, 특히 독일어나 불어처럼 지금 여러가지로 어려움에 처해 있는 제2외국어 학과들이 가령 '독어독문학과'가 아닌 '독어독문화학과'로 변모하는 방안이 논의가 됐었어요. 제2외국어학과에서는 대개 그렇게 해봄직하다는 쪽으로 의견이 모아진 것으로 아는데 아직 실행은 안되고 있지요. 영문과의 경우에는 그런 논의가 나왔을 때 나도 반대를 했고 우리 과의 다수가 반대를 해서 영어영문학과로 남는 게 좋다고 합의했지요.

물론 지금 영문과의 형편도 그렇게 좋은 건 아니에요. 정말 영문학을 대학원에서까지 하겠다는 학생들이 점점 줄어들고 있는 상황이지만, 어쨌든 한국에서 영문학을 제대로 하는 학과가 몇 개는 있어야 하는데 서울대만큼 여건을 갖추기도 쉽지 않으니 서울대 영문과가 영문과로서 살아남아야 된다는 생각이고, 또 한 가지는 독어나 불어와 달라서 영어라는 것은 현대세계의 패권언어인 셈인데다 그걸 공용어로 쓰는 나라만 해도 굉장히 많아요. 그러니 영어사용권의 문화라는 것은 하나의 학과에서 다룰 수 있는 성질이 아니거든요.

그렇지만 서울대 등 몇몇 대학을 빼면 영미문학 위주의 학과를 제대로 운영할 수 있는 데가 별로 많지 않다고 봐요. 요즘은 유학들을 많이 가니까 국내 대학의 영문과가 좋은 학생을 확보하기가 더욱이나 어렵습니다. 그래서 대학마다 형편에 맞춰서 영어교육, 영문학교육, 지역연구, 문화연구 간의 비중을 조절하는 것이 옳은데, 다만 이것이 대학당국의 일방적인 경영논리나 실용영어에 대한 일종의 맹신에 의해 좌우되는 현상은 유감스럽지요.

영미문화와 이라크전쟁

설준규 조금 엉뚱한 질문처럼 생각하실지 모르겠지만, 최근 영국과 미국이 연합해서 유엔도 무시하고 이라크를 침공했는데 이 사태와 관련해서 영문학을 오래 연구하고 가르쳐오신 입장에서 각별하게 느끼시는 점은 없는지요? 가령 문학이 자신을 배태한 사회를 일정하게 반영하는 성격을 지닌다고 볼 수도 있을 텐데, 영미문학이나 영미문화 속에 최근 이라크 전쟁과 같은 상황을 감지하게 하는 측면은 없을까요?

백낙청 영문학을 한 사람으로서 특별한 통찰이 있는지는 모르겠군요.

영국의 경우는 독자적인 제국주의 전통이 있기도 하고 또 하나는 미국과 특수관계라는 것을 전부터 강조해온 면도 있지만, 어쨌든 이번 전쟁에서는 조연급의 부차적인 변수이고 문제는 미국이겠지요. 내 전공은 영국문학이지만 미국문학도 약간은 공부하게 되었고, 또 미국에서 살아본 경험도 있는데, 그런 입장에서 이번 이라크 침략 같은 것을 볼 때 한편으로는 미국이 꼭 저런 나라만은 아닌데 하는 아쉬운 생각이 들고요. 왜냐하면 내 나름대로 미국의 좋은 점에 대한 인식이 있거든요.

그러나 다른 한편으로는, 하긴 미국이 원래 저런 나라였지 하는 생각도 합니다.(웃음) 사실은 한미수교 1백주년 되는 82년에, 우리나라에서는 그 1백주년을 기념해서 부산미문화원 방화사건이 일어났는데,(웃음) 그해 내가 D.H. 로런스의 『미국고전문학 연구』(*Studies in Classic American Literature*)의 내용을 내 나름대로 정리해서 소개한 글을 발표했어요. 「미국의 꿈과 미국문학의 짐」이라는 글인데 평론집 『민족문학과 세계문학』 II에 실렸지요. 로런스에 의하면 미국에서 민주주의라든가 자유, 이런 것이 정말 생명의 리듬을 타고 있는 것이 아니라 오히려 파괴적인 작용을 한다는 것이고 청교도들이 자유를 찾아 아메리카로 건너왔다는 생각도 일종의 이데올로기에 불과하다는 거지요. 정말 자유를 사랑한 사람들은 영국에 남아서 싸웠고 그 결과 1700년의 싯점에서 영국이 미국보다 훨씬 자유로운 사회가 되었다는 거지요. 어쨌든 이런 기본적인 시각에서 쿠퍼, 포우, 호손, 멜빌, 휘트먼 등 미국문학의 고전적 작품들을 읽어낸 책인데, 참 어떤 해석은 너무나 기발해서 사람들이 잘 신용을 안하지요. 하지만 내가 그때 글을 쓴 취지는 로런스의 해석들이 그냥 어떤 천재적인 소설가의 기상천외한 발상으로 흥미롭게 읽고 말 일이 아니라, 제대로 새겨들으면 개별 작품들에 대해서도 핵심을 찌른 데가 있으려니와 미국역사의 본질적 흐름에 대해서도 중요한 통찰을 담고 있다는 것이었지요.

이번의 이라크전쟁 같은 것도 그 흐름에서 보면 미국사회에 처음부터 내재하던 경향이 더 막무가내로 드러난 것이라고 볼 수가 있어요. 가령 멜빌의 『모비딕』(*Moby-Dick*) 있잖아요? 이런 이야기는 9·11 이후 창비 자유게시판에 한기욱(韓基煜) 교수가 쓴 바도 있는데, 나중에 보니까 에드워드 싸이드도 비슷한 얘기를 거의 동시에 했더군요. 9·11테러 이후 미국이 『모비딕』에 나오는 '에이헙' 선장 비슷한 광기에 차 있다는 거예요. 실제로는 멀쩡한 고래일 뿐인데 이걸 악의 화신으로 단정해놓고 이 흰 고래를 잡겠다고 온갖 무리수를 두면서 끝까지 추적하다가 결국 배가 침몰하고 자기도 파멸하는 얘기인데, 싸이드도 에이헙 선장을 상기했고 한기욱 교수도 비슷한 얘기를 했죠. 사실 로런스의 『미국고전문학 연구』 중 『모비딕』에 관한 챕터를 보면 9·11 이후에 아프가니스탄을 침공하고 이라크를 침략하는 미국의 모습이 떠오르지 않을 수 없어요. 그런데 또 하나 재미있는 것은, 한기욱 교수가 창비에서 월러스틴과 이메일 인터뷰를 하면서 그 점을 질문했지요. 싸이드도 이러저러한 얘기를 한 적이 있는데 당신은 어떻게 생각하느냐고 물었더니, 그때는 이라크전쟁이 임박하기 전인데, 월러스틴이 답하기를, '맞다. 다만 모비딕은 오사마 빈 라덴이 아니라 사담 후쎄인이다'라고 했어요.(웃음)

그런데 내가 이런 이야기를 하는 것은 미국이 원래 그런 나라니까 미국사회나 문학에서 얻을 것이 없다는 말을 하자는 게 아니에요. 우리가 현대 미국사회에 대한 어떤 통찰을 미국소설의 고전에서 얻을 수 있다고 할 때는, 멜빌 같은 위대한 미국 작가가 미국역사의 특성이랄까 미국정신의 흐름에 대해 누구보다 진지하게 고뇌하고 준엄한 비판을 일찍부터 했다는 얘기거든요. 그 사실을 미국 학계의 한다하는 비평가나 연구자들이 외면하고 있는데 우리가 주체적이면서 오늘의 지구적 현실을 정확히 보는 시각으로 읽어낼 때, 원래 그 작품의 핵심에 해당하는 통찰들을 살려낼 수 있고 에이헙의 광기가 미국정신의 전부는 아니라는 인식도 갖게 되는 거지요.

진리론과 관련하여

김명환 선생님께서 해오신 작업 가운데 오해되거나 사안의 중요성에 걸맞은 관심을 끌지 못한 부분들이 없지 않다고 생각되는데, 분단체제론이라든가 진리 문제와 관련된 선생님의 입론이 그 대표적인 예가 아닌가 합니다. 분단체제론의 경우는 『창비』 지면을 통해서 그나마 논의가 이어지고 있습니다만, 진리와 관련된 입론은 선생님 문학론 전반에서 핵심에 해당하는 것임에도 불구하고 찬반 여부를 떠나서 제대로 논의조차 되지 못한 것이 아닌가 합니다. 거론이 되는 경우에도 신비주의적이라느니, 관념적이라느니 하는 손쉬운 비판이 가해지기 일쑤였고요. 이번 기회에 선생님의 진리에 관한 생각을 네티즌들을 위해 좀 쉽게 설명해주시면 어떨까 합니다.

백낙청 그 이야기를 하는 건 좋은데 쉽게 설명하라는 건 무리한 주문 같네요.(웃음) 진리에 관한 논의는 사실 철학계에서 해야 하는데, 서양철학을 하는 분들이 대다수는 내가 말하는 그런 진리에는 관심이 없는 것 같아요. 서양철학계에서 주로 얘기하는 진리라는 것이 실은 우리말로 '진리'라고 하는 것과는 거리가 있거든요. 주로 어떤 명제가 맞느냐 틀리느냐를 따지면서 맞으면 진리라고 하는데, 이런 걸 '진리(眞理)'로 번역하면 우리말의 실감과는 동떨어지지요. '진실'이라고 해도 꼭 어울리는 건 아니지만 그게 좀 나을 듯싶어요. 가령 법정에 증인이 나와서 증인선서를 할 때 사실과 진실만을 말하겠다고 맹세하잖아요? 우리말로는 숨김과 보탬이 없이 사실만을 말하겠다고 하고, 영어로는 "I will tell the truth, the whole truth, and nothing but the truth"라고 하는데, 이걸 "나는 진리를 말하겠고 모든 진리를 말하며 진리 외에는 말하지 않겠다"라고 번역하면 무슨 유사종교의 교주가 나타나셨나 할 것 아니에요.(웃음) 그러니까 어떻게 보면 아직도 우리나라에서 서양철학을 하는 많은 분들이 자기 나라 말로 철학을 하기보다는 한국어 낱말을 서양철학에서 쓰이는 용어를 가리키는 부호로 사용하면서 서양철학의 담론을 옮겨주고 있지 않나 싶어요.

또 하나의 예가 영어의 mind를 마음이라고 번역하는 거예요. 우리말로 마음이라고 하면 그게 어디에 있는지 분명치 않고 불교식으로는 딱히 있다고 못박을 수도 없는 것이지만, 그래도 어디엔가 있다고 할 때는 가슴 언저리에 있는 걸로 되어 있는데, 영어에서 마인드라고 하면 주로 머리에 있는 것이지요. 그러니까 '정신'이라든가 '의식' '두뇌' 등으로 옮긴다면 모를까—물론 그 어느 것도 딱 맞아떨어지는 건 아니고 영어의 마인드, 독일어의 가이스트(Geist), 불어의 에스프리(esprit)가 모두 조금씩 내포가 다르기도 하지만—아무튼 '마음'은 아니란 말이에요. 물론 일상회화에 나올 때는 맥락에 따라 '마음'으로 번역하는 게 좋을 때도 있지만요. '진리'의 경우도 마찬가지여서, 애당초 '진리'로 번역하기에 적합치 않은 개념을 진리라고 불러놓고 그런 진리 논의를 펼치기에 바쁘다 보니 정작 진리에 관해서는 무관심한 게 너무나 당연하지요.

그런데 근대철학이나 사회과학 또는 자연과학에서 말하는 truth와는 별도의 어떤 진실을 우리가 작품에서 만날 수 있고 거기에서 오는 감동이 있다고 말하면 아무도 그걸로 시비 걸 사람이 없는데, 나는 제대로 된 작품에서 만나는 진실은 truth보다 한층 높은 차원의 '진리'라고 주장하고, 더구나 그것이 진리의 '드러남이자 이룩됨'이라는 둥 아리송한 소리를 해대니 무식하고 독단적인 문학주의자로 취급받기 십상이지요.(웃음) 물론 기존의 서양철학에서의 truth 개념에 대한 비판이나 해체작업은 서양 학계에서도 활발하게 이루어지고 있지만 그런 작업을 가장 앞장서 수행하는 해체론자나 일부 사회과학자들은 좀더 근원적인 진리를 추구하지는 않지요. 물론 하이데거 같은 사람은 예외지만 그렇기 때문에 그는 형이상학적인 사고를 완전히 탈피하지 못했다는 비판을 받곤 하지요. 기존의 진리관을 해체하는 대부분의 이론가들은 진리 일체를 의심하고 경계하는 데만 몰두하는 것 같아요. 그러다 보니까 이 문제는 제대로 논의가 안돼서 나도 물론 아쉽지만, 나 자신이 그 문제를 더 충실하게 연구해서 논의를 진전시키지 못하고 있는 마당에 누구를 원망하고 나무라겠습니까?(웃음)

김명환 진리에 대한 관심을 말씀하시면서 진리와 과학성의 올바른 관계설정이 리얼리즘과 직결된다고 주장해오셨지요. 요컨대 그냥 과학성의 차원에 매몰된다고 할까, 있는 사실만을 그리는 문학작품은 사실주의 양식에 머물 뿐 진정한 리얼리즘을 구현한 좋은 문학작품은 못되고 진리와도 거리가 멀어질 수밖에 없다는 주장인 거죠. 그런데 진리와 과학성에 관한 선생님의 그같은 끈질긴 주장에 대해서 학계나 평단에서는 그다지 관심을 기울이지 않았지요.

백낙청 나에 대해서 한편으로는 근원적인 진리 운운하면서 신비주의로 나아간다는 얘기도 있고, 또 정작 작품을 논의할 때는 사실주의적인 기율 같은 것을 과도하게 주장하고 그것이 곧 문학작품의 본분인 것처럼 말한다고 비판하기도 하는 걸로 압니다. 그런데 근원적인 진리를 얘기하는 것이 자칫하면 정말 신비주의로 갈 수 있는 것이, 근원적인 진리 차원에 못 미치는 진실이랄까 합리성, 사실성 등이 아무 의미가 없는 것처럼 말하게 되면 그게 바로 신비주의가 되는 거거든요. 서양의 근대철학에서 중시하는 truth도 단순히 근원적 진리의 망각이라거나 아무나 쉽게 성취할 수 있는 가치는 아니고, 서양인들의 역사 속에서 그들 나름의 진리를 구현하면서 그렇게 구현된 진리의 테두리 안에서 성립하고 성취된 개념들이거든요. 그것을 성취하고 발전시키기 위해 수많은 사람들이 노력했고 피땀어린 희생을 했고 온갖 곡절을 거치면서 철학과 예술, 과학 등 각 분야에서 그에 걸맞은 업적이 쌓여온 거란 말예요. 그래서 근원적인 진리의 새로운 드러남을 이룩한다고 할 때도 인류의 이런 성취를 제대로 수용하고 소화하는 진리라야지, 그런 것들은 진리가 아니고 한 차원 낮은 것이니까 버리겠다고 하는 자세로 어떻게 진리가 드러나고 이룩되겠어요? 진리라는 것은 불교식으로 말해 한편으로는 불생불멸(不生不滅)이고 부증불감(不增不減)하면서도 동시에 인간의 역사적 실천을 통해 구현되는 도(道)인데, 우리가 진리와 새로운 관계를 이룩하겠다고 할 때 서양에서 먼저 성취했지만 지금은 전지구적으로 일정한 타당성을 발휘하고 있는 과학의 진실이라든가 예술에서 사실주의적인 기율에 대해 간단히 생각할 수 없는 거지요. 다만 이런 것들이 진리 그 자체는 아니라는 깨달음을 놓쳐서도 안되니까 참 어려운 과제죠.

새만금 문제: 간척사업 중단하고 최선의 대안을 찾아야

김명환 자리를 마무리해야 할 때가 가까워오는 것 같은데요, 화제가 바뀝니다만 선생님께서 최근 지대한 관심을 기울이고 계신 새만금 문제에 관한 말씀을 듣고 싶군요. 새만금을 둘러싸고 예정대로 공사를 마쳐야 하느냐, 아니면 어떤 다른 조치를 취해야 하느냐 등등 논란이 많지 않습니까? 이 문제에 관해 선생님은 어떤 입장을 갖고 계신지요?

백낙청 한마디로 간척사업은 중단돼야 한다는 게 나의 확고한 입장입니다. 그런데 나는 환경운동단체들이 새만금 간척사업에 반대하는 서명운동 같은 걸 벌일 때 동참하곤 했지만 그 이상으로 이 문제에 깊이 관여한 건 아니었어요. 원래 환경분야의 활동가가 못되는데다, 환경재앙을 막기는 막아야겠다는 생각을 하면서도 새만금처럼 대규모의 공사가 저런 정도로까지 진행됐는데 무작정 백지화하라기가 난감한 면도 있었고요. 그러다가 두어 해 전에 김석철(金錫澈) 교수와 이야기하다가 '바다도시'에 대한 그의 구상을 듣고 '대안있는 반대'가 가능하겠다는 확신을 갖게 되었지요. 당시에는 김교수가 구상이 더 무르익기까지는 보안을 해야지 섣불리 이야기를 꺼냈다가 사람만 우스워진다고 해서 한동안 사적인 의견교환만 했는데, 방조제공사가 완공이 가까워지는 급박한 상황인데다, 시민방송 RTV가 개국하면서 캠페인을 하나 벌이려는 타산도 있어서 바다도시 논의의 활성화를 위해 나도 적극 나서게 된 거지요. 김석철씨의 바다도시 구상은 지금도 진화중이고 그게 최선의 안이라고 단정하기에는 아직 이르지만, 어쨌든 이제까지 쌓은 둑을 헐지 않고 활용하되 바닷물이 드나들도록 해서 새만금 갯벌과 바다를 살리면서 동시에 전라북도 도민들의 정당한 개발욕구를 충족시켜줄 가능성을 열어주고 있거든요.

김석철 교수의 새만금 바다도시 구상도

동시에 이 문제에 대한 나의 관심은 말하자면 분단체제론자로서의 관심이기도 해요. 새만금 갯벌이 생태계보존이라는 차원을 떠나 경제성 면에서도 농지나 공장부지보다 훨씬 높은 가치를 갖고 있는데, 이걸 송두리째 없애는 사업이 구시대의 무지막지한 발상에 의해 시작돼서 이제는 일정한 관성의 법칙에 따라서 계속되고 있단 말이죠. 관성이란 것이 물리학적인 관성이 아니라, 사업주체나 각계의 관련된 사람들의 기득권이 걸려 있고, 직접 물질적인 이해관계가 아니더라도 그 사업을 지지해줬던 학계나 언론계 인사들의 위신도 걸려 있고 또 지역여론도 이미 상당히 굳어진 상태지요. 물론 지역주민의 여론이라는 것이 사실은 소수의 지도층이 전체 지역주민들을 오도하고 조작한 면이 많지만, 일단 그런 여론이 형성되고 나면 지역주의 정치구도에서는 그것을 볼모삼아서 국가정책을 좌우할 수 있는 것이 우리의 정치현실이기도 하거든요.

그래서 이건 환경이나 생태 차원에서도 아주 심각한 문제지만 우리가 청산해야 할 지난 시대의 온갖 문제점들이 다 얽혀 있는 사안이라고 봅니다. 그리고 이걸 해결하는 과정에서 간척사업을 반대하는 사람들도 뭔가 달라진 모습을 보여줘야 할 것 같아요. 일부에서는 이제까지 쌓아놓은 둑을 헐어버리는 것만이 대안이라고 주장하는데, 정치적인 역학관계에서 그런 결정을 얻어낼 수 없는 것은 물론이려니와 둑을 허물었을 때 일어날 환경문제도 엄청나거든요. 정말 환경을 사랑하고 갯벌을 사랑하는 사람이라면 그런 무책임한 주장을 하기는 어렵다고 봅니다. 이건 내 얘기만이 아니라 전문가들의 견해이고, 갯벌 전문가이자 새만금 갯벌의 보존을 위해 누구 못지않게 애써온 전남대 전승수(全承洙) 교수가 창비 웹매거진에 쓴 얘기이기도 해요.

그러니까 환경운동이라는 것이 원래 환경상의 문제점을 지적하는 게 본분이고 대안까지 내놓을 의무가 있는 건 아니지만, 지금 새만금의 경우는 문제점을 지적하고 반대만 하는 것으로는 환경파괴를 방지할 수 없게 됐으니까 환경운동가와 새만금 간척사업을 반대하는 모든 사람들이 모여서 토론하고 중지를 모아서 그럴듯한 대안을 내놓아야 할 계제입니다. 그리고 조금 확대해서 생각하면 이것은 우리나라의 시민운동이 한단계 성숙하는 과정일 수도 있어요. 특히 시민방송을 맡으면서 그런 생각을 많이 했는데, 시민사회도 텔레비전 채널을 하나 가졌으면 대중들이 공감할 수 있는 대안도 내놓고 사회발전을 위한 어떤 경륜을 갖고 비판할 걸 비판해야지, 만날 반대하는 목소리만을 텔레비전으로 내보내면 누가 볼 거냐는 아주 현실적인 문제에 부닥쳤거든요. 그래서 우리는 비판하고 반대하면서도 대안을 제시하는 방송이 되자고 다짐했고, 그런 의미에서 새만금 개발의 대안을 찾는 일이 RTV의 성격에 꼭 맞는 것 같았어요. 더구나 김석철 교수의 '새만금 바다도시' 제안은 새만금뿐 아니라 한반도와 환황해권(環黃海圈)의 변화하는 상황에 대한 독창적이고 획기적인 발상을 담고 있어요. 여러가지로 점검할 문제가 남아 있지만, 그런 점검을 진지하게 해보지도 않고 간척사업을 타성적으로 밀고 나간다든가, 아니면 간척사업이 잘못됐고 전북도민들의 개발욕구 자체도 오도된 욕망이라고 거룩한 말씀만 계속 해대는 것은 똑같이 잘못된 것이고, 어찌 보면 분단체제가 굳건하던 시대의 단순논리에 똑같이 사로잡혀 있는 꼴이지요.

실제로 이 문제에 관여하면서 실감한 것이, 전반적으로 우리 지식인들이 어떤 괜찮은 제안이 있다 싶을 때 그걸 되게 만들어보자고 나서기보다, 그러니까 비판을 하더라도 그런 전제하에 비판해야 옳은데, 남은 어쨌든 열심히 생각해서 한번 같이 검토해보자고 안을 내놓았을 때 마치 완성된 설계도의 결함을 잡아내듯이 타박이나 하면서 완전한 것을 만들어올 때까지 꿈쩍도 않겠다는 자세로 나오는 경우가 너무도 많아요. 한때 운동권에서 즐겨 쓰던 표현으로 '평론가적 태도'로 임하는 거죠. 물론 소신을 갖고 반대하고 나오는 경우에 대해서는 그런 표현을 쓸 수 없겠지만요. 아무튼 김석철 교수의 바다도시안을 계기로 우리가 좀더 격의없이 토론을 벌이면서 그야말로 실천적인 자세로 현실문제에 임하는 공부도 더 해야겠다고 생각해요. 그래서 이런 토론을 일으키는 데 일조했으면 하고, 바다도시가 가능하다면 어떻게든지 좋게 만들어보는 데 일조할 생각이지만, 다른 더 좋은 대안이 나오면 당연히 그리로 가면 되는 것이지 내가 꼭 김교수 구상이 아니면 죽고 못 산다는 건 아니에요.(웃음)

한반도 정세: 마지막 고비인가

설준규 이야기가 예정했던 것보다 길어지고 있지만 기왕 분단체제에 대해 말씀을 하셨으니 한 가지만 더 질문 드리겠습니다. 작년 창비 웹진에 올리신 신년사의 제목이 「밝아올 세상, 밝아진 한반도」였는데요, 사실 작년 초의 국내외 상황을 보자면 선생님 말씀대로 그 신년사의 제목은 현실과 동떨어진 '개그'로 느껴질 만했습니다. 그러나 2002년 한해 동안 월드컵 잔치에서 상당한 성공을 거두었는가 하면 수구세력의 정권탈환을 막는 정치적 쾌거를 이루어냈고, 남북관계에서도 일정한 진전이 계속되었습니다. 그 점에서 선생님의 작년 신년사는 마치 예언처럼 들어맞은 면도 없지 않습니다. 하지만 올해의 신년사에서도 지적하셨듯이 북핵위기는 파국으로 가고 있진 않지만 언제 어떻게 될지 모르는 심각한 사안이고, 새로 탄생한 노무현정권 역시 많은 기대에도 불구하고 감당하기 힘들 만큼 어려운 과제들에 직면해 있습니다. 더구나 미국의 이라크 침공은 한반도의 안위를 낙관할 수 없게 하고 있습니다. 나라 안팎에서 일어나고 있는 이런 일들이 한반도의 분단체제에 어떤 방식으로 작용할 것이라고 생각하시는지 말씀해주셨으면 합니다.

백낙청 원래 예언이나 예측은 함부로 하는 게 아니고 내 장기는 더구나 아니지요. 그런데 작년의 신년사가 어느정도 예측의 성격을 띠게 됐고, 올해 신년사도 비록 주조는 '희망의 승리를 이어가자'는 다짐이지만 희망적인 관측을 담은 것이 사실입니다. 예언 아닌 예언을 하게 되는 것은 이른바 '구체적 정세에 대한 구체적인 분석'을 하다 보면 자연히 일정한 예측이 따라오게 마련이거든요. 금년 벽두의 정세에 대해서는 무엇보다 북핵문제가 안갯속이라고 했지요. 지금도 여전히 그렇지만, 작년에 이룩한 희망의 승리들을 올해에도 이어가자고 할 때는 우리가 잘하면 이 고비를 무사히 넘길 수 있다는 전제가 깔려 있는 거지요.

기본적으로는 여전히 그런 생각을 하고 있습니다. 어쩌면 이것이 한반도에서 마지막 큰 고비가 될지도 몰라요. 연초의 싯점에서 최악의 씨나리오라면, 미국이 이라크를 치는데 그것도 3월이 아니라 1월이나 2월에 곧바로 쳐들어가서 일사천리로 끝내고, 곧바로 북에 대해서도 일방적인 굴복을 요구해서 북이 안 들으면 선제공격을 한다든가, 또는 선제공격이 예상되는 상황에서 북이 먼저 공격을 한다든가 해서 한반도가 다시 전쟁에 휩싸이는 그런 상황이겠지요.

그것보다 조금 나은 차악(次惡)의 씨나리오는 이라크전쟁에서 승리한 미국이 북에 대해 강경한 요구를 하는데 북에서는 안 듣고, 그러나 한국이 동조를 안하고 중국도 적극 반대하는 등 여러가지 여건을 감안해서 전쟁까지는 안 가지만 한반도에 긴장은 계속되고, 그래서 북은 북대로 모처럼 개혁정책을 내놓았다가 완전히 실패하고 남한은 남한대로 남북관계가 안 풀릴뿐더러 대미관계도 완전히 벌어지면서 경제적인 손실도 엄청나고 정치개혁도 물건너가고…… 가령 새만금에 대한 좋은 안이 나오더라도 그걸 실현할 능력이 없어지는 사태, 이런 것이 차악의 씨나리오라고 할 수 있죠.

그런데 나는 어찌 보면 최후, 최대의 고비라고도 볼 수 있는 이 판국에서 최악, 차악 다 잘 넘길 수 있지 않을까 하는 희망을 가지고 있습니다. 우선 지금 얘기한 최악의 씨나리오는 이미 지나간 것 같아요. 우선 미국의 이라크 침공이 출발부터 예정대로 되지 않았지요. 유엔의 지지도 못 받았고 시기적으로도 늦었고, 또 시기는 시기대로 놓치고도 어떤 면에서는 졸속으로 진행되었지요. 앞으로 전세가 어떻게 될지 모르겠지만 이 싯점에서 보면 어쨌든 미국이 의도했던 일사천리의 진행은 아니고 앞으로 쉽게 승리한다 해도 곧바로 북한이나 이란을 공격할 만큼 간단한 승리가 되지는 않을 것 같습니다. 다음에 또 한판 벌이는 데는 상당히 조심할 것 같아요.

거기다가 우리가 어려운 여건 속에서도 남북간에 교류하고 공조할 것은 공조하고 동시에 대미외교도 줏대를 세울 것은 세우면서 지혜롭게 대응을 하면…… 미국이 여전히 말로는 북핵문제는 평화적으로 해결하겠다고 하고 있잖아요? 그리고 한국의 동의 없이는 어떤 것도 하지 않겠다고 하는데 그런 말 하는 사람들의 인격을 신뢰해서가 아니라, 미국이 스스로 하고 있는 그 말을 지키지 않을 수 없게 만드는 객관적인 정세를 조성할 여지가 있다고 보는 거예요. 그런 의미에서는 나는 아직도 이 고비를 잘 넘길 수 있을 것이라 보고, 이건 예언이라고 하더라도 부담이 없어요. 이것이 틀려서 최악의 씨나리오로 간다면 우리는 다 죽어 있을 테니까 그때 누가 나한테 와서 책임추궁 해봤자……(웃음)

설준규 아직도 여쭤보고 싶은 것이 많이 있습니다만 주어진 시간을 이미 다 쓴 것 같습니다. 아쉽지만 여기에서 자리를 마무리해야 하겠습니다. 선생님께서 긴 시간 동안 말씀을 상당히 많이 하셨는데도 별 지치는 기색이 없으신 것을 보니 정말 기쁩니다. 퇴임은 하셨지만 앞으로도 계속 여러 방면에서 활발한 활동을 하시리라 믿습니다. 감사합니다.

| 좌담 |

동북아시대 한국사회의 중·장기 전략과 단기적 과제

김석철(명지대 건축대학장, 아키반 건축도시연구원 대표)
박세일(서울대 국제대학원 교수, 전 청와대 정책기획비서관)
백낙청(서울대 명예교수, 계간 『창작과비평』 편집인)
성경륭(국가균형발전위원회 위원장, 한림대 교수)
2003년 10월 18일 한국프레스센터 20층 모란실

한국사회의 발전전략을 찾아서

백낙청 저희 창비는 '21세기의 한반도 구상'이라는 큰 주제로 2003년 여름호부터 3회에 걸쳐 연속기획을 하고 있습니다. 창비로서는 이런 연속기획이 처음인데 21세기가 열리는 마당에 뭔가 한반도를 위한 새 구상이 우리 사회에 필요하다고 생각했고, 거기에 일조하려는 뜻에서 이런 기획을 마련했습니다. 그래서 첫번째는 '동북아경제중심의 가능성과 문제점'이라는 제목으로 여름호에 특집을 했고요, 두번째로 지난 가을호에 '평화체제와 평화운동'이라는 제목의 특집을 꾸몄고, 이번에 '한국사회의 발전

■ 이 좌담은 『창작과비평』 2003년 겨울호에 수록되었으며, 『21세기의 한반도 구상』(창비 2004)에 재수록하면서 다소 손질했다.

왼쪽부터 박세일, 성경륭, 백낙청, 김석철

전략을 찾아서'라는 세번째 특집을 하면서 그 일부로 '동북아시대 한국사회의 중·장기 전략과 단기적 과제'라는 주제로 좌담을 갖게 되었습니다. 무언가 현실적인 과제와 밀착된 논의를 해보려는 게 이번 연속기획의 취지인데, 어떤 분들은 창비가 참여정부의 의제설정을 따라가는 것이 아니냐 하는 얘기도 합니다만, 사실은 정부의 의제설정이라는 것도 원래 사회 안에서 논의되던 것을 이어받은 면이 있고, 우리가 보기에 그중에서 의미 있고 중요하다고 생각하는 것이 있다면 지식계에서 당연히 논의해서 비판할 것은 비판하면서 서로 주고받는 관계가 형성되는 것이 바람직하다고 생각합니다.

그래서 한국사회의 발전전략을 얘기할 때, 국가균형발전위원회 위원장을 맡고 계신 성경륭 교수님이 이 자리에 오셨습니다만, 정부의 균형발전전략이라든가 지방분권구상 같은 것도 우리 나름의 독자적인 입장에서 점검하는 기회가 되기 바랍니다. 물론 성교수께서는 위원회나 정부를 대표한다기보다 개인 자격으로 자유롭게 말씀해주시기를 기대하지만요. 다른 참석자들도 은퇴한 교수인 저를 포함해서 전부 교수입니다만, 실제로 현장의 실무경험이랄까 실물의 움직임에 대해 직접·간접으로 경험이 많고 경륜이 있는 분들로 모셨습니다. 독자들을 위해서 소개를 드리면 박세일 교수님은 원래 서울대 법대 교수를 하시다가 첫번째 문민정부인 김영삼정부에서 정책기획수석으로 청와대에서 일하셨습니다. 그 후에 다시 교직에 돌아오셔서 지금은 서울대 국제대학원에서 가르치시는데 '법과 경제'가 전문분야이지요. 김석철 교수님은 지금은 명지대학교를 비롯해서 이딸리아의 베네찌아대학, 미국 컬럼비아대학 등에서 건축학 교수로 재직중이십니다만, 원래 건축가이자 도시설계자로서의 경력이 훨씬 오래되었고 실제로 국내외의 수많은 건물과 도시를 설계하신 분입니다. 그리고 성경륭 교수님은 한림대 교수이자 방금 소개드린 대로 대통령자문 국가균형발전위원회 위원장으로 근무하고 계십니다. 저 자신은 사실 이런 자리에서 장기 발전전략을 얘기할 어떤 특별한 분야의 전문성이 있는 사람이 못됩니다. 전공이 문학이지만 창비 편집에 오래 관여하다 보니까 다른 분야에 기웃거리는 데 이골이 났다면 나서……(웃음) 이번에 비중있는 분들을 모시게 됐으니까 제가 나가서 사회를 봐줬으면 좋겠다는 주문을 편집위원들로부터 받은 거지요.

토론과정에서 그동안 창비 나름으로 지녀온 문제의식이랄까 이런 것을 반영해줬으면 좋겠다는 주문도 있었습니다. 물론 여기 계신 분들이 모두 창비를 잘 아시고 또 대개는 기고하신 경험도 있으신만큼 저의 특별한 역할이 필요한지는 모르겠습니다. 다만 면피를 하는 뜻에서 첫머리에 조금 길어지더라도, 이 주제와 관련된 창비 나름의 문제의식이랄까 또는 많은 창비 독자들이 기대하는 점을 염두에 두고 제가 한두 가지 문제제기를 할까 합니다.

창비의 몇 가지 문제의식

첫째로 제목에 '동북아시대'가 나오는데, 동북아보다 공간적으로 더 넓혀서 세계 전체를 본다면 지금은 세계화시대라는 말이 아마 여러 사람들이 들먹이는 표현이겠지요. 그리고 세계화의 높은 파도랄까 광풍 같은 것에 우리가 어떻게 적응하고 살아남을까 하는 것이 절박한 문제인데, 동북아시대 한국사회의 발전전략을 얘기할 때도 그런 맥락을 감안해야 할 것입니다. 그런데 그동안 창비에서는 그러한 세계화의 현실에 적응할 것을 강조하면서도 항상 세계화라는 대세의 장기적인 전망은 무엇인가, 이것이 인류를 어디로 끌고 가며 과연 얼마나 계속될 것인가에 관심을 기울여왔습니다. 박세일 교수님도 어느 글에서 세계화라는 것이 순기능만 있는 것이 아니라 역기능도 많다는 점을 지적하셨고, 세계화를 "약육강식의 시장의 승리"로 규정하기도 하셨더군요. 세계화의 대세가 과연 어떤 성질이냐 하는 것을 장기적인 안목으로 짚어보는 작업이 중요하다고 생각합니다. 창비에서는 자본주의적 근대에 대해서 우리가 한편으로는 근대에 적응하면서 근대를 극복하려는 '이중과제'를 지니고 있다, 그런데 '이중과제'란 두 개의 과제가 병행한다는 뜻보다는 적응과 극복이 단일과제의 양면이라는 뜻으로 써왔습니다. 세계화의 대세에 우리가 한편으로 적응하면서 뭔가 근본적으로 극복해야 할 필요가 있다는 문제의식을 제기한 셈인데요. 이 명제에 동의를 하시든 안하시든 이를 의식한 논의가 되었으면 하는 바람입니다.

둘째로 동북아시대 자체와 관련해서, 동북아가 세계경제에서 성장이 가장 활발한 지역으로 떠오르면서, 특히 중국경제가 발전하면서 그것이 한국경제에 대해서는 새로운 기회이자 위기도 된다는 점은 많이들 지적합니다. 사실 세계화에 대한 근본적인 문제제기와도 관련되는데, 지금과 같은 식의 세계화가 진행되다 보면 결국 지구환경이 감당할 수 없는 사태가 오지 않을까, 그것이 구체적인 현실로 드러나는 것이 동북아시대가 아닐까 하는 점을 우리가 심각히 생각해봐야겠습니다. 중국처럼 저렇게 엄청나게 크고 인구가 많은 나라가 이제까지 미국이 해오던 발전방식, 그것을 답습한 동아시아의 선진국 일본, 그리고 그 뒤를 따라온 한국으로 이어지는 기존의 패턴에서 근본적으로 달라짐이 없이 계속 성장한다면 이것이 동북아뿐 아니라 인류 전체가 도대체 감당할 수 있는 사태일까 하는 거지요. 그래서 동북아시대라는 것은 단순히 한국이나 한반도가 여기에 적응해야만 하는 문제가 아니고, 좀더 친환경적인 발전의 새 패러다임이 동북아에서 자리잡지 못한다면 인류 전체가 위험에 처할 수밖에 없는 고비라고도 말할 수 있습니다. 그런 차원의 동북아시대 논의에 창비로서는 특별한 관심을 갖고 있습니다.

셋째, 한반도 문제를 두고서는 창비 지면에서 분단체제론이라는 것을 많이 논의해왔는데, 이것은 남과 북이 흔히 말하기로 체제가 다른 사회지만 좀 다른 차원에서는 분단체제라는 하나의 체제 속에 얽혀 있는 사회들이고, 이 분단체제를 극복한다는 것은 단순히 통일만 하면 되는 것이 아니고 통일하는 과정에서 현재의 남과 북 어느 쪽보다도 더 나은 사회가 한반도에 건설되어야 그것이 진정한 분단체제의 극복이라는 것이지요. 더 나은 사회라고 하면 여러가지 기준이 있겠습니다만 가령 빈부의 격차, 성차별 이런 것이 완전히 철폐되지는 않더라도 지금보다는 줄어들고, 문화적인 다양성도 증대되는 그런 과정이라고 해야겠지요. 우리 제목에 중·장기 전략과 단기적 과제라는 말이 나옵니다만, 아주 길게 봐서 세계체제에 대한 장기적인 전망을 갖고 그에 따른 장기적인 전략을 설정하면서, 단기적으로는 우리가 통일되기 전이라도 당장에 해야 할 이런저런 과제를 거론하고, 동시에 한반도에서의 분단체제 극복이라는 것은 당장의 과제보다는 더 장기적이지만 세계체제의 장기적 변혁에는 못 미치기 쉬운 중기(中期) 정도의 과제로 설정할 수 있습니다. 그러나 단기·중기·장기로 구별하는 것은 과제를 세 토막으로 잘라서 따로따로 해나가자는 것이 아니고, 정반대로 동시에 수행해야 할 다양한 차원의 과제들이 단기·중기·장기에 걸쳐 각기 달리 성취될 성격임을 제대로 인식하고 식별해서, 그 과제들을 해결하려는 우리의 노력이 상충하지 않고 이론적인 통일성과 현실적 대응력이 높아지게 하려는 의도라고 해야겠지요.

일반적으로 한국의 지식인들이, 저 역시 그런 경향이 있지 않은가 스스로 반성을 하는데, 현실적인 실행과 동떨어진 그림을 그리거나 또는 단편적인 비판을 하는 것은 잘하는데, 정말 현실 속에서 직접 일해본 경험이 제한되고 실무하는 사람들과 상호소통하는 폭이 좁은 탓인지, 지식인으로서 어떤 장기적인 목표를 설정하고 끈질기게 추구하되 이를 위해 중기적으로는 무엇을 달성하고 또 단기적으로는 어떤 식으로 일을 해나갈지에 대한 종합적인 경륜이 부족한 것 같습니다. 오늘 참석하신 세 분은 그러한 다수의 지식인들과는 다른 경험과 경륜을 가진 분들이라 믿고, 이 좌담이 중·장기 전략과 단기적인 과제를 동시에 얘기하는 생산적인 토론이 되리라 기대합니다. 좌담의 취지를 말씀드리고 독자들에게도 알려드리기 위해서 좀 장황하게 말씀드렸습니다. 이제부터의 진행은 우선 세 분께서 한마디씩 들머리 발언을 간략히 해주신 다음에 자유롭게 토론을 벌였으면 합니다. 우선 박세일 교수님부터 말씀해주시죠.

박세일 저는 21세기 한반도의 미래구상이 아주 시의적절한 토론 주제 같아요. 지금 우리 사회는 국가발전의 중·장기 과제에 대해서 고민하고 생각해보는 조직이나 사람들이 별로 없는 것 같습니다. 오히려 옛날 박대통령 때는, 아마도 장기집권과도 관련이 있겠지만(웃음), KDI(한국개발연구원) 같은 데서 국가의 중·장기적인 발전에 대해 나름대로 생각했습니다. 그런데 민주화되고 세상이 바빠져서 그런지 단기적인 것은 많은데 중·장기 과제를 생각해보는 기회가 별로 많지 않고 그런 사람이나 조직도 많지 않은데 오늘 그런 기회를 가지게 되어서 아주 의미있게 생각합니다.

새로운 공간전략을 마련하자

김석철 지난 30여 년간 도시를 계획하고 연구해온 사람으로서 지금이야말로 한반도를 전면적으로 다시 기획해야 할 때라고 생각합니다. 개항과 일본의 강점으로 이어지는 반세기 동안 한반도는 이전과는 다른 엄청난 변화를 겪었습니다. 한반도가 닫힌 공간구조를 갖고 있다가 부산·원산·인천·목포·신의주의 5개항을 개항하고 이 5개항과 서울을 연결하는 철도라인을 부설한 그 공간체제가 크게 보면 지금까지 이어지고 있습니다. 해방이 되고 곧이어 분단이 되면서 미국 및 일본과의 관계 위주로 한반도의 공간구조가 또 한 차례 변화해 경부선을 축으로 산업투자가 집중적으로 이루어지면서 수도권집중이 될 수밖에 없었죠. 미국·일본과의 관계는 과거부터 밀접한 것이므로, 결국은 중국의 개방과 개혁에 어떻게 대처해야 하느냐 하는 점이 지금에 와서 동북아라는 말을 얘기하게 되는 이유거든요. 중국의 개혁과 개방이 한반도에는 중요한 기회라고 생각합니다. 지금의 한반도 공간구조는 한계에 봉착해 있는데 마침 중국에서 그런 엄청난 변화가 생기면서 한반도가 한단계 도약할 수 있는 계기가 된 것이죠. 그래서 미국과 일본을 위주로 한 지금까지의 공간구조를 넘어 한반도 공간전략을 근본적으로 다시 생각해야 할 때라고 봅니다.

성경륭 저는 원래 중앙과 지방, 국가와 사회 같은 국내문제에 관심을 갖고 있었는데 80년대 말부터 90년대 초에 유럽통합이 진행되고 89년 에이펙(APEC, 아시아태평양경제협력체)이 창설되고 90년대 초 나프타(NAFTA, 북미자유무역협정)가 체결되는 것을 보면서 관심이 두 가지로 분리되어왔는데, 이번 좌담기획안을 보고 또 백교수님이 보내주신 좌담 관련 이메일을 보면서 상당히 신선한 자극을 받았습니다. 저는 개인적으로 국가균형발전위원회 일을 하면서 국내적인 흐름과 국제적인 흐름이 별개가 아니라는 생각을 가지고 있던 차였습니다. 제가 위원회 일을 하면서 제일 유심히 살펴보는 나라가 프랑스인데, 프랑스는 1789년 대혁명을 통해 세계에서 가장 강력한 중앙집권 국가를 만들었어요. 이런 국가가 산업화정책을 펴니까 중앙정부의 수도인 빠리를 중심으로 사람과 자원이 모여들었어요. 1947년인가에 『빠리와 프랑스의 사막』(*Paris et le Désert français*)이라는 책이 출판되는데, 프랑스가 어떤 형국이냐면 빠리는 오아시스 같은 곳이고 나머지는 다 사막화되어 있다는 것이에요. 그런 자기비판이 나온 뒤 프랑스는 63년에 국토균형정책을 수행하는 DATAR라는 총리 직속기관을 만들어서 지난 40년 동안 빠리에 모여 있는 공공기관들을 전부 분산했어요. 선진국에서는 보기 힘들 정도로 인위적이고 강력한 정책으로 수도 빠리 인구가 지난 70년대부터 전체인구의 18%선에서 안정화되고, 오히려 프랑스의 변방 인구가 빠른 속도로 늘어나게 되었어요. 그러니까 인구 면에서는 균형발전이 이루어진 것이죠. 그런데 이 흐름이 특이하게도 유럽통합과정과 직결되어 있다는 걸 알게 됐어요. 프랑스와 함께 유럽통합을 주도하는 독일은 중세 봉건제도를 오랫동안 유지하고 있었고 그것이 연방제로 나아갈 수 있는 토양이 되어 일찍부터 분권형 국가였던 데 비해, 중앙집중형 국가였던 프랑스는 60년대 이후 40년간 분산정책을 추진해 수도권 집중현상을 해소하고 국토균형발전을 이룬 것이죠. 만일 그러지 않았다면 프랑스는 어떻게 되었을까요? 유럽통합이 진행되면서 빠리는 점점 비대해지고 나머지 지역은 점점 말라갔을 테죠.

동북아지역의 한·중·일은 2차대전 후에 미국과 수직적으로 연결되는 구조였어요. 한·중·일의 발전정도가 다르니까 수평적인 연계, 교류, 상호의존 부분은 상당히 취약했죠. 그러다가 중국이 발전하면서 근래에 상당히 빠르게 세 나라 사이의 교역과 교류가 늘어나고 있는데, 아직은 세 나라가 아세안(ASEAN, 동남아시아국가연합) 수준에도 못 미치지만 통합이 많이 진행되고 있다고 생각해요. 나중에 통합의 외형이나 형식이 어떻게 될지는 아직 알 수가 없는 상태지만요. 이런 변화의 와중에 한국사회는 서울 중심의 집중형 구조와 강력한 중앙집권체제가 그대로 유지되고 있습니다. 5백만 명 이하 되는 도시국가를 제외하면 제가 알기로 우리나라의 수도권 인구 비율은 세계 최고 수준입니다. 작년 연말 기준으로 면적은 국토의 11.8%인데 인구는 47.2%예요. 2000년 수도권 인구는 46.3%인데 2002년에는 47.2%로 증가했어요. 매년 인구가 20만 명씩 수도권으로 이동하는데다가 바깥에서 들어오는 인구보다 내부에서 늘어나는 인구가 지금은 더 많아요. 젊은층이 학교나 취업 때문에 대거 몰려오고 이들이 출산까지 하니까 수도권은 공룡처럼 끊임없이 비대해지고 있습니다. 그래서 분산작업도 하고 지역의 자생력을 높이는 산업정책, 지역발전정책 등을 펴면서 지역균형이 이루어지는 상태로 변화시키려고 하죠. 그러지 않으면 국내적으로도 문제가 생기고 나중에 동아시아 전체의 통합성이 증가될 때 서울 이외의 다른 지역은 역할을 할 수 없게 되겠죠. 현재 부산도 제가 보기에 매우 취약한 경제구조를 가지고 있어 독자적인 경제권은 아닌 것 같습니다. 대구도 그렇고 광주도 그렇습니다. 이 두 가지 이슈를 같이 사고하고 연결시켜야만 올바른 국가발전 비전과 전략을 만들 수 있지 않을까 하는 생각을 가지고 있습니다.

백낙청 오늘 좌담의 제목에 비추어 아무래도 현정부의 국가균형발전 전략을 짚고 넘어가야겠는데 성교수님의 발언을 통해 그 문제가 자연스럽게 제기된 셈입니다. 자유롭게 토론해주시지요.

자주적이고 민주적인 세계화란

박세일 세계화에 대한 시각을 먼저 좀 정리할 필요가 있을 것 같습니다. 요즘 세계화, 반세계화 하는 식의 대립적인 논의가 많은데 제 생각에 그것은 바람직한 접근은 아닌 것 같습니다. 저의 1차 결론은 우리가 세계화의 흐름은 타야 한다는 것입니다. 인류의 역사를 보면 물질적 부의 급격한 증대는 최근 2,3백년간의 아주 예외적인 현상이라고 볼 수 있어요. 과거에는 인류가 물질적으로 어려운 상황이었지만, 지난 2,3백년간 지역시장에서 국가시장으로, 세계시장으로 시장이 확대되고, 인간과 인간의 교류가 확대된 것이 고도성장을 낳았는데 그런 의미에서 세계화는 엄청난 기회임에 틀림없습니다. 그리고 세계화에 참여하는 경우가 참여하지 않는 경우보다 훨씬 더 빠른 경제성장을 이룰 뿐만 아니라 국가간 소득격차를 축소하는 데도 기여를 합니다. 지금 인류가 대략 60억인데 상위 10억이 선진국 즉 세계화가 상당히 진전된 나라에 살고, 세계화에 막 참여하려는 나라들에 약 30억 정도가 삽니다. 우리나라도 거기에 속하고, 사회주의권에 있다가 시장경제권에 들어온 나라, 신흥개발도상국들도 모두 여기에 포함됩니다. 그리고 나머지 20억은 아직 근대화도 시작하지 않은 나라들로서 내전이 진행되기도 하는 등 여러가지 사정으로 세계화와 아무 관계없이 살고 있습니다. 지난 10년간 통계만 봐도 상위 10억 명이 사는 선진국의 연평균 소득증가율은 약 2% 정도 됩니다. 그런데 시장경제에 참여하여 세계화의 물결을 타려는 그 밑의 30억이 사는 나라들은 과거 10년간 소득이 연평균 약 5% 정도씩 증가해왔습니다. 이 두 그룹 사이에는 소득격차가 줄어들고 있으나 그 밑의 20억이 사는 저소득의 적빈한 나라들은 지난 10년간 매년 연평균 소득이 1%씩 감소해왔습니다. 그러니까 세계에서 제일 잘사는 국민과 못사는 국민 간의 격차는 계속 커진다는 것입니다. 최근의 통계를 보면 전세계 최고 부자 2백 명의 재산이 하위 20억 인구의 연간소득의 합계보다 많을 정도로 격차가 심합니다. 세계화에 진입해서 나름대로 대외지향적인 경제발전을 이룩하려는 나라는 어떤 형태든간에 상당히 빠른 성장을 보여 물질적으로 풍요해지고 있고 빈곤의 문제에서 해방되고 있습니다. 그래서 저는 우리가 세계화의 흐름을 타야 한다고 보고 있어요.

다만 이때 조심해야 할 것이 있습니다. 먼저 저는 우리가 세계화를 하되 자주적인 세계화를 해야 된다는 점을 강조합니다. 세계화를 해도 자기 나름의 발전구상이나 발전전략을 세우는 것이 매우 중요합니다. 근대화는 서구화가 아니듯 세계화는 미국화가 될 수 없습니다. 세계화시대에 무조건 선진국의 제도나 정책을 카피해서는 실패한다는 거죠. 그런 의미에서 소위 글로벌 스탠더드(global standard)라는 것이, 진정으로 인류에게 보편타당성을 가지는 것도 있지만 상당부분은 미국적 스탠더드가 무조건 강요되는 경우도 많습니다. 그러나 미국적 풍토 속에서 작동할 수 있는 법과 제도가 수정 없이 들어올 때는 현실적으로 작동하지 못할 뿐만 아니라 상당한 부작용을 내기도 합니다. 그래서 글로벌 스탠더드 중에서 우리가 받아들일 부분과 받아들이지 않을 부분, 토착문화와 결합해서 발전시킬 부분과 그렇지 않은 부분을 선별할 수 있는 안목을 가져야 세계화에 성공한다는 의미에서 저는 자주적 세계화가 중요하다고 생각합니다. 또 하나는 민주적 세계화인데 세계화가 가져올 수 있는 이득을 국내에 상당부분 잘 배분하려는 노력을 해야 한다는 겁니다. 이것은 상당히 중요합니다. 아까 세계화가 국가간의 소득격차를 줄인다고 말했습니다. 그런데 세계화가 한 나라 안의 소득격차에 미치는 영향을 보면 두 가지로 나타나는데 소득격차가 벌어진 나라가 있고 줄어든 나라가 있습니다. 그렇기 때문에 한 나라의 국정운영을 하는 사람들이나 정책입안자들이 세계화의 흐름을 타면서 국제경쟁력을 높이고 세계로 나아가는 것은 좋으나 국내에 낙후된 부분이 발생하고 격차가 발생할 가능성이 있다는 것을 알고, 사전에 적절히 대처하고 사후적으로도 파이를 함께 나누려는 노력을 하지 않으면 안된다는 것입니다. 따라서 세계화는 자주적 세계화와 민주적 세계화 두 부분이 보완되어야 성공할 수 있지 않을까 합니다.

백낙청 세계화 얘기는 제가 먼저 꺼냈습니다만 우리가 세계화 문제만 가지고 원론적인 얘기를 너무 길게 하는 것보다는 구체적인 과제를 토의

하면서 세계화에 대한 각자의 의견을 말하는 것이 더 능률적이지 싶어요. 말씀하시는 중에 박교수께서도 참여정부에서 구상하는 균형발전 문제를 건드리신 것 같아요. 다시 말해서 세계화의 과정이 어느정도 자주적·민주적인 것이 되려면 내부의 불균형이 개선되는 쪽으로 가야 한다고 하셨는데, 모르겠습니다, 국가별 경제성장의 수치로 말한다면 세계화 과정에서 득보는 나라들이 더 많다고는 하겠지만 박교수님도 지적했듯이 각 나라 안의 살림살이를 들여다보면 경제성장을 하면서도 빈부격차는 확대되는 경우가 많고 미국조차 그래요. 또 세계경제 속에서 위상이 낮은 나라일수록 그 점에서 더 불리해지지 않는가 싶습니다. 한국의 경우는 말씀하셨듯이 중간그룹이라고 할 수 있는데, 세계화에 잘 적응하면서 좀더 건전한 사회를 만들기 위해서는 내부갈등을 줄이고 불균형을 해소하는 쪽으로 가야겠지요. 성교수께서 프랑스의 경우 국내문제 해결과 유럽통합이 연결되어 있고, 우리도 동북아 지역통합의 맥락에서 서울 중심의 일극체제를 극복해야 한다고 하셨는데, 물론 동감입니다. 다만 세계화 논의와 관련해서 성교수께 질문하고 싶은 것은, 현정부에서 국민통합과 국가경쟁력 강화라는 두 가지 과제를 동시에 해결하겠다고 하지 않습니까? 그런데 이것이 세계화의 엄혹한 현실을 충분히 감안한 건지 아니면 그냥 그렇게 됐으면 좋겠다는 바람직한 그림을 그려보는 건지……(웃음) 그런 것을 여쭤보고 싶군요.

성경륭 박교수님의 큰 흐름을 타야 한다는 말씀에는 공감합니다. 다만 세계화라는 큰 흐름과 자주적인 세계화, 민주적 세계화라는 목표 사이에서 일국이 어떻게 대응하느냐 하는 게 문제예요. 세계화라는 흐름 속에서 개별국가가 대응해야 할 문제가 있는데, 일종의 거버넌스(governance)적인 측면에서 보면 개별국가를 넘어서는 지역 거버넌스, 또 글로벌 거버넌스가 있겠죠. 대응이나 전략 차원에서는 그것을 동시에 볼 필요가 있다는 생각이 들어요. 개별국가들이 조약으로 집합적인 대응을 하기도 하지만 지금 큰 흐름은 지역통합인데, 저는 주변국들과의 공존적 세계화가 필요하다고 봐요. 과거 산업주의시대 혹은 제국주의시대에는 시장이 군사적인 약육강식으로 나타났고, 세계화의 진행과 함께 국제정치학에서 일부 리얼리즘을 신봉하는 그룹도 그러한 약육강식을 강조하고 있죠. 미국의 네오콘(neo-cons, 신보수주의자)들의 대응에서 그런 흐름을 확인할 수 있습니다. 세계를 화해하고 협력하는 구조로 만드는 흐름과 무력으로 자기들 질서를 강요하는 흐름이 있을 수 있는데, 개별국가들이 세계화 속에서 관계를 맺는 방법에서 두 가지 양상이 나타날 수 있다고 봐요. 그래서 공존적 세계화와 갈등적 세계화로 나눌 수 있다면 지역공동체가 집합적으로 공존할 수 있는 방안에 대해서도 논의했으면 합니다.

지금 저희는 국민통합과 국가경쟁력 두 가지 목표를 추구하고 있는데 사실 어마어마하게 큰 목표지요. 지금 생각은 대략 이렇습니다. 인구집중이 진행되니까 수도권과 비수도권 사이의 대립구도가 생기고, 비수도권 내에서도 부산·대구·광주 등 광역대도시와 그외 지역 사이의 불균형이 있어요. 게다가 중앙집중체제이기 때문에 중앙정부와 지방정부와의 모순이 있어요. 그런데 정치적으로 드러날 때는 이것이 과거 독재시대의 유산으로 영·호남의 지역주의로 나타나 영남정권, 호남정권이 서곤 했죠. 지금은 영남 사람이 호남과 충청도 표를 얻어서 대통령이 됐는데, 최근에 본인이 나는 영남사람도 아니고 호남사람도 아닌 묘한 입장에 있다는 얘기를 하셨지요. 저는 영·호남의 갈등보다 훨씬 더 구조적이고 근본적인 모순이 수도권과 비수도권의 격차와 대립, 또 중앙집권화된 구조와 왜소한 지방 사이의 갈등이라고 봅니다. 이런 불균형과 갈등구조가 존재하는 한 엄격한 의미의 국민통합은 어렵지 않을까 해요. 그래서 일차로 지역간의 불균형을 조정하기 위해 몇 가지 수단을 생각하고 있습니다. 예를 들면 낙후도(落後度)를 측정해서—대개 낙후된 지역들은 태백산맥과 지리산 일대의 산악지역과 농업을 주로 하는 전남북, 충남, 경남북의 일부 지역이지요—낙후도가 높은 지역에 대해서는 별도의 재정지원과 기반을 갖추게 하는 정책을 통해서 지역의 경제적 자생력을 높이고 지역간 격차를 줄이려는 것이죠. 61년부터 지금까지 약 40년 동안 이루어진 불균형 성장을 교정하는 데에는 시간이 상당히 걸리리라고 봅니다만 지역간 불균형을 줄임으로써 국민통합을 이루는 단초를 마련하자는 것이 하나 있고요.

또 하나는 국가경쟁력인데 새로운 국가발전전략이라고 보는 부분이죠. 과거 한국의 경제성장은 중국의 개방화 초기단계와 비슷했어요. 한국전쟁 이후 저급기술을 사오고 차관을 빌려오고 여기에 싼 노동력을 덧붙여 단순가공산업을 했던 거죠. 그래서 지금까지 발전해왔는데, 다음단계 발전의 핵심은 무엇일까 할 때 저는 혁신(innovation)일 거라고 봐요. 각 기업들이 혁신을 일으켜 새로운 기술과 새로운 제품, 새로운 공정을 개발하고 인적 자본을 육성해야 합니다. 국민 개개인의 기술능력과 교육수준을 강화해 인적 자원 수준을 높이고 기업에선 새로운 R&D(연구개발)가 일어나고 여기에 국내의 자본이 결합하는 그런 새로운 방식이 아니면 다음단계로 도약하기는 어려운데, 바로 한 시간 거리의 중국에 값싼 노동력이 널려 있기 때문이죠. 세계화시대에는 자본의 유동성이 극대화하는 방향으로 가기 때문에 자본을 한사코 잡아놓을 수가 없어요. 가령 삼성 같은 국내기업이 애국심이나 민족주의만으로 먹고살 수는 없잖아요. 경쟁이 심화되고 기업이 살아야 한다면 현재로선 값싼 노동력을 찾아 바깥으로 나갈 수밖에 없죠. 그래서 국내자본이 높은 교육을 받은 고급인력과 결합되어 많은 혁신과 연결되는 구조를 만들어내야 한다고 봐요. 그런 일반적인 과정 중의 하나로 지역혁신체계(Regional Innovation System)라고 부르는 것이 있어요. 제가 최근 유럽에 가서 보니 거의 모든 나라의 키워드가 혁신이고, 또 지역발전전략에 있어서도 어떻게 지역단위에서 지역혁신체계를 만들어내느냐 하는 것이 문제였습니다. 지역혁신체계는 대개 지방대학이 중심이 되어 거기에 지방의 기업, 지자체, 지역의 다양한 연구소 등이 결합해서 아주 활발한 상호작용, 공동학습, 혁신창출과 활용 등이 일어나는데 이것이 집약적으로 나타난 곳이 미국의 씰리콘 밸리(Silicon Valley)라든지 각종 싸이언스 파크라든지 또 무슨 리써치 파크라든지 하는 것이에요. 씰리콘 밸리는 자생적으로 생긴 것이지만 나머지는 거의가 정부와 지자체가 의도적으로 싸이트(site)를 조성하고 조건을 만들어주고 있죠. 저희들이 지금 역점을 두는 사업은 바로 이런 것들입니다. 지금 지역이 다 죽어가고 사람도 기업도 모두 서울로 모이니 시간이 걸리더라도 지역단위에서 새로운 R&D를 이루어내고 대학과 기업이 결합된 클러스터(cluster)가 형성될 수 있도록 돕는 작업을 하자는 것이죠. 이를 통해서 지역경제가 살고 이것이 전체 국민경제와 연결이 되어서 국가경쟁력을 높이는 길이 가능하지 않겠는가 생각하고 있습니다.

지역균형발전과 국가경쟁력 동시달성의 전략은 있는가

백낙청 세계화의 대세 속에서 한국경제가 종전 방식으로는 한계에 도달했다는 것은 아까 김교수께서도 첫머리에 지적하신 일이고 뭔가 전국적으로 균형잡힌 새로운 모델로 전환해야 한다는 말에는 원칙적으로 다 동의하시리라 믿습니다. 그런데 제가 질문했던 것은, 우리가 경쟁에 쫓기면서 살아남기에 급급하다 보면 어떻게 하는 게 나은지를 뻔히 알면서도 못하는 경우가 있지 않습니까? 그러니까 국내 상황만 본다면 이제는 지방분권도 해야 하고 균형도 잡아야 하고 뒤떨어진 고장에 대해서 적극적인 시정조치를 해서 보조도 더 해줘야 하지만, 세계화의 험한 파도가 몰아치는 한가운데서 그런 것을 수행할 수 있는 현실적인 계획과 경륜이 있는가라는 거지요. 가령 국가균형발전을 위한 방안으로 '선 지방육성, 후 수도권 계획적 관리'라는 걸 내거시지 않았어요? 거기에 입각해 이번에 특별법안이 마련되었는데 벌써부터 수도권에서 반발이 심하지 않습니까? 수도권에서는 오히려 역차별이라고 들고 나오는데, 수도권의 집단이기주의랄까 하는 것도 분명히 작용하고 있습니다만, 다른 한편으로는 세계화의 대세 속에서 우리가 수도권집중을 통해 그나마 일정한 경쟁력을 갖추었는데 비록 그 전략이 한계에 다다랐다고는 하지만 믿을 만한 대책도 없이 수도권의 경쟁력마저 깨버리면 되겠느냐는 명분도 있을 것 같거든요.

성경륭 혹시 자원을 수도권에 집중해서 키워야 하는데, 지방에다 분산시킴으로써 뒤처진다는 말씀이십니까?

백낙청 지금 수도권에서 반발하는 분들의 입장을 제가 정확하게 알고 있는 건 아니고요. 어쨌든 수도권 집중육성이라든가 영호남간 발전의 격차라든가 농촌과 도시 사이의 격차, 이 모든 것이 그 자체로 바람직한 장기전략은 못되지만, 우리 사회가 어떤 단계에서 세계화에 적응하며 경쟁력을 갖추기 위해서 해온 결과인 건 사실이지요. 지금은 경쟁력 차원에서도 어떤 한계에 도달했다는 점은 인정하는데 이것을 해소하는 정부측의 구상이 얼마나 신뢰를 줄 수 있는지를 한번 논의해보자는 거지요.

박세일 아주 중요한 문제를 제기하셨는데 제 생각을 간단히 말씀드리겠습니다. 국내 불균형과 불평등 문제를 세계화시대에 어떻게 다룰 것인가 하는 문제는 한편으로는 경쟁과 효율을 추구하면서 다른 한편으로는 형평과 정의, 국민통합을 어떻게 할 것인가 하는 문제입니다. 저는 세계화시대에 한국사회의 톱(top) 부분을 세계의 톱 부분과 일치시키는 노력이 우선 급하다고 봅니다. 동시에 국내에서 뒤떨어진 부분을 국내 최고로 끌어올리려는 전략이 필요하다고 봐요. 서울대문제는 서울대가 국내 대학들과 격차가 큰 것이 문제가 아니라 세계 최고수준의 대학에 못 미치는 것이 문제라고 생각합니다. 서울대는 세계 최고대학과의 격차를 줄이려고 노력해야 하고, 동시에 서울대와 차이가 있는 대학은 서울대 수준으로 끌어올리려는 노력을 해야 합니다. 기본시각과 철학을 그런 식으로 잡아야 할 것 같아요. 형평이라든가 불평등 문제에 대해 관심있는 분들 중 많은 경우 올라간 층은 끌어내리고 밑에 있는 것은 끌어올리고 하는 식으로 문제를 풀려고 하는데 그러면 안된다고 보는 거죠. 서울대는 세계 최고수준의 대학과 경쟁할 수 있는 우수 인재를 과연 길러내고 있느냐에 촛점을 맞춰 나아가는 것이 저는 바람직하다고 생각하는데요. 다만 그 과정에서 세계 최고수준을 향해 앞서가는 자를 정부가 지원할 필요는 없다고 봅니다. 그것은 민간의 자원과 민간의 활력을 가지고 시장 메커니즘 속에서 얼마든지 해낼 수가 있습니다. 정부는 앞서가는 그룹에 대하여 불필요한 규제나 발목 잡는 일만 안하면 좋겠습니다. 규제완화를 통하여 민간의 자원이나 활력이 동원될 수 있도록 만들면 되는 거죠. 정부가 가지고 있는 제한된 자원을 가지고 신경써야 할 것은 뒤떨어진 부분을 끌어올리는 작업입니다. 이것이 세계화시대에 국민통합을 꾀하고 국가경쟁력을 높이는 하나의 기본방향이지 않을까 합니다.

백낙청 여기에 서울대 안 나온 사람은 저 하나뿐인데, 그나마 저도 서울대 교수로 오래 재직하다가 얼마 전 퇴임을 했으니 이 좌담이 서울대문제를 논하기에 적절한 구성은 아닌 것 같아요.(웃음) 지금 박선생님이 말씀하신 것도 충분히 설득력있는 주장인데, 다만 서울대가 세계 일류대학 수준에 가지 못하는 이유 중의 하나로 서울대와 나머지 대학들의 격차가 너무 크다는 점도 지적됩니다. 그래서 그 격차를 줄이는 것 자체가 서울대의 경쟁력을 높이는 작업이라는 논리도 있어요. 서울대 경우는 하나의 비유인데, 한국사회의 공간전략에 관해 말한다면 수도권의 경쟁력을 줄이지 않으면서 지방을 키우고 그래서 균형을 잡아주는 일이 필요하다는 데 모두들 동의하실 텐데, 과연 그런 방향으로 가고 있는가, 그리로 가기 위해 어떤 방법이 필요한가 하는 거지요. 가령 김석철 교수는 지난번 창비(2003년 가을호)에서 새만금에 대한 구상을 밝히면서 수도권 문제를 길게 언급하진 않으셨지만, 수도권집중이 지나쳐서 전국이 황폐화되는 문제점을 지적하며 '지역중심'을 만드는 것과 '지역분배'는 다르다고 하셨지요. 구체적으로 어떤 생각이신지요?

김석철 박교수님이 얘기했던 세계화 문제와 성교수님이 얘기했던 수도권과 지방의 균형발전 문제를 하나의 시각으로 같이 진행했으면 하는데요. 세계화를 우리가 좀 추상적인 화두같이 생각하지는 않는지요? 세계화라는 것은 이미 박정희 대통령이 수출입국을 지향할 때 시작된 겁니다. 수출액이 1900억 달러면 산업적으로 이미 세계화가 크게 이루어진 것입니다. 국제적인 교역과 교류뿐 아니라 의식 속에서 한반도에 국한됐던 관심이 세계 전체로 나아가는 것도 세계화죠. 제가 보기에 한국사람들은 세계화가 많이 됐습니다. 베네찌아에 있으면서 보니 그들 대부분이 한국의 분단을 몰라요. 이라크전쟁이 한창일 때도 관심이 없어요. 축구할 때나 다른 나라에 관심이 있지 정작 전세계 사람들이 다 오는 도시에서 세계에 대한 관심이 없습니다. 우리는 굉장히 관심이 많잖아요. 그러니까 의식의 세계화는 상당부분 이루어졌는데, 문제는 경제의 하드웨어인 도시의 세계화가 이루어지지 않은 것이에요. 지방분권 혹은 균형발전을 얘기할 때 세계화라는 관점에서 먼저 봐야 하지 않을까 합니다. 그런데 세계화가 계속 진행되어왔지만 정작 그것이 한반도 공간전략에 큰 영향을 미치게 된 것은 중국으로 인해서입니다. 따라서 지금 모든 것을 다시 생각해보자는 것이죠. 세계화의 관점 속에서 한반도 전략을 구상할 때 중국을 가장 중요한 상대로 보자는 거예요. 앞으로 우리가 진행하는 어떠한 산업도 중국과의 경쟁관계에 놓이게 되어 있거든요. 일본이나 미국의 경우에는 우리가 뒤를 따라가는 것이었고 거기에서 넘쳐나오는 것을 받으면 되니까 그렇게 심각할 게 없었는데 중국과의 관계는 전혀 다릅니다. 세계화문제와 중국문제와 한반도의 균형발전 문제는 같이 생각해봐야 할 문제들입니다.

수도권정책의 취지와 고민

박세일 아까 제가 교육문제를 예로 들었습니다만 수도권 문제도 마찬가지라고 봅니다. 앞으로 동북아중심국가를 만든다 할 때 중심지에 있는 대도시로서 모든 것이 제대로 갖춰져 있고 세계도시로서의 국제경쟁력을 가지고 있는가? 금융허브를 만든다 하는데 과연 외국인들과 그들의 가족이 여기 와서 살고 즐길 수 있는가? 제조업뿐만 아니라 첨단 써비스와 교육의 중심지를 만든다고 하는데 서울이 과연 그러한 쎈터 역할을 할 수 있는 사회·문화적 인프라가 있는가? 이런 차원에서 서울의 국제경쟁력을 높이는 방안을 우선 깊이 생각해야 하는데, 이를 위해서는 정부가 특별히 새로운 투자를 하지 않아도 민간부문이 투자할 수 있도록 불필요한 규제는 풀어야 서울을 세계적인 도시로 만들 수 있다는 것이지요.

백낙청 예. 서울대를 얘기하실 때 그것이 요점이었는데 제가 다른 방향으로 끌고 갔던 것 같습니다. 그러니까 서울대처럼 앞서 있는 부분은 정부가 지원해줄 필요가 없고 민간이 나서서 하도록 하고 나머지 균형잡아주는 일은 정부가 해야 한다는 취지셨지요. 이런 원칙에 비춘다면 정부의 지역균형정책도 수도권에 대해서는 더이상 지원을 안하겠다 하면 모순될 것이 없는데, 비판하는 사람들은 정부가 지원을 안하는 정도가 아니라 각종 규제를 통해 발목을 잡는다고 주장하고 있지요. 실은 수도권에 대한 지원이 없다고 할 수 있는지도 의문이긴 하지만요.

성경륭 저는 박교수님 말씀에 논리적으로는 거의 동의합니다. 세계화가 진행되고 있고 이제는 우리가 세계화를 이념적으로 동의하느냐, 또는 인식의 수준이 어디까지 되느냐에 관계없이 어쨌든 우리가 대응해나가야 하는 것이지 인정하기 싫다고 존재하지 않는 것은 아니죠. 그 속에서 앞선 부문은 시장 메커니즘으로 가고 뒤처진 부문은 국가가 이끌자는 것도 저는 정확한 말씀이라고 보는데, 다만 국내상황이 생각보다는 좀더 복잡한 것 같습니다. 최고수준에 있는 부문에서는 규제를 푸는 것은 물론이고 국가적 자원도 더 집중해달라고 요구합니다. 모든 중요한 것을 다 해달라고 하더라고요. 재정지원은 안해줘도 되니까 꼭 필요한 규제만 하고 더는 하지 말아달라, 이게 아닌 것 같습니다. 서울 주요 대학의 어느 학장님을 어떤 토론자리에서 만났는데 "당신들 지방대학만 키워서 어떻게 하려고 하느냐? 잘나가는 데는 밀어서 더 잘나가게 해야지" 그런 얘기를 하시더라고요. 지방을 돕는 것은 낭비 비슷하게 효율성이 낮고, 긴급한 자금을 잘못 써서 투자효율을 떨어뜨리는 것으로 보는 시각이 많은 것 같습니다.

둘째는 규제를 완화하는 문제인데, 지방을 키우는 아주 강력하고 효과적인 정책이 작동이 안되는 상태에서 규제를 풀면 어떻게 될까요? 지금 수도권을 규제하는 장치가 많이 있습니다. 공장총량제도 있고, 대학은 손도 못 대고, 몇 업종을 제외하고는 기업의 신규설립이 안되는 등 굉장히 강력한 억제장치가 있는데도 계속 늘어나요. 이 빗장을 푼다면 통제하기 어려운 상황이 올 거라고 생각합니다. 저희 위원회가 세운 모델은 지방을 무작정 지원하는 것이 아니고 일종의 내셔널 미니멈(national minimum)을 정하는 거예요. 그래서 중요한 분야의 국민 최저선, 즉 어느 지역에 살더라도 도로라든지 교육, 의료부문 등에서 이 최저선을 충족할 수 있도록 하고 복지정책이 필요할 때 국민 최저선 원리를 적용하자는 거죠. 그것 외에는 철저하게 효율성과 경쟁력을 중심으로, 아까 말씀드린 대로 지역단위의 혁신능력을 증진해서 중·장기적으로는 국가재정에 대한 의존성을 줄일 수 있도록 하는 것이 정책의 기본틀입니다. 다만 문제가 되는 것은 현실에서 앞서나가는 부분이 국가 공공재정을 더 달라고 하는 것, 또 지방에 대한 투자를 낭비요인으로 보면서 규제를 풀라고 하는 것 등입니다. 국가균형발전특별법이 수도권을 규제하는 것이라며 반발하는 움직임이 있는데, 거기에는 지금 중국이 뜨는데 빨리 우리를 풀어주고 지원해야지 왜 낭비하는가, 이런 것이 있어요. 상당부분은 자기들 이해관계와 연관되지만 밖으로 내세우는 논리는 구국(救國)이죠. 우리가 열심히 잘 벌어서 세금 내고 지방 살려줄 테니 간섭하지 말라는 거예요. 그런 사고와 논리이기 때문에 저희들이 대화하고 풀어나가는 것이 참 어렵습니다.

그리고 이제까지 수도권에 대해서는 규제 일변도로 해왔는데 효과가 별로 없었죠. 공장이 덜 설립된 것도 아니고, 난개발이 안된 것도 아니고, 인구유입을 줄인 것도 아니고…… 그나마 규제장치가 없었다면 더 엉망이 됐겠지만 큰 성과는 없었던 것 같아요. 저희들은 수도권 정책을 4단계로 생각하고 있습니다. 첫번째는 수도권 인구의 안정화·적정화입니다. 수도권 인구가 작년 말 기준으로 47.2%인데 인구가 적정 수준으로 안정화되지 않으면 도저히 수도권과 지방 사이의 격차와 갈등문제를 해결할 수가 없어요. 그래서 진행하는 정책이 신행정수도건설, 공공기관이전 정책 등입니다. 두번째로 서울시에 있는 민간기업들이 지방으로 이전하면 인센티브를 제공하는 정책이 인구안정화 정책과 관련되어 있어요. 인구안정화 정책과 병행해서 일정 시차를 두고 수도권 규제개혁을 해야 하지 않을까 합니다. 규제개혁은 필요성과 효과성을 따져서 체계적으로 하려고 합니다. 세번째가 과학적인 도시계획과 관리를 하자는 것입니다. 서울이라는 곳은 산동네도 있고 공장도 있고 주거지와 함께 학교와 술집도 있어요. 강남을 제외한 나머지 지역에 이런 문제가 있기 때문에 수도권 주민들의 삶의 질과 쾌적성을 증진하는 것을 3단계의 과제로 생각하고 있어요. 네번째가 수도권의 경쟁력 부분입니다. 저희들 생각은 양적으로 팽창하는 수도권이 아닌 인구 개개인의 생산성, 부가가치, 효율성 등을 높이는 쪽으로 가야 한다는 것입니다. 예를 들어서 싱가포르 인구가 3백만 명 정도인데 비슷한 규모의 부산이 싱가포르와 어디에서 차이가 나느냐 하면 결국 인구 1인당 생산성이죠. "계속 규제를 완화해라, 공장도 더 짓겠다, 더 생산해서 나라를 위해 봉사하겠다"라는 서울과 경기도의 일부 주장에 대해 "우리는 생각이 다르다, 여러분들은 인구가 늘어나는 것을 전제로 해서 정책을 펴길 바라는데 그것은 부동산을 가진 일부 사람들의 이익에 봉사할지는 모르지만 생활자와 나라 전체의 입장에서는 절대 생산적인 것이 아니다, 그러니까 인구를 안정화하는 문제에 대해서 합의를 해주시면 다음에 생산성을 높이고 경쟁력을 증진하는 문제에 대해서는 국가가 적극적으로 협조하고 뒷받침하겠다"라는 입장이죠.

수도권집중 해소의 다른 길은 없는가

김석철 1970년에 바로 이 자리(한국프레스센터)에서 '서울마스터플랜 1980' 전시회를 했습니다. 당시 자동차는 20만대, 인구는 4백만 이상으로는 서울이 확대되지 않아야 된다는 전제하에 마스터플랜을 짰습니다. 여의도 마스터플랜 책임자로 일한 이듬해에 서울 마스터플랜의 시안을 만들어 전시했던 것입니다. 여의도 마스터플랜은 4대문 안의 서울이 너무 과밀하니까 미래를 대비해서 새로운 도심을 만드는 것이었는데, 그때 저는 서울의 마스터플랜을 먼저 만든 후에 해야지 여의도를 도시로 만드는 도시공학적 방법만 갖고는 안될 것이며 나아가 한반도의 공간전략 아래 이걸 해야 하는 것이 아니냐고 했는데 그게 무시가 됐어요.

성경륭 그때 그것이 채택이 됐으면 이런 문제는 없었을 텐데요.(웃음)

김석철 당시 제가 생각한 것은 여의도에 신도심을 만들고 서울의 구도심과 신도심을 선형(線形)으로 연결해서 인천까지 끌고 나가 바다에 닿게 하는 안이었어요. 국토 전체를 놓고 봤을 때, 그리고 앞으로 2,30년 후까지도 서울 인구는 4백만 정도가 이상적이라고 본 것은 국토의 어느 부분에 지나치게 인구가 집중한다는 얘기는 곧 불균형을 초래하게 마련이기 때문이었지요. 이걸 하면 저것이 가게 마련이고, 이것이 가면 저것이 움직이게 마련이니까 4백만으로 유지하는 것이 전체적으로 놓고 볼 때 바람직하다는 거였죠.

분단 이후 서울로의 인구집중이 더 강화되었는데 일제시대와 비교해보면 엄청납니다. 저는 인구집중의 가장 큰 원인을 분단이라고 봅니다. 해방 전의 기록들을 보면 공업분산이라든지 인구분산이라든지 교육분산 같은 것이 철저하게 이루어져 있습니다. 중요한 학교들이 원산·평양·대구·전주 등에 고루 세워졌습니다. 여의도계획 이후 33년 지난 오늘 좌담을 하면서 새삼 느끼는 건 경제관료들이 결국 수도권집중을 주도해왔다는 겁니다. 당장에 효율적이니까요. 그러나 정부는 10년, 20년 후를 내다보고 어느 것이 더 타당한가를 살펴야겠죠. 민간에서는 그렇게 하기가 어려워요. 더구나 중국의 산업화·도시화가 엄청난 규모로 이루어져 우리와 경쟁하고 또 어떤 부문에서는 앞서가는 상황에서는 근본적으로 다시 생각해야 할 요소들이 많지 않은가 합니다. 예를 들어 지금 인천항을 계속 증설하지만 앞으로 늘어날 물류를 봐서는 인천항만으로는 부족합니다. 결국 수도권집중의 맹점이, 인천항만 잘되니까 계속 키운다는 것인데 이러면 단순히 물류만을 담당하는 항만으로 전락하고 말아요. 로테르담(Rotterdam)같이 물류가 2단계, 3단계로 가서 부가가치를 높이려면 적절한 도시공간이 이어지고 인구이동이 뒤따라야 하는데, 우리는 당장 잘되는 데만 투자해 수도권으로 집중한 것이 지금까지의 정책이었어요. 국토의 균형개발, 인구의 적절한 배분, 미래를 내다보는 큰 틀 속에서 중국이라는 강력한 경쟁자를 염두에 두고 보는 시각도 있어야 합니다. 그런 점에서는 다들 수도권이 중국과 경쟁하려면 지금도 부족하다, 더 키워야 한다 하는데 과연 그런지는 모르겠어요. 울산·포항의 경쟁력은 어떤 점에서는 수도권보다 우수합니다. 부산·광양은 물류 클러스터도 강력하고 세계경쟁력도 가지고 있죠. 군사정부가 경부선 축으로 개발을 집중하지 않고 포항제철을 광양이나 목포에 건설했으면 사정이 전혀 달라졌을 거예요. 저는 상황이 달라진 이 시점에서 한반도 공간전략을 다시 기획해야 하지 않겠는가 생각합니다.

백낙청 좀더 구체적으로 들어가서 방금 성교수께서 말씀하신 수도권정책, 또 그것의 아주 중요한 표현의 하나로서 신행정수도 건설안, 이런 것에 대해서는 어떻게 보시나요?

김석철 아까 말씀하실 때 빠리를 예로 드셨는데 기본적으로 프랑스는 농업국가입니다. 물론 다른 큰 산업도 있지만 기본적으로 모든 사람들의 의식을 지배하는 국가의 큰 틀이 그렇습니다. 그렇기 때문에 역사적으로 계속 중앙집권이었고, 중앙집권이 오래 계속되면서 몸은 시골에 살아도 사람들의 의식은 항상 빠리에 가 있었어요. 그런데 빠리가 과밀해지고 일종의 불균형을 초래하니까 빠리를 일 드 프랑스(Ile de France)라는 이름으로 확대합니다. 그러니까 수도권을 더 키워서 빠리 집중을 희석해버린 겁니다. 지금 중국도 그런 방향으로 가고 있는데 만약 자유로운 인구이동을 허가했다면 뻬이징(北京)과 상하이(上海)엔 엄청난 사태가 생겼을 겁니다. 그런데도 지금 상하이 인구의 10%에서 15%가 유랑민 즉 번지가 없는 사람들입니다. 서울 인구를 4백만으로 제한을 하자 해도 결국 1천1백만까지 왔듯이 그렇게 모여든 것이죠. 만약 그렇게 끊임없이 유입된다면 뻬이징과 톈진(天津)과 탕샨(唐山)을 묶는 메가폴리스 정책을 펴 오히려 뻬이징을 키워버리는 것도 방법입니다. 상하이도 난징(南京)까지 포함해 인구 3천5백만 정도로 키워버리면 모든 산업정책, 경제정책들이 그것을 하나의 단위로 생각하게 돼요. 한편 우리나라의 경우 인구가 3백만은 되어야 지방분권이 가능한 스케일이 되는데 50만 제주도가 지방분권을 말하고 균형발전을 주장하는 것은 무리입니다. 그러니까 정치적 고려에 의해서 갈가리 나누어진 지방분권 자체도 문제가 있고, 일극으로 과도하게 집중되어 있는 것도 문제거든요. 결국 수도권집중과 지역불균형을 해결하자면 세계화된, 자기 스스로의 몫을 할 수 있는 경제권으로의 재편이 먼저 필요합니다. 가령 부산의 경쟁력을 키우려면 광양과 하나가 되어야 합니다. 지방분권의 주체인 도(道) 단위의 분화를 오히려 바꾸어야 할 때입니다. 그것이 큰 장기전략이 아닌가 해요. 그중 하나가 수도권을 확대하는 것이고요. 따라서 행정수도 이전은 수도권을 현재 상태로 둔다는 전제하에 진행하는 것이기 때문에 장기전략이 될 수 없어요. 장기전략이라면 1백년

사이에 엄청나게 달라진 한반도의 여러가지 여건을 새롭게 생각하는 것이 되어야 하지 않을까 생각합니다.

백낙청 너무 큰 얘기를 하다 보면 막연해질 우려가 있어서 제가 좀 끼어들까 하는데요. 김교수께서 수도권을 오히려 키우면서 문제를 해결한다고 할 때는 지방에도 자생력을 갖는 큰 규모의 권역들이 생기는 것을 전제로 하고 있는데 거기에 대해서 나중에 더 구체적으로 말씀해주시고요. 또 수도권을 키워서 문제를 해결한다는 것이 구체적으로 어떤 것인지도 좀 설명이 필요할 것 같군요. 짐작건대는 서울과 인천이 커지면서 그 사이의 농촌이 다 없어지고 하나의 거대한 도시구역이 자리잡아버린 것과는 다른 발상일 텐데, 구체적으로 어떻게 다른지가 궁금하고요. 또 하나는 어떤 개혁을 추진하건 우리의 실행능력을 감안해야 하는데, 좋은 발상이 오히려 빌미가 돼서 수도권집중을 심화시키고 일극체제를 더 강화하는 결과를 초래할 우려가 다분하지 않겠는가 하는 생각도 드네요.

김석철 일 드 프랑스 계획이나 뻬이징·톈진·탕샨을 묶는 계획은 도시와 농촌의 공존을 전제로 전체적인 전략을 새로 수립하는 겁니다. 수도권 총량규제를 하면서 정작 난개발로 인한 전면도시화를 방치하는 것은 문제입니다. 동해안을 따라 강원도와 경상북도와 울산까지를 묶는 동해경제권과 부산에서부터 광양·여수로 이어지는 경제권과 목포에서 새만금까지 이어지는 경제권을 생각할 수 있습니다. 마찬가지로 수도권은 동쪽으로는 춘천, 북쪽으로는 휴전선까지 포함하고 남으로는 대전 일대까지 포함하는 권역을 생각하되 수도권 내부를 재조정하고 특화하자는 것입니다. 애초에 공단을 만들 때 포항·울산·구미가 지금과 같이 중공업·철강·전자로 특화되지는 않았습니다. 역시 시멘트도 들어가고 섬유도 들어가고 이것저것 다 들어가다가 어느 단계에서 서서히 산업 클러스터로 되었어요. 수도권도 수원의 전자산업을 아산까지 확장하는 그런 전략이 필요하지 않을까 합니다. 만약 그렇게 될 경우에 저는 서울 중심의 수도권 인구가 1천5백만까지 간다고 봅니다. 결국 범위를 한정하고 끝까지 억제하기보다는 오히려 범위를 확대해서 농촌지역을 살리자는 겁니다. 지금까지 했던 정책 중에 그린벨트정책같이 잘된 것은 없다고 봅니다. 그마저 없었다면 아수라장이 됐을 거예요. 제가 말씀드린 제2, 제3의 그린벨트를 만들면서 도시권역을 확대해가면 수도권 인구를 1천5백만 정도로 묶어두지 않을까 생각합니다.

백낙청 그런데 수도권 인구가 이미 2천만이 넘어서 있는데 1천5백만으로 줄인다는 말씀이세요?

김석철 아닙니다. 1천5백만이라는 것은 수도권의 핵심지역인 서울 주변의 인구죠. 수도권을 지금 크기의 1.5배로 확대해도 인구는 10%도 늘지 않습니다. 수도권을 키우면서 중심을 강화하면 전체적으로 좀더 낮은 밀도를 유지할 수 있고 도시와 농촌이 수도권 안에 공존하면서 경쟁력을 키울 수 있습니다. 수도권을 여러 곳으로 나눠서 볼 때 춘천 같은 데는 수도권에 편입시킨다 하더라도 인구가 많지 않지만 새로운 IT산업을 일으킬 수 있고, 인구는 적지만 연세대 분교가 감으로써 일종의 산·학 클러스터를 이룬 원주같이 수도권에 가까운 대학에서는 산·학 클러스터가 가능합니다. 그러나 아주 특화되기 전에는 지방대학에서의 산학협동은 아직 어렵습니다. 제 생각은 수도권 인구를 1천5백만 정도로 집중시키면서 오히려 외곽으로 밀어내는 거죠. 인구가 수도권에 2천만이 있어서 문제가 아니라 한곳에 몰려 있어서 문제예요. 지금 서울과 경기도 사이를 넘나드는 교통량이 하루에 이백만인데, 이것은 엄청난 비효율이거든요. 노동문제 때문에 나라가 아주 어려워진 것처럼 말하지만 물류비용이 노동비용보다 훨씬 많습니다. 전국토의 공간구조 자체가 이만한 경제규모를 감당할 수 없을 정도로 비효율적이어서, 기업들을 조사해보면 노임보다는 물류비가 훨씬 많이 나갑니다. 노임 좀 덜 주려고 애쓸 필요 없이 균형발전전략만 제대로 세우면 이 문제를 해결할 수 있습니다.

백낙청 훌륭한 구상이 나왔을 때 어떻게든 실현되도록 해보려 하지 않고 우리 실력에 그게 되겠느냐고 미리부터 '비판적'으로 나오는 태도는 제가 아주 혐오하는 지식인의 악습입니다만(웃음) 적극적인 자세를 가지면 가질수록 현실적 여건과 우리의 역량을 냉정하게 점검해볼 필요가 있는 것도 사실입니다. 꼭 김교수 구상대로 안 가더라도 그런 방향으로 어떤 큰 그림을 그려서 밀고 나간다고 할 때 우리 내부의 사회씨스템이라든가 인재 풀(pool)이라든가 이런 것이 지금보다는 훨씬 향상되어야 할 건 분명하지요. 그런 측면은 어떻게들 보시나요? 김교수의 구상 자체에 대해서도 다른 의견이 있으면 말씀해주시고요.

행정수도 이전과 공론형성

박세일 제가 보기에 행정수도이전 문제의 경우 정책결정과정에서 정치적 요소나 고려가 과도하게 나타나고 있는 것 같아요. 민주화시대에는 개별정책에서의 정치적 고려가 과거 권위주의시대 때보다 더 심한 것 같아요. 정책결정과정의 또다른 특징으로 이익집단들의 참여가 많다는 것입니다. 사실 이는 민주화과정에서 나타나는 불가피한 측면이지만 기본적으로 이익집단은 부분이익을 대표합니다. 제가 보기에 현재 정책결정과정에서 전문가집단의 참여는 과거보다는 훨씬 줄어들었어요. 그런데 전문가는 전체이익을 대변하는 사람입니다. 그리고 무엇보다도 그 사안에 대해서 가장 정확하게 아는 사람입니다. 전체와 개별의 문제를 같이 이해할 수 있는 사람들이 전문가라고 한다면 앞으로의 정책결정과정에서 이익집단의 얘기는 자세히 듣되 정치적 고려는 줄이고 최종적인 결정을 전문가들의 공론에 따라서 하는 것이 옳다고 생각해요. 그런데 행정수도이전 문제에서 실제로 국가 전체의 이익이라는 관점에서 전문가들의 충분한 연구와 논의가 뒷받침되었는가 하는 데엔 자신이 없습니다. 그래서 선거과정에서 나온 하나의 공약이라 하더라도 무조건 집행하는 것이 아니라, 한번은 전문가들의 철저하고 치밀한 검토를 거쳐서, 즉 공론화 과정을 통하여 확정하는 것이 옳지 않은가 생각합니다. 저는 여론과 공론을 구별합니다. 여론은 영어로 얘기하면 퍼블릭 오피니언(public opinion), 다수의 견해입니다. 저는 공론을 퍼블릭 저지먼트(public judgement)라고 번역을 합니다만, 그 분야 전문가들이 심사숙고한 의견을 공론이라고 봅니다. 그런데 우리 사회는 정책결정과정에서 여론에 많이 의존하는 경향이 있습니다. 여론에 따라서 정할 거면 국가정책결정자들은 뭣하러 그 자리에 앉아 있느냐 하는 얘기가 나오는 것입니다. 옛날 조선시대만 해도 선비들의 공론에 따라서 나라의 정책방향을 정하지 않았습니까? 그 과정에서 국시(國是)가 나오는 것이지요. 오늘날 전문가들에 대한 존중이 많이 퇴색되고 있는데 그것을 빨리 고쳐야 된다고 봅니다. 그런 차원에서 행정수도 이전 문제도 사전단계로 전문가들의 다방면적인 의견 수렴과 검토가 반드시 있어야 한다고 생각합니다.

백낙청 이 문제에 관해서는 사실 여론조차 제대로 수렴되었다고 보기가 어렵지 않습니까? 원래 박정희 대통령 때 행정수도이전 구상은 분단체제의 고착을 전제하고 박대통령이 영구집권하는 것을 전제로 주로 안보상의 이유에서 대전 근방으로 이전한다는 계획이었는데, 사회가 민주화되고 분단체제 전체가 변모하고 있는 이 싯점에서 충청지역으로 간다는 전혀 다른 계획이 과연 얼마나 충분한 검토가 있었는지 저도 의문입니다. 물론 인구분산, 지방분권 등의 명분 자체를 부인하는 건 아니지만요.

성경륭 박교수님이나 백교수님 말씀은 참 따가운 지적입니다. 그러나 일단 대통령선거에서 국민들의 투표에 의해서 일차검증이 됐다고 판단할 수 있을 것 같고요. 다른 하나는 이번에 법안이 제출되었는데, 만약 국회에서 통과가 안되고 보류되거나 하면 여러가지 다각적인 논의를 하게 되겠죠(신행정수도특별법은 2003년 12월 29일 국회 본회의에서 통과되었다).* 전문가들 의견도 듣고 극단적인 경우에는 이 사안만 놓고 국민투표를 할 수도 있을 텐데, 그것은 예측할 수 없고요. 지금 신행정수도 건설은 부지선정의 기준, 신행정수도의 구성요소 등 여러 측면에서 많은 연구가 진행되더군요. 제가 읽은 책 중에 하바드대학의 그레고리 헨더슨(Gregory Henderson)이 1968년에 쓴 『한국, 소용돌이의 정치』(*Korea: The Politics of the Vortex*)가 있는데, 헨더슨은 그 책에서 나름대로 우리의 역사를 개관하고 박정희 3공화국까지 분석하고 있어요. 그분은 권력이 집중된 곳에서 인구와 자원을 빨아들이는 현상을 소용돌이 같은 것이라고 봐요. 한국역사에서는 중앙집권이 너무 강해 중앙과 서울로만 사람이 몰려들어 조선시대에는 당쟁으로 엄청나게 죽고 해방 이후에도 마찬가지였죠. 재미있는 것은 이 책의 마지막 장이 분권화에 관한 것이에요. 68년 당시에 놀랍게도 이 문제를 해결하는 방법이 분권화에 있다고 본 것이죠. 저는 헨더슨이 인용하는 정치학자의 글을 많이 읽었지만 90년대 중반까지 한번도 정치학자의 입으로 분권화를 얘기하는 사람을 만나본 적이 없습니다. 그런데 저희가 맡고 있는 공공기관 분산배치는 정확하게 헨더슨의 소용돌이 원리를 거꾸로 하는 겁니다. 중앙정부가 갖고 있는 권력과 권한을 지방으로 보내는 것이 분권이고, 그 위치를 옮기는 것이 분산인데, 두 가지가 다 인구분산, 자원분산에 효과가 있다고 보는 것이죠. 다만 이것을 보는 경제학자들의 시각과 여러 분야의 전문가의 시각이 있을 텐데 아까 말씀하신 대로 종합적인 검토과정이 좀더 필요하다는 점은 인정합니다.

백낙청 헨더슨이 한국사회에서 중앙으로 몰리는 현상은 잘 지적했습니다만, 제가 볼 때 조선시대부터 한국은 원래 그런 사회라는 점을 너무 강조하지 않았나 합니다. 조선왕조가 그 시대의 다른 나라들에 비해 중앙집권이 두드러진 나라이긴 하지만, 오늘날의 수도권 일극중심체제와는 거

* 이 법은 2004년 10월 21일 헌법재판소에 의해 위헌판정을 받았고 2005년 3월 2일 행정중심복합도시건설특별법의 통과로 '행정중심복합도시' 건설을 추진하게 되었다—편자.

리가 먼 사회였지요. 아까 김교수가 지적하셨듯이 심지어 일제하 식민지 상황에서도 지금 같지는 않았어요. 그런데 세계화에 따른 경쟁이 격화되면서 후진국일수록 수도권에 집중해서 대응하기에 급급하다 보니 좀더 균형잡힌 장기전략을 세울 수 없다는 일반적인 현상에다가, 한국은 분단으로 인해서 그것이 더 악화된 것이지요. 그래서 이 문제를 풀어가려면 역시 분단체제를 허물어가는 과정과 세계화에 적응하는 과정 속에서 균형발전을 어떻게 이룰 것인가 하는 종합적인 접근을 해야 되는데, 우리 정부가 과연 그런 종합적 접근을 하고 있는가 하는 거지요. 가령 청와대 안의 위원회들만 하더라도, 국가균형발전 문제와 지방분권, 지속가능한 발전, 동북아경제중심 추진, 이런 것들이 전부 상호연결된 과제인데 위원회들이 따로따로 구성되어 있거든요. 이런 문제를 종합하는 일은 박교수님 지적대로 여론에 맡길 수 없는 문제고 전문가들의 철저한 검토가 필요하지만, 그렇다고 각 분야의 전문가들이 전체이익을 고려하고 판단할 수 있는지도 의문이에요. 말하자면 종합적으로 사고할 수 있는 기본적인 교양과 경륜을 갖춘 전문가들이 필요한데, 우리가 정책결정과정에서 정치적인 고려를 너무 앞세우는 문제도 있습니다만 사실은 정말 제대로 기능할 수 있는 전문가집단이 거의 없다는 문제도 있지 않나 싶어요.

김석철 저는 행정수도 문제가 처음 거론됐을 때 이건 안되는 것이니까 생각할 필요가 없다고 쉽게 봐넘겼습니다. 77년 행정수도 마스터플랜 초기에는 참여를 안했지만 주요 중심지구 설계에는 참여를 해서 전모를 볼 수 있었는데 그때도 이건 불가능하다고 생각했어요. 기업들이 참여해야 하는데 기업들은 안 가려고 했습니다. 더 심각하다고 느낀 것은 외국공관원들이 갈 생각이 없었다는 겁니다. 지금 서울에 와 있는 상당수 대사들의 경우 서울이 세계적 도시가 아니기 때문에 가족이 안 따라옵니다. 제가 주한 이딸리아 대사와 친한데 항상 하는 말이 아이들이 보고 싶다는 것이죠. 그러니까 지금의 서울은 더 세계적인 도시가 되어야 하는데 오히려 반대로 가고 있어요.(웃음) 정부청사는 이미 과천으로 가 있는 것 아닙니까? 그러니까 지금 옮긴다는 것은 청와대를 옮기겠다는 겁니다. 대통령 관저가 가고 외국공관이 간다는 얘기지요. 관공서를 그냥 분산하는 것하고는 다른 겁니다. 행정수도를 이전한다는 것이 무엇을 뜻하는지 잘 모르는 채로 지금 논의가 이루어지고 있는 것 같아요.

성경륭 행정수도 이전이란 기본적으로는 청와대와 행정부가 다 가는 것이죠. 외국공관은 그들 선택에 맡겨야 할 것이고요. 사법부와 입법부는 각 기관의 판단을 존중해야 하겠지만, 입법부는 함께 이전하는 것이 국정운영의 효율성을 위해 필요하다고 보는 것 같습니다. 외국공관들의 경우 불편함이 없도록 기본여건을 잘 만들어주어 같이 이전할 수 있도록 하는 것이 필요하다고 생각해요.

김석철 불편함이 없다고 말씀하시지만……

성경륭 그러나 신행정수도 건설의 의사결정 주체가 우리이기 때문에 외국공관들의 불편을 이유로 행정수도 이전이 곤란하다고 하는 것은 문제가 있다고 봐요. 외국공관들의 의견을 존중해야 하겠지만 그 기관들이 불편하다고 해서 우리들이 결정을 안하거나 미룰 수는 없는 것이지요.

김석철 그것은 주체성이라기보다 잘못 생각하는 거죠. 외국공관들은 바로 행정부 근처에 있어야 해요. 세계화시대에는 결국 다국적기업이 얼마나 참여하느냐에 한 국가의 성패가 달려 있습니다. 거기에 유리한 토대를 만들어야죠. 이만한 세계화를 이루어 세계적으로 경쟁하고 중국과 경쟁을 하고 동북아경제중심을 한다면서 외국공관이 오든 안 오든 자기들이 판단할 문제라고 하면 곤란하죠.

성경륭 우리가 그런 요소를 고려하는 것과……

김석철 서울에 오는 외국공관원도 가족을 못 데리고 오는 상황인데 새로 만든 도시라면 오죽하겠느냐 하는 겁니다. 기업들은 대사관을 통해서 들어오고 대사관과 수시로 협조를 합니다. 그리고 저는 아까 박교수님이 얘기한 공론이라는 것은 두 가지가 합쳐져야 한다고 봅니다. 지식인 내지는 이 사회를 끌고 갈 소양이 있는, 말하자면 유교사회에서는 군자라고 불렀던 계층과 그 사안에 대한 전문성을 가진 집단 간의 논의, 그것이 공론이라는 거죠. 전문가들의 의견은 왜곡되게 마련이고 어떤 분야에서는 전문가들의 수준이 아주 떨어질 수가 있거든요. 지금 행정수도이전에 대해서 제대로 얘기할 수 있는 사람은 그렇게 많지 않다고 봅니다. 제가 행정수도 얘기를 전문가라는 몇 사람에게 해보면 관심도 없고 잘 몰라요. 공론이 없는 것, 그것이 문제입니다.

개혁세력을 어떻게 육성할 것인가

박세일 우리가 세계화를 배경으로 해서 동북아시대를 열고 국토의 균형발전 문제를 얘기하면서 수도권 문제 및 행정수도이전 문제를 거론할 때 또 하나 생각해봐야 할 것이 있어요. 권위주의시대가 끝나면서 민주화시대로 들어오고, 세계화·정보화 시대가 열리면서 중국이 새롭게 대두되고 있고, 국내적으로 실업문제·교육문제·고령화문제 등이 심각해지는 등 여러가지 큰 변화의 와중에서 이를 정확히 읽고 어떻게 대처할 것인가 하는 점은 굉장히 중요한 국가적 과제로 등장하고 있습니다. 그래서 변화, 개혁을 많이들 얘기하는데 개혁정책이 성공하는 경우보다는 실패하는 경우가 많아지고 있습니다. 따라서 모두가 지금 심각하게 생각해보아야 할 것은 왜 우리 사회에는 상대적으로 정책실패가 많은가 하는 겁니다. 변화와 개혁은 국민도 요구하고 시대도 요구하는데 왜 제대로 되지 않을까 하는 문제입니다. 교육개혁을 수없이 이야기하지만 왜 안되는가? 모두가 노사협력이 중요하다고 하면서도 노사개혁은 왜 안되는가? 정부개혁이 시급하다고 하면서 왜 안되는가? 이에 대한 답은 기득권세력의 반대라든가 공론형성이 미흡하다든가 또는 정책책임자가 너무 자주 바뀐다든가 등등 여러가지 있겠습니다만, 제 생각에 가장 중요한 건 올바른 개혁세력이 없다는 것입니다. 우리 사회에 정책 없이 정치를 하는 정치세력은 있습니다. 비전 없는 정치를 하는 정치세력은 있는데, 진정한 개혁세력은 적습니다. 비전을 만들 수 있고 정책을 입안하고 추진할 수 있는 현장감까지 갖춘 세력, 이론과 현실을 결합할 수 있는, 옛날식으로 얘기해서 문무를 겸한 정책세력은 아주 적습니다. 정책이라는 것은 무엇이냐? 이것은 과학(science) 더하기 기술(art)이라고 하지 않습니까? 과학이나 이론만 갖고는 안되고 아트가 필요하다는 겁니다. 아트라는 것은 어떤 의미에서 경륜이라고도 현장경험 내지 지혜라고도 할 수 있겠죠. 이런 정책능력을 가진, 구체적으로 정책을 디자인하고 추진하고 여러 이해당사자를 설득하고 국민도 설득하는, 즉 공공이익에 서서 개별이익을 설득해나가는 세력, 자기 나름의 확고한 지적 확신과 경험적 자기 소신이 있는 이런 정책세력 내지 개혁세력이 우리 사회에 별로 없습니다. 저 자신도 속해 있습니다만 우리나라 학계는 사실 대체적으로 문약합니다. 추상적이고 구체적이지 않습니다. 반면에 관료는 수성(守成)세력입니다. 관료들은 현실을 있는 그대로 잘 유지하고 관리하는 데는 능하지만 위험부담을 안고 개혁에 뛰어들어서 개혁을 추동할 만한 분들은 아닙니다. 그리고 정치가들은 그동안 비전과 정책 없이 정치를 해왔습니다. 나라 전체의 중·장기 문제를 보고 비전과 전략을 만들지는 않았습니다. 따라서 우리나라에는 구체적인 정책을 디자인하고 추진하고 상호 점검하고 수정할 수 있는 세력이 절대적으로 부족해요. 우리나라는 그런 정책세력, 개혁세력을 키우지 않았어요. 학계와 실무계가 따로 놀았습니다. 관료들은 학자들에게 비현실적이라고 하고, 학자들은 관료들에게 안주한다고 하고, 기업가와 학계도 다르고, 학계 안에서도 서로 옆 전공분야에 대해서 공부들을 안합니다.(웃음) 아까 백교수님이 말씀하셨듯이 전인적인 교양과 종합적인 시각을 가진 인재 자체도 부족하고, 실무감각과 비전을 가진 인재는 더 부족합니다. 그래서 시대는 변화하지만 변화를 이끌 인재가 없는 것이 아닌가 합니다. 이것은 하루 이틀에 해결될 문제는 아닙니다만 대단히 중요한 문제입니다. 지금이라도 어떻게 그런 인재들을 양성할 것인가, 그리고 외국에서는 어떻게 하고 있는지 이런 것을 생각해볼 수 있는데요. 저는 외국의 두 가지 제도를 눈여겨보고 있습니다.

하나는 민간부문의 인디펜던트 싱크탱크(independent think tank)입니다. 정치적으로 중립적이고 경제적으로 독립된 민간부문의 두뇌집단들이죠. 워싱턴시에는 국가정책을 연구하고 비판하고 대안을 제시하는 민간 싱크탱크가 1백개 정도 있습니다. 그곳 사람들은 개별이익을 위해서라기보다는 전체이익의 관점에서 국가정책을 다루고 있습니다. 우리가 잘 아는 마셜 플랜의 예를 들어보겠습니다. 마셜 플랜이란 2차대전 후 미국의 세계전략에서 매우 중요한 것인데, 사실 이 안을 처음에 건의한 곳은 브루킹스 연구소(Brookings Institution)라는 민간 싱크탱크였습니다. 모든 사람들이 전쟁에 이겼다고 흥분해 있을 때 이들은 앞으로의 세계를 미국이 어떻게 경영할 것인가를 고민했고, 결국은 유럽에 파트너를 두어야 하고 독일의 재건을 미국이 지원해야 한다는 결론에 이르렀죠. 마셜 플랜 속에는 독일과 미국의 차세대 지도자들의 교환 프로그램이 있는데 이것도 브루킹스의 안이었습니다. 그래서 미국정부는 마셜 플랜의 구체적인 작업을 브루킹스에 맡겼습니다. 그런 예는 한두 가지만 있는 것이 아닙니다. 나라의 미래를 생각하는 사람들이 모인 이런 조직은 정부의 연구소도 기업의 연구소도 아니고, 공적 대의(public cause)를 위해서 기부금을 받아 민간단체에서 운영하는 전문가집단입니다. 국가적 과제를 다루기 때문에 그곳에는 이론가만이 아니라 전직 장관이나 전직 대사도 있습니다. 이론과 실무를 겸비한 이들이 국가의 정책과제에 대하여 아이디어를 공유하고 함께 고민도 합니다. 정권이 바뀌면 전직 고위관료들 대부분은 싱크탱크에 와서 자기가 했던 정책관련 작업을 리뷰하는 책을 냅니다. 그래서 그들의 경험이 차기정부에 들어가서 일할 사람들에게 전수됩니다. 우리나라에서는 국정운영의 경험이 잘 전수되지 않습니다. 저는 이것도 굉장히 큰 문제라고 생각합니다. 선임자는 후임자에게 정성들여서 가르쳐주지 않고, 또 후임자는 전임자와 차별성을 부각하기에 바빠서 배우지 않으려고 합니다. 조그만 구멍가게를 운영하려 해도 노하우가 필요한데 큰 국가를 운영하는 데 어찌 노하우가 필요없겠습니까? 그런데 국정운영을 노하우 없이 하고 있습니다. 그래서 정권 초기에 유사한 실수를 반복하고 배워서 알 만하면 결국 나가야 할 때가 되는 악순환이 되풀이됩니다. 국가운영은 아무나 할 수 없고 아무렇게 할 수도 없는 것인데 말입니다. 함석헌 선생님의 말씀 중에 "생각하는 백성이라야 산다"는 말이 있는데 뭔가 멀리 보고 나라정책을 생각하는 그룹이 제가 보기에는 별로 없습니다. 미국처럼 국가정책을 다루는 독립된 민간 두뇌집단들이 우리나라에도 빨리 생겨야겠다는 생각입니다.

두번째로 국가정책대학원이라는 것이 있습니다. 미국에는 국가정책을 가르치고 연구하는 대학원이 있습니다. 국가정책에 대한 이론뿐만 아니라 필요한 노하우, 정책경험과 지혜 등을 같이 가르쳐주는 대학원들이 있습니다. 하바드대학의 케네디 스쿨이라든가 프린스턴대학의 윌슨 스쿨 같은 것이 그 대표적 예입니다. 거기에서는 교수만이 아니라 정책현장에 있던 분들도 가르치는데 이를 통해 국정운영의 노하우가 이론화되고 체계적으로 교환되고 전수됩니다. 우리나라의 행정대학원은 그런 역할을 못합니다. 물론 정치학과도 못합니다. 우리나라 경영학과나 경영대학원에서는 부족하지만 나름대로 기업운영의 노하우가 전수되고 새로운 이론이 도입되는데, 국정운영에 대해서는 그런 곳이 전무한 상태입니다. 시대는 변화하는데 정치인들은 단기적인 것, 인기있는 것만 하려고 하고 관료들은 무조건 현재까지 해온 것을 지키려고만 하죠. 그래서 성교수 같은 분이 정부조직에 들어가서 고생하는 겁니다. 엄청나게 고생하는데 고생하는 만큼 잘 안될 거예요.(웃음) 우리 모두가 이 문제를 심각하게 생각하고 어떻게 풀 것인지 같이 고민해야 합니다. 나까소네(中曾根) 전 일본총리는 『21세기 일본의 국가전략』이라는 책에서 미국의 예를 들며 일본에도 국가정책대학원을 세워야 되겠다고 했는데 작년에 토오꾜오(東京)에 가보니까 이미 몇년 전에 국가정책대학원이 세워졌더군요.

성경륭 별도 대학원입니까?

박세일 네, 별도 대학원입니다. 전문대학원이지요. 벌써 2,3년 됐는데 국가정책을 이론적으로 실무적으로 가르치고 있습니다. 우리의 경우 권력투쟁만 하느라고 과거에 국가운영이라는 개념이 없었습니다. 이런 전문대학원과 민간의 싱크탱크를 통해 정책경험이 전수되고 정책인재들을 육성하며 개혁적 정책세력을 키워야 우리나라도 시대의 과제를 제대로 풀어갈 수 있는데, 아직은 그럴 만한 인재, 옛날식으로 말하면 경장(更張)세력이 없습니다. 아니, 극히 미미합니다. 율곡(栗谷) 이이(李珥) 선생의 글을 보면 우리나라에 수성세력과 창업세력은 있는데 경장세력 즉 개혁세력이 없다는 말이 있습니다. 요새 제가 생각하는 것과 비슷함을 느꼈습니다.

백낙청 물론 옛날부터 있어온 문제입니다만, 이 문제가 악화된 계기는 식민지시대와 그 후 분단체제하의 독재시대를 거친 것이 아닌가 싶어요. 식민지시대에는 일본사람들이 하는 국정에 참여한다는 것이 식민통치에 협력하는 부역자(附逆者)가 되는 것이니까 양심있고 기개있는 지식인이라면 바깥에서 비판하고 항거하는 것이 주임무였지 않습니까? 그런데 해방후에 독립국가를 만들었다고는 하지만 그것 또한 분단국가일 뿐 아니라 독재국가였기 때문에 역시 양심적인 지식인들 다수는 비판과 저항에 주력했지 국정운영에 동참하려 하지 않았단 말입니다. 그러다 보니까 어느새 지식인세계에 그 나름의 타성이 생긴 것 같아요. 물론 불의에 항거하는 것이야 지식인으로서 바람직한 일이지만 현실을 직접 겪지 않아 잘 모르면서 손가락질만 하는 것은 책임있는 지식인의 태도가 아닌데 자기 나라

국정을 남의 일 보듯이 하는 습성이 생긴 거지요. 조선시대에 국정을 선비들이 주도해서 나라가 문약해졌다고는 하지만 선비들 자체로 보면 글공부 하면 으레 벼슬 살고 국정에 참여하는 것으로 되어 있었거든요. 지금과 같은 학계와 관계의 괴리는 없었다고 봅니다. 아무튼 문제의 큰 원인이 식민통치와 독재정치에 있다고 할 때 지금 우리 사회가 어느정도 민주화되고, 제가 '흔들리는 분단체제'라는 표현도 썼습니다만 분단체제가 급격히 동요하고 변모하는 과정이기 때문에 저는 해결의 기미는 있다고 봅니다. 새로운 인재를 양성할 수 있는 객관적인 여건은 마련되었다고 생각하는데, 그사이 경제적인 성장을 해낸 것도 중요한 조건 중의 하나죠. 다만 우리 한국사회만 외따로 떨어져 충분한 시간을 갖고 문제를 해결할 수 있는 시대가 아니라 세계화의 험한 파도가 몰아치는 한가운데서 세계와 경쟁하고 중국과 경쟁하면서 내부문제도 풀어야 하니, 경쟁에 급급하다 보면 차근차근 해야 할 일을 뻔히 알면서도 그냥 대세에 휩쓸려갈 위험도 있는 거지요.

박세일 하나만 더 말씀드리겠습니다. 전문적인 정책세력이 약하고 없으니까 우리나라는 국가정책에 대한 논의가 구체적이지 못하고 빨리 이념화합니다. 정책논의의 경우 이념의 거품이 많습니다. 사실 구체적인 실무자들이 볼 때는 큰 차이가 없고 답은 하나임에도 불구하고 불필요한 이념적인 갈등이 많이 있어왔어요. 명분과 이념을 내세우는 것도 대부분 전문성에 기초한 정책연구가 부족하거나 정책내용을 구체적으로 모를 때 생기는 경향이 있습니다. 이 문제를 우리 모두가 깊이 생각해보자는 것을 덧붙이고 싶습니다.

동북아시대의 시금석, 새만금

백낙청 이제 구체적으로 동북아시대의 한국사회 발전전략을 생각한다고 할 때, 김교수께서는 지금의 세계화는 중국화라고 표현할 수 있다고 하셨지요, 그만큼 중국의 비중을 압도적으로 보셨는데 구체적인 발전전략을 짠다고 할 때 중국의 변화와 연계해서 짠다는 것을 독자들에게 알기 쉽게 설명하신다면 어떤 예가 있을까요?

김석철 구체적으로 한반도에 그나마 세계적인 경쟁력을 가진 지방이라면 포항·울산·구미 일원의 산업 클러스터와 부산에서 광양으로 이어지는 물류 클러스터가 있어요. 지금 그렇다고 보기는 어렵지만 가능성이 크죠. 그러나 그 둘의 미래는 모두 중국의 전략에 어떻게 대응하는가에 달려 있습니다. 왜냐하면 철강의 경우 현재 최고기술을 제외한 3분의 2 가까이는 경쟁력이 없다고 할 수 있습니다. 포철은 일본에 밀리고 중국에 따라잡히고 있어요. 일본이 자기네 기술의 상당부분을 한국에 이전했는데 그것은 상대적으로 우리의 규모가 작았을 때 얘기죠. 포철은 중국을 겨냥하지 않으면, 즉 중국에 진출하지 않으면 안돼요. 한국기업의 중국진출이라는 것이 큰 과제 중의 하나이고 어떤 산업에서는 큰 전략 중의 하나입니다. 특히 물류의 경우 현재는 중국과 미대륙 간의 물량이 많아지면서 잠시 이득을 보고 있습니다만, 중국이 시설을 다 완비하면 그냥 우리나라를 지나가버립니다. 지금 상하이에 만드는 물류시설이 2010년이 되면 한국을 압도하게 됩니다. 이런 상황에서 뭐든지 해야 하는 것이죠. 또 한 가지 새만금 같은 경우가 좋은 예라고 생각하는데, 각종 보고서를 보아도 2020년까지의 전라북도 전략에 새만금이 없습니다. 새만금 간척사업은 2020년까지를 내다본 전라북도의 전략이기보다는 얼결에 시작한 정치적 사업을 자꾸 합리화시켜나가는 과정입니다. 한반도 안에서 새만금의 역할을 찾으면 길이 없지만 동북아에서 그 역할을 찾으면 있습니다. 광양·부산의 물류 흐름과 동북아 전체를 시야에 넣고 수도권의 분산, 그리고 지역균형발전이라는 각도에서 보면 해답이 있거든요. 그런데 정작 새만금에다 항만을 만들자고 하면 수도권이 더 낫다라고만 생각해요. 전라북도측에서는 당장에 항만건설 예산을 얻어낼 생각으로 간척도 하고 항만도 짓겠다고 해요. 갯벌과 안바다를 다 죽이고 돈 안되는 농토와 오염된 담수호, 아니면 텅 빈 산업단지 앞에다 항만을 지어서 무엇에 쓰겠다는 것인지 모르겠어요. 중앙정부의 정책들도 전부 한반도 안에서 상대적으로 경쟁력이 있는 곳을 보는 것이지 전체를 놓고 보지 않아요. 새만금 일원은 현재 한반도 안에서는 경쟁력이 없지만 시각을 확대해서 보면 엄청난 역할이 있거든요.

백낙청 좋은 말씀이신데 다만 '중국진출'이라는 것은 한국기업의 주된 과제이고 국가적으로도 중요하지만, 김교수가 구상하시는 새만금 바다도시만 하더라도 중국으로 진출하는 하나의 통로가 되긴 하겠지만 오히려 중국이나 화교들의 자본을 한반도로 끌어들이는 거점이 되라는 것 아니겠어요? 그렇다면 단순히 '중국진출'이라 하기보다 한·중 상호진출 또는 쌍방향진출이라는 표현이 나을 것 같은데요.

김석철 네, 그렇습니다. 지금 제가 계획하고 있는 것은 새만금에 중국자본이 들어온다는 전제하에 우리 것이 나간다는 겁니다. 우리가 중국 어디에 가서 큰 공단을 만들겠다, 그 대신에 우리 쪽에 중국이나 화교들이 와서 자신들에게 유리한 것을 하라는 거죠. 그들이 한국에 오는 것과 우리가 나가는 것이 동시에 이루어지는 것이 관건이 될 겁니다.

백낙청 성교수님, 정부의 대외비사항을 공개하라는 것은 아니지만 하나 여쭤보고 싶은데요. 새만금사업 같은 것은 그야말로 박교수께서 말씀하신 정치적 고려로 추진된 사안 아닙니까? 정치권에 직접 몸담은 분들은 할 수 없다 할지라도 청와대 안에서 정책을 연구하는 분들 사이에 간척사업을 완료해 농지를 만들든 공장이나 물류단지를 만들든 그것은 전라북도를 위해서도 길이 아니다라는 합의가 없습니까?

성경륭 그것은 제가 모르기도 하고 답변할 수 있는 사항도 아닌 것 같습니다.(웃음)

백낙청 하지만 새만금이야말로 지역균형발전의 핵심일 수 있는 곳이거든요. 지금 김교수께서는 수도권의 경쟁력을 전제하시면서 그다음으로 그나마 가망이 있는 곳으로 경북 일원의 클러스터, 울산까지 포함한 클러스터를 꼽으셨지요. 울산시는 경남권에 속하기 때문에 대개 부산과 연결시키는데 지금 김교수 발상에서는 울산을 포항·대구·구미와 함께 보는 거지요. 아까 행정단위에 얽매이지 않는 지방권역을 생각해야 한다고 말씀하신 것과 통하는 것 같은데, 아무튼 울산을 포함하는 경북권의 클러스터가 있고, 다음에 역시 도 경계선을 넘어서 부산에서 마산·창원을 거쳐 광양까지 이어지는 경남 남해안지대의 또다른 클러스터가 있습니다. 그런데 이런 곳들이 다 제대로 산다 하더라도 호남권에 뭐가 없으면 이건 종전의 경부선 축을 따른 불균형발전을 오히려 심화시킬 뿐이지요. 충청권에 신행정수도가 생긴다 해도 그 점은 마찬가지예요. 그렇기 때문에 호남에 뭐가 생겨야 하는데 지금은 수도권은커녕 경북이나 경남의 클러스터에 견줄 것도 전혀 없지 않습니까? 이런 불균형을 시정한다고 할 때 김교수는 새만금이 최적의 입지이고 새만금에 대한 기존의 발상을 완전히 바꿔야 한다고 주장하시는데, 이게 국가균형발전위원회에서 자기 분야 일이 아니라고 말씀하실 성질은 아닌 것 같은데요.

성경륭 그렇습니다. 그런데 그것이 워낙 정치적 결정이라는 출발을 가지고 있고, 처음엔 대규모 간척을 해서 농사를 짓는 것으로 이야기됐었죠. 그런데 시간이 지나면서 전국에 휴경지 보상제도를 실시할 정도로 조건이 많이 달라졌고, 옆에서는 군장공단을 한다고 하는데 그것마저 여의치 않고, 거기에 환경문제도 개입되어 있어요. 새만금 공사가 진행되면서 초기와는 조건 자체가 굉장히 달라졌고, 돈은 계속 투입하는데 투입한 것만큼 효과를 볼 수 있는지도 불확실하고, 엄청난 여러 문제가 있기 때문에 제가 뭐라고 말씀드리기 어렵습니다. 다만 문제제기하신 대로 광주·전남권, 전북권이 과거에 농업지역이었고 대체산업이 뚜렷하지 못한 제일 낙후한 지역으로 됐는데, 전남의 경우 재정자립도가 14%밖에 안돼요. 이것을 어떻게 할 것이냐 하는 문제로 지금 저희들이 고민하고 있어요. 우리가 국가균형발전정책의 내셔널 프레임워크(national framework)라고 할 수 있는 기본구상은 할 수 있겠지만 이 지역은 이것을 하고 저 지역은 저것을 해라 할 수 있는가에 대해서는 의문을 갖고 있습니다. 현재 균형발전 5개년 예비계획을 짜고 있는데 연역적인 계획과 귀납적인 계획이 접목되어야 한다고 생각합니다. "전라북도 지역은 관광과 몇 가지 산업을 믹스하면 되겠으니까 이렇게 하십시오"라는 식으로 할 수 있을까요? 현지의 여러 조건을 따져서 그 지역이 어느 측면에서 비교우위가 있고 어떤 것을 할 수 있는가 하는 판단은 결국 지역 스스로가 해야 한다는 생각인데 어려운 점이 있습니다. 지역의 판단을 전국적으로 집결하면 곳곳이 IT(information technology) 하겠다고 하고 BT(bio-technology) 하겠다고 합니다. 그래서 관료들과 함께 얘기를 해보면 정부가 더 개입해야 한다고 하나 저는 더 개입해서는 안된다고 하죠. 나중에 올라오면 그것을 가지고 컨설팅을 해서 하나하나 정리하더라도 더이상 개입하는 것은 옳지 않다고 보기 때문에 어려움이 있는데, 국가기관이 더 개입해야 하는 것이 옳은지 아니면 현재의 이런 태도가 옳은지 좀더 많은 고민이 필요합니다.

백낙청 지역의 판단에 맡긴다는 것이 큰 원칙으로서는 아름다운데 현실적으로 문제가 좀 있겠어요. 아무래도 판단 주체의 단위가 기존의 광역자치단체 또는 기초자치단체로 가게 되지 않겠습니까? 그러니까 시·도마다, 심지어 군마다 서로 IT 하겠다, BT 하겠다고 지리멸렬하게 나올 우려가 있고, 관청 위주로 가는 문제를 보완하기 위해 국가균형발전위원회에서 생각하는 것이 지역혁신협의회 같은 것일 텐데 위원회의 보고서 자체도 지역에 그만한 역량이 없다는 문제점을 지적하고 있더군요. 이것도 닭이 먼저냐 달걀이 먼저냐 하는 문제이긴 합니다만, 역량이 없는 상태에서 지역협의기구에 맡겨서 자율적으로 올리면 컨설팅만 해주겠다고 해서 과연 될는지 의문이에요. 새만금문제 같은 것이 대표적인 것인데요, 매사에 대통령이 나서서 이래라 저래라 해서는 안되겠지만 적어도 새만금 같은 크고 복잡한 문제에 대해서는 우선 대통령 자신이 어떤 비전과 확신이 있어야 합니다. 물론 그 확신이라는 것은 여러 전문가들과 협의를 거쳐서 도달해야 하는 것이지요. 어쨌든 자기 나름의 확신과 경륜을 가슴에 품은 채 토론을 촉구해야지, 그냥 '여러분이 토론해서 좋은 안을 만들어보라'고 하면 결국은 갈등만 증폭될 뿐이지요. 노무현정권 아래서 토론이 활성화된 것은 분명하고 그것이 역사적으로 평가할 만한 변화이긴 하지만, 토론이 어느정도 진행되고 나면 그걸 바탕으로 좀더 구체적인 대화가 이루어져야 하고 대화의 끝에서는 결단이 나와야 토론의 보람이 있는 것인데, 계속 토론만 하다 보면 목청이 점점 높아지고 자칫 멱살잡이로 변질하기 십상이에요. 새만금이 좋은 예지요. 대통령의 확고한 의지가 없는 가운데 토론만 난무하다 보니, 한쪽에서 머리 깎으니까 도지사도 머리 깎고 하는 식으로 번져가요. 대통령과 청와대의 정책기획자들이 어떤 큰 그림과 원칙에 대한 확신이 있으면 관료들은 대개 금방 알아차리고(웃음) 따라가게 되어 있어요. 대통령의 비전에 맞는 구체적 방안들을 내놓을 사람도 많고요. 전라북도에서 반발하는 다수도, 물론 그중에는 간척사업의 기득권에 얽매여서 끝까지 말 안되는 소리를 고집할 사람들도 있지만, 대다수는 대안적 개발을 해준다면 마다할 것 아닌데도 불안감이 앞서고 있거든요. 더 좋은 걸 찾다가 확보한 현찰마저 놓치는 것이 아닌가 하는 불안감이 있는데, 대통령이 '당신네들이 토의해서 좋은 안을 내봐라' 하면 모두가 불안해서 각자가 본래의 입장에서 물러서지 않으려 하기 쉽지요.

김석철 비슷한 문제로 랴오닝성(遼寧省)에 진저우(錦州)라는 도시가 있습니다. 인구가 300만쯤 되는 도시인데, 거기가 원래는 항만도시는 아니었어요. 그런데 뻬이징에서부터 션양(瀋陽)까지 고속철도가 중국에서 처음으로 놓이면서 항만이 된 겁니다. 지금까지 랴오닝성의 주축은 션양에서 따렌(大連), 션양에서 하얼삔으로 이어지는 것이었습니다. 최근 중국의 동부해안에 집중되었던 국가전략이 션젼(沈圳)과 푸뚱(浦東)과 서부개발을 거쳐 동북3성의 옛 중공업지역으로 이동하고 있습니다. 한국이 중국에 진출할 수 있는 기회가 열린 것입니다. 이 지역은 한반도와 역사적·지리적으로 가장 가까운 곳이며 한반도와 중국의 공동경제권이 이루어질 수 있는 곳입니다. 이럴 때 중국과의 공동작업을 시작해야 합니다. 그래서 저희가 '진져우와 진져우해안 도시연합'이라는 새로운 계획안을 냈습니다.

백낙청 저희라는 것은 아키반입니까?

김석철 아키반과 한샘UDM과 명지대 건축도시설계원의 공동연구팀입니다. 동북3성의 공간구조를 볼 때 따렌–션양–하얼삔 라인은 러시아와 일본이 랴오닝성을 강점하면서 만들었던 라인이지 중국의 전체적인 전략구도로 봐서는 뻬이징과 션양을 잇는 라인이 더 중요해요. 그래서 저희가 진져우에 따렌과는 역할이 다른, 인천항·새만금항과 항만을 공유하는 새로운 형식의 복합항만인 일종의 해상공단을 제안했어요. 진져우에 새만금에서와 같은 새로운 산업 클러스터를 갖는 바다도시를 창출함으로써 황해로부터의 접근축을 확보하고, 뻬이징–톈진–탕샨 메가폴리스와 동북3성을 잇는 대륙의 축에 접속함으로써 황해와 중국대륙 북부를 잇는 흐름의 중심에 랴오닝성과 한반도가 함께하는 다국적 복합항만을 건설하려는 계획입니다. 그런데 새만금에 들인 노력의 반도 안 들였는데 성장(省長) 이하 모두 그 얘기를 듣고자 하고 사회과학원 등에서 그것을 알고자 합니다. 나라의 모든 인적 자원이 참여해서 하고 있거든요. 거기에는 어떠한 정치적 고려도 없이 오로지 무엇이 최선인가를 보고, 이미 계획이 수립되어 공사가 진행중인데도 더 좋은 안이 나오면 멈추고 다시 하겠다는 겁니다. 그런데 우리 경우엔 아무리 좋은 제안이 있다 하더라도 들으려고 하지 않습니다.

백낙청 우리도 박정희정권 때 같으면 그렇게 할 수 있었을지 모르지요. 물론 중국은 사회주의를 한다는 사회이고 토지에 대한 사유재산권 문제가 없으니까 유신체제하의 한국보다 더욱 강력하게 추진할 수 있지요. 한데 이렇게 이야기하다 보면 자칫 독재체제에 대한 향수에 빠질 우려가 있어요.(웃음) 그러나 민주화의 대세는 돌이킬 수 없을 뿐만 아니라 그것을 수용하면서 일을 해야 자주적인 세계화, 민주적인 세계화가 가능하고, 현존하는 세계화의 대세에 적응할뿐더러 그걸 이겨내는 대안을 찾는 일도 가능해지겠지요.

민주주의와 공화주의

박세일 제가 두 분 말씀 들으면서 민주주의에 대해 얘기할 필요를 느꼈습니다. 저는 우리 사회가 권위주의와 싸우는 데 몰두해 권위주의가 끝난 다음에 어떤 민주주의를 세울 것인가에 대한, 즉 민주주의란 과연 어떤 것이어야 하는가에 대한 전문가나 국민들 사이에 충분한 합의나 성찰이 없었다고 생각합니다. 권위주의적인 질서가 종식되면 민주주의는 자연발생적으로 되는 것이 아니냐 하고 생각했던 거지요. 저는 민주주의가 그렇게 간단히 성공할 수 있는 제도라고 보지 않습니다. 우리나라에서 민주주의의 성공을 위해서는 국민의 입장에서도, 지도자의 입장에서도 반성할 것이 많다고 봅니다.

공익을 어떻게 이해하느냐에 따라서 민주주의를 두 가지로 나눠볼 수 있습니다. 하나는 사익간에 서로 자기 이익을 주장하다가 뭔가 타협이나 조화가 되면 그것을 공익이라고 보는 시각이 있는데 이것을 다원주의적 민주주의(plural democracy)라고 합니다. 또 하나는 사익간의 조화와 타협이 아니라 사익을 넘어서 한 차원 높은 데 있는 게 공익이라는 시각으로서, 이것을 공화주의적 민주주의(republican democracy)라고 합니다. 공화주의적 민주주의에서는 공익을 찾으려면 각자 사익을 자제해야 합니다. 그리고 같이 앉아서 공익이 무엇인가를 함께 토론하고 함께 찾아나가야 합니다. 공화주의에서는 이렇게 공익은 사익과 차원을 달리하는 것으로 이해합니다. 그런데 우리나라에는 공익이나 국익이 사익간의 조화와 타협이라는 소위 다원주의적인 민주주의만이 들어와 있습니다. 다원주의적 민주주의가 강하면 결국 이익집단들은 자기네 주장만을 극대화하는 것이, 그래서 공익이라는 이름으로 사익을 주장하는 것이 민주주의에 가장 합당한 제도 내지 관행으로 이해하게 됩니다. 이 부분은 일반 국민의 입장에서 반성해야 할 것 같아요.

지도자 쪽에도 책임이 있다고 보는데요. 민주주의가 성공한 나라를 보면 보통 두 가지 민주주의가 긴장관계를 이룹니다. 하나는 대중민주주의(popular democracy)로서 수에 의한 지배, 즉 다수결에 의한 지배입니다. 다른 하나는 지도자 민주주의 내지 전문가 민주주의(elite democracy)라고도 하는데, 전문지식과 리더십에 기초한 질의 지배입니다. 양(量)의 지배와 질(質)의 지배가 균형을 이루어야 합니다. 국가정책 결정을 다수결의 원칙에만 의존해서 할 수는 없습니다. 히틀러의 지배도 다수결에 의해서 이루어진 겁니다. 민주주의라는 것은 권력의 하방 이동이기 때문에 과거보다 국민의 참여가 많아지는 것은 당연합니다. 그리고 그것이 대중민주주의의 올바른 방향이지만 다수의 지배가 놓칠 수 있는 문제를 지식이나 전문성을 가지고 균형을 맞춰주는 것이 필요합니다. 민주주의가 성공하려면 반드시 대중성과 전문성이 조화되어야 합니다. 그래서 전문가가 존중되는 것이고 리더십이 중요한 겁니다. 우리나라에서 지금 대중민주주의는 어떤 의미에서 과도한데 지도자 민주주의는 과소해 인기영합주의가 등장하고 집합적 의사결정을 못하는 현상이 나타나고 있습니다. 그렇게 되니까 모든 정책이 자꾸 표류하는 것입니다.

저는 시장경제 못지않게 민주주의가 어렵다고 생각합니다. 국민적인 차원에서는 공익을 제대로 이해해서 사익의 주장을 자제하고 공동선을 함께 찾아가는 노력 즉 공화주의적 민주주의가 좀더 많이 들어와야 합니다. 지도층에서도 수의 지배를 존중하고 국민의 입장에 다가가야 하지만 국정운영이란 상당히 전문성이 요구되고 동시에 개별이익이 아니라 전체의 이익에서 결정하고 결단하고 헌신하는 문제라는 사실을 잊어서는 안 됩니다. 이런 이해가 생기고 균형이 잡히면 지금 얘기하는 문제도 좀더 올바르게 풀리지 않을까 생각합니다.

성경륭 그런 것들이 우리에겐 아주 부족한 셈인데, 정부가 사회적으로 치열하게 부딪치는 문제들에 대해 정책결정을 할 때는 몇 가지 조건이 있습니다. 여소야대냐 여대야소냐 하는 정치세력 분포상의 조건이 하나 있고, 정권과 정권을 지지한 세력 사이의 의견 일치여부가 또 하나 있는데요. 이라크 추가파병이 확정되었는데 이것은 지지그룹의 선호와는 상당히 다른 결정입니다. 과거에 한나라당을 지지하던 그룹이 파병을 찬성하고, 참여정부를 지지했던 그룹은 반대하고 있어요. 화물연대 파업에 대응할 때도 그랬고, 최근 고속철도 천성산터널 공사도 그래요. 부안 핵폐기장 건설문제도 결정이 애매한 상태지만 그렇고 새만금도 마찬가집니다. 저는 대통령이 새만금에 대해 구체적으로 어떤 생각을 하고 있는지 알 수가 없지만, 여소야대 국면에다가 핵심지지그룹과 상이한 의사결정을 계속해야 하니까 굉장히 큰 부담이 되지 않겠습니까?

백낙청 새만금의 경우는 그게 '뜨거운 감자'라는 발상 자체를 바꾸자는 거지요. 대통령선거 때 지지세력이었던 전북도민과 시민단체들을 동시에 만족시키면서 21세기 한국사회의 발전에도 획기적인 계기가 될 해법을 찾을 수 있는데 그럴 생각을 못하는 것이 답답하다는 거예요.

성경륭 새만금사업은 모든 대안이 고려될 것이고, 저도 김교수님의 구상에 대해 정부 관련부처에 이런 중요한 대안이 나왔으니까 검토를 한번 해보라고 제안한 바 있습니다. 제가 내부 결정과정은 잘 모르겠지만 모든 대안을 검토중인 것으로 알고 있습니다.

백낙청 박교수님이 말씀하신 '공화주의적 민주주의'는 참 좋은 화두라고 생각합니다. 우리 헌법에 대한민국이 민주공화국이라고 되어 있습니다만 그때 공화국이라는 말을 군주국이 아니라는 정도로만 생각하지 공화주의 자체에 대해서는 별로 생각하지 않는 것 같아요. 그런데 공화주의와 민주주의는 반드시 일치하는 건 아니지 않습니까? 고대로마 같으면 공화주의였지만 민주주의는 아니었거든요. 따라서 '공화주의적 민주주의'라고 두 단어를 묶어놓으면 답이 쉽게 나오지 않는 것 같아요. 그러니까 화두(話頭)라는 거지요. 공화주의와 민주주의 간의 갈등이나 긴장이 있게 마련인데 박교수님의 말씀에서는 촛점이 공화주의에 가 있고 민주주의와의 갈등에 대해서는 사익을 자제하는 쪽에 치중하시는 느낌이 들었어요. 그것은 지도자의 책무를 말씀하시는 데서도 그런 인상을 받았습니다. 지도자 민주주의라는 것도 그것이 정말 순기능을 하려면 지도자가, 물론 대통령 혼자서 하는 게 아니라 주변의 전문가와 보좌진의 도움을 받아서 하겠지만, 어쨌든 5년 앞, 10년 앞, 심지어는 2, 30년씩을 내다보면서 사회의 올바른 방향을 잡아가는 경륜이 있어야 하는데, 그렇지 못할 경우 그가 공익의 이름으로 시민들의 사익을 짓밟는 것보다는 다양한 사익들이 분출하면서 조정되는 것이 차라리 낫지요. 그래서 박교수께서도 대중성과 전문성이 조화를 이루어야 한다고 하셨지만, 앞서 말씀하셨던 여론과 공론 문제만 하더라도 그 둘을 구별하는 건 중요하지만 결국은 여론이 따라줘야 단순한 '전문가 견해'나 '정부 방침'이 아닌 진정한 공론(公論)이 되는 거지요.

대중민주주의 또는 다원적 민주주의가 문제가 많으면서도 기존의 지도층에만 공론형성을 맡기기 힘든 예의 하나가 세계화에 대응하는 자세입니다. 세계화에 적응하는 국가정책은 매우 정교한 전략을 요구하기 때문에 굳세게 반대를 외치는 여러 목소리들이 난감할 때가 많지요. 그러나 기존의 지도층이 세계화의 본질과 그 장기적 전망에 대해 올바른 인식을 갖고 대응책을 짜고 있느냐 하면, 우선 제가 보더라도 대세를 따라가기에 급급하지 장기적으로 극복해야 할 대세라는 개념은 별로 없는 것 같아요. 똑같이 경쟁력을 중시하더라도 무조건 대세를 따라가면서 우리도 G7에 들어가야 한다는 식으로 나가는 것과, 그런 식으로 너도나도 설치다가는 인류가 다함께 망하게 되어 있을뿐더러 한국경제 자체가 과욕을 부리다가 IMF 때처럼 침몰하기 십상이다, 다만 우리는 세계화의 대세에 승복하는 건 아니지만 당장에 경쟁력을 잃으면 대안을 찾을 여지도 없이 짓밟히고 말 테니까 그걸 피하기 위한 최소한의 경쟁력을 확보해야겠다, 뭐 이런 식의 좀더 수세적인 자세랄까 방어적인 경쟁력 노선을 택하는 것이 정책의 내용면에서도 훨씬 견실하고 실제로 성공률이 높아지리라고 봅니다. 제가 새만금 얘기를 자꾸 하는 것도 새만금문제의 지혜로운 해결이 한편으로 세계화의 대세에 적응하는 길이면서 발전의 새로운 패러다임을 찾는 길이거든요. 현존 세계화의 추세가 무작정 지속될 수 없다고 보는 제일 큰 이유가 환경문제 같아요. 생태계의 위기는 지금도 심각한데 기존의 방식으로 전세계가 계속 성장하려 하고, 더구나 중국 같은 큰 나라가 고도성장을 계속한다면 어떻게 되겠어요? 다 죽는 것 아니겠어요? 그러니까 이 기회에, 성장을 하더라도 세계화의 본질에 대해 다른 인식을 갖고 종전과는 다른 발전의 패러다임을 우리가 동북아에서 창안해야겠다, 그리고 한국이야말로 그런 일을 하기에, 특히 분단체제를 허물어가는 극도로 변수가 많은 과정에서 그런 모델을 개발하기에 좋은 처지에 있고 그것이야말로 우리가 동북아경제중심이 되는 첩경일 것 같다는 거지요.

친환경적인 새 발전패러다임을

박세일 저는 공화주의적 민주주의와 환경문제는 깊은 관계가 있다고 봅니다. 공화주의적 민주주의라는 이야기 대신에 저는 공동체자유주의라는 말을 자주 씁니다만, 이는 개인의 자유와 창의를 기초로 하되 공동체 내지 공동선에 대한 적절한 고려가 없으면 자유주의는 본래의 뜻을 상실할 것이라고 보는 생각입니다. 공동체연대나 사랑이 전제될 때 개인의 자유와 창의는 더욱더 빛난다는 것이죠. 왜 그런 생각을 하느냐면 인간의 존재 자체가 관계적(relational)이기 때문입니다. 인간이 개체적이고 독자적인 존재이면서도 생존조건 자체가 관계적이기 때문에 이를 부정하고 개인만 주장해서는 오래갈 수가 없습니다. 저는 관계성 중에 중요한 부분이 환경이라고 생각합니다. 환경과 분리될 수 없는 관계적 존재로 인간이 살아갈 수밖에 없다면 환경문제를 국가발전론 속에서 감안하는 것은 당연한 것이죠. 환경문제에 대하여 어느 정도 비중을 둘 것인가는 그 나라의 경제 및 의식 발전수준, 주어진 조건에 달려 있겠죠. 그런데 중요한 것은 균형과 조화입니다. 발전과 환경의 문제, 민주주의와 공화주의의 문제, 혹은 중앙집권화와 지방분권화의 문제도 모두 조화와 균형의 문제지요. 조화와 균형을 이루어야 세계화시대에 공동체도 지킬 수 있고 세계적으로 우리의 힘도 길러낼 수 있습니다.

하나 더 말씀드리겠습니다. 동북아구상 문제도 우리가 한번 정리를 해봐야 하지 않을까 싶은데요. 제가 보기에 중국의 변화는 지금부터 정말 경천동지(驚天動地)할 정도로 일어날 것이라고 생각합니다. 앞으로 수십 년간 8억 내지 9억의 인구가 도시로 밀려들 것이고 엄청나게 빠른 속도로 산업화가 될 것입니다. 그 속에 정치적 변동까지 있으면 그 변화는 엄청날 테고요. 한국과의 경제관계도 크게 확대되고 대단히 밀접해질 것인데 이 과정에서 경제협력이냐 경제편입이냐를 걱정하지 않을 수 없습니다. 그런데 이는 한국과 중국 간에 누가 누구를 더 필요로 하느냐에 의해 결정되리라고 생각합니다. 우리의 경제규모와 중국의 경제규모를 비교할 때 양적인 측면에서는 분명 우리가 중국을 더 필요로 하게 될 겁니다. 그런 점에서 우리 경제는 앞으로 중국에 편입되어가겠죠. 그렇지만 질적인 측면에서는 협력으로 갈 수 없는가? 그러려면 어떻게 할 것인가가 동북아구상에서 대단히 중요한 문제라고 봅니다. 결국은 거대한 변화과정 속에서 중국이 필요로 하는 것을 우리가 빨리 읽어내야 합니다. 그들이 당면한 문제에 대한 해결책(solution)을 우리가 제시하여야 합니다. 그들이 현재 인식하지 못해도 앞으로 반드시 필요로 할 것을 찾아야 합니다. 그것이 상품과 써비스일 수도, 지식과 경험일 수도 있고 정보와 정책일 수도 있습니다. 이것을 우리가 중국에 제공할 수 있을 때 적어도 질적 측면에서 우리 경제는 협력관계를 유지할 수 있을 것입니다. 그런데 이러한 대(對)중국, 동북아구상에서 결정적으로 중요한 것이 미국 및 일본과의 관계입니다. 미·일과의 관계가 여기에 들어오지 않으면 대중관계에서 우리가 협력이 아니라 편입으로 끝날 가능성이 대단히 크다고 생각합니다. 일본이나 미국으로부터 새로운 과학기술과 지식정보를 신속히 도입하여 우리의 문화풍토와 결합시킨 후, 이를 자산으로 하고, 우리의 산업화 경험 등을 참고로 하여 중국의 발전과정에서 반드시 필요로 하게 될 물건과 아이디어를 생산, 공급해주어야 합니다. 이 점이 중요한데 이것은 상당부분 우리의 주체적인 노력에 달려 있어요. 미국이나 일본과의 관계를 무시해서는 절대로 올바른 대중국 전략이 나오지 않는다는 것을 말씀드리고 싶습니다.

성경륭 저와 참 비슷한 고민을 하시는데, 저는 우리와 중국이 전략적 상호의존관계를 발전시켜야 하지 않겠느냐고 생각하고 있습니다. 마치 우리가 아주 급속한 성장, 근대화와 산업화를 할 때 일본이 옆에서 자본재나 중간재나 금융을 계속 제공한 것처럼 중국이 필요로 하는 것을 우리가 충족시켜줘야 한다고 봐요. 우리가 일단은 한단계 앞서 있으니까 중국이 계속 부상할 때 이런 상호의존관계를 얼마나 잘 형성하느냐 하는 것이 핵심이 아닐까 생각해요.

김석철 우리가 중국에 앞서 있고 또 끊임없이 앞서려면 미국·일본과 협력해야 한다고 하셨는데, 그러나 그 단계는 이미 지났다고 생각해요. 미국에 중국 유학생들이 우리보다 훨씬 많이 가 있습니다. 중국은 이미 아주 강력하게 미국의 핵심에 들어가 있어요. 대중국관계는 다른 각도에서 봐야 해요. 제가 동북아라는 말 대신에 황해도시공동체라는 말을 쓰는 이유가 황해도시공동체라고 할 때는 미국과 화교와 러시아가 참여한 어떤 싸이트(site)가 되기 때문이죠. 러시아는 자원국가이고 특히 석유 때문에 어떤 의미에서는 일본보다도 더 중요합니다. 지금은 한국이 상당부분 금융자유화를 이루었고 예전처럼 일본에 예속된 단계는 지났으니까 그런 점에서도 황해도시공동체라는 말이 적절하다고 봐요. 이미 국가의 장벽이라는 것은 서서히 무너져가고 있고, 특히 동북아지역에서 동북아 3국이라는 말은 어떤 면에서 난센스입니다. 샨뚱성(山東省)만 하더라도 남한보다 크고 랴오닝성은 한반도보다 크고 일본의 경제력은 한국과 비교할 수 없이 큰데 중국을 한국이나 일본과 같은 의미로 '국가'라고 부르고 중심국가를 말하는 건 거의 무의미하죠.

지금 성교수님이 하고 계시는 국가균형발전이라든지 지역발전 작업은, 성교수님 자신이 처음부터 지역적인 맥락을 강조하셨지만, 중국과의 관계에서 더 뜻이 있는 거예요. 서울 수도권 일대만 경쟁력이 생기는 한 불균형은 더 가속화되거든요. 지금 중국이라는 강력한 이웃이 없다면 서서히 심화되겠지만 중국으로 인해 불균형은 급격히 심화될 거예요. 제가 새만금을 거론한 것은 새만금 지역만의 문제라기보다는 지금 이런 상황을 의식한 것이죠. 부산-광양 간의 물류 클러스터라든가 경주라는 문화인프라를 중심으로 한 대구-울산-포항-구미 간의 도시연합은 좀 시간이 걸리고 판이 만들어져 있지 않아 어려운데, 새만금은 이미 안바다라는 희귀한 판이 만들어져 있고 적절한 기획에 의해서 아주 빠른 시일 안에 여러가지를 할 수 있는 상태예요.

수도권의 확대란 단순히 면적의 확대를 뜻하는 것은 아닙니다. 나중에는 이북까지도 이어지겠지만 수도권에서부터 서해안으로 이어지는 라인을 생각한 것이에요. 수도권의 문제와 지방분권의 문제, 균형발전이라는 문제는 이 해안링크라는 새로운 키워드를 도입해 풀 수 있어요. 해안링크로 인해 새만금에 대한 우리 전략이 결국 신의주에 대한 전략이 될 수도 있고 해주에 대한 전략이 될 수도 있어요. 어떤 점에서 새만금·호남평야가 울산–포항–구미나 부산–광양보다 산업화와 도시화가 덜 이루어지고 도시경쟁력이 없어 보이지만, 서울 수도권의 확대를 흡수하면서 서해안·해안링크를 이루게 하는 것이 새만금의 역할이 되는 것입니다. 저는 딴뚱(丹東)을 아주 중요하게 생각하는 것이 목포로부터 딴뚱으로 이어지는 지역은 동해안과는 비교가 안될 정도로 조밀합니다. 그만큼 밀집된 지역이기 때문에 경제적인 파급효과나 협력의 밀도는 훨씬 커질 수 있어요. 그럴 때 새만금에서 단절되어버리면 안되죠. 현재 우리의 새만금 구상은 한반도 전략, 즉 균형발전과 동북아시아 또는 황해도시공동체로 나아가기 위한 시금석적인 프로젝트가 아닌가, 그야말로 참여정부가 중점적으로 해볼 만한 프로젝트가 아닌가 생각합니다.

백낙청 김교수가 일본이나 미국 것을 빼내서 중국에 전수하는 단계가 지났다고 할 때는 기존의 발전패러다임 속에서 한국이 설 자리는 이미 없어졌다는 뜻으로 들립니다. 오히려 그 패러다임을 바꾸는 작업에서 한국이 앞장설 때 중국에 줄 것도 생기고, 나아가 일본과 미국에 대해서도 줄 것이 생긴다는 발상이겠군요.

김석철 그렇습니다.

백낙청 시간이 너무 많이 흘렀으니 이제 마지막으로 한말씀씩 하시고 마쳐야겠습니다.

성경륭 지금까지 경쟁력에 대해 많이 얘기했는데, 한국사회가 안고 있는 여러가지 문제는 경쟁력에 직결되는 부분도 있고 그렇지 않은 부분도 있다고 봐요. 균형발전의 문제, 수도권집중, 지역간의 격차, 지역주의 등은 어쨌든 우리가 풀어야 해요. 세계화라는 맥락, 중국이 급부상하는 맥락, 그리고 끊임없이 변하는 동북아 위계구조에서 한국이 생존조건을 찾는 과정이 서로 연결되어 있다는 것은 인식을 같이하고요. 그런데 과거의 패러다임으로는 더는 뚫고 가기 힘든 단계에 온 것이 아닌가 해요. 중앙집권 국가에 의해 특정산업 중심, 몇몇 특정지역 중심의 성장전략은 한계점에 이르렀고, 또 환경을 도외시하고 오로지 물질주의적인, 그것도 대기업이나 가진 자 중심의 성장방식도 한계에 봉착했다고 봐요. 흔히들 8년 동안 국민소득이 1만 달러에 갇혀 있다는 얘기를 하는데, 여러가지 요인이 있겠지만 성장방식의 문제를 정확히 짚을 필요가 있다고 봅니다. 다음 단계로 가는 경쟁력이나 우리의 생존이라는 측면은 결국 발전의 양식을 바꾸는 문제와 연결되어 있다고 생각하거든요. 그런 점에서 지방에 권한을 더 주고, 어려운 지역에 좀더 활력을 불어넣고 어려운 지역이 스스로 일어설 수 있는 지역체계를 만들고 요소요소에 혁신 클러스터를 만들어서 지역이 자립하게 하는 것이 필요하지요. 저는 황해도시공동체도 좋아요. 어쨌든 전국의 요소요소들이 이런저런 활동을 해서 다른 나라와 교류도 하고 지역의 경쟁력을 높이기도 하는 그런 새로운 접근이 필요한데, 그것은 단순히 국내의 문제를 해결하는 데 국한되지 않는 다른 차원이 있지 않겠는가 하는 것입니다.

환경과 발전이 분리될 수 있는 문제는 아니라고 봐요. 먼저 경제를 성장시킨 후 환경문제가 생기면 그때 가서 돈을 투입해 해결할 수 있는 문제는 아닌 것 같습니다. 제가 일반화하기는 힘들지만 과거 산업주의 모드(mode)를 가진 대부분은 중국으로 진출할 텐데 그것은 이미 엄청난 문제를 양산하고 있고 앞으로도 문제가 되지 않겠느냐는 우려가 들어요. 제가 최근 독일에 출장 가서 들었는데, 엔진을 생산하는 단계부터 최고급 기술을 적용해 배기가스를 줄이고 있고 공장에서 나오는 폐수를 재활용하거나 밖으로 배출되지 않게 하는 기술들을 적용한다고 해요. 기술을 매개로 하든 뭘 매개로 하든 환경과 발전이라는 것이 분리되지 않도록 하는 새로운 발전 모드가 필요한 것 같아요. 그리고 동시에 새로운 가치, 새로운 문화가 필요한 것이 아닌가 합니다. 소비를 많이 하면 생산도 많이 하고, 생산을 많이 하면 이윤과 투자가 많아지고 임금이 올라가고 하는 끊임없는 팽창의 싸이클 속에서 과연 우리가 GNP가 올라갔다고 좋아할 수 있느냐는 겁니다. 자원 중에는 재생이 되는 것도 있지만 재생이 안되는 것도 있어 끝없이 문제를 남깁니다. 새로운 양식을 얘기할 때 기술을 접목해서 풀어야 할 문제와 우리의 가치와 새로운 문화를 발전시키면서 풀어야 할 문제가 있다는 말씀을 드리고 싶습니다.

김석철 동감입니다. 실제로 저같이 도시계획을 하고 건축설계를 하는 사람은 경쟁력보다 삶의 질을 고려하는 것이 습관화되어 있습니다. 오늘은 한국사회의 발전전략을 이야기하다 보니 자연 경쟁력 이야기를 많이 하게 된 것뿐이지요. 제가 보기에 외연의 성장이 한계에 부닥친 우리 사회에는 발전을 지속하기 위해 '내연의 성장'이라고 할까요, 이것이 문화가 될지 철학이 될지 모르지만 그런 것이 필요할 때입니다.

성경륭 내연이요? 내포적 성장 말씀인가요?

김석철 아니 불탈 연(燃)자를 써서, 밖으로만 넓어지는 외연(外延)에 대해 안으로 활력에 넘치는 내연(內燃)을 한번 생각해본 겁니다.

백낙청 아, 좋아요.(웃음)

김석철 어쨌든 그런 게 필요하다고 봐요. 현재 한국사회에서 제일 큰 문제는 인력과 금융자본의 과잉입니다. 4백조가 굴러다니고 있어요. 몇몇 분야의 기술수준은 제가 보기에 최강입니다. 중동에서 가장 제대로 된 도시를 건설한 사람들, 그리고 조선(造船)과 전자 및 자동차에서 한국을 세계 최강으로 만든 사람들이 밀려나 있습니다. 지금 우리가 이렇게 올 때까지 참여했던, 또 그런 과실로 생긴 금융과 인력들이 놀고 있거든요. 잉여금융은 지금 투기자본화해 자본시장·노동시장을 왜곡하고 있어요. 그래서 제가 황해도시공동체를 얘기하는데 우리는 판을 키워야 합니다. 중국은 우리처럼 분당 같은 신도시를 4년 안에 만들어서 40만을 입주시킨 예가 없습니다. 그만한 기획을 할 수도 없고 해본 사람도 없습니다. 조선도 자동차도 전자도 마찬가지입니다. 한국이 가진 인력과 자본의 거대한 잉여를 적극적으로 참여시키자는 겁니다. 중국에 교두보를 확보하면서 동시에 한반도의 판에도 중국을 참여시키는 겁니다. 특히 화교라든가 중국을 벗어나고 싶어하는 자본들, 또 중국의 시장 등 여러가지를 고려한 상징적인, 그리고 그런 것들을 구체적으로 보여줄 수 있는 사업들을 한번 시작해보는 일이 필요하지 않을까 합니다. 그래서 황해도시공동체라든지 중국으로의 진출, 과감한 중국자본의 유입을 이야기한 겁니다. 세계자본이라는 것은 당연히 와야 하는 것이고요. 저는 한국과 중국의 자본이 상호유입하면서 한반도와 중국대륙의 일정영역을 서로 공유할 수 있는 단계까지 나아가야만 추상적인 담론의 범위를 벗어날 수 있다고 봅니다.

백낙청 너무 경쟁력 이야기만 할 것은 아니라는 중요한 지적을 성교수께서 해주셨습니다. 그런데 김교수 말씀대로 오늘은 주제가 그러니까 경쟁력 이야기를 안할 수 없었고 제가 앞장서서 해온 셈인데, 저는 기왕에 이야기를 할 거면 철저히 할 필요가 있다는 생각이었어요. 경쟁력도 중요하지만 환경도 중요하다, 삶의 가치도 돌봐야 된다, 이런 식의 지당한 말씀은 하나마나한 말이 되기 쉽지요. 그래서 발전전략을 이야기하되 단기과제와 중·장기 전략을 구별해가며 말하자고 했던 건데, 아주 길게 보면 삶의 질을 높이는 발전만이 최고의 경쟁력을 갖는 것이고, 중기적 차원에서는 비록 사회체제 전체가 친환경적으로 바뀌지 못하더라도 친환경적 기술의 활용 등 부분적으로 가능한 생태적 전환을 도모하면서 장기적 목표추구를 위해 필요한 최소한의 경쟁력을 유지해야겠지요. 특히 우리나라의 경우는 분단체제극복이라는 극히 유동적인 상황에서 남들보다 더 획기적인 변화의 가능성이 있다고 믿습니다. 단기적으로는 당장에 경쟁에서 밀려나지 않기 위해 잘못된 경쟁의 규칙에도 적응할 건 해야겠지만 그렇다고 대안적인 실천을 중·장기적 미래로 미뤄둔다면 이거야말로 공허한 거대담론을 갖고 현실을 얼버무리는 꼴이 되겠지요. 그래서 제가 들머리 발언에서도 차원이 다른 과제들을 동시에 수행하면서 우리의 이론적·실천적 대응력을 높여보자고 했던 것이지요.

박세일 오늘 아주 유익하고 좋은 토론이었습니다. 배운 것이 대단히 많습니다. 이러한 만남의 기회를 만들어주신 창비에 감사드립니다.

백낙청 제가 여러분께 드려야 할 감사의 말을 가로채신 것 같군요.(웃음) 저야말로 많이 배웠고, 긴 시간 애써주신 데 대해 거듭 고맙다는 말씀을 드립니다.

| 인터뷰 |

저력있는 한국, 절망할 필요 없다

백낙청(서울대 명예교수)
정세용(『내일신문』 편집국장)

정세용 지난해에는 오랫동안 몸담았던 대학에서 정년퇴직도 하시고 시민방송 이사장 등 많은 활동을 하시면서 그 어느 해보다 뜻깊은 한해를 보내셨을 텐데 새해를 맞으시는 감회가 어떤가요.

백낙청 대학강단에 선 지 40년 만에 정년퇴직을 해 감회가 깊었습니다. 교수생활을 다소 아슬아슬하게 해내서 남달랐는지도 몰라요. 해직됐다가 복귀한 뒤에도 바로 5·17쿠데타가 일어났고 90년대 초까지도 정년까지 갈 수 있으리라는 확신이 없었어요. 무사히 정년을 하고 나니까 힘든 장거리 경주를 완주한 듯한 성취감이 없지 않군요.

시민방송은 2000년 말께 준비위원장을 맡아 이듬해 재단설립과 함께 이사장이 됐고 2002년 9월에 개국했지요. 한동안 한발 물러나 있었는데,

■ 이 인터뷰는 『내일신문』 2004년 1월 2일자에 실린 것이다.

2004년에 도약을 못한다면 큰 의미가 없겠다 싶어 요즘은 재창립하는 마음으로 공을 좀 들이고 있습니다.

또 하나 저에게 의미깊었던 사건은, 창작과비평사가 1966년 창간 후 지난해 여름 파주출판도시로 처음으로 사옥을 지어서 나간 것입니다. 이름도 '창비'로 개명하면서 새로운 출발을 다짐했지요.

정세용 갑신년 새해를 맞아 국민들이 희망을 가질 수 있는 덕담 한마디 해주시죠.

백낙청 한국에서 살다 보면 잔뜩 희망에 부풀어 있다가도 얼마 안 가서 엉망진창이 되는 느낌을 받는 경우가 많은 것 같아요. 6·15선언으로 전 국민이 감격했다가도 1년도 채 못 가 비판이 잇따르고 실제로 남북관계도 많이 침체했고 미국에서는 부시정권이 들어서서 애를 먹이는 등, 남북관계가 옛날로 돌아가지 않나 오히려 걱정하게 되지 않았습니까. 또 지난해에는 2002년 월드컵과 후반기의 촛불시위, 대선 등을 통해 부풀었던 희망과 감격이 어디로 갔는지 알 수 없는 상황을 맞이했습니다.

그러나 이걸 뒤집어보면 우리나라가 난맥상에 처하고 침체한 듯하다가도 뜻밖의 사건들이 생기면서 다시 기운이 용솟음치는 일이 되풀이돼온 저력있는 사회라는 이야기도 된다고 생각합니다. 지금 정치 경제적으로 여러가지로 어렵고 많은 사람이 힘들어하지만, 올해에도 희망찬 일들이 많이 생겨날 것이고 결코 절망할 필요가 없다는 말씀을 드리고 싶습니다.

정세용 선생님의 낙관적인 세계관처럼 올 한해 신나는 일이 많았으면 좋겠습니다. 그런데 지금 정치가 무척 어수선합니다. 재신임문제는 아직 정리되지 않았고 4·15총선을 앞두고 여야는 사투를 벌일 태세입니다. 우리 사회의 원로로서 대통령과 정치인들에게 해주고 싶은 말씀은 없으신가요.

백낙청 지난번 이돈명(李敦明) 변호사께서도 대통령이 말을 좀 아꼈으면 좋겠다고 하셨던데 저도 그 말씀에 완전히 동감합니다. 최근 한 여론조사에서 노무현(盧武鉉) 대통령이 가장 잘못한 점으로 언행이 신중하지 못하다는 점이 꼽혔더군요. 이것은 바꿔 말하면 대통령이 하시기에 따라서 지지도나 분위기를 바꿀 여지가 얼마든지 있다는 뜻도 됩니다. 경제라든가 대미관계는 대통령 마음대로 안되지만 말을 신중히 하는 것은 얼마든지 가능한 일 아니겠어요.

국정에 대해서는 저도 비판하고 싶은 게 많습니다만 비판은 넘칠 정도로 많으니까 제 생각에는 기왕에 뽑아놓은 대통령이니만큼 부족하더라도 도와주자는 분위기가 조금은 더 있었으면 좋겠습니다.

정세용 지난해 이라크 파병문제로 한때 국론이 분열되는 감이 없지 않았습니다. 선생께서는 지난해 11월 초 청와대 오찬에서 노대통령에게 "전투병을 안 보내면서 미국과의 관계도 깨지지 않도록 외교적 수완을 발휘해달라"고 당부하셨는데 결국 전투병을 포함한 혼성부대를 보내기로 결정됐습니다. 국회 심의가 남아 있기는 하지만 정부 파병안은 기정사실로 받아들여지고 있습니다.

백낙청 제가 그런 이야기를 한 것은 대통령의 입장에서 미국과의 관계를 고려해서 할수없이 추가파병을 결정했더라도 전투병은 보내지 말았으면 좋겠다는 뜻이었습니다.

그러나 그보다 앞서 제가 강조했던 요점이 하나 있습니다. 이라크전쟁과 베트남전쟁의 가장 큰 차이는 변화의 속도가 엄청나게 빨라졌다는 사실입니다. 두 전쟁은 모두 국제적 명분을 상실한 전쟁이었으며 반전평화운동의 물결이 크게 일어난 유사점을 가지고 있습니다. 그러나 베트남전에서는 이런 흐름이 형성되기까지 몇년이 걸린 반면 이라크전에서는 승전선언 후 몇달 안에 파병군사 가족들까지 가담한 반대여론이 확산되었습니다. 뿐만 아니라 오늘 안전하다 싶은 지역이 며칠 사이에 가장 위험한 지역으로 변해버리곤 합니다. 비전투병을 보내면 안전할 거라는 생각도 이제 옛날이야기가 된 거지요. 이런 상황변화로, 비전투병만 보내는 것보다는 전투병을 섞어 보내는 것이 오히려 안전할 수도 있습니다. 그러나 위험부담이 파병부대에만 국한되는 것은 아닙니다. 아랍세계, 심지어 아랍권 밖에 있는 우리 국민과 외교관, 주재상사 모두가 테러의 표적이 될 수 있습니다. 또 어떤 이유로든 교전이 벌어진다면 감당할 수 없는 사태가 될 것입니다.

혹시라도 대통령의 입장이 난처해서 그런 결정을 내린 거라면 국민과 국회가 나서서 파병을 막아줘야지요. 앞장서서 파병을 주장하는 국회의원들에 대해서는 국민들이 올 선거에서 표로 심판해야 합니다.

정세용 각 정당은 정치개혁을 소리높여 외치고 있지만 실제로는 개혁에 역행하는 모습입니다. 총선 전 정치개혁이 이뤄져야 한다고 보는데 어떻게 생각하세요?

백낙청 정치개혁협의회의 선거법 개정안을 국회의원들이 그대로 받아들여야 할 의무는 없지만 선관위 조사권까지 삭제하려 드는 등 말도 안되는 짓들을 하고 있지요. 자신들의 이해와 직결된 문제이기 때문에 공익적인 민간인사들에게 시안을 만들어달라고 국회 스스로 위촉했던 것 아닙니까. 그래놓고 자기네들 멋대로 하겠다고 한다면 국민들이 나서는 수밖에 없을 것 같습니다. 언론과 시민단체 등이 압력을 넣어서 선거를 앞두고 위기감을 느끼게 해야지요.

그런데 여기서 한 가지 덧붙이고 싶은 것이 있습니다. 정당이나 정치인들에게 실망감을 넘어 혐오감까지 느끼는 국민들이 많지만 그렇다고 싸잡아서 정치인들을 욕해대는 것은 도움이 안된다고 봐요. 정치권도 잘 들여다보면 괜찮은 사람들이 있고 개선하려고 노력하는 정치인이 있는데 그런 사람을 가려내어 북돋아주면서 나머지를 비판해야지 '정치하는 인간들은 다 썩었다'라는 식으로 말하면 오히려 썩은 사람들이 활동하기에 좋은 풍토가 조성되지요. '모조리 썩었다'는 도매금 비난이야말로 썩은 사람들에게 유리한 이데올로기일 수도 있습니다.

정세용 정치도 중요하지만 먹고사는 문제가 더 중요한데요. 수출은 잘 되고 있지만 내수는 좀처럼 회복되지 않고 있고, IMF사태를 졸업했다고 하지만 부익부빈익빈은 더 심해지고, 외국자본이 국내경제를 지배하는 등 경제구조는 더욱 악화되고 있습니다.

백낙청 글쎄요, 경제야말로 문외한이 함부로 떠들기 힘든 분야인데요. 다만 IMF 구제금융사태를 당했다는 것 자체가 그것을 졸업한 후에도 빈부격차가 더 심해지고 외국자본에 대한 의존도가 높아질 수밖에 없다는 점을 일단 인정해야 된다고 봐요. 어차피 고약하게 걸려들었으니 각오를 해야 한다는 거지요. 김대중 대통령이 IMF를 극복했다면서 이게 뭐냐, 노무현 대통령은 뭐하고 있냐는 식으로 나무랄 일은 아닙니다. 그보다 이 고약한 상황의 뿌리가 무엇인지 살펴봐야 합니다.

물론 기왕에 걸려들었더라도 어떻게 피해를 최소화할 것인가를 적극 모색해야지요. 대세에 순응한답시고 신자유주의 일변도로 나가는 것은 노동자뿐 아니라 한국경제의 기반 자체를 무너뜨릴 수 있다고 봅니다.

빈부격차를 줄이기 위해서는 무엇보다 일자리를 더 만들어내는 것이 중요하다는 생각입니다. 신자유주의적인 인건비삭감 위주의 경영도 아니고 정리해고에는 무조건 파업으로 맞선다는 단순처방도 아닌 어떤 창의적 방법으로 고용을 늘리는 게 최선의 대안이라는 생각을 갖고 있습니다.

또 하나는 시야를 동북아로 넓혀서 해결책을 찾아야 하지 않나 생각합니다. 중국경제가 성장하면서 우리 경제에 많은 도움이 되기도 하지만 일자리 감소 요인이 된 것도 사실입니다. 이제는 동북아 일대가 함께하는 새로운 사업을 창안해서 중국 등에 자본만 아니라 노동력도 나갈 수 있고 중국과 화교 자본이 들어와서 국내에 일자리를 창출하는 길도 열어야 한다고 생각합니다.

정세용 새만금문제와 핵폐기장문제도 시급히 해결해야 할 과제인데요. 환경과 개발을 동시에 해결할 수 있는 묘안은 없을까요. 선생께서는

"문학적 상상력을 통해 고정관념에서 벗어나 상생의 창의적 대안을 모색"해야 한다는 말씀도 하셨는데.

백낙청 문학 분야를 일단 벗어나면 '문학적 상상력'이란 표현은 불리할 때가 많습니다. 문학인이 무책임한 이야기를 한다며 무시당하기 일쑤니까요. 그냥 상상력이라고 하죠.

환경과 개발에 관한 문제를 단순화시켜 말하면 끊임없는 자본축적을 목표로 하는 사회와 생명존중사회가 길게는 양립할 수 없다고 봅니다. 그러나 사안별로는 상상력을 발휘하면 해결할 수 있는 문제가 얼마든지 있습니다. 새만금문제와 부안 핵폐기장, 사패산터널 등이 각기 다른 사안이기 때문에 그때그때 실사구시적 입장에서 그에 맞는 상상력을 동원할 필요가 있겠지요.

사패산터널은 잘못 시작된 사업이지만 이제 와서는 뚫느냐 마느냐 외에 다른 선택이 없다고 봅니다. 우회노선은 주민들과 전문가 어느 쪽도 지지하기 어려웠거든요. 이런 상황에서 대통령이 그만하면 정치력을 발휘한 게 아닌가 생각합니다.

부안문제는 원래 핵폐기장의 안전성이 논쟁의 시발이었지만 사태가 진행되면서 왜 주민 뜻을 무시하고 정부 멋대로 하느냐 하는 문제로 바뀌었다고 봐요. 군 의회와 다수 주민들의 반대에도 불구하고 정부가 이를 전격 추진한 것은 절차상 중대한 하자였습니다. 그러니까 이것은 환경문제 이전에 국민기본권 문제였고 '참여정부'의 존립근거에 관한 문제라고도 할 수 있습니다. 만시지탄이지만 정부가 한발 물러선 것은 잘한 일이고, 막대한 사회적 비용이 들었지만 부안사태는 한국사회의 중요한 역사적 성과 중 하나로 기억되리라 믿습니다.

새만금의 경우는 그동안 주된 논쟁구도가 간척공사를 하느냐 아니면 원래대로 보존하느냐 하는 것이었지만 지금은 그런 단순구도가 많이 깨졌습니다. 전라북도나 농업기반공사는 아직도 간척사업을 고집하고 있지만 대통령 자신이 해수유통이란 이야기를 간간이 꺼내고 있고 간척지가 꼭 필요하냐고 묻는 등 간척사업에 대한 확신이 없는 건 분명한 것 같습니다. 문제는 대안에 대한 확신이 있느냐, 확신을 갖고 상상력과 정치력을 발휘해줄 것이냐는 거지요. 환경단체들도 정작 방조제 한쪽이 완공되고 사태가 급박해지면서 좀 달라진 것 같습니다. 뭔가 창의적인 대안을 내놓고 도민들을 설득해야 이 엄청난 환경재앙을 막을 수 있지 거룩한 말씀만 떠들어서는 전혀 도움이 안된다는 것을 실감한 것 같아요.

한 가지 걱정스러운 것은 대통령께서 해수를 유통시켜 수질오염을 막아야겠다는 생각까지는 하는 것 같은데 또다른 자리에서는 "방조제 공사는 끝내겠다"고 말씀했어요. 어떤 생각을 담고 있는지 모르지만 공사는 공사대로 끝내고 해수는 유통시킨다는 것은 곧 갑문을 통해서 유통시킨다는 말이 되지요. 그러나 갑문이라는 것은 담수호 건설을 전제로 만드는 것인데 시화호처럼 담수호가 썩으니까 할 수 없이 갑문을 열어놓는 경우라면 몰라도 미리부터 해수유통을 위해 방조제를 완공한 뒤에 갑문을 열어놓겠다는 건 말이 안되지요. 이건 담수호도 안 생기면서 갯벌은 갯벌대로 죽이는 거예요. 220볼트냐 110볼트냐를 갖고 싸우다가 절충한답시고 155볼트짜리 가전기구를 만드는 것과 같지요.

정세용 사회가 점점 각박해지고 물질만능주의와 이기주의가 팽배해지고 있습니다. 균형잡힌 사회를 위해 무엇이 필요하다고 생각하십니까.

백낙청 물질만능주의나 이기주의 풍조에 맞서려면 국가와 민족이라는 논리를 조금 정돈할 필요가 있을 것 같습니다. 국가와 민족을 옛날처럼 절대적인 가치로 생각하고 얘기해서는 설득력이 없어요. 젊은이들이 비뚤어진 것이 아니라 실제로 국가와 민족이 갖는 위상과 기능이 달라진 것입니다.

우리의 경우에는 민족이 힘을 합쳐 분단을 극복하고 통합된 사회를 만들어야 할 목표가 있습니다. 또 국민국가를 단위로 설정했던 경제개발의 논리도 세계화의 폐해에 대해 일정한 견제기능을 가질 수 있습니다. 이런 식으로 개개인이 사람답게 살기 위해서도 국가나 민족에 대해서도 적절한 배려를 해야 한다는 점을 잘 깨우쳐줘야지 무조건 국가와 민족을 들먹이며 개인주의를 나무라서는 지게 돼 있지요.

정세용 이공계도 그렇지만 요즘 인문학이 위기라고 합니다. 너나없이 고시공부를 하고 심지어는 대학졸업 후에도 의대에 가려는 경향이 있습니다. 대학의 학문적 위기를 타개할 새로운 대안이 필요할 것 같은데요.

백낙청 교수를 수십 년 했는데도 그 분야에 대해서는 대답하기가 참 어렵네요. 무엇보다 대학의 자율성을 높여야 합니다. 설령 자율권을 남용하는 대학이 생기고 다소 혼란을 겪더라도 스스로 정리되게 해야겠고 명백한 불법에 대해서는 감독관청이 신속한 조처를 취해야지요. 그런데도 최근 동덕여대 사태에서 보듯 사학재단의 비리에 대해서 너무나 관대하거든요.

학자들도 문제입니다. 외국학설을 열심히 수입해 학생들에게 전달 보급하는 사람을 제대로 된 교수로 볼 수 있을까요. 모름지기 교육은 자기 현실에 맞도록 해야 하고 대학이나 대학원 과정을 마치면 그 분야에서 우리나라의 지식인 내지 전문가로서 기능할 수 있게 해줘야 합니다. 우리나라에서 실무적인 교육을 하는 분야가 그나마 의학계인 것 같아요. 법학이나 경영학, 건축학 등 다른 분야도 이런 '대학병원식' 교육을 해야 된다고 봅니다. 가령 영문학 분야에서도 대학원을 나오면 외국에 나가도 부끄럽지 않은 영문학도이면서 한국사회의 책임있는 지식인으로 기능할 수 있게 교육시켜야 합니다. 그러려면 교수들 자신이 그런 '임상실력'을 갖춰야지요.

정세용 사교육이 엄청나게 팽창했는데 공교육을 재건할 묘안이 없을까요. 강남 집값이 비싼 이유 중의 하나가 학원 때문이고 사교육의 폐해 때문에 이민 가겠다는 사람들도 늘고 있는데요.

백낙청 묘안이 있으면 제가 이러고 있겠습니까(웃음). 공교육이 아무리 망가졌다고 해도 포기할 수는 없는 노릇이고 또 공교육이냐 사교육이냐 하는 이분법적 사고로 해결할 일은 아니지요. 공교육이 잘 되고 있다 해도 사교육을 통한 적절한 보완은 필요한 법이니까요. 그런데 지금은 사교육이 공교육의 붕괴에 큰 몫을 하고 그게 다시 사교육을 팽창시키는 악순환을 거듭하고 있습니다. 이걸 깨기 위해서는 초등교육과 고등교육 즉 초등학교와 대학이라는 상하의 두 끝에서 시작해서 중등교육의 재건을 향해 협공해 들어가는 전략도 가능하지 않을까 싶습니다.

정세용 언론인으로서 요즘 언론이 제 역할을 하고 있다고 보시는지요. 과거 독재시절에는 비판기능이 우선시되었지만 민주화, 정보화시대에는 정보써비스 기능이 더욱 중요해졌다고 주장하시는 분도 계신데요.

백낙청 '정보써비스'라고 표현하면 새로운 기능으로 들리지만 '사실전달'이라고 표현을 바꾸면 그게 언론 본연의 기능이라는 점을 깨닫게 됩니다. 언론의 첫째 기능은 무엇보다 사실보도입니다. 비판을 하더라도 사실전달이 전제입니다. 요즘 우리나라의 유수 신문들은 비판이라는 이름으로 본래의 기능에서 많이 벗어나 있는 것 같아요. 실제로 요즘은 정부를 비판하는 일이 그다지 힘든 것도 아니잖아요. 사실을 정직하게 전달하기가 더 어렵지요.

또 한 가지는 언로가 열려 있는 것 자체도 중요하지만 말을 주고받으면서 사람들이 성장해야 참다운 의미가 있다고 봅니다. 통용되는 말의 수준이 점점 올라가야 사회가 수준높은 사회로 발전하게 되지요. 그런 의미에서 언론은 시민들이 상호소통하며 자기계발을 하는 마당이 돼야 한다고 믿고 있습니다.

| 인터뷰 |

시민참여 극대화 위해 다각적 작업 추진중

백낙청 시민방송 이사장

■ 안녕하세요, 이사장님. 시민방송이 시민사회를 대표하는 방송으로 특별한 주목을 받으며 출범한 때가 엊그제 같은데 어느덧 1년 반이 넘었습니다. 그간의 모든 과정이 새로운 길을 만들고 찾아내는 변모와 발전의 연속이었다고 생각되는데요, 그래서 더욱 궁금한 점이 많습니다. 우선, 이사장님의 요즘 근황은 어떠신지요?

백낙청 한마디로 몹시 바빠요. 그러나 공부하는 마음으로 즐겁게 일하고 있어요.

원래 이사장은 상근직도 아니고 실무와 일정한 거리를 두면서 상징적인 대표 노릇을 하면 되는 건데 지금 우리 형편이 그렇지가 못해요. 미리 정해진 틀도 없는 데서 미미한 자원으로 무언가를 새로 만들어내려다 보

■ 이 인터뷰는 RTV웹싸이트(2004년 4월 19일)에 실린 것이다.

니 대표자로서 책임지고 직접 정리해야 할 사안이 너무도 많고, 더구나 재단 일을 도와줄 상임이사, 방송사업을 지휘할 본부장이 모두 공석이잖아요? 이런 중요한 자리를 못 채우고 있는 것이 시민방송의 역량부족이자 이사장의 부덕의 소치인 건 분명해요. 그러나 우리가 하고자 하는 일에 대한 신념과 적성을 두루 갖춘 이가 헌신하고 나올 때까지는 젊은 간부들과 더불어 내가 직접 꾸려나가는 게 차라리 낫다는 생각이지요. 저로서는 하루하루 배우는 바가 많고, 젊은이들이 마음을 모아주는 것이 고맙기만 합니다.

■ RTV는 최근 여러가지 변화를 모색중인 것으로 알고 있습니다. 위상 정립이나 방향과 관련해 어떤 구상을 하고 계시는지 들려주세요.

백낙청 RTV는 국내 최초의 시청자참여 전문채널일 뿐 아니라, 전국을 대상으로 하는 위성방송이자 최신 디지털기술을 활용하는 방송이라는 점에서는 액세스 채널 중에서 세계 최초이기도 해요. 그러니 처음부터 새로운 방송모델을 만들기 위한 실험의 연속이었고 시행착오도 참 많았지요.

초기에는 내가 방송을 모르고 사업가도 아니라는 점에 주로 신경을 썼지만, 뒤늦게나마 그게 핵심은 아니라는 걸 깨닫게 되었습니다. 시민참여를 극대화하기 위한 다각적인 작업을 추진하는 일이 관건이고, 이를 위해 이사장이 확실한 방향을 제시하면서 책임지는 자세가 더 중요하지요. 물론 그런 틀 안에서 방송전문가나 사업전문가의 역할도 절실히 필요하지만요.

일반시민의 직접제작 활성화가 최우선 목표

■ 그러니까 시민방송의 다양한 고민과 실험들은 모두가 '시민참여'라는 한 가지 슬로건 아래 모일 수 있군요. '시민참여'의 과제를 어떻게 실현

하려 하십니까?

백낙청 실은 '시민참여'라는 표어도 저절로 나온 건 아닙니다. 학자들은 '퍼블릭 액세스' 라는 영어 표현 아니면 '시청자제작' 또는 '시청자 직접참여' 같은 표현을 주로 썼는데, 이건 액세스 채널이 주로 지역사회 단위의 커뮤니티 채널로 운영되는 미국 같은 나라에나 적중하는 개념이지요. 게다가 우리나라는 일반 시청자들의 미디어제작 능력이나 여건도 아직은 훨씬 미비하거든요. 그래서 시청자의 제작능력이 모자랄 때는 RTV가 도와주기도 하고, 또 시민방송의 조직 자체가 시민사회의 대표성을 갖도록 해서 RTV의 자체제작을 통해서도 시민의 목소리를 전해주는 등 좀더 유연하고 우리 실정에 맞는 '시민참여'를 겨냥하게 된 것입니다.

하지만 이것이 시민의 직접참여를 RTV가 대행하려는 것처럼 되어서는 곤란하지요. 시민참여방송의 본뜻에 어긋날뿐더러 RTV가 확실한 특색을 갖고 생존할 수 있는 길을 스스로 포기하는 결과가 됩니다. 그래서 우리는 일반시민들이 직접 제작한 이른바 PA(=public access)물의 비중을 늘리는 것을 최우선의 목표로 삼고 있어요. 그것도 앉아서 기다리는 게 아니라 발로 뛰면서 시민제작물을 얻어오고, 각종 시민영상제를 공동주최하기도 하고, 시민이나 시민단체와의 공동기획·공동제작을 통해 유대를 강화하기도 하고, 또 시민들에 대한 제작교육을 수행하는 등 여러 방면에서 적극적인 노력을 기울이려고 합니다.

■ 어떤 내용의 방송이냐에 못지않게 얼마나 많은 사람들이 시청할 수 있느냐가 중요한데 그 점에서 시민방송은 어떤 노력을 기울이고 있는지요? 케이블 진출에 의한 가시청가구의 확대 등 올 한해가 시민방송으로서는 인지도나 영향력을 한단계 높일 수 있는 참으로 중요한 시기인 것으로 알고 있습니다만.

백낙청 그렇습니다. 예컨대 시민들이 직접 만든 프로그램을 확보하는 과정에서도, 이게 RTV에 나갔을 때 도대체 얼마나 많은 사람들이 보아줄까 하는 걸 궁금해들 하지요. 우리는 스카이라이프 가입자만이 볼 수 있는 방송의 한계를 돌파하기 위해 작년부터 케이블에도 진출하기 시작했는데 올해 들어 상당한 성과가 있었어요. 4월 둘째 주 현재 총 11개 SO에 진출한 상태이고, 4월 말까지는 총 13개 SO를 통해 약 63만 가구가 케이블을 통해서도 RTV를 시청할 수 있게 됩니다.

더 중요한 과제는 지금 방송위원회에서 추진중인 공익방송 의무전송이 실현되는 일이지요. 공익방송의 범주에 누구누구를 넣을지, '의무전송'의 수준을 어떻게 잡을지 등 논란의 여지가 많습니다만, 시민참여방송 RTV가 공익방송으로 지정되어야 하는 것은 너무나 당연한 일이고 그것도 '보급형' 차원에서 의무전송이 되어야 한다고 믿습니다. 그렇게 될 수 있도록 각계각층의 시민들이 힘을 모아주셔야겠어요.

시민제작지원센터 CNC를 통해 시민제작교육 강화

■ CNC로 포괄되는 시민제작교육은 개국 이후 부진하다가 올해 시민방송의 주요사업이 되었는데요, 어떠한 방식으로 시민들에게 다가가려 하는지, 사업 내용이 궁금합니다.

백낙청 우리는 채널 RTV와 시민제작지원센터 CNC를 시민방송 사업의 양 날개로 생각하고 있습니다. 다만 채널을 개국해놓고 방송을 진행하는 데 급급하다 보니 그동안 CNC 사업이 부진한 편이었지요. 그러나 얼마 전에 제2기를 마친 '인디 저널리스트 학교' 같은 것은 주로 시민단체의 젊은 활동가들을 대상으로 카메라 사용법으로부터 나 홀로 기자 겸 제작자로 활동하는 시각과 요령까지를 집중적으로 교육했는데 성과가 좋았다고 봐요. 그밖에도 여러가지 교육 프로그램과 연대사업이 추진중이거나 기획중에 있지요.

■ 그런데 시민운동의 배경 속에서 태동한 방송이지만 출범 후 시민사

회단체나 미디어운동가들로부터 당초 기대에 부응하지 못한다는 비판도 있습니다. 특히 미디어단체와의 관계가 시민방송으로서는 매우 중요하다 생각되는데, 앞으로 이를 어떻게 풀어나가실 것인지요?

백낙청 기대에 부응하지 못한다는 건 백번 맞는 말씀이에요. 우리의 절대적 역량이 부족한데다 책임을 떠맡은 제가 확고하게 방향을 잡기까지 엄청 헤맨 점도 있거든요. 또, 시민의 채널을 만들라고 요구하는 운동을 펼치는 것과 실제로 채널을 받아내서 운영해가는 것은 전혀 다른데, 그런 점을 충분히 감안하지 않고 너무 기대에 부풀었던 면도 있어요. 저 자신부터 그랬으니까요.

일부 미디어단체들과의 관계가 초창기의 이런저런 사정으로 잘 안 풀린 것은 사실입니다. 그러나 작년 말께부터 시민참여방송으로서의 노선과 자세를 새롭게 다잡고 각별한 노력을 기울이면서 적잖이 개선되었고 앞으로 더욱 개선되리라 믿습니다. 우리는 영상물을 제작하는 모든 단체와 개인에게 채널을 개방하고 있으며, PA물의 물량을 늘리고 수준을 높이기 위해 전문가집단들하고 편성기획 단계에서부터 협력할 태세가 되어 있으니까요.

미디어단체들과 편성기획 단계부터 협력할 태세

■ 시민방송은 시민운동과의 관계를 어떻게 설정하고 있으며 이를 어떻게 방송에 수용하고 있는지, 수용하려 하는지 궁금합니다.

백낙청 근년에 시민단체나 시민운동의 사회적 영향력이 커지고 언론에서도 자주 언급되지만 정작 시민단체 중에서 극히 일부, 그리고 시민운동의 어떤 일면을 빼고는 알려진 바가 너무나 적습니다. 시민방송은 특정 단체들과 연합한다거나 그들을 대변하기보다 시민운동 전반에 관해 그 진상을 되도록 자상하게, 되도록 날것 그대로 알리는

데 치중하려고 합니다. 그러다 보면 진정으로 공익에 봉사하고 자기 혁신을 거듭하는 시민운동과는 자연스럽게 연대하게 될 테고, 시민운동 전체가 한단계 '업그레이드'되는 데 이바지하리라 봅니다.

이 과정에서 중요한 것 두 가지만을 지적하지요.

하나는, 우리가 흔히 시민단체나 시민운동으로 인식하지 않는 자발적이고 집단적인 시민들의 움직임이 많다는 점이지요. 각종 자원봉사나 동호인 모임이라든가 좀더 전통적인 연구집단과 이익집단, 그리고 인터넷을 통해 활약하는 수많은 새로운 모임 등 이런 집단의 활력이야말로 건강한 시민사회를 위해 꼭 필요하지요. '시민운동'의 범위를 그런 데까지 넓혀볼 필요가 있다고 생각합니다.

둘째로, 이런 작업을 방송을 통해 해내는 것은 우리의 자체 역량으로는 엄두를 못 낼 일이니까 해당 운동에 직접 참여하는 분들이나 미디어제작에 특별한 관심을 가진 시민들의 이바지가 긴요하지요. RTV와 CNC '두 날개'를 최대한으로 활용하는 길밖에 없어요.

시민의 시대를 위한 열린 마당이 되고 공부방이 되고자

■ '탄핵'에서 '총선'으로 이어진 정국의 소용돌이 속에 국민들이 분출한 정치개혁의 열망이 매우 뜨거웠습니다. 시민사회단체들도 각기 정치현실에 대해 다양한 목소리를 냈고요. 이같은 변화열망의 시대적 분위기 속에서 시민방송이 갖는 이념적 스펙트럼이랄지, 정치적 입장을 어떻게 이해하면 되겠습니까?

백낙청 제17대 총선은 40여 년 만에 처음으로 의회권력의 교체를 이룬 역사적 사건이라고 할 수 있겠습니다. 그동안 정부권력의 교체와 대통령 권력에 대한 개혁은 있었지만 개혁을 표방하는 세력이 의회를 장악한 것은 이번이 처음이지요. 단순히 열린우리당이 과반수를 획득했다는 것만이 아니고 처음으로 원내진출에 성공한 민주노동당이 제3당이라는 전략적 위치를 차지했으니까요.

그러나 개혁과제들이 과연 실현되느냐는 건 별개의 문제지요. 우리당의 정책내용이나 개혁적인 열의를 확인할 일이 남았고 민노당의 역량도 지켜볼 일이 아니겠어요? 다만 개혁을 추진할 수 있는 제도적 기반이 마련됐고, 그것도 촛불집회를 비롯하여 시민들의 대대적인 참여를 통해서 그리 되었다는 점이 큰 의의를 갖습니다. 앞으로 시민들이 얼마나 세상의 주인답게 움직이느냐에 따라 세상이 바뀔 여지가 그만큼 넓어진 거지요.

시민방송의 이념적 스펙트럼이나 정치적 입장을 물으셨는데 많은 사람들의 궁금증을 풀어드릴 좋은 기회인 것 같군요. 이사장을 포함해서 시민방송 종사자 개개인이 자신의 정치적 소신과 이념적 입장이 있으리라 봅니다만, 시민방송 자체로서는 특정한 이념이나 정치노선을 채택하기보다, 시민들 스스로가 깨어 있는 눈으로 세상을 보고 열린 마음으로 생각하도록 온갖 발언의 통로가 되고 공론의 마당이 되는 데 주력해야 한다는 게 저의 확고한 생각입니다. 우리가 주창해온 '시민의 시대'는 시민 한사람 한사람이 참여하고 소통하며 스스로 단련해나가야 하는 시대이고 시민방송은 그런 시대의 열린 마당이 되고 공부방이 되고자 합니다.

■ 상업광고가 없는 공익방송으로서 어떻게 살림을 꾸리고 계시는지요? 재원문제는 어떻게 해결하고 계시는지 궁금합니다.

백낙청 기본적인 재원은 방송위원회가 주는 방송발전기금, (주)한국디지털위성방송에서 공익사업으로 약속해서 나오는 지원금, 그리고 개인 또는 기업으로부터 모금하는 기부금, 이렇게 세 가지입니다. 그런데 모금의 경우 작년까지 얼마간 성과도 있었습니다만, 그때그때 '앵벌이' 하듯이 해서는 결과가 빤하기 때문에, 공익재단·공익방송으로서의 성격을 먼저 뚜렷이 정립하고 조직을 정비한 뒤에 체계적인 모금작업을 펼쳐야겠다는 생각으로 일시 중단했지요. 이제야 다시 시작할 태세가 갖춰진 느낌이에요. 이번에 홈페이지를 개편하면서 온라인으로 회원모집을 하고 회비도 은행자동이체(CMS) 방식으로 납부할 수 있게 했는데, 금액의 많고 적음을 떠나 적극 참여해주십사고 간곡히 부탁드리고 싶군요.

광고 문제는, 상업광고는 할 생각도 없고 광고 부서를 따로 운영할 여력도 없지만, 공익성 협찬광고는 일부 하고 있고 앞으로 더 확대했으면 합니다.

■ 새 홈페이지는 시민들에게 참여의 문을 활짝 열어놓고 있습니다. 끝으로 새 홈페이지에 바라는 말씀도 한마디 해주세요.

백낙청 무엇보다도 시민들이 많이 드나들면서 RTV와 호흡을 같이하는 살아 있는 웹싸이트가 되었으면 합니다. 특히 시민기자, 시민회원 등 시민방송 나름으로 다양한 참여의 길을 열어놓았는데 모두가 적극적으로 활용해주시고 또 그렇게 되도록 운영자 쪽에서도 애써주시면 좋겠어요.

| 인터뷰 |

시민이 만든 프로그램 언제나 환영

백낙청 시민방송 이사장

백낙청(시민방송 이사장)
손원제(『한겨레』 기자)
2004년 10월 24일

이제는 방송이 시청자한테 일방적으로 흐르는 것이어서는 안된다는 게 시대의 대세다. 쌍방향성을 가능케 한 기술적 발전에 더해 프로그램 내용에도 시청자 주권이 발휘돼야 한다는 목소리가 거세다. 지난 2002년 '시민방송'(RTV)의 설립은 이런 시대 흐름을 가장 뚜렷하게 드러낸 사건이다. 시민사회의 현안을 시민의 손으로 직접 화면에 담아 텔레비전으로 내보내온 국내 유일의 이 시민참여 전문채널이 지난 20일 두번째 생일잔치를 했다. 나흘 뒤인 24일 그동안 '시민방송'을 이끌어온 백낙청(66) 이사장을 만났다. 그는 "시민들의 다양하고 절실한 목소리가 '알티브이'를 통해 사회 곳곳에 실제로 울려퍼진다면 더없는 보람일 것"이라며 "시민참여 기조에만 맞다면 보수단체의 참여도 대환영"이라고 말했다. 〔손원제〕

■ 이 인터뷰는 『한겨레』 2004년 10월 29일자에 실린 것이다.

손원제 개국 2주년 기념사에서 냉정한 자기반성을 다짐하셨습니다. 실제로 알티브이 상황이 초기 기대에 부응하지 못한다는 평가도 나옵니다.

백낙청 시민사회가 독자적으로 티브이채널을 보유하기만 하면 굉장한 일이 벌어질 것 같은 기대가 있었지만 현실이 크게 못 미치는 게 사실입니다. 방송이 그렇게 간단한 일이 아니니까요. 하지만 달리 보면, 국내 처음으로 각계각층 시민과 수많은 단체들이 시민방송 재단으로 뭉쳤다는 것, 또 어려운 과정을 거쳐 2년을 끌어오며 조금씩 프로그램이 알차지고 있다는 점은 자부할 만하다고 생각합니다.

개국 2주년 프로그램 알차지고 있다 자부

손원제 자랑할 만한 대표 프로그램이 있다면 어떤 것을 드시겠습니까?

백낙청 알차지고 있다는 건 두 가진데요. 먼저 시민이 직접 만든 프로그램이 많아지고 있고 수준도 높아지고 있습니다. 간판프로라고 할 수는 없지만 시민제작 프로그램들이 많이 방송되고 있다는 게 중요하지요. 시민단체의 협조를 얻어 우리가 제작하는 프로그램 가운데선 '하승창의 아름다운 세상' 등이 호평을 받고 있습니다. 『한겨레』 기자들이 도맡아서 시작한 '한겨레 브리핑'은 제목을 '인사이드 현장'으로 바꾸고 내용도 다양화했는데, 11월 1일부터는 시민기자 집단이 주도하고 『한겨레』가 협조하는 방식으로 바뀝니다.

손원제 이번 국감에선 야당 의원이 프로그램의 편파성 문제를 지적하기도 했습니다.

백낙청 먼저 겸허하게 수용할 부분은 수용해야지요. 아직 우리 역량이 달리고 여유가 없다 보니 쉽게 교섭되는 사람들을 주로 끌어들인 점이 있습니다. 하지만 시민참여 방송의 특성상 불가피한 점도 있습니다.

시민제작 프로그램은 우리가 출연자를 선택하는 게 아니거든요. 그런데 사실 우리사회 주류층에 속하는 분들이 뭐가 답답해서 시민방송에 프로그램을 들고 오겠어요. 한나라당 의원도 교섭해서 응낙 못 받은 분이 많습니다.

손원제 방송발전기금에 대한 문제제기도 일부 있었습니다.

백낙청 시청자의 방송참여는 방송정책의 중요한 목표입니다. 방송발전기금은 그런 것 하라고 있는 것입니다. 시청자참여 프로 지원을 시민방송에만 하는 것도 아니에요. 그런데 30분 기준으로 한국방송 열린채널은 지원금이 750만원이고, 일반 케이블방송국의 시청자 제작프로그램도 50만원, 우리는 시청자참여 전문채널인데도 22만 5천원에 불과합니다.

손원제 시민제작 프로그램 방영의 자체 기준은 따로 없는 건가요?

백낙청 관변단체가 아니고 진성 시민단체라면 누구나 틀어줍니다. 법적으로 문제가 된다든가 상업적 광고라든가 기술수준이 너무 떨어지지만 않다면 방송하게 돼 있습니다. 보수단체 참여도 얼마든지 환영합니다.

케이블 진출 확대하려고 생각

손원제 시민단체 안에서도 참여폭이 제한돼 있다는 지적이 있었습니다.

백낙청 방영 프로그램의 80~90%가 시민참여 프로그램이고, 그중 절반가량은 시민이 직접 제작한 것들입니다. 공동기획이나 공동제작의 경우는 개인보다 시민단체들이 많이 참여하는데 아직 충분치 않다고 할지는 몰라도 참여폭이 좁다고 말하긴 어렵습니다. 사실 문제된 것은 영상물 수급능력이 있는 미디어운동단체들과의 관계였는데, 이 또한 최근엔 많이 개선돼서 11월 개편에선 미디어연대 등에서 만든 프로그램도 나가게 됩니다. 미디액트 김명준 소장은 사내교육도 맡아주었고요.

손원제 아직 시민방송이 있는지조차 모르는 사람이 적지 않습니다. 어떻게 시청자층 확대를 이뤄나갈 계획이신지요?

백낙청 애초 지상파 방송사를 요구했다가 위성방송 채널(154) 하나를 겨우 얻어서 출발한 것이 원천적인 한계이긴 합니다. 그동안 노력해서 태광, 큐릭스 등의 케이블 방송국을 통해서도 나가고 있는데, 역시 케이블 진출을 확대해야겠다 생각합니다. 방송위원회에서 공익성 분야 채널을 지정할 때 시민방송이 포함되면 많이 달라지리라 봅니다.

누가 만드느냐가 특징인 방송

손원제 방송위 안에선 시민방송을 소수자 대상 방송으로 분류하고 있는데요.

백낙청 장애인과 노인, 농어민과 함께 시민이 소수자 대상으로 지정돼 있습니다. 시민을 소수자로 규정하는 것은 개념상으로도 맞지 않지만, 시민방송은 누가 보느냐보다 누가 만드느냐에 특징이 있는 방송입니다. 그 분야를 별도로 설정해달라고 요청해놓고 있습니다.

손원제 평생을 문학과 더불어 해오신 편입니다. 방송 쪽에 관심을 갖게 된 계기가 궁금합니다.

백낙청 시민채널을 얻어낸 운동단체는 사단법인 국민방송실현을위한 시민모임이었습니다. 거기서 시민방송 준비위를 만들 때 그만 '꼬임'에 넘어가서 맡게 된 거죠. 우리 시민사회 숙원사업인데 성사에 기여하면 보람 있겠다 싶었어요. 개인적으로 나도 좀 새로운 시대에 맞춰서 업그레이드 해보자 싶은 마음도 있었고요. 임기가 내년 9월이니까, 그때 가서 짐을 더는 방법을 강구해야죠. 이게 보람있는 일이긴 하지만 내가 할 수 있는 일 중에 내게 제일 맞는 일은 역시 아닌 듯합니다.

손원제 방송위원장이나 한국방송 사장, 정신문화연구원장 물망에 오르셨지만, 모두 고사하신 걸로 알려져 있습니다.

백낙청 대부분 헛소문이에요. 이 정부 들어서 확실한 제안이 온 것은 하나뿐이었습니다. 그러나 시민방송 임기 동안에는 이 일과 병행할 수 없는 다른 직책은 안하기로 결심한 처지입니다. 또 내 힘에 부치는 사회봉사는 시민방송 이사장이 마지막이라고 다짐하고 있기도 하고요. 역시 책 읽고 글 쓰는 일이 나의 본분이라고 생각해요.

손원제 그래도 창비를 맡아 큰 출판사로 키우는 사업수완을 발휘하기도 하셨습니다.

백낙청 창비는 구멍가게로 시작했으니 구멍가게 주인 노릇은 해본 셈입니다. 커진 후로 한동안은 확실하게 경영하는 이가 없어서 애를 먹다가 지난 5년간 고세현 사장이 맡아서 경영하면서 안정궤도에 올랐습니다.

손원제 영문학자이면서 문학평론가인 동시에 '분단체제론' 등 독창적 사회이론을 제시한 것으로도 잘 알려져 있습니다.

백낙청 문학을 하는 사람으로서 사회나 역사적인 현실에 대해서 관심을 갖고 정리하다 보니 이런저런 발언도 하게 된 거지, 사회과학자라고 하긴 어렵습니다. 다만 내가 해온 모든 작업들이 하나로 연결된다고 생각하고 싶습니다.

손원제 최근 신행정수도특별법에 대한 헌재의 위헌결정이 사회적 논란을 부르고 있습니다. 평소 국토균형발전의 필요성을 강조해오셨는데, 어떻게 보십니까?

백낙청 헌재 결정 이후 매우 착잡합니다. 수도권 과밀해소와 지역균형의 필요성에 대해 전폭적으로 동의하면서도 행정수도이전이 최선 해결책인가는 많은 의문이 있었습니다. 이런 것을 시간을 두고 검토할 기회가 생긴 것 자체야 나쁠 게 없지요.

그러나 헌재가 관습헌법을 근거로 위헌 판결을 내린 것은 두고두고 문제가 될 수 있다고 봅니다. 헌재는 단심제인데, 거기서 성문헌법도 아닌 관습헌법을 근거로 입법부의 결정을 뒤집기 시작하면 이 나라 대의민주

정치가 어찌 될지 걱정스럽습니다.

백낙청 시민방송 이사장에 관한 자료들을 찾다 보니, 고은 시인의 평가가 가장 먼저 눈에 띈다. "백낙청, 그 앞에는 '대지의 지식인'이라는 이름이 필요하다. 왜냐하면 그는 어떤 골짜기나 유역의 지식인이라는 한계를 벗어나 있기 때문이다."

그의 학문적, 실천적 지반은 실제 어느 한 국면에만 협소하게 가둬놓기 힘들다. 그는 D.H. 로런스 연구로 하바드대학에서 박사학위를 받은 영문학자다. 중간의 해직기간을 빼도 지난해 정년퇴임까지 20년 넘게 서울대 영문과에서 후학들을 길러왔다. 아울러 당대의 한국문학에 관한 유력한 해석자로 인정받아왔다. 민족문학론의 주창자로서 계간지 『창작과비평』을 통해 현대 한국문학의 도도한 흐름을 이끌었다.

'분단체제론'과 '환경친화적 중간국가론' 등 한국사회의 성격과 진로에 관한 독창적인 사회이론을 내놓기도 했다. 분단체제론은 『교수신문』이 선정한 현대 한국의 대표적 자생이론의 하나로 선정됐고, 일군의 사회학자들에 의해 "한반도 상황의 특수성과 실천의 구체성을 고려한 이론"이라는 평가를 받았다. 그 스스로는 "기존 사회과학에 대한 비판의식을 담은 문학도의 글"이라고 했다.

실천적 지식인으로서의 면모 또한 치열하고 일관된다. 1974년 민주회복국민선언 서명에 참여했다가 서울대에서 파면당한다. 6년 만인 80년에야 교정으로 돌아갈 수 있었다. 74년 창작과비평사를 세워 민주화와 분단극복을 위한 이론과 실천의 한 거점으로 키워냈고, 96~98년 민족문학작가회의 이사장을 지냈다. 지난 5월 이라크 파병 반대 국민청원, 지난 9월 국가보안법 폐지를 위한 원로공동선언에 참여하는 등 최근 들어서도 사회진보를 위한 실천의 끈을 놓지 않고 있다.

공부하랴, 평론하랴, 사업에 사회참여까지 하느라 그의 일상은 시간과의 싸움일 법하다. 그는 “그래도 교수로 있을 때보다는 좀 편해졌다”며 “한동안 쉰 문학평론도 다시 개점했다”고 했다. “창비 여름호(2004년)의 젊은 작가 진단 특집에 대한 후속 논의를 준비하고 있다. 마감은 다가오고…… 항상 쫓기면서 산다.”

술은 70년대까진 많이 하는 편이었다. “지금은 하긴 하는데 좋은 벗들과 좋은 술을 가려가면서 먹는 편”이라 진짜 술꾼은 아니라고 했다. 취미 겸 운동은 등산과 걷기다. 바둑을 무척 좋아했는데, 시간을 너무 뺏겨 요즘은 기보만 열심히 본다고 했다.

| 좌담 |

지구화시대의 한국 영문학

백낙청 선생과의 대화

백낙청(서울대 명예교수)
여건종(숙명여대 교수)
윤혜준(연세대 교수)
손혜숙(성균관대 교수)
2004년 8월 10일 창비 회의실

여건종 선생님, 반갑습니다. 요즘 세상 변하는 걸 보면 정년 후에도 선생님께서 하실 일이 점점 많아진다는 느낌이 듭니다. 최근에 시민방송 일도 계속 하고 계신데, 근황에 대해 좀 말씀해주시죠.

백낙청 세상 때문이 아니라 팔자 때문에 이렇게 바쁜 것 같아요. 지금도 여전히 바쁘지만 정년 직전 두어 해 정신없이 보낸 것에 비하면 한결 나아졌지요. 아직까지 시민방송 RTV가 제대로 자리잡지는 못했지만 금년 들어 꽤 좋아지고 있고 내 짐도 많이 덜게 된 셈이에요. 정년퇴임을 하면 책도 더 읽고 글도 많이 쓰겠다는 계획을 여전히 실현하고 있진 못하지만,

■ 이 좌담은 『안과밖』 제17호(2004년 하반기)에 수록된 것이며, 백낙청 교수의 정년퇴임을 기념하기 위해 제자들이 펴낸 논문집 『지구화시대의 영문학』(창비 2004)을 읽고 자유롭게 토론하는 자리로 마련된 것이다. 좌담 참석자는 논문집의 필자가 아닌 분으로 선정되었고, 원문에서는 좌담의 취지를 살리기 위해 참석자 세 분의 이름을 본문에 따로 구분하여 밝히지 않았다.

왼쪽부터 여건종, 백낙청, 손혜숙, 윤혜준

작년에 로런스에 관해 영어논문을 한 편 썼고 올해는 평단에도 일단 복귀한 셈이니, 앞으로 책 읽고 글 쓰는 사람의 본분에 좀더 충실할 수 있겠다는 희망을 버리지 않고 있습니다.

여건종 혹시 특별히 준비하고 계신 책이 있으신지요?

백낙청 아는 사람은 다 알지만 수십 년째 특별히 준비하고 있는 책이 있지요.(웃음) 로런스에 관한 책인데요. 로런스에 관해서 내가 쓴 박사논문을 당시에 저서로 만들어냈으면 단행본 하나가 되는 것인데, 귀국하고 나서 다른 일에 휩쓸리는 바람에 기회를 놓쳤어요. 그 후에는 한국어로 로런스 논문을 쓰면서 처음에는 분량이 되면 책으로 모아서 내리라 하다가 그게 제때 안되고 세월이 흐르다 보니 그렇게만 묶어내서는 체면이 안 설 것 같고 뭔가 전작(全作) 저술의 일관성을 갖춰야겠다 해서 늦어지고, 그러다가 점점 늦어지니까 이제는 내가 왜 로런스를 아직껏 붙들고 있는가 하는 것을 세상 앞에서, 영어 문자를 쓰자면 justify하는 책이 되어야 할 것 같아

좀더 주무르고 있지요. 지금 봐서는 내년쯤에는 될 것 같아요.

윤혜준 오늘 이야깃거리로 삼은 『지구화시대의 영문학』(창비 2004)에는 다른 정년기념논문집과 달리 선생님의 전기적인 부분이 빠져 있습니다. 물론 선생님께서 한창 활동하고 계시니 그렇기도 하지만 다른 기념논문집과는 다른 점이군요.

백낙청 기획에 대해서는 내가 관여하지 않았지만 통상적인 기념논문집을 바라지 않는다는 점은 분명히 전했었지요. 나로서는 약력도 들어가고 헌사를 모아 담은 책보다 이 책이 훨씬 좋은 선물이 되었습니다. 쓰느라고 고생들 많이 했을 것 같아요. 더군다나 각 부의 첫 논문을 쓴 사람들은 선생이 정년퇴임을 해서 나간다 하니까 썼지, 아니면 내 글을 일일이 찾아 읽고 쓰는 이런 부담스런 일을 해낼 이유가 없었을 거예요. 그래서 이 책의 간행 자체가 큰 선물이고 대접이었다고 생각하는데, 이번에 『안과밖』에서 이 책을 함께 논하는 대담을 마련해주시니까 이중으로 대접받는다는 느낌입니다.

내가 이런 책을 받고 보답하는 길은 내 나름대로 열심히 읽고 나의 반응을 진지하게 전하는 것이라는 생각을 했어요. 오늘 대담이 그런 기회가 되는 셈이고, 동시에 그 이상의 의미도 있을 것 같아요. 여기 모이신 분들은 나한테 잠시 배운 이도 있고 여건종 교수처럼 학창시절에는 전혀 만난 적이 없는 분도 있지만, 모두가 이번 책의 필자도 아니고 나한테서 오래 배운 사람도 없는데, 어쨌든 우리가 출신학교라든가 남녀노소의 차이를 떠나서 국내 동학들의 진지한 업적에 대해서 허심탄회하게 논의하는 모습을 보이는 것도 의미있는 일이지 싶습니다.

여건종 이 책의 형식은 정년기념논문집이지만 실제 내용은 일반적인 정년기념논문집과는 몇 가지 구별되는 점이 있는 것 같습니다. 우선 다섯 부의 첫번째 논문이 되는 다섯 편의 글들이 주제별로 선생님의 업적에 대한 해설과 평가를 시도하고 있다는 점이고, 둘째는 선생님께서 서울대학교에서 40년간 재직하시면서 어떤 식으로 영문학연구의 문제의식을 학생들과 같이 만들어가고 이끌어오셨나 하는 점이 그대로 보인다는 점입니다. 영문학에서는 매우 드물게 학파라는 이름을 붙일 수 있는 집단적 정체성을 만들어왔다는 느낌입니다. 구체적으로 얘기를 하자면 논문 하나하나를 따로 논의해야겠지만 우선 선생님 자신에 대한 해설과 평가 그리고 각 논문들이 선생님으로부터 어떤 면으로 영향을 받은 것 같은지 전체적으로 말씀해주십시오.

윤혜준 어떤 식으로 영향을 못 받았나 하는 것이 더 나을 것 같은데요.(웃음)

백낙청 글쎄요. 이 책이 어떤 한 가지 성향이 지배하는 책은 아닌 것 같아요. 내 영향이 속속들이 미치고 있는 책이라고 보기도 어려운데, 다만 우리 영문학계 전체가 중구난방에 가깝게 수많은 목소리를 내고 있다는 배경을 감안한다면 지금 지적처럼 책이 상대적으로 어떤 특색을 지니는 것이 사실이겠지요.

진리와 객관성

여건종 편의상 제1부 '영문학연구와 주체'를 오늘 대담의 마무리 겸해서 맨 뒤로 돌리고, 나머지를 책의 순서대로 얘기하면 좋을 듯합니다. 제2부 '과학성과 문학'의 첫 글이 김영희(金英姬) 교수의 「진리와 이중과제」인데, 이 논문이 선생님의 이론적·실천적인 전체 작업에 대한 메타논평의 성격을 띤 글입니다. 선생님이 생각하고 계신 진리가 무엇인가 하는 것이 논문의 주제지요. 그런데 진리란 무엇인가 하는 질문은 리얼리티가 과연 무엇인가라고 바꿀 수 있을 것 같습니다. 일반적으로 선생님의 리얼리즘 개념이 한마디로 정리하기 어려운 것으로 얘기가 됩니다만, 선생님의 리얼리즘 개념이 가진 핵심적인 요소를 떠올릴 때 생각나는 단어가 저로서는 창조적 실천입니다. 김영희 교수는 선생님의 창조성은 맑스(Marx)가 말한 인간의 활동적 측면과 통하면서 리비스(F.R. Leavis)의 '인간세계'(the Human World)와도 유사하다고 했는데, 맑스의 이런 측면은 맑스 초기의 것이고, 그 점에서 리비스와 비슷한 뿌리를 가진 것도 같습니다.

백낙청 아까 각 부의 첫 글 필자들이 수고가 많았다는 얘기를 했는데, 김영희 교수 논문만 봐도 그렇지요. 나의 생각하고 글 쓰는 습관이 어느 한 주제를 체계적으로 정리해서 내놓는 게 아니고, 어떤 화두를 잡고서 여러 분야를 넘나들며 이렇게 얘기했다 저렇게 얘기했다 한단 말이에요. 그래서 그게 영문학 논문, 한국문학 평론, 심지어 한국의 정치상황에 관한 얘기와 연결돼서 나올 때도 있어서 이걸 추적해서 정리하는 일은 들어가는 품에 비해서 소득은 적다고 봐야지요. 그런 노고를 마다않고 정리를 한 것은 옛날 선생이 정년퇴임한다고나 하니까 해주지 누가 해주겠어요.(웃음)

방금 전 리얼리티가 무엇인가라고 하신 질문에 대해서도 정면으로 답하기보다 김영희 선생이 지적한 것을 중심으로 말해보고 싶어요. 글 내용 중에 내가 현실의 반영이나 재현의 중요성을 강조하는 쪽에 있다가 점점 반영론의 극복으로 옮겨간다는 지적이 있지요. 그건 정확한 지적이라고 봐요. 사실 80년대 중반부터도 그랬지만, 90년대에 들어서는 내 리얼리즘론이라는 것이 리얼리즘론의 옹호인지 리얼리즘론의 해체인지 아리송해질 때가 많을 거예요. 그러면서도 계속 리얼리즘론이라는 것을 이야기하고 어떤 때는 리얼리즘에 대한 공격에 맞서 반론을 펼치기도 했죠. 나는 리얼리즘이 우리의 특정 상황 속에서 하나의 논쟁적인 개념이라고 보는데, 우리가 처한 현실이나 문학적 상황에서 어떤 특정한 성향을 가진 사람들이 리얼리즘을 왜곡하거나 부당하게 공격했을 경우 그에 대한 반응이 리얼리즘 옹호론으로 나올 필요가 생기는 거지요. 리얼리티가 무엇이냐는 철학적 문제를 떠나서, 아무튼 문학이 현실에 대해 창조적이고 비판적인 관여를 구현해야 한다는 것이 나의 기본입장이거든요. 반면에 리얼리즘이란 말에 대해서 내가 불편함을 느끼기도 하는 것은, 첫째 리얼리즘을 옹호한다면서도 그 용어를 나와 다르게 쓰는 사람이 너무 많아 일일이 해명하고 다니자니까 피곤해지는 게 있고, 또 하나는 리얼리즘도 하나의 '이즘'인 이상 그 내용을 어떻게 설정하든 일종의 형이상학적 성격을 띨 수밖에 없는 게 아닌가, 우리는 그것마저도 극복할 과제를 안고 있다는 생각을 하기 때문입니다. 그러나 이 문제 역시 이 책에 김영희 교수 논문도 있고, 김명환 교수가 직접 나의 리얼리즘론을 다뤘고, 리얼리티 문제를 다룬 여러 개의 글도 있으니까 그런 글들을 놓고 구체적인 논의를 하는 게 좋겠지요.

윤혜준 선생님께 영향을 미친 비평가 중에 리비스가 큰 몫을 차지하는 것이 분명한데, 리비스 연구자이기도 한 김영희 교수가 리비스 관련 논의를 본격적으로 하지 않은 것이 아쉬움으로 남습니다. 지금 말씀하신 데서도 약간 느껴지지만 일종의 반철학자(anti-philosopher)로서의 비평, 평론이라는 생각이 리비스의 영향이 아닌지, 그 점에서 선생님의 초기 글에서 서구 지식 자체의 매판성을 지적하셨는데……

백낙청 서구 지식만이 아니고 지식 자체의 매판성이지요. 그러니까 오히려 불교적인 발상이죠.

윤혜준 네, 여하튼 반철학도 철학이라는 점에서 리비스에 관한 언급이 이 자리에서라도 더 있었으면 합니다.

백낙청 지금 지적하신 대로 리비스의 반철학자적인 자세가 사실은 그 나름의 철학이랄까 사상을 담은 자세지요. 내가 리비스의 그런 면모에 대한 인식이 처음에는 약했어요. 리비스도 초기에는 철학적인 접근에 대한 거부감 같은 것만 표현했지 그것을 자기 나름으로 철학적으로 해명하려는 노력이 후기에 가서야 이루어진 면이 있고, 그런 노력의 결과들을 내가 찾아 읽기까지의 시차가 또 있었지요. 다른 자리에서도 말했지만 나는 리비스를 영문학에서 20세기 최고의 비평가, 아니 최고의 '전업(專業) 비평가'라고 해야겠죠, 왜냐하면 나는 로런스가 비평가로서도 더 위대하다고 생각하니까요. 어쨌든 영문학 연구자의 입장에서는 리비스로부터 많은 것을 배운 게 사실이에요. 그러나 내가 사숙(私淑)한 영국의 문인 한 사람을 들라면 그는 역시 리비스라기보다 로런스지요.

'지혜의 위계질서'를 인정할 수 있는가

손혜숙 개인적으로 김영희 교수 논문 중에 제일 흥미로운 부분이 '지혜의 위계질서'를 언급한 부분이었습니다. 끝머리 143면에, 특히 각주 45번을 보면 김교수는 약간 유보적인 태도를 취하고 있는 듯도 합니다. 저도 '지혜의 위계질서'라는 것이 단순한 개인적인 깨우침이 아니라 집단적인 실천과 조직화의 문제를 염두에 두는 개념이라서 당연히 권위주의나 엘리뜨주의라고 비판받을 여지가 있다고 보는데요. 오해의 위험들을 이미 아시면서도 이런 표현을 굳이 고집하는 선생님의 의도는 무엇인지요. 또 우리가 몸담고 있는 교육현장의 위기와 연결시켜 말씀드리자면, 점점 더 실용영어 등 현실적 수요에 맞춘 강의를 할 수밖에 없는 현실에서 '지혜의 위계질서'와 같이 깨달음의 정도와 등급의 차이를 설정하는 엄격한 학문의 질서가 과연 실현 가능한지 의문이 듭니다.

백낙청 지금 두 가지 질문을 하신 셈인데, 하나는 이게 굉장히 위험한 개념이 아니냐는 것이고, 또 하나는 설혹 그것이 옳은 개념이라 해도 과연 실현 가능하느냐는 것입니다. 그런데 나는 우선 정말 중요하고 타당한 문제제기라면 거기에 어떤 위험이 따르느냐 또는 그 실현이 가능할 것인가는 부차적이라고 봐요. 중요한 문제라면 어쨌든 제기해야 하고 필요한 만큼 고집스럽게 제기해야 한다고 봅니다. 김영희 교수가 약간 유보적인 태도를 취한 건 사실인데, 문제점을 정당하게 지적한 것이기도 하지만 어떻게 보면 약간 회피적인 면도 있어요. 먼저 가려야 할 점은 '지혜의 위계질서'라는 것이 평등사회 실현을 위해서 정말 필요한가라는 것이고, 동의를 했을 경우에 그다음으로 이런저런 위험이 따르니 어떻게 하면 좋겠는가 하는 토론으로 들어가는 것이 순서겠지요.

실현가능성과 관련해서 학교현장을 말씀하셨는데, 지금 우리 대학에서, 특히 실용영어를 주로 가르치는 현장을 이 개념의 시험장으로 설정하는 건 애당초 무리일 것 같아요. 우리의 대학교육 현장이 그렇게 된 데는 여러가지 원인이 있겠지만 그 문제는 접어두기로 하고요.

'지혜의 위계질서'에 관해서는 『21세기문학』이라는 잡지(1999호 겨울호)에서 방민호(方珉昊)씨와 대담하면서 좀더 얘기한 게 있습니다. 불교식으로 말하면 부처와 중생이 원래 다 하나지만 동시에 그런 진실을 포함한 진리에 대한 깨달음에 등급이 있는 것도 사실이거든요. 그런 등급을 인정 안 하면 사람이 공부가 안되고 향상이 없는 겁니다. 여기에 덧붙여 하나 새로운 얘기를 힘주어서 했다면, 물론 내가 처음 한 얘기도 아니지만, 균등사회라는 것은 최소한의 물질적인 평등을 전제로 하는 것인데 그런 사회를 주장할 때 지·우(智愚)의 차이에 대한 인식이 포함되지 않으면 균등사회를 향한 운동 자체가 좌절하게 마련이라는 겁니다. 이에 대한 절박한 인식이 있다면 나머지는 실행과정에서 풀어야 할 과제일 따름이지 문제가 있기 때문에 덮어둘 사안은 아니지요.

여건종 '지혜의 위계질서'가 존재한다는 사실은 아마 이의를 달기 힘들 것 같은데요. 제 생각에 김영희 교수는 거리를 둔다기보다는 조심스럽게 동의한다는 느낌이 강했습니다. '지혜의 위계질서'라는 말 자체가 최근의 지적인 흐름에서는 용기가 없으면 하기 어려운 말 같은 생각이 듭니다. 이게 어려운 것은 시장이 지배하는 현실도 있을 것이고 특정한 정당성을 가지고 진행되는 탈권위적인 흐름도 있을 것입니다. 그런데 '지혜의 위계질서'가 있다고 말하는 것과 그것을 설득력있게 만들어서 공유시키는 것은 차이가 있다는 생각입니다. '지혜의 위계질서'에서 문제가 되는 것은 누구의 관점에서 누가 말하는 지혜인가, 그걸 말하는 사람은 과연 공평무사하게 어떤 완전히 사회적·역사적 조건의 진공 속에서 얘기할 수 있을 것인가, 이런 문제가 항상 개입하는 것 같거든요. 저는 '지혜의 위계질서'가 있어야 되고 김영희 교수가 선생님을 해석하는 방식으로 그것이 만들어져야 한다고 생각하는데, 실제 우리 삶에서 구체적으로 어떻게 만들어질 수 있는 것인가, 민주주의를 하면서도 그 민주주의 속에서 꼭 필요한 위계질서를 어떻게 만들어갈 것인가라는 실천적 논의가 더 핵심적인 문제 같습니다.

백낙청 그래요, 내가 김교수의 태도가 약간 회피적이라고 말했지만 조심스럽게 동의하는 입장이 깔려 있다는 말이 맞아요. 다만 우리 모두가 이 문제를 좀더 정면으로 돌파하는 자세가 되었으면 하는 욕심을 말한 거지요. 지혜롭고 지혜롭지 않은 것을 누가 판정하느냐? 그건 지혜를 향해 함께 노력하고 실천하고 수련하는 공동체가 있을 때는 저절로 그리고 점차적으로 해결될 문제라고 봅니다. 그걸 판정하며 체득해가는 과정 자체가 수련의 본질이 될 테니까요. 오히려 우리가 강조해야 할 것은, 물질적인 평등이 보장되는 사회를 이룩하기 위해서도 '지혜의 위계질서'가 필요하다고 했는데, 역으로 '지혜의 위계질서'가 실현되기 위해서도 최소한의 물질적 평등이 있어야 된다는 겁니다. 물질적 불평등이 심한 사회에서는 아무리 지혜가 많은 사람이 옆에 있더라도 돈 많은 사람이 더 무섭고 부럽지 지혜 많은 사람이 무섭겠어요? 지혜가 맥을 출 수가 없는 거고, 지혜를 깨치려는 수련이 널리 퍼질 수가 없는 거지요. 따라서 이 둘이 병행이 되어야 하는데, 처음부터 우리가 지혜를 어떻게 정의하며 누가 판정할 것인가 하는 답을 내놓으려 하지 말고, 지혜공부와 균등사회실현을 위한 실천을 병행하다 보면 풀리는 문제지요. 만약에 안 풀린다면, 우리가 못 푼다면, 인류 전체가 불행해질 수밖에 없는 것이죠.

리얼리티, 재현, 가치판단

윤혜준 좀 얘기를 진전시켰으면 합니다. 사실 2부에서 이현석(李炫錫), 정남영(鄭男泳) 두 분의 글은 음악적인 비유를 쓰자면 선생님의 주제를 가지고 많은 실험과 변주를 한 글들이라고 생각합니다. 이 글들과 연관하여 지식과 권력의 연관성, 지식이 절대적으로 발휘하는 힘 안에서 선생님께서 말씀하시는 실천이 포스트구조주의적이고 해체적인 반(反)지식이랄까 혹은 니체적 반지식과 어떻게 구분될 것인지 따져볼 여지가 있는 듯합니다.

백낙청 말씀하셨듯이 정남영, 이현석 교수의 글이 진리와 객관성의 주제를 변주해서 폭을 넓혀놓은 것 같아요. 정교수의 「과학성, 버츄앨러티 그리고 삶」이라는 글을 보면 근대 지식의 객관성이라는 고정관념에 도전하는 여러 종류의 움직임들을 폭넓게 섭렵해서 소개하고 있지요. 나로서는 도저히 다 찾아서 읽을 수 없는 이론들을 섭렵해서 내가 가진 문제의식을 뒷받침해주는 작업이었다고 봅니다. 다른 한편으로는 그런 여러 흐름도 각각이고 또 그런 흐름과 내 생각 사이에 미세하지만 밀고 나가면 중요해지는 차이 같은 것이 있는데 그런 것이 제대로 부각되진 않은 것 같아요. 버츄앨러티(virtuality)라는 용어 자체도 내용상으로는 리얼리티에 대한 나의 문제의식을 담고 있어요. 하지만 정교수가 마뚜라나(Humberto Maturana)와 바렐라(Francisco Varela)와 함께 버츄앨러티라고 부르는 것이 사실은 진짜 리얼리티 아니에요? 그걸 버츄앨러티라 부를 때는 뭔가 너무 양보하는 느낌이 들거든요. 게다가 정남영 교수는 156면을 보면 재현의 원칙적인 불가능성이란 얘기를 하는데, 그것도 너무 쉽게 받아들인 게 아닌가 싶어요. 기존의 재현이론이나 근대과학, 인식론들이 갖고 있는 재현에 대한 확신이 일종의 미신이라고 지적하는 것은 좋은데, 가령 똑같이 그런 기존 관념에 도전하는 로런스가 말년에 쓴 "Introduction to These

Paintings"를 보면 쎄잔(Cézanne)을 이야기하는 도중 어느 대목에 가서 쎄잔느야말로 리얼리스트였다, 그가 목표한 것은 재현이었다고 말하기도 하거든요. 그 문제를 비교적 상세히 다룬 내 글로는 「로런스와 재현 및 (가상)현실의 문제」(『안과밖』 창간호, 1996)를 들겠는데, 내가 중시하는 로런스의 이런 면과 버츄얼리티를 말하는 대다수 논자들 간의 차이가 정교수 글에서는 좀 얼버무려졌다는 느낌이에요.

이현석 교수의 「문학적 가치판단의 객관성 문제에 붙이는 주석」에서는 푸꼬(Foucault)에 대한 비판이라든가 리오따르(Lyotard)를 포함한 포스트모더니즘에 내재한 자기모순에 대한 지적이 매우 날카롭더군요. 그런데 그 자기모순을 어떻게 뛰어넘어 새로운 차원의 진리나 객관성에 대한 개념에 도달할 것이냐는 물음이 나 자신의 주된 관심사인 데 비해, 이교수는 그런 자기모순을 끌어안으면서 거기에 안주해버리는 것이 아닌가 하는 의문이 들었어요. 적어도 나의 관심사를 중심으로 보면 그래요. 가령 니체(Nietzsche), 하이데거(Heidegger), 아도르노(Adorno) 등을 거의 동급으로 취급하는데, 그들 사이의 중대한 차이가 무시됐다는 지적도 가능하고요. 그리고 문학작품에 대한 가치평가에 우연성이 많이 개입한다는 점을 제도상의 변화나 시대의 여러 양상을 추적해가면서 재미있게 보여주지요. 그러나 그런 연결을 지어주는 것과 그런 가치평가의 설립이 우연적이었다고 하는 것은 논리적으로 별개 문제예요. 지금 보기에는 우연한 것 같은 이러저러한 사건들이 겹쳐서 결과가 이렇게 나왔는데 그게 우연인지 필연인지 누가 알아요? 논리상 약간의 비약이 있는 것 같아요. 이런 비약에 힘입어, 우연인지 필연인지 모르게 발생한 여러가지 다른 가치평가 중에서 우리가 어떤 것을 더 타당하다고 볼 것인가라는 문제가 사실은 그다지 중요하지 않은 게 되어버리고, 이런저런 소리가 나오는 것 전체를 이교수 표현대로 하나의 "장엄한 화음"으로 받아들이게 되고, 적어도 '문학적 가치판단의 객관성 문제'에 대한 나 자신의 관심과는 꽤 멀어지는 것 같아요. 이 장엄한 화음을 이유로 글의 마지막 문장은 "텍스트에 대한 인간의 평가가 역사 속에서 다양하게 전개되는 장면을 추적하는 일은 더 나은 지식을 생산하고 더 타당한 가치판단을 수행하는 조건들을 창출하는 데 기여하는 작업이 되는 것이다"(192면)라고 끝맺는데, "더 타당한 가치판단을 수행"한다는 것이 무엇인지 아직 풀리지 않은 상태에서 거기에 기여하는 지적 작업들에 대한 옹호만 남게 되지요. 결국은 작품 자체의 성격이나 가치에 대한 물음은 비껴간 채로 작품의 컨텍스트에 대한 리써치, 즉 학자의 연구조사 행위를 옹호하는 결론으로 나간 셈이지요.

시와 진리

손혜숙 강필중(姜弼中) 교수는 시를 "존재의 생기를 포착하는 의식의 표현"으로 정의하면서, '비객관적 실재'(non-objective reality)로서의 시 고유의 진리를 말합니다. 강교수는 그 극단적인 예로 포우(Poe)를 들면서 "존재의 실감"이라는 측면에서 그의 탐미적·유미적 시세계를 진리 구현의 독특한 예로서 설명합니다. 강교수의 이러한 입장에 전적으로 동의하는 저로서는 선생님께 '비객관적 실재'로서 시의 진리에 대해 어떻게 생각하시는지 여쭙고 싶습니다. 선생님께서는 '현존의 형이상학'에 대해서도 비판하시지만 동시에 인간의 실천의 터전이자 총화로서 객관적 실재에 상당한 무게를 두고 계시는 입장인데, 선생님께서 생각하시는 '객관적 실재'라는 것이 강교수가 지적하는 '비객관적 실재'를 다루는 시에서 과연 어떠한 중요성과 의미를 지닌다고 보시는지요.

백낙청 강교수 논문을 좋게 보셨다니 반갑군요. 굉장히 공들여 쓴 글인데 읽기가 쉬운 것도 아니고 그렇다고 수많은 각주를 붙여놓은 리써치 논문으로 인정받기가 쉬운 글도 아니거든요. 그런데 지금 포우의 예를 드셨지만 사실 강교수 논문에서 촛점은 포우보다도 휘트먼(Walt Whitman) 아니에요? 포우는 자기 식으로 철저하지만 매우 특수한 예이고, '비객관적 실재'를 더 충실하고 전형적으로 보여주는 것은 오히려 휘트먼이고, 휘트먼 논의로 가는 과정에서 강교수가 포우를 짚은 거지요. 강교수 자신에게 이런 생각의 계기가 무엇이었는지는 몰라도 이런 인식의 단초를 로런스의 포우론에서 찾아볼 수 있습니다. 『미국고전문학 연구』(*Studies in Classic American Literature*)에서 로런스는 포우가 "거의 과학자에 가까웠다"는 의미심장한 말을 했지요. 그러니까 포우의 작품이 퇴폐와 몰락의 과정을 과학자가 분석하듯이 분석하며 기록한 글이라 할 정도로 일면적인 데가 있다는 거지요. 그런데 로런스도 '거의'(almost)라는 표현을 썼으니까, 포우 작품이 과학적인 기록이지 예술이 아니라고 말하는 건 아닌데, 강교수의 글에서도 이런 섬세한 분별이 잘 관철되고 있는 것 같아요.

재미난 표현들도 많이 나와요. 가령 이런 대목이 있지요. "포우의 '거울'은 포우 자신이 실감하는 세계의 색으로 채색된 거울이며, 포우의 지능은 색이 바래지 않도록 닦는 '수도'의 기능을 한다. 그것은 자기세계의 실재성을 향한 일종의 정진이다. 그것은 매우 특이한 대로 시인의 정진이기도 하다."(229면) 시인의 정진이라는 사실을 인정은 하지만, 이 구절이 말해주는 것은 매우 아슬아슬한 경지예요. 한 발만 삐끗하면 예술의 경지, 시의 경지에서 벗어나 로런스 식으로 표현하면 예술이 아닌 과학으로 환원되는 것이지요. 달리 보면 포우는 본격문학과 통속문학의 경계에 있기도 해요. 요즘은 포우의 탐정소설적 측면에 더 복잡한 의미부여를 하는 이론도 성행하지만, 포우가 한편으로는 통속적인 탐정소설의 원조이기도 하고 다른 한편으로는 보들레르(Baudelaire) 같은 비대중적인 문학으로 가는 흐름의 원조로 자리잡고 있기도 한 양면을 지녔고, 예술과 과학 사이에서 아슬아슬한 줄타기를 하고 있는 반면에, 더 확실한 시인의 경지를 차지하는 것이 휘트먼이라는 거지요. 포우와 휘트먼 사이에 시인으로서의 미묘한 등급의 차이를 강교수가 두고 있는 게 엿보이는데, 강교수의 판단이 실제로 그런 거라면 내 생각과도 일치해요. 그건 로런스의 통찰이기도 한데, 다만 로런스와 다른 점이 강교수는 지면의 제약 때문인지 몰라도 휘트먼의 훌륭한 점을 부각시키는 데 주력한 반면, 로런스는 비록 짧은 지면에서나마 휘트먼의 시세계 속에 빗나간 이상주의로 비판해야 할 것이 어떻게 뒤섞여 있는가를 통렬하게 지적하는 작업도 병행했지요.

그런데 '비객관적 실재'라는 용어를 쓴 데 대해서는 강교수 역시 너무 양보한다는 생각이에요. 비객관적 실재라 할 때 '객관적'인 것은 말하자면 따옴표가 붙은 객관성 아니에요? 그러니까 비객관적 실재라고 하면서 '비객관적'에도 따옴표를 붙인다면 모를까, 실은 이것이야말로 진짜 객관적인 실재라고 좀더 당당히 주장했으면 해요. 이게 리비스가 말하는 '제3의 영역'(the Third Realm)과도 통하는데, 쉽게 말하면 우리가 흔히 객관적이라고 말하는 그 세계도 아니고 또 주관적이라고 말하는 세계도 아닌 제3의 영역이 있다는 뜻이지 "third"가 실재성에서 세번째 순위에 온다는 뜻은 아니지요. 오히려 리비스의 본뜻은 그 '제3의 영역'이야말로 primary한 영역이라고 보는 거지요. 나도 그것이 진짜 실재의 세계고 리얼리티의 영역이라고 보기 때문에, 그것을 정남영 교수처럼 '버추얼러티'로 표현한다든가 강필중 교수처럼 '비객관적 실재'로 명명할 필요는 없다는 생각이지요.

손혜숙 이 책에 수록된 논문들은 진리가 "드러나는 것이자 이룩되는 것"으로 보는 선생님의 입장에 대해 모두 유의하고 있다는 생각이 듭니다. 유희석(柳熙錫) 선생의 「시의 드러남에 관하여」는 텍스트를 살려내면서 동시에 평론가 자신을 실현하는 글쓰기의 대표적인 예라고 할 수 있습니다. 이 논문에서 유희석 선생은 신역사주의나 페미니즘이 놓치고 있는 감동과 공감의 순간들에 대한 집요한 질문을 통해 사무사(思無邪)를 발휘하는 평론가 자신의 모습을 드러냅니다. 선생님께서 생각하시는 진리를 드러내고 동시에 이룩하는 글쓰기란 어떤 것이며, 또 좋은 비평적 글쓰기를 실천하기 위해 어떠한 노력이 필요할까요?

백낙청 문학평론도 문학인 이상 그것이 노리는 경지는 진리를 드러내며 이룩하는 글쓰기라고 생각합니다. 다만 평론의 경우에 묘한 것이, 원칙적으로 남이 써놓은 작품을 두고 자기 글을 쓰는 작업이니까 자기 얘기가 아예 없이 남의 이야기만 해도 진리의 글쓰기가 못되지만, 자기 이야기를 앞세워서 평론 대상이 되는 작품의 진실을 가려버려도 사무사의 경지와는 멀어지는 거지요. 유희석 박사가 쓴 워즈워스(William Wordsworth)의 「황폐한 농가」(*The Ruined Cottage*)론에서는 시를 읽는 두 가지 상반되는 입장을 먼저 거론하지요. 신역사주의나 일부 페미니스트 비평은 여러가지 컨텍스트를 캐내가지고 자기네들의 주장을 투영하는 바람에 작품 자체가 소홀히 되는 경향이 있고, 오로지 텍스트를 꼼꼼히 읽자는 미국 신비평(New Criticism)의 경우는 작품 자체를 보자는 주장은 요즘 세월에 오히려 신선하게 들릴 정도지만 어디서부터 어디까지가 작품이라고 딱 한정을 해놓고서 거길 넘어서면 '작품 외적'인 것이라고 배제해버리는 편협성을 보인다는 거예요. 그런데 두 입장 사이에서 균형을 취하자고 말하기는 쉬우나, 실제로 한 작품을 놓고 그런 균형을 유지하고 그렇게 함으로써 작품의 진실을 드러내주면서 자기가 느끼는 진실을 독자에게 전하는 것은 그리 쉬운 일이 아닙니다.

나도 이 글을 좋게 봤어요. '사무사'를 주장하는 필자치고는 약간 상(相)을 둔다고 할까…… 좀 티를 내는 대목이 없진 않지만, 기본적으로는 두 상반된 입장 사이에 균형을 취하기 위해 여러가지 물음을 끈질기게 되풀이하면서 훌륭한 비평작업을 수행했다고 봅니다. 「황폐한 농가」의 판본들 중에서 1799년본이 1814년의 *Excursion*에 나오는 것보다 만족스럽다고 한 점에도 동감이고요. 어찌 보면 이 작품 감상의 요체는 마가렛의 수난에 대한 강렬한 공감과 만년의 워즈워스가 중시했고 이 작품에서 the peddler가 체현하고 있는 달관이랄까 그런 태도 사이에 균형을 잡는 일일 거예요. *Excursion*에 오면 도붓장수의 비중이 더 커지면서 달관이 우위에서는 느낌이 있습니다. 물론 1814년본에서도 마가렛의 수난이 생생하게 살아나오긴 하지만 달관 쪽으로 저울추가 기울었다 싶은데, 1799년본에서는 균형이 절묘하게 유지되지 않았나 해요. 정말 워즈워스의 걸작 가운데 하나라고 봐야지요. 감수성은 세대마다 달라지지만 표현을 바꾸는 것은 천재만이 하는 일이라는 엘리어트(T.S. Eliot)의 유명한 표현이 있는데, 리비스가 그 표현을 빌려 워즈워스야말로 18세기말·19세기초에 표현의 변화를 이룩한 천재라고 말한 바 있지요. 「황폐한 농가」는 바로 이런 평가를 입증하는 예라고 보는데, 유희석씨 글이 그 점을 어지간히 실감케 해준다고 봐요.

근대적응과 근대극복의 이중과제

여건종 제3부 '문학과 근대성'에서 첫 논문을 쓴 송승철(宋承哲) 교수는 선생님의 변모를 시민문학론, 민족문학론, 분단체제론, 근대극본론으로 변모하는 것으로 추적하고 해석을 합니다. 글의 부제가 '변한 것과 변하지 않은 것'인데, 선생님께서는 스스로 변한 것과 변하지 않은 것을 어떻게 보시는지요?

백낙청 송교수 보기에 내가 근대주의에 가까운 입장에서 출발했다가 근대극복론으로 이동했고 근대적응과 근대극복의 이중과제론으로 발전했다는 것인데 나도 물론 동의합니다. 그런 변화를 지적하면서도 변화의 싹이 60년대 말의 「시민문학론」 같은 데 이미 있었다고 인정해준 것이 고맙기도 하고요. 한 가지 덧붙인다면 '근대달성과 근대극복'을 말하기 시작하고도 한동안은 근대의 '달성' 내지 '성취'라는 식으로 생각했는데, 이것을 '적응'이라는 표현으로 바꾼 것이 나로서는 또 한번의 중요한 변화였습니다. 명시적으로 그렇게 바꾼 것은 1998년 브로델 센터(Ferdinand

Braudel Center at Binghamton University)의 학술회의에서 발제할 때였고, 뒤에 보완한 내용을 영어로는 *Interventions*란 학술지(제2권 제1호, 2000, 'Coloniality in Korea and a South Korean Project for Overcoming Modernity')에, 한국어로는 『창작과비평』(1999년 가을, 「한반도에서의 식민성 문제와 근대 한국의 이중과제」)에 발표했죠.

달성이나 성취를 적응으로 바꾼 데 대해 불만인 사람도 많았지만 이 점에 대해선 평론가 하정일(河晸一) 교수와의 대담에서 추가로 해명을 한 게 있지요(백낙청·하정일 대담 「민족문학운동의 역사와 미래」, 『작가연구』 15호, 2003년 상반기). 우리가 어떠어떠한 '근대성', 즉 근대라는 시대의 이러저러한 특성을 아직 달성·성취하지 못했으니까 해야 된다고 하면 말이 되지만, 근대 자체를 달성·성취해야 한다고 하면 마치 우리는 아직도 근대라는 시대 바깥에 있는 것처럼 되거든요. 근대 속에는 좋은 근대성도 있고 나쁜 근대성도 있으며, 근대라는 시대에 자율적으로 진입할 수도 있고 타율적으로 편입당할 수 있지만, 이런 모든 것이 뒤섞여 있는 게 근대이고 한반도처럼 19세기 말엽에 자본주의 시장체제에 억지로 끌려 들어와서 결국은 식민지가 되고 아직껏 근대성 중에 좋은 것들을 성취 못한 게 많은 상태도 근대 속에 사는 한 형태지, 새삼스럽게 근대를 '성취'하거나 '달성'해야 하는 건 아니지요. 물론 이렇게 들어선 근대에 적응하면서 적응과 극복에 필요한 근대성의 어떠어떠한 것을 달성·성취할 것인가 하는 문제는 남았지만요. 지금부터 근대를 성취해야 한다고 말하는 것이야말로 근대주의적 사고방식에 말려드는 꼴이라고 봅니다. 그보다는 근대에 이미 들어온 이상 적응하면서 살아야 하고 그러기 위해 이러저러한 근대성을 성취해야 하지만, 동시에 근대란 모두가 두고두고 머물 만큼 좋은 시대가 아니므로 여기서 벗어나기 위해, 근대를 극복하기 위해 노력해야 한다는 거지요. 이것이 두 가지 별개의 사업이 아니라 하나의 단일한 과제라는 뜻으로 '이중과제' 라는 표현을 쓰는데, 영어로는 'double project'라고 단수를 사용하니까 그 점이 좀더 분명해지는 잇점이 있어요.

여건종 근대극복의 성찰이 본격적으로 시작된 것이 분단체제론에서인 것 같습니다. 분단체제론에서는 실제로 한반도에서의 갈등이 남한과 북한 사이가 아니라 분단으로 인해 기득권을 향유하는 남북한의 지배집단과 고통받는 남북한의 민중 사이에 존재한다고 주장하셨는데요. 남북한의 상황을 지나치게 대칭적으로 설정하고 있는 것이 아닌가, 그런 느낌이 듭니다.

백낙청 남북한의 상황을 대칭적으로 설정한 것은 아니고요, 오히려 남북한을 너무 대칭적으로만 보려는 발상에서 탈피하려는 노력의 일환으로 남북을 아우르는 갈등을 설정했다고 봐야죠.

여건종 남한 쪽과 북한 쪽의 상황을 너무 동일하게 보시는 건 아닌지?

백낙청 이건 매우 높은 추상수준에서 규정되는 모순이니까 그걸 구체적인 현실에다 도식적으로 적용하면 남북한의 차별성이 무시되는 결과를 낳는 게 당연하지요. 남북한만도 아니에요. 남한 내에서도 계층에 따라서, 성별에 따라서 또는 지역이라든가 다른 무수한 요인에 따라서 각각 분단체제가 작동하는 방식이 다르거든요. 그렇지만 일단 추상수준을 높였을 때는 기본적으로 분단체제의 기득권세력과 거기서 손해를 보는 세력의 대립 이렇게 보는 것이, 남북한의 대결이라든가 공산세계와 자유세계의 대결 또는 이념간의 대립으로 보는 것보다 타당하다는 입장이지요.

여건종 제가 볼 때 그것이 근대적응에서 극대극복으로 가는 전환점에서 제일 특징적인 것으로 나타나지 않았나 하는 생각이 들거든요. 가령 양쪽 체제의 문제라기보다는 서구의 근대 역시 극복해야 할 어떤 것이라는 관점에서 남북문제를 봤을 때 이 갈등의 선이 남북이 아니라 지배자와 피지배자 문제라는 생각이 듭니다.

백낙청 그렇지요. 한반도 전체에 걸쳐 작동하는 분단체제라는 것도 독자적인 체제라기보다는 세계체제가 한반도를 중심으로 작동하고 구현되는 하나의 세부적인 양상으로 보는 거니까요. 근본적인 목표는 자본주의 세계체제를 극복하는 것이고 그런 의미로 근대를 극복하는 것이지요. 그러나 분단체제 극복이라는 것이 곧바로 자본주의체제의 멸망을 가져오는 것은 아니고, 한편으로는 자본주의 세계체제가 존속하는 가운데서 우리 한반도가 더 잘 적응하게 되는 동시에 세계체제 변혁에 중대한 이바지를 하게 된다는 의미에서 이중과제와 딱 맞아떨어지는 과업이 되는 거지요.

여건종 선생님께서 그런 말을 쓰셨는지 모르겠지만 하정일 교수가 선생님을 해석하면서 비자본주의적 근대라는 말을 쓴 것 같은데, 그게 구체적인 실천과제로서는 상당히 이상적인 것이 아닌가 합니다. 우리가 과연 비자본주의적 근대를 꿈꿀 수 있는 것일까요?

백낙청 오히려 지금이야말로 그런 것을 꿈꿀 수 있는 시대가 아닌가요?(웃음) 1989년 이후의 세계에서 미국이 유일한 초강대국으로 떠오르고 현실사회주의라는 대안이 사라졌기 때문에 이제 자본주의 이외에 무엇을 생각할 수 있겠는가 하는 얘기가 많이 있죠. 그러나 1989년 이후 벌써 20년 가까워오는데, 그 역사를 보면 현실사회주의가 무너지면서 자본주의를 지지하고 찬미하던 많은 사람들이 기대했던 것이 이루어진 게 얼마나 됩니까? 미국의 일방주의가 강화되었을 뿐 아니라 일방주의하의 질서조차 더 안 잡히고, 중심부인 미국 경제가 더 강해진 것도 아니고, 그렇다고 나머지 세계인들이 더 고르게 잘사는 것도 아니고, 질병이 줄어든 것도 아니고, 뭐 된 게 없잖아요? 그러다 보니 미국이 드디어는 군사력만 갖고서 어떻게 해볼까 하는데 그것조차 마음대로 안되고 있어요. 뭔가 씨스템이 작동이 안되고 있다는 걸 누구나 실감할 수 있는데, 다만 이 사태의 결말이 더 나은 시대로의 이행을 의미할 것인지는 아무도 장담할 수 없지요. '역사의 철칙'에 의해서 자본주의가 망하면 사회주의가 온다는 식의 생각은 하나의 독단에 불과했던 거니까요.

여건종 자본주의 시장경제체제 자체를 거부해야 한다고 주장하는 사람도 있지만, 자본주의 시장경제체제를 유지하면서 자본주의가 가진 본질적 문제를 고쳐나가자는 주장도 있어서 그것에 따라 비자본주의적 근대라는 것도 많이 달라질 수 있지 않을까요?

백낙청 브로델(Braudel)이 흥미로운 지적을 했는데, 자본주의 시장은 원래 의미의 시장이 아니라는 것이지요. 자본주의는 본질적으로 독점적인 시장이고, 옛날의 정말 자유로운 장터하고는 성격이 다른 것이다, 그렇기 때문에 자본주의 시장의 작동원리가 근본적으로 바뀌어야지 진짜 시장이 오히려 되살아날 수 있다는 거예요. 어쨌든 인간이라든가 생명, 자연 이런 것이 사람들의 주된 관심사가 아니고 자본의 끊임없는 축적이 지상목표이며, 그걸 따르지 않는 사람들은 피를 보게 되는 세상은 무한정 지속될 수 없지요. 민중들이 용납을 안해서 못 갈 수도 있지만 생태계가 파괴되기 때문이라도 무한정 지속될 수 없다는 말입니다. 나는 기본적으로 이런 사회의 작동논리가 존속하는 한은 환경보호라든가 하는 조치들은 그때그때의 미봉책이지 길게 보면 해결책이 될 수 없다고 생각해요. 그런 미봉책을 잘 써서 30년을 더 가느냐 50년을 더 가느냐 하는 것은 물론 30년, 50년이라도 잘 해먹다가 죽으면 그만이라고 생각하는 사람들한테는 대단히 중요한 문제겠지만, 인류역사의 큰 흐름 가운데서 인류가 생태계 파괴로 인해서 21세기 상반기에 망하는 것하고 후반기에 망하는 것, 아니 22세기에 망한다 한들 그게 뭐 그리 큰 차이겠어요? 그 점은 확실한데, 다만 그렇다고 당장에 우리가 세계를 확 뒤집어놓을 수 있다든가 어떻게든지 이거 깨부숴놓으면 저절로 좋은 세상이 오리라거나 하는 발상은 그것대로 지극히 무책임한 것이지요.

이중과제의 시각으로 읽는 영미문학

윤혜준 제3부 '문학과 근대성'의 개별논문을 전체적으로 짚자면, 근대를 좀더 깊이 파고들 필요를 절실하게 보여주는 점이 있습니다. 그런데 이 점과 관련해서 책 체재에 대한 불만은, 미국과 미국문학이 근대문제에서 결정적인 것 중의 하나인데 그런 고려가 없어서 좀 아쉽군요.

백낙청 이 책에 이런저런 글이 더 들어갔으면 하고 얘기하기 시작하면 한이 없겠지요. 특히 미국문학의 경우는 내가 전공은 아니지만 강의도 더러 했고 연구자도 많으니까 한 파트 따로 있었으면 더 좋았겠지요. 하지만 이런 책이 기획자 마음대로 안되는 건 내가 편집자 생활을 오래 해봐서 아는데, 나로서는 뒤에 한기욱 교수가 자기의 개인적인 체험을 가지고 성찰적인 회고를 하면서 내 작업을 평가해준 것으로 만족하지요.

그리고 또 한 가지 편집자 경험을 통해 아는 사실은, 편자가 임의로 특집 제목을 달고 글을 배치함으로 인해 필자가 엉뚱하게 유탄을 맞는 경우가 있어요. 가령 조철원(趙哲源) 교수의 글이 스티븐 크레인(Stephen Crane)의 인상주의적 기법에 대해서 아주 재미있게 설명해주었다고 생각하는데, 그러나 특별히 근대에 대한 문제의식을 가지고 쓴 글은 아니죠. 그런데도 이걸 3부에 넣는 바람에 문학과 근대성에 대해서 왜 이런 얘기밖에 못하냐고 누가 반문한다면 필자로서는 억울하지요. 반면에 장남수(張南洙) 교수의 『리틀 도릿』(*Little Dorrit*)론과 박찬길(朴贊吉) 교수의 「틴턴 사원」(Lines Composed a Few Miles Above Tintern Abbey)론은 자기 나름의 근대에 대한 문제의식을 가지고 쓴 글이니까 근대성과 관련해서 토론해도 무리가 없겠지요. 장교수의 경우는 제목부터가 「『리틀 도릿』과 근대의 진행」이고, 주로 헨리 가우언(Henry Gowan)과 머들(Merdle)이라는 인물, 그리고 에돌림청(Circumlocution Office)의 성격에 대한 논의를 통해서 이 소설이 근대에 대한 비판인 동시에 근대를 넘어선 대안에 대한 모색도 있다, 그런 취지인 것 같군요.

윤혜준 사실 디킨즈(Charles Dickens)는 근대적 측면뿐만 아니라 전근대적이거나 반근대적이라고 할 요소들이 사방에서 — 런던이라는 당대 최고의 대도시든 시골의 공동체에서든—발견된다는 점에서 매우 흥미로운 작가지요.

백낙청 흔히들 발자끄(Balzac)와 디킨즈를 비교하는데 디킨즈가 굉장히 순진하고 천진한 구석이 있잖아요? 그걸 문제점으로만 보는 경향이 많지요. 질문자는 오히려 그것을 긍정적으로 볼 소지가 있다고 생각하시는 것 같은데, 나도 같은 생각이에요. 그런데 이걸 딱히 전근대적인 요소라 볼지, 물론 근대 이전에 그런 면이 더 두드러졌고 그에 대한 사회적 평가가 더 높았고 그것이 근대 자본주의사회에서는 밀려나는 현상이긴 하지만, 딱히 그걸 전근대로 못박는다면 마치 디킨즈가 전근대로 돌아가려는 것처럼 보일 소지가 있음에 주의해야겠지요.

윤혜준 반(反)근대로 하면 어떨까요?

백낙청 기본적으로는 반근대적인 입장이지요. 그런데 반근대 중에서 그야말로 복고주의적인 반근대인지 내 식으로 표현해서 근대에 대한 적응을 전제한 반근대인지…… 디킨즈를 높이 평가하는 사람들은 아무래도 후자 쪽을 강하게 보겠지요. 물론 전자의 요소가 없는 것은 아니지만. 장교수의 글은 헨리 가우언 같은 인물을 논하면서 디킨즈가 어떤 면에서는 포스트모던 시대의 예술가의 문제점까지도 예견하며 선취하고 있다는 논지를 펼치는데, 나는 그 논지에 기본적으로 동의하지만 뭐랄까, 대체로 장교수 자신이 이해한 디킨즈의 의도를 '해설'하는 쪽이지 정작 작품에 대한 곡진한 '비평'은 좀 약하지 않은가 하는 아쉬움이 있습니다. 예컨대 가우언과 스킴폴(Skimpole)을 비교하면서 가우언이 훨씬 더 물질에 집착한다고 주장하는데, 내가 보기에 촛점은 누가 돈을 더 밝히느냐는 문제가 아니고 가우언이라는 사람의 독특한 스타일, 즉 솔직성을 표방함으로써 근본적인 불성실과 속물성을 호도하고 넘어가는 스타일이 중요한 것이지 스킴폴보다 물질을 얼마나 더 탐하느냐가 촛점은 아닌 듯하거든요. 바로 이런 자기과시적이면서 기본적으로 이기적인 경박성이 포스트모더니즘의 어떤 문제점과 통하기도 하고요.

박찬길 교수의 「근대적 자아와 낭만적 자서전—'틴턴 사원' 다시 읽기」는 크게 보면 그 독법이 유희석 박사하고 비슷하달 수 있어요. 신역사주의의 편향성을 지적하면서 건전한 중도를 찾으려는 노력이 엿보이는데, 유희석씨 글과 비교해보면 신역사주의적 연구를 실제로 훨씬 많이 섭렵했고 거기에 대한 의존도 역시 더 높다고 해야 할 것 같아요. 시의 1인칭 화자와 워즈워스 자신을 무조건 동일시하지 말아야 한다는 건 중요한 지적인데, 다만 "「틴턴 사원」의 서술구조는 단일한 1인칭 화자의 "강렬한 느낌의 자발적인 넘쳐흐름"이 아니라 대단히 의식적으로 복잡하게 연출된 복합적인 화자들의 자기표현이었다"(333면)라는 결론은 좀 너무 나간 것이 아닌가 싶더군요.

손혜숙 선생님께서 중시하는 '감수성의 분열론' 입장에서 보자면 근대적 자아라는 것이 이미 분열을 딛고 혹은 안고 시작하는 것이라고 할 수 있고, 그것이 가령 「틴턴 사원」에서 복수(複數)의 화자 형태로 등장한다고 하면 이미 그것은 상당히 분열이 진행된 상황을 보여주는 것은 아닌가라는 생각이 들더군요.

백낙청 워즈워스 개인하고 작품의 1인칭 화자를 완전히 동일시할 필요는 없지만, 그러나 그때그때 마스크를 바꾸는 복수의 퍼쏘나(persona)들로 보기보다는 하나의 poetic self 정도로, 즉 딱히 워즈워스 개인일 필요는 없지만 그와 밀접한 관련이 있는 '시적 자아' 정도로 파악해도 무방하지 않을까 막연하게 생각했어요. 그런데 마침 'dissociation of sensibility'를 언급하시니까 그 개념과 연결시켜 정리할 수도 있겠군요. 감수성의 분열론을 처음 제기한 T.S. 엘리어트는 워즈워스를 감수성의 분열이 회복되지 않은 시기의 시인 중 하나로 꼽잖아요. 셸리(Shelley)나 키츠(Keats)에서 약간의 회복 기미가 보이다가 두 사람 다 일찍 죽고 그 후의 테니슨(Tennyson), 브라우닝(Browning) 모두 분열상태에 빠져 있었다고 보는

데, 나는 워즈워스는 그의 최고의 시에서 감수성의 분열을 극복한 시인으로 보거든요. 이 작품에서 연이 바뀔 때마다 화법과 주제가 달라지면서도 어느정도 일관된 포에틱 셀프가 전체를 포용하고 있다는 것도 시인의 감수성이 지닌 어떤 통합성이랄까, 풍부한 깊이를 지닌 통합상태를 보여주는 한 예가 아닐까 생각해요.

틴턴 사원 근처의 자연풍경을 묘사하는 것으로 시작하는 첫 대목을 두고 박교수는 'picturesque'의 전통, 즉 풍경화적 전통에 입각한 화자가 발언하는데 이미 제1연 안에서 전통적인 '회화성'(繪畫性)을 뒤엎는 조짐이 보이다가, 2연에 가면 그 화자를 아예 부정하고 전혀 다른 성격의 화자가 대두한다고 해석합니다. 그러나 나는 1연에 전통적 풍경화의 요소가 있다고 해서 1연의 화자가 바로 그런 풍경화 전통의 화자라고 단정할 필요가 없다고 봐요. 워즈워스가 그 전통을 계승하면서 창조적으로 변용해간 시인이기 때문에 이 시인이 창조한 '시적 자아'가 그런 전통에 닿아 있으면서도 어떤 면에선 제1연에서 이미 그것을 넘어선 화자로 발언하고 있다고도 볼 수 있는 거지요. 그 시적 자아가 제2연에 가서는 좀 다른 얘기를 하는 걸로 읽는다면 1, 2연의 연속성에도 큰 문제가 없을 것 같아요. 가령 "His little, nameless, unremembered, acts/Of kindness and of love"(34~35행)라는 구절을 두고 박교수는 당시의 '사회적 자선'에 관한 담론과 연결시켜 새로운 화자가 등장했다고 보았는데, 이 대목의 촛점을 social benevolence로 규정한 것도 좀 일방적인 해석이에요. 여기서 unremembered라는 단어가 재미있는데, 남한테 베푼 것을 그 사람이 기억 못할 뿐만 아니라 나도 기억 못한다는 데에 촛점이 있다고 봐요. 예수께서 오른손이 한 일을 왼손이 모르게 하라고 한 것도 나의 선행을 남에게 드러내지 말라는 것만이 아니고, 사실은 나도 기억하지 말라는 말씀이지요. 불교식으로 말하면 '상 없는 보시'예요. 워즈워스가 자연의 감화를 깊이 받은 사람들이 그 영향으로 자연스럽게 무상보시(無相布施)를 하게 되며 해탈에 가까운 경지도 맛보게 된다고 말하는 것으로 해석하면, 1연과 2연 사이에 큰 단절은 없어지지요. 여하튼 시 전체가 하나의 시적인 자아 속에 포괄된다고 보는 것이 나의 독법이에요.

리얼리즘과 모더니즘

여건종 제4부 '리얼리즘과 모더니즘'으로 넘어가볼까요? 리얼리즘과 모더니즘, 포스트모더니즘의 문제는 국내외에서 논쟁도 많았고, 선생님께서도 이 논쟁의 한 당사자이셨습니다. 넓게 보면 맑스가 자본주의사회의 특징으로 본 인간소외의 예술적인 표현으로서 모더니즘이 포스트모더니즘으로 더 극단화되지 않았나 하는 의미에서 선생님께서 프레드릭 제임슨(Fredric Jameson)이 포스트모더니즘의 특징으로 열거한 깊이의 제거, 역사성의 상실 같은 것을 이미 루카치(Georg Lukács)가 다 얘기했다는 지적에 동의합니다. 국제적인 논쟁구도에서 루카치의 반대편에 선 사람들이 훨씬 많았는데, 그럼에도 불구하고 선생님의 모더니즘에 대한 비판의 근거가 루카치에게 크게 의존한 듯한 느낌이 드는 것도 사실입니다. 이 책에서는 오길영(吳吉泳) 교수가 선생님에 대한 거의 직접적인 도전이라 말할 수 있을 정도로 대척적인 입장에서 모더니즘을 옹호했습니다. 오선생이 모더니즘의 대표적인 작가를 들어 주장하는 내용은 그동안 루카치를 비판하면서 많이 나왔던 얘기이기도 하지요.

백낙청 오교수가 비판적인 견해를 발표함으로써 이 책이 더욱 빛나게 된 것 같아요. 제자라고 다들 동의만 하는 건 아니라는 점을 확실하게 보여주었으니까.(웃음) 사실 4부에서 김명환(金明煥) 교수의 첫글과 오길영 교수의 글이 좋은 대조를 이룬다 할 수 있는데……

여건종 김명환 선생의 정리에는 동의하십니까?

백낙청 김교수도 공없는 일에 많은 품을 들였고, 나의 이론에 대해 매우 자상한 정리를 했다고 생각했어요. 그런데 오길영 교수가 김명환 교수의 글을 미리 읽고 쓸 수는 없는 상황이었지만, 김교수가 언급한 여러가지 사항은 이미 공간된 것들인데, 그것을 충분히 감안해서 정면으로 대응한 것 같지는 않더군요. 본인 자신이 우회적 접근을 한다고 말하지요. 440면을 보면 "이 글의 목적은 주요 모더니즘 작가들인 조이스(James Joyce), 울프(Virginia Woolf), 프루스뜨(Marcel Proust)의 문학론을 검토함으로써 앞서 제기된 질문들에 우회적으로 답하는 것이다. '우회적으로'라는 표현이 보여주듯이 이 글은 백낙청의 모더니즘 비판론을 직접적인 논의의 대상으로 삼지는 않는다"고 했거든요. 그러나 중요한 것은 우회적이든 아니든 과연 정확한 비판인가 하는 것인데, 글쎄요, 나는 수긍하기 힘든 대목이 꽤 있어요. 우선 "루카치나 백낙청식의 모더니즘 비판"이라는 표현만 해도, 이렇게 되면 루카치의 리얼리즘론하고 나의 리얼리즘론 사이의 상당한 거리가 처음부터 간과되는 느낌이지요. 더구나 오교수가 주로 비판하는 대상이 루카치의 리얼리즘론도 아니에요. 방금 지적하셨듯이 적어도 20세기 서구의 리얼리즘 대 모더니즘 논쟁에서는 모더니즘 지지자가 훨씬 많았는데, 그렇게 된 중요한 이유 가운데 하나는 이런 논쟁구도에서 설정된 리얼리즘의 개념이 대개는 루카치의 리얼리즘론도 아니고 루카치 스스로 남 못지않게 비판하는 낡은 사실주의를 상정하고 있기 때문이지요. 그 낡은 공격을 되풀이하는 것으로 루카치의 리얼리즘론이든 백낙청식의 리얼리즘론이든 제대로 비판이 되지 않지요.

재미있는 것은 프루스뜨의 『잃어버린 시간을 찾아서』 마지막 권의 한 대목을 오교수가 인용했는데, 이제까지의 리얼리즘이 중요한 진실을 놓치고 있다는 얘기입니다. 그런데 요즘은 기억하는 사람이 많지 않겠지만 내가 1974년에 『문학과 행동』(태극출판사 간행 '현대인의 사상' 전집 제7권)이라는 책을 엮으면서 「사실주의와 내면의 진실」이라는 제목으로 프루스뜨의 바로 이 대목을 홍승오(洪承五) 선생의 번역으로 실었어요. 거기에 염무웅

(廉武雄) 선생의 「리얼리즘론」도 수록됐고, 루카치의 글도 공식간행물로서는 아마 처음 실렸을 테고—「졸라 탄생 백주년에 부쳐」를 실었고, 루카치와 안나 제거스(Anna Seghers)의 왕복서한도 들어 있죠. 우리 평단의 리얼리즘 논의가 만족할 수준이 못됐지 몰라도 70년대 초에 이미 프루스뜨의 사실주의 비판을 수용하면서 출발했던 거거든요.

손혜숙 선생님께선 운문예술이 과거 비극과 서사시처럼 총체성 구현에서 뚜렷한 성과를 거두지 못한 것에 반해 19세기 이래 근대소설은 새롭게 총체성을 겨냥하면서 탁월한 리얼리즘을 성취했다고 지적하십니다. 과연 현재도 소설, 특히 장편소설을 리얼리즘을 구현하는 최고 장르로 여기시는지요. 인터넷이나 대중매체가 그 이전과는 다른 차원의 문화환경을 창출해내고, 일각에서는 고전적인 의미의 소설이 죽어간다고 지적하고 있는 이때, 과연 소설이 리얼리즘을 구현하는 최고의 장르로 남을 수 있을 것이며, 또 그렇지 않다면 과연 어떤 장르가 소설을 대체할 수 있을 거라고 보십니까?

백낙청 개인적으로 소설연구에 치중하게 된 것은 꼭 소설이 다른 장르보다 중요하다는 신념에서라기보다도 우선 로런스를 전공을 했고, 로런스 문학 중에서 역시 장편소설이 제일 중요한데다 그의 장편소설을 가지고 학위논문을 쓰다 보니까 소설전공자로 저절로 굳어진 면이 있고요. 원래 학부 시절에는 낭만주의 시에 관심이 많았어요. 그러다가 그때 영문학과 독문학을 같이 하면서 영국 작가 하나 독일 작가 하나 묶어서 졸업논문을 쓰려니까 마땅한 게 없어서 독문학에서는 괴테(Goethe), 영문학에서는 매슈 아놀드(Matthew Arnold)를 잡아가지고 썼는데, 그 뒤에 로런스에 관심을 갖게 되면서 로런스 소설로 박사논문을 쓰게 되었지요. 19세기 소설에 대한 관심은 학창시절 이후에 점차적으로 생겼습니다. 로런스를 공부하면서 로런스와 동시대의 다른 작가들의 차이를 인식하게 되고, 그중 하나가 로런스는 19세기 소설의 전통에 훨씬 더 뿌리가 깊고 19세기의 위대한 작가들과 친연성이 크다는 것을 알게 되었고, 19세기로 거슬러 올라가 읽으면서 디킨즈나 죠지 엘리어트(George Eliot)가 그렇게 낡은 사람들이 아니라는 것을 확인하게 되고, 그러면서 결국은 19세기와 20세기 초 소설들을 주로 많이 읽고 강의하게 되었지요. 김치규(金致逵) 선생 화갑기념논문집에 기고하면서는 엘리어트의 감수성 분열론을 응용해서 19세기 소설을 폄하하는 엘리어트를 역비판하는 수법을 쓰기도 했지요. 엘리어트가 전반적으로 헨리 제임스(Henry James)를 빼고는 19세기 영국 소설가들을 알아주지 않는데, 나는 19세기 영소설에서 셰익스피어(Shakespeare)에 버금가는 성취가 이루어지지 않았는가 하는 인식을 갖고 있습니다.

오늘의 환경에서 장편소설 장르가 어찌 될 것이냐 하는 질문에 대해서는, 영국의 빅토리아조뿐만 아니라 서구 전역에서 인쇄매체가 압도적인 위력을 발휘하던 그런 시대가 다시 오긴 어려울 것이고, 그런 시대에 장편소설이 가졌던 위력을 그대로 갖기는 힘들 것 같다는 생각을 하긴 해요. 그러나 장편소설의 죽음이라는 게 너무 거창한 주제라서 뭐라고 쉽게 말하기 어렵지만, 그런 주장이 서양에 대해서도 과장된 면이 있을 테지만 인류 전체나 문학 전체의 운명을 놓고 보면 영국에서 위대한 소설이 다시 안 나온다 해서 다른 고장에서 다른 형태로 뛰어난 소설문학의 성취가 나올 수 없는 건 아니잖아요? 가령 20세기 중엽 이래로 라틴아메리카의 문학이 남다른 활력을 띠는 것은 공인된 사실인데, 라틴아메리카 문학의 활력이 더 확산되고 발전할 수도 있고 동아시아에서 다른 방식으로 더 훌륭한 성취가 나올 수도 있는 것이니까 이건 열린 문제라고 봐야겠지요.

윤혜준 저 개인적으로는 쓴다고 하면서 아직 못 쓴 글이 디킨즈와 조이스를 비교하는 작업인데요. 이 두 중요한 작가의 성취에 대한 평가는 여전히 쟁점인 듯합니다.

백낙청 오히려 사실주의·자연주의적인 요소는 조이스에게서 넘쳐흐르지요. 그러나 내가 로런스에서 발견한 면모가 리얼리즘의 본뜻과 통하는 것이라면 조이스는 좀 다르다고 봅니다. 그래도 언어의 마술사이고 희대의 이야기꾼인 것은 틀림없지요. 모레띠(Franco Moretti)가 근년에 『근대의 서사시』(*Modern Epic*)에서 조이스를 크게 부각시켰지만 내가 보기엔 욕인지 칭찬인지 모르겠더군요. 그러니까 어떤 사람은 욕이라고 생각하는 것이 조이스에게는 바로 칭찬이 되고, 누구는 칭찬이라고 했는데 그게 다 조이스의 한계랄까 흠으로 들릴 수도 있는 그런 작가가 바로 조이스라고 생각해요. 울프의 경우에는 최근에 『안과밖』(16호, 2004년 상반기)에 윤혜준 교수가 쓴 글(「1930년대의 버지니아 울프」)에서 20세기 문학의 핵심 중의 핵심으로 보았던데, 울프가 일부 비판자들의 오해와는 달리 내면세계만 파고든 사람이 아니고 시대현실의 핵심문제에 깊은 관심을 갖고 발언했던 작가인 건 사실이지요. 다만 나는 루카치의 공식으로 돌아가는 게 될지 모르지만, 그가 졸라(Zola)와 발자끄를 비교하면서 졸라가 의식적으로 시대의 핵심적인 문제를 붙잡고 씨름했고 용감하게 현실참여적인 발언도 했고 정치적으로 올바른 입장을 취하기도 했지만, 작품 자체의 차원, 작가적 비전의 차원에서 보면 발자끄의 현실인식에 못 미친다고 비판한 것이 울프에게도 어느정도 적용되지 않는가 해요. 울프의 경우도 파시즘이나 남성우월주의, 이런 문제를 예리하게 인식하고 지적했다는 사실이 작가에 대한 전체적인 평가의 핵심이 될 수는 없다고 봐요. 직접적으로 그런 주장을 펼쳐서 사람들을 설득하는 것은 논객의 작업이지 예술가의 작업은 아니잖아요. 예술가는 더 깊이 그 시대 사람들의 감정이랄까 이런 것을 바꾸어서 새로운 삶의 길을 열어주어야 하는데 울프 작품의 정서구조랄까 하는 것이 과연 그런 경지에 얼마나 갔던 것일까 하는 차원에서 접근해야 한다는 생각이에요.

여건종 본격 모더니즘 문학의 작가들을 한데 묶었을 때 중요한 특징들이 많이 나타나는 건 사실이죠. 김명환 교수가 인용하고 있지만, 과도한 내면의 탐닉, 고립된 자아의 탐닉은 언어매체 자체에 대한 탐닉으로 이어지는데, 그것 자체가 나쁜 것은 아니더라도 결과적으로 언어의 창조적 실천의 사용이 축소, 왜곡되는 면이 있지요.

백낙청 응원해주시는 거군요. 아까 짚어보려다 못한 김명환 교수의 글에 대해 잠깐 언급하자면, 내 경우 근래에 올수록 리얼리즘이라는 말도 덜 쓰고 리얼리즘론 자체도 극복해야 한다는 말을 이따금씩 던지곤 했는데, 김교수가 그런 변화의 과정을 뚜렷이 드러내기보다는 옛날 얘기와 근래 이야기를 좀 뒤섞어서 다루었다는 느낌이 들었어요. "우리시대의 고전을 창조하는 문학이념이 리얼리즘이다"(340면)라고 김교수가 단정하고 출발하는데, 이런 말을 내가 했던 건 사실이지만, 나중에는 그런 단정에서 멀어지기도 하거든요. 김교수의 글에 고마운 지적도 많은데, 가령 입센(Ibsen)의 드라마가 소설로 치자면 마지막 장에 해당된다는 루카치의 평에 대해 나는 '마지막에서 두번째 장'에 해당된다고 말한 걸 상기시켜주었는데, 그거 근사한 말 아니에요?(웃음). 또 루카치는 입만 열면 발자끄와 똘스또이(Tolstoy)인데, 사실은 발자끄와 똘스또이의 차이가 굉장히 중요하다는 나의 주장도 부각시켜주었지요.

윤혜준 이종숙(李鍾淑) 선생님의 「교실에서 본 (신)역사주의의 득과 실: 르네쌍스 읽기와 가르치기」는 어떻게 보셨나요?

백낙청 이 글 역시 편집자가 제3부에 배치했으니까 그런 거지 굳이 '리얼리즘과 모더니즘' 제목 아래 들어갈 이유는 없는 글 같아요. 영문학을 한국이라는 변방의 현실에서 가르치는 주체에 대한 반성을 포함하고 있다는 점에서는 주체적인 영문학연구를 모색하는 1부에 들어가도 되고, 문학과 역사의 관계, 문학의 문학성에 대한 고찰을 시도하고 있다는 점에서는 2부에 들어갈 수도 있는 논문이었던 듯합니다.

어쨌든 매우 흥미롭게 읽은 글이에요. 신역사주의의 문제점에 대한 검토도 날카롭지만 '서울의 교실'이라는 자기가 처한 현장에서 출발하는 모색이라는 것이 아직도 우리나라 영문학계에는 흔치 않을 것 같고, 이런 성찰들이 더 많았으면 좋겠어요. 이종숙 교수의 경우도 이 문제를 좀더 끈질기게 물고 늘어져서 구체적으로 파고들었으면 하는 아쉬움이 남긴 해요. 한편으로는 서울의 교실이라는 것도 무언중에 서울대학교의 교실과 동일시되는 느낌이고, 다른 한편 서울의 교실 이야기가 교실 일반의 문제로 쉽게 넘어가는 듯도 합니다. 역사에 관해서도—이교수 자신이 일부러 '(신)역사주의' 라고 괄호를 사용해서 신·구 역사주의를 넘나들 의도를 명시하기도 했지만—신역사주의 문제와 구역사주의 문제가 조금씩 다른데다 실은 신역사주의와 구역사주의가 포괄하지 못하는 다른 역사주의랄까 역사의식의 차원이 있거든요. 이 글 첫머리에 니체를 인용하면서 출발하는데, 영어로는 history라는 한 단어로 표현하는 두 가지 다른 내용이 독일어에서는 Geschichte와 Historie로 편리하게 구분되지요. 니체가 「삶에 대한 역사의 잇점과 단점에 관하여」(Vom Nutzen und Nachteil der Historie für das Leben)에서 논하는 것은 후자거든요. 즉 역사학 내지 역사지식의 문제이고, 그래서 어떤 영역본에서는 historical knowledge라고 번역하기도 합니다. 그러니까 이건 리얼리즘론에서 흔히 강조하는 역사의식이라든가 역사에 충실한다거나 역사에 참여한다고 할 때의 역사, 즉 Geschichte와는 별개의 차원인데, 그런 차원의 역사에 대한 논의가 신역사주의, 구역사주의에 대한 논의 속에 뒤섞여버린 것 같아요.

윤혜준 이 책에는 유명숙(柳明淑) 교수와 서강목(徐康穆) 교수가 쓴 두 편의 블레이크(William Blake)론이 있습니다. 우선 3부에 실린 서교수의 글은 어떻게 보셨는지요?

백낙청 서강목 교수의 「블레이크 시의 리얼리즘적 성취」는 영국 낭만주의의 건강한 핵심이 오히려 진정한 리얼리즘에 있다, 또는 진정한 리얼리즘을 향한 어떤 움직임에 있다는 논지이지요. 기본적으로 나도 동의하는 주장인데, 후기 블레이크의 『예루살렘』(*Jerusalem*) 같은 시까지 리얼리즘의 범주에 넣을 것인가는 리얼리즘론에서 정말 중요한 도전이지요.

이 경우 '사실주의'와 '리얼리즘'을 구별하는 정도가 아니라 블레이크가 사실주의적 인식 자체를 '육체의 힘', 즉 'intellectual power'에 상반되는 'physical power'라 해서 이념적으로도 배척하는 사람이었음이 서교수 글에도 나오지요. 물론 그렇다고 반사실주의적 알레고리 형식을 통한 리얼리즘의 성취가 불가능하다는 법은 없고, 블레이크의 후기시에서 그러한 성취를 읽어낼 가능성을 서교수가 꽤 인상적으로 보여준 것 같아요. 다만 서교수의 경우에도 작품에 대한 '비평'보다는 해제나 해설에 치우친 느낌이에요. 블레이크의 의도가 이런 것이고 현실에 대해서는 이러저러한 발언을 하는 대목들이고, 그게 중요한 발언이니까 이것을 리얼리즘의 성취로 받아들여야 한다는 논리전개가 대부분이에요. 물론 충분히 가능한 주장이지만, 구체적인 텍스트를 놓고서 어떤 데서는 그 실제 효과가 의도에 미달했고 어떤 대목에서 참으로 살아 움직이는 감동과 일깨움을 주는지, 즉 잘된 부분과 잘못된 부분을 가려가면서 설명했더라면 더 설득력이 있지 않았을까 합니다.

윤혜준 제4부의 마지막 글인 성은애(成銀愛) 선생의 디킨즈론은 디킨즈의 비사실적인 요소가 사실상 리얼리즘적인 요소라는 조심스러운 지적을 통해 적절한 균형을 이루고 있지 않나 봅니다.

백낙청 우리가 흔히 디킨즈 소설을 눈에 보일 듯이 선하다고 말하죠. 성은애 교수의 논문의 출발점은 디킨즈의 그런 시각적인 효과, 그의 word-painting이 얼마나 뛰어난가 하는 데서 출발하는데 실제로 읽어보면 정작 중요한 부분은 그런 것이 아니라는 쪽으로 가지요. 어찌 보면 좀 엉뚱한 미끼를 던져놓고 독자가 얘기를 따라가다 보면 word-painting이나 visual-narration을 얼마나 잘하느냐 하는 얘기를 순진하게 기대했던 사람들의 의표를 찌르는 진행이에요. 글의 끝에 가서 소설과 영화 얘기를 하면서 디킨즈 소설을 영화로 많이 만들기도 하고 잘 만들어지기도 하지만 영화로 하기 힘든 면도 있다는 언급을 하죠. "디킨즈 소설의 시각화를 '영화적'이라고 표현하는 것만으로는 충분하지 않다. 왜냐하면 일반적으로 문자텍스트는 영화의 물리적 한계로는 담기 힘들 정도로 여러 겹의 시선이 존재할 수 있는 공간을 제공하는데, 디킨즈의 서술은 잘 씌어진 모든 소설이 그러하듯이 이러한 공간을 최대한으로 활용하고 있기 때문이다."(433~34면) 이게 상당히 중요한 지적이고, 좀더 발전시키면 좋을 것 같아요. 디킨즈의 어떤 대목이 왜 영화로 될 수 없는가, 구체적으로 만들어진 영화를 놓고서 잘되긴 잘됐는데 디킨즈의 정말 중요한 면은 왜 빠질 수밖에 없었는가, 디킨즈 소설에서 정말 중요한 부분은 시각화가 되기보다는 시각화가 잘 안되고 영화가 잘 안되는 부분들이 아닌가, 그런 것을 더 점검해봐야겠지요.

여건종 성은애 선생이 얼마 전 출간한 글(「소설에서 영화로?: 디킨스 소설의 영화화를 중심으로」, 『비평』 4호, 2001년 상반기)에서 그런 얘기를 하는데요. 『막대한 유산』(*Great Expectations*)의 영화를 보면 실제 영상으로 표현할 수 없는 것이 디킨즈의 핵심이었다는 게 그 글의 요지였죠.

여성관, 로런스와 백낙청의 아킬레스건인가

손혜숙 이제 가장 흥미진진한 제5부 'D.H. 로런스의 문학'으로 넘어가 볼까요? 저는 이 책의 마지막에 강미숙(姜美淑) 교수의 글을 배치한 게 무슨 전략적 의미가 있지 않을까 생각했어요.

백낙청 전략적인 것은 아닐 테고, 의도하지 않은 상징적인 의미를 띠게 된 건지는 모르겠네요.(웃음) 각 부마다 첫글을 빼고는 저자의 학번 순으로 싣다 보니 로런스를 다룬 논문들을 모은 5부에서 학번이 그중 낮은 강미숙씨가 끝으로 간 거겠지요.

손혜숙 강미숙 교수는 논문을 시작하면서 로런스의 여성관이 그의 문학세계에서 아킬레스건처럼 여겨지고 있다고 지적하는데요, 선생님에게도 여성문제가 혹시 아킬레스건은 아닌지요?(웃음) 직접 대답하기 곤란하시면 로런스를 빗대어 말씀하셔도 됩니다.

백낙청 왜 여성문제가 나의 아킬레스건이라 생각하지요?(웃음)

손혜숙 우선 선생님께서 여성주의에 대해 본격적으로 언급하신 글을 본 기억이 없습니다. 사석에서 여성주의에 대한 질문을 받으셨을 때, 무엇하러 여성, 남성을 구분하냐는 식으로 질문을 비껴가셨던 것도 기억에 남고요. 일차적으로는 과연 로런스와 선생님의 여성관이 얼마만큼 동일하며, 어느 지점에서 차이가 나는지 정확하게 말씀해주시면 좋을 것 같습니다. 그리고 만일 선생님의 여성관이 로런스의 여성관과 대부분 일치한다면, 강미숙 교수의 논문 마지막에 제시된 질문을 선생님에게로 돌리고 싶습니다. 즉 시민문학론에서 근대극복론까지의 사상적 변천 속에서 선생님께서는 암암리에 근대적 개인의 모델로 남성을 상정하고 계셨던 것은 아닌가 하는 것과, 선생님께서 여성해방이나 여성운동에 대해 실질적으로 적게 언급하신 것이 "집단적인 존재"로서 성취를 열망하는 근대여성에 대한 의도적 외면은 아니었는가라는 질문입니다.

백낙청 여성문제에 대해서 질문을 받고서 비껴간 일은 많지만 여성과 남성을 굳이 구분하느냐 그런 이유로 비껴간 것 같지는 않네요. 여성과 남성은 당연히 구별을 해야 되는데 어떻게 구별하느냐가 어려운 문제라서 말을 아끼게 되지요. 직접 말하기 뭐하면 로런스에 빗대어 말해도 좋다고 허락해주셨지만, 강미숙 교수의 글 「로런스의 여성관에 대하여」를 가지고 얘기하는 게 나을 것 같군요. 왜냐하면 로런스의 여성관을 옹호하더라도 강교수 같은 여성의 주장에 빗대서 옹호하면 훨씬 공격을 덜 받을 거고, 만약에 강교수가 얼버무리고 넘어간 로런스의 문제점을 내가 지적한다면 그만큼 내가 돋보일 테니까요.(웃음)

강교수 자신이 페니미즘에 대해서 관심이 많은 여성으로서 사실은 로런스를 위해서 여러가지 해명을 이 글에서 해주고 있지요. 로런스의 여성에 대한 발언이 본질주의적이라는 흔히 듣는 비난에 대해서도 본질주의·반본질주의 이렇게 말끔히 나눌 수 없는 면모가 로런스에게 있다는 반박도 했고요. 또 로런스가 남성우월적인 사상을 대놓고 표현한 글의 하나로 "Give Her a Pattern"이라는 말년의 에쎄이가 있는데, 이것도 남녀 양성을 따로따로 떼놓고 볼 수 없다는 사상의 표현으로서 근대세계의 단자적(單子的) 세계관과 근본적으로 다르다는 점에 촛점을 맞추고 있어요.

그런데 로런스가 "Give her a pattern"이란 말만 하지 "Let her give him a pattern"이라는 말은 하지 않는다는 점을 강교수가 이 대목에서는 비껴가고 있어요. 『무의식의 환상곡』(*Fantasia of the Unconscious*)이라는 중기작을 언급하면서 거기 강조된 남성의 선도성 문제를 다시 거론하긴 하지만, 어쨌든 로런스에 대해 상당히 너그럽고 포용적인 입장을 취하고 있더군요. 글의 결론을 보면 "필자가 보기에 『무의식의 환상곡』에서 로런스가 다소간의 무리함을 무릅쓰면서 남성의 선도성을 역설하는 데는 이런 절박한 현실인식이 깔려 있는 것으로 파악된다"(548~49면)고 했는데, 이때 절박한 현실인식이라는 것은 현대세계에서 남자들간의 의미있는 관계가 모조리 소멸되고, 이 문제에 현대문명의 명운이 달려 있다는 인식이지요. 그러니 로런스가 다소 무리한 얘기를 하더라도 봐줘야 한다는 취지인데, 봐주는 것은 좋지만 뭐가 얼마만큼 무리한지, 말하자면 그 '죄상'을 규명해놓은 다음에 용서할 것은 용서해야죠. 또 용서할 문제가 아니고 오히려 우리가 받아들이고 승복해야 할 것이라면 승복해야 할 거고요.

질문과 관련해서 로런스가 남성적인 충동으로 보는 이른바 '창조적인 충동'—쎅스와는 근본적으로 다르다고 하는 이 creative impulse를 여성이 구현하는 방식은 어떤 것인가, 또 집단적 존재로서 성취를 열망하는 근대여성에 대해 로런스가 상대적으로 비현실적인 처방을 내린 것이 아닌가 하는 것은 모두 중요한 문제들입니다. 나 자신 로런스의 구체적인 처방이 굉장히 무리하고 현실성이 없다고 생각해요. 여성뿐만 아니라 남성에 대해서도 현실성이 없는 면이 많지요. 아까 나의 로런스 연구와 관련시켜서 여성문제가 나의 아킬레스건이 아니냐 하셨는데, 우선 내가 로런스의 처방에 따라 살고 있질 않잖아요? 게다가 로런스의 처방에 따라 살고 있지 않는 수많은 여성들을 가르쳐왔고, 그들의 사회진출을 나름대로 돕고자 했고, 그러니까 내가 이 분야에서 로런스의 생각을 그대로 추종한다면 이거야말로 내 인생 최대의 모순이 되겠지요.(웃음)

사실 이 문제에 대해서 최근에 글을 하나 쓴 게 있습니다. 작년에 일본 쿄오또오에서 로런스 국제학술대회가 열렸는데, 『무의식의 환상곡』을 갖고 발표했지요. 이걸 논문으로 키워서 한국로런스학회에서 내는 국제특집호에 실을 예정입니다("Freud, Nietzsche, and *Fantasia of the Unconscious*," *D. H. Lawrence Studies* Vol. 12 No. 2, The D. H. Lawrence Society of Korea, August 2004). 이 글에서도 말했지만 로런스는 원래 남성이 창조적인 충동을 대표해서 선도성을 발휘하던 남녀간의 polarity가 현대세계에서 완전히 뒤집혔다고 진단하는데, 이게 잘못 뒤집힌 것이든 어떤 것이든 일단 뒤집어진 것을 원래의 상태로 되돌려놓을 수 있다고 생각한다면 그거야말로 환상이지요. 지금 여성들이 대거 사회진출을 하는데 이 사람들 몽땅 집으로 돌려보내서 애 보고 집안 살림만 하라고 하면 되겠어요? 로런스는 "Matriarchy"라는 에쎄이에서 단순히 옛날식 주부가 아니라 경제권을 포함해서 가정사에 대해 완전한 결정권까지 주자고 하지만, 그런다고 통하겠어요? 유행가 가사에 "안되는 줄 알면서 왜 그랬을까"라는 게 있지만,(웃음) 절대 안되는 일이죠.

물론 세상이 말세라서 비현실적인 처방이지 원칙은 그래야 한다고 끝까지 뻗댈 수도 있는데, 로런스의 작품을 보더라도 그렇게 우길 일이 아닌 게 분명해요. 특히 『무지개』(*The Rainbow*)를 보면 어슐라(Ursula) 같은 여성이 가정에서 뛰쳐나와 넓은 세상에 진출하지 않을 수 없는 데에는 근대적 허위의식의 작용도 있지만 더 중요한 면이 그의 건강한 생명력의 발현이라는 점을 너무도 여실하게 보여주지요. 다만 그런 어슐라나 어슐라 이후의 상당수 여주인공들이 일단 창조적인 충동에 따르려는 남자와 결혼하고 나면 남편이 비현실적인 처방을 제시할 때 야유하고 견제하는 선에 머물고, 남녀가 가정 바깥의 세상에서 어떤 식의 창조적 협동을 해나갈지에 대한 탐구까지는 안 가고 있어요. 이것이야말로 정공법으로 맞서서 해결해야 할 과제로 우리에게 넘어온 숙제입니다. 나도 물론 이 숙제를 제대로 풀지는 못했지만요.

로런스가 일찍이 강조했듯이 지금 세상이 굉장히 바뀌고 있고, 일하는 형태, 가정생활의 형태, 일과 가정의 관계 이런 것이 모두 급격하게 변하고 있어요. 그래서 말하기가 더욱 어렵지만, 과거의 남자들이 어느 순간에 가서는 가족이니 사랑이니 다 떨쳐버리고 새로운 세계를 창조하고자 오로지 자기가 세운 뜻을 향해 동지들과 함께 목숨 걸고 나서곤 하던 충동, 이런 것은 여전히 존중되어야 하며 이것이 여자보다 남자에게 더 전형적으로 나타난다는 로런스의 주장도 무시할 건 아니라고 봐요. 욕먹을 얘기인지는 모르지만 나는 그 점에서는 로런스가 맞다고 봐요. 남자가 여러가지 일에서 여자만 못하고, 아이도 못 낳고, 아이 기르는 걸 함께 잘하도록 노력은 해야겠지만 전체적으로 보면 유아작업에서도 여자만 못한 게 분명하지요. 완력으로 하는 일에는 앞서지만 기계가 발달할수록 완력의 값어치가 떨어지게 마련이고, 여하튼 여자보다 잘 못하는 일이 한두 가지가 아닌데, 그것 하나라도 잘해야 인간으로 태어난 값을 하는 것 아니겠어요?

손혜숙 그 말씀만으로도 욕이 많이 나올 텐데요.(웃음)

백낙청 아니, 내 말을 더 들어보세요.(웃음) 여자라고 가정사 이외의 일에 목숨을 못 건다는 게 아니라 가사불고(家事不顧)하고 공변된 일에 달려드는 데에 평균적으로는 아무래도 남자가 더 적격이 아니겠냐는 거지요. 그게 반드시 잘하는 일이라는 것도 아니에요. 다만 그런 것이 인간세상에 필요한 순간이 있는 한은 남자가 그거라도 잘해서 태어난 값을 하자는 말이지요. 그런데 로런스는 남성이 그런 역할을 하고 여성은 그런 남성을 추종하고 사랑하고 뒷받침함으로써 간접적으로 충족을 얻는 것이라고 생각하는 것 같아요. 적어도 『무의식의 환상곡』에서는 그래요. 물론 로런스도 때와 장소를 안 가리고 "Women, what have I to do with thee?"라고 외쳐대는 남성을 야유하고는 있어요. 하지만 여성의 대대적인 사회진출이 현실화된 세계에서는 저녁에 집에 돌아왔을 때만이 아니고 사회생활에서도 극한적인 결단의 순간이 아닌 한에는 "여자여, 나와 무슨 상관이 있나이까?"(「요한복음」 2장 4절)를 되뇌면서 살 수는 없거든요. 오히려 가족간의 애정, 남녀간의 애정을 중시하면서 그것을 사회적인 활동과 조화시키는 작업을 예전과는 다른 차원에서 수행할 필요가 있어요. 그런 작업에는 여성이 더 능한 면이 있지 않겠어요? 적어도 여성들의 대대적인 기여가 없이는 새로운 남녀관계에 기초한 새 인류문명이 탄생할 수 없다고 봐요. 그러니까 가사불고하고 나아가는 데 더 유능한 족속과, 사회생활을 하더라도 가정에 대한 애착이 남자보다 크기 십상인 여성 사이에 새로운 협동관계를 지금부터 만들어나가야 한다고 생각합니다. 작년에 쓴 논문에서 그런 이야기를 간단히 해놓았지요.

로런스 문학을 둘러싼 쟁점들

윤혜준 김성호(金成鎬) 교수의 글에 선생님께서 모더니즘의 이념과 업적을 구분하시는 논법을 두고, "리얼리즘을 가로막는 [모더니즘의] '이념'과 그 속에서도 리얼리즘이 부분적으로 '승리'한 업적을 구별하기보다, 한편에는 being의 리얼리즘에 기여할 가능성과 그것을 방해할 가능성을 동시에 지닌 모순적 '이념'을, 다른 편에는 이러한 상반된 가능성을 모두 어느정도는 구현하되 '방해'의 가능성이 더 두드러지게 구현된 일련의 '업적'을 상정해보자"(485면)고 주장한 것을 어떻게 보셨습니까?

백낙청 실행하기 나름이겠지만 두 가지 접근법이 그렇게 다른 건 아니지 싶어요. 그런데 방금 지적한 대목 직전에 조금 다른 성격의 문제제기가 있습니다. 484면에서 485면에 "그렇다고 백낙청의 주장이 아무 거리낌 없이 받아들여지는 것은 아니다. 그에게 던지고 싶은 질문은, 로런스가 '모더니즘의 체험'을 공유함을 인정하기는 하지만 여전히 그것을 '재현'의 대상으로만, 곧 내부로부터의 비판의 대상으로만 간주하는 건 아닌지, 작가의 재현방법이랄지 혹은 세계관 자체를 구성하는 한 요소로는 인정하지 않는 게 아닌지 하는 점이다"라는 대목이죠. 나는 오히려 김교수가 얘기하는 것을 다 인정하는 입장이에요. 다시 말해서 로런스 자신 속에 이런 체험이 들어 있으니까 나오는 건데, 물론 작품으로 제대로 되어 나왔을 때는 그것이 재현의 대상이 됨과 동시에 문제성있는 체험인 만큼은 문제성있는 체험으로 자리매김되는 거지요. 가령 소설 속의 소위 로런스적인 인물만 봐도, 버킨(Birkin) 같은 사람이 로런스가 비판하고 욕하기도 하는 현대적인 부패와 타락, dissolu-tion 이런 것에 흠뻑 젖어본 사람이잖아요. 버킨 자신이 그렇게 말하고 있고요. 그래서 로런스에게 모더니즘의 체험이 꼭 외부자의 입장에서 관찰하고 통찰하면서 재현하는 대상만은 아니고, 로런스의 중요한 체험의 일부라고 하는 주장은 쉽게 수긍합니다. 그런데 곧 이어 "그가 〔즉 나 백아무개가〕 모더니즘을 그 자체로 이미 비판받아 마땅한 사상적·예술적 편향으로 보고 있을까?"라고 묻는데, 모더니즘을 내 식으로 정리하면 비판받아 마땅한 사상적 편향이 되는 거야 당연하지요. 특히 아까 말한 그런 모더니즘적 체험, 로런스도 공유하고 있지만 스스로 그것이 문제가 많다고 생각하는 체험이 하나의 지배적인 경험이 된다든가 또는 이념의 형태로 정리되어서 표출되는 것은 비판받아 마땅한 것이지요.

김성호 교수가 말한 모더니즘 이념의 양면성 문제로 되돌아가서 한마디만 덧붙이지요. 실은 나도 비슷한 얘기를 했다고 생각합니다. 「모더니즘 논의에 덧붙여」에서 제임슨이 『미학과 정치』(*Aesthetics and Politics*)에 기고한 글을 인용했는데, 제임슨은 모더니즘을 일종의 봉쇄전략으로 보지만 containment가 가능하려면 리얼리즘적인 충동이 그 안에 포함되어 있어야 하고 그래서 그런 충동을 불러일으킨 다음에야 봉쇄하고 관리할 수 있다고 말하지요. 『정치적 무의식』(*The Political Unconscious*)에서도 "모더니즘은 스스로가 일깨운 리얼리즘을 다음 순간 다시 억제하기 위해 스스로가 리얼리스틱해져야"(『민족문학과 세계문학』 II, 457면에 인용) 한다고 했어요. 이것이 김교수가 말하는 것과 대동소이한 얘기가 아닐까요? 그래서 모더니즘 비판의 내용을 좀 바꿔보면 어떨까 하는 김교수의 제안을 내 식으로 표현한다면, 내용을 바꾼다기보다는 설정방식을 좀 달리한 동일한 내용의 탐구가 아닐까 싶군요.

윤혜준 영소설사에서 로런스와 토마스 하디(Thomas Hardy)의 친연성은 주목할 만합니다. 그 점에서 로런스의 발전과정에서 『토마스 하디 연구』(*Study of Thomas Hardy*)가 매우 중요한 의미를 갖는다는 지적은 옳은 듯하고요. 이 주제를 다룬 글로 유두선(柳斗善) 교수의 논문 「스승의 교훈」이 있지요.

백낙청 『토마스 하디 연구』 이후 로런스 소설에 나타나는 새로운 현상으로 『연애하는 여인들』(*Women in Love*)의 버킨처럼 작가를 대변하는 듯한 인물이 나온다고 유교수가 지적하는데, 전에 다른 비평가가 그런 말을 했는지 모르겠지만, 중요한 지적이라고 봅니다. 그런데 애버크롬비(L. Abercrombie)의 영향 문제는 너무 고지식하게 접근한 게 아닌가 싶어요. 로런스는 우리네 교수들처럼 참고문헌을 열심히 읽고 영향을 받고 하는 식이라기보다, 적어도 애버크롬비와의 관계에서는 자기가 하디론을 하나 쓸 참인데 학계나 평단의 논의가 어떻게 돌아가는지 전혀 모르면 곤란하니까, 요즘 하디에 관한 책 중에서 한 권으로 제일 잘 정리해놓은 게 뭐냐, 그거 한번 빌려서 읽어보자는 식으로 애버크롬비의 저서를 읽고 대충 '감'을 잡은 다음에 자기 이야기를 더 자신있게 해나가는 식이었다고 봐야지요. 뭐 심각하게 애버크롬비의 영향을 이렇게 받았냐 저렇게 받았냐 논할 거리는 못된다고 봐요.

윤혜준 선생님께서 로런스를 논의할 때 하이데거도 많이 거론하시지만, 역시 사상가로서의 로런스에 대해서도 큰 관심을 기울이신 거지요? 또 로런스의, 말하자면 비아카데미적인 요소라고 할 수도 있을 자유로운 창조성, 자발성에 관심이 많으시고, 선생님께서도 그런 차원의 노력을 많이 했다고 할 수 있지 않나요? 물론 한국이든 미국이든 중심적인 아카데미에서 공부하고 활동하시긴 했지만요.

백낙청 글쎄요, 내가 평생 직장생활을 대학교에서 했던 사람으로서, 그리고 로런스나 조이스와는 달리 서양의 명문대학에서 박사학위까지 받은 사람으로서 나 또한 별로 아카데믹한 사람이 아니라고 말한다면 대학사회에 대해 배은망덕하다고 할지 모르지만, 사실이 그렇잖아요? 내가 미국에 남아서 미국 대학에서 영문학을 가르쳤다면 아카데믹하지 않고는 살아남지 못했을 거지만, 적어도 내 시대의 우리 대학에 좋은 점이 있었다면 그렇게 아카데믹하지 않고도 자리를 보전하고 대접도 받을 수 있었다는 점인 것 같아요. 그건 물론 대학으로서의 약점이기도 하지만 내게는 좋은 여건이었지요.

윤혜준 자연스럽게 제1부 '영문학연구와 주체' 논의로 넘어가려고 하네요. 그러나 넘어가기 전에 한기욱(韓基煜) 선생 글은 한번 짚어야 되지 않을까요?

백낙청 한기욱 교수 글은 학술논문이라기보다는 제목 그대로 '체험적 고찰'인데, 오히려 이런 우회적 접근을 통해서 글의 대중성을 확보한 점을 사줘야겠지요. 체험적 고찰을 쭉 따라 읽다 보면 사실 굉장히 중요한 이슈들과 마주치죠. 미국문학, 로런스의 미국문학론, 로런스의 민주주의론과 평등관, 그리고 로런스와 리비스를 비교하면서 그 둘이 갈라지는 면까지도 얘기하고 있어요. 또 우리가 『미국고전문학 연구』를 읽고서 흔히 남는 궁금증이 이 책에서 다루지 않은 작가에 대해 로런스가 뭐라고 할까 하는 건데요. 가령 휘트먼 이전의 작가로 에머슨(Ralph Waldo Emerson)과 소로우(Henry D. Thoreau)가 있고, 휘트먼 이후로는 마크 트웨인(Mark Twain), 헨리 제임스 등이 떠오르지요. 한교수가 에머슨과 소로우에 대해서 로런스적인 관점에서 한번 논해주었다는 것도 재미있었고 정곡을 찌른 평가라고 느꼈어요.

문학 읽기의 지혜와 주체적 자세

윤혜준 제1부의 첫글인 윤지관(尹志寬) 교수의 정리는 어떻게 읽으셨습니까?

백낙청 윤지관 교수가 여기저기 흩어져 있는 내용들을 종합해서 잘 정리해주었어요. 이 자리가 일종의 서평을 하는 자리니만큼 군이 덧붙인다면, 나의 영문학연구에 좀 너무 '주체적 영문학연구론'이라는 딱지를 붙인 게 아닌가 해요. 그럴 경우 여러가지 문제가 파생할 소지가 있거든요. 주체적으로 연구한다는 게 어떤 것이냐도 문제가 되지만, 주체적으로 연구한 결과가 얼마나 세계적 차원의 설득력을 갖느냐는 것도 중요하잖아요. 주체적인 연구의 다른 일면은, 서구중심의 영문학연구에 대한 맹종을 거부함으로써 오히려 진정으로 세계적이고 전지구적인 시각에서 영문학을 읽자는 것이지요. 그러니까 어떤 때는 '주체적인 영문학연구'라고 표현하고, 또 어떤 때는 'Non-Eurocentric'한, '서구중심적이 아닌' 또는 '진정으로 전지구적인'이라고도 하는 등 다양하게 표현하는 게 좋지요. 너무 한가지 딱지에 얽매이지 않았으면 좋겠다는 생각이고, 작품 읽기에 관해서도 '지혜로운 읽기'라고 못박아놓으니까 건방지고 독선적으로 들리거든요……(웃음) '지혜로운 읽기'가 물론 내가 쓴 표현이긴 하지만, 그것도 그냥 지혜롭게 읽어보자는 것이지 마치 지혜로운 읽기라는 독법이 따로 있는 듯한 인상을 주는 것은 경계해야죠.

윤혜준 신광현(申光鉉) 교수의 「중세의 고해성사와 주체의 구성」은 대중성에서는 많이 떨어진다고 봐야겠죠?

백낙청 소재로 봐서는 그렇지만 잘 읽히게 쓴 글이더군요. 물론 나는 이 글에 대해 할 말이 많지 않아요. 몇년 전까지만 해도 마저리 켐프(Margery Kempe)라는 사람이 있는 것도 모르다가 신교수와 얘기하면서 듣게 되었지요. 어쨌든 마저리 켐프가 고해라는 형식을 활용하고 전유하면서 어떻게 독특한 주체를 형성해가는가, 또 고해와 설교의 이분법을 어떻게 deconstruct했는가—deconstruct 대신 '헐짓기'라는 우리말 표현을 썼던데 이런 식의 모색도 계속 할 필요가 있겠지요. 어쨌든 논지도 흥미있고 해서 마저리 켐프를 꼭 읽어봐야겠다는 생각이 들었어요. 현대영어본을 하나 사놓기까지 했는데, 읽는다고 집에 놔두고 아직 못 읽었고, 여기 가져오지도 않았기 때문에 물증을 제시할 수는 없지만(웃음) 읽으려고 벼르고 있는 중이라는 말을 덧붙입니다.

윤혜준 엉뚱한 농담으로 받아들이실지 모르지만, 선생님 보따리는 항상 다채롭고 다양한데 저희 후학들의 보따리는 너무 영문학에만 국한되어서……(웃음)

백낙청 내 보따리에 이것저것 잡다한 게 많은 건 사실인데, 그러나 어느 한 분야로 들어가면 늘 재고가 달랑거려요. 이 책에 실린 여러 글을 읽으면 후학들이 각자 나보다 자기 분야를 얼마나 깊이 파들어가고 있는가를 실감하지요. 물론 너무 매몰되는 건 안 좋지만요. 문학연구는 그 나름의 전문성을 요하면서도 문학읽기 자체는 비전문적 영역이므로 연구자 역시 비전문가의 천진성 같은 걸 끝까지 지켜야지 그게 없어질 정도로 지식추구에 몰두하면 문학연구의 본령에서 벗어날 위험이 있지요.

윤혜준 실은 유명숙(柳明淑) 선생님의 「블레이크적 주체와 『무구와 경험의 노래』의 독자」가 제1부의 두번째 글인데 건너뛰었군요.

백낙청 'Songs of Innocence & Experience'를 흔히들 '순수와 경험의 노래'로 번역하는데 '순수' 대신에 '무구'라는 표현을 굳이 택한 걸 봐도 텍스트를 섬세하게 읽고 주체적으로 판단하려는 유교수의 태도가 엿보입니다. 블레이크의 innocence라는 게 '무지'와 다를 뿐 아니라 루쏘(Rousseau) 식의 순수와도 구별될 필요가 있다는 지적에 동감인데, 다만 무구(無垢)라는 단어가 좀 너무 생소하니까 '천진(天眞)' 정도로 해두면 어떨까 싶어요. 어쨌든 블레이크의 innocence 개념에 대한 해석을 비롯해서 프랑스혁명을 대하는 그의 태도가 워즈워스하고 어떻게 다른가, 또 『무구와 경험의 노래』의 독자층에 대한 설명, 『무구의 노래』의 진가에 대한 해석 등 주목할 만한 점이 많아요. 특히 『무구』편의 'Holy Thursday'와 'The Chimney Sweeper'의 특정 대목을 놓고 섬세한 읽기를 보여준 게 내게는 인상적이더군요. 나는 비평은 결국 이런 디테일에서 결판이 난다고 믿거든요.

소정의 순서에 따라 불만도 말하자면(웃음), 작품이 묶여져 나오는 과정을 그때그때 독자층의 변화와 너무 일대일로 조응시켜보는 건 아닌가 하는 생각이 들었어요. 그러니까 1789년에 『무구의 노래』(*Songs of Innocence*)가 처음 나올 때는 블레이크 독자층에 해당하는 사람들이 프랑스혁명을 지지하고 사회적으로 낙관적인 분위기에 잠겨 있는 것이 작품에 반영되었고, 혁명이 진행되면서 신바람 날 때 『천국과 지옥의 결혼』(*Marriage of Heaven and Hell*)이 나왔고, 그다음에 혁명의 문제점이 부각되면서 시인이 개혁세력 자체의 문제점들을 환기할 필요를 느껴서 『경험의 노래』(*Songs of Experience*)를 썼다는 건데, 그런 상관성이 분명히 있기는 하겠지만, 시대상황의 변화가 그렇게 시시각각으로 블레이크의 작품세계를 규정해나갔을지는 좀 의문이거든요. 블레이크가 '천진'과 '경험'을 영혼의 상반되는 두 상태라고 했는데, 적어도 그 기본적인 발상은 블레이크가 일찍부터 가지고 있지 않았을까 해요.

이런 견해차이가 구체적인 작품 읽기에서 나하고의 차이와도 관련이 있는지 모르겠어요. 『경험』 편의 'Holy Thursday' 마지막 대목을 보면 "For where-e'er the sun does shine/And where-e'er the rain does fall:/Babe can never hunger there,/Nor poverty the mind appall"이라고 했는데, 유교수는 현실과 상반되는 얘기를 한 것은 화자의 오류라고 해석하면서 그렇다고 "화자의 오류를 항구적이라고 간주하는 것이 더 큰 오류"(63면)임을 지적하고 넘어가지요. 나는 오히려 이런 대목이 『무구』 편에 드러난 근본적인 천진성이 『경험』 편에서도 여전히 살아 있는 증거의 하나로 봐요. 물론 사실 차원에서는 화자의 말이 완전한 오류지요. 현실에서는 햇빛이 비치고 비가 내리지만 애들이 굶주리고 있는 게 엄연한 사실 아닙니까. 그 뻔한 사실을 화자가 착각해서가 아니라 더 깊은 차원에서의 어떤 원칙을 얘기하는 게 아닌가, 해가 비치고 비가 내리고 하는 이런 세계에서 애들이 굶는 것은 있을 수 없는 일이다, 나는 그런 표현으로 읽었거든요. 『무구의 노래』와 『경험의 노래』의 연속성에 대해 조금 더 비중을 두는 해석이랄 수도 있지요. "Nurse's Song"도 Innocence와 Experience 양쪽에 똑같은 제목으로 나오는 작품인데, 다만 유교수가 "똑같은 상황에서 전혀 다른 현실인식이 나타나는 것"(45면)이라고 말한 것은 양자의 대조를 과장하는 거라고 생각해요. 작중의 상황이 비슷하긴 하지만 똑같은 건 아니거든요. Innocence의 "Nurse's Song"에 나오는 'children'은 말 그대로 어린이들이고 유모도 비교적 젊은 나이지만, Experience에서는 첫행이 "When voices of children are heard on the green"이라고 똑같이 시작하긴 해도 "And whisperings are in the dale,/The days of my youth rise fresh in my mind,/My face turns green and pale"이라고 할 때의 유모는 이미 꽤 나이가 든 유모이고 children도 들판에서 뛰노는 어린애들이 아니라 나무 그늘에서 속삭이는 청춘남녀라고 봐야지요. 'Two contrary states of the human soul'을 보여주는 건 사실이지만 작중상황 자체의 차이에 부응하는 차이인만큼 양자간의 대조를 과대평가할 필요는 없다는 거지요.

윤혜준 아까 한기욱 선생 글이 대중적이라고 하셨지만, 서경희(徐庚喜) 교수의 『로미오와 줄리엣』론이 보기에 따라서는 더 대중적이라고 볼 수도 있겠지요?

백낙청 굳이 누가 더 대중적이냐를 따지기보다, 서교수의 글이 대중적이면서도 상당한 리써치의 뒷받침을 지닌 좋은 글인 게 분명하지요. 「줄리엣과 연인 로미오의 슬픈 이야기」라는 제목 자체가 매우 대중적인데, 동시에 많이 생각해서 지은 제목이에요. 줄리엣을 앞에 놓은 게 의미심장하거든요. 두 사람의 관계를 이끄는 주역이 오히려 줄리엣이고, 셰익스피어의 비극이 상투적인 슬픈 얘기도 아니고 출전에서와 같이 애들을 도덕적으로 규탄하는 이야기도 아니며 운명비극 비슷한 면이 있으면서도 잘 뜯어보면 봉건적 가부장제 자체에 대한 문제제기가 들어 있다는 점을 설득력있게 풀어갔어요. 로미오도 처음부터 순수하게 줄리엣만 생각한 녀석이 아니지만, 정작 들여다보면 로잘린에 대한 찬사는 일방적이고 상투적이었던 데 반해, 줄리엣과의 관계는 상호적이고 남녀관계의 새로운 면을 개척해간다는 거지요. 셰익스피어의 위대성이 과연 빈말이 아니라는 점을 실감케 해줍니다.

마무리에 대신해서

여건종 예상은 했지만, 시간이 너무 늦어지고 있어 이제 마무리를 해야겠습니다. 평소에 선생님께 꼭 드리고 싶었던 질문이 하나 있는데요. 리비스가 과연 제대로 대중을 이해하느냐는 저로서는 의심스럽지만, 그래도 그가 항상 대중에 가닿아야 한다는 문제의식을 버리지 않았던 것은 틀림없습니다. 그런데 리비스적인 인간 삶의 이상이 있어도 그걸 특정한 영문학 제도 안에서 유통되는 담론에서 그칠 것이 아니라, 구체적으로 바깥의 대중들을 형성하고 주체적인 삶을 살 수 있게 만들고, 그걸 통해서 창조적인 실천을 할 수 있는 그런 단계로 나아가려면 어떤 식으로든지 영문학공부란 걸 확장시켜서 실제적인 삶의 문제에 개입할 수 있는 좀더 구체적인 노력이 있어야 하지 않을까요?

백낙청 나는 영문학에 대한 글을 쓸 때 내 입장에서는 민족문화운동의 일환이다, 한 사람의 한국 평론가로서 평론을 쓴다는 생각을 해왔고, 그렇기 때문에 오히려 영문학이라는 제도권 안에서 당연히 해야 할 일을 너무 소홀히하지 않았나 하는 생각입니다. 그런데 지금 질문은 오히려 정반대의 평가로군요.(웃음)

여건종 저는 선생님께서 영문학이라는 이름으로, 민족문학이라는 이름으로 했던 작업이 좀더 열린 장으로 내려가야 된다는 생각이거든요.

백낙청 알겠습니다.(웃음)

여건종 2부 논의 때 여쭤보려고 하던 건데요. 서구의 관념적 형이상학에 대한 비판에서 출발한다는 점에서 선생님의 진리관과 일맥상통한다고 볼 수 있는 데리다(Derrida), 푸꼬(Foucault) 등의 사상이 국내 학계에서 널리 수용되고 있음에도 불구하고, 그들보다 더 발본적이라고 할 수 있는 선생님의 진리·과학·예술 등에 관한 생각은 학계에서 그다지 활발하게 논의되지 않았던 것 같습니다. 혹시 선생님께서 논의를 풀어나가는 방식이 충분히 대중적이지 않아서 그렇다고 생각하시진 않는지요?

백낙청 설마 데리다나 푸꼬가 대중적인 글쓰기를 했다고 생각하시는 건 아니겠지요?(웃음) 오히려 글쓰기의 대중성이 영향력과 비례하지 않는다는 좋은 본보기가 그들이겠어요. 내가 영향력을 못 갖는 이유로는 우선 내가 그들만 못한 점이 너무 많기 때문이지요. 나의 관점이나 사상이 그들의 것보다 못하다고는 생각지 않지만, 자기의 입장을 밑받침할 만한 독서량이랄까 지식동원 능력이 현저하게 떨어지지요. 그밖에 내가 섭렵한 문헌들 중에 상당량은 국제적으로, 아니 국내에서도 학계라는 데서 별로 인정 안하는 종류가 많고, 무엇보다도 국제적인 학술의 세계에서 한국어로 글을 썼다는 것은 안 쓴 거나 마찬가지죠. 국제적으로는 아직도 영어·프랑스어·독어 그리고 이딸리아어 정도가 공인된 학술언어지요. 스페인어나 러시아어조차도 문학이 아닌 학술의 영역에서는 별로 인정을 안하거든요. 이건 오늘의 시대에 하나의 운명이지만, 그렇다고 이 상황이 항구적이라고 볼 필요는 없습니다. 우리가 제대로 써놓으면 번역돼서 읽힐 수도 있고 언젠가는 한국어를 배워서 읽을 사람도 생기리라는 그런 자신감을 가지고 공부를 해야 될 것 같아요. 물론 오늘날 학문하는 사람들은, 특히 영문학도라면 직접 영어로 발표해서 국제학회에 자신을 알리고 저들과 주고받는 학문적 교류를 게을리 말아야지요. 사실 나는 일찍부터 외국에 유학을 해서 영어로 쓰는 능력은 진작에 습득한 편인데 그 후 귀국해가지고 다른 일에 휘말리기도 했고, 한국어를 쓰는 동시대인들, 동포독자들과 얘기하고 싶다는 욕망이 앞서서 영어로 하는 작업을 소홀히했습니다. 그러나 여러분과 여러분의 제자들은 나와 다른 여건에서 출발해서 다른 여건에서 활동하기 때문에 영어로 쓸 필요성도 더 있을 것이고, 그래서 영어로도 작업하고 한국어로도 작업하는 일을 나보다도 더 균형있게, 원만하고 활발하게 할 수 있지 않을까 생각합니다.

손혜숙 이제까지의 말씀을 마무리하시면서 이 책과 여타 논문집과의 차별성에 대해 말씀해주시면 좋겠습니다. 처음에 이 책을 읽을 때는 각 논문의 접근방식이나 문제의식이 제각기 다르다고 느꼈는데, 다 읽고 나서는 전체적으로 공통의 색깔이 있다는 인상을 받았습니다. 당연히 선생님의 직접·간접적인 영향 때문이겠지요.

백낙청 기념논문집이 많이 나오지만 이 책처럼 통독해본 일이 없어서 비교하기 어렵군요.(웃음) 글쎄요, 팔이 안으로 굽어서 그런지는 몰라도 전체적으로 이만한 수준의 책이 나오는 것은 우리 영문학계의 현실에서는 드문 일이 아닐까 합니다. 물론 이 책에서 빠진 것들이 많지요. 나의 관심범위 안에 있는데도 빠진 분야가 없지 않지만, 책 출간의 원인제공자인 나의 작업이 국한되었기 때문에 자연스럽게 그렇게 된 면도 있지요.

손혜숙 마지막으로 앞으로의 계획에 대해 말씀해주십시오.

백낙청 로런스에 관한 저서를 내는 것이 당면과제라는 건 이미 말씀드렸고요. 그게 나오고 나면 여기저기 흩어져 있는 영문학 관련 글들에다 한두 편만 새로 보태도 한권으로 묶어내서 크게 욕먹지는 않을 것 같아요. 한국문학 분야에서도 내가 아직은 전도유망한 평론가라고 생각하는데(웃음), 얼마나 체력이 따라줄지는 모르지만 올해 들어 오랜만에 한 편을 썼으니까 계속 더 쓰고 싶습니다. 문학평론집을 낸 게 『민족문학의 새 단계』부터 치면 15년이 되었고, 선집 낸 것을 기준으로 해도 14년이에요. 그동안에 쓴 것을 주워 모으면 지금도 한권은 되겠지만, 새로운 작업을 좀 해가지고 내놔야지 재고처리하는 것처럼 엮어내는 것은 면목이 없는 일이지요. 사실은 내 생각이 많은 대중에게 전달되는 것도 중요하겠지만, 비록 한정된 숫자라도 어느정도 이상의 수에 달하는 독자들이 서로간의 말을 알아듣고 깊은 얘기를 나누면서 판단을 공유할 수 있으면 그것이 은연중 사회에 미치는 영향이 막대하다고 믿습니다. 점점 더 불리해지는 환경이기는 하지만 아직까지는 한국이 이른바 선진국에 비하면 여건이 좋다고 봐요. 독자들이 그래도 시나 소설을 많이 읽는 편이고, 정론(正論)에 관심을 갖고 반응하는 독자층이 꽤 있다고 생각되거든요. 『창작과비평』만 해도 아주 대중적인 잡지는 못되지만 외국의 고급지들이 못 따르는 대중적 전파력을 지니고 있지요. 내가 요즘 창비의 실무에서는 벗어나 있지만, 외국의 벗들도 부러워하는 이런 계간지를 키워나가는 데 일조하면서 그 정신에 걸맞은 나 자신의 문필활동을 좀더 충실하게 전개하고 싶습니다.

여건종 더운 날씨에 아침부터 저녁까지 좋은 말씀 감사합니다.

| 해설 |

혼란의 시대, 희망의 전언

세기전환기의 백낙청

김영희

『백낙청 회화록』의 네번째 모음인 이 책은 『창작과비평』(이하 『창비』)에서 1997년 말에 마련한 선생의 회갑기념 좌담에서 시작한다. 당시 편집위원 세 사람과 편집인인 선생이 이틀에 나누어 가졌던 대화의 기록인 「회갑을 맞은 백낙청 편집인에게 묻는다」는 민족문학론, 분단체제론, 리얼리즘론을 비롯해 선생이 그간 관심을 기울여온 문제들을 두루 되짚어보는 자리이자, '국민의 정부' 출범과 함께 'IMF 위기'를 맞이한 싯점에서 슬기로운 대응방향을 논의하는 뜻깊은 자리였다. 필자도 편집위원의 한 사람으로 이 좌담에 끼게 되어 선생의 글들을 다시 읽으면서 질문거리들을 준비하느라고 고심하던 기억이 새롭다. 대학에서는 사제관계로 또 『창비』에서는 편집인과 편집위원의 관계로 선생과 오랜 연을 이어온 필자로서는 개인적 감회도 감회려니와, 다양한 관심들이 근본에서 서로 맞물리며 상통하는 선생의 사유를 다시 실감할 수 있었다.

그런가 하면 본서의 마지막에 실린 2004년의 좌담 「지구화시대의 한국 영문학」은 선생의 정년기념논문집인 『지구화시대의 영문학』(창비 2004)에 실린 글들을 대상으로 영문학 동학들과 나눈 대화이다. 필자 자신도 이 논문집에 글을 기고했고 좌담자들과 선생 사이에 오간 토론을 고맙게 읽었었다. 비단 필자의 글만이 아니라 글 하나하나에 대한 선생의 곡진한 논평이 이어졌는데, 사실 논문집을 헌정받은 당자가 그에 대해 길게 거론하는 것부터가 보기 드문 일이 아닌가 싶다. 작품이 되었든 평론이 되었든 제대로 대접하는 길은 정성들여 읽고 진솔하게 반응하는, 필요한 경우에는 냉정한 비판을 가하기도 하는 것이라는 평소의 소신을 실천으로 보여주신 셈이다.

회갑과 대학 정년퇴임을 맞게 된 이 시기에 선생의 이력에 대한 관심이 회화에서 부쩍 늘어나는 것은 당연한 일이겠다. 2003년 초 정년을 계기로 창비 웹매거진에서 마련한 대담은 제목대로 '영문학연구에서 시민사회의 현안까지' 다양한 화제를 짚으면서 유학 경험에 대한 흥미로운 이야기도 담고 있다. 같은 해 『작가연구』에 수록된 대담 「민족문학운동의 역사와 미래」 역시 중등학교 시절부터 시작해 해외유학, 『창비』 창간의 경험까지 소상하게 술회되고 사상적 모색을 시기별로 살피고 있어 선생의 전모를 친근하게 접할 수 있다. 이런 점검은 20세기를 마감하는 무렵에 가진 대담 「시대적 전환을 앞둔 한국문학의 문제들」에서도 각도를 조금 달리하여 이루어진다.

생각해보면 선생 개인으로도 이 시기는 하나의 전환기가 될 법하고, 실제로 오랫동안 직접 챙겨오던 『창비』의 편집과 운영에서 한발 물러나면서 삶의 새로운 국면을 예비하던 시기라 할 수 있다. 선생은 1998년 가을부터 1년간 미국의 하바드옌칭연구소 초청을 받아 하바드대학의 객원연구교수로 체류했다. 장기간 해외체류는 선생이 하바드대학에서 박사학위를 받은 1972년 이후로는 처음으로, 당시 『한겨레』의 요청으로 고은(高銀) 선생과 나눈 대담에서 말한 것처럼, "자본주의문명의 극치"인 미국의 문제점과 동시에 "미국사회의 활기"도 확인하면서 오랜만에 한국사회에 거리를 두고 세계 속의 한국을 되짚어보는 기회가 되었을 것이다. 이 책에 월러스틴(I. Wallerstein)과의 대담도 실려 있지만 이 무렵부터 서구 지성계와의 지적 상호교류가 부쩍 잦아진다는 인상을 곁에서 받았다.

그때쯤 필자도 오랜만에 연구년을 맞아 캘리포니아의 버클리에 머물고 있었는데, 마침 그해 7월 뉴멕시코의 작은 도시 타오스에서 열린 제7회 국제로런스학회에서 선생과 만나게 되었다. 선생은 하바드로 가시기 직전이었고, 먼저 미국에 와 있던 필자는 같이 머물던 윤모 교수와 지금은 시카고대학에 있는 최경희 교수와 함께 자동차로 미국 서부지역을 돌아보던 차였다. 학회를 마치고 선생의 귀국 비행편이 있는 앨버커키까지 여행 겸 배웅 겸 함께 모시고 가면서 이런저런 이야기를 나눌 기회가 있었는데, 노중에 싼타페 거리를 걸으면서 '국민문학을 겸하는 민족문학'이라는 명제와 '지혜의 위계질서' 개념을 두고 나눈 대화가 기억난다. 그런데 그 길지 않던 시간에 선생은 뜻밖의 말씀을 하셨다. 건강 때문에 이제는 책과 거리를 두면서 인생관도 좀 바꾸어보겠노라는 것이었다. 평소의 웃음기 머금은 표정에 담담한 어조였지만, 우리는 무어라 위로도 드릴 수 없이 황망한 마음이었다. 그러나 이 회화록에서도 여실하듯, 훗날 이 문제를 선생 나름의 꾸준한 노력으로 극복하면서 예의 날카로운 지적 모색을 더하면 더했지 늦춘 법이 없으니, 후학으로서는 그저 고마울 뿐이다.

사사롭다면 사사로운 이야기가 좀 길어졌지만, 역시 이 시기는 선생의 이력에서나 사회 전반으로나 하나의 분기점이 될 만하다. 1997년 말 'IMF 사태'와 최초의 평화적 정권교체라 할 '국민의 정부' 출범이 겹치면서 한국사회는 새로운 시련과 도전을 맞이하는 새 국면에 접어들었으며, 곧이은 세기전환기에는 2000년 6·15공동선언으로 남북화해의 결정적인 계기가 마련되는가 하면 이듬해 9·11사태로 시작된 미국의 대테러전쟁이 세계를 어지럽게 했다. 선생의 표현대로 일종의 '천하대란'과 같은 혼란의 징후가 뚜렷하게 나타나는 가운데서도 한반도의 경우에는 부시(G. W. Bush)의 '악의 축' 발언이나 2003년 북핵위기 등 간헐적인 위기가 오긴 했지만 상대적으로 남북정상회담을 기점으로 경제협력이 가속화되고 민간교류가 활성화되는 등 남북의 긴장은 오히려 완화되는 형국이 전개되기도 했다. 이처럼 혼란스런 시기일수록 세계적인 변화의 흐름을 바로 읽고 우리 민족의 당면한 과제를 슬기롭게 헤쳐나가는 지혜가 필요할 것인데, 세기 전환기를 맞은 우리의 대응을 숙고하는 토론이나 기획이 『창비』를 비롯한 여러 매체에서 활발하게 진행됐다. 「IMF시대 우리의 과제와 세기말의 문명전환」이나 「통일시대를 어떻게 살아갈 것인가」 「동북아시대 한국사회의 중·장기 전략과 단기적 과제」같이 새로운 시대에 대한 분석과 전망을 본격적으로 시도하는 자리들이 마련되었거니와, 각 신문이나 잡지, 방송 등 다양한 매체에서의 대담이 부쩍 늘어난 것도 바로 이 시기였다. 회갑을 넘기면서 지식인사회의 원로로서의 역할도 더 가미된데다가 이때가 세기 전환기이자 한결 지혜로운 대응이 필요한 혼란기라는 점도 작용한 듯 보인다.

이같은 대응을 모색함에 있어 무엇보다 중심을 이룬 주제는 역시 분단체제론이다. 분단체제가 여러 삶의 국면에서 발현되는 방식에 대한 논의들이 일관되게 나타나고 있고, 이와 관련하여 통일·환경·여성·시민·민중운동이나 국내외 정세 등의 다양한 주제들이 논의에 포함되었다. 이 자리에서 분단체제론의 취지를 되풀이 설명할 필요는 없겠지만, 대담이나 좌담을 통해서 분단체제론이 대국적인 시각을 유지하면서 우리 사회의 미세한 국면까지 설명해낼 수 있는 이론적 가설임이 더욱 설득력있게 제시된다.

그중에서도 특히 분단체제론이 중요하게 원용하고 있는 세계체제론의 이론가 월러스틴과의 깊은 대화를 담은 「21세기의 시련과 역사적 선택」

이 눈길을 끈다. 이 대담에서 선생은 분단체제가 세계체제의 한 하위체제이자 그것의 극복이 궁극적으로 세계체제 극복의 중요한 계기가 될 수 있다는 생각을 피력하며, 한반도를 보는 세계체제론적 시각을 동아시아 정세와 관련지어 다시 제기한다. 세계체제론의 각론적인 성격을 지니면서도 분단체제론에는 한반도의 대다수 민중의 깨달음과 공동의 노력으로 분단체제를 극복하고 지혜의 시대를 열어나갈 수 있다는 선생 나름의 기대와 믿음이 살아있다. 여기에 사회과학자인 월러스틴의 '과학'이 모두 포괄하지는 못하는 문학평론가 백낙청의 '실천'으로서의 과학 내지 진리탐구가 가지는 의미가 있지 않나 한다. 근원적 진리에 대한 관심이 '지혜의 위계질서'라는 새로운 화두의 형태로 이 대담에서 제기되는 것도 이런 연관에서인데, 이 대담을 촉발하고 이 대목에서 집중적으로 거론되는 선생의 발제문은 『창비』 105호(1999년 가을호)에 「한반도에서의 식민성 문제와 근대 한국의 이중과제」라는 제목으로 수록된 바 있다.

1998년 『흔들리는 분단체제』라는 제목의 책을 내기도 했지만, 이 시기에 분단체제의 역사적 경로에 대한 관심이 한결 구체화되고 명료해진다. 나중에 분단체제는 1987년 이후 동요기를 거쳐 2000년 6·15선언을 기점으로 해체기로 들어섰다고 정리되기에 이르는데, 『창비』 편집위원들과의 내부토론도 하나의 실마리가 되었던 것으로 기억한다. 선생의 작업이 개성적이고 독보적인 경지를 보여줌은 물론이지만, 동시에 집단적 성취의 한 정점이라는 성격도 지님을 다시 상기하게 된다. 모든 작업이 근본적으로는 이런 성격을 띠겠지만, 선생의 경우에는 의식적으로 이를 추구하면서 대화와 토론에 자신을 한껏 열어왔는데, 두툼한 단행본 다섯 권에 달하는 이 회화록 자체가 이를 증거한다. 제4권에서도 대화를 통해 서로 생각을 정리하고 진전시켜나가는 장면을 곳곳에서 목도할 수 있을 것인데, 가령 건축가 김석철(金錫澈) 선생과의 만남은 그 두드러진 예이겠다.

분단체제의 '흔들림'은 분단체제 극복으로 다가가는 긍정적 계기이자 그만큼 한반도의 상대적인 안정성이 위협받는 위기이기도 하다. 따라서 이런 위기의 시대일수록 한반도 민중의 성숙한 대응이 더욱 필요한데, 통일 자체에 대해서도 발상의 근본적 전환이 필요함을 선생은 오래전부터 주장해왔다. '과정으로서의 통일'이나 이와 맞물린 국가연합 등 복합국가 체제에 대한 모색이 그것으로, 2000년 6·15선언 이후 이런 주장은 한결 힘을 받게 된다. 이전부터도 선생은 스스로의 지향이나 태도를 '중도주의'라고 통칭해왔지만, 분단체제가 흔들리는 위기국면에서 다양한 변혁·개혁 세력의 요구와 실천을 수렴해내는 중도적인 인식과 실천이야말로 한반도에서 분단체제 극복과 더 나은 사회 건설로 나아가는 가장 현실적이자 이상적인 방책이라는 판단이 깊어진다.

결국 '변혁적 중도주의'로 표현되게 되는 이런 노선은 장기적 전망과 중단기적·현실적 대응을 결합하고자 하는데, 어찌 보면 근대 자본주의에 대한 선생의 이중적 관점, 즉 "근대에 적응하면서 동시에 극복하는" 이중과제의 한반도적 실천노선이라고도 할 수 있겠다. 이중과제론은 발상 자체로 보자면 이미 70년대부터 선생의 사유체계에서 핵심을 이루는 것이지만, 근대의 '성취'나 '달성'을 말하다가 이 시기에 와서 '적응'으로 용어를 바꾼 것도 의미심장한 변화라고 할 만하다. '성취'나 '달성'이 근대를 하나의 목표로 상정하는 함의를 갖고 실제로도 민족국가 형성이라는 미완의 과제를 강조했다면, '적응'에서는 우리가 속해 있는 근대에 대한 한결 냉정한 인식과 분단체제 극복에 대한 좀더 복합적인 사고가 함축되는 셈이다.

이 회화록은 말 그대로 대담, 좌담, 인터뷰, 토론 등 다양한 회화의 기록이다. 글과 달리 회화는 당사자의 육성을 들려줄 뿐 아니라 상대방과 말을 나누는 가운데 내용이 이룩되어가는 면도 있기 때문에, 형식 자체로서도 글과는 다른 의미가 있다. 그런 한편 글에 비해 정치함이나 깊이가 떨어지기도 쉬운데, 선생의 회화는 대화의 맛을 살리면서도 치밀함을 잃지 않는다. 대화에서 무엇보다 중요한 게 잘 듣는 것이라고들 하는데, 이 회화록을 읽다 보면 과연 그렇구나 하게 된다. 상대방의 진의를 깊게 새겨듣고 적실한 핵심을 붙잡아 맥락에 맞게 발전시켜나가는 가운데, 대화의 자리를 문득 함께 궁구하는 공부의 현장으로 만들어내는 것이다. 분단과 통일 문제를 다룬 글을 묶은 책에 '분단체제 변혁의 공부길'이라는 제목을 단 데서도 엿볼 수 있듯이, 선생은 모든 삶의 실천을 공부하고 깨달아가는 도정으로 받아들이는 듯하고, 여기에는 개인만이 아니라 공동체 시민들이 그 나름의 깨달음을 통해서 함께 이룩해나가는 사회에 대한 전망이 뒷받침되어 있다.

선생은 영문학자이면서 문학평론가를 겸하고 있거니와 동시에 사회적 실천에 평생을 바친 활동가이기도 한데, 그 모든 면모가 이 공부길에 대한 지향과 맺어져 있음을 필자를 포함한 영문학과의 제자들만큼 현장에서 경험한 경우도 드물 것이다. 회화를 읽다 보면 선생의 수업장면들을 떠올리게 된다. 선생은 토론을 유도하고 이끌어나가면서 때로는 추궁하고 때로는 격려하되 대충 넘어가는 법이 없었다. 특히, 서툴게 표현된 발언들이 선생의 입을 통해 한결 분명하고 종요로운 이야기로 거듭나던 경우들이 기억에 오래 남아 있는데, 이런 경험은 비단 필자만의 것이 아닐 것이다. 잘 알려져 있다시피 민주화운동에 가담했다는 이유로 해직당한 후 오랫동안 재야에서 활동하다가 80년 봄의 일시적 해빙에 힘입어 복직한 이후, 선생은 그야말로 그동안 못한 교육자의 책무를 보상하기라도 하듯이 강의에 몰두했다. 한 대담에서 선생은 그때의 일을 회고하면서, 그 덕분에 '개전의 정'이 있다고 보였는지 광주항쟁에 연루되어 구속되고 다시 해직되는 일은 피할 수 있었다고 우스개처럼 말하고 있기도 하다.

하여간 80년대에 대학원 시절을 보낸 서울대 영문과 대학원생들은 공부의 열의가 높았고 동시에 사회적 실천의식도 강했는데, 여기에는 80년대라는 시대적 상황에 자극된 바도 있었지만, 선생의 복직도 큰 기여를 했음을 아무도 부정하기 어려울 듯하다. 선생은 늘 공부하는 자로서의 기본을 강조하면서 영문해석 하나하나에서부터 문장 쓰는 법까지 엄밀한 글쓰기와 사고를 훈련시키고자 했고, 음으로 양으로 그 영향을 받은 학생들은 여러 공부모임을 꾸려서 스스로를 훈련해나갔다. 선생 자신도 수업과 별도로 이런 모임을 오래 이끌어나갔고, 수업을 보조하는 공부모임이라는 새로운 시도를 하기도 했다. 수강생이 조를 나누어 선배 한 사람과 함께 어려운 텍스트를 미리 읽고 수업에 임하는 방식으로 당시에 우리는 농담 섞어 '새끼과외'라고들 불렀는데, 그 선배 가운데 한 사람이었던 필자로서는 당시의 동료·후배들의 열의가 눈에 선하다. 지금 생각해보면 그 시절이 아니면 가능한 일이었을까 싶지만, 이런 경험들은 선후배가 함께 공부하고 격의없이 논쟁하는 학풍을 조성하는 데 큰 역할을 했다.

정년퇴임을 맞이하면서 대학에서는 떠났지만, 그 어름에 선생은 더욱 본격적으로 사회적인 활동에 개입하고 관심과 분야를 확대해나갔다. 시민방송 이사장직을 맡아 시민방송을 제 궤도에 올려놓기까지 경영일선에서 시민운동가로서의 역량을 발휘했다면, 일반에게는 잘 안 알려졌지만 원불교 경전 영역작업에 참여하여 영문학자로서 고전적인 저작의 해외소개에 크게 기여한 점도 기록해둘 만하다. 이 회화록에도 두 활동과 관련된 내용들이 포함되어 있으니 일독을 권한다. 필자의 미숙한 필치로 전하느니 독자들이 직접 선생의 육성을 듣는 편이 낫겠다 싶어 본격적인 해설은 처음부터 피하려고 마음먹었지만, 그러다보니 선생이 싫어하는 덕담 식의 글이 되고 만 것은 아닌지 모르겠다. 선생과 독자 모두에게 두루 해량을 바라면서 여기서 난필을 거두려고 한다.

金英姬 | 한국과학기술원 인문사회과학부 교수

| 찾아보기 |

ㄴ

ㄷ

ㅇ

ㅊ

ㅋ

ㅌ

| 참가자 소개 |

강만길(姜萬吉) 1933년 경남 마산에서 태어나 고려대 사학과를 졸업하고 동대학원에서 박사학위를 받았다. 고려대 교수와 상지대 총장, 친일반민족행위진상규명위원회 위원장을 역임했다. 저서 『조선후기 상업자본의 발달』 『분단시대의 역사인식』 『한국민족운동사론』 『조선시대 상공업사 연구』 『일제시대 빈민생활사 연구』 『통일운동시대의 역사인식』 『조선민족혁명당과 통일전선』 『고쳐 쓴 한국근대사』 『고쳐 쓴 한국현대사』 『역사는 이상의 현실화 과정이다』 등이 있다.

고명섭(高明燮) 1966년 광주에서 태어나 서울대 경제학과를 졸업했다. 현재 『한겨레』 문화부 기자로 있다. 저서 『지식의 발견』 『담론의 발견』, 역서 『말론 브랜도』(공역) 등이 있다.

고은(高銀) 1933년 전북 군산에서 태어났다. 1958년 『현대문학』에 「봄밤의 말씀」 「눈길」 「천은사운」 등을 추천받아 등단했다. 1960년 첫 시집 『피안감성』을 간행한 이후, 시 · 소설 · 수필 · 평론 등에 걸쳐 많은 저서를 펴냈다. 전세계 10여개 언어로 50여권의 시집과 시선집이 간행됐다. 미국 하바드대 연구교수와 버클리대 객원교수를 역임하고 현재 유네스코 세계 시 아카데미 회원(한국 대표)으로 있다.

김경원(金瓊元) 1936년 평남 진남포에서 태어나 미국 윌리엄스대를 졸업하고 하바드대에서 정치학 박사학위를 받았다. 요크대, 뉴욕대, 고려대 교수와 주미대사, UN대사 등을 역임하고 현재 고려대 국제대학원 석좌교수와 사회과학원 원장으로 있다. 저서 『전환시대의 생존전략』 『세계화의 도전과 한국의 대응』 등이 있다.

김동춘(金東椿) 1959년 경북 영주에서 태어나 서울대 지리교육과를 졸업하고 동대학원 사회학과에서 박사학위를 받았다. 현재 성공회대 교수로 있다. 저서 『한국사회 노동자 연구』 『한국 사회과학의 새로운 모색』 『근대의 그늘』 『전쟁과 사회』 『미국의 엔진, 전쟁과 시장』 등이 있다.

김명환(金明煥) 1958년 서울에서 태어나 서울대 영문과를 졸업하고 동대학원에서 박사학위를 받았다. 성공회대 교수를 역임하고 현재 서울대 교수로 있다. 저서 『지구화시대의 영문학』(공편), 역서 『죽음과 소녀』(공역), 『문학이론입문』(공역) 등이 있다.

김사인(金思寅) 1955년 충북 보은에서 태어나 서울대 국문과를 졸업하고 고려대 대학원에서 공부했다. 1982년 『시와 경제』 창간동인으로 참여하며 시 쓰기를 시작했고 현재 동덕여대 문예창작과 교수로 있다. 시집 『밤에 쓰는 편지』 『가만히 좋아하는』 등이 있다.

김석철(金錫澈) 1943년 경남 밀양에서 태어나 서울대 건축과를 졸업했다. 현재 명지대 건축대학장과 아키반(ARCHIBAN)건축도시연구원 대표로 있다. 주요 작품으로 예술의 전당, 서울오페라하우스, 뻬이징 iCBD 등이 있으며, 저서 『희망의 한반도 프로젝트』 『여의도에서 새만금으로』 『천년의 도시 천년의 건축』 『김석철의 세계건축기행』 『김석철의 20세기 건축산책』 등이 있다.

김영희(金英姫) 1957년 서울에서 태어나 서울대 영문과를 졸업하고 동대학원에서 박사학위를 받았다. 현재 한국과학기술원 인문사회과학부 교수로 있다. 저서 『비평의 객관성과 실천적 지평: F. R. 리비스와 레이먼드 윌리엄즈 연구』, 역서 『토박이』 『변증법적 문학이론의 전개』(공역), 『미국의 꿈에 갇힌 사람들』(공역) 등이 있다.

김정호(金正浩) 1949년 중국 길림성 혼강시에서 태어나 연변대를 졸업했다. 연변문학예술연구소에서 발행하는 『문학과예술』의 편집인을 맡고 있다. 1976년 중국시단에 데뷔한 이후 한글 창작으로 300여편의 시와 평론, 번역을 발표했다. 시집 『두만강 여울 소리』(공저)와 저서 『한국의 말 그리고 문화』 등이 있다.

김지영(金志映) 1972년 서울에서 태어나 서울대 국어교육과와 동대학원 국문과를 졸업했다. 『한국일보』를 거쳐 현재 『동아일보』 문화부 기자로 있다.

박세일(朴世逸) 1948년 서울에서 태어나 서울대 법대를 졸업하고 일본 토오꾜오(東京)대를 거쳐 미국 코넬대에서 박사학위를 받았다. 한나라당 국회의원을 역임하고 현재 서울대 국제대학원 교수와 한반도 선진화재단 이사장으로 있다. 저서 『법경제학』 『대한민국 선진화 전략』 『정치개혁의 성공조건』(공저) 등이 있다.

박순성(朴淳成) 1957년에 태어나 서울대 경제학과를 졸업하고 프랑스 빠리10대학에서 박사학위를 받았다. 현재 동국대 북한학과 교수로 있다. 저서 『아담 스미스와 자유주의』 『북한 경제와 한반도 통일』, 역서 『애덤 스미스의 지혜』 등이 있다.

박혜명(朴慧明) 1942년 전북 정읍에서 태어났다. 『원불교신문』 기자로 활동했고 월간 『원광』 발행인과 『원불교신문』 편집국장 등을 역임했다. 현재 원불교 서전주교당 교무로 있다. 저서 『구도역정기(求道歷程記)』 『한국의 지성과 원불교』 등이 있다.

방민호(方珉昊) 1965년 충남 예산에서 태어나 서울대 국문과를 졸업하고 동대학원에서 박사학위를 받았다. 현재 서울대 교수로 있다. 1994년 제1회 창비신인평론상으로 등단했고, 저서 『비평의 도그마를 넘어서』 『납함 아래의 침묵』 『채만식과 조선적 근대문학의 구상』 『문명의 감각』 『한국전후문학과 세대』 등이 있다.

백영서(白永瑞) 1953년 인천에서 태어나 서울대 동양사학과를 졸업하고 동대학원에서 박사학위를 받았다. 한림대를 거쳐 현재 연세대 교수와 계간 『창작과비평』 주간을 맡고 있다. 저서 『동아시아의 귀환』 『중국 현대 대학문화 연구』 『동아시아의 지역질서』(공저), 편서 『중국 사회성격 논쟁』 『동아시아, 문제와 시각』 『동아시아의 비판적 지성』(공편) 등이 있다.

설준규(薛俊圭) 1954년에 태어나 서울대 영문과를 졸업하고 동대학원에서 박사학위를 받았다. 현재 한신대 교수로 있다. 저서 『지구화시대의 영문학』(공편), 역서 『어둠 속의 희망』 『문화사회학』(공역) 『전지구적 자본주의에 눈뜨기』(공역) 등이 있다.

성경륭(成炅隆) 1954년 경남 진주에서 태어나 서울대 사회복지학과를 졸업하고 미국 스탠포드대에서 박사학위를 받았다. 국가균형발전위원회 위원장을 역임하고 현재 한림대 교수와 청와대 정책실장으로 있다. 저서 『동북아시대의 한반도 공간구상과 균형발전전략』 『국가균형발전의 비전과 전략』 『체제변동의 정치사회학』 『국민국가 개혁론』 등이 있다.

손원제(孫源諸) 1968년 경북 영주에서 태어나 연세대 사회학과와 서울대 대학원 언론정보학과를 졸업했다. 현재 『한겨레』 기자로 있다.

손혜숙(孫惠淑) 1965년 서울에서 태어나 서울대 영문과를 졸업하고 미국 매써추씨츠 암허스트대에서 박사학위를 받았다. 현재 성균관대 교수로 있다. 주요 논문 「죽음과 타자성—에밀리 디킨슨의 시를 중심으로」 「에드워드 테일러와 미국시 전통」 「로버트 프로스트와 열린 모더니즘」 등이 있다.

여건종(呂健鍾) 1957년에 태어나 고려대 영문과를 졸업하고 미국 버펄로 뉴욕주립대에서 박사학위를 받았다. 현재 숙명여대 교수로 있다. 저서 『행동과 사유—김우창과의 대화』(공저) 등이 있다.

윤혜준(尹惠浚) 1962년에 태어나 한국외대 영어과와 서울대 대학원 영문과를 졸업하고 버펄로 뉴욕주립대에서 박사학위를 받았다. 현재 연세대 교수로 있다. 저서 『주체 개념의 비판』(공저), 역서 『올리버 트위스트』 등이 있다.

이매뉴얼 월러스틴(Immanuel Wallerstein) 1930년 미국 뉴욕에서 태어나 컬럼비아대를 졸업하고 동대학원에서 사회학 박사학위를 받았다. 컬럼비아대 교수와 뉴욕주립대 석좌교수, 세계사회학회 회장을 역임했다. 현재 페르낭 브로델 쎈터 명예소장이자 예일대 석좌교수이다. 저서 『근대세계체제』 『역사적 자본주의/자본주의 문명』 『사회과학으로부터의 탈피』 『반체제운동』(공저), 『자유주의 이후』 『사회과학의 개방』(공저), 『이행의 시대』(공저), 『유토피스틱스』 『우리가 아는 세계의 종언』 『미국 패권의 몰락』 『지식의 불확실성』 등이 있다.

이미경(李美卿) 1950년 부산에서 태어나 이화여대 영문과와 동대학원 정외과를 졸업했다. 한국기독교사회문제연구소와 여성평우회 등에서 활동했으며 한국여성단체연합 상임의장과 제15~16대 국회의원을 거쳐 현재 제17대 국회의원으로 있다.

임규찬(林奎燦) 1957년 전남 보성에서 태어나 성균관대 독문과를 졸업하고 동대학원 국문과에서 박사학위를 받았다. 1988년 『실천문학』에 평론을 발표하며 등단했고, 현재 성공회대 교수로 있다. 저서 『왔던 길, 가는 길 사이에서』 『문학사와 비평적 쟁점』 『한국근대소설의 이념과 체계』 『작품과 시간』 『비평의 窓』 등이 있다.

정세용(鄭世溶) 1953년 대전에서 태어나 서울대 철학과를 졸업했다. 『서울신문』 『한겨레』 기자를 거쳐 현재 『내일신문』 논설주간으로 있다.

정운영(鄭雲暎) 1944년 대구에서 태어나 서울대 경제학과를 졸업하고 벨기에 루뱅대에서 박사학위를 받았다. 한신대·경기대 교수와 『중앙일보』 논설위원 등을 역임했다. 저서 『저 낮은 경제학을 위하여』 『노동가치이론 연구』 『레테를 위한 비망록』 『자본주의 경제 산책』 『심장은 왼쪽에 있음을 기억하라』 등이 있다. 2005년 작고했다.

하정일(河晸一) 1959년 서울에서 태어나 연세대 국문과를 졸업하고 동대학원에서 박사학위를 받았다. 현재 원광대 교수로 있다. 저서 『분단 자본주의 시대의 민족문학사론』 『20세기 한국 문학과 근대성의 변증법』 『민족문학의 이념과 방법』 등이 있다.

홍윤기(洪潤基) 1957년 강원도 동해에서 태어나 서울대 철학과를 졸업하고 독일 베를린 자유대에서 박사학위를 받았다. 현재 동국대 교수로 있다. 공저 『다시 대한민국을 묻는다: 역사와 좌표』 『개발독재와 박정희시대』 등이, 역서 『자유주의자와 식인종』 『의사소통의 철학』 『아름답고 새로운 노동세계』 등이 있다.

백낙청 회화록 간행위원회
—
염무웅 영남대 명예교수
임형택 성균관대 교수
최원식 인하대 교수
백영서 연세대 교수
유재건 부산대 교수
김영희 한국과학기술원 교수
—

백낙청 회화록 4

초판 1쇄 발행 2007년 10월 20일

엮은이/백낙청 회화록 간행위원회
펴낸이/고세현
펴낸곳/(주)창비
등록/1986년 8월 5일 제85호
주소/413-756 경기도 파주시 교하읍 문발리 513-11
전화/031-955-3333
팩시밀리/영업 031-955-3399 · 편집 031-955-3400
홈페이지/www.changbi.com
전자우편/human@changbi.com
인쇄처/우진테크

ISBN 978-89-364-8325-8 03080
ISBN 978-89-364-7981-7(세트)